Der Segelflugzeugführer

# HESSE 4

# Der

# Segelflugzeugführer

**6. überarbeitete Auflage**

**Friedrich Hesse / Werner Hesse**

 HITZEROTH

CIP-Titelaufnahme der Deutschen Bibliothek

**Hesse, Friedrich:**
Der Segelflugzeugführer / Friedrich Hesse; Werner Hesse. – 6.,
   überarb. Aufl.– Marburg: Hitzeroth, 1988
   (Hesse; 4)
   Bis zur 5. Aufl. im Verl. Hesse, Breidenbach
   ISBN 3-925944-29-X
NE: Hesse, Werner:; GT

© Dr. Wolfram Hitzeroth Verlag Marburg 1988
Gesamtherstellung: J. A. Koch, Marburg –
Printed in Germany

## Vorwort zum Lehrbuch „Der Segelflugzeugführer" von F. & W. Hesse

Der Segelflug hat in der Bundesrepublik wie in der ganzen Welt einen unerwartet rasanten Aufschwung genommen. Staunenswerte sportliche Höchstleistungen, in der Spitze und in der Breite geflogen, haben ihm die unumstrittene Stellung eines gleichberechtigten Partners aller anderen Luftraumbenutzer eingetragen, die auch in den Gesetzen ihren Niederschlag findet.

Diese Entwicklung führt zwangsläufig zu erhöhten Forderungen an das praktische Können und an das theoretische Wissen des Segelflugzeugführers, die wiederum die Notwendigkeit einer qualitativ verbesserten Ausbildung begründen.

Das Lehrbuch „Der Segelflugzeugführer" baut auf den Erwartungen auf, die allenthalben an den Segelflug gestellt werden, und es wird ihnen gerecht. In ihm sind das Grundwissen des modernen Segelfliegers wie auch die anspruchsvollere Theorie für den Fortgeschrittenen und den Segelfluglehrer enthalten. Es ist streng nach den Ausbildungsrichtlinien Segelflug gegliedert, der leicht faßliche Text und die vielen übersichtlich klaren grafischen Darstellungen erleichtern dem Benutzer das Nachschlagen und das Verstehen.

Die DAeC-Segelflugkommission empfiehlt dieses Werk den Segelfliegern für ihre Aus- und Weiterbildung. Sie hofft, daß es einen wesentlichen Beitrag zur weiteren Qualitätssteigerung des Segelflugs als Sport und als Luftverkehr leisten wird.


Oerlinghausen, im November 1975

Segelflugkommission des DAeC

# Vorwort zur 6. Auflage des „Segelflugzeugführers"

Die sechste Auflage des vorliegenden Bandes der Buchreihe„Hesse-Luftfahrtlehr-bücher" wurde neu bearbeitet, entsprechend der neuesten Ausgabe der „Prüfordnung für Luftfahrtpersonal (LuftPersV)" und entsprechend den dazugehörigen „Richtlinien des Bundesministers für Verkehr (BMV) für die Ausbildung und Prüfung des Luftfahrt-personals".

Die Bezifferung der einzelnen Themen entspricht den Richtlinien des BMV. Die Rei-henfolge wurde beibehalten, bis auf den Abschnitt 1.6 (Luftfahrtpersonal), der, da die-ser für den Schüler besonders wichtig ist, gleich am Anfang des Buches gebracht wird.

Die Bezeichnungen und Abkürzungen (deutsch und englisch) werden international verwendet und sind auf dem neuesten Stand.

Veraltete Bezeichnungen von Maßeinheiten wurden durch die gesetzlich vorge-schriebenen und international verbindlichen Bezeichnungen ersetzt (hPa, kg, N, kp). Viele Bilder wurden durch neuere, einprägsamere Bilder ersetzt, ferner wurden zu-sätzlich neue Abbildungen aufgenommen. In vielen Fällen wurden wieder gültige For-meln nicht einfach behauptet, sondern für interessierte Schüler und für Lehrer abge-leitet (teilweise durch Kleindruck kenntlich gemacht). Für schnelle und überschlägige Kopfrechnungen werden Faustformeln geboten, deren Gültigkeitsbereich, wenn nötig, abgegeben ist.

Ein ausführliches, alphabetisches Sachverzeichnis am Ende des Buches hilft dem Benutzer, die Antworten auf Test- und Prüfungsfragen leicht aufzufinden.

Test- und Prüfungsfragen zur Vorbereitung auf die bundeseinheitliche Prüfung (PPL, Beiblatt C) sind in „HESSE, Band 9" im gleichen Verlag erschienen. Die dort aufge-führten Fragen entsprechen denen bei der Luftfahrerscheinprüfung. Neben jeder in Band 9 aufgeführten Frage ist das Kapitel von Band 4 angegeben, in welchem diese Frage ausführlich behandelt wird, so daß bei Unsicherheiten der Stoff nochmals nach-gelesen werden kann.

Um Gesetzestexte und Luftverkehrsvorschriften im Originaltext nachlesen zu kön-nen, wird am Rande der Seiten (in der Umrahmung) auf die Quellenliteratur hingewie-sen.

Wir hoffen, mit diesem umfassenden Standardwerk ein leicht verständliches Lehr-buch für den Unterricht, sowie dem Lehrer und dem fortgeschrittenen Segelflugzeug-führer ein gutes Nachschlagewerk herausgebracht zu haben.

F. Hesse, Dipl.-Ing.                                               Marburg
W. Hesse, Fluglehrer                                              April 1988

# Inhaltsverzeichnis

# Abschnitt 1 – Luftrecht, Luftverkehrs- und Flugsicherungsvorschriften

## 1.6 Luftfahrtpersonal

### 1.6.1 Ausbildung von Segelflugzeugführern

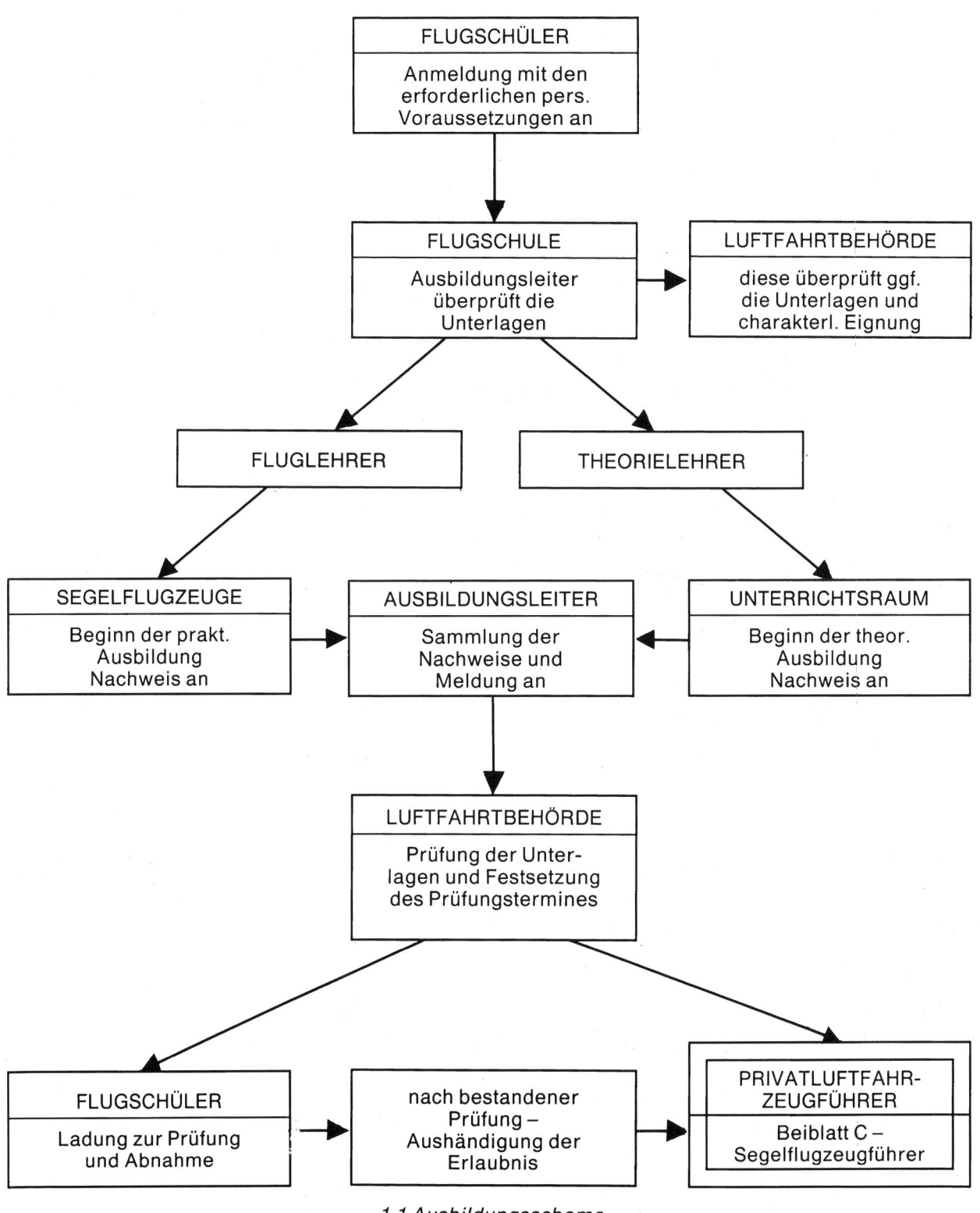

*1.1 Ausbildungsschema*

III. Nr.

VII.
Unterschrift des Inhabers
Signature of holder

IV. Name des Inhabers:
Name of holder

geboren am:
born on     in
        at

V. Wohnsitz:
Address

VI. Staatsangehörigkeit:
Nationality

VIII.

XI.

..........., den ...........

X. Unterschrift des ausstellenden Beamten
Signature of issuing officer

XIV.
Beschränkt gültiges Sprechfunkzeugnis II für den Flugfunkdienst
Restricted Flight Radiotelephone Operator's Certificate II

Beschränkt gültiges Sprechfunkzeugnis I für den Flugfunkdienst
Restricted Flight Radiotelephone Operator's Certificate I

Allgemeines Sprechfunkzeugnis für den Flugfunkdienst
General Flight Radiotelephone Operator's Certificate

Nr.     XI.
No.

Nr.     XI.
No.

Nr.     XI.
No.

---

# Bundesrepublik Deutschland
## Federal Republic of Germany

I.

II.

# Luftfahrerschein
## für
# Privatluftfahrzeugführer
## Private Pilot Licence

Nur gültig mit einem zugehörigen Beiblatt über Art der Erlaubnis, Gültigkeitsdauer und Berechtigungen

Valid only in connection with an attached certification concerning category of licence, validity and ratings

**Ausgestellt nach den Richtlinien der ICAO**
**Issued in accordance with the standards of ICAO**

Muster 1 (§§ 4, 21, 35, 39, 48 LuftPersV)
weiß, Leinen (DIN A 6, Hochformat)

LgNr. 5341

2.1 Luftfahrerschein für Privatluftfahrzeugführer

**XIV. Umfang der Erlaubnis**

Die Erlaubnis berechtigt zum Führen von Segelflugzeugen entsprechend den eingetragenen Startarten am Tage.

**Bemerkungen:**

Der Inhaber der Erlaubnis bedarf zusätzlicher Berechtigungen für Kunstflüge, Wolkenflüge sowie Flüge als Fluglehrer.

**XIV. Berechtigung des Inhabers eines eingetragenen Sprechfunkzeugnisses**

Der Inhaber eines Sprechfunkzeugnisses ist berechtigt, den Sprech- und Navigationsfunkdienst bei einer deutschen Luft- oder Bodenfunkstelle in folgendem Umfang auszuüben:

— Beschränkt gültiges Sprechfunkzeugnis II für den Flugfunkdienst bei Flügen nach Sichtflugregeln in deutscher Sprache.
— Beschränkt gültiges Sprechfunkzeugnis I für den Flugfunkdienst bei Flügen nach Sichtflugregeln.
— Allgemeines Sprechfunkzeugnis für den Flugfunkdienst ohne Einschränkung.

**XIV. Privileges of the Licence**

The Licence entitles its holder to pilot any gliders by day according to the take-off method(s) endorsed.

**Remarks:**

Additional ratings are required by the holder of the licence for aerobatic flights, flights in clouds and for flight instruction.

**XIV. Privileges of the holder of an endorsed Radiotelephone Operator's Certificate**

The holder of a Radiotelephone Operator's Certificate is entitled to perform the radiotelephone and radionavigation services of a German aircraft or aeronautical station as follows:

— Restricted Flight Radiotelephone Operator's Certificate II for radio services for VFR flights and in German language only.
— Restricted Flight Radiotelephone Operator's Certificate I for radio services for VFR flights only.
— General Flight Radiotelephone Operator's Certificate for unrestricted radio services.

**XII. Sonstige Berechtigungen - other ratings**

---

**I.** **Bundesrepublik Deutschland**
Federal Republic of Germany

**Beiblatt „C" zum Luftfahrerschein**
für
**Privatluftfahrzeugführer**
Attachment "C"
to the Private Pilot Licence

**III.** Nr.

**IV. Name:**

**II.** Erlaubnis für Segelflugzeugführer
Category: Private Pilot Licence-Glider

**IX.** Luftfahrerschein für Segelflugzeugführer     gültig bis
Private Pilot Licence-Glider valid until

**XIII. Bemerkungen - remarks**

**XII. Startarten - take-off methods**

**XI**          **VIII.**

X. ................., den ...............

Unterschrift

LgNr. 5347

zu Muster 1 (§ 39 LuftPersV)
weiß, Leinen, Diagonalstrich rosa

3.1 Beiblatt „C" zum Luftfahrerschein für Privatluftfahrzeugführer
(Erlaubnis für Segelflugzeugführer)

## 1.6.1.1 Zweck und Gegenstand der Ausbildung

Die Ausbildung zum Segelflugzeugführer soll das aus Gründen der Sicherheit und Ordnung nötige fachliche Wissen und praktische Können vermitteln (Teil I der Richtlinien des Bundesministers für Verkehr, „Allgemeine Bestimmungen").

Eine besondere Form der Ausbildung ist auch die zum Erwerb einer Erlaubnis oder Berechtigung geforderte Einweisung.

Die Ausbildung erfolgt an Luftfahrerschulen, genannt

FLUGSCHULEN,

§ 5 Luftverkehrsgesetz vom 14.01.1981 - BGBl. I S. 61 - i.V.m. §§ 30 ff. LuftVZO vom 13.03. 1979 - BGBl. I S. 308.

Zuständige Luftfahrtbehörde ist die Luftfahrtbehörde des Landes, in dem der Bewerber ausgebildet wurde oder seinen Hauptwohnsitz hat. siehe § 22 LuftVZO.

Siehe hierzu Werbeanzeigen in den Fachzeitschriften.

die von den zuständigen Luftfahrtbehörden eine entsprechende Erlaubnis besitzen.

Flugschulen werden unterschieden nach:

a) gewerblichen Flugschulen, die für jedermann zugänglich sind und

b) nicht gewerblichen Flugschulen, die von Luftsportverbänden und Luftsportvereinen für deren Mitglieder zugänglich sind.

Die praktische Ausbildung erfolgt auf

FLUGPLÄTZEN.

*Flugplätze* sind:
1) Flughäfen
2) Landeplätze
3) Segelfluggelände
siehe hierzu § 6 LuftVG und §§ 38–60 LuftVZO

Die theoretische Ausbildung erfolgt in den entsprechenden Unterrichtsräumen der Flugschule.

*Luftfahrzeuge* ist Oberbegriff für:
1) Flugzeuge
2) Drehflügler
3) Luftschiffe
4) Segelflugzeuge
5) Motorsegler
6) Frei- und Fesselballone
7) Drachen
8) Fallschirme
9) Flugmodelle und

sonstige für die Benutzung des Luftraumes bestimmte Geräte, insbesondere Raumfahrzeuge, Raketen und ähnliche Flugkörper, sowie Hängegleiter, Gleitflugzeuge, Ultraleicht-Flugzeuge und Gleitfallschirme
siehe hierzu § 1 Abs. 2 LuftVG.

Für die praktische Ausbildung stehen geeignete

LUFTFAHRZEUGE.

verschiedener Muster
zur Verfügung.

(z.B. 1 doppelsitziges und ein einsitziges Segelflugzeug)

Die theoretische und praktische Ausbildung erfolgt durch

FLUGLEHRER

siehe hierzu § 5 Abs. 3 LuftVG und § 30 ff. LuftVZO

## 1.6.1 Flugschüler

**1.6.1.2** Persönliche Voraussetzungen, die der Bewerber/Flugschüler zur Anmeldung bei der Flugschule erbringen muß:

1) Eine Geburtsurkunde zur Bestimmung des Mindestalters.

   Dieses beträgt:
   *14 Jahre* zum Beginn der Ausbildung,

   *17 Jahre* zum Erwerb der Erlaubnis als Segelflugzeugführer.

> siehe hierzu
> § 23 LuftVZO

2) Das Tauglichkeitszeugnis einer fliegerärztlichen Untersuchungsstelle. Die Luftfahrtbehörde kann auf die Vorlage des Tauglichkeitszeugnisses verzichten (z. B. bei sogenannten „Schnupper-Lehrgängen"). Vor dem ersten Alleinflug muß es indessen vorliegen! (Quelle:) § 24 Abs. 3 letzter Satz LuftVZO v. 14. Tagung BLFA-L.

> siehe § 24 LuftVZO.
> Anschriften verzeichnis in den Nachrichten für Luftfahrer (II 48/82) an jedem Flugplatz (Flugleitung) einsehbar. Ggfs. Anfrage bei Luftsportverband oder bei Luftfahrtbehörde.

3) Eine Erklärung für schwebende Strafverfahren und darüber, daß ein Führungszeugnis nach § 28 des Bundeszentralregistergesetzes und ein Auszug aus dem Verkehrszentralregister (Kraftfahrtbundesamt) [Erst bei der Anmeldung zur Prüfung vorgesehen. Sollte jedoch bereits zur Anmeldung als Flugschüler, also zu Beginn der Ausbildung, vorliegen.] zur Vorlage bei der Luftfahrtbehörde beantragt worden ist. (Bild 6.1, 6.2 und 7.1)

Bei einem minderjährigen Flugschüler eine *amtlich* beglaubigte Zustimmungserklärung der gesetzlichen Vertreter.

Die vorgenannten Unterlagen müssen vor Beginn der Ausbildung dem Ausbildungsleiter der entsprechenden Flugschule vorgelegt werden. Denn bereits 8 Tage nach Beginn der Ausbildung hat der Ausbildungsleiter diese Unterlagen der zuständigen Luftfahrtbehörde vorzulegen. Für Segelflugzeugschüler (Flugschüler) ist die Meldung innerhalb von 8 Tagen jedoch nur dann notwendig, wenn der Ausbildungsleiter Zweifel daran hat, ob die Voraussetzungen des § 24 Abs. 1 und 2 Luft VZO (charakterliche Eignung) vorliegen.

> § 24 LuftVZO

*6.2 Antrag auf Erteilung eines Führungszeugnisses*

*6.1 Antrag auf Auskunft aus dem Verkehrszentralregister*

- III/4 e - Blatt Nr.      -

Erklärung

(gem.§ 24 Abs.3 Ziff.3 LuftVZO)

Ich erkläre hiermit, daß

a) zur Zeit keine Strafverfahren gegen mich schweben,

b) ein Führungszeugnis nach § 28 des Bundeszentralregister-Gesetzes und

c) ein Auszug aus dem Verkehrszentralregister des Kraftfahrtbundesamtes zur Vorlage bei der Erlaubnisbehörde beantragt worden ist.


Name: _____     Vorname: _____     geb.am: _____


Ort: _____      Datum: _____


_____
(Unterschrift)

Hinweis:

Falls die Erklärung zu a) nicht abgegeben werden kann, ist vom Bewerber eine schriftliche Stellungnahme bei der Erlaubnisbehörde abzugeben.

*7.1 Erklärung über Strafverfahren*

### 1.6.1.3 Umfang der theoretischen und praktischen Ausbildung

1) Die fachlichen Voraussetzungen für den Erwerb der Erlaubnis für Segelflugzeugführer sind:
   a) Die theoretische Ausbildung
   b) Die Flugausbildung
   c) Die Berechtigung zur Ausübung des Sprechfunkdienstes
   d) Die erfolgreiche Teilnahme an einer Unterweisung in Sofortmaßnahmen am Unfallort

2) *Die theoretische Ausbildung* umfaßt mindestens 60 Unterrichtsstunden innerhalb der letzten 4 Jahre vor Ablegung der Prüfung. Sie erstreckt sich insbesondere auf die Sachgebiete:
   a) Luftrecht, Luftverkehrs- und Flugsicherungsvorschriften
   b) Navigation
   c) Meteorologie
   d) Technik
   e) Verhalten in besonderen Fällen

3) *Die Flugausbildung* umfaßt mindestens 30 Flugstunden innerhalb der letzten 4 Jahre vor Ablegung der Prüfung auf Segelflugzeugen verschiedener Muster, (mindestens 2), davon 15 Stunden Alleinflug. Wird die Flugausbildung jedoch innerhalb von 18 Monaten abgeschlossen, so ermäßigt sich die Flugzeit auf 25 Flugstunden, davon 10 Stunden Alleinflug.

*In der Flugausbildung müssen enthalten sein:*
   a) Je 60 Starts und Landungen, davon 20 Alleinstarts und Alleinlandungen und 3 Landungen aus ungewohnter Position mit Fluglehrer.
   b) 3 Landungen mit oder ohne Fluglehrer auf mindestens einem anderen Flugplatz als auf dem, auf dem die Ausbildung durchgeführt wird.
   c) Die selbständige Vorbereitung und Durchführung eines Überlandfluges als Alleinflug über eine Flugstrecke von mindestens 50 km im Segelflug.
   d) Eine theoretische und praktische Einweisung zur Beherrschung des Segelflugzeuges in besonderen Flugzuständen, in das Verhalten in Notfällen und bei Unfällen.

*Anmerkung hierzu:*

Der Bundesminister für Verkehr hat bestimmt, daß die Abflughöhe (Ausklinkhöhe) über dem Startort zur Erfüllung des Überlandfluges über eine Flugstrecke von 50 km höchstens 750 m (2500 ft) über Grund betragen darf. Darüber hinaus ist bei der Durchführung des Überlandfluges ein Barograph mitzuführen.
Das Barogramm muß nachweisen, daß keine Zwischenlandung gemacht wurde und die Feststellung der Abflughöhe ermöglichen.
Bei Zielstreckenflügen mit Rückkehr zum Startort ist zusätzlich die ordnungsgemäße Umrundung der Wendepunkte mit Zielfoto zu belegen.

### 1.6.1.4 Erleichterungen

1) Die Flugausbildung mit Fluglehrer kann teilweise auf Motorseglern durchgeführt werden. Motorsegler gelten als weiteres Muster im Sinne des § 36 Abs, 3 LuftPersV.

2) Für Bewerber, die eine Erlaubnis für Flugzeugführer besitzen (Privatluftfahrzeugführer Beiblatt A), verringert sich die Flugausbildung auf mindestens 10 Flugstunden auf Segelflugzeugen. Für Bewerber, die eine Erlaubnis für Hubschrauberführung besitzen (Privatluftfahrzeugführer Beiblatt E), verringert sich die Flugausbildung auf mindestens 15 Flugstunden auf Segelflugzeugen.

   In der Zeit müssen je 20 Alleinstarts und Alleinlandungen und 3 Landungen aus ungewohnter Position mit Fluglehrer sowie die Flug-

§ 36 LuftPersV
Verordnung über Flugfunkzeugnisse, veröffentlicht in den Nachrichten für Luftfahrer Teil II 41/77

siehe Nachrichten für Luftfahrer Teil II 34/80

§ 37 LuftPersV

ausbildung nach Nr. 3c) und d) der vorher erwähnten Bedingungen enthalten sein.

3) Für Bewerber, die eine Erlaubnis für
*selbststartende* Motorsegler besitzen (Privatluftfahrzeugführer Beiblatt B), verringert sich die Flugausbildung auf Segelflugzeugen auf mindestens 5 Flugstunden.
In der Flugzeit müssen je 15 Alleinstarts und Alleinlandungen und drei Landungen aus ungewohnter Position mit Fluglehrer sowie die Flugausbildung nach Nr. 3c) und d) der vorher erwähnten Bedingungen enthalten sein.

4) Für Bewerber, die eine Erlaubnis für
*nicht selbststartende* Motorsegler besitzen, wird eine Ausbildung *nicht* gefordert. Nur eine Prüfung ist abzulegen. Die Erlaubnis für nicht selbststartende Motorsegler (Windenstart oder Flugzeugschleppstart) kann auf
*Segelflugzeugen* erworben werden.

**Arten des Erwerbs der Erlaubnis zum Führen von nicht-selbststartenden Motorseglern, Winden-, Flugzeug- und sonstiger Starts und deren Verlängerung.**

1. **Flugschüler,** die zum Motorseglerführer ausgebildet werden – also bisher **keine** Erlaubnis für Luftfahrtpersonal erworben haben – :
Ausbildung gem. § 31 Abs. 1–4 LuftPersV
und
**Zusätzlich**
a) **Windenstarts** 10 Starts mit Lehrer und 10 Alleinstarts
b) **Flugzeugschleppstarts** 5 Starts mit Lehrer und 5 Alleinstarts
c) **Sonstige Startarten** Auto, Gummi usw. 10 Starts mit Lehrer und 10 Alleinstarts.

Die unter a, b und c genannten Starts dürfen auch auf **Segelflugzeugen** durchgeführt werden.

**Anmerkung:** § 31 Abs. 4 1–5 LuftPersV ist **Ausbildung!**
Daher nur an Flugschulen.

**Verlängerung:** Gemäß § 35 Abs. 3 LuftPersV gilt § 41 LuftPersV: = 10 Stunden oder 30 Starts (in den Starts müssen die fünf Starts für Winde oder F-Schlepp enthalten sein).
Kann ersetzt werden, wenn Antragsteller Segelflugerlaubnis mit entsprechender Startart hat.

2. **Bewerber,** die eine Erlaubnis für
**Flugzeugführer, Hubschrauberführer** oder **Segelflugzeugführer** und **Motorseglerführer**
**besitzen.**
**Einweisung** (Einweisung ist keine Ausbildung und kann daher außerhalb einer Flugschule vorgenommen werden.)
a) **Flugzeugführer:** – § 34 Abs. 2 Nr. 1 LuftPersV
**Einweisung** durch Motorseglerlehrer
**Fünf Stunden Flugzeit** auf **Nicht**-selbststartenden **Motorseglern** oder **Segelflugzeugen** (Werden Segelflugzeuge verwendet, so muß Fluglehrer auch Segelfluglehrer sein und Lehrberechtigung für nicht-selbststartende MOSE besitzen.)
mindestens **30 Starts und Landungen.**
Hierin enthalten sind die in § 40 LuftPersV aufgeführte Anzahl von Starts sowie weitere **10 Alleinstarts-** und Landungen.
Liegt der **Nachweis** vor – Aufstellung oder Flugbuch bestätigen lassen durch den einweisenden Fluglehrer – so ist eine
**Überprüfung** durch einen von der Erlaubnis-Behörde bestimmten Sachverständigen notwendig!

(Da **Überprüfung** und nicht **Prüfung,** genügt mündliche in theoretischen Kenntnissen und ein Flug - W-Start oder F-Schlepp.)
**Verlängerung:** Siehe § 41 LuftPersV

§ 37
LuftPersV

§ 37 Abs. 3
letzter Satz
LuftPersV

§ 31 Abs. 5
LuftPersV

§ 40
LuftPersV

§ 34 Abs. 2
LuftPersV

b) **Hubschrauberführer** Einweisung durch Motorseglerlehrer
10 Stunden Flugzeit auf . . . . . . . und weiter wie unter 2a
Nachweis und Überprüfung wie unter 2a
**Verlängerung:** Siehe § 41 LuftPersV

§ 34 Abs. 2 Ziff. 2
LuftPersV

c) **Segelflugzeugführer** Einweisung durch Motorseglerlehrer und
**fünf Alleinflüge** mit **Motorhilfe auf Nicht-**selbststartenden MOSE.
Keine Überprüfung, sondern nur Nachweis.
**Verlängerung:** Ersatz durch Starts und Landungen auf Segelflugzeugen – sonst. § 41 LuftPersV

§ 34 Abs. 3 Ziff 3
LuftPersV

d) **Motorseglerführer**
Einweisung durch Motorseglerlehrer
fünf Stunden Flugzeit auf . . . . . und weiter wie unter 2a
Nachweis und Überprüfung wie unter 2a
**Verlängerung:** Siehe § 41 LuftPersV

§ 35 Abs. 2 Satz 3
i.V. mit § 34
Abs. 2 Ziff. 1 u. 3.
LuftPersv

*1.6.1.5 Abschluß der Ausbildung und Prüfung zum Erwerb der Erlaub-*
*nis für Segelflugzeugführer*
*(Privatluftfahrzeugführer Beiblatt C)*

*Nachweis der Vor- und Ausbildung:*

Die Ausbildung ist durch eine Bescheinigung des Ausbildungsleiters
nachzuweisen. Die absolvierten Unterrichtsstunden sind durch ein Un-
terrichtsbuch nachzuweisen (in einigen Fällen genügt die Vorlage des
Ausbildungsnachweises des Deutschen Aero-Clubs).

§ 121
LuftPersV

Wird die theoretische Ausbildung in Form eines programmierten Un-
terrichtes oder durch eine Fernschule vermittelt, so kann die Zahl der
vorgeschriebenen Unterrichtsstunden verringert werden. Wurde Fern-
unterricht vermittelt, so ist dieser durch Nahunterricht zu ergänzen.

§ 38
LuftPersV

*Zweck und Gegenstand der Prüfung:*

Der Bewerber (Flugschüler hat in der Prüfung nachzuweisen, daß er
das aus Gründen der Sicherheit des Luftverkehrs und der öffentlichen
Sicherheit und Ordnung notwendige praktische Können und fachliche
Wissen zur Ausübung der beabsichtigten Tätigkeit (Segelflugzeugführer besitzt (Bild 11.1).

## Prüfungsnachweis 9

### Flugprüfung für den Erwerb der Erlaubnis für Segelflugzeugführer

Name und Vorname des Bewerbers: . . . . . . . . . . . . . . . . . . . . . . . . . . . . . . . . . . . . . . . . . . . . .

Wohnsitz: . . . . . . . . . . . . . . . . . . . . . . . . . . . . . . . . . . . . . . . . . . . . . . . . . . . . . . . . . . . . . . . . .

### I. Prüfungsflüge

Segelflugzeugmuster: . . . . . . . . . . . . . . . . . . . . . . . . . . . . . . . . . . . . . . . . . . . . . .

Kennzeichen: . . . . . . . . . . . . . . . . . . . . . . . . . . . . . . . . . . . . . . . . . . . . . . . . . . . . .

Flugplatz: . . . . . . . . . . . . . . . . . . . . . . . . . . . . . . . . . . . . . . . . . . . . . . . . . . . . . . .

Startart: . . . . . . . . . . . . . . . . . . . . . . . . . . . . . . . . . . . . . . . . . . . . . . . . . . . . . . . .

| Daten des Fluges | 1. Prüfungsflug * | | 2. Prüfungsflug * | | 3. Prüfungsflug * | |
|---|---|---|---|---|---|---|
| | 1. Vers. | 2. Vers. | 1. Vers. | 2. Vers. | 1. Vers. | 2. Vers. |
| Startzeit | | | | | | |
| Landezeit | | | | | | |
| Flugdauer | | | | | | |

### II. Ergebnis der Prüfung **:

Bestanden / Nicht bestanden

### III. Bemerkungen:

. . . . . . . . . . . . . . . . . . . . . . , den . . . . . . . . . . . . . . .　　　　　. . . . . . . . . . . . . . . . . . . . . . . . . . . .

Prüfungsratsmitglied

* 1 Prüfungsflug kann wiederholt werden
** Nichtzutreffendes ist zu streichen

*11.1 Prüfungsnachweis, Vorderseite*
*(Rückseite siehe Bild 13.1)*

*Bestandteile der Prüfung:*

Die Prüfung besteht aus einer theoretischen und einer praktischen Prüfung.

Die theoretische Prüfung umfaßt einen schriftlichen und einen mündlichen Teil. Die theoretische Prüfung ist vor der praktischen Prüfung abzulegen. Bei der theoretischen Prüfung soll der schriftliche Teil vor dem mündlichen Teil geprüft werden.

Die Prüfung wird vor dem Prüfungsrat der zuständigen Erlaubnisbehörde abgelegt.

§ 38
LuftPersV

*Festsetzung der Termine und Prüfungsaufgaben bzw. Abbruch der Prüfung durch den Bewerber:*

Zeitpunkt und Ort der theoretischen Prüfung werden vom Vorsitzenden des Prüfungsrates festgesetzt. Zeitpunkt und Ort der praktischen Prüfung werden vom beauftragten Prüfungsratsmitglied im Einvernehmen mit dem Bewerber bestimmt. Zwischen dem Zeitpunkt der abgelegten theoretischen Prüfung und dem Zeitpunkt der abzulegenden praktischen Prüfung dürfen nicht mehr als 12 Monate liegen.

Teilweise Wiederholungsprüfungen werden auf den Zeitpunkt der Ablegung der Prüfungen nicht angerechnet. Wiederholungsprüfungen sollen innerhalb von 6 Monaten nach Ablegung der theoretischen oder praktischen Prüfung durchgeführt werden.

Die Themen und Fragen der theoretischen Prüfung bestimmt der Prüfungsrat im Rahmen der Bestimmungen nach den Richtlinien des Bundesministers für Verkehr für die Ausbildung und Prüfung des Luftfahrtpersonals (ebenso des praktischen Teils). Siehe hierzu „Bundeseinheitlicher Fragenkatalog".

§ 128
LuftPersV

*Bewertung der theoretischen Prüfung*

Die schriftlichen Prüfungsarbeiten werden nach Prozentzahlen bewertet. Im einzelnen schriftlichen Prüfungsfach muß der Bewerber ein Ergebnis von mindestens 75% erreichen. Erreicht der Bewerber ein Ergebnis von 85% und mehr, so kann er von der mündlichen Prüfung desselben Prüfungsfaches befreit werden.

Die mündlichen Prüfungsfächer werden mit „Bestanden" oder „Nicht bestanden" bewertet. In jedem mündlichen Prüfungsfach muß der Bewerber die Bewertung „Bestanden" erreichen.

Der Bewerber hat die theoretische Prüfung bestanden, wenn er in allen Prüfungsfächern (schriftliche und mündliche Prüfungsfächer zusammengenommen) das verlangte Ergebnis erreicht. Wenn er nur zur Hälfte oder weniger als zur Hälfte der schriftlichen Prüfungsfächer das verlangte Ergebnis erreicht hat, hat er die gesamte theoretische Prüfung zu wiederholen.

Teil 1
„Allgemeine Bestimmungen" zu den Richtlinien des BMV für die Ausbildung und Prüfung des Luftfahrtpersonals. NfL II 71/83

*Praktische Prüfung:*

Der Bewerber hat für die Flugprüfung ein geeignetes Luftfahrzeug zu stellen. Es muß mit einer voll funktionsfähigen Doppelsteuerung ausgerüstet sein. Der Abnahmeberechtigte hat vor dem Flug das Prüfungsprogramm in den Grundzügen mit dem Bewerber zu besprechen. Der Zeitpunkt simulierter Notsituationen soll jedoch bei dieser Besprechung nicht bekanntgegeben werden.

Die Prüfung kann von dem Abnahmeberechtigten abgebrochen werden, wenn der erfolgreiche Abschluß der Prüfung nicht mehr möglich ist. Ein Prüfungsflug ist abzubrechen, wenn der Bewerber Unsicherheit oder Unkenntnis zeigt, die die Sicherheit des Fluges beeinträchtigen oder gefährden können.

Bei Ziellandungen darf das Luftfahrzeug nicht außerhalb der bezeichneten Fläche aufsetzen.

*Bewertung der praktischen Prüfung:*

Die einzelnen Übungen der praktischen Prüfung werden nach Maßgabe der Richtlinien mit „Bestanden" oder „Nicht bestanden" bewertet (Bild 13.1).

In jeder Übung ist mindestens die Bewertung „Bestanden" zu erreichen, um die praktische Prüfung zu bestehen. Sind mehr als 3 Übungen mit „Nicht bestanden" beurteilt worden, entscheidet der Prüfungsrat oder das beauftragte Mitglied, ob die gesamte praktische Prüfung oder nur Teile derselben zu wiederholen sind.
Es ist erlaubt, daß ein nicht bestandener Prüfungsflug wiederholt werden kann.

| Flugübungen | |
|---|---|
| 1. | Vorbereitung zum Start |
| 2.* | Windenstart |
| 3.* | Flugzeugschleppstart |
| 4.** | Rollübungen |
| | Geradeausflug |
| | Kurvenflug |
| | Kreisflüge 30° bis 45° Querneigung |
| | Kreiswechsel |
| | Langsamflug ohne Abkippen |
| | Schnellflug |
| | hochgezogene Fahrtkurve |
| | Seitengleitflug |
| 5. | Einteilung des Landeanfluges |
| 6. | Ziellandung   Aufsetzen innerhalb von 100 m nach dem Landezeichen |

\*    Nichtzutreffendes ist zu streichen
\*\*  Wahl der Reihenfolge bleibt dem Prüfungsrat vorbehalten

13.1 Prüfungsvordruck

## 1.6.2 Erlaubnisse und Berechtigungen für Segelflugzeugführer

*1.6.2.1 Luftfahrerschein für Privatluftfahrzeugführer und Beiblatt C*

Der Luftfahrerschein für Privatluftfahrzeugführer (Bild 2.1) ist nur gültig in Verbindung mit dem zugehörigen Beiblatt „C" (Bild 3.1).

Die Erlaubnis für Segelflugzeugführer berechtigt zum Führen von Segelflugzeugen entsprechend den eingetragenen Startarten am Tage.

Die zulässigen Startarten sind:

a) Windenstart
b) Flugzeugschleppstart und
c) Sonstige Startarten

Die zugelassene Startart wird in die Erlaubnis (Bild 3.1) eingetragen.

§ 39 LuftPersV

§ 40 LuftPersV
Zum Erwerb der Erlaubnis für die entsprechenden Startarten müssen folgende Voraussetzungen erfüllt werden:
*Windenstart*
a) 10 Starts mit Fluglehrer und 10 Alleinstarts,
  b) *Flugzeugschleppstarts*
  5 Starts mit Fluglehrer und 10 Alleinstarts,
c) *sonstige Startarten* (z. B. Gummiseilstart o. Autoschleppstart) 10 Starts mit Fluglehrer und 10 Alleinstarts.

## 1.6.2.2 Erweiterung

Der vorgenannte Luftfahrerschein kann erweitert werden auf:

### a) Kunstflugberechtigung

Die fachlichen Voraussetzungen für die Berechtigung zur Durchführung von Kunstflug auf Segelflugzeugen sind u.a.:
1) eine praktische Tätigkeit von mindestens 50 Flugstunden als verantwortlicher Segelflugzeugführer nach Erwerb der entsprechenden Erlaubnis.
2) eine Kunstflugausbildung von mindestens 5 Flugstunden.

In der Kunstflugausbildung müssen eine Einweisung in besondere Flugzustände sowie die folgenden Übungen enthalten sein:
1) Überschlag,
2) Turn links und rechts,
3) Gesteuerte Rolle,
4) Hochgezogene Rollenkehre,
5) Aufschwung.

Der Bewerber hat in einer praktischen Prüfung nachzuweisen, daß er die zur Durchführung von Kunstflügen notwendigen Fähigkeiten besitzt.
Die Kunstflugausbildung kann auf Motorseglern durchgeführt werden.

§ 81 LuftPersV
Richtlinien des BMV
Teil II, Kap. 19/C

### b) Wolkenflugberechtigung

Die Voraussetzungen zur Durchführung von Wolkenflügen sind u.a.:
1) eine praktische Tätigkeit als verantwortlicher Segelflugzeugführer von 70 Flugstunden.
2) in der Flugzeit müssen mindestens 10 Stunden Instrumentenflugübungen ohne Sicht nach außen auf Segelflugzeugen oder Motorseglern in Begleitung eines Segelfluglehrers mit Wolkenflugberechtigung innerhalb der letzten 12 Monate vor Stellung des Antrags auf Erteilung der Berechtigung enthalten sein.

Der Bewerber hat in einer praktischen Überprüfung vor einem von der Erlaubnisbehörde bestimmten Sachverständigen nachzuweisen, daß er die zur Durchführung von Wolkenflügen notwendigen Fähigkeiten besitzt.

§ 85 LuftPersV iV.
und den Richtlinien des
BMV Teil II, Kap. 19/F

## 1.6.2.3 Gültigkeit

Der Luftfahrerschein wird mit einer Gültigkeit von 24 Monaten erteilt, sofern die fliegerärztliche Untersuchung die Gültigkeit nicht einschränkt.

*Berücksichtigung der fliegerärztlichen Untersuchung:*
1) Die Gültigkeitsdauer der Erlaubnisse für Luftfahrer beginnt bei der Erteilung und Erneuerung am Tage des Abschlusses der letzten fliegerärztlichen Untersuchung.

2) Bei der Verlängerung einer Erlaubnis beginnt die Gültigkeitsdauer mit dem Ablauf der bisherigen Gültigkeit, wenn die Nachuntersuchung innerhalb der letzten 45 Tage vor diesem Zeitpunkt durchgeführt worden ist.

§ 125 LuftPersV

## 1.6.2.4 Verlängerung

Eine Erlaubnis, deren Gültigkeit noch nicht abgelaufen ist, kann um die Gültigkeitsdauer verlängert werden, wenn der Bewerber 10 Flugstunden oder 30 Starts als verantwortlicher Segelflugzeugführer oder Führer von Motorseglern, Flugzeugen oder Hubschrauber sowie mindestens die Voraussetzungen einer Startart innerhalb der letzten 24 Monate vor Ablauf der Gültigkeit der Erlaubnis nachweist.

Die Verlängerung erstreckt sich auf diejenigen eingetragenen Startarten, für die in den letzten 24 Monaten vor Ablauf der Gültigkeit der Erlaubnis mindestens je 5 Starts nachgewiesen sind.

§ 41 LuftPersV

### Überprüfung

Die Hälfte der o.g. nachzuweisenden Flugstunden und Starts kann durch einen Überprüfungsflug auf einem Segelflugzeug mit einem von der Erlaubnisbehörde anerkannten Sachverständigen ersetzt werden.

## 1.6.2.5 Erneuerung

Eine Erlaubnis, deren Gültigkeit *abgelaufen* ist, kann erneuert werden, wenn der Bewerber innerhalb der letzten 24 Monate vor Stellung des Antrages auf Erneuerung der Erlaubnis die zuvor genannten Voraussetzungen erfüllt hat.

Ein Überprüfungsflug zum Ersatz der halben Flugzeit ist nicht möglich. Die Erlaubnisbehörde kann jedoch die Erneuerung von einer Überprüfung durch einen von ihr bestimmten Sachverständigen abhängig machen.

Für die Erneuerung einer Erlaubnis, deren Gültigkeitsdauer länger als 5 Jahre abgelaufen ist, hat der Bewerber zusätzlich die theoretische Prüfung zu wiederholen.

§ 41 LuftPersV

### Art des Antrages auf Verlängerung/Erneuerung

Der Vordruck für den Antrag auf Verlängerung oder Erneuerung der Erlaubnis ist in Bild 16.1 dargestellt. Wichtig ist, daß der Antrag auf Verlängerung rechtzeitig gestellt wird. Der Antrag muß vor Ablauf der Gültigkeitsdauer gestellt werden, wobei der *Tag des Einganges bei der Erlaubnisbehörde* maßgebend ist. Bei der Verlängerung beginnt die Gültigkeitsdauer mit Ablauf der bisherigen Gültigkeitsdauer, wenn die Nachuntersuchung innerhalb der letzten 45 Tage vor diesem Zeitpunkt durchgeführt worden ist.

*Beim Ausfüllen des Antrages ist folgendes zu beachten:*

zu I: Die Angaben über den Antragsteller sind mit Druckbuchstaben oder mit Schreibmaschine vorzunehmen. Da die verlängerten Beiblätter per Nachnahme zugestellt werden, ist sicherzustellen, daß im Falle Ihrer Abwesenheit die Sendung zugestellt und eingelöst werden kann, ggf. ist eine Ersatzanschrift anzugeben (nur Inland!).

zu III: Hier ist die Nummer Ihres Luftfahrerscheines für Privatluftfahrzeugführer anzugeben.

zu IV: In die zutreffende Spalte tragen Sie das Gültigkeitsdatum des zu verlängernden Beiblattes ein (u.U. auch mehrere) sowie die das Beiblatt zuletzt verlängernde Behörde (z.B. Reg. Präs. Kassel o.ä.).

zu V: Berücksichtigt werden nur Voraussetzungen, die innerhalb der letzten 24 Monate vor Antragstellung als verantwortlicher Luftfahrzeugführer erbracht worden sind.

1. *Flugzeiten:* Nur in die entsprechenden Spalten eintragen. Die möglichen Kombinationen sind der LuftPersV zu entnehmen.

2. *Starts und Landungen:* Die Starts sind nach Startarten aufzugliedern.

3. *Streckenflüge:* Streckenflüge sind nur für Privatflugzeugführer (Beiblatt A) oder Motorseglerführer (Beiblatt B) notwendig.

zu VI: Die Hälfte der nachzuweisenden Flugzeit kann durch einen Überprüfungsflug mit einem von der Erlaubnisbehörde anerkannten Sachverständigen ersetzt werden. Diese Vergünstigung gilt nicht für die Erneuerung einer abgelaufenen Erlaubnis.

zu VII: Dem Antrag ist das fliegerärztliche Tauglichkeitszeugnis einer fliegerärztlichen Untersuchungsstelle beizufügen.

zu VIII: Ausdrücklich wird hingewiesen auf die Bestimmungen über Ordnungswidrigkeiten des § 134 Nr. 5 LuftPersV.

zu IX: Diese Bestätigung kann nur eine der in § 120 LuftPersV genannte Person vornehmen. Die Bestätigung unrichtiger Angaben ist nach § 134 Nr. 6 LuftPersV eine Ordnungswidrigkeit.

*Bemerkung:* Bei der Verlängerung oder Erneuerung der Erlaubnis müssen die Voraussetzungen des § 24 Abs.1 LuftVZO fortbestehen (charakterliche Eignung). Daher die Erklärung unter VIII im Vordruck.

§ 26 a LuftVZO

# Antrag zur Verlängerung / Erneuerung des Luftfahrerscheins für Privatluftfahrzeugführer

**I**

WESTPHAL, Hannes

Name, Vorname

Am Hopfenberg 12

Straße, Hausnummer

3502 VELLMAR

Postleitzahl und Wohnort

0561 821122

Telefon

An die

zuständige Luftfahrtbehörde

Regierung Kassel
Postfach
3500 Kassel

Eingegangen:

Inhaber des Luftfahrerscheins für Privatluftfahrzeugführer

**III** Nr.  HEKS 1

Ich beantrage  ☒ die Verlängerung
☐ die Erneuerung meiner Erlaubnis

**IV**

| Beiblatt | gültig bis | zuletzt verlängert durch (Behörde) |
|---|---|---|
| A | | |
| B | | |
| Ⓒ | 31.1.87 | RP Kassel |
| E | | |

Vom **31.1.19 B5** bis heute habe ich folgende Voraussetzungen als verantwortlicher Luftfahrzeugführer erfüllt:
(Datum)

| Flugzeiten auf **V** | Flugzeugen Stunden | Min. | Motorseglern Stunden | Min. | Segelflugzeugen Stunden | Min. | Drehflüglern Stunden | Min. |
|---|---|---|---|---|---|---|---|---|
| | | | | | 120 | - | | |
| **Starts und Landungen** | | | | | | | | |
| a) Eigenstarts | | | | | XXXXXXXXXXX | | | |
| b) Flugzeugschleppstarts | XXXXXXXXXXX | | | | 30 | | XXXXXXXXXXX | |
| c) Windenstarts | XXXXXXXXXXX | | | | 120 | | XXXXXXXXXXX | |

**Streckenflüge**

| Luftfahrzeug | Startflugplatz | Datum | Startzeit | Zielflugplatz | Landezeit | Entfernung (km) |
|---|---|---|---|---|---|---|
| D - | | | | | | |
| D - | | | | | | |
| D - | | | | | | |

Zusätzlich für die Erneuerung des PPL A / B:
Navigationsdreiecksflug gemäß § 5 Abs. 3 LuftPersV mit Fluglehrer am _____/_____ (siehe beigefügte Bescheinigung)

**VI**

Bei den o. a. Voraussetzungen bitte ich zu berücksichtigen:

1. Eine Gesamtflugzeit von _____/_____ Stunden seit Erwerb der Erlaubnis als verantwortlicher Flugzeugführer
(nur bei Verlängerung des Beiblattes A und B)

2. Eine Überprüfung durch den Sachverständigen Ihrer Behörde, Herrn _____/_____

**VIII**

Ich versichere, daß ich die Angaben in meinem Flugbuch in Kenntnis des § 134 Nr. 5 LuftPersV (Ordnungswidrigkeiten) richtig und vollständig gemacht habe. Außerdem erkläre ich, daß ich seit der letzten Verlängerung der Gültigkeit der Erlaubnis gerichtlich nicht bestraft worden bin, an einem Luftfahrzeugunfall nicht beteiligt war und eine mir erteilte Fahrerlaubnis nicht entzogen worden ist.

_____
Unterschrift des Antragstellers

Vellmar  25. Jan. 1987

Ort, Datum

**IX**

Die Übereinstimmung der hier aufgeführten Voraussetzungen mit den Angaben im Flugbuch bestätigt in Kenntnis des § 120 LuftPersV und der Ordnungswidrigkeitenbestimmung des § 134 Nr. 6 LuftPersV:

_____
Unterschrift des Berechtigten nach § 120 LuftPersV

Angaben über die Berechtigung – z.B. Fluglehrer, Flugleiter usw. – und
Nummer der Berechtigung (in Druckbuchstaben, ggfs. Stempel)

CALDEN  25/i.87

Ort, Datum

37b - 639 (11.86)

*16.1 Antrag auf die Verlängerung / Erneuerung der Erlaubnis*

*Erleichterungen*

Die Erlaubnisbehörde kann eine Erlaubnis, deren Gültigkeit nicht länger als 6 Monate abgelaufen ist, bei Vorliegen der Voraussetzungen für die Verlängerung erneuern, wenn die rechtzeitige Verlängerung aus entschuldbaren Gründen unterblieben ist.

*Nachweis der fliegerischen Voraussetzungen*

Luftfahrzeugführer haben ein Flugbuch zu führen, in dem alle Flüge unter Angabe der ausgeübten Tätigkeit und des Luftfahrzeugmusters nach Datum, Art des Fluges, Abflugzeit, Landezeit, der sich daraus ergebenden Flugdauer, Abflugort und Landeort angegeben sind.

Das Flugbuch ist während der erlaubnispflichtigen Tätigkeit mitzuführen, (bei Platzflügen muß das Flugbuch zumindest am Flugplatz vorhanden sein, damit es durch eine Person, die mit der Kontrolle beauftragt ist, eingesehen werden kann).

Die Angaben zum Nachweis der Erweiterung, Verlängerung oder Erneuerung einer Erlaubnis oder Berechtigung\*), die unter Aufsicht oder in Begleitung eines Luftfahrers erfüllt sein müssen (Fluglehrer), müssen von diesem unter Angabe der Art und Nummer seines Luftfahrerscheins als richtig bescheinigt werden.

Der Nachweis der fliegerischen Voraussetzungen für die Verlängerung oder Erneuerung kann durch Auszüge aus dem Flugbuch erbracht werden. Diese Auszüge und deren Übereinstimmung mit den Angaben im Flugbuch müssen durch einen Beauftragten für Luftaufsicht, einen Flugleiter, einen Ausbildungs- oder Flugbetriebsleiter, ein Prüfungsratsmitglied, einen Fluglehrer oder Einweisungsberechtigten bescheinigt sein.

§ 130 LuftPersV

§ 120 LuftPersv

\*) z. B. Erwerb der Kunstflugberechtigung oder einer anderen Startart

§ 88 LuftPersV

MUSTER

| Lfd. Nr. / Serial No. | Jahr Year 1987 — Tag Day | Monat Month | Kennzeichen Registration / Muster Type | Flugzeugführer Pilot in Command oder/or / Lehrer Instructor | 2. Flugzeugführer 2nd Pilot oder/or Flugschüler Student Pilot Begleiter/Passenger | Flug Flight von/nach from/to | Startzeit Take-off Time / Landezeit Landing Time | Motorflug Aeroplane h | min | Ldg. | Motorsegler Powered Glider h | min | Ldg. | Segelflug Glider h | min | Ldg. | Solo Schüler/Student h | min | Ldg. | Bestätigung gemäß § 120 LuftPersV Certifications / Bemerkungen Remarks (Startart, Überland-km usw.) |
|---|---|---|---|---|---|---|---|---|---|---|---|---|---|---|---|---|---|---|---|---|
| 184 | 1 | 5 | LS 4 / D-1922 | WESTPHAL | ./. | KASSEL HARB | 11.20 / 12.40 | | | | | | | 1 | 20 | 1 | | | | gepl. △ |
| 185/190 | 10 | 5 | ASK 13 / D-4422 | WESTPHAL | Schüler | Dörkers Platzfl. | 13.15 / 15.55 | | | | | | | 1 | 00 | 6 | | | | F-Schlepp |

Gesamtflugzeit als verantwortlicher Flugzeugführer ▶
Total Flying Time in Command

Übertrag ——
Carried Forward

## 1.6.3 Segelfluglehrer

Zum Erwerb der Erlaubnis, Segelflugzeugführer praktisch auszubilden, ist nachzuweisen:
1) die Erlaubnis für Segelflugzeugführer;
2) eine praktische Tätigkeit als verantwortlicher Segelflugzeugführer von 100 Stunden, oder von 50 Stunden und 250 Starts als verantwortlicher Segelflugzeugführer. Hiervon kann die Hälfte der Flugzeit auf Motorflugzeugen oder Motorseglern geflogen worden sein;
3) eine Auswahlprüfung vor einem von der Erlaubnisbehörde anerkannten Sachverständigen vor Beginn der Ausbildungstätigkeit;
4) eine erfolgreiche Teilnahme an einem amtlich anerkannten Ausbildungslehrgang für Segelfluglehrer von 3 Wochen Dauer mit insgesamt 80 Unterrichtsstunden.
5) Der Bewerber hat in einer praktischen und theoretischen Prüfung nachzuweisen, daß er nach seinem praktischen Können und seinem fachlichen Wissen in der Lage ist, Segelflugzeugführer auszubilden. Danach (sofern eine Lehrberechtigung erstmals erworben wird) eine erfolgreiche Ausbildungstätigkeit nach den Abschnitten 1 bis 3, Anlage 2 zu Kapitel 9 der Richtlinien des BMV unter Aufsicht eines hierfür amtlich anerkannten Fluglehrers.

Gesetzliche und sonstige Vorschriften für die Luftfahrt

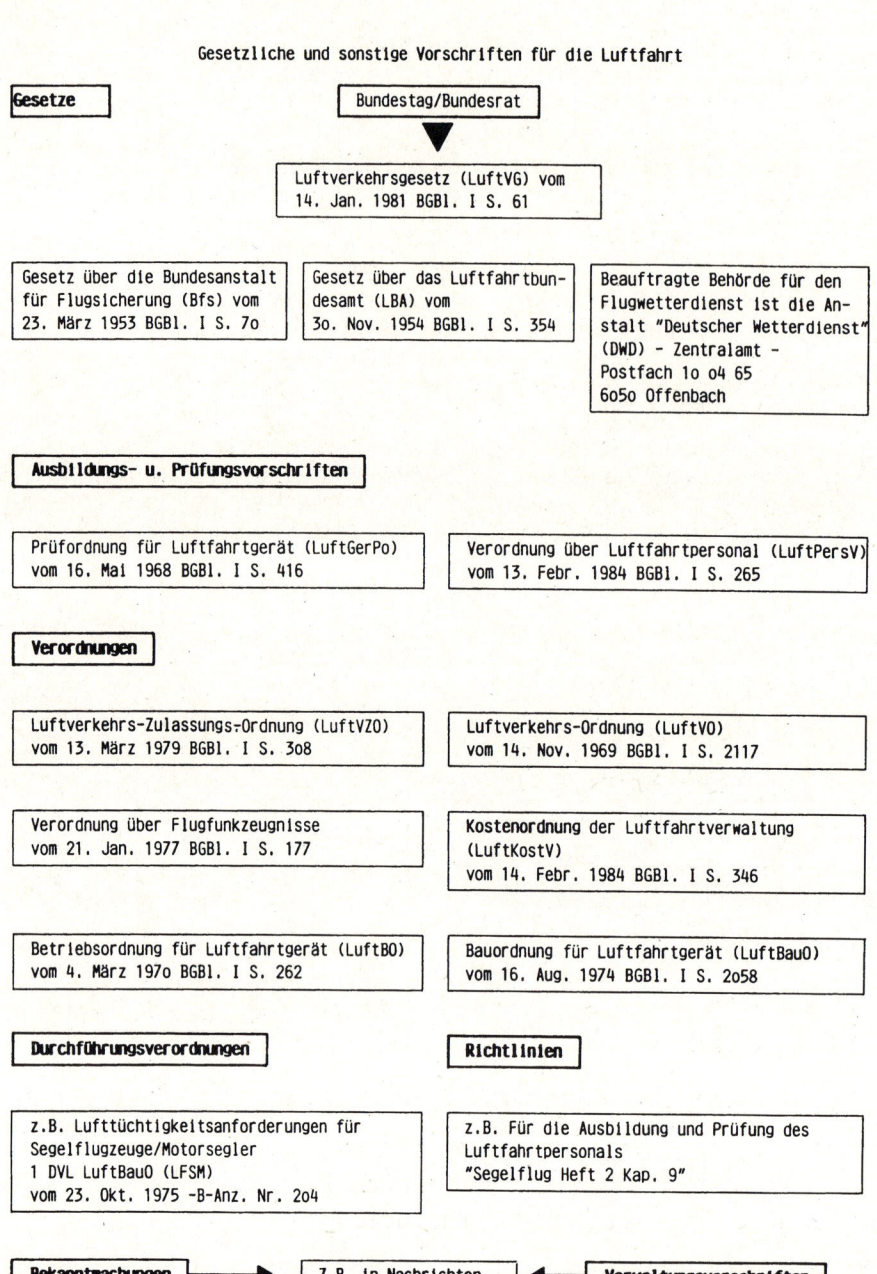

| Gesetze | | Bundestag/Bundesrat |
|---|---|---|

Luftverkehrsgesetz (LuftVG) vom
14. Jan. 1981 BGBl. I S. 61

Gesetz über die Bundesanstalt
für Flugsicherung (Bfs) vom
23. März 1953 BGBl. I S. 7o

Gesetz über das Luftfahrtbundesamt (LBA) vom
3o. Nov. 1954 BGBl. I S. 354

Beauftragte Behörde für den
Flugwetterdienst ist die An-
stalt "Deutscher Wetterdienst"
(DWD) - Zentralamt -
Postfach 1o o4 65
6o5o Offenbach

**Ausbildungs- u. Prüfungsvorschriften**

Prüfordnung für Luftfahrtgerät (LuftGerPo)
vom 16. Mai 1968 BGBl. I S. 416

Verordnung über Luftfahrtpersonal (LuftPersV)
vom 13. Febr. 1984 BGBl. I S. 265

**Verordnungen**

Luftverkehrs-Zulassungs-Ordnung (LuftVZO)
vom 13. März 1979 BGBl. I S. 3o8

Luftverkehrs-Ordnung (LuftVO)
vom 14. Nov. 1969 BGBl. I S. 2117

Verordnung über Flugfunkzeugnisse
vom 21. Jan. 1977 BGBl. I S. 177

Kostenordnung der Luftfahrtverwaltung
(LuftKostV)
vom 14. Febr. 1984 BGBl. I S. 346

Betriebsordnung für Luftfahrtgerät (LuftBO)
vom 4. März 197o BGBl. I S. 262

Bauordnung für Luftfahrtgerät (LuftBauO)
vom 16. Aug. 1974 BGBl. I S. 2o58

**Durchführungsverordnungen**   **Richtlinien**

z.B. Lufttüchtigkeitsanforderungen für
Segelflugzeuge/Motorsegler
1 DVL LuftBauO (LFSM)
vom 23. Okt. 1975 -B-Anz. Nr. 2o4

z.B. Für die Ausbildung und Prüfung des
Luftfahrtpersonals
"Segelflug Heft 2 Kap. 9"

**Bekanntmachungen** → Z.B. in Nachrichten
für Luftfahrer u. VK-
Blättern ← **Verwaltungsvorschriften**

z.B. zu § 5 LuftVO-Anzeige von Flugunfällen
NfL - 268/71

z.B. Tageskennzeichnung von Landeplätzen u.
Segelfluggeländen - NfL I 98/82

*18.1 Gesetzliche und sonstige Vorschriften für die Luftfahrt*

## 1.1 Rechtsvorschriften

### 1.1.1 Luftverkehrsgesetz (LuftVG)

**Luftverkehrsgesetz (LuftVG)**
in der Neufassung vom 14. Januar 1981 (BGBl. I, S. 61ff.)

ERSTER ABSCHNITT
**Luftverkehr**

1. Unterabschnitt
Luftfahrzeuge und Luftpersonal

**§ 1**

(1) Die Benutzung des Luftraums durch Luftfahrzeuge ist frei, soweit sie nicht durch dieses Gesetz, das Gesetz über die Bundesanstalt für Flugsicherung und durch die zur Durchführung dieser Gesetze erlassenen Rechtsvorschriften beschränkt wird. Zur Beschränkung siehe Abschnitt 1–7.

(2) Luftfahrzeuge sind Flugzeuge, Drehflügler, Luftschiffe, Segelflugzeuge, Motorsegler, Frei- und Fesselballone, Drachen, Fallschirme, Flugmodelle und sonstige für die Benutzung des Luftraums bestimmte Geräte, insbesondere Raumfahrzeuge, Raketen und ähnliche Flugkörper (auch Hängegleiter, Gleitflugzeuge, Ultraleichtflugzeuge – UL's – und Gleitfallschirme).

Darüber hinaus behandelt es die Verkehrszulassung von Luftfahrzeugen.

Deutsche Luftfahrzeuge dürfen nur verkehren, wenn sie zum Luftverkehr zugelassen und in das Verzeichnis der deutschen Luftfahrzege (Luftfahrzeugrolle) eingetragen sind.

Zugelassen wird ein Luftfahrzeug nur, wenn

1) das Muster des Luftfahrzeuges zugelassen ist (Musterzulassung),
2) der Nachweis der Verkehrssicherheit nach der Prüfordnung für Luftfahrtgerät geführt ist,
3) der Halter des Luftfahrzeuges nach den Vorschriften dieses Gesetzes versichert ist oder durch Hinterlegung von Geld- oder Wertpapieren Sicherheit geleistet hat, und
4) die technische Ausrüstung des Luftfahrzeuges so gestaltet ist, daß das bei motorgetriebenen Luftfahrzeugen entstehende Geräusch das nach dem jeweiligen Stand der Technik unvermeidbare Maß nicht übersteigt.

---

LuftVG
vom 14.1.81 (BGBl. S. 61)

§ 1 LuftVG

§ 2 LuftVG

### 1.1.1.1 Luftfahrtpersonal

Wer ein Luftfahrzeug führt oder bedient (Luftfahrer – auch Segelflieger –) bedarf der Erlaubnis.
Die Erlaubnis wird nur erteilt, wenn
1) der Bewerber das vorgeschriebene Mindestalter besitzt,
2) der Bewerber seine Tauglichkeit nachgewiesen hat,
3) keine Tatsachen vorliegen, die den Bewerber als unzuverlässig erscheinen lassen, ein Luftfahrzeug zu bedienen oder zu führen und
4) der Bewerber eine Prüfung nach der Verordnung über Luftfahrtpersonal bestanden hat.

Die Erlaubnis ist zu widerrufen, wenn die Voraussetzungen nach 1.1.1.1 nicht mehr vorliegen.
Es regelt darüber hinaus auch die Verantwortlichkeit bei Übungs- und Prüfungsflügen in Begleitung von Fluglehrern und Prüfungsratsmitgliedern und für Luftfahrer, die andere Luftfahrer in ein Luftfahrzeugmuster einweisen oder mit diesen vertraut machen. So ist bei *Übungsflügen* in Begleitung von Fluglehrern immer der Fluglehrer verantwortlich für die Führung und Bedienung des Luftfahrzeuges. Das gleiche gilt auch für Prüfungsratsmitglieder bei Prüfungsflügen.

§ 4 LuftVG

### 1.1.1.2 Flugplätze

Das Luftverkehrsgesetz enthält auch die Vorschriften über die Anlage von Flugplätzen (Flughäfen, Verkehrslandeplätze, Sonderlandeplätze, Hubschrauberlandeplätze und Segelfluggelände).

§§ 6 ff. LuftVG

### 1.1.1.3 Luftfahrtunternehmen und Veranstaltungen

Im Abschnitt Luftfahrtunternehmen wird darauf hingewiesen, daß die gewerbsmäßige Beförderung von Personen oder Sachen einer Genehmigung bedarf. Ebenso die gewerbsmäßige Verwendung von Luftfahrzeugen für sonstige Zwecke.
Der Genehmigungspflicht unterliegt auch die Beförderung von Personen und Sachen durch Luftfahrzeuge, wenn als Entgelt nur die Selbstkosten des Fluges vereinbart sind; ausgenommen hiervon ist die Beförderung von Personen in Luftfahrzeugen, die für höchstens 4 Personen zugelassen sind.
Öffentliche Veranstaltungen von Wettbewerben oder Schauvorstellungen (Flugtage), an denen Luftfahrzeuge beteiligt sind, bedürfen der Genehmigung.

§§ 20 ff. LuftVG

### 1.1.1.4 Luftbildaufnahmen

Von einem Luftfahrzeug aus dürfen Luftbildaufnahmen außerhalb des Fluglinienverkehrs nur mit behördlicher Erlaubnis gefertigt werden.

§ 27 LuftVG

Im allgemeinen ist den Landesverbänden im DAeC eine Erlaubnis für ihre Mitglieder zur Beurkundung von Leistungsflügen (Wendepunkten) erteilt. Diese Luftbildaufnahmen dürfen jedoch nur dem DAeC zur Auswertung (ohne Freigabevermerk der zuständigen Luftfahrtbehörde) vorgelegt werden.

Für Personen, die nicht Mitglied im DAeC oder eines ihrer Landesverbände sind, kann ein formloser Antrag auf Erteilung der Luftbilderlaubnis bei der zuständigen Luftfahrtbehörde beantragt werden.
Die Erlaubnis zum Herstellen von Luftbildaufnahmen außerhalb des Fluglinienverkehrs wird von der Luftfahrtbehörde des Landes erteilt, in dem der Antragsteller seinen Wohnsitz oder Sitz hat.

§ 83, 84, 85 LuftVZO

### 1.1.1.5 Mitführen von gefährlichen Gütern

Zu den gefährlichen Gütern zählen Schuß-, Hieb- und Stoßwaffen, sowie Sprühgeräte, die zu Angriffs- oder Verteidigungszwecken verwendet werden. Ferner Gegenstände, die in ihrer äußeren Form oder ihrer Kennzeichnung nach den Anschein von Waffen (Spielzeugpistolen), Munition oder explosionsgefährlichen Stoffen erwecken.
Solche gefährlichen Güter dürfen in Luftfahrzeugen nicht mitgeführt werden.
Der Bundesminister für Verkehr kann im Einvernehmen mit dem Bundesminister des Inneren allgemein oder in begründeten Einzelfällen Ausnahmen zulassen.

§ 27 LuftVG

Nachfolgend sind nur für den Segelflugzeugführer wichtige Vorschriften aufgeführt.

### 1.1.2.1 *Musterzulassung des Luftfahrtgerätes*

Folgende Luftfahrtgeräte bedürfen der Musterzulassung:

Flugzeuge, Drehflügler (Hub-, Trag- und Flugschrauber), Luftschiffe, Motorsegler, Segelflugzeuge, bemannte Ballone, Flugmodelle mit mehr als 20 kg Höchstgewicht, Rettungsfallschirme, Startgeräte, Flugmotore, Propeller, Funkgeräte, soweit sie zum Einbau in Luftfahrzeuge bestimmt sind und sonstiges Luftfahrtgerät, soweit es nach der Prüfordnung der Luftfahrtgeräte prüfpflichtig ist.

§ 1 LuftVZO

Zuständig für die Musterzulassung von Luftfahrtgerät ist das Luftfahrtbundesamt in Braunschweig.

§ 2 LuftVZO

Bei dem Antrag auf Musterzulassung ist nachzuweisen, daß

a) das Muster die Anforderungen der Verkehrssicherheit (Lufttüchtigkeit) nach der Prüfordnung für Luftfahrtgerät erfüllt,
b) die technische Ausrüstung des Luftfahrzeugs so gestaltet ist, das durch seinen Betrieb entstehende Geräusch das nach dem jeweiligen Stand der Technik unvermeidbare Maß nicht übersteigt, und
c) bei Funkgeräten ferner der Nachweis der Baumusterprüfung durch die Deutsche Bundespost.

> § 3 LuftVZO

### 1.1.2.2 Verkehrszulassung des Luftfahrtgerätes

Luftfahrtgeräte, die der Verkehrszulassung bedürfen, sind:

Flugzeuge, Drehflügler, Luftschiffe, Motorsegler, Segelflugzeuge, bemannte Ballone, Flugmodelle mit mehr als 20 kg Höchstgewicht, Startgeräte, ausgenommen Startwinden für Segelflugzeuge, und sonstiges Luftfahrtgerät, soweit es für die Benutzung des Luftraumes bestimmt und nach der Prüfordnung für Luftfahrtgerät prüfpflichtig ist.

> § 6 LuftVZO

Die Verkehrszulassung wird vom Luftfahrtbundesamt erteilt.

> § 7 LuftVZO

Auf die Antragstellung soll hier nicht weiter eingegangen werden. Es wird insoweit auf § 8 LuftVZO verwiesen.

Die zugelassenen Luftfahrzeuge werden in einer Luftfahrzeugrolle beim Luftfahrtbundesamt eingetragen.

> §§ 14 ff. LuftVZO

Die folgenden Eintragungszeichen werden vom Luftfahrtbundesamt vergeben:
Für Flugzeuge, Höchstgewicht

| | | |
|---|---|---|
| | über 20 t | D-A... |
| | von 14 bis 20 t | D-B... |
| | von 5,7 bis 14 t | D-C... |
| einmotorig | bis 2 t | D-E... |
| | von 2 bis 5,7 t | D-F... |
| mehrmotorig | bis 2 t | D-G... |
| | von 2 bis 5,7 t | D-I... |
| Drehflügler | | D-H... |
| Luftschiffe | | D-L... |
| Motorsegler | | D-K... |
| Ultraleichtflugzeuge | | D-M... |
| Hängegleiter, Gleitflugzeuge | | D-N... |

> Anlage I zu § 14 LuftVZO

Während alle anderen Luftfahrzeuge eine Buchstabeneintragung haben, so sind Segelflugzeuge mit einer Zahlenkennung D-4400 (zum Beispiel) gekennzeichnet.
Diese Eintragung ist für Segelflugzeuge eine bestimmte Ordnungsnummer.
Darüber hinaus haben Luftfahrzeuge die Bundesflagge im Farbanstrich auf beiden Seiten des Leitwerks möglichst in der oberen Hälfte zu führen. Bemannte Ballone dagegen setzen die Bundesflagge.

### 1.1.2.3 Luftfahrtpersonal

Folgende Luftfahrer bedürfen einer Erlaubnis:

Flugzeugführer und Führer von Drehflüglern, Flugnavigatoren, Flugingenieure, Bordwarte auf Hubschraubern im Bundesgrenzschutz und bei der Polizei, Bordfunker, im Bundesgrenzschutz und bei der Polizei, Bordfunker, Luftschiffführer, Motorseglerführer, Segelflugzeugführer, Freiballonführer und Fallschirmspringer.

> § 20 LuftVZO

Führer von Gleitflugzeugen, Hängegleitern und Ultraleichtflugzeugen benötigen einen Befähigungsnachweis. Dieser wird von den vom Bundesminister für Verkehr anerkannten Stellen ausgestellt. (Siehe Handbuch für Hängegleiter, Gleitflugzeuge und UL's.)
Art und Umfang der fachlichen Voraussetzung ergeben sich aus den Bestimmungen nach der Verordnung über Luftfahrtpersonal (LuftPersV).

> Nfl II 96/82
> 97/82
> 142/194/83

Die Erlaubnis für Segelflugzeugführer wird von der Erlaubnisbehörde (Luftfahrtbehörde) des Landes erteilt, in dem der Bewerber

a) seinen Wohnsitz hat oder
b) ausgebildet ist.

§ 22 LuftVZO

Die Verlängerung und Erneuerung der Erlaubnis für Segelflugzeugführer wird von der für den Hauptwohnsitz des Antragstellers zuständigen Erlaubnisbehörde (Luftfahrtbehörde), bei besonderen Umständen von der Ausbildungsbehörde (z.B. für Berlin ansässige Luftfahrer) vorgenommen.

Die Verlängerung und Erneuerung sowie Erweiterungen und besondere Berechtigungen hierzu können auch von der Erlaubnisbehörde eines anderen Landes erteilt werden, wenn die zuständige Luftfahrtbehörde zugestimmt hat.

siehe 1.2.5 Anschriftenverzeichnis

### 1.1.2.4 Ausbildung von Luftfahrern

#### a) Mindestalter

Das *Mindestalter* zum Erlangen einer Erlaubnis für Segelflugzeugführer beträgt 17 Jahre.
Das Mindestalter für den Beginn der Ausbildung für Segelflugzeugführer beträgt 14 Jahre.

Die Erlaubnisbehörde kann im Einzelfall einen früheren Ausbildungsbeginn zulassen. Dies wird jedoch kaum praktiziert, da der Segelflugzeugführer, wenn er mit 14 Jahren die Ausbildung beginnt, mit 17 Jahren mit Sicherheit die notwendige Ausbildung abgeschlossen hat.

§ 23 LuftVZO

#### b) Voraussetzungen für die Ausbildung

Die Luftverkehrszulassungsordnung regelt auch die Voraussetzungen für die Ausbildung von Segelflugzeugführern, die nur dann zulässig ist, wenn

§ 24 LuftVZO

der Bewerber das Mindestalter besitzt, die Flugtauglichkeit bescheinigt wurde und keine Tatsachen vorliegen, die den Bewerber als unzuverlässig erscheinen lassen, die beabsichtigte Tätigkeit auszuüben.
Bei einem minderjährigen Bewerber muß der gesetzliche Vertreter zustimmen. Die schriftliche Zustimmung muß amtlich beglaubigt sein.
Tatsachen, die den Bewerber als unzuverlässig erscheinen lassen, sind insbesondere Trunksucht, Entmündigung, eine erhebliche gerichtliche Bestrafung oder mehrfache rechtskräftig festgestellte erhebliche Verstöße gegen Verkehrsvorschriften.

#### c) Ausbildung von Luftfahrern

Luftfahrerschulen (gewerbliche oder auch nicht gewerbliche) werden nach den Vorschriften der §§ 30 ff der LuftVZO zugelassen. Es gibt die Einzelerlaubnis als Luftfahrerschule an einem Luftsportverein, aber auch die Erteilung einer Erlaubnis zur Ausbildung von Luftfahrtpersonal an Luftsportverbände (eine sog. Globalausbildungserlaubnis).

§ 30 LuftVZO
§ 34 LuftVZO

#### d) Aufsicht über den Ausbildungsbetrieb

Die Erlaubnisbehörde führt die Aufsicht über die Ausbildungsbetriebe (Luftfahrerschulen), für die ihre Zuständigkeit gegeben ist.

§ 36 LuftVZO

### 1.1.2.5 Flugplätze

Flugplatz ist der Sammelbegriff für:

1) Flughäfen (Verkehrs- und Sonderflughäfen)

§ 38 LuftVZO

 **Internationaler Flughafen**
**International Airport**

 **Flughafen (Zivil-/Militär-)**
**Airport (civil/military)**

 **Flughafen**
**Airport**

2) Landeplätze (Verkehrs- und Sonderlandeplätze)

§ 49 LuftVZO

 **Landeplatz, Ausrichtung der längsten befestigten Start- und Landebahn**
**Airfield, alignment of the longest hardened runway**

 **Landeplatz, Ausrichtung der längsten Gras-Start- und Landebahn**
**Airfield, alignment of the longest grass runway**

3) Segelfluggelände

§ 54 LuftVZO

 **Segelfluggelände**
**Gliding site**

4) Hubschrauberlandeplätze

 **Hubschrauberlandeplatz**
**Heliport**

5) Militärflugplätze und Hängegleitergelände

 **Militärflugplatz**
**Military aerodrome**

 **Hängegleiter-Gelände**
**Hang Gliding site**

 **Fallschrimabsprunggelände**
**Parachute jumping site**

6) Flugplätze für Hängegleiter, Gleitflugzeuge und Ultraleichtflugzeuge

7) Flugmodell-Flugplätze

Der Halter eines Flugplatzes hat bestimmte Verpflichtungen hinsichtlich des betriebssicheren Zustandes.

§§ 53 und 58 LuftVZO

Er bedient sich hierbei geeigneter Personen, die als Flugleiter oder Beauftragte für Luftaufsicht von der zuständigen Luftfahrtbehörde bestätigt werden.

Im weiteren beinhaltet die LuftVZO die Vorschriften für Luftfahrtveranstaltungen, das Mitführen gefährlicher Güter und anderes.

§§ 73 bis 75,
§§ 76 bis 78
LuftVZO

### 1.1.2.6 Mitführen von Funkgeräten in Luftfahrzeugen

Die Erlaubnis, Funkgeräte (Funksende- und Empfangsgeräte - also auch Radio und sogenannte Walkie-Talkie) in Luftfahrzeugen mitzuführen, wird erteilt, wenn Sicherheit und Ordnung im Luftverkehr dadurch nicht beeinträchtigt werden.

§ 79 (1) LuftVZO

Ohne Erlaubnis dürfen mitgeführt werden:

Funkgeräte, die zur Ausrüstung des Luftfahrzeuges gehören, (diese jedoch bedürfen einer Erlaubnis der Deutschen Bundespost), und andere Funkgeräte, die aufgrund ihrer Unterbringung im Luftfahrzeug oder aus anderen Gründen während des Fluges nicht in Betrieb genommen werden können. Im übrigen bleiben die Vorschriften des Gesetzes über Fernmeldeanlagen unberührt.

§§ 78 u. 79
LuftVZO

Zuständig für die Erteilung der Erlaubnis zum Mitführen von Funkgeräten, die nicht zur Ausrüstung des Luftfahrzeuges gehören, ist die Erlaubnisbehörde des Landes (Luftfahrtbehörde), in dem das Funkgerät an Bord genommen wird.

§ 80 LuftVZO

### 1.1.2.7 Einrichtung von Bodenfunkstellen

Bodenfunkstellen für den Sprechfunkverkehr im Flugfunkdienst, die nicht von der Bundesanstalt für Flugsicherung betrieben werden, dürfen nur mit Zustimmung der zuständigen Luftfahrtbehörde des Landes eingerichtet und betrieben werden. Vor Erteilung der Zustimmung hört die Luftfahrtbehörde die Bundesanstalt für Flugsicherung. Die Bundesanstalt für Flugsicherung gibt den Antrag an das Fernmeldetechnische Zentralamt weiter.

§ 81 LuftVZO

Nach Genehmigung durch die Deutsche Bundespost und die Luftfahrtbehörde des Landes dürfen die Bodenfunkstellen nur entsprechend dem genehmigten Verwendungszweck betrieben werden.

Die laufende Überwachung des Betriebes obliegt der Luftfahrtbehörde nach den Richtlinien der Bundesanstalt für Flugsicherung.

### 1.1.3 Luftverkehrsordnung

in der Fassung der Bekanntmachung vom 14. November 1969
(Bundesgesetzbl. I S. 2117).

#### Inhaltsübersicht

Erster Abschnitt
#### Pflichten der Teilnehmer am Luftverkehr

Zweiter Abschnitt
#### Allgemeine Regeln

Dritter Abschnitt
**Sichtflugregeln**

Vierter Abschnitt
**Instrumentenflugregeln**

Fünfter Abschnitt
**Bußgeld- und Schlußvorschriften**

### 1.1.4 Prüfordnung für Luftfahrtgerät (LuftGerPO)

Diese Prüfordnung hat folgende Abschnitte:

a) Allgemeine Vorschriften (Prüfpflichten),
b) Musterprüfung (s. Abschn. 1.5.2),
c) Stückprüfung (s. Abschn. 1.5.2),
d) Nachprüfung (s. Abschn. 1.5.2),
e) besondere Vorschriften (für Einzelstücke, Amateurbau usw.).

### 1.1.5 Verordnung über Luftfahrtpersonal (LuftPersV)

Diese Verordnung umfaßt folgende Abschnitte:

a) Erlaubnisse und Berechtigungen für Luftfahrer (s. Abschn. 1.6.),
b) Erlaubnisse und Berechtigungen für sonstiges Luftfahrtpersonal,
c) gemeinsame Vorschriften,
d) Ordnungswidrigkeiten und Schlußvorschriften.

### 1.1.6 Betriebsordnung für Luftfahrtgerät (LuftBo)

Hier gibt es 7 Abschnitte mit folgendem Inhalt:

a) Allgemeine Vorschriften (Geltungsbereich, Verantwortlichkeit, Grundregeln für den Betrieb),

b) Allgemeine techn.Betriebsvorschriften (Betriebszeiten, Instandhaltung, Änderung, Lufttüchtigkeitsanweisung LTA siehe Abschn. 1.5.3, Betriebsaufzeichnungen),

c) Besondere techn. Betriebsvorschriften (Betriebshandbuch, Luftfahrerschulen siehe Abschn. 1.6.1),

d) Ausrüstung der Luftfahrzeuge,

e) allgemeine Flugbetriebsvorschriften (Betriebsgrenzen, Kontrollen nach Klarlisten, Anzeigepflicht, Bordbuch, Flugdurchführungs-plan),

f) besondere Flugbetriebsvorschriften (Flugbetriebshandbuch, Anzeigepflicht, Flugdurchführungsplan, Mindestausrüstungsliste, Klarliste),

g) Schlußvorschriften (Durchführungsvorschriften, Ordnungswidrigkeiten, Berlinklausel).

### 1.1.7 Weitere Gesetze und Verordnungen

Die für den Segelflugzeugführer in Frage kommenden Vorschriften und Verordnungen werden in den Abschnitten 1.4. bis 1.9 dieses Buches ausführlicher behandelt, wobei jedesmal auf die betreffenden Rechtsvorschriften und Paragraphen hingewiesen wird.

## 1.2 Nationale u. internationale Organisation d. Luftfahrt

Die Lufthoheit in der Bundesrepublik Deutschland, ausgenommen Berlin, liegt bei der Bundesregierung.

### 1.2.1 Bundesverkehrsministerium (BMV)

*Die Abteilung Luft- und Raumfahrt unterhält die Referate:*

| | |
|---|---|
| **LR** 32 00<br>**Luft- und Raumfahrt**<br>**MDir Dr. Winter**<br>**Ständiger Vertreter:**<br>**MDirig Niester** 32 30 | **LR 14** 32 77<br><br>Wetterdienst<br><br>**MR Schulze** |
| | **LR 15** 32 80<br>Luftfahrttechnik,<br>Luftfahrtforschung,<br>LBA. Umweltschutz.<br>Weltraumtechnik und<br>Telekommunikation<br>**MR Paul** |
| **LR 10** 32 20<br><br>Luftrecht,<br>Gesetzgebung<br><br>**MR Jungblut** | **LR 16** 32 60<br><br>Flugsicherung<br><br>**MR Eckhardt** |
| **LR 11** 32 70<br>Flugplätze,<br>Allgemeine Luftfahrt,<br>Luftfahrtpersonal, Luft-<br>aufsicht, Luftsicherheit .<br>**MR Huck** | **LR 17** 32 72<br>Flugbetrieb,<br>berufliches<br>Luftfahrtpersonal,<br>Flugunfallwesen<br>**RDir Garbers** |
| **LR 12** 32 30<br>Luftverkehr I<br>Fluglinienverkehr,<br>Luftfahrtunternehmen,<br>Tarife<br>**MDirig Niester** | **LR 18** 32 50<br>Internationale<br>Zusammenarbeit<br>in der Luftfahrt<br>**MR Schmidt** |
| **LR 13** 32 24<br>Luftverkehr II<br>Luftfahrtpolitik,<br>Flugplankoordinierung,<br>Gelegenheitsluftverkehr<br>**MR Kappel** | Deutsche Vertretung<br>bei der ICAO<br>Montreal<br>**RDir Nierobisch** |

*Dem Bundesminister für Verkehr als obere Bundesbehörde direkt unterstellt sind:*

a) die Bundesanstalt für Flugsicherung (BFS),
b) das Luftfahrtbundesamt (LBA),
c) der Deutsche Wetterdienst (DWD).

### 1.2.2 Bundesanstalt für Flugsicherung (BFS)

*Anschrift:*
6000 Frankfurt/Main, Opernplatz 14 (Zentralstelle).

*Außenstellen:* Auf den Verkehrsflughäfen Bremen, Düsseldorf, Frankfurt, Hamburg, Hannover, Köln/Bonn, München, Nürnberg, Saarbrücken und Stuttgart.

*Gesetzesgrundlage:* Gesetz über die Bundesanstalt für Flugsicherung vom 23. März 1953/BGB I S. 70.
Die allgemeine Verwaltungsvorschrift des Bundesministers für Verkehr zum Gesetz für die Bfs (Bekanntmachung vom 27. Januar 1981 34nz. Nr. 43-) enthält die Aufgabenbereiche. Bild 28.1

*Flugsicherungsbetriebsdienste sind:*
1. Flugverkehrskontrolldienst, 2. Fluginformationsdienst, 3. Flugalarmdienst, 4. Flugberatungsdienst, 5. Flugfernmeldedienst, 6. Flugnavigationsdienst.

*Aufgaben:* Abwehr von Gefahren für die Sicherheit des Luftverkehrs sowie für die öffentliche Sicherheit oder Ordnung durch die Luftfahrt.

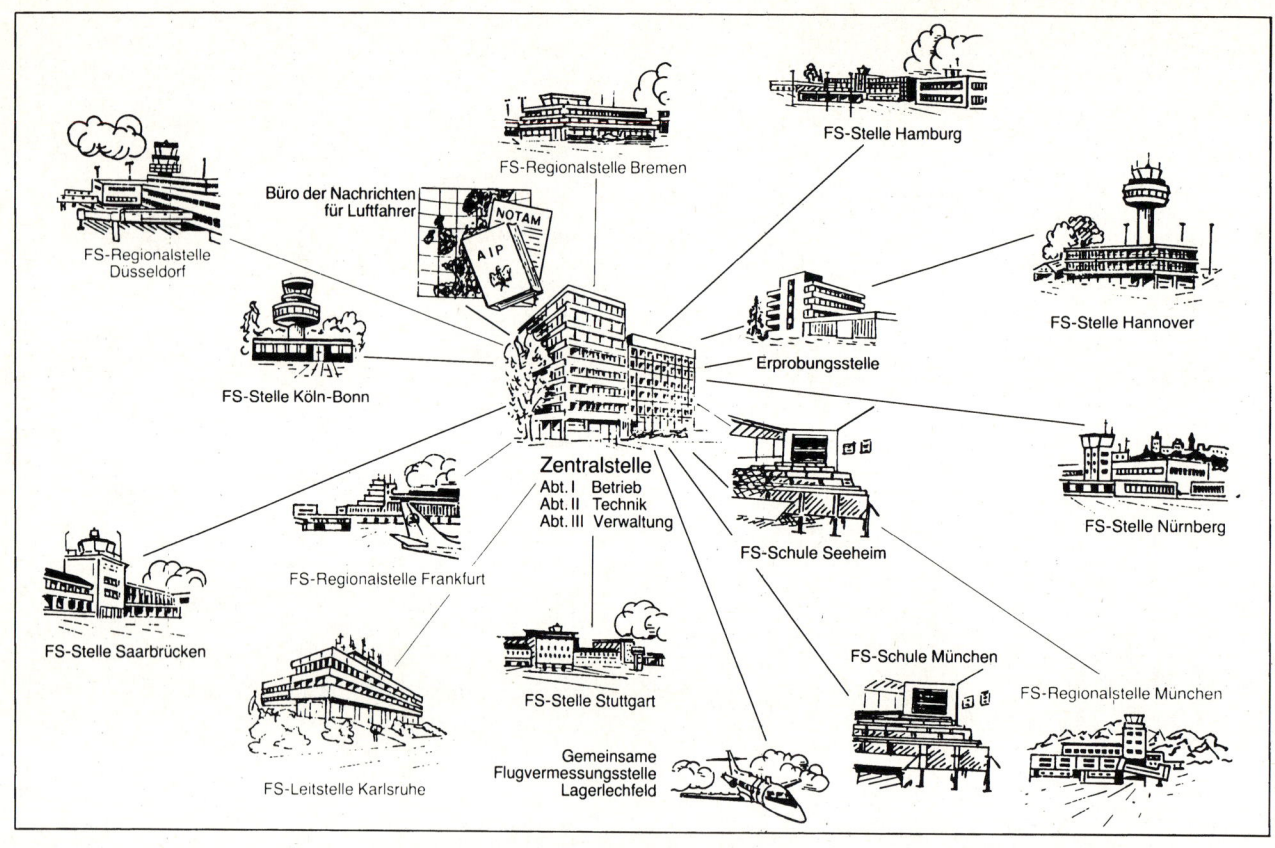

*28.1 Aufgabenbereiche der Bfs-Stellen*

**1) Flugverkehrskontrolldienst (Air Traffic Control Service = ATC)**

*Aufgaben:* Bewegungslenkung von Luftfahrzeugen in der Luft und am Boden (Rollfeld) zum Vermeiden von Zusammenstößen zwischen Luftfahrzeugen.

Abwicklung eines schnellen und flüssigen Luftverkehrs.

Der FS-Kontrolldienst wird durchgeführt für:

IFR-Flüge im kontrollierten Luftraum,

Flugplatzverkehr an kontrollierten Flugplätzen,

Sonderflüge nach Sichtflugregeln in Kontrollzonen und

Flüge nach Sichtflugregeln in bestimmten Teilen des kontrollierten Luftraumes (z.B. CVFR).

*Arten des Flugverkehrskontrolldienstes:*

1. Bezirkskontrolldienst
2. Anflugkontrolldienst
3. Flugplatzkontrolldienst

Nr. 1 und 2 können zu einem
*Regionalkontrolldienst*

Nr. 2 und 3 können zu einem
*Nahverkehrskontrolldienst*

zusammengefaßt werden.

**3) Flugalarmdienst** Alerting Service

*Aufgabe:*

Benachrichtigung der für die Durchführung des Such- und Rettungsdienstes für Luftfahrzeuge zuständigen Stellen.

*Umfang:*

Für alle Flüge, für die ein Flugplan aufgegeben worden ist oder die dem FS-Kontrolldienst bekanntgeworden sind.

*Alarmstufen:*

a) Ungewißheit = INCERFA

b) Bereitschaft = ALERFA

c) Notrufe = DESTRESFA

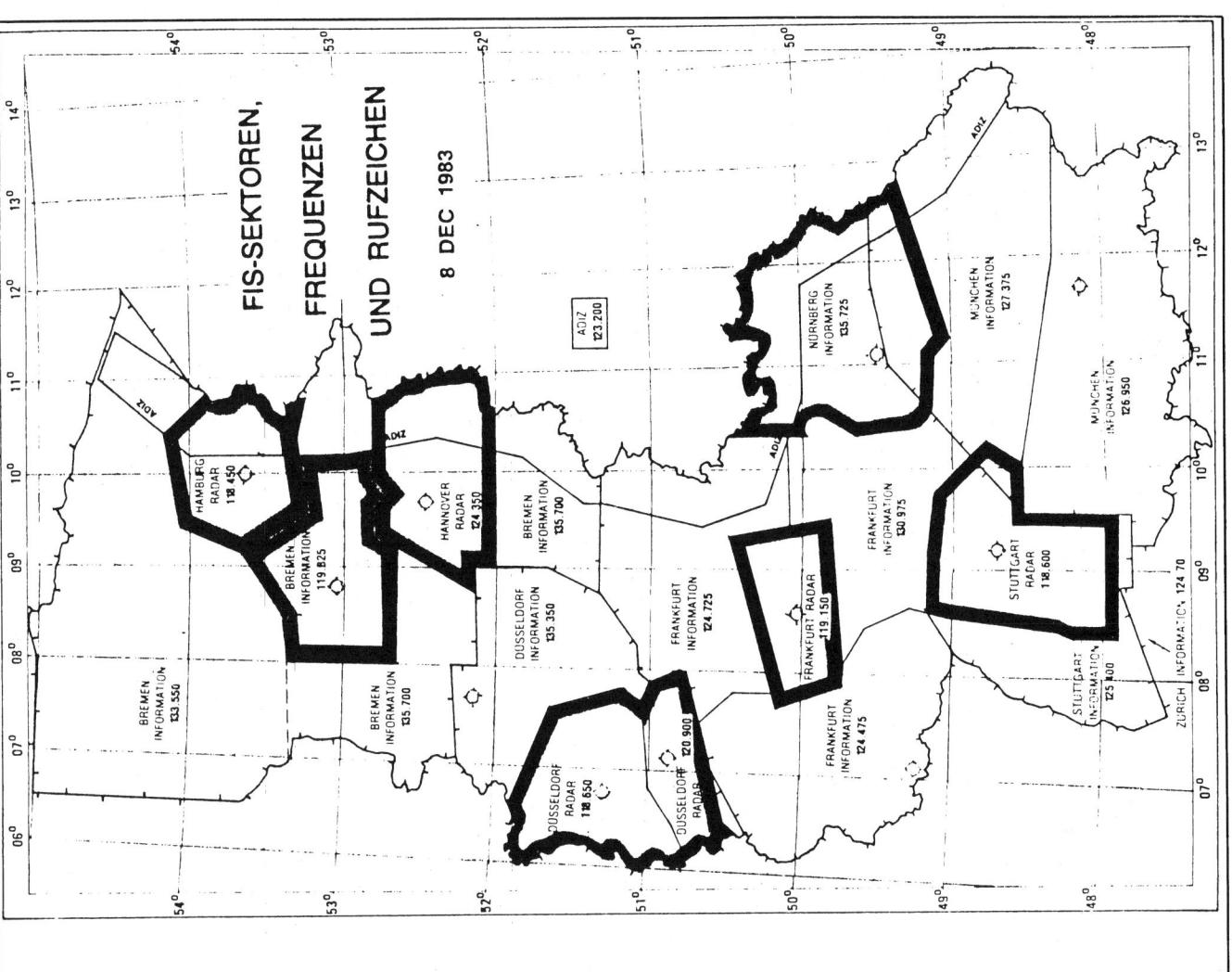

**FIS-SEKTOREN,**

**FREQUENZEN**

**UND RUFZEICHEN**

**8 DEC 1983**

## 2) Fluginformationsdienst (FIS)

### 1. Allgemeines

1.1 Die Aufgaben des Fluginformationsdienstes für den VFR-Verkehr bestehen hauptsächlich darin, den Führern von Luftfahrzeugen Informationen und Hinweise zu geben, die für die sichere, geordnete und flüssige Durchführung von Flügen erforderlich sind.

1.2 Der Fluginformationsdienst ist bestrebt, durch eine umfassende und zielgerechte Vermittlung von Informationen die Piloten bei der Durchführung von VFR-Flügen zu unterstützen.

**Der Fluginformationsdienst ist kein Ersatz für die vorgeschriebene Flugvorbereitung;** er entbindet den Luftfahrzeugführer nicht von der Einhaltung luftverkehrsrechtlicher Vorschriften.

### 2. Organisation

2.1 FIS wird von den Flugsicherungs-Regionalstellen **Bremen, Düsseldorf, Frankfurt** und **München** in den gleichnamigen Fluginformationsgebieten (FIR) durchgeführt.

2.2 An den Verkehrsflughäfen **Hamburg, Hannover, Nürnberg** und **Stuttgart** wird für den Luftraum der Nahverkehrsbereiche (ca. 30 NM um die Flughäfen) FIS von den örtlichen Flugsicherungskontrollstellen durchgeführt. Dieser Dienst wird als „Terminal FIS" bezeichnet.

Für die Nahverkehrsbereiche um die Verkehrsflughäfen Bremen, Düsseldorf, Köln-Bonn, Frankfurt und München wird „Terminal FIS" von den unter Nr. 2.1 genannten Regionalstellen durchgeführt.

Einzelheiten sind aus der Karte **RAC 1-29** zu entnehmen.

### 3. Aufgaben des FIS

3.1 Verbreitung allgemeiner Informationen als Flugrundfunksendungen:
- bedeutsame Wettererscheinungen (SIGMET)
- Luftnotfälle
- Treibstoffschnellablaß
- Katastropheneinsätze
- massierte Einsätze von SAR-Luftfahrzeugen
- sonstige Beschränkungen für den Luftverkehr
- ATIS
- VOLMET

3.2 Erteilung gezielter Informationen auf Einzelanfragen der Luftfahrzeugführer:
- besondere Nutzung des Luftraums, z. B. Luftfahrtveranstaltungen, Fallschirmabsprünge, Kunstflüge, Segelflugwettbewerbe, militärische Übungen oder Flugbeschränkungen
- Einschränkungen in der Benutzbarkeit von Funknavigationsanlagen, Flugplätzen und deren Anlagen
- Wettermeldungen, insbesondere Strecken-, Lande- und Sonderwettermeldungen, Höhenwindvorhersagen, besondere Wettererscheinungen, kurzfristige Wetterberatungen.

## Flight Information Service (FIS)

### 1. General

1.1 The principal task of FIS regarding VFR traffic is to provide pilots of aircraft with information essential for the safe, orderly and efficient performance of flights.

1.2 FIS will endeavour to assist pilots in the performance of VFR flights by providing comprehensive and specific information.

**FIS does not substitute prescribed pre-flight planning;** it does not dispense pilots from adherence to air traffic regulations.

### 2. Organization

2.1 FIS is provided by the Area Control Centres **Bremen, Düsseldorf, Frankfurt** and **München** within the corresponding flight information regions (FIR).

2.2 For the terminal control areas of **Hamburg, Hannover, Nürnberg** and **Stuttgart** Airports (radius approximately 30 NM) FIS is provided by the local ATC units. This service is called "Terminal FIS".

For the terminal control areas of Bremen, Düsseldorf, Köln-Bonn, Frankfurt and München Airports "Terminal FIS" is provided by the centres quoted under No. 2.1.

For details see chart **RAC 1-29.**

### 3. Functions of FIS

3.1 Dissemination of general information as aeronautical broadcasts:
- significant meteorological phenomena (SIGMET)
- distress incidents
- fuel jettisoning
- missions in disasters
- mass operations of SAR aircraft
- other restrictions to air traffic
- ATIS
- VOLMET

3.2 Transmission of specific information upon individual requests of pilots:
- special airspace utilization, e. g. air displays, parachute jumping, aerobatics, glider competitions, military exercises or flight restrictions
- restricted usability of radio navigation facilities, aerodromes and their facilities
- meteorological reports especially regarding enroute, landing and special weather conditions, upper wind forecasts, significant weather phenomena, short-term meteorological forecasts.

## 4) Flugberatungsdienst (Aeronautical Information Service = AIS)

*Aufgabe:*

Nachrichten, die für eine sichere, geordnete und flüssige Durchführung von Flügen notwendig sind, zu sammeln, auszuwerten und bekanntzumachen. Flugpläne entgegenzunehmen. Flugberatung durchzuführen. Luftfahrtkarten herzustellen und zu veröffentlichen. Einrichtung der Büros der Nachrichten für Luftfahrer.

Die Nachrichten für Luftfahrer werden wie folgt veröffentlicht:

a) Nachrichten für Luftfahrer (NfL)
b) NOTAM (deutsch/englisch)   = Klasse II
c) NOTAM (englisch)            = Klasse I
                      (kann auch deutsch veröffentlicht werden)
d) Aeronautical Information Circular (deutsch/englisch) = AIC
e) VFR-Bulletin

Diese Nachrichten werden den Beziehern auf dem Postwege zugesandt mit Ausnahme der „NOTAM" der Klasse I, deren Verbreitung fernschriftlich erfolgt.
Siehe hierzu: Veröffentlichung der Luftfahrtbehörde, Abschn. *1.3.3.*

## 5) Flugfernmeldedienst (Aeronautical Telecommunication Service)

*Aufzeichnung des Flugfernmeldeverkehrs*

(1) Der Flugfernmeldeverkehr ist schriftlich oder mit Hilfe elektromagnetischer Mittel aufzuzeichnen.

(2) Schriftliche Aufzeichnungen sind mindestens 90 Tage, elektromagnetische Aufzeichnungen mindestens 30 Tage, beginnend mit dem Tage der Aufzeichnung, aufzubewahren. Aufzeichnungen, deren Inhalt Gegenstand einer behördlichen Untersuchung ist, sind bis zum Abschluß der Untersuchung aufzubewahren.

## 6) Flugnavigationsdienste (Aeronautical Radionavigation Service)

*Aufgabe*

Der Flugnavigationsdienst hat die Luftfahrzeugführer bei der Navigation zu unterstützen.

*Technische Mittel*

Zur Durchführung des Flugnavigationsdienstes hat die Bundesanstalt für Flugsicherung entsprechende Anlagen, insbesondere UKW-Drehfunkfeuer, ungerichtete Mittelwellenfunkfeuer, UKW-Fächerfunkfeuer, UKW-Peilanlagen, das Instrumentenlandesystem (ILS), Primär- und Sekundär-Radaranlagen und elektronische Entfernungsmeßanlagen zu betreiben.

### 1.2.3 Luftfahrt-Bundesamt (LBA)

3300 Braunschweig, Flughafen.

Das Luftfahrtbundesamt ist als Bundesbehörde für Aufgaben der Zivilluftfahrt errichtet worden.

Es untersteht dem Bundesminister für Verkehr. Dieser hat dem Amt weitere Aufgaben des Bundes auf dem Gebiet der Luftfahrt übertragen, wovon die wichtigsten aufgezählt sind:

*Aufgaben:*

1) Prüfung oder Überwachung der Lufttüchtigkeit von Luftfahrtgerät.
2) Musterzulassung von Luftfahrtgerät.
3) Zulassung von Luftfahrtgerät.
4) Führung der Luftfahrzeugrolle sowie sonstiger Verzeichnisse für Luftfahrtgerät.
5) Erlaubnisbehörde für Linienflugzeugführer, Berufsflugzeugführer 1. Klasse, Berufshubschrauberführer, Luftschiffführer, Flugnavigatoren und Flugingenieure.
6) Anerkennung fliegerärztlichen Untersuchungsstellen für die oben genannten Erlaubnisse.
7) Erlaubnisbehörde für Prüfer von Luftfahrtgerät und Flugdienstberater.
8) Auskunftserteilung über Luftfahrtpersonal.
9) Untersuchung von Störungen bei dem Betrieb von Luftfahrzeugen und die Mitwirkung bei der Verhütung von Luftfahrzeugunfällen. Mitwirkung bei der Durchführung des Such- und Rettungsdienstes wird von der dem LBA angegliederten „Flugunfalluntersuchungsstelle" durchgeführt.

> (BGBl I 738) zuletzt geändert durch das Gesetz vom 24. 4. 1986 (BGBl I 560)

### 1.2.4 Deutscher Wetterdienst (DWD)

Gesetzesgrundlage: Gesetz über den Deutschen Wetterdienst vom 11.11.1952.

*Aufgaben* im Bereich der Luftfahrt sind:

1) Meteorologische Sicherung der Luftfahrt.
2) Internationale Zusammenarbeit auf dem Gebiet der Flugmeteorologie.

*Organisation:* Zentralamt - 6050 Offenbach/Main.

Dem Zentralamt sind folgende Wetterämter unterstellt:
Seewetteramt Hamburg, und die Wetterämter in Berlin, Bremen, Essen, Frankfurt, Freiburg, Hannover, München, Nürnberg, Schleswig, Stuttgart und Trier. Diesen unterstehen die in ihrem Bereich gelegenen Flugwetterwarten.

Der Abteilung „Synoptische Meteorologie" des Zentralamtes ist die „Gebietsvorhersagezentrale für die Luftfahrt" zugeordnet. Sie erarbeitet und verbreitet im Rahmen des europäischen Gebietsvorhersagesystems die Flugberatungsunterlagen für die Gebiete Europa-Mittelmeer und den mittleren Osten.

*Flugwetterdienst*

Die unmittelbare Versorgung der zivilen Luftfahrt mit meteorologischen Unterlagen ist Aufgabe der Flugwetterwarten auf folgenden Verkehrsflughäfen: Berlin/Tempelhof, Berlin/Tegel, Bremen, Düsseldorf, Frankfurt, Hamburg, Hannover, Köln/Bonn, München, Nürnberg, Stuttgart und Saarbrücken.

| LAND | BEHÖRDE | ANSCHRIFT | TELEFON |
|---|---|---|---|
| Baden-Württemberg | Min.f.W., M.v.V. Abt. Verkehr | 7000 Stuttgart, Hospitalstr., | 0711/2020-1 |
| | Reg.Präs. Stuttgart | 7000 Stuttgart, Breitscheidstr. 4, | 0711/20503027 |
| | Reg.Präs. Karlsruhe | 7500 Karlsruhe, Schloßplatz 1–3, | 0721/1352631 |
| | Reg.Präs. Freiburg | 7800 Freiburg, Garleustr. 25–27 | 0761/2041 |
| | Reg.Präs. Tübingen | 7400 Tübingen, Naufferstr. 47, | 07071/282461 |
| Bayern | Bayr.Staatsmin.f.W.u.V. | 8000 München 22, Prinzregentenstr. 28, | 089/2162-01 |
| | Luftamt Südbayern zust. für Reg.Bezirk Ober- u. Niederbayern sowie Schwaben | 8000 München 22, Maximilianstr. 39, | 089/2176-1 |
| | Luftamt Nordbayern zust. für Reg.Bezirk Oberpfalz, Ober-, Mittel- u. Unterfranken | 8500 Nürnberg, Flughafenstr.100 , | 0911/523008 |
| Berlin | Senator für Wirtschaft | 1000 Berlin 62, Martin-Luther-Str. 105, | 030/7833493 |
| | Für Einwohner Berlins bleibt die zust. Behörde, wo Erlaubnis erworben bzw. erteilt wurde. | | |
| Bremen | Senator f. Häfen, Schiff- fahrt und Verkehr | 2800 Bremen, Kirchstr. 4, | 0421/3611 |
| Stadt Hamburg | f.W.u.V.Landwirtschaft | 2000 Hamburg 11, Alter Steinweg 4, | 040/349121 |
| Hessen | Hess.Min.f.W.u.T. | 6200 Wiesbaden, Kaiser-Friedrich-Ring 75, | 06121/8151 |
| | Reg.Präs. Darmstadt | 6100 Darmstadt, Luisenplatz 2, | 06151/121 |
| | Reg.Präs. Gießen | 6300 Gießen, Ludwigstr. 8, | 0641/3031 |
| | Reg.Präs. Kassel | 3500 Kassel, Steinweg 6, | 0561/106496 oder 1060 |
| Niedersachsen | Nieders.Min.f.W.u.T. | 3000 Hannover, Friedrichswall 1, | 0511/1901 |
| | Reg.Bez. Braunschweig | 3300 Braunschweig, Postf. 3247, | 0531/4841 |
| | Reg.Bez. Weser-Ems | 2900 Oldenburg, Postf. 2447, | 0441/2222 |
| Nordrhein-Westfalen | Min.f.W.,M.u.V. | 4000 Düsseldorf, Haroldstr. 4, | 0211/83021 |
| | Reg.Bez. D.dorf u. Köln | 4000 Düsseldorf, Cecilienallee 2, | 0211/48771 |
| | Reg.Bez. Münster | 4400 Münster, Domplatz 1–3, | 0251/4110 |
| Rheinland-Pfalz | Min.f.W.u.V. | 6500 Mainz, Bauhofstr. 4, | 06131/161 |
| | Reg.Bez. Koblenz | 5400 Koblenz, Stresemannstr. 3/5, | 0261/1201 |
| | Reg.Bez. Rheinland-Pfalz | 6730 Neustadt, Friedrich-Ebert-Str. 14, | 06321/8501 |
| | Reg.Bez. Trier | 5500 Trier, Kurfürstliches Palais, | 0651/42011 |
| Saarland | Min.f.W.,V.u. Landwirtschaft | 6600 Saarbrücken, Hardenbergstr. 8, | 0681/5011 |
| Schleswig-Holstein | Min.f.W.u.V. | 2300 Kiel, Düsternbrooker Weg 94/100, | 0431/5961 |

Min. = Ministerium,   W. = Wirtschaft,   V. = Verkehr,   T. = Technik,   M. = Mittelstand

| | | | |
|---|---|---|---|
| Luftfahrtbundesamt | | 3300 Braunschweig, Flughafen Waggue, | 0531/39021 |
| Bundesminister für Verkehr | | 5300 Bonn, Kennedyallee 72, | 0228/3001 |
| Deutscher Wetterdienst, Zentralamt | | 6050 Offenbach, Frankfurter Str. 135, | 0611/80621 |
| Bundesanstalt für Flugsicherung | | 6000 Frankfurt, Opernplatz 14, | 069/21080 |

*31.1 Länderbehörden*

### 1.2.6 Internationale Zivilluftfahrtorganisation (ICAO)

Die ICAO wurde 1947 gegründet und hat ihren Sitz in Montreal/Canada.

*Aufgaben:* Die Fachausschüsse erarbeiten Richtlinien und Empfehlungen für die zivile Luftfahrt.

Die „Richtlinien" sind notwendig (z.B. Luftverkehrsregeln), die „Empfehlungen" wünschenswert für Sicherheit und Regelmäßigkeit des internationalen Luftverkehrs (z.B. Ausbau und Ausrüstung von Flughäfen).
Jeder Mitgliedsstaat muß die Richtlinien in der eigenen Gesetzgebung berücksichtigen.
In den Anhängen (Annexes) sind die einzelnen Fachbereiche besprochen und die Richtlinien festgehalten:

1) Zulassung von Luftfahrtpersonal.
2) Luftverkehrsregeln.
3) Wetterschlüssel.
4) Luftfahrtkarten.
5) Maßeinheiten.
6) Betrieb von Luftfahrzeugen.
7) Staatszugehörigkeits- und Eintragungszeichen.
8) Lufttüchtigkeit.
9) Erleichterungen für den Luftverkehr.
10) Flugfernmeldewesen.
11) Flugverkehrsdienste.
12) Such- und Rettungsdienst.
13) Luftfahrzeug - Unfalluntersuchung.
14) Flughäfen.
15) Flugberatungsdienst.
16) Lärmminderung (noise abatement).

### 1.2.7 Zuständigkeiten und Aufgaben der Länderbehörden

Die hier aufgeführten Punkte der Zuständigkeit der Länderbehörden sind nur die wichtigsten, um einen Überblick zu geben.

*Aufgaben:* im Auftrag des Bundes:

*Erlaubnisbehörde* für

*Privatluftfahrzeugführer*

Beiblatt A = Privatflugzeugführer
Beiblatt B = Motorseglerführer
Beiblatt C = Segelflugzeugführer
Beiblatt D = Freiballonführer
Beiblatt E = Privathubschrauberführer

Erlaubnis für Fallschirmspringer

*Anlage von Segelfluggeländen,* Luftfahrtveranstaltungen und andere – siehe Zuständigkeitsordnungen und § 30 LuftVG.

*Anerkennung* von
fliegerärztlichen Untersuchungsstellen; Bauschutzbereiche für Flugplätze und Segelfluggelände.

*Genehmigung* von
Luftfahrtunternehmen für den Gelegenheitsverkehr, Flugschulen, Luftfahrtveranstaltungen, Außenlandeerlaubnisse und Luftbildaufnahmen.

### 1.3 Veröffentlichungen der Luftfahrtbehörden

Eine Abteilung der Zentralstelle der Bundesanstalt für Flugsicherung in Frankfurt ist das Büro der Nachrichten für Luftfahrer, das sich mit der Veröffentlichung und Verbreitung der Nachrichten für Luftfahrer (NfL), Herausgabe des Luftfahrthandbuches für Deutschland und der Herstellung und Veröffentlichung von Luftfahrtkarten befaßt.

### 1.3.1 Büro der Nachrichten für Luftfahrer

Anordnungen sowie wichtige Informationen und Hinweise für die Luftfahrt werden in den Nachrichten für Luftfahrer bekanntgemacht.

Man unterscheidet:

a) Nachrichten für Luftfahrer Teil I (NfL I).
Hier werden Anordnungen sowie wichtige Informationen für die Luftfahrt bekanntgemacht, soweit sie die Durchführung des Flugbetriebes betreffen (Flugsicherung, Flugplätze, Wetterdienst usw.).

b) Nachrichten für Luftfahrer Teil II (NfL II).
Hier werden Anordnungen sowie wichtige Informationen und Hinweise für die Luftfahrt bekanntgemacht, soweit sie das Luftfahrtgerät und das Luftfahrtpersonal betreffen oder nicht in den Nachrichten für Luftfahrer Teil I (NfL I) einzuordnen sind.

### 1.3.2 Luftfahrthandbuch (AIP) Berichtigungsdienst

Das aus 3 Bänden bestehende und in deutscher und englischer Sprache abgefaßte Luftfahrthandbuch Deutschland enthält alle für die Luftfahrt wichtigen Informationen und Bestimmungen für das Gebiet der BRD und Berlin.

*Band I* enthält folgende Abschnitte:

GEN = Allgemeines.
AGA = Flugplätze (mit Ausnahme der Landeplätze, die in Teil III enthalten sind).
COM = Flugfernmeldewesen.
MET = Flugwetterdienst.
RAC = Luftverkehrsvorschriften und Flugsicherungsverfahren.
FAL = Erleichterungen für den internationalen Luftverkehr.
SAR = Such- und Rettungsdienst.

*Band II* enthält: Funknavigationskarten, Instrumentenanflugkarten sowie Hinderniskarten.

*Band III* enthält: Informationen von Landeplätzen und Flughäfen mit Sichtanflugkarten, Funkfrequenzen, Benutzungsbeschränkungen und Flugplatzservice.

Es ist *wichtig,* daß man sich mit dem Inhalt und dem Gebrauch des Luftfahrthandbuches *Teil I und III* vertraut macht!

*Berichtigungsdienst*
Das Luftfahrthandbuch Deutschland wird in 14tägigen Abständen durch einen aus Neudruckseiten bestehenden Berichtigungsdienst auf dem Laufenden gehalten.
Änderungen auf den Austauschblättern werden durch einen senkrechten fetten Strich, auf den Karten durch einen Hinweis am Kartenrand gekennzeichnet.

### 1.3.3 NOTAMS, Nachrichten für Luftfahrer

Man unterscheidet im wesentlichen:
NOTAM Class II in deutscher und englischer Sprache und
NOTAM Class I in englischer Sprache.

*NOTAM Class II:*
Es werden Anordnungen, Informationen und Hinweise für die Luftfahrt, die internationaler Verbreitung bedürfen, um eine sichere, geordnete und flüssige Durchführung des Flugbetriebes zu gewährleisten, als NOTAM CLASS II bekanntgemacht.

*NOTAM Class I:*
Es werden über das feste Flugfernmeldenetz Anordnungen, Informationen und Hinweise für die Luftfahrt bekanntgemacht, deren sofortige innerstaatliche und/oder internationale Verbreitung notwendig ist, um eine sichere, geordnete und flüssige Durchführung des Flugbetriebes zu gewährleisten, wenn eine rechtzeitige Bekanntgabe auf dem Postweg nicht sichergestellt werden kann. Sie werden zusätzlich in den NfL und als NOTAM Class II bekanntgemacht, wenn sie für einen längeren Zeitraum gültig sind.

### 1.3.4 Aeronautical Information Circulars

Hier werden Informationen und Hinweise für die Luftfahrt bekanntgemacht, die nicht von unmittelbarer Bedeutung für eine sichere, geordnete und flüssige Durchführung des Flugbetriebes sind, deren Verbreitung jedoch zweckmäßig ist:

*VFR-Bulletin:* Erscheint jeden zweiten Donnerstag. Es enthält ausgewählte NOTAMs für VFR-Flüge, Flugwarnungen, sowie sonstige für VFR-Flieger bedeutsame Information.

### 1.3.5 Sonderdrucke

Die Bundesanstalt für Flugsicherung kann Anordnungen, Informationen und Hinweise für die Luftfahrt als Sonderdrucke veröffentlichen. Ihr Erscheinen wird in den NfL bekanntgegeben.

### 1.3.6 Luftfahrtkarten

Im Luftfahrthandbuch Teil I und Teil III sind folgende Karten enthalten:

Funknavigationskarte 1:1000 000 (2 Blätter),
Sichtanflug- und Landekarten 1:250 000 und 1:50 000,
Flugplatzlagepläne.

Nicht im Luftfahrthandbuch enthalten sind die deutschen Luftfahrtkarten:

ICAO-Karte 1:500 000 (8 Blätter),
Flugsicherungsarbeits- und Planungskarte EUM-Region 1:5 000 000,
Flugsicherungsarbeitskarte 1:5 000 000 (2 Blätter),
Flugnavigationskarte-Sonderausgabe für die allgemeine Luftfahrt.

---

## 1.4 Flugplätze

### 1.4.1 Arten der Flugplätze

Die Vorschriften des LuftVG legen die Genehmigungspflicht für die Anlage und den Betrieb eines Flugplatzes fest und enthalten die Voraussetzungen für die Erteilung der Genehmigung zum Betrieb. In den Richtlinien des Bundesministers für Verkehr für die Anlegung und den Betrieb von Segelfluggeländen sind weitere Einzelheiten betr. der Ausmaße, der Grundlängen und der einzelnen Landebahnsysteme niedergelegt.

| s. § 6 LuftVG |
|---|

| s. Nachrichten für Luftfahrer NfL I 129/69 |
|---|

Der Begriff „Flugplätze" ist der Oberbegriff für:

1) *Flughäfen*

   a) Internationale Flughäfen
   b) Verkehrsflughäfen
   c) Sonderflughäfen (für besondere Zwecke)

2) *Landeplätze*

   Verkehrslandeplätze
   Sonderlandeplätze

3) *Segelfluggelände*

4) *Hubschrauberlandeplätze*

5) *Militärflugplätze*

| Kennzeichnung in der Luftfahrtkarte ICAO 1:500 000 Sonderflughäfen gibt es z. Zt. nicht. |
|---|

*Zu 1) Flughäfen*
Flughäfen in der Bundesrepublik sind:

Westerland/Sylt, Hamburg, Bremen, Braunschweig, Düsseldorf, Köln/Bonn, Hannover, Münster/Osnabrück, Frankfurt, Nürnberg, Saarbrücken/Ensheim und München.

*Verkehrsflughäfen*

Diese dienen im allgemeinen dem internationalen Luftverkehr, aber auch der allgemeinen Luftfahrt. Verkehrsflughäfen werden für den nicht kontrollierten Luftverkehr durch

| Kontrollzonen CTR |
| --- |

und für den an- und abfliegenden Verkehr durch

| CVFR-Gebiete und Nahverkehrsbereiche |
| --- |

geschützt *(siehe „Luftraumgliederung 1.7.4)*.

Die Bewegungslenkung innerhalb der CTR und innerhalb der CVFR-Gebiete erfolgt durch die Bundesanstalt für Flugsicherung.

Verkehrsflughafen ohne Kontrollzone und ohne Flugsicherungsstelle ist zur Zeit in der Bundesrepublik nur Siegerland. Hier erfolgt die Aufsicht durch Beauftragte für Luftaufsicht.

### Zu 2) Verkehrslandeplätze

Diese besitzen in der Regel keine Kontrollzonen (Ausnahme: Bayreuth/Dortmund/Kassel) und keinen Flugverkehrskontrolldienst. Die Aufsicht erfolgt hier durch Beauftragte für Luftaufsicht oder Flugleiter.

### Zu 3) Segelfluggelände

Das sind Flugplätze, die für Start und Landung von Segelflugzeugen sowie nicht eigenstartfähigen Motorseglern dienen.
Mit dem Inkrafttreten der neuen LuftVZO am 13.3.1979 besteht erstmals die Möglichkeit, Segelfluggelände auf die Benutzung durch

| § 8 LuftVG |
| § 54 LuftVZO |

a) selbststartende Motorsegler (Eigenstart),
b) Personenfallschirme (Fallschirmspringer) und
c) Flugzeuge, die *bestimmungsgemäß* zum Schleppen von Segelflugzeugen oder Absetzen von Fallschirmspringern verwendet werden, zuzulassen.

Sofern Selbstkostenflüge mit Motorflugzeugen an einem Segelfluggelände durchgeführt werden sollen, wäre nach wie vor eine Außenstart- und Landeerlaubnis nach § 25 LuftVG und § 15 LuftVO notwendig.

### Zu 4) Hubschrauberlandeplätze

Diese sind hauptsächlich vor Krankenanstalten (zur Unfallhilfe) und auf Militärplätzen angelegt, sowie bei Firmen, die selbst Hubschrauber unterhalten.

### Zu 5) Militärflugplätze

Diese sind zum größten Teil durch eine Kontrollzone geschützt, die an Sonn- und Feiertagen möglicherweise nicht aktiv ist. Eine Anfrage für den Durchflug ist erforderlich (Frequenz 122,100 MHz oder Fluginformationsdienst). Mit Zustimmung des Flugplatzkommandanten ist eine Landung auf einem Militärflugplatz erlaubt (nur auf Flugplätzen, die von der Bundeswehr und US-Luftwaffe betrieben werden). Sonstige militärische Flugplätze siehe NfL 281/78.

| NfL 281/78 |
| --- |

## 1.4.2 Flugplatzzwang

Luftfahrzeuge dürfen nur auf den für sie genehmigten Flugplätzen *starten* und *landen*. Außerhalb von Flugplätzen darf nur gestartet und gelandet werden, wenn der Grundstückseigentümer zugestimmt und die Luftfahrtbehörde eine Erlaubnis erteilt hat (z.B. hat ein Landwirt ein geeignetes Grundstück oder Fläche in der Nähe seines Anwesens und möchte dort sein Flugzeug unterstellen und dort auch starten und landen).

| § 25 LuftVG |
| --- |

## 1.4.3 Außenstart und Außenlandung

Luftfahrzeuge dürfen außerdem auf Flugplätzen *außerhalb* der in der *Flugplatzgenehmigung festgelegten Start- und Landebahnen* oder außerhalb der Betriebsstunden des Flugplatzes nur starten und landen, wenn

a) der Flugplatzhalter und
b) die Genehmigungsbehörde
eine Erlaubnis erteilt hat.

Das heißt u.a., daß die Heimflüge mit Segelflugzeugen vor die Halle bei Beendigung des Flugbetriebes nicht gestattet sind.

Ausnahmen von Außenstarts und Landungen sind nur gestattet, wenn:

der Ort der Landung infolge der Eigenschaften des Luftfahrzeuges *nicht vorausbestimmbar* ist (z.B. Segelflug beim Überlandflug).

Nach § 15 der Luftverkehrsordnung gilt die Außenlandung für Segelflugzeuge und Motorsegler, die sich auf einem Überlandflug befinden, als erteilt.

Der Wiederstart mit einem Motorsegler ist nur mit Einwilligung des Grundstückseigentümers und der Luftfahrtbehörde gestattet.

§ 15 LuftVO

## 1.4.4 Notlandung

Eine Außenlandung mit einem Segelflugzeug wird im allgemeinen als Notlandung bezeichnet.
Obwohl die Landung erlaubt ist, ist der Luftfahrzeugführer verpflichtet,

a) dem Grundstückseigentümer über den Halter des Luftfahrzeuges,
b) den Piloten und
c) über die bestehende Versicherung

Auskunft zu erteilen.

Nach dieser Auskunft darf der Grundstückseigentümer den Abtransport nicht verhindern.
Bei einer möglichen Kontrolle durch Polizeiorgane muß der Luftfahrzeugführer die erforderlichen Ausweise und Papiere vorzeigen.

Bei Außenlandungen, bei denen Drittschäden, z.B. Flurschäden, eingetreten sind, darf der Abtransport des Segelflugzeuges ebenfalls nicht verhindert werden, wenn die vorgenannten Auskünfte erteilt wurden. Die bestehende Haftpflichtversicherung übernimmt den angerichteten Schaden.

Bei Außenlandungen oder Luftfahrtunfällen, bei denen ein Luftfahrzeug einen schweren Schaden erlitten oder angerichtet hat, oder bei denen eine Person getötet oder schwer verletzt wurde, gilt 1.4.5.

## 1.4.5 Anzeige von Flugunfällen (§ 5 LuftVO)

Begriffsbestimmungen

### 1.4.5.1 Schriftliche Anzeige

Der Halter eines Luftfahrzeuges hat Störungen beim Betrieb des Luftfahrzeuges innerhalb von 3 Tagen der Flugunfalluntersuchungsstelle beim Luftfahrtbundesamt (LBA) schriftlich anzuzeigen.

*Störungen sind:*

1) Wenn Personen getötet oder schwer verletzt wurden, das Luftfahrzeug einen schweren Schaden erlitten oder verursacht hat (s.u. Sofortanzeige);
2) Bedrohung von Besatzungsmitgliedern während des Fluges;
3) Ausfall eines Mitglieds der Flugbesatzung durch gesundheitliche Störungen während des Fluges;
4) Feuer oder Explosion beim Betrieb eines Luftfahrzeuges;
5) Funktionsstörungen und Schäden an Steuerungsanlagen (einschl. Flügelklappen und sonstigen aerodynamischen Einrichtungen);
6) Schäden an Triebwerken, die zu einem Triebwerkwechsel führen;
7) Abkommen von Start- oder Landebahnen einschl. Zukurz- oder Zuweitkommen;
8) Unkontrollierte Fluglagen;
9) Besondere meteorologische Phänomene wie extrem starke Turbulenz, extreme Vereisung, statische Aufladung und Blitzeinschläge in das Luftfahrzeug;
10) Störungen in der Ausrüstung des Luftfahrzeuges oder an Bodenanlagen, die zum Abbruch eines Landeanfluges führen;
11) Schäden an tragenden Bauteilen, die die Festigkeit der Zelle beeinträchtigen können;
12) Zusammenstöße mit Vögeln;
13) Zusammenstöße von Luftfahrzeugen und gefährliche Begegnungen zwischen Luftfahrzeugen;
14) Sonstige Störungen, deren Bekanntwerden der Flugunfallverhütung dienlich sein kann, z.B. Notlandungen.

### 1.4.5.2 Sofortanzeige

Wurde eine Person schwer verletzt oder getötet, bzw. erlitt ein Luftfahrzeug einen schweren Schaden oder richtete einen schweren Schaden an, so muß *unverzüglich* die nächste erreichbare Polizeidienststelle zur Weiterleitung an die Luftfahrtbehörde des Landes, der Flugunfalluntersuchungsstelle beim Luftfahrtbundesamt und die nächste Flugsicherungsdienststelle benachrichtigt werden.

*Schwere Verletzungen sind:*

1) Verletzungen, die einen Krankenhausaufenthalt von mehr als 48 Stunden erforderlich machen,
2) Knochenbrüche, mit Ausnahme einfacher Brüche von Fingern, Zehen oder der Nase,
3) schwere Blutungen, Nerven-, Muskel- oder Sehschäden,
4) Verletzungen an inneren Organen,
5) Verbrennungen zweiten oder dritten Grades oder mehr als fünf Prozent der Körperoberfläche.

*Schwere Schäden am Luftfahrzeug sind:*

Beschädigungen, die den Festigkeitsverband der Zelle, die Flugleistungen oder die Flugeigenschaften nachteilig beeinflussen und die normalerweise eine größere Instandsetzung oder das Auswechseln des betreffenden Bauteils erforderlich machen.

Ausgenommen sind Motorausfälle, auf Triebwerke beschränkte Schäden, verformte Verkleidungen oder Hauben, eingebeulte Beplankungen, kleine Löcher in der Beplankung, Rollschäden, Schäden an Bereifung, Motorzubehörteilen, Bremsen oder Flügelspitzen.

*Schwere Drittschäden sind:*

Schäden von mehr als 1000 DM.

### 1.4.5.3 Inhalt und Form der Anzeige

Die Anzeige ist auf dem vom LBA herausgegebenen, mehrseitigen Formvordruck zu erstatten. Dieser Formvordruck ist bei jeder Flugleitung vorrätig.

---

# 1.5 Luftfahrzeuge
## (und zulassungspflichtige Ausrüstung)

### 1.5.1 Arten der Luftfahrzeuge

Luftfahrzeuge ist der Oberbegriff für

1) Flugzeuge,
2) Drehflügler,
3) Luftschiffe,
4) Segelflugzeuge,
5) Motorsegler,
6) Frei- und Fesselballone,
7) Drachen,
8) Fallschirme,
9) Flugmodelle,

und sonstige für die Benutzung des Luftraumes bestimmte Geräte, insbesondere Raumfahrzeuge, Raketen und ähnliche Flugkörper, auch Hängegleiter, Gleitflugzeuge, Ultraleichtflugzeuge und Gleitfallschirme.

s. § 1 Abs. 2 LuftVG

## 1.5.2 Zulassung von Luftfahrzeugen

Jedes Luftfahrtgerät bedarf, bevor es in Betrieb genommen wird, der Zulassung durch das Luftfahrt-Bundesamt. Dies gilt nicht nur für Neuentwicklungen und Herstellungen der Deutschen Luftfahrtindustrie, sondern auch für das aus dem Ausland eingeführte Luftfahrtgerät, gleichgültig, ob es neu oder gebraucht ist. Mit der Erfordernis der Zulassung soll sichergestellt werden, daß nur solches Luftfahrtgerät im Luftverkehr verwendet wird, das verkehrssicher ist und das entsprechend seinem vorgesehenen Verwendungszweck allen Sicherheitsanforderungen nach dem neuesten Stand der Technik entspricht.

Dieser Zweck wird dadurch erreicht, daß der Zulassung eine technische Prüfung vorausgeht, in der festgestellt wird, ob alle Sicherheitserfordernisse beachtet und erfüllt sind.

§ 2 LuftVG
§§ 1–13 LuftVZO
§ 1 LuftGerPo

Nur wenn diese Feststellung getroffen werden konnte, wird das Gerät durch Erteilung eines Lufttüchtigkeitszeugnisses zum Verkehr zugelassen (Bild 38.2).

Eine Ausnahme von dem Grundsatz, daß alle Sicherheitserfordernisse vorher duch eine technische Prüfung festgestellt werden müssen, stellt die vorläufige Verkehrszulassung dar. Mit ihr wird ausnahmsweise ohne Musterzulassung der Betrieb eines Luftfahrtgerätes für einen bestimmten, eng begrenzten Zweck (technische Zwecke, Ausbildungs-, Vorführungs- und Überführungszwecke) zugelassen. Der teilweise Verzicht auf den Nachweis aller Sicherheitserfordernisse wird dadurch ausgeglichen, daß die Möglichkeiten zur Verwendung des Luftfahrtgerätes sehr stark eingeschränkt werden.

Es wird unterschieden nach:

a) Musterzulassung und

b) Verkehrszulassung.

*Die Musterzulassung* des gesamten Luftfahrtgerätes ist Aufgabe des Luftfahrt-Bundesamtes.

Neukonstruktionen von Luftfahrzeugen benötigen vor ihrer Verkehrszulassung die Musterzulassung. Bei der Musterzulassung wird geprüft, ob das zuzulassende Gerät den Anforderungen der Verkehrssicherheit und dem derzeitigen technischen Stand entspricht.

Auch die Ausrüstung sowie die Zubehörteile (auch Funkgeräte) benötigen die Musterzulassung.

*Die Verkehrszulassung* eines Luftfahrzeuges wird vom Luftfahrt-Bundesamt durchgeführt.

§§ 2 ff. LuftGerPo

Die Verkehrszulassung brauchen Flugzeuge, Drehflügler, Luftschiffe, Motorsegler, Segelflugzeuge, bemannte Ballone, Flugmodelle mit mehr als 20 kg Fluggewicht, Startgeräte (ausgenommen Startwinden für Segelflugzeuge) und sonstiges Luftfahrtgerät soweit es für die Benutzung des Luftraumes bestimmt ist und nach der Prüfordnung für Luftfahrtgerät prüfpflichtig ist.

Bei der Zulassung wird das Luftfahrzeug in die *Luftfahrzeugrolle* eingetragen und wird ein Kennzeichen (z. B. für Segelflugzeuge D-4411) zugeteilt.

Der *Eintragungsschein* (Bild 38.1) und das *Lufttüchtigkeitszeugnis* (Bild 38.2) werden ausgehändigt (s. Muster).
Das Luftfahrzeug darf allerdings nur betrieben werden, wenn die vorgesehenen und angeordneten *Nachprüfungen* durchgeführt wurden.

<table>
<tr><td>

**Eintragungsverzeichnis**
Aircraft Register

**Band:**    **Blatt:**
Volume:    Page:

</td><td>

**BUNDESREPUBLIK DEUTSCHLAND**
Federal Republic of Germany

**Luftfahrt-Bundesamt**
Federal Office of Civil Aeronautics

# EINTRAGUNGSSCHEIN
**Certificate of Registration**

</td><td>

**Art des Luftfahrzeugs**
Class of Aircraft

Muster 3
(Vorderseite)

</td></tr>
</table>

1. Staatszugehörigkeits- und Eintragungszeichen:
   Nationality and Registration Marks:
   **D——**

2. Hersteller:
   Manufacturer:

   Muster:
   Manufacturer's Designation.

3. Werknummer:
   Serial Nr.:

4. Eigentümer:
   Name of owner:

5. Anschrift des Eigentümers:
   Address of owner:

6. Hiermit wird bescheinigt, daß das vorbezeichnete Luftfahrzeug in das Eintragungsverzeichnis der Bundesrepublik Deutschland in Übereinstimmung mit dem Abkommen über die Internationale Zivilluftfahrt vom 7. Dezember 1944 sowie dem deutschen Luftverkehrsgesetz und den zu seiner Durchführung erlassenen Rechtsverordnungen eingetragen ist.
   It is hereby certified that the above described aircraft has been duly entered on the Register of the Federal Republic of Germany in accordance with the Convention on International Civil Aviation dated 7 December 1944 and with the German Aeronautics Act and the regulations issued for its execution.

Datum der Ausstellung:
Date of issue:

Unterschrift:
Signature:

**Der Eintragungsschein ist im Luftfahrzeug mitzuführen**

*38.1 Eintragungsschein*

<table>
<tr><td>

**Nummer:**
Number:

</td><td>

**BUNDESREPUBLIK DEUTSCHLAND**
Federal Republic of Germany

**Luftfahrt-Bundesamt**
Federal Office of Civil Aeronautics

# LUFTTÜCHTIGKEITSZEUGNIS
**Certificate of Airworthiness**

</td><td>

**Art des Luftfahrzeugs**
Class of Aircraft

Muster 2
(Vorderseite)

</td></tr>
</table>

1. Staatszugehörigkeits- und Eintragungszeichen:
   Nationality and Registration Marks:
   **D——**

2. Hersteller:
   Manufacturer:

   Muster:
   Manufacturer's Designation:

3. Werknummer:
   Serial Nr.:

   Baujahr:
   Year of construction:

4. Kategorie:
   Category:

5. Dieses Lufttüchtigkeitszeugnis ist für das vorbezeichnete Luftfahrzeug in Übereinstimmung mit dem Abkommen über die Internationale Zivilluftfahrt vom 7. Dezember 1944 sowie dem deutschen Luftverkehrsgesetz und den zu seiner Durchführung erlassenen Rechtsverordnungen ausgestellt. Das Luftfahrzeug wird als lufttüchtig angesehen, wenn es in Übereinstimmung mit den vorgenannten Vorschriften und unter Einhaltung seiner Betriebsgrenzen instandgehalten und betrieben wird.
   This Certificate of Airworthiness is issued for the above mentioned aircraft pursuant to the Convention on International Civil Aviation dated 7 December 1944 and pursuant to the German Aeronautics Act and the regulations issued for its execution. The aircraft is considered to be airworthy when maintained and operated in accordance with the aforementioned regulations and the pertinent operating limitations.

6. Das Luftfahrzeug darf nur betrieben werden, wenn die vorgeschriebenen und angeordneten Nachprüfungen durchgeführt sind.
   The aircraft shall not be operated, unless the prescribed inspections are completed.

Datum der Ausstellung:
Date of issue:

Unterschrift:
Signature:

**Das Lufttüchtigkeitszeugnis ist im Luftfahrzeug mitzuführen**

*38.2 Lufttüchtigkeitszeugnis*

### 1.5.3 Prüfung von Luftfahrzeugen und Luftfahrtgerät

Nach der Prüfordnung für Luftfahrtgerät wird unterschieden nach:

1) *Musterprüfung:*

   die am ersten Stück oder an einigen der ersten Stücke eines bestimmten Typs (Musters) vom Entwicklungsbetrieb durchgeführt wird;

2) *Stückprüfung:*

   hier wird in einer weiteren (einfacheren) Prüfung durch den Herstellerbetrieb oder von Prüfern für das Luftfahrtgerät für jedes dem Muster nachgebauten Stück die Übereinstimmung mit dem zugelassenen Muster festgestellt.
   Sie dient dem Nachweis, daß das dem Muster nachgebaute Luftfahrtgerät ebenso verkehrssicher ist wie das Muster selbst;

3) *Nachprüfung:*

   hier wird die Aufrechterhaltung der Lufttüchtigkeit des Luftfahrtgeräts durch luftfahrttechnische Betriebe bzw. Prüfern für Luftfahrtgerät festgestellt.

   *Grundlage* aller Jahresnachprüfungen sind die im *Gerätekennblatt* enthaltenen Angaben sowie die *Betriebsanweisungen* und die *technischen Mitteilungen* des Herstellers.
   Die Jahresprüfung an Luftfahrtgerät wird alle 12 Monate durchgeführt.

   Eine weitere Nachprüfung ist erforderlich, wenn am Gerät Reparaturen durchgeführt werden oder nachträglich Teile eingebaut werden.

§§ 2 ff. LuftGerPo

§§ 15 ff. LuftGerPo

§§ 26 ff. LuftGerPo

### 1.5.4 Lufttüchtigkeitsanweisung (LTA)

Diese werden in den Nachrichten für Luftfahrer (NfL) veröffentlicht. TM (technische Mitteilungen) werden vom Herstellerbetrieb an die Luftfahrzeughalter verschickt. Sie enthalten Änderungsanweisungen und andere Maßnahmen.

LTA's enthalten wichtige Anweisungen zur Aufrechterhaltung der Lufttüchtigkeit an Luftfahrzeugen. Aufgetretene Mängel werden durch diese Maßnahmen beseitigt.

Einige Anweisungen müssen sofort durchgeführt werden, andere Anweisungen können bis zu einer der nächsten anstehenden Jahresnachprüfung oder Prüfungen zurückgestellt werden.

§ 14 LuftGerPo

## 1.6 Luftfahrtpersonal

Dieser Abschnitt wurde bereits auf den Seiten 1 bis 17 behandelt.

## 1.7 Teilnahme am Luftverkehr

### 1.7.1 Pflichten der Teilnehmer am Luftverkehr

#### 1.7.1.1 Grundregeln für das Verhalten im Luftverkehr

Jeder Teilnehmer am Luftverkehr hat sich so zu verhalten, daß Sicherheit und Ordnung im Luftverkehr gewährleistet sind und kein Anderer gefährdet, geschädigt oder mehr als nach den Umständen unvermeidbar behindert oder belästigt wird.

Besonders zu beachten sind die Flugsicherheitsmitteilungen (FSM) des Luftfahrtbundesamtes (LBA), unter anderen:

#### Alkoholgenuß und Flugbetrieb

Nach § 1 Abs. 3 LuftVO darf niemand ein Luftfahrzeug führen oder als anderes Besatzungsmitglied tätig werden, wer infolge Genusses alkoholischer Getränke oder anderer berauschender Mittel (z. B. Medikamente) oder infolge geistiger oder körperlicher Mängel (Ermüdung, Krankheit) behindert ist.

§ 1 LuftVO 4
und
FSM des LBA

Die leistungsmäßigen Anforderungen an den Luftfahrzeugführer sind infolge seiner Tätigkeit unter den Bedingungen des dreidimensionalen Raumes ungleich höher als die Anforderungen an den Kraftfahrzeugführer. Kraftfahrt und Luftfahrt sind daher bezüglich der Einwirkung von Alkohol nicht vergleichbar, die für den Straßenverkehr geltenden Richtlinien nicht anwendbar. Seit Jahrzenten liegen Erfahrungs- und Meßwerte vor, die international anerkannt sind und einheitliche Meßergebnisse ausweisen.

Es steht danach zweifelsfrei fest, daß schon geringer Alkoholgenuß beim Luftfahrer schwerwiegende Beeinträchtigung seines Leistungsvermögens zur Folge hat. Ab 0,15 bis 0,20 Promille BAK meßbare Verschlechterung der Leistung, zwischen 0,3 und 0,5 Promille BAK Verdoppelung des Unfallrisikos. Zwischen 0,2 und 0,4 Promille muß mit Euphorie und mangelnder Reaktion auf die Umwelteinflüsse gerechnet werden, wobei subjektiv eine Leistungssteigerung empfunden wird, während objektiv eine Leistungsverschlechterung vorliegt. Die Federal Aviation Administration hält insbesondere auch wegen der Alkoholeinwirkung in der Abbauphase folgende *Sperrstunden nach Alkoholgenuß* für erforderlich:

| 0,5 ‰ | 0,7 ‰ | 1,2 ‰ |
|---|---|---|
| 12 Stunden | 16 Stunden | 24 Stunden |

1,2 ‰ werden in der Regel erreicht, nach dem raschen Genuß von:

1 Liter Bier,

1 Flasche Wein,

1/2 Flasche Sekt,

6 Glas 0,2 cl Weinbrand oder Korn

5 Glas 0,2 cl Obstler, Rum oder Whisky,

Bestimmte nicht nur rezeptpflichtige Medikamente können ähnliche Leistungseinbußen erzeugen. Die Wirkzeit sollte jeder Luftfahrer bei seinem Arzt erfragen und als Mindestsperrzeit ansehen.

Nach den heutigen Erkenntnissen der Wissenschaft liegen die Grenzwerte Alkoholgenuß wie folgt:

Gefahrengrenzwert der
Flugtüchtigkeit:                              0,15 bis 0,20 ‰ BAK
Unbedingte
Fluguntüchtigkeit:                           0,4  bis 0,5  ‰ BAK

Das Luftfahrtbundesamt empfiehlt dringend:

Nach dem Genuß alkoholischer Getränke oder Einnahme von Medikamenten sollte jeder Luftfahrer zumindest eine fliegerische Sperrfrist von 24 Stunden einhalten. Bei fliegerischer Tätigkeit über mehrere Tage hinweg (Streckenflüge, Überlandflüge, Wettbewerbe usw.) sollte auf jeglichen Alkoholgenuß verzichtet werden.

### 1.7.1.2 Verantwortlicher Luftfahrzeugführer

Segelflugzeuge sind während des Fluges und am Boden von einem verantwortlichen Luftfahrzeugführer zu führen.

Der Luftfahrzeugführer bedarf hierzu einer Erlaubnis (außer bei der Ausbildung).
Sind zwei zur Führung des Luftfahrzeuges berechtigte Segelflugzeugführer an Bord, ist verantwortlicher Luftfahrzeugführer, wer als solcher *vom Halter* bestimmt worden ist.

Ist eine Bestimmung nicht getroffen, so ist derjenige verantwortlich, der das Luftfahrzeug von dem Sitz des 1. Luftfahrzeugführers (bei Tandemanordnung vorn, bei nebeneinandersitzenden Segelflugzeugen links) führt.

Bei Übungs- und Prüfungsflügen in Begleitung von Fluglehrern oder Prüfungsräten gelten diese als verantwortliche Luftfahrzeugführer. Auch bei sog. Überprüfungsflügen - z. B. vereinsinterne Regelung nach der Winterpause - gilt der Fluglehrer als verantwortlicher Luftfahrzeugführer.

§ 1 LuftVO
und
FSM des LBA

§ 2 LuftVO
und
§ 4 LuftVG

### 1.7.1.3 Rechte und Pflichten des Luftfahrzeugführers

Der Segelflugzeugführer hat das Entscheidungsrecht über die Führung des Luftfahrzeuges. Er hat dafür zu sorgen, daß die Vorschriften der Luftverkehrsordnung und sonstiger Verordnungen über den Betrieb von Luftfahrzeugen beachtet werden und die in Ausübung der Luftaufsicht ergangenen Verfügungen beachtet und eingehalten werden. Hierzu gehört u.a., ob ein Start ggfls. unterlassen wird, wenn Mängel am Fluggerät oder an der Ausrüstung des Luftfahrzeuges festgestellt werden. Weiter ist zu beachten, daß man selbst die notwendige Flugerfahrung insbesondere bei Mitnahme von Gästen besitzt.

> § 3 LuftVO
>
> § 122 LuftPersV

### 1.7.1.4 Flugvorbereitung

Jeder Flugzeugführer ist verpflichtet, daß er sich vor Antritt des Fluges mit allen Unterlagen und Informationen, die für die sichere Durchführung von bedeutung sind, vertraut macht.

Hierzu gehört insbesondere, daß

a) das Flugzeug verkehrssicher ist,

b) das zulässige Fluggewicht nicht überschritten wird,

c) der Personalausweis,

d) der Luftfahrerschein (gültig),

e) das Funksprechzeugnis, (nicht mizuführen, wenn im Luftfahrerschein eingetragen),

f) das Flugbuch,

g) das Bordbuch, Eintragungsschein, Lufttüchtigkeitszeugnis, Nachprüfschein (Achtung, Termin der nächsten Nachprüfung), Versicherungsnachweis, Genehmigung der Luftfunkstelle, Luftbilderlaubnis (zur Beurkundung von Leistungsflügen), das Flug- und Betriebshandbuch, die ICAO Luftfahrkarte 1:500 000 neueren Datums mitgeführt werden,

h) eine Wetterberatung bei der zuständigen Flugwetterwarte eingeholt wurde (es genügt auch die automatische Wetterberatung bis eine Stunde vor dem beabsichtigten Start),

i) ein Flugplan aufgegeben wurde, soweit dieser notwendig ist,

j) ein Streckenflugausweis bei Auslandsflügen (siehe Teil Navigation) ausgefüllt wurde,

k) der Flug navigatorisch unter Berücksichtigung der luftrechtlichen Vorschriften (kontrollierte Lufträume, Beschränkungsgebiete, Kontrollzonen und insbesondere CVFR-Gebiete) vorbereitet wurde (siehe Teil Navigation).

> § 3a LuftVO

### 1.7.1.5 Anwendung der Flugregeln

Der Betrieb eines Segelflugzeuges richtet sich nach den allgemeinen Regeln und zusätzlich nach den Sichtflugregeln siehe Abschn. 1.7.2 und 1.7.3.

> § 4 LuftVO

### 1.7.1.6 Anzeige von Flugunfällen und sonstigen Störungen – siehe auch 1.4.5 –

Störungen bei dem Betrieb eines Luftfahrzeuges hat der Halter dem Luftfahrtbundesamt innerhalb von 3 Tagen schriftlich anzuzeigen.
Störungen bei dem Betrieb eines Luftfahrzeuges, bei denen eine Person getötet oder schwer verletzt worden ist, oder ein Luftfahrzeug einen schweren Schaden erlitten oder verursacht hat, hat der Luftfahrzeugführer - sofern er selbst in der Lage ist - unverzüglich der nächst erreichbaren Polizeidienststelle zur Weiterleitung an die Luftfahrtbehörde des Landes, das Luftfahrtbundesamt und die nächste Flugsicherungsdienststelle anzuzeigen.
Fand die Störung auf einem Flugplatz oder in dessen unmittelbarer Nähe statt, so kann die Anzeige auch bei der Luftaufsichtsstelle, die sie an die Polizei weiterleitet, erstattet werden.

> § 5 LuftVO

## 1.7.2 Allgemeine Regeln

### 1.7.2.1 Sicherheitsmindesthöhe

Der Segelflugzeugführer muß mindestens so hoch fliegen, daß im Falle einer Notlandung eine unnötige Gefährdung von Personen oder Sachen vermieden wird.
Die Sicherheitsmindesthöhe darf nur unterschritten werden, soweit es für Start oder Landung notwendig ist.

§ 6 LuftVO

Die Sicherheitsmindesthöhe beträgt über Städten und Menschenansammlungen 300 m (1000 ft) und über ausgedehnten Stadt- und Siedlungsgebieten 600 m (2000 ft) in einem Umkreis von 600 m über dem höchsten Hindernis (Bild 42.1

In allen übrigen Fällen mindestens 150 m (500 ft) über Grund oder Wasser, über hohe Hindernisse, ebenfalls 150 m (500 ft) (Bild 42.2). Segelflugzeuge dürfen die Höhe von 150 m unterschreiten, wenn dies die Art ihres Betriebes notwendig macht und eine Gefahr für Personen oder Sachen nicht zu befürchten ist. (z. B. bei Hangflug).

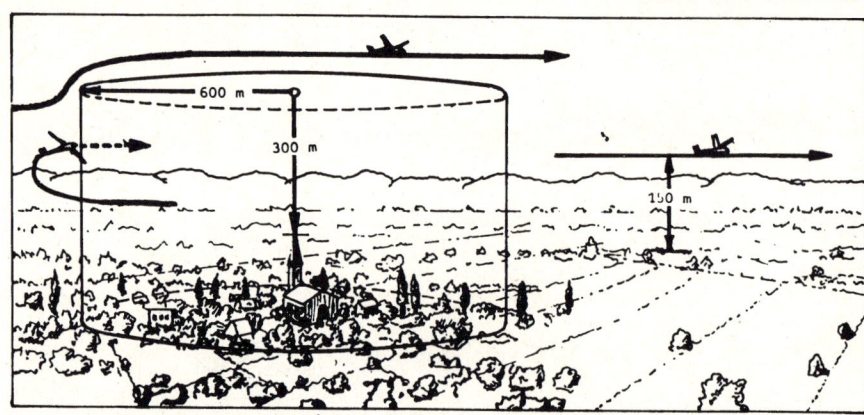

*42.1 Sicherheitsmindesthöhe über Städten und Menschenansammlungen*

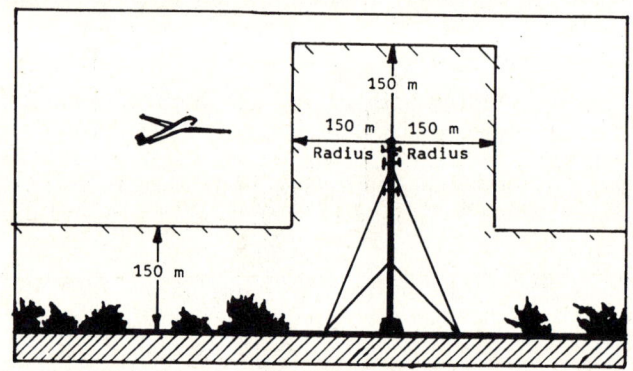

*42.2 Sicherheitsmindesthöhe im allgemeinen*

### 1.7.2.2 Kunstflug (§ 8 LuftVO)

Kunstflug ist erlaubt wenn:

a) Sichtflugwetterbedingungen herrschen,
b) das Segelflugzeug für Kunstflug zugelassen ist,
c) der Segelflugzeugführer die Kunstflugberechtigung besitzt,
d) der Fluggast damit einverstanden ist.

Kunstflug ist verboten:

a) in Höhen von weniger als 400 m GND (außer mit Genehmigung der Luftfahrtbehörde),
b) über Städten, dichtbesiedelten Gebieten, Menschenansammlungen und Flughäfen (Ausnahmen bei Flugtagen z.B. mit Genehmigung der zuständigen Luftfahrtbehörde).

Kunstflug an einem Flugplatz (auch Segelfluggelände) bedarf der Zustimmung des Flugleiters oder Beauftragten für Luftaufsicht.
Wird der Kunstflug im kontrollierten Luftraum durchgeführt, muß eine Flugverkehrsfreigabe bei der zuständigen Flugverkehrskontrollstelle erwirkt werden (Flugplan). Das Segelflugzeug muß mit einem betriebsbereiten UKW-Wechselsprechfunkgerät ausgerüstet und für Kunstflug zugelassen sein.

### 1.7.2.3 Uhrzeit und Maßeinheiten

a) Im Flugbetrieb ist UTC-Zeit (Universal Time Coordinated) und die vorgeschriebenen Maßeinheiten zu verwenden.

UTC statt GMT
Am 1. Januar 1985 stellt der DWD die Zeitangaben in seinen Veröffentlichungen von GMT (Greenwich Mean Time) auf UTC (Universal Time Coordinated) um. Für Wissenschaft, Technik und Verkehr, hier besonders im Bereich der Navigation in der Luft, zu Wasser und im Weltraum, hat die Unterscheidung zwischen diesen beiden Zeitskalen erhebliche Bedeutung. Für

§ 9a LuftVO

den täglichen Gebrauch ist sie belanglos, beträgt die Differenz doch lediglich maximal 0,9 Sekunden. Auch bei Wetterkarten, die eine Angabe für den Zeitpunkt der Wetterbeobachtungen oder die Gültigkeit einer Vorhersage tragen, fällt dieser Unterschied nicht ins Gewicht. Daß der DWD diese Umstellung nun vollzieht, geht darauf zurück, daß die UTC nach dem Zeitgesetz von 1978 die Basis für die Mitteleuropäische Zeit (MEZ) ist und daß die Internationale Zivilluftfahrtbehörde (ICAO) diese Zeitskala für die Luftfahrt verbindlich eingeführt hat. Hier soll kurz dargestellt werden, was es mit der Unterscheidung von GMT und UTC auf sich hat.

Die Erfordernisse der modernen Zivilisation machen es notwendig, einen möglichst gleichmäßigen Zeittakt zur Verfügung zu haben. Bis 1978 war die Basis dieses Zeittaktes die Zeit, die von einem Sonnenhöchststand bis zum nächsten vergeht. Leider ist diese Zeitspanne von Tag zu Tag verschieden, einmal wegen streng periodischer Einflüsse wie z. B. veränderlicher Geschwindigkeit der Bewegung der Erde um die Sonne und der Schiefstellung der Erdachse, zum anderen wegen unregelmäßiger Effekte, die auf Gravitationseinflüsse von Sonne, Mond und Planeten zurückzuführen sind. Während sich periodische Schwankungen noch relativ leicht durch eine mittlere Zeitskala, die uns als GMT bekannt ist, ausgleichen lassen, müssen die unregelmäßigen Veränderungen durch Schaltsekunden berücksichtigt werden, um eine Angleichung eines konstanten Zeittaktes an den wahren Sonnenstand zu erreichen. In früheren Zeiten mußten diese Schaltintervalle durch astronomische Beobachtungen ermittelt werden. Seit jetzt genau 50 Jahren stehen den Physikern, die sich als „Wächter über die Zeit" betätigen, sogenannte Atomuhren zur Verfügung, die den gleichmäßigsten heute erzeugbaren Zeittakt liefern. Mit diesen Uhren macht man sich die Tatsache zunutze, daß durch Erhitzung angeregte Gasatome (in der Praxis wird Caesium verwendet) beim Rückfall auf ihren ursprünglichen Energiezustand eine Strahlung bestimmter Frequenz aussenden. Diese Frequenz ist eine Naturkonstante und kann als Zeittaktgeber verwendet werden. Durch Mittelbildung der Zeittakte, die von 100 ausgewählten, von vielen Staaten betriebenen Atomuhren beim Internationalen Büro für die Zeit in Paris zusammenlaufen, wird die „Koordinierte Universalzeit" (UTC) erzeugt. Sie ist nur noch mit einer relativen Unsicherheit von etwa 10-13 behaftet, d. h., die Unsicherheit liegt bei 1 Sekunde in 30 000 Jahren. Der Normalbürger bemerkt die Angleichung der Atomzeit an die astronomisch vorgegebene Zeit immer an Silvester, wenn an die letzte Minute des Jahres eine Schaltsekunde angehängt wird.                    Deutscher Wetterdienst, Zentralamt

Beilage zur Wetterkarte
des DWD
D 7311 A 44/1984

4te DVO zur LuftVO
vom 22. 12. 1969
und 15. 9. 1983
BAnz. S. 1970
Nr. 4
und S. 10497

b) Für Navigationszwecke NM = Seemeilen.
c) Für kurze Entfernungsangaben m = Meter.
d) Für Höhenangaben über Normal Null NN
   (= MSL = Mean Sea Level) und über Grund GND ft = Fuß.
e) Für Horizontal- und Windgeschwindigkeiten kt = Knoten.
f) Für Vertikalgeschwindigkeit ft/min = Fuß pro Minute.
g) Für Luftdruckangaben hPa = Hektopascal.
h) Für Temperaturangaben °C = Grad Celsius.
i) Für Windrichtungen ° rechtweisend
j) Für Angaben der Flug-, Boden- und Landebahnsicht: Km oder Meter.

### 1.7.2.4 Vermeidung von Zusammenstößen (§ 12 LuftVO)

Der Segelflugzeugführer hat im Fluge zum Vermeiden von Zusammenstößen zu anderen Luftfahrzeugen einen ausreichenden Abstand einzuhalten.

### 1.7.2.5 Ausweichregeln (§ 13 LuftVO)

1) Nähern sich 2 Luftfahrzeuge im Gegenflug und besteht die Gefahr eines Zusammenstoßes (Bild 43.1), dann müssen *beide* Luftfahrzeuge nach rechts ausweichen.

2) Kreuzen sich die Flugrichtungen zweier Luftfahrzeuge in nahezu gleicher Höhe, so hat das Luftfahrzeug, das von links kommt, nach rechts, hinter das andere Luftfahrzeug, auszuweichen (Bild 43.2).

3) Ausweichrangfolge besteht in jedem Fall (Bild 44.1):

a) Motorgetriebene Luftfahrzeuge (in Bild 1 und 4), die schwerer als die

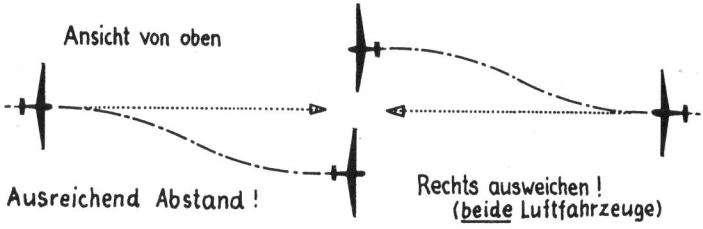

Ansicht von oben

Ausreichend Abstand!

Rechts ausweichen!
(beide Luftfahrzeuge)

*43.1 Ausweichen im Gegenflug*

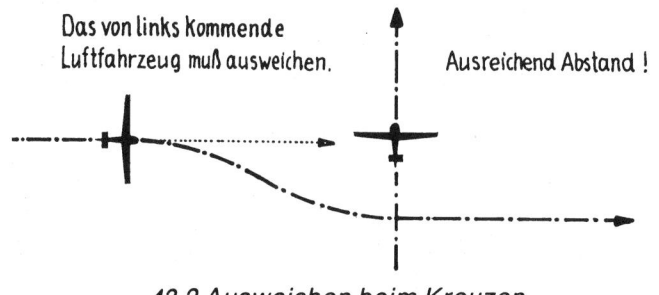

Das von links kommende Luftfahrzeug muß ausweichen.

Ausreichend Abstand!

*43.2 Ausweichen beim Kreuzen*

43

Luft sind, weichen den Luftschiffen (2), den Segelflugzeugen (3) und den Ballonen (0) aus;

b) Luftschiffe (2) weichen den Segelflugzeugen (3) und den Ballonen (0) aus;

c) Segelflugzeuge (3) weichen den Ballonen (0) aus;

d) Bei 2 motorgetrieben Luftfahrzeugen (1 und 4) weicht das allein fliegende Luftfahrzeug (4) anderen Motorflugzeugen, die erkennbar andere Luftfahrzeuge oder Gegenstände schleppen (1), immer aus.

Motorsegler, deren Motor nicht in Betrieb ist, gelten bei dem Anwenden der Ausweichregeln als Segelflugzeuge.

4) Luftfahrzeugen im Endteil des Landeanfluges und landenden Flugzeugen ist immer auszuweichen.

5) Von mehreren einen Flugplatz gleichzeitig zur Landung anfliegenden Luftfahrzeugen, die schwerer als Luft sind (Bild 44.2), hat das höher fliegende dem tiefer fliegenden Luftfahrzeug auszuweichen. Jedoch haben motorgetriebene Luftfahrzeuge, die schwerer als Luft sind, anderen Luftfahrzeugen in jedem Fall auszuweichen.

Ein tiefer fliegendes darf ein anderes Luftfahrzeug, das sich im Endteil des Landeanfluges befindet, nicht unterschneiden (Bild 44.2) oder überholen.

6) Überholt ein Luftfahrzeug ein anderes (Bild 44.3), so hat das überholende Luftfahrzeug, auch wenn es steigt oder sinkt, den Flugweg des anderen zu meiden und seinen eigenen Kurs nach rechts zu ändern.

Ein Luftfahrzeug überholt ein anderes, wenn es sich dem anderen von hinten in einer Flugrichtung nähert, die mit der Flugrichtung des anderen einen Winkel von weniger als 70° bildet (Bild 44.3).

7) Ein Luftfahrzeug darf erst starten, wenn keine Gefahr eines Zusammenstoßes besteht.

8) Ein Luftfahrzeug hat einem anderen Luftfahrzeug, das erkennbar in seiner Manövrierfähigkeit behindert ist, auszuweichen.

9) Ein Luftfahrzeug, das nach den Absätzen 1 bis 6 und 8 nicht auszuweichen oder seinen Kurs zu ändern hat, muß seinen Kurs und seine Geschwindigkeit beibehalten, bis eine Zusammenstoßgefahr ausgeschlossen ist.

10) Die Vorschriften über die Ausweichregeln entbinden die beteiligten Luftfahrzeugführer nicht von ihrer Verpflichtung, so zu handeln, daß ein Zusammenstoß vermieden wird.

Ein Luftfahrzeug, das nach den Absätzen 1 bis 6 und 8 einem anderen Luftfahrzeug ausweichen und dessen Flugweg meiden und seinen Kurs ändern muß, darf das andere

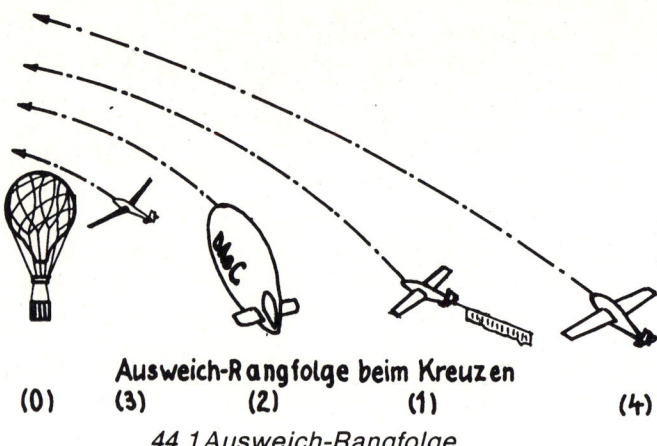

Ausweich-Rangfolge beim Kreuzen

(0)    (3)      (2)      (1)          (4)

44.1 Ausweich-Rangfolge

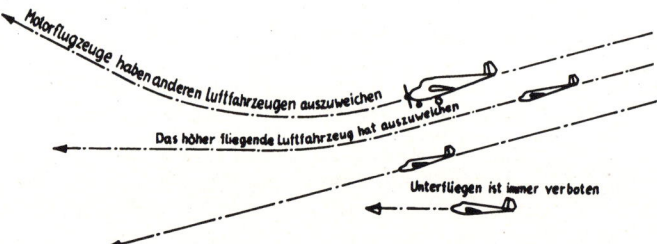

44.2 Rangfolge beim Anflug

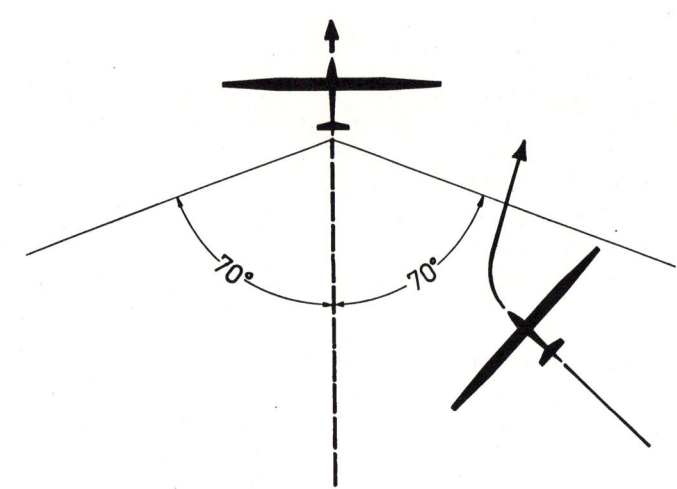

44.3 Überholen eines Luftfahrzeuges

Luftfahrzeug nur in einem Abstand überfliegen, unterfliegen oder an diesem vorbeifliegen, der eine Gefährdung oder Behinderung dieses Luftfahrzeuges ausschließt. Ansonsten ist ein ausreichender Abstand einzuhalten.

*Anmerkung*

Auf Segelflugplätzen mit Hangbetrieb ist die Hangflugordnung zu beachten.

*1.7.2.6 Wolkenflüge mit Segelflugzeugen (§ 14 LuftVO)*

Diese können von der Bundesanstalt für Flugsicherung erlaubt werden, wenn die Sicherheit der Luftfahrt durch geeignete Maßnahmen aufrecht erhalten werden kann. Die Erlaubnis kann mit Auflagen verbunden werden.

Es ist selbstverständlich, daß der Segelflugzeugführer die Berechtigung zur Durchführung von

Wolkenflügen besitzen muß, und das Luftfahrzeug für diesen Zweck ausdrücklich zugelassen ist. Segelflugzeuge werden für Wolkenflüge nur zugelassen, wenn sie entsprechend instrumentiert sind (siehe Abschn. 1.6 „Wolkenflugberechtigung").

### 1.7.2.7 Außenstarts und Außenlandungen von Segelflugzeugen (§ 15 LuftVO)

Motorflugzeuge und Motorsegler dürfen auf Segelfluggeländen nur landen, wenn die örtlich zuständige Luftfahrtbehörde des Landes die entsprechende Erlaubnis erteilt.

Abgesehen hiervon kann nach der Luftverkehrs-Zulassungsordnung ein Segelfluggelände auch zugelassen werden für eigenstartfähige Motorsegler und für Flugzeuge, sofern diese bestimmungsgemäß zur Durchführung von Flugschleppstarts oder für das Absetzen von Fallschirmspringern eingesetzt werden. Ist das Gelände für diesen Zweck nicht zugelassen, so kann eine Erlaubnis durch die Luftfahrtbehörde erteilt werden.

Da Luftfahrzeuge von Sonnenuntergang bis Sonnenaufgang Lichter zu führen haben, kann ein Segelflugzeug selbstverständlich nur von Sonnenaufgang bis Sonnenuntergang betrieben werden. Als Nacht im Sinne der Luftverkehrsordnung gilt die Zeit von 30 Minuten nach Sonnenuntergang bis 30 Minuten vor Sonnenaufgang.

### 1.7.2.8 Gefahrenmeldung (§ 20 LuftVO)

Der Segelflugzeugführer hat Beobachtungen über Gefahren für den Luftverkehr unverzüglich der für ihn zuständigen Luftverkehrskontrollstelle zu melden. Die Meldungen sollen alle Einzelheiten enthalten, die für die Gewährleistung der Sicherheit des Luftverkehrs wesentlich sind.

### 1.7.2.9 Signale und Zeichen (§ 21 LuftVO)

Beobachtet oder empfängt ein Luftfahrzeugführer Signale und Zeichen, die in der Anlage 2 zu § 21 LuftVO aufgeführt sind, so hat er die dort vorgesehenen Maßnahmen zu treffen, sofern er als Segelflugzeugführer dazu in der Lage ist.

Die Signale und Zeichen der Anlage 2 sind nur für die darin beschriebenen Zwecke anzuwenden; andere Signale und Zeichen, die hiermit verwechselt werden können, dürfen nicht verwendet werden.

Bei Ansteuerung durch militärische Luftfahrzeuge hat er die vorgeschriebenen Maßnahmen umgehend zu treffen.

### Ergänzung

In der Anlage 2 zu § 21 LuftVO sind folgende Bodensignale für den Flugplatzverkehr aufgeführt:

Rot  Gelb  Orange

1) *Landeverbot*

S i g n a l - Bild 45.1
Ein in der Signalfläche ausgelegtes waagerechtes quadratisches rotes Feld mit zwei gelben Diagonalstreifen.

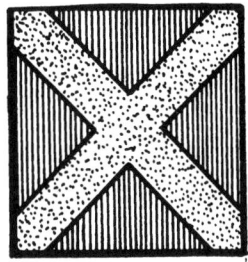

*45.1 Landeverbot*

B e d e u t u n g :
Landeverbot für längere Zeit.

2) *Besondere Vorsicht beim Landeanflug und bei der Landung*

S i g n a l - Bild 45.2
Ein in der Signalfläche ausgelegtes waagerechtes quadratisches rotes Feld mit einem gelben Diagonalstreifen.

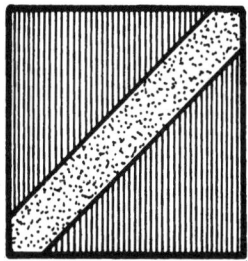

*45.2 Vorsicht!*

B e d e u t u n g :
Beim Landeanflug und bei der Landung ist wegen des schlechten Zustandes des Rollfeldes oder aus anderen Gründen besondere Vorsicht gegeben.

3) *Benutzung der Start- und Landebahnen und der Rollbahnen*

   a) S i g n a l - Bild 45.3
   Eine in der Signalfläche ausgelegte waagerechte weiße Fläche in Form einer Hantel.

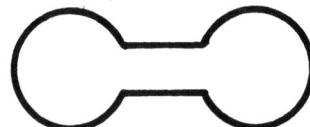

*45.3 Nur Start-, Lande- und Rollbahnen benutzen*

   B e d e u t u n g :
   Zum Starten, Landen und Rollen dürfen nur Start- und Landebahnen und Rollbahnen benutzt werden.

   b) S i g n a l - 46.1
   Eine in der Signalfläche ausgelegte waagerechte weiße Fläche in Form einer Hantel mit je einem schwarzen Streifen in den kreisförmigen Flächenteilen, wobei die Streifen im rechten Winkel zur Längsachse der Fläche liegen.

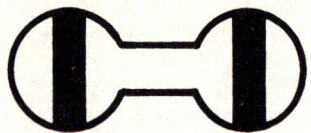

46.1 *Start und Landen nur auf der Bahn;*
*Rollen frei*

> *B e d e u t u n g :*
> Zum Starten und Landen dürfen nur die
> Start- und Landebahnen benutzt werden,
> Rollbewegungen sind nicht auf Start- und
> Landebahnen oder Rollbahnen be-
> schränkt.

4) *Benutzbarkeit des Rollfeldes*

S i g n a l - Bild 46.2
Auf dem Rollfeld ausgelegte Kreuze in weißer
oder anderer auffallender Farbe.

46.2 *Nicht benutzbar*

*B e d e u t u n g :*
Der durch die Kreuze bezeichnete oder begrenzte Teil des Rollfeldes ist nicht benutzbar.

5) *Anweisung für Start und Landung*

> a) S i g n a l - Bild 46.3
> Ein weißes oder orangefarbenes „T" (Lan-
> de-T), das bei Nacht entweder beleuchtet
> oder durch weiße Lichter dargestellt ist.

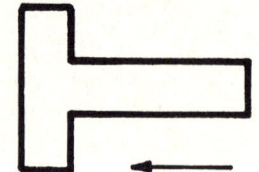

46.3 *Start- und Landerichtung*

*B e d e u t u n g :*
Starts und Landungen sind parallel zum Längs-
balken des Lande-T in Richtung auf den Querbal-
ken durchzuführen.

> b) S i g n a l - Bild 46.4
> Ein liegendes Tetraeder, das, von der
> Grundfläche in Richtung auf die Spitze ge-
> sehen, auf der linken Seite orangefarbig
> oder schwarz, auf der rechten Seite weiß

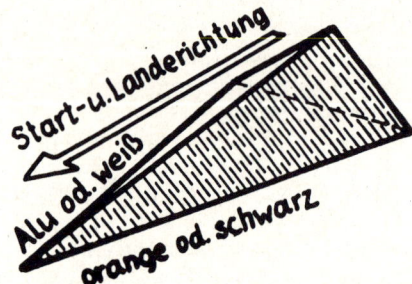

46.4 *Start- und Landerichtung*

oder aluminiumfarbig ist, und das bei
Nacht, von der Grundfläche in Richtung auf
die Spitze gesehen, durch auf der Mittellinie und der rechten Begrenzung angebrachte grüne Lichter und durch auf der
linken Begrenzung angebrachte rote Lichter dargestellt ist.

*B e d e u t u n g :*
Starts und Landungen sind in der Richtung aus-
zuführern, in die die Spitze des Tetraeders zeigt.

> c) S i g n a l - Bild 46.5
> Eine zweistellige Zahl auf einer Tafel, die
> am Kontrollturm oder in dessen Nähe
> senkrecht angebracht ist.

46.5 *Startrichtung*

*B e d e u t u n g :*
Angabe der Startrichtung, abgerundet auf die
nächstliegenden zehn Grad der mißweisenden
Kompaßrose.

6) *Richtungsänderung nach rechts nach dem*
*Start und vor der Landung.*

S i g n a l - Bild 46.6
Ein in der Signalfläche oder am Ende der Start-
und Landebahn oder des Schutzstreifens waagerecht angelegter und nach rechts abgewinkelter
Pfeil in auffallender Farbe.

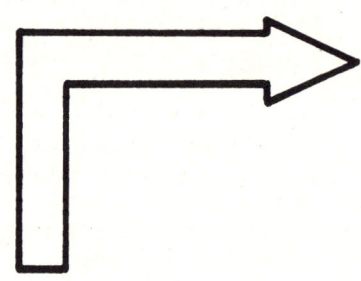

46.6 *Erlaubte Richtungsänderung*

*B e d e u t u n g :*
Nach dem Start und vor der Landung sind Richtungsänderungen nur nach rechts erlaubt.

6a) *Richtungsänderungen nach dem Start und*
*vor der Landung bei getrennter Platzrunde für*
*motorgetriebene Luftfahrzeuge und Segel-*
*flugzeuge*

S i g n a l - Bild 47.1
Ein in der Signalfläche oder am Ende der Start-
und Landebahn oder des Schutzstreifens in
Start- und Landerichtung ausgelegtes, mit einem
nach rechts oder links abgewinkelten Pfeil verse-
henes Doppelkreuz von auffallender Farbe.

← Segelflug ┃ Motorflug →

Nach Start u. vor Landung
erlaubte Richtungsänderung

*47.1 Getrennte Platzrunde*

B e d e u t u n g :
Getrennte Platzrunde für motorgetriebene
Luftfahrzeuge und Segelflugzeuge. Nach dem
Start und vor der Landung sind Richtungsänderungen für motorgetriebene Luftfahrzeuge
nur in Pfeilrichtung, für Segelflugzeuge nur
entgegengesetzt erlaubt.

7) *Abgabe von Flugsicherungsmeldungen*

S i g n a l - Bild 47.2
Der Buchstabe „C" in Schwarz auf einer
senkrecht angebrachten Tafel.

*47.2 FS-Abgabe*

B e d e u t u n g :
Flugsicherungsmeldungen sind an der so bezeichneten Stelle abzugeben.

8) *Segelflugbetrieb*

S i g n a l - Bild 47.3
Ein in der Signalfläche waagerecht angeleg-
tes weißes Doppelkreuz.

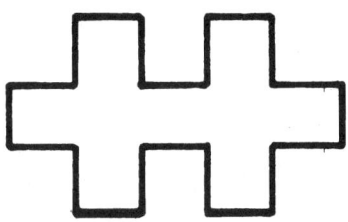

*47.3 Segelflugbetrieb*

B e d e u t u n g :
Am Flugplatz wird Segelflugbetrieb durchgeführt.

### 1.7.2.10 Regelung des Flugplatzverkehrs (§ 21a LuftVO)

Für die Durchführung des Flugverkehrs können
besondere Regelungen getroffen werden. Flugplatzverkehr ist der Verkehr von Luftfahrzeugen,
die sich in der Platzrunde eines Flugplatzes befinden, in diese einfliegen oder sie verlassen.
Dieser Flugplatzverkehr wird entsprechend ver-

öffentlicht und in der Genehmigungsurkunde
zum Betrieb des Flugplatzes (auch Segelfluggelände) durch Auflagen und Genehmigungen der
Flugplatzordnung (auch Segelfluggeländeord-
nung) genehmigt.

### 1.7.2.11 Flugbetrieb auf einem Flugplatz und in dessen Umgebung (§ 22 LuftVO)

(1). Wer ein Luftfahrzeug auf einem Flugplatz
oder in dessen Umgebung führt, ist verpflichtet:

1) die in den Nachrichten für Luftfahrer be-
kanntgemachten Anordnungen der Luftfahrtbehörden für den Verkehr von Luftfahrzeugen auf dem Flugplatz oder in dessen Umgebung, insbesondere die nach § 21a getroffe-
nen besonderen Regelungen für die Durchführung des Flugplatzverkehrs zu beachten;

2) die Verfügungen der Luftaufsicht und die Anweisungen des Flugplatzunternehmers zu
beachten;

3) den Flugplatzverkehr zu beobachten, um Zusammenstöße zu vermeiden;

4) sich in den Verkehrsfluß einzufügen oder
sich erkennbar aus ihm herauszuhalten;

5) Richtungsänderungen in der Platzrunde,
beim Landeanflug und nach dem Start in
Linkskurven auszuführen, sofern nicht eine
andere Regelung getroffen ist;

6) gegen den Wind zu landen und zu starten,
sofern nicht Sicherheitsgründe, die Rücksicht auf den Flugbetrieb, die Ausrichtung
der Start- und Landebahnen oder andere örtliche Gründe es ausschließen;

7) auf Mitteilungen durch Funk, auf Licht- und
Bodensignale sowie auf Zeichen zu achten;

8) sich vor dem Start bei der Luftaufsichtstelle,
auf Flugplätzen ohne Luftaufsichtstelle bei
der Flugleitung, zu melden;

9) beim Rollen Start- und Landebahnen möglichst rechtwinklig und nur dann zu kreuzen,
wenn sich dort kein anderes Flugzeug im
Landeanflug oder im Start befindet;

10) nach der Landung die Landebahn so schnell
wie möglich freizumachen;

11) rechts neben dem Landezeichen aufzuset-
zen, sofern nicht eine andere Regelung getroffen ist;

12) nach dem Start unter Beachtung der flug-
technischen Sicherheit so schnell wie möglich Höhe zu gewinnen;

13) nach dem Durchstarten entsprechend Nr. 12
zu verfahren;

14) eine Flugplatzverkehrszone zu meiden, wenn
nicht beabsichtigt ist, innerhalb der Flugplatzverkehrszone zu landen.

(2). Flugplatzverkehrszone ist ein um einen
Flugplatz oder um mehrere Flugplätze gemeinsam zum Schutz des Flugplatzverkehrs festgelegter Luftraum von bestimmten Abmessungen.
Der Bundesminister für Verkehr legt die Flugplatzverkehrszonen fest und gibt sie in dem Bun-
desanzeiger und in den Nachrichten für Luftfahrer bekannt.

(3). Abweichungen von Abs.1 kann die Luftaufsichtsstelle, an Flugplätzen ohne Luftaufsichtsstelle die Flugleitung, im Einzelfall zulassen, wenn zwingende Gründe dies notwendig machen und dadurch eine Gefährdung der öffentlichen Sicherheit oder Ordnung, insbesondere der Sicherheit des sonstigen Luftverkehrs, nicht zu erwarten ist.

(4). Auf Flugplätzen sind aus eigener Kraft rollende Luftfahrzeuge gegenüber anderen Fahrzeugen und Fußgängern bevorrechtigt.

(5). Motoren von Luftfahrzeugen dürfen nur in Betrieb gesetzt werden, wenn sich im Führersitz sachkundige Bedienung befindet und Personen nicht gefährdet werden können. Der Motor darf auf Stand nur laufen, wenn außerdem das Fahrwerk genügend gesichert ist. Das Abbremsen der Motoren und das Abrollen von den Hallen ist so vorzunehmen, daß Gebäude, andere Luftfahrzeuge oder andere Fahrzeuge kein stärkerer Luftstrom trifft und Personen nicht verletzt werden können. Bei laufendem Motor darf sich niemand vor dem Luftfahrzeg oder in einem für die Sicherheit nicht ausreichenden Abstand von diesem aufhalten.

Vor dem Start ist bei der Luftaufsichtstelle oder der Flugleitung die Meldung über das Vorhaben wie folgt abzugeben: persönlich, über Fernsprecher oder Funk, mit Namen des Luftfahrzeugführers, Kennzeichen des Luftfahrzeuges, Anzahl der mitfliegenden Personen und die Art des Fluges (siehe NfL I 231/72).

### 1.7.2.12 Prüfung der Flugvorbereitung und der vorgeschriebenen Ausweise (§ 24 LuftVO)

Auf Verlangen der für die Wahrnehmung der Luftaufsicht zuständigen Personen oder Stellen hat der Luftfahrzeugführer nachzuweisen, daß er den Flug ordnungsgemäß vorbereitet hat; darüber hinaus hat er die vorgeschriebenen Ausweise, den Luftfahrerschein, sowie die für das Luftfahrzeug vorgeschriebenen Unterlagen vorzulegen.

Hier gelten auch insbesondere die Regelungen, Dienstanweisungen für Flugleiter und Beauftragte für Luftaufsicht.

### 1.7.2.13 Flugplanabgabe (§ 25 LuftVO)

Segelflugzeugführer haben der zuständigen Flugverkehrskontrollstelle einen Flugplan zu übermitteln für:

1) Kunstflüge im kontrollierten Luftraum,
2) Wolkenflüge,
3) Flüge aus der Bundesrepublik,
4) Flüge in Gebieten mit Flugbeschränkungen, soweit dies angeordnet wird (z.B. FlugÜZ).

Wird der Flugplan bei der Flugberatungsstelle (AIS) angenommen, gilt die Flugverkehrsfreigabe als erteilt.

### 1.7.2.14 Flugverkehrsfreigabe (§ 26 LuftVO)

Der Segelflugzeugführer hat bei Flügen, für die ein Flugplan zu übermitteln ist, eine Flugverkehrsfreigabe einzuholen. Von dem durch Erteilung der Flugverkehrsfreigabe bestätigten oder durch Erteilung weiterer Flugverkehrsfreigaben ergänzten Flugplan darf der Luftfahrzeugführer

nicht abweichen, bevor ihm nicht eine neue Flugverkehrsfreigabe (ggfls. über Funk) erteilt worden ist.

Dies gilt jedoch nicht in solchen Notlagen, die eine sofortige eigene Entscheidung erfordern, (z.B. Außenlandung). In diesen Fällen hat der Luftfahrzeugführer jedoch unverzüglich die zuständige Flugverkehrskontrollstelle zu benachrichtigen und den Flugplan aufzuheben. Darüber hinaus hat der Segelflugzeugführer für Flüge, für die ein Flugplan aufgegeben wurde, nach der Landung der zuständigen Flugverkehrskontrollstelle unverzüglich die Landemeldung zu übermitteln.

### 1.7.3 Sichtflugregeln (§§ 28 u. 29 LuftVO)

*Definitionen*

*Flugsicht* ist die Sicht in Flugrichtung aus dem Führerraum des Segelflugzeuges.

*Bodensicht* ist die Sicht auf einen Flugplatz, wie sie von einer amtlich beauftragten Person festgestellt wird.

*Hauptwolkenuntergrenze* ist die Untergrenze der niedrigsten Wolkenschicht über Grund oder Wasser, die mehr als die Hälfte des Himmels bedeckt und unterhalb einer Höhe von 6000 m (20 000 ft GND) liegt.

*Der kontrollierte Luftraum*
(siehe 1.7.4) besteht aus:

| | |
|---|---|
| Kontrollbezirken | (CTA) |
| Nahverkehrsbereichen | (TMA) |
| Kontrollzonen | (CTR) |
| Kontr.Sichtfl.-Gebiete | (CVFR) |

In den nebenstehenden Bildern ist dieser Raum randschraffiert angedeutet.

### 1.7.3.1 Sichtflug im kontrollierten Luftraum (§ 28 LuftVO)

A) *Kontrollierter Luftraum* (Bild 48.1)

| | |
|---|---|
| Mindestflugsicht | 8 km |
| Wolkenabstand: | |
| vertikal | 300 m |
| horizontal | 1,5 km |

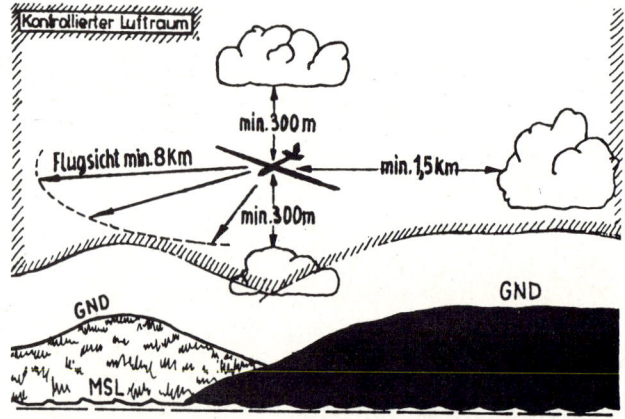

48.1 VFR-Flug im kontrollierten Luftraum

B) *Kontrollzonen* (Bild 49.1)

Hier gelten *zusätzlich* folgende Regeln:

| | |
|---|---|
| Bodensicht | 8 km |

(teilweise 5 km in bestimmten Kontrollzonen, z. B. Paderborn-Lippstadt)
Hauptwolkenuntergrenze

| in einer Höhe von mindestens über GND oder Wasser | 600 m (2000 ft) |
| --- | --- |

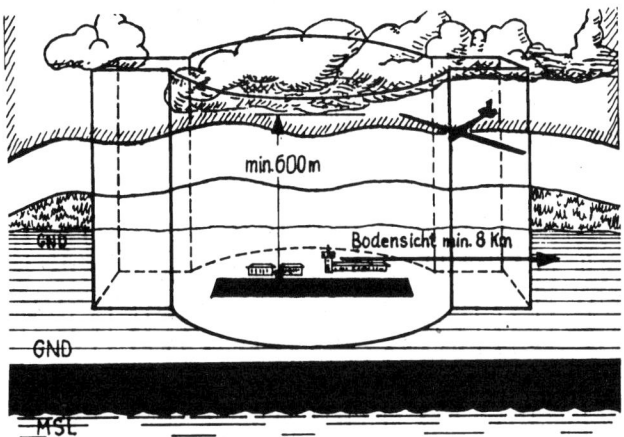

*49.1 VFR-Flug (zusätzlich) in der Kontrollzone*

### 1.7.3.2 Sichtflug im unkontrollierten Luftraum (§ 29 LuftVO)

Der unkontrollierte Luftraum liegt unterhalb der CTA's von GND bis 2500 ft GND (= 760 m) und unterhalb der TMA-Sektoren A, B und C von GND bis:

A bis 1000 ft (300 m) GND
B bis 1700 ft (520 m) GND
C bis 2500 ft (760 m) GND

| Mindestflugsicht | 1,5 km |
| --- | --- |

Erdsicht muß gewährleistet sein
Wolken nicht berühren

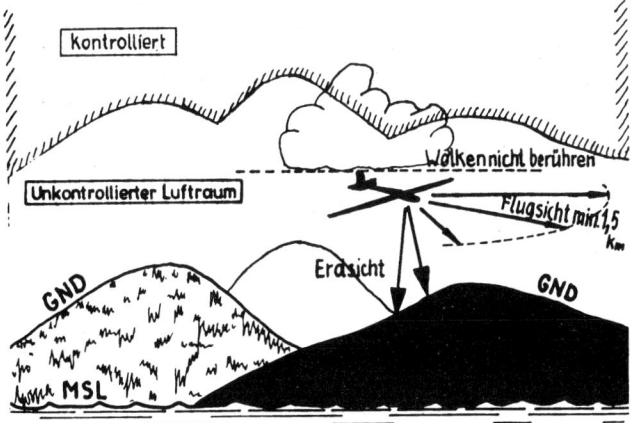

*49.2 VFR-Flug im unkontrollierten Luftraum unter CTA und TMA*

## 1.7.4 Luftraumgliederung

### 1.7.4.1 Allgemein

Nach dem Luftverkehrsgesetz (LuftVG) ist die Benutzung des Luftraumes durch Luftfahrzeuge frei, soweit sie nicht durch dieses Gesetz über die Bundesanstalt für Flugsicherung und durch die zur Durchführung dieser Gesetze erlassenen Rechtsvorschriften beschränkt wird.

Um die flüssige und sichere Durchführung des Luftverkehrs zu gewährleisten, wird die Freizügigkeit in bestimmten Teilen des Luftraumes über der Bundesrepublik eingeschränkt.

### 1.7.4.2 Aufteilung des Luftraumes über der Bundesrepublik

Der Luftraum über der Bundesrepublik ist vertikal in einen „Unteren Luftraum" und einen „Oberen Luftraum" aufgeteilt (Bild 49.3). Die Grenze zwischen diesen beiden Lufträumen liegt in der Druckfläche 24 500 ft (= 7468 m) = FL 245.

| Oberer Luftraum Upper airspace | |
| --- | --- |
| Obergrenze Untergrenze | Unbegrenzt FL 245 |
| Unterer Luftraum Lower airspace | |
| Obergrenze Untergrenze | FL 245 Erdboden (GND) |

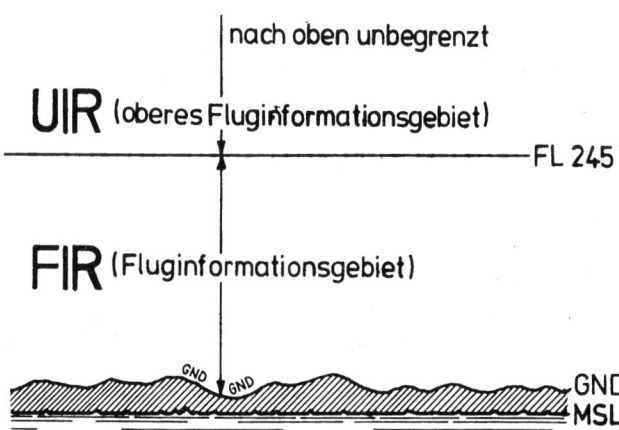

*49.3 Vertikale Luftraumgliederung*

### 1.7.4.3 Fluginformationsgebiete

Ein Fluginformationsgebiet (Flight Information Region = FIR) ist ein Luftraum, in dem allen Luftverkehrsteilnehmern „Fluginformationsdienst" und „Flugalarmdienst" zur Verfügung stehen.

In der Bundesrepublik sind 4 „Fluginformationsgebiete (FIR)" und im oberen Luftraum 2 „obere Fluginformationsgebiete (UIR)" (Upper Flight Information Region = UIR) eingerichtet worden. Siehe auch Abschnitt 1.2.2.

Eine Übersicht geben die Bilder 50.1 und 50.2.

Die vertikale Ausdehnung ist in Bild 49.3 eingetragen.

Die angrenzenden Fluginformationsgebiete sind in Bild 50.1 eingetragen.

Das UIR - Hannover entspricht in den seitlichen Grenzen dem FIR-Bremen und FIR-Düsseldorf. Das UIR-Rhein entspricht den seitlichen Grenzen FIR-Frankfurt und FIR-München.

Die deutschen Fluginformationsgebiete sind im deutschen Luftfahrthandbuch (AIP I, RAC 2-1-1) ausführlich erläutert.

Im allgemeinen sind die Grenzen von Fluginformationsgebieten (FIR) mit den Staats- oder Landesgrenzen identisch. Es gibt jedoch Ausnahmen.

| Obere Fluginformationsgebiete<br>Upper Flight Information Regions | UIR | Hannover – Rhein |
|---|---|---|
| Fluginformationsgebiete<br>Flight Information Regions | FIR | Bremen – Düsseldorf –<br>Frankfurt – München |
| Terminal-Fluginf.gebiete<br>Terminal Flight Inform.Regions | TFIS | Hamburg – Bremen – Hannover<br>Düsseldorf – Nürnberg – Stuttgart |

50.1 FIR-Grenzen der Bundesrepublik und der angrenzenden Staaten

50.2 UIR-Grenzen in der Bundesrepublik Deutschland

*Siehe auch Bild 51.1*

#### 1.7.4.4 Kontrollierte und unkontrollierte Lufträume

Man unterscheidet grundsätzlich zwischen 2 Luftraumarten.

1) *Der kontrollierte Luftraum* ist ein Teil des „Unteren Luftraumes", der sich von den Untergrenzen der Kontrollbezirke (2500 ft GND)
 Nahverkehrsbereiche Sektor A (1000 ft GND)
 Nahverkehrsbereiche Sektor B (1700 ft GND)
 Nahverkehrsbereiche Sektor C (2500 ft GND)
 Kontrollzonen (GND bis 2500 ft MSL oder wie in der NAV-Karte angegeben, bis hinauf zur Flugfläche (FL) 245 als Obergrenze erstreckt.

2) *Der unkontrollierte Luftraum* beginnt am Erdboden (GND) und reicht bis zu Obergrenzen, die bei 1 000 ft (300 m), 1 700 ft (520 m) und 2500 ft (760 m) liegen (= Untergrenzen von CTA und TMA-A, B, C). Er kann benützt werden, wenn die Sichtflugbedingungen (1.7.3.2) und darüber gegeben sind.

Wegen der hohen Luftverkehrsdichte in der Bundesrepublik Deutschland ist hier fast der ganze Luftraum kontrolliert. Nur über der Insel Borkum und über der westlichen Nordsee ist der Luftraum unkontrolliert (Bild 51.1, punktierte Flächen).

Für diese Gebiete gelten unterhalb 900 m GND die Sichtflugregeln 1.7.3.2 und höher als 900 m 1.7.3.1.

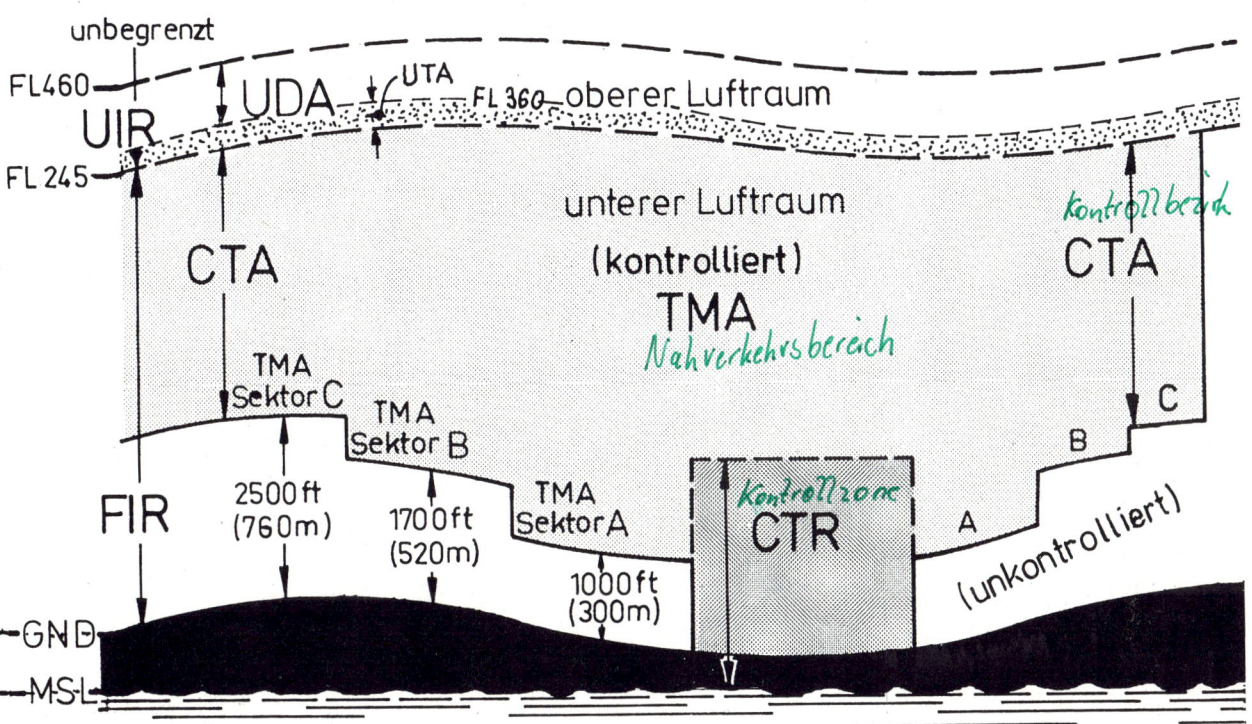

*51.1 Der kontrollierte und unkontrollierte Luftraum*

Der kontrollierte Luftraum (Bild 51.1) ist ein Luftraum mit bestimmten Abmessungen, in dem der *Flugverkehrskontrolldienst* für alle kontrollierten Flüge durchgeführt wird.

Der Flugverkehrskontrolldienst bietet einen Schutz vor Zusammenstößen zwischen kontrollierten Luftfahrzeugen. Das hat zur Folge, daß alle nicht kontrollierten Luftfahrzeuge, die im kontrollierten Luftraum (in Bild 51.1 grau gerastert) fliegen, zum Vermeiden von Zusammenstößen nach dem Prinzip „Sehen und Gesehen werden" größere Mindestbedingungen für Flugsicht und Wolkenabstand einhalten müssen als im unkontrollierten Luftraum (Sichtflugbedingungen siehe 1.7.3.1).

Flüge nach Sichtflugregeln dürfen nur bis FL 100 durchgeführt werden (wegen der darüber liegenden ED-R-9).

#### 1.7.4.5 Kontrollbezirke (Control Area = CTA)

Der Kontrollbezirk CTA ist ein kontrollierter Luftraum innerhalb eines Fluginformationsgebietes (FIR) und ist die Grundlage für eine flüssige Bewegungslenkung des kontrollierten Luftverkehrs *auf der Strecke* für die nach Instrumenten fliegenden Luftfahrer (Bild 51.1).

In der Bundesrepublik gibt es z.Zt. 4 Kontrollbezirke (CTA):

| Kontrollbezirke Control Area | CTA | Obergrenze FL 245 Untergrenze 2500 ft GND | Bremen – Düsseldorf Frankfurt – München |
|---|---|---|---|

*Zuständig* für die 4 Kontrollbezirke sind die Regionalstellen (ACC) Bremen, Düsseldorf, Frankfurt und München.

*Die Grenzen* stimmen mit den entsprechenden FIR (Bild 50.1) überein. Der Kontrollbezirk Bremen reicht jedoch im Nordwesten nicht an die Grenze des Fluginformationsgebietes Bremen (der unkontrollierte Luftraum über der Nordsee ist ausgenommen.

Für große (z.B. Strahl-)Flugzeuge ist die Form ebenfalls rechteckig, enthält aber einen ungefähren Kreis in der Mitte. Die Gesamtlänge beträgt 14 bis 20 NM, die Breite 6 NM, der Kreisdurchmesser 6 bis 10 NM.

Darstellungen in der Navigationskarte sind in Bild 52.2. Für Flugplätze mit mehreren Start- und Landebahnen verschmelzen die einzelnen CTR zu einer kombinierten Form.

| Kontrollzone Control Zone | CTR | Obergrenze über MSL in der Navigationskarte |
|---|---|---|
| | | Untergrenze = Erdoberfläche (GND) |

*1.7.4.6 Kontrollzonen (Control Zone = CTR)* (Bild 52.1)

Die Kontrollzonen dienen zum Schutz der nach Instrumentenregeln (IFR) an- und abfliegenden Luftfahrzeuge an Flugplätzen.

Alle Flüge innerhalb einer Kontrollzone (CTR) bedürfen einer Flugverkehrsfreigabe.

Die Obergrenze der Kontrollzonen liegt normal bei 2 500 ft GND. Die Höhenangabe auf der Navigationskarte ist ft über MSL. Das erleichtert dem VFR-Piloten die Bestimmung der Flughöhe, um eine Kontrollzone überfliegen zu können, da bei Flughöhen unterhalb 5000 ft MSL (oder 2000 ft GND, je nachdem welches die größere Höhe ist), der Höhenmesser auf den entsprechenden QNH-Wert eingestellt wird und somit die Höhe über MSL anzeigt.

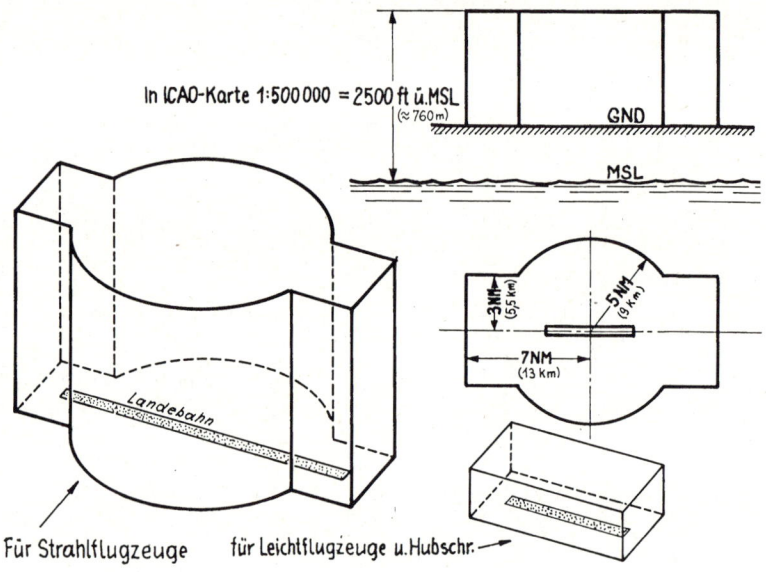

52.1 Grundformen der Kontrollzonen (CTR)

*Größe und Form* der Kontrollzone hängt einerseits von der Lage der Start- und Landebahn ab, andererseits von der Art der Luftfahrzeuge, die den Platz benutzen.
Für Luftfahrzeuge bis rund 150 kt (z.B. Leichtflugzeuge, Hubschrauber) ist die Form rechteckig: 10 NM lang und 6 NM breit.

Die mit HX bezeichneten Kontrollzonen haben keine festgelegten Betriebszeiten, meistens sind sie (CTR; Bild 52.2 links) an Wochenenden und Feiertagen nicht in Betrieb. Da auch Ausnahmen vorkommen, muß man sich über Funk bei der zuständigen Fluginformation oder bei der militärischen Flugleitung (122,100) erkundigen.

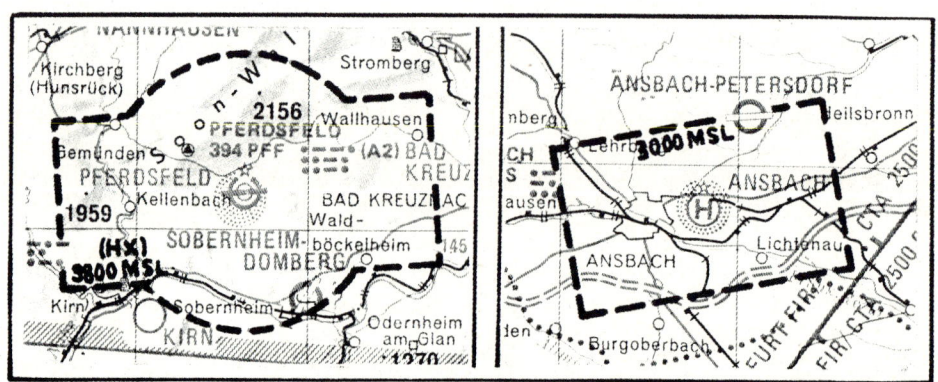

52.2 CTR auf der ICAO-Karte 1:500 000

### 1.7.4.7 Flugplatzverkehrszone (Aerodrome Traffic Zone = ATZ)

Eine Flugplatzverkehrszone ist ein um einen Flugplatz festgelegter Luftraum, der auch kontrolliert sein kann, wenn er sich mit einem TMA oder einer CTR überlappt. In eine Flugplatzverkehrszone darf nur zum Zweck der Landung eingeflogen werden, ansonsten muß sie über oder umflogen werden.

*Anmerkung:* In der Bundesrepublik Deutschland gibt es z.Zt. keine Flugplatzverkehrszonen.

### 1.7.4.8 Nahverkehrsbereiche (Terminal Control Area = TMA)

Die Nahverkehrsbereiche TMA sind Bestandteile der Kontrollbezirke (Bild 53.1) und bilden das

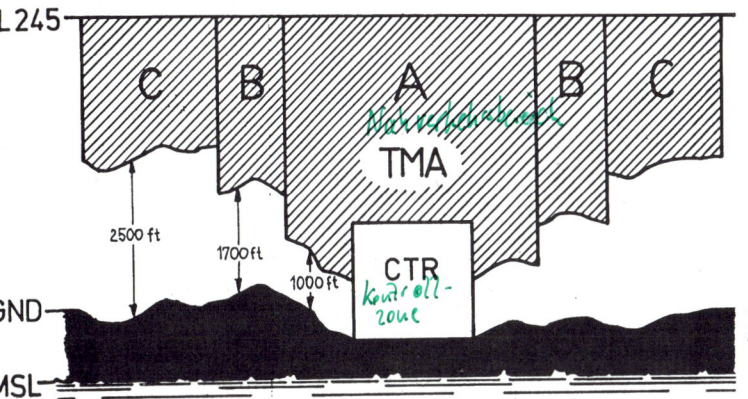

53.1 Nahverkehrsbereich TMA vertikale Grenzen

Bindeglied zwischen Kontrollbezirk CTA und Kontrollzone CTR.

Sie dienen der Aufnahme des nach Instrumentenflugregeln an- und abfliegenden Luftverkehrs in der Nähe von Flughäfen.

*Die horizontalen Grenzen* sind bei jedem Nahverkehrsbereich anders, denn sie hängen von der geografischen Lage der zuständigen Flughäfen und in deren Nähe liegenden Funknavigationsanlagen, der Führung der in sie einmündenden Flugverkehrsstrecken, sowie von der Charakteristik benachbarter kontrollierter Lufträume ab (siehe ICAO-Karte 1:500 000).

*Die vertikalen Grenzen* variieren mit zunehmender Entfernung von einem im Nahverkehrsbereich gelegenen Flugplatz (Bild 53.1)

*TMA-Sektoren*

Die Nahverkehrsbereiche werden in bis zu 3 Sektoren gegliedert. Diese Gliederung wirkt sich nur auf die Höhe der Untergrenzen aus, die immer parallel zu GND verlaufen. Die Obergrenze bei allen Sektoren ist immer FL 245 (Bild 53.1).

Auf der ICAO-Karte 1:500 000 ist die Umrahmung des A-Sektors rot geschummert, die des B-Sektors ist blau geschummert (Bild 53.2).

Die Untergrenze vom TMA-Sektor C ist identisch mit der Untergrenze der Kontrollbezirke CTA (1.7.4.5), jedoch ist im Sektor C die Anflugkontrollstelle (APP) zuständig, während für die Kontrollbezirke die Regionalstellen ACC zuständig sind.

Der Nahverkehrsbereich ist ein Kontrollbezirk, der in der Regel am Knotenpunkt von Flugverkehrsstrecken in der Nähe eines oder mehrerer größerer Flugplätze errichtet ist.

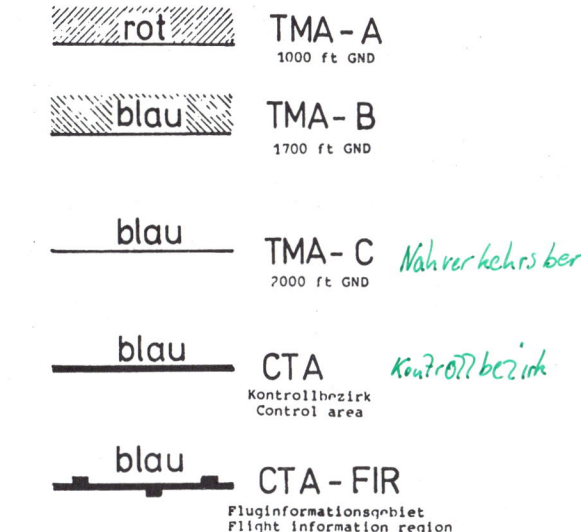

53.2 Kennzeichnung der Verkehrsbereiche in der ICAO-Karte

### 1.7.4.9 Flugbeschränkungsgebiete (Restricted Areas) (Bild 53.3)

Ein Flugbeschränkungsgebiet ist ein Luftraum über Landgebieten oder Hoheitsgewässern eines Staates, in welchem Flüge von Luftfahrzeugen aufgrund bestimmter Bedingungen (meist militärischer Art) eingeschränkt sind. In der Bundesrepublik besteht für alle Flugbeschränkungsgebiete Durchflugverbot. Eine Genehmigung zum Durchflug kann nur auf schriftlichen Antrag, der an die Zentralstelle des BFS zu richten ist, erteilt werden.

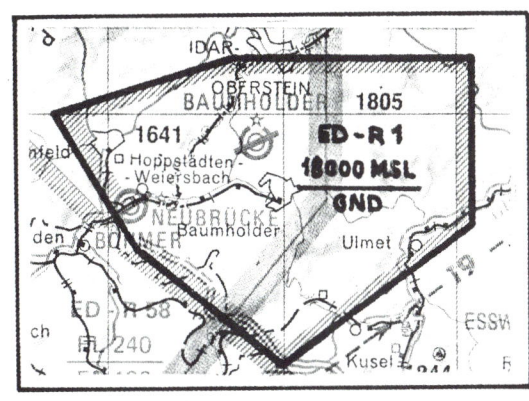

53.3 Gebiet mit Flugbeschränkung (ICAO-Karte)

Beschränkungsgebiet   ED-R-1 = $\dfrac{18\,000\ \text{MSL}}{\text{GND}}$

Die Flugbeschränkungsgebiete sind in den ICAO-Luftfahrtkarten eingezeichnet. Die Untergrenze ist entweder GND, MSL oder eine bestimmte FL. Die Obergrenze wird als Höhe über MSL oder als FL angegeben.

*Bezeichnung der Flugbeschränkungsgebiete*

A) *Beschränkungsgebiete allgemein* (Bild 53.3)

    Bezeichnung:  ED-R
    Untergrenze:  Boden (GND)
    Obergrenze:   Wird jeweils bekanntgegeben

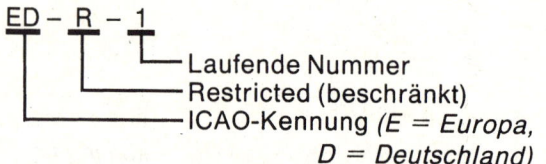

    ED – R – 1
              └─ Laufende Nummer
          └───── Restricted (beschränkt)
      └───────── ICAO-Kennung (E = Europa,
                  D = Deutschland)

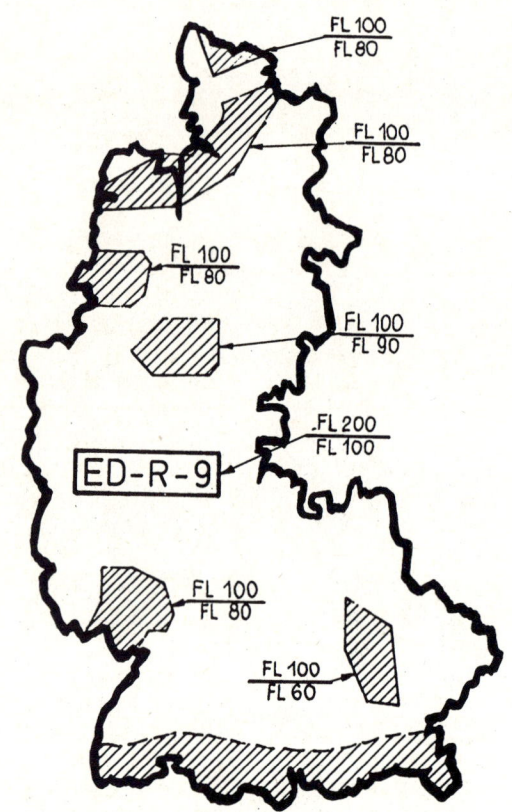

54.1 *Flugbeschränkungsgebiet ED-R 9*

B) *Beschränkungsgebiet ED-R-9*

Das größte Gebiet mit Flugbeschränkungen in der Bundesrepublik ist z.Zt. das Beschränkungsgebiet ED-R-9. Es bedeckt fast den ganzen Luftraum über der Bundesrepublik. Hier sind untersagt: VFR-Flüge zwischen FL 100 und FL 200 innerhalb der FIR-Bremen, Düsseldorf, Frankfurt und München (Bild 54.1).

Am Rande der Alpen, südlich der in Bild 54.1 eingezeichneten, gestrichelten Linie dürfen VFR-Flüge zwischen FL 100 und FL 200 nur dann durchgeführt werden, wenn die angezeigte Fluggeschwindigkeit (IAS) weniger als 250 kt (460 km/h) beträgt.

Die zeitliche Wirkung der Beschränkung für ED-R-9 beträgt 24 Stunden täglich.

## 1.7.4.10 *Zeitweilig reservierte Lufträume (Temporary Reserved Airspace = TRA)*

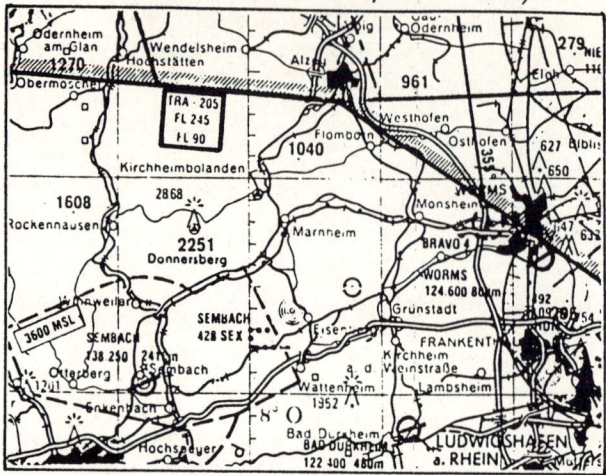

54.2 *Zeitweilig reservierter Luftraum ED-R (TRA)-205 Ramstein*

Für unkontrollierte Sichtflüge militärischer Hochleistungsstrahlflugzeuge wurden unter und über dem Gebiet der ED-R-9 einige für militärische Zwecke zeitweilig reservierte Lufträume eingeführt. Sie sind für alle nichtmilitärischen Flüge von Montag bis Freitag gesperrt (von 30 Minuten vor Sonnenaufgang bis 30 Minuten nach Sonnenuntergang), mit Ausnahme an gesetzlichen Feiertagen(AIP I, RAC 3-1-17). Ein Beispiel ist in Bild 54.2 wiedergegeben. Zeiten, zu denen die TRAs nicht wirksam sind, gibt die BFS durch NOTAM Class I bekannt, falls die Zeit der Wirksamkeit 5 Stunden überschreitet. Die zeitweilig reservierten Lufträume sind in der ICAO-Luftfahrtkarte eingezeichnet.

## 1.7.4.11 *Luftsperrgebiete (Prohibited Areas)*

Luftsperrgebiete werden nur dann errichtet, wenn Einrichtungen am Boden strengster Geheimhaltung unterliegen oder Naturereignisse (z.B. Waldbrände) ein Überfliegen des Gebietes verbieten.

Zur Zeit gibt es in der Bundesrepublik kein Sperrgebiet. Von Zeit zu Zeit werden solche Sperrgebiete bekanntgegeben, mit Angabe des Zeitraumes, in dem das absolute Flugverbot gilt (NOTAM, NfL).

*Einflugwarnung:* Leuchtgeschosse in Abständen von etwa 10 Sekunden, die sich in rote und grüne Lichter zerteilen.

*Bezeichnung:* ED-P-Nr.

*Sperrgebiete:*

Untergrenze   = Boden (GND)
Obergrenze    = Wird jeweils bekannt gegeben

    ED – P – 1
              └─ Laufende Nummer
          └───── Prohibited (gesperrt)
      └───────── ICAO-Kennung der Bundesrepublik

## 1.7.4.12 *Gefahrengebiete (Danger Areas)*

Das Gefahrengebiet ist ein Luftraum, in dem für den Luftverkehr Gefahren bestehen, z.B. Schießübungen der Streitkräfte.
Es besteht weder Durchflugverbot noch Durchflugbeschränkung und darf *auf eigenes Risiko* überflogen werden. Gefahrengebiete bestehen

z.Zt. in der Bundesrepublik nur noch über der Ost- und Nordsee. Die Gefahrengebiete werden u.a. im AIP I, RAC 3-1-15 ff veröffentlicht und sind in den ICAO-Luftfahrtkarten eingezeichnet.

*Bezeichnung ED-D-Nr*

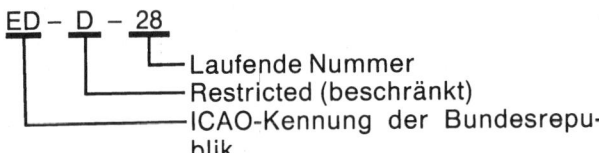

Untergrenze: GND oder MSL
Obergrenze: Wird einzeln festgelegt und in ft MSL angegeben. Das z.Zt. niedrigste Gefahrengebiet liegt bei 1000 ft GND, das z.Zt. höchste bei 48 000 ft MSL.

### 1.7.4.13 Kontrollierte Sichtfluggebiete (CVFR-Area = controlled VFR-Area)

Um Teile des Luftraumes unter FL 100 unter gewissen Auflagen für die allgemeine Luftfahrt nützen zu können, wurde CVFR (kontrollierter Sicht-

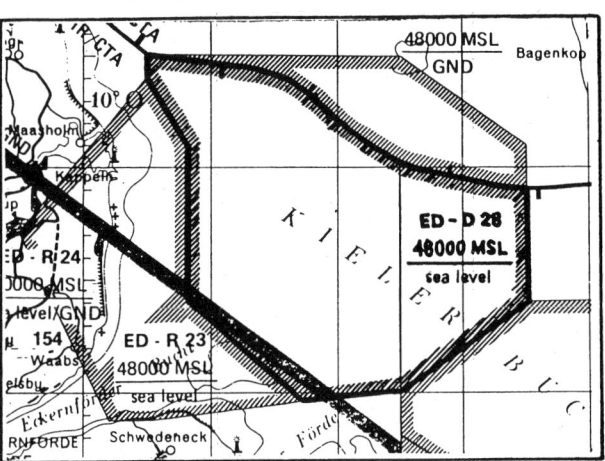

*55.1 Gefahrengebiet ED-D-28*

*Grundsätzliche Voraussetzungen*

Innerhalb der Teile von Nahverkehrsbereichen (TMA), die als CVFR-Gebiete festgelegt sind, dürfen VFR-Flüge nur mit propellergetriebenen

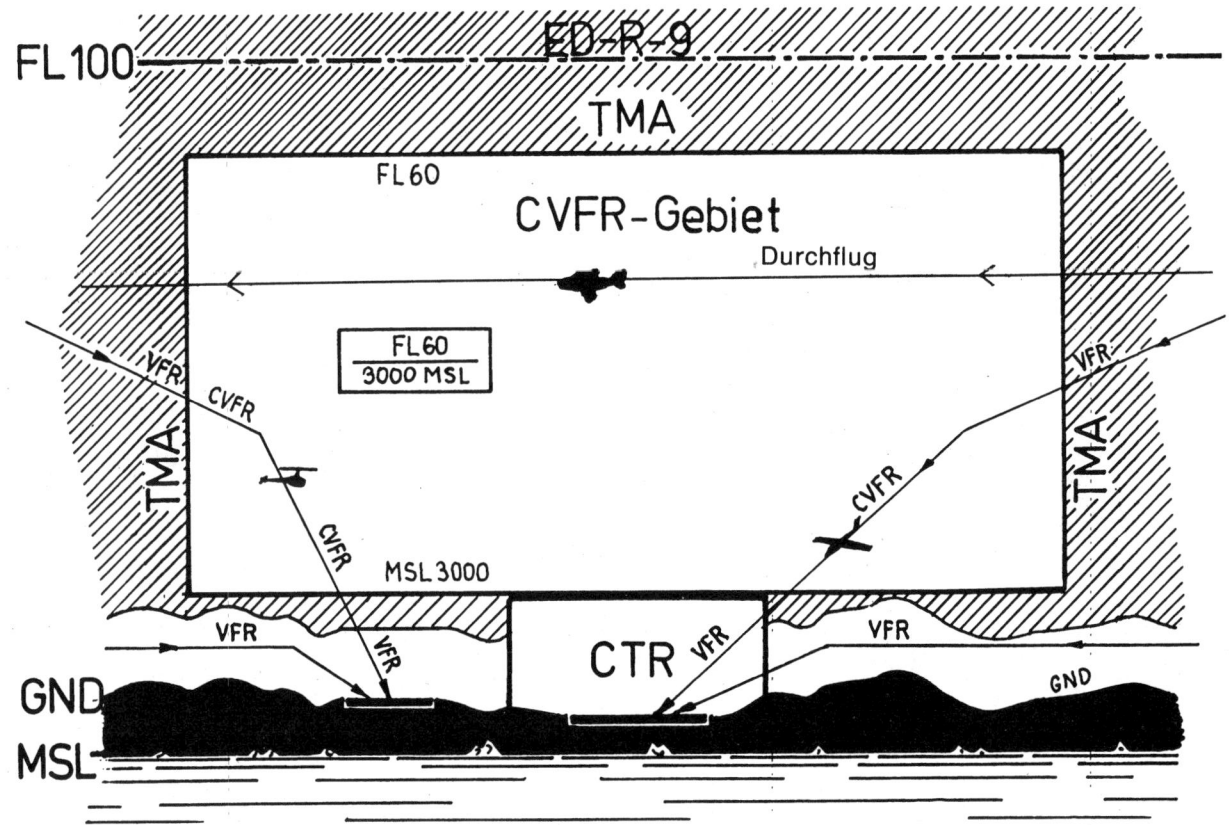

*55.2 Schematische Darstellung eines CVFR-Gebietes*

| Zur Zeit gibt es 7 CVFR-Gebiete: |
|---|
| Düsseldorf, Köln, Frankfurt, Hamburg, Hannover, München, Stuttgart |

flug) eingeführt. Die in der Bundesrepublik errichteten CVFR-Gebiete werden im AIP III veröffentlicht. Die für die Durchführung von CVFR-Flügen vorgeschriebenen Flugstrecke werden ebenfalls veröffentlicht.

Die CVFR-Gebiete sind während des Tages (SR-30 bis SS+30) täglich in Tätigkeit. Zuständig ist die Anflugkontrolle des jeweiligen Verkehrsflughafens (SR = sunrise = Sonnenaufgang; SS = sunset = Sonnenuntergang).

Flugzeugen, Drehflüglern und Motorseglern mit laufenden Triebwerken durchgeführt werden.

Diese Luftfahrzeuge müssen entsprechend den für CVFR-Flüge ergangenen Vorschriften ausgerüstet sein (Kurskreisel, Wendezeiger oder künstlicher Horizont, Variometer, Funksprechgerät, VOR/NAV-Empfänger). Der Luftfahrzeugführer muß ferner die Berechtigung für die Durchführung von CVFR-Flügen besitzen.

Segelflugzeuge dürfen keine CVFR-Flüge durchführen

| Für CVFR-Flüge gelten folgende Sichtflugregeln: | |
|---|---|
| Mindestflugsicht | : 8 km ( = 4,5 NM) |
| Wolkenabstand | : Wolken dürfen nicht berührt werden |

### 1.7.4.14 Flugüberwachungszone (FlugÜZ) = <u>A</u>ir <u>D</u>efence and <u>I</u>dentification <u>Z</u>one (ADIZ)

Entlang der Grenze zur DDR, zur Tschechoslowakei und einem Teil der Grenze nach Österreich verläuft eine 30 bis 50 km breite Zone (Bild 56.1), die sogenannte Flugüberwachungszone (FlugÜZ oder ADIZ).

Luftfahrzeuge, die sich in diesem Gebiet aufhalten, werden von den Luftverteidigungsstellen identifiziert und überwacht.

Alle Flüge ziviler Luftfahrzeuge innerhalb der Flugüberwachungszone brauchen eine besondere Genehmigung. Dies geschieht durch Abgabe eines Flugplanes und Erteilung einer „Flugverkehrsfreigabe"!

Streckenflüge in der Flugüberwachungszone von einem zu einem anderen in der FlugÜZ gelegenen Flugplatz sind erlaubt. Der Flug darf jedoch nicht näher als 9 km ( = 5 NM) an die tscheichische oder an die DDR-Grenze heranführen. Ausgenommen sind Flüge zu und von Flugplätzen, die in der Flugüberwachungszone liegen.
In der unmittelbaren Umgebung der Städte Braunschweig und Fulda beginnt die Flugüberwachungszone nicht an der Erdoberfläche (GND), sondern in einer festgelegten Höhe über Grund, um die Durchführung von Flügen zu und von den dort liegenden Flugplätzen nicht durch Flugbeschränkungen zu erschweren (Bild 56.1).

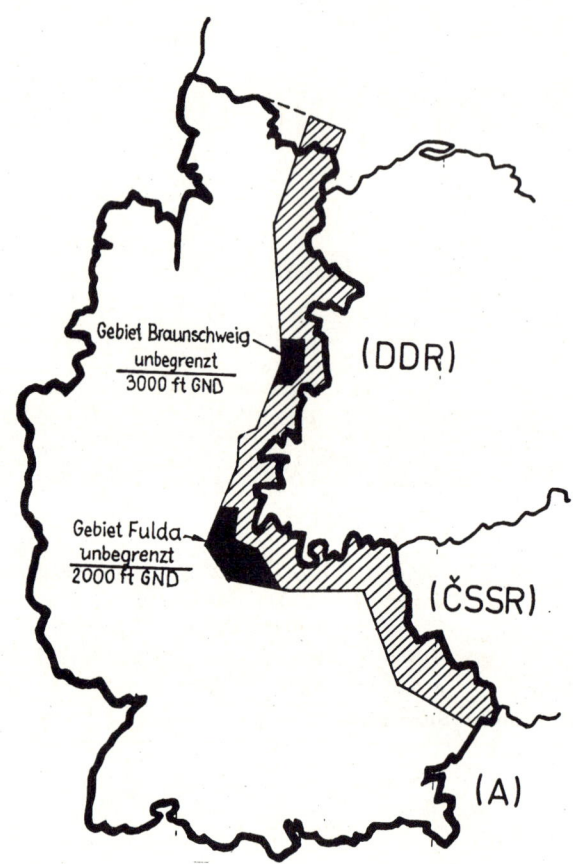

56.1 Flugüberwachungszone (FlugÜZ/ADIZ)

| ADIZ | = | unbegrenzt / GND |
|---|---|---|
| Braunschweig | = | unbegrenzt / 3000 ft GND |
| Fulda | = | unbegrenzt / 2000 ft GND |

Nähere Einzelheiten über die Flugbeschränkungen in der Flugüberwachungszone sind in

AIP I, RAC 1-3-19 ff

abgedruckt.

*Flugplatzzwang für den Segelflugbetrieb in der FlugÜZ*

| Art des Betriebes | Art des Flugplanes |
|---|---|
| Flugplatzbetrieb (örliche Flugbetriebe) | Sammelflugplan für alle am Flugbetrieb teilnehmenden Luftfahrzeuge. Mit der Flugplannahme gilt die Flugverkehrsfreigabe als erteilt für Flüge von GND bis 3000 ft (914 m) Höhe (sofern die Sichtflugwetterbedingungen dies zulassen) und im Umkreis von 5 km (2,7 NM). Für dicht an der Grenze liegende Flugplätze sind weitere Einschränkungen zu beachten,<br>z. B. Wasserkuppe:<br>*Im Norden:* Eingleisige Eisenbahnlinie Hilders–Echweisbach-Milseburg-Tunnel-Langenbieber-Wiesen.<br>*Im Osten:* Bundesstraße 278 (Hilders-Batten-Wüstensachsen-Oberelsbach). |
| Überlandflug oder von einem in der FlugÜZ gelegenen Flugplatz zu einem außerhalb der FlugÜZ gelegenen Flugplatz (oder umgekehrt) und Flüge innerhalb der FlugÜZ gelegenen Flugplatz oder umgekehrt. | Einzelflugplan ist erforderlich. Mit Flugplannahme gilt die Flugverkehrsfreigabe als erteilt. Die Flüge dürfen nicht näher als 9 km (5 NM) an die Grenze zur DDR oder CSSR heranführen. |

Maßnahmen bei Orientierungsverlust

Südlich 51° 23' N Kurs 270° fliegen ⎫
⎬ Auf dem nächsten Gelände landen und AIS (Aeronautical Information Service des nächstgelegenen Flughafens unterrichten.
Nördlich 51° 23' N Kurs 240° fliegen ⎭

### 1.7.4.15 Tieffluggebiete (Low Level Areas)

Tieffluggebiete sind Lufträume, in denen Tiefflugübungen der militärischen Streitkräfte unter Sichtflugbedingungen stattfinden. Es gibt ein 500 ft-Tieffluggebiet und ein 250 ft-Tieffluggebiet.

### Das 500 ft-Tieffluggebiet

Der Luftraum des 500 ft-Tieffluggebietes überdeckt weitgehend das Gebiet der Bundesrepublik Deutschland. Über die Hälfte des unkontrollierten Luftraumes unterhalb der Nahverkehrsbereiche TMA (Sektor A, B und C), sowie ein Teil des kontrollierten Luftraumes im TMA Sektor A wird durch schnelle Militärflugzeuge in Anspruch genommen. Ausgenommen sind lediglich bestimmte Gebiete mit hoher Verkehrsdichte, sowie Verkehrsflughäfen, ferner Schutzzonen um Flugplätze (RAC 3-3-4 und 3-3-5), sowie Flugüberwachungszonen (FlugÜZ).

Die Flugplätze, die von Tiefflugschutzzonen (protection zones) umgeben sind, sind im AIP I aufgeführt. Diese Schutzzonen sind kreisförmig und haben einen Radius von 2 NM (3,7 km) um den ARP (Aerodrome Relation Point = Flugplatzbezugspunkt). Diese Schutzzonen dürfen im Tiefflug nicht überflogen werden. Diese Tiefflugschutzzonen für Flugplätze (NfL I 242/80) werden wie folgt festgelegt:

a) ständige Schutzzonen,

b) periodisch befristete Schutzzonen, (jeweils vom 1.4. bis 30.9. eines jeden Jahres),

c) zeitlich befristete Schutzzonen.

Für den Segelflugbetrieb interessant sind die Schutzzonen, die zeitlich befristet, zu besonderen Anlässen eingerichtet werden können (z.B. Luftfahrtveranstaltungen, Segelflug-Ausbildungslehrgänge u.a.).

Der Antrag ist zum Weiterleiten an das Luftwaffenamt und an die zuständige Luftfahrtbehörde des Landes (siehe Anschriftenverzeichnis) zu richten und soll folgende Angaben enthalten:

– Name und Standort des Flugplatzes (Koordinaten),
– Zeitraum und Art der Veranstaltung,
– Art und Anzahl der teilnehmenden Luftfahrzeuge,
– Startarten.

Von den Schutzzonen, die nicht im Tiefflug überflogen werden dürfen sind ausgenommen: der Alpenraum, ein Streifen an der Grenze nach Österreich, ein Gebiet bei Kiel und die Nordsee einschließlich der vorgelagerten Inseln. Das Tieffluggebiet einschließlich der Nachtflugstrecken ist im AIP RAC 3-3-8 dargestellt.

Das Tieffluggebiet ist mit einer roten Linie umrandet.

Ein Ausschnitt aus der Karte für das 500 ft-Tieffluggebiet ist in Bild 58.1 dargestellt.

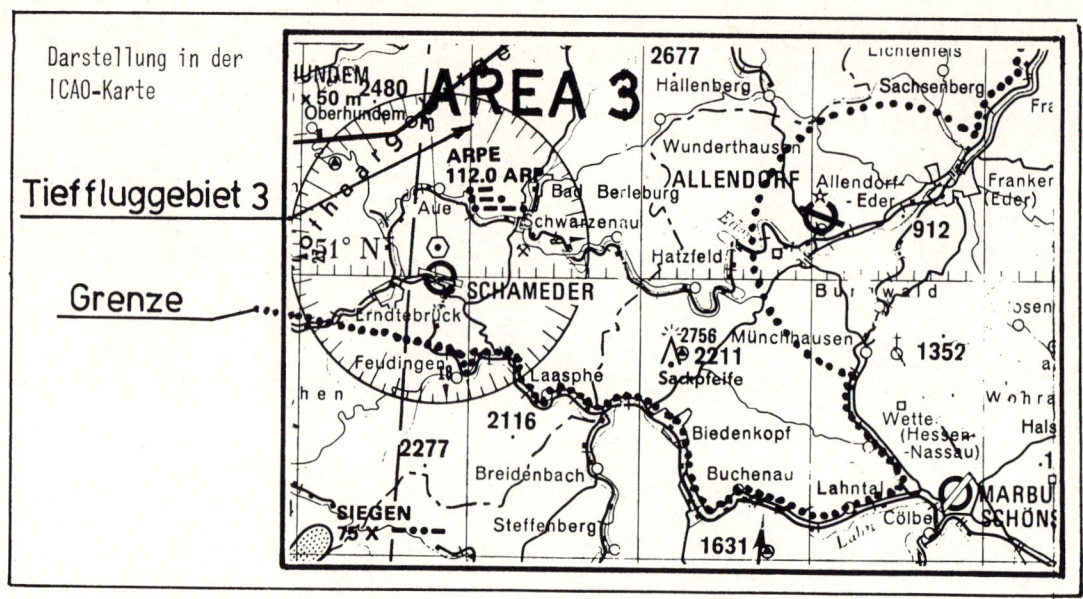

Darstellung in der ICAO-Karte

Tieffluggebiet 3

Grenze

58.1 Tieffluggebiet in der ICAO-Karte

*Die Flughöhe* beträgt 500 ft bis 1500 m GND (150 bis 460 m).

*Die Wetterbedingungen* für militärischen Flugbetrieb sind:

a) *im kontrollierten Luftraum:*

Flugsicht: 8 km
Wolkenabstand: horizontal 1,5 km, vertikal 150 m.

b) *im unkontrollierten Luftraum:*

Flugsicht: 5 km
Wolkenabstand: horizontal und vertikal 150 m.

*Betriebszeiten* sind von Montag bis Freitag außer an gesetzlichen Feiertagen von 30 Minuten vor Sonnenaufgang (aber nicht vor 06:00 GMT) bis Sonnenuntergang (aber nicht nach 10:00 GMT).

In Bild 58.2 ist für das *Tiefflugsystem 250 ft bis 1500 ft* dargestellt. Von 500 bis 1500 ft GND (150 bis 450 m) erstreckt sich über das ganze Bundesgebiet eine Höhenschicht, in der bei einer Flugsicht von über 5 km und einer Wolkenuntergrenze von mehr als 300 m (1000 ft GND) mit militärischem Tiefflug gerechnet werden muß.

Im GAFOR-System bedeutet das die Stufe „schwierig" (Delta)! Das heißt:

> Überlandflugwetter ist auch Tiefflugwetter!

*Das 250-ft-Tieffluggebiet*

In der ICAO-Luftfahrtkarte 1:500 000 wird das Tieffluggebiet als „Area" mit Nummer bezeich-

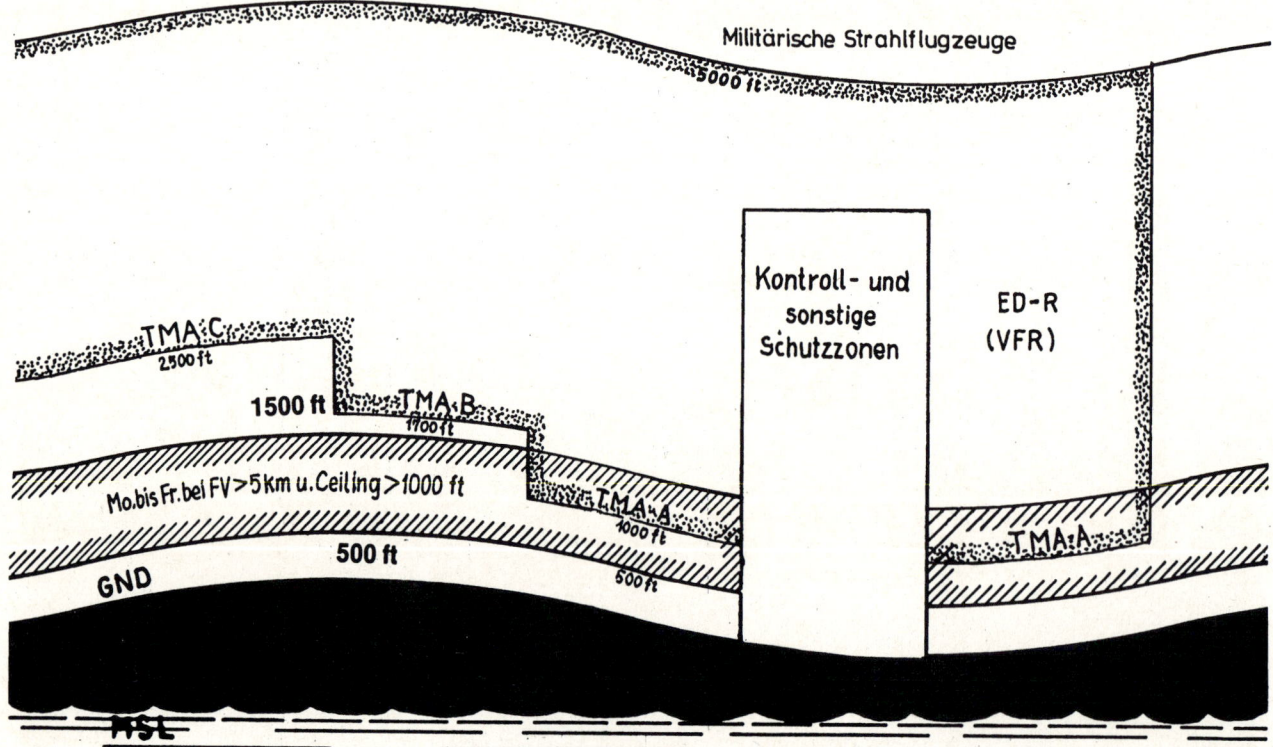

58.2 Tiefflugsysteme

net. Die Grenzen werden durch eine rotpunktierte Linie gekennzeichnet (Bild 58.1).

*Die Flughöhe* beträgt 250 bis 500 ft GND (75 bis 150 m).

*Wetterbedingungen und Betriebszeiten:* Wie beim 500-ft-Tiefflugebiet.

*Zusammenfassung:*

Das *Tiefflugsystem 250 ft bis 500 ft* liegt unterhalb der Sicherheitsmindesthöhe von 500 ft = 150 m, gefährliche Begegnungen möglich.

Bei der Flugvorbereitung ist deshalb sorgfältig zu prüfen, ob im 250-500-ft-Tiefflugebiet aufgrund der Wetterlage und der Uhrzeit mit militärischen Tiefflug zu rechnen ist.

> Grundsätzlich sollten Flughöhen unter 450 m GND (1500 ft) auf Überlandflügen vermieden werden, sobald dies möglich und zulässig ist. „keep them high!"

Muß mit Tiefflug gerechnet werden, dann sollte:

a) der Luftraum mit äußerster Sorgfalt beobachtet werden und sind alle Möglichkeiten zu nutzen, die das eigene Luftfahrzeug besser erkennbar machen;

b) jeder Flugplatz ohne Schutzzone besonders genau nach sorgfältiger Luftraumbeobachtung angeflogen werden.

### 1.7.5 Flugsicherheitsvorschriften

*1.7.5.1 Allgemeine technische Betriebsvorschriften (§§ 4 bis 15 LuftBO)*

1) Für das Luftfahrtgerät oder seine Teile können von der Zulassungsbehörde *Betriebszeiten* festgelegt werden, wenn dies zur Gewährleistung eines sicheren Betriebes erforderlich ist.

2) Die *Instandhaltung* umfaßt:

a) *Wartung* einschließlich kleiner Reparaturen;

b) *Überholung:* Das Luftfahrtgerät ist ganz oder teilweise zu überholen, wenn die unter 1) erwähnten Betriebszeiten erreicht sind oder im Betrieb Mängel festgestellt werden, die im Rahmen der Wartung nicht behoben werden können.

c) *Große Reparatur,* wenn das Luftfahrzeug einen Schaden erlitten hat, der im Rahmen der Wartung nicht einwandfrei behoben werden kann. Gewicht und Schwerpunkt der Luftfahrzeuge sind in bestimmten Zeitabständen zu überprüfen. Nach Instandhaltungsarbeiten, deren ordnungsgemäße Ausführung nur im Flug geprüft werden kann, sind Probeflüge vorzunehmen.

*1.7.5.2 Ausrüstung der Luftfahrzeuge (§§ 18 bis 22 LuftBO)*

1) Luftfahrzeuge, die zur Beförderung von Personen oder Sachen verwendet werden, müssen mit Sitz und Anschnallgurt für jeden Sitz versehen sein.

2) Die Ausrüstung muß auch umfassen: Einrichtungen, Sicherheits- und Rettungsgeräte zum Schutz der Insassen in Notlagen und bei Unfällen,

3) Einrichtungen und Geräte, die es ermöglichen, den Insassen Verhaltensmaßregeln zu erteilen,

4) Einrichtungen, die zur Sicherung der beförderten Sachen notwendig sind.

*Ergänzungsausrüstung* ist erforderlich für:

a) Flüge nach Instrumentenregeln,

b) kontrollierte Flüge nach Sichtflugregeln,

c) über geschlossenen Wolkendecken müssen die Luftfahrzeuge mit den für eine sichere Durchführung der Flüge unter den zu erwartenden Bedingungen und vorgeschriebenen Landeverfahren erforderlichen

Flugüberwachungsgeräten  ⎫
Navigationsgeräten und     ⎬ siehe Abschnitt
Flugregelsystem            ⎭ „Instrumente"

ausgerüstet sein. Das gleiche gilt für Wolkenflüge mit Segelflugzeugen und Motorseglern.

*Allgemeine Flugbetriebvorschriften (§§ 23 bis 33 LuftBO)*

Ein Luftfahrzeug darf nur in Übereinstimmung mit dem Lufttüchtigkeitszeugnis betrieben werden.

*Betriebsgrenzen:*

1) Das Flughandbuch ist an Bord mitzuführen. Das Luftfahrzeug darf nur mit dem dort und in anderen Betriebsanweisungen angegebenen Leistungsdaten und festgelegten Betriebsgrenzen betrieben werden.

2) Für jeden Flug ist zu prüfen, ob das Abfluggewicht begrenzt werden muß, oder ob der Flug überhaupt durchgeführt werden kann (leistungsbeeinflussende Faktoren prüfen: Luftdruck, Temperatur, Wind, Höhe, Beschaffenheit der Start- und Landebahn, Gewicht des Luftfahrzeuges).

3) Luftfahrzeuge mit Eis-, Reif- oder Schneebelag auf Tragflächen, Steuerflächen oder Propeller dürfen nicht starten.

*Kontrolle nach Klarliste*

Der Luftfahrzeugführer hat vor, bei und nach dem Flug sowie in Notfällen anhand von Klarlisten die Kontrollen vorzunehmen, die für den Betrieb des Flugzeuges notwendig sind.

*Bordbuch:* Für jedes Luftfahrzeug ist ein Bordbuch zu führen und vorschriftsmäßig zu führen. Für die Führung des Bordbuches ist der Halter verantwortlich. Für die den Flug betreffenden Eintragungen ist der Luftfahrzeugführer verantwortlich. Das Bordbuch ist an Bord mizuführen und nach der letzten Eintragung 2 Jahre lang aufzubewahren.

## 1.7.6 Flüge im grenzüberschreitenden Verkehr

Deutsche Luftfahrzeuge dürfen den Geltungsbereich des Luftverkehrsgesetzes (also die Bundesrepublik Deutschland) nur mit Erlaubnis verlassen.

Verlassen heißt u.a. nicht nur das Überfliegen der Landesgrenze auf dem Luftwege, sondern auch auf dem Land- oder Seeweg (mit dem Kraftfahrzeug auf der Straße, Eisenbahn oder Schiff). Letzteres behandelt jedoch nur die *Ausfuhr* eines Luftfahrzeuges.

Zuständig für die Erteilung der Ein- und Ausflugerlaubnis ist der Bundesminister für Verkehr.

Während strenge Maßstäbe für den gewerblichen Luftverkehr gemacht werden, gibt es für den nicht gewerblichen Verkehr - also auch für Segelflüge - Erleichterungen. Insbesondere gibt es diese Erleichterungen für Flüge in Mitgliedsstaaten der ICAO.

Diese Erleichterungen für Streckenflüge mit Segelflugzeugen im grenzüberschreitenden Verkehr sind in den Nachrichten für Luftfahrer I 226/78 bekannt gemacht.

Zur Erleichterung des grenzüberschreitenden Luftverkehrs mit Segelflugzeugen wurde der Streckenflug-Ausweis (Bild 60.1) eingeführt. Der Streckenflugausweis (Laisser Passer) befreit den Inhaber vom Zollflugplatzzwang beim Start in der Bundesrepublik Deutschland und bei der Landung im Ausland.

Das Formular des Streckenflugausweises wird von dem mit der Abfertigung am Startflugplatz beauftragten Flugleiter ausgegeben und ist zu Nr. 1 bis 5 (verkürzter Flugplan) vom Segelflugzeugführer, zu Nr. 6 bis 7 vom Flugleiter auszufüllen und zu unterschreiben.

§ 2 LuftVG

§§ 90 bis 93 LuftVZO

NfL I 62/71

Ein Flugplan ist an die zuständige FS-Stelle weiterzuleiten.

Das Mitführen eines Carnet de Passage en Douane oder eines Triptiks für das Segelflugzeug ist nur notwendig, soweit dies von dem Staat, in den eingeflogen werden soll, verlangt wird.

Nach der Landung und Sicherung des Segelflugzeuges unverzüglich mit der nächsten Polizeidienststelle in Verbindung setzen und dort den Streckenflugausweis sowie die Bord- und persönlichen Ausweispapiere zur Kontrolle vorlegen. Der Segelflugzeugführer hat sich von den Polizeiorganen die Landung auf dem Streckenflugausweis bestätigen zu lassen.

Schnellste Übermittlung der Landemeldung an den Flugleiter des Startflugplatzes und die Landung unverzüglich der nächsten Zollstelle anzeigen und nach deren Weisung verfahren.

Die genauen und näheren Bestimmungen für die verschiedenen Auslandsstaaten sind auf der Rückseite des Formulars nachzulesen.

Ergänzend zu den NfL I 62/71 hat der Bundesminister für Verkehr in den NfL bekanntgemacht, daß der französische SAR (Such- und Rettungsdienst) im Laufe der letzten Jahre wiederholt unnötige Suchaktionen ausgelöst hat, weil Segelflieger versäumt hatten, die Landemeldung bei der nächsten zuständigen Flugsicherungsleitstelle abzugeben. In der AIP-Frankreich, COM 1-9, ist deshalb der Such- und Rettungsdienst neu geregelt worden: Der Such- und Rettungsdienst wird nur dann ausgelöst, wenn die Flugsicherungsstelle, die den Flugplan angenommen hat, dies ausdrücklich verlangt.

60.1 Streckenflug-Ausweis

Diese Erleichterungen für den grenzüberschreitenden Verkehr entbinden natürlich nicht davon, daß die luftrechtlichen Vorschriften des zu befliegenden Landes beachtet werden.

*Die Freigabe für den Ausflug* aus der Bundesrepublik ist mit Annahme des abzugebenden Flugplanes erteilt. Der Flugplan entfällt für Flüge nach Österreich. Die Zollvorschriften bleiben jedoch hiervon unberührt.

Für den Betrieb von Bodenfunkstellen in Segelflugzeug-Rückholfahrzeugen wird darauf hingewiesen, daß die Bodenfunkstelle nur im Gebiet der *Bundesrepublik Deutschland* betrieben werden darf.

Nur im deutsch-schweizerischen Grenzverkehr dürfen Bodenfunkstellen in Segelflugzeugrückholfahrzeugen - soweit diese ordnungsgemäß von der Deutschen Bundespost genehmigt sind - zur Begleitung von Flügen im Gebiet der Schweiz weiterbetrieben werden, ohne daß die besondere Genehmigung der schweizerischen PTT-Betriebe erforderlich wäre.
Es dürfen jedoch nur die Frequenzen

– 122,300 MHz  für die Region Nord,
– 122,600 MHz  für die Region Alpen und
– 123,300 MHz  für die Region West

betrieben werden.

Im Gebiet der Bundesrepublik Deutschland dürfen diese Frequenzen jedoch wiederum *nicht* benutzt werden (zu beachten ist u.a., für welche Frequenzen die Bodenfunkstelle überhaupt zugelassen wurde).

Weitere Informationen über Standortmeldungen bei grenzüberschreitenden Flügen nach Sichtflugregeln sind in den NfL I 98/81 veröffentlicht.

| NfL I 98/81 |
| --- |

Zur Verbesserung der Leistungsfähigkeit des Such- und Rettungsdienstes (SAR) wird Luftfahrzeugführern, die bei grenzüberschreitenden Sichtflügen das Gebiet der BRD verlassen, dringend empfohlen, den Grenzüberflug dem zuständigen Fluginformationsdienst (FIS) in der Bundesrepublik zu melden, sofern eine Sprechfunkverbindung mit dem FIS hergestellt werden kann.

| FIC | Rufzeichen/Call Sign | Sektor/Sector | Frequenz/Frequency |
| --- | --- | --- | --- |
| Paris | „Paris Info" | Nord/north | 125.7 |
| | | Ost/east | 124.1 |
| | | Süd/south | 126.1 |
| | | West/west | 129.7 |
| Marseille | „Marseille Info" | Nord/north | 124.5 |
| | | Süd/south | 120.55 |
| Bordeaux | „Bordeaux Info" | – | 125.3 |
| Brest | „Brest Info" | – | 122.8 |

*61.1 Fluginformationszentralen in Frankreich*

1) *Die Standortmeldung soll folgende Angaben enthalten:*

– *Luftfahrzeugkennung,*
– *Abflugort und Bestimmungsort,*
– *Angabe „crossing the boundary (passage frontière)",*
– *Standort und Uhrzeit.*

1a) *Die zuständigen Fluginformationszentralen sind auf den nebenstehend aufgeführten Frequenzen zu rufen. Sie sind im Luftfahrthandbuch Band I und III veröffentlicht.*

*Die Bekanntmachung des französischen Transportministers bezüglich der Abgabe von Standortmeldungen beim Einflug nach Frankreich (Aeronautical Information Circular C 9/80) bleibt hiervon unberührt.*

*Flüge nach Sichtflugregeln nach Frankreich* (Auszug aus dem Informationsrundschreiben des französischen Transportministers)

„Zur Verbesserung der Identifizierung von Luftfahrzeugen und damit der Betriebsbedingungen der Fluginformations- sowie Such- und Rettungsdienste wird den Luftfahrzeugführern, die nach Sichtflugregeln verkehren und in das französische Staatsgebiet von Land her einfliegen, dringend empfohlen, beim Überfliegen der Grenze mit einer Flugverkehrskontrollstelle Verbindung aufzunehmen und eine Standortmeldung zu übermitteln.

| Aeronautical Information Circular C 9/80 |
| --- |

1b) Kann bei Überfliegen der Landesgrenze nach Frankreich keine Funkverbindung mit der zuständigen Fluginformationszentrale hergestellt werden (was unter 3000 ft QNH stets vorkommen kann, da die Funküberdeckung nicht voll gewährleistet ist), und/oder erfolgt der Einflug im französichen Luftraum in der Nähe eines in einem Grenzgebiet gelegenen Flugplatzes (siehe nachstehende Liste), so können die Luftfahrzeugführer den Kontrollturm des jeweiligen Flugplatzes rufen, um Meldung „frontier crossing (passage frontière)" zu übermitteln.

2) Kann zur Zeit des Grenzüberfluges eine Funkverbindung nicht hergestellt werden, dann soll dies so bald wie möglich danach erfolgen.

| Flugplatz/Aerodrome | Rufzeichen/Call Sign | Frequenz-Frequency |
| --- | --- | --- |
| Calais-Dunkerque | „Calais Airport" | 118.1 |
| Lille-Lesquin | „Lille Airport" | 118.35 |
| Strasbourg-Entzheim | „Strasbourg Airport" | 118.7 |
| Bâle-Mulhouse | „Bâle Airport" | 118.3 |
| Chambery-Aix-les-bains | „Chambery Airport" | 118.3 |
| Nice-Côte d'Azur | „Nice Airport" | 118.7 |
| Perpignan-Rivesaltes | „Perpignan Airport" | 118.3 |
| Biarritz-Bayonne-Anglet | „Biarritz Airport" | 118.7 |

*61.2 Grenznahe Flugplätze (Frankreich)*

2b) Kommt aus irgendeinem Grunde keine Funkverbindung zustande, hat der Luftfahrzeugführer unmittelbar nach der Landung Verbindung mit der Flugverkehrskontrollstelle aufzunehmen, die er während des Fluges hätte
rufen müssen.

3) Bei Ausflügen aus Frankreich werden die
Luftfahrzeugführer ebenfalls ersucht, vor
oder direkt bei Grenzüberflug die o.a. Fluginformationszentralen zu rufen.

4) Diese neue Maßnahme ist eine Ergänzung
der bestehenden Bestimmung, in der festgelegt ist, daß für VFR-Flüge nach Frankreich

– die Flugplanabgabe obligatorisch ist;
– die Stelle des Grenzüberfluges in Feld 15
des Flugplanes aufgeführt werden muß;
– die Überflugstelle sowie die voraussichtliche Überflugzeit dieser Stelle in Feld 18
nach der Kennung EST/ aufgeführt sein
muß.

Die Vorschriften bezüglich der Funkverbindun-
gen, insbesondere für den Einflug in ein Flugbeschränkungsgebiet, sowie für Seeüberflüge, und
auch bezüglich des Abschließens des Flugplanes
bleiben durch diese Maßnahmen unberührt.

## 1.8 Haftung des Flugzeugführers und Versicherungspflicht des Halters

### 1.8.1 Haftung des Flugzeugführers und Halters

#### 1.8.1.1 Haftung (LuftVG)

Die Haftung des Luftfahrzeugführers und -halters richtet sich vor allem nach den Vorschriften des LuftVG. Außerdem kann eine Haftung nach den Vorschriften des allgemeinen bürgerlichen Rechts und auch eine Haftung nach internationalem Recht vorkommen.

*Das LuftVG* unterscheidet zwischen der

a) Haftung für Personen und Sachen, die *nicht im* Luftfahrzeug befördert werden (§§ 33 bis 43) und

b) Haftung aus dem Beförderungsvertrag (§§ 44 bis 52).

*Das BGB* regelt

c) Haftung für Personen und Sachen, die *im* Luftfahrzeug befördert werden (§§ 823 ff)

*Das internationale Recht* tritt unter Umständen in Kraft, wenn:

d) der Schaden im Ausland angerichtet worden ist (sofern nicht internationale Regelungen vorliegen).

*Der Luftfrachtführer* (Luftfahrzeugführer, der Fluggäste oder Sachen mitnimmt) haftet für Schäden an Personen und Sachen, die beim Ein- oder Aussteigen oder während der Luftbeförderung entstehen. Die Ersatzpflicht nach § 44 des LuftVG tritt nicht ein, wenn er beweist, daß er alle erforderlichen Maßnahmen zur Verhütung des Schadens getroffen hat.

Wenn der Halter durch sein Verschulden die Benutzung des Luftfahrzeuges ermöglicht (z.B. nicht verschlossen), ist er zum Schadenersatz verpflichtet.

Wird das Luftfahrzeug ohne Wissen oder Willen des Halters benutzt, ist der Luftfahrzeugführer anstelle des Halters zum Schadenersatz verpflichtet.

*Der Luftfahrzeughalter haftet* nach dem LuftVG *in jedem Fall*, ohne Rücksicht darauf, ob er den Schaden verschuldet hat oder nicht. Hat er den Schaden schuldhaft herbeigeführt, so haftet er darüber hinaus nach §§ 823 ff des BGB. In diesem Falle muß ihm sein Verschulden nachgewiesen werden. In diesem Falle haftet er summenmäßig unbegrenzt.

#### 1.8.1.2 Versicherungspflicht

Der Ersatzpflichtige haftet für Unfallschäden an Personen und Sachen, die *nicht im* Flugzeug befördert werden (§ 37 LuftVG):

a) bei Luftfahrzeugen bis 1000 kg Fluggewicht bis zu 850 000 DM,

b) bei Luftfahrzeugen mit mehr als 1000 kg bis zu 2000 kg Fluggewicht bis zu 850 000 DM zuzüglich 650 DM je Kilogramm des 1000 kg übersteigenden Gewichtes,

c) bei Luftfahrzeugen mit mehr als 2000 kg Fluggewicht bis zu 1 500 000 DM zuzüglich 200 DM je Kilogramm des 2000 kg übersteigenden Gewichtes.

Der Halter ist nach § 43 LuftVG verpflichtet, in einer durch Rechtsverordnung zu bestimmenden Höhe eine Haftpflichtversicherung abzuschließen, oder durch Hinterlegung von Geld oder Wertpapieren Sicherheit zu leisten.

Der Ersatzpflichtige haftet für Beförderungsschäden an Personen und Sachen, die im Flugzeug befördert werden (§§ 46, 47 LuftVG):

a) Im Falle der Tötung oder Verletzung einer Person für jede Person bis zu einem Betrag von 320 000 DM,

b) im Falle des Verlustes oder der Beschädigung von beförderten Gütern bis zu einem Betrag von 67,50 DM je Kilogramm,

c) die Haftung für Gegenstände, die der Fluggast an sich trägt, ist auf einen Höchstbetrag von 3200 DM je Fluggast begrenzt.

Für die Haftung aus dem Beförderungsvertrag ist *keine Haftpflichtversicherung* vorgeschrieben. In der Praxis ist sie jedoch üblich. Sie erfolgt gewöhnlich in der Form einer Passagier-Haftpflichtversicherung.

Bei Vorsatz oder *grober* Fahrlässigkeit haftet der Pilot über die oben genannte Summe hinaus.

## 1.9 Straftaten, Ordnungswidrigkeiten

§ 58 LuftVG enthält eine Zusammenstellung der Ordnungswidrigkeiten, die dem Gesetz zuwiderlaufen.

Wer als Führer eines Luftfahrzeuges durch grob widriges Verhalten gegen eine im Rahmen der Luftaufsicht erlassene Verfügung verstößt und dadurch Leib oder Leben eines anderen oder fremde Sachen von bedeutendem Wert gefährdet, wird mit Freiheitsstrafe bis zu 5 Jahren oder mit Geldstrafe bestraft. Wer die Tat fahrlässig begeht, wird mit Freiheitsstrafe bis zu 2 Jahren oder mit einer Geldstrafe bestraft.

*Weitere Straftatbestände:*

Wer ein Luftfahrzeug führt, das nicht zum Luftverkehr zugelassen ist, ein Luftfahrzeug ohne Erlaubnis führt oder bedient, oder als Luftfahrzeugführer ohne Berechtigung praktische Flugausbildung erteilt, als Luftfahrzeugführer ein Luftfahrzeug außerhalb von genehmigten Flugplätzen startet oder landet, ohne Erlaubnis Sachen, deren Mitführung erlaubnispflichtig ist, an Bord eines Luftfahrzeuges mitführt, wird mit Freiheitsstrafe bis zu 2 Jahren oder mit Geldstrafe bestraft.

Wer die Tat fahrlässig begeht, wird mit Freiheitsstrafe bis zu 6 Monaten oder mit Geldstrafe bestraft. Wer vorsätzlich als Führer eines Luftfahrzeuges den Anordnungen über Luftsperrgebiete und Gebiete mit Flugbeschränkungen zuwiderhandelt, wird mit Freiheitsstrafe bis zu 2 Jahren und mit Geldstrafe bestraft.

Wer fahrlässig eine der vorgenannten Handlungen begeht, wird mit Freiheitsstrafe bis zu 3 Monaten oder mit Geldstrafe bestraft.

Wer die Sicherheit des Luftverkehrs dadurch beeinträchtigt, daß er Anlagen oder Beförderungsmittel zerstört, beschädigt oder beseitigt, Hindernisse bereitet, falsche Zeichen oder Signale gibt und dadurch Leib und Leben eines anderen oder fremde Sachen von bedeutendem Wert gefährdet, wird mit Freiheitsstrafen von 3 Monaten bis zu 5 Jahren bestraft.

Auch der Versuch ist strafbar!

Wer einer Rechtsvorschrift (LuftVO, LuftVZO, LuftPersV, LuftGerPO und LuftBO sowie anderen Rechtsvorschriften) zuwiderhandelt oder gegen Auflagen einer Genehmigung oder Erlaubnis verstößt, handelt ordnungswidrig und kann mit einer Geldbuße bis zu 5 000 DM bestraft werden. Bei Verstoß gegen die §§ 5, 20, 21, 22, 24 und 29 sogar mit 10 000 DM.

# Abschnitt 2 – Navigation

## 2.1 Grundlagen

### 2.2.1 Darstellung der Kugel in der Ebene

*2.1.1.1 Erdachse und Pole*

Die Erde dreht sich wie ein Kreisel um eine Achse. Diese heißt Erdachse (Bild 64.1).

Die einzigen Fixpunkte auf der Erde sind die, geografischen Pole (polar = gegenüberstehend). Wir unterscheiden einen Nordpol und einen Südpol.
Die Erdachse (eine gedachte Linie), die die beiden Pole miteinander verbindet, verläuft durch den Schwerpunkt der Erde.

Dieser heißt „Geozentrum". Die 3 Punkte (Nordpol, Südpol und Geozentrum) sind die grundlegenden Fixpunkte, durch die eine Standortfestlegung auf der Erde möglich wird. Eine gedachte, durch das Geozentrum gehende und auf der Erdachse senkrecht stehende Ebene schneidet die Erdoberfläche in einem Kreis. Dieser Kreis heißt „Äquator" (Gleicher) und teilt die Erdoberfläche in eine nördliche und eine südliche Halbkugel (nördliche und südliche Hemisphäre).

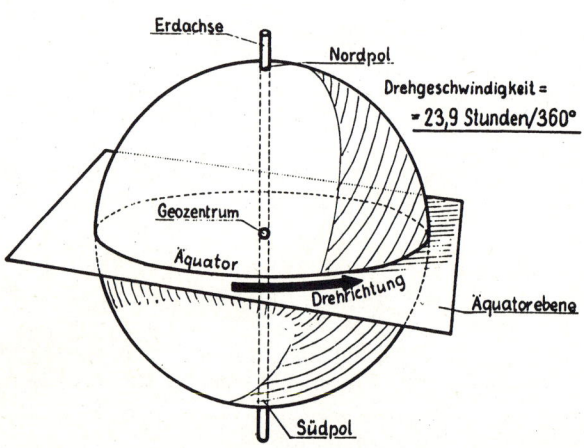

*64.1 Erdachse, Pole, Äquator*

*2.1.1.2 Form und Ausmaße der Erde*

Da die Erde nicht starr, sondern plastisch verformbar ist, plattet sie sich durch die von der Erddrehung herrührenden Fliehkraft an den Polen ab und dehnt sich am Äquator aus.

Der Durchmesser von Pol zu Pol ist daher geringer als am Äquator. Der *mittlere* Erddurchmesser beträgt 12 742 km.

Der Erdumfang am Äquator beträgt 40 076 km, über die Pole gemessen beträgt er 40 009 km (Bild 64.2).

Der Erdradius an den Polen (r) ist 14 km kleiner als der mittlere Radius und am Äquator (R) 7 km größer als der mittlere Radius.

Die Abplattung der Erde beträgt genau $1:298 = A$

$$A = \frac{D - d}{D}$$

D = Äquatordurchmesser
d = Poldurchmesser

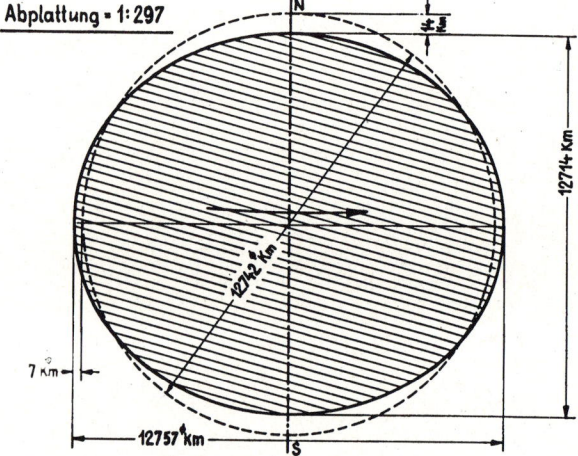

*64.2 Form und Ausmaße der Erde*

*2.1.1.3 Bewegung der Erde*

Die Erde dreht sich um ihre Achse von West nach Ost, wobei der Nordpol, vom Betrachter aus gesehen, oben und der Südpol unten liegt. Gegenüber dem Weltraum (Sternenhimmel), der stillstehend angenommen wird, benötigt sie für eine Umdrehung um sich selbst (also 360°) eine Zeit von 23,9345 Stunden.
Diese Zeit heißt:

*1 Sterntag.*

Außerdem bewegt sich die Erde einmal im Jahr um die Sonne. Die Umlaufrichtung ist ebenfalls von West nach Ost.
Die Umlaufbahn ist fast kreisförmig. In dem einen Brennpunkt der Bahnellipse steht die Sonne (Bild 64.3). Die Bahngeschwindigkeit beträgt im Durchschnitt 29,8 km pro Sekunde.

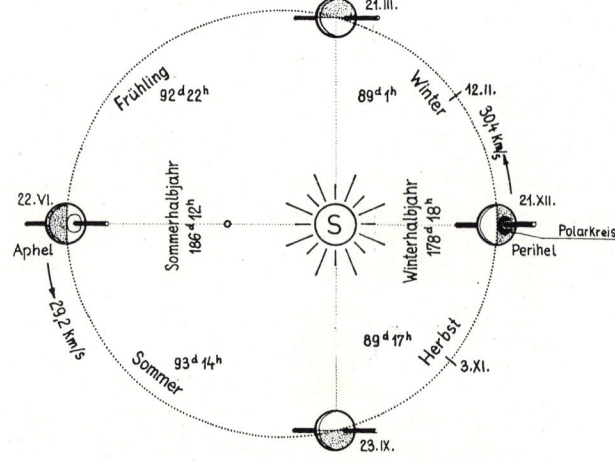

*64.3 Bewegung der Erde um die Sonne*

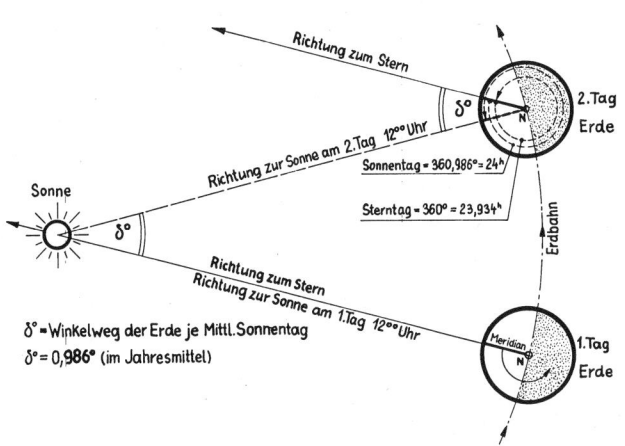

δ° = Winkelweg der Erde je Mittl. Sonnentag
δ° = 0,986° (im Jahresmittel)

*65.1 Sterntag und Sonnentag*

Die Ellipsenform der Bahn hat zur Folge, daß die Erde im Laufe des Jahres nicht immer gleich weit von der Sonne entfernt ist. Im Winter der Nordhalbkugel steht sie ihr um 6 Millionen km näher (Perihel) als im Sommer (Aphel). Die mittlere Entfernung beträgt 150 Millionen km.

Während eines Sterntages, an dem sich die Erde um 360° dreht, bewegt sie sich auf ihrer Bahn um die Sonne weiter (Bild 65.1). Dieses Stück ent-

Die Erdachse ist gegenüber der Erdbahnebene um 66,5° geneigt, (genau: 66°33'). Dadurch wird im Laufe eines Jahres abwechselnd die nördliche und die südliche Halbkugel mehr von der Sonne beleuchtet.

Die Neigung der Erdachse gegenüber der Erdbahnebene ist die Ursache für den Wechsel der Jahreszeiten.

Im Winterhalbjahr ist die Südhalbkugel länger als 12 Stunden täglich beleuchtet und im Sommerhalbjahr die Nordhalbkugel. Im März und im September (Frühlingsanfang und Herbstanfang) dauert auf der gesamten Erde der Tag 12 Stunden und die Nacht 12 Stunden. Man spricht von der „Tag- und Nachtgleiche" oder von den Äquinoktien (äqui = gleich, nox = Nacht).

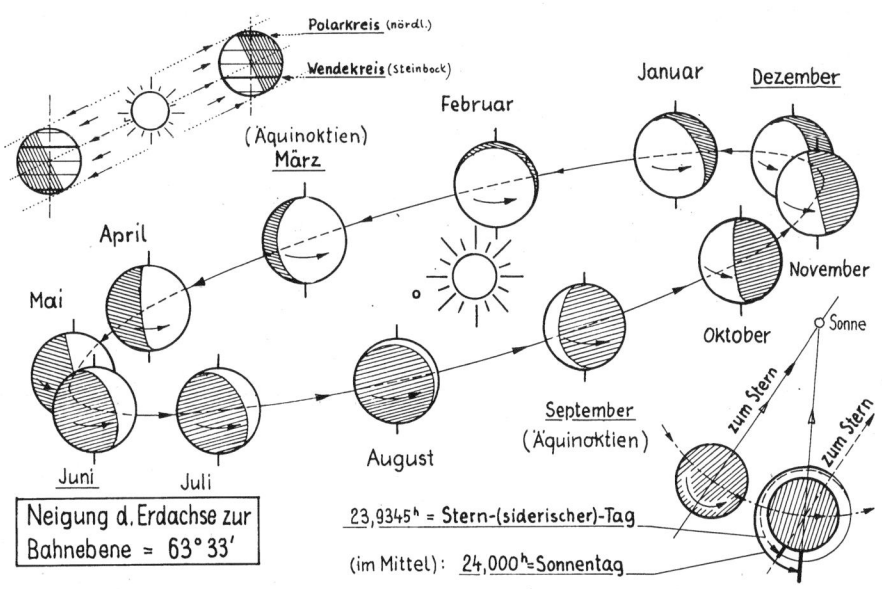

Neigung d. Erdachse zur Bahnebene = 63° 33'

23,9345^h = Stern-(siderischer)-Tag

(im Mittel): 24,000^h = Sonnentag

*65.2 Entstehung der Jahreszeiten*

spricht einem Winkel δ (Delta), um den sich die Erde weiterdrehen muß, bis für einen bestimmten Punkt auf der Erdoberfläche die Sonne wieder an der gleichen Stelle steht. Für dieses Weiterdrehen braucht die Erde im Durchschnitt 4 Minuten je Tag (genauer: 3,93 Min.). Die Zeit, bis die Sonne wieder an derselben Stelle (z.B. im Süden) steht, heißt:

*1 Sonnentag.*

Die genaue Länge eines Sonnentages ändert sich im Laufe des Jahresrhythmus' wegen der elliptischen Erdbahn. Man nimmt deshalb die mittlere Dauer und bezeichnet diese als:

*1 mittlerer Sonnentag.*

Der mittlere Sonnentag wird in 24 Stunden zu je 60 Minuten und diese werden wieder in je 60 Sekunden unterteilt.

Auf dem Äquator ist das ganze Jahr über Tag- und Nachtgleiche (Bild 65.2)

### 2.1.2 Standortfestlegung auf der Erde

Will man den Standort auf der Erde festlegen, an dem man sich befindet, bedient man sich des Koordinatensystems.
Die Entstehung des Koordinatensystems wird nachstehend erläutert.

#### 2.1.2.1 Großkreise und Kleinkreise
Jede Ebene, die durch das Geozentrum verläuft, ganz gleich ob sie zur Erdachse senkrecht steht, sie in sich aufnimmt oder mit ihr einen beliebigen Winkel einschließt, schneidet die Erdoberfläche in einem sogenannten Großkreis. Größere Kreise gibt es auf der Erde nicht.

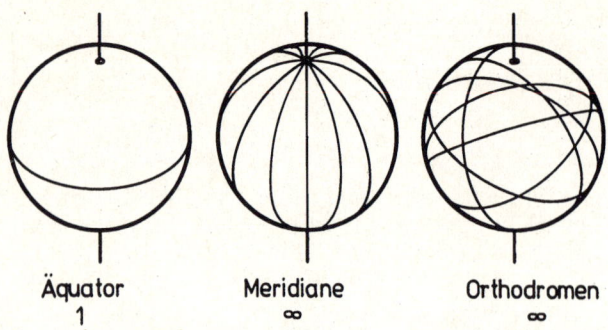

| Äquator | Meridiane | Orthodromen |
|---------|-----------|-------------|
| 1 | ∞ | ∞ |

### 66.1 Die Arten der Großkreise

Je nach Richtung, in der die Schnittebene in bezug auf die Erdachse liegt, unterscheiden wir verschiedene Arten von Großkreisen (Bild 66.1) die für die Standortfestlegung, für Entfernungsmessungen und Richtungsbestimmungen ganz wesentlich sind.

#### 1) Der Äquator

Die Schnittebene geht durch das Geozentrum und steht senkrecht zur Erdachse. Die Schnittlinie dieser Ebene mit der Erdoberfläche heißt Äquator. *Der Äquator ist die horizontale Nullinie des Erdkoordinatensystems.* Also der Breitengrad 0°.

#### 2) Die Meridiane

Die Schnittebene geht durch das Geozentrum und nimmt die Erdachse in sich auf. Es gibt unendlich viele Meridiane. Alle gehen durch Nord- und Südpol. Der Name kommt von lat.: circulus meridianus = Mittagskreis.

#### 3) Die Orthodromen

Die Schnittebene geht durch das Geozentrum und ist gegen die Erdachse beliebig geneigt. Es gibt unendlich viele Orthodromen, auch der Äquator und die Meridiane gehören dazu. Sie bilden immer die *kürzeste Verbindung zwischen zwei Punkten der Erdoberfläche,* die auf derselben Orthodrome liegen. Der Name (griech.) bedeutet: gerader Weg.

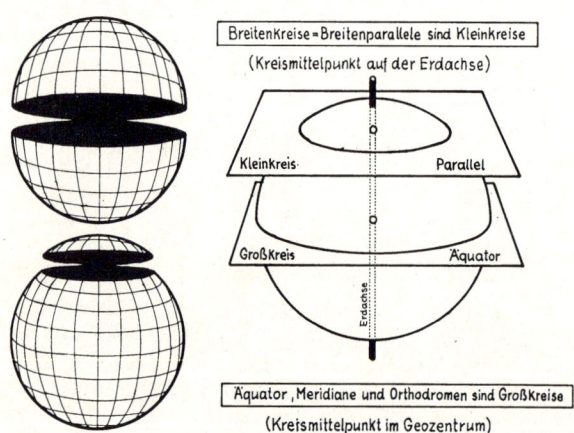

BreitenKreise=Breitenparallele sind Kleinkreise
(Kreismittelpunkt auf der Erdachse)

Kleinkreis · Parallel

Groß Kreis · Äquator

Äquator, Meridiane und Orthodromen sind Großkreise
(Kreismittelpunkt im Geozentrum)

### 66.2 Kleinkreise

Die Schnittlinien aller Ebenen, die nicht durch das Geozentrum gehen und die Erdoberfläche schneiden, heißen *Kleinkreise.*

Eine besondere Art von Kleinkreisen entsteht durch den Schnitt von Ebenen, die parallel zur Äquatorebene liegen und die Erdoberfläche

schneiden. Sie heißen Parallelkreise (Bild 66.2) oder Breitenkreise. In der Flugnavigation werden sie *Breitenparallele* genannt.

#### 2.1.2.2 Die Erdkoordinaten

Die horizontale Nullinie des Erdkoordinatensystems (Abszisse) ist der Äquator, der sich aus der Natur der Erddrehung ergibt. Die vertikale Nullinie (Ordinate), die auf dem Äquator senkrecht stehen muß, kann nur einer der unendlich vielen Meridiane sein (Bild 66.2).
Man hat den Meridian-Längengrad, der durch die alte Sternwarte des Londoner Stadtteils Greenwich (spr.: grienitsch) geht, gewählt. Er wird mit Nullmeridian oder *Greenwich-Meridian-Längengrad* bezeichnet (Bild 66.3).

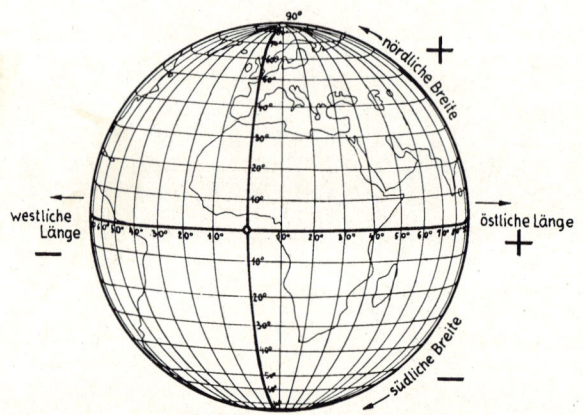

### 66.3 Das Erdkoordinatensystem

Den Abstand eines Punktes der Erdoberfläche vom Äquator nennt man die *"geografische Breite des Punktes".* Da der Äquator in der Mitte zwischen den Polen liegt, gibt es eine nördliche Breite (+) und eine südliche Breite (−). Die größtmöglichen geografischen Breiten sind + 90° (Nordpol) und −90° (Südpol). Die Bezeichnungen (+) für Nord und (−) für Süd sind international festgelegt.

Den Abstand eines Punktes der Erdoberfläche vom Greenwich-Meridian nennt man die „geografische Länge" oder kurz *"die Länge des Punktes".* Hier unterscheiden wir eine östliche Länge (+) und eine westliche Länge (−), wenn sich ein Punkt östlich oder westlich des Nullmeridians befindet. Die größtmöglichen geografischen Längen sind + 180° (östliche Länge und −180° (westliche Länge). 180° ost ist derselbe Meridian wie 180° west und liegt gegenüber dem Nullmeridian.
Der Abstand eines Punktes der Erdoberfläche vom Äquator und vom Nullmeridian wird, da die Erde eine Kugel und keine Ebene ist, nicht in Längeneinheiten (km, Meilen) angegeben, sondern in *Bogengraden.* Unter einem Bogengrad versteht man den 360-sten Teil eines vollen Kreisumfanges.

*Der Bogengrad ist also ein Winkelmaß.*
In Bild 67.1 ist der Bogen AB 3964 km *lang.* Der zugehörige Winkel, dessen Scheitelpunkt das Geozentrum ist, ist A-M-B und 35°40'12" *groß.* M ist das Geozentrum.

Die Gradskala zum Messen der geografischen Breite befindet sich auf einem Meridian (Bild

67.2), die Gradskala zum Messen der geografischen Länge befindet sich auf einem Breitenparallel.

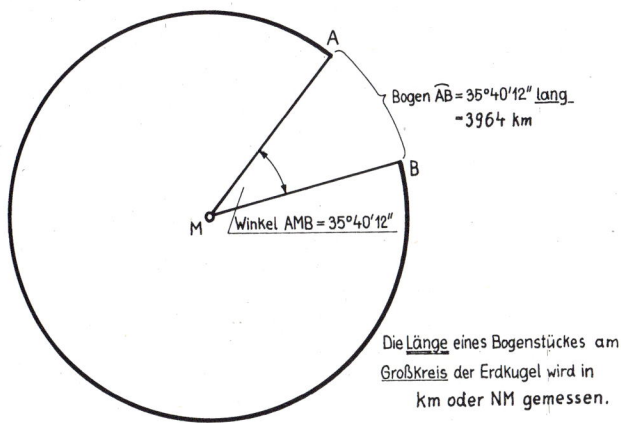

67.1 Winkel und Bogenmaß

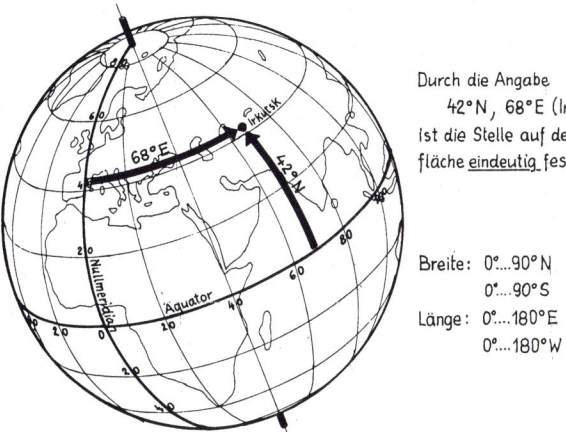

Durch die Angabe
42°N, 68°E (Irkutsk)
ist die Stelle auf der Erdoberfläche <u>eindeutig</u> festgelegt.

Breite: 0°...90°N
0°...90°S
Länge: 0°...180°E
0°...180°W

67.2 Breiten- und Längenangabe

Werden die beiden Erdkoordinaten (Breite und Länge) eines Punktes der Erdoberfläche angegeben, dann nennt man immer *zuerst die Breite und dann die Länge.* Diese Reihenfolge ist ebenfalls vereinbart (konventionell). Ein Punkt der Erdoberfläche hat z.B. die Koordinaten +42°, +68°. Das bedeutet (Bild 67.2), daß er auf dem Breitenkreis 42° nördlich vom Äquator *und* auf dem Meridian 68° östlich vom Nullmeridian liegt. Auf diese Weise kann man ihn auf jeder Landkarte, die das betreffende Gebiet zeigt, sofort genau finden. In der Navigation nennt man die Angabe des Erdkoordinaten des Standortes, auf dem sich das Luftfahrzeug befindet: *Positionsangabe.*

## 2.1.2.3 Richtungsfestlegung

### Himmelsrichtungen

Die Lage eines Punktes auf der Erdoberfläche ist durch die Angabe seiner geografischen Breite und geografischen Länge eindeutig festgelegt. Will man von einem Punkt zu einem anderen gelangen (z.B. fliegen), dann muß die Richtung von dem einen Punkt zum anderen bekannt sein (Bild 67.3).

Die 4 Haupthimmelsrichtungen sind:

Nord (N), Ost (O), Süd (S), West (W).
north (N), east (E), south (S), west (W).

Zur genaueren Richtungsbestimmung dienen die Zwischenrichtungen:

Nordost (NO), Südost (SO),
north-east (NE), south-east (SE),

Südwest (SW), Nordwest (NW),
south-west (SW), north-west (NW).

Für die Flugnavigation sind diese Richtungsangaben viel zu ungenau und auch nicht ausreichend. Hier werden sie durch ein numerisches System ersetzt. In der Navigation gibt man als Richtungsbezeichnung den *Winkel zwichen der Bezugsrichtung und der zu nennenden Richtung* an.

*Bezugsrichtung* ist z.B. die Richtung des geografischen Meridians zum Nordpol hin (Bild 67.4).

Diese Bezugsrichtung heißt:

| | | |
|---|---|---|
| rechtweisend Nord | = | rwN |
| true north | = | TN |

Von hier aus (000°) wird der ganze Horizont rechts herum (im Uhrzeigersinn) in 360° eingeteilt. Vom Mittelpunkt des Horizontkreises aus nach der angeschriebenen Gradzahl hin ist dann die festzulegende Richtung.

*Die Gradzahlen werden immer dreistellig angegeben,* also:
nicht 45° sondern 045°;
nicht 90° sondern 090°.

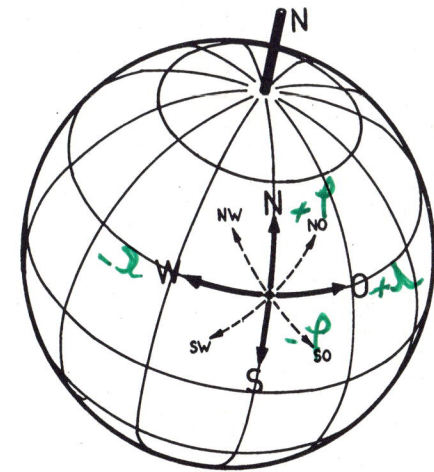

67.3 Die Himmelsrichtungen

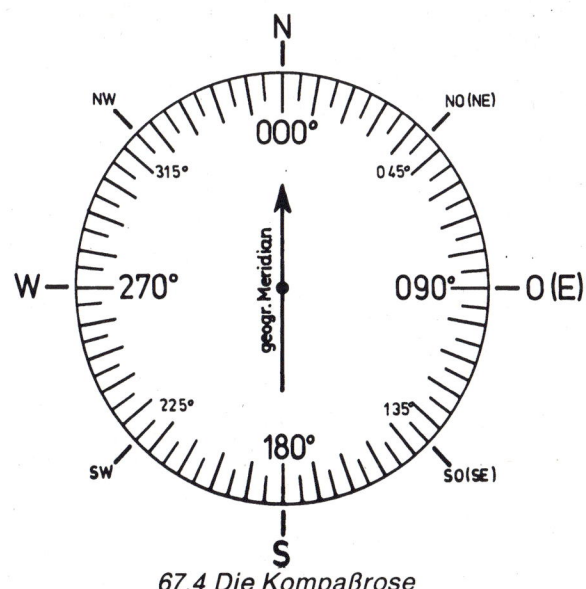

67.4 Die Kompaßrose

### 2.1.2.4 Die Entfernungsmessung

Die Entfernung zwischen 2 Punkten der Erdoberfläche wird immer entlang eines Großkreises gemessen, weil dieser die kürzeste Verbindung zwischen 2 Punkten darstellt.

Auf der Lambertkarte (2.2.1.5) ist die Kartengerade (Lambodrome) fast gleich mit dem Großkreis auf der Erdoberfläche (Orthodrome). Für die Praxis des Segelfliegers genügt im allgemeinen die Kartengerade, wenn die Entfernungen nicht größer als 3 bis 5 Bogengrade (etwa 300 NM = 555 km) ist.

(Siehe auch 2.2.3.3.)

## 2.1.3 Maßeinheiten der Luftfahrt

### 2.1.3.1 Die Grundlagen für die Maßsysteme

Nachdem wir zur Standortfestlegung Breite und Länge angeben können, fehlen noch Maße für die Entfernung von einem zum anderen Ort sowie für die Höhe, und Maße für die Richtung von einem zum anderen Ort.

Zwei Punkte der Erdoberfläche liegen immer auf einer gemeinsamen Orthodrome, die die kürzeste Verbindung der beiden Punkte darstellt.

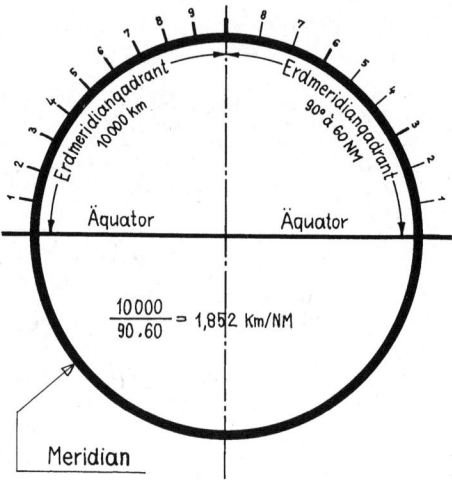

**68.1 Der Erdmeridianquadrant als Grundlage der Längeneinheiten**

> Die *Länge eines Meridians* wird als *Maßgrundlage* verwendet.

Als Längeneinheit wurde das Meter im Jahre 1875 von der „Meterkonvention" anerkannt.

> Das Meter ist der 10millionste Teil der Länge eines Erdmeridianquadranten. Der Erdmeridianquadrant reicht vom Äquator bis zum Nordpol.
>
> Der Erdmeridianquadrant ist demnach 10 000 km lang.
> (Bild 68.1)

Die Länge des Meters läßt sich von der Lichtgeschwindigkeit im Vakuum genau ableiten. Seit dem *20. Oktober 1983* gilt als Definition:

> Das Meter ist die Länge der Strecke, die das Licht im Vakuum während des Intervalles von
>
> $\dfrac{1}{299\ 792\ 458}$ Sekunden durchläuft
> (abgerundet 300 000 m/S)

Auch die *angelsächsischen Länder*, die der Meterkonvention angehören, leiten ihre Längenmaßeinheit von der Länge des Erdmeridianquadranten ab, und zwar im Bogenmaß. Der Erdmeridianquadrant wird in 90° zu 60 Bogenminuten geteilt.

> Die Länge einer Bogenminute des Meridians heißt *Seemeile* oder *nautische Meile (NM)*. Sie ist die angelsächsische Längeneinheit.
>
> Der Erdmeridianquadrant ist demnach 90 x 60 Bogenminuten
> = 5 400 Bogenminuten = (NM) lang
> (Bild 68.1)

1 Kilometer = $\dfrac{\text{Länge des Meridianquadranten}}{10\ 000}$

1 nautische Meile =

$\dfrac{\text{Länge des Meridianquadranten}}{5400}$

*Umrechnungszahlen*

Aus diesen Definitionen für km (Kilometer) und NM (nautische Meile) ergeben sich die Umrechnungszahlen:

$\dfrac{10\ 000}{5400}$ = 1,852 km/NM        1 NM = 1,852 km

$\dfrac{5400}{10\ 000}$ = 0,540 NM/km        1 km = 0,540 NM

*Faustformeln für die Umrechnung:*

| km in NM | NM in km |
|---|---|
| $\dfrac{km}{2}$ + 10% = NM | (NM × 2) − 10% = km |

### 2.1.3.2 Weitere Maßeinheiten

Außer der nautischen Meile (NM) wird für die Entfernungsangaben am Boden die Landmeile (engl.: statute mile = St.M.) verwendet. Ihre Länge beträgt 1,60934 km. Von dieser Landmeile her stammt auch der Name „Meile". Sie bedeutete bei den Römern eine Strecke von 1000 Doppelschritten (milia passum = tausend Schritte). Ein Römerschritt war also 0,805 m lang.

Eine weitere, für Höhenmessungen angewandte Längeneinheit ist der „Fuß" (engl.: foot, Mehrzahl: feet, Abkürzung: ft).

Für die Geschwindigkeit werden folgende Maßeinheiten verwendet:

*Horizontalgeschwindigkeit:*

km/h = Kilometer je Stunde
kt (= Knoten) = NM/h
MPH = St.M./h. = miles per hour

*Vertikalgeschwindigkeit:* m/s = Meter je Sekunde
ft/min = feet per minute

*Faustformeln:*

| | |
|---|---|
| $\dfrac{km/h}{2} + 10\% = kt$ <br><br> $m/s \times 200 = ft/min$ | $(kt \times 2) - 10\% = km/h$ <br><br> $\dfrac{ft/min}{200} = m/s$ |
| $\dfrac{m}{3} \times 10 = ft$ | $ft \times 0{,}3 = m$ |

Als überschlägige Umrechnungszahlen können wir verwenden (Tab. 69.1):

| (1000 m) km | NM | St.M. | × 1000 ft |
|---|---|---|---|
| 1 | 0,54 | 0,62 | 3,28 |
| 1,85 | 1 | 1,15 | 6,07 |
| 1,61 | 0,87 | 1 | 5,28 |
| 3,05 | 0,16 | 0,19 | 1 |

*69.1 Umrechnungszahlen für Längenmaße*

## 2.2 Karten für die Luftfahrt

### 2.2.1 Darstellung der Kugel in der Ebene

#### 2.2.1.1 Gebräuchliche Projektionsarten

Weil die gekrümmte Erdoberfläche nicht wie die eines Zylinders oder eines Kegels (Bild 69.2) in eine ebene Fläche abgewickelt werden kann, muß sie zunächst auf so eine abwickelbare Fläche oder auf eine Ebene projiziert werden (lat.: proiectus = das Hinwerfen).

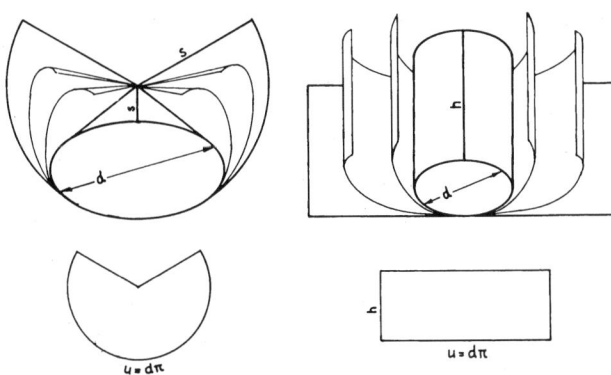

*69.2 Abwickelbare Flächen*

Stellt man sich eine Glaskugel vor, auf der das Gradnetz der Erde (Breitenparallele und Meridiane) aufgezeichnet ist und in deren Innerem eine punktförmige Lichtquelle ist, die das Schattenbild des Gradnetzes auf einen über die Kugel gestülpten Zylinder oder Kegel wirft (also projiziert).

Der mit dem Schattenbild versehene Zylinder oder Kegel wird dann in eine Ebene abgewickelt und gibt so eine (allerdings mehr oder weniger verzerrte) Abbildung der gekrümmten Erdoberfläche auf einer ebenen Fläche. Je nach Art und Lage der Projektionsfläche unterscheiden wir demnach:

a) Zylinderprojektion
b) Kegelprojektion
c) Ebenenprojektion
   ( = Azimutalprojektion)

Nach der Lage der Erdachse zur Lage der Achse des Projektionszylinders oder -kegels:

a) Polständige Projektion
b) Äquatorständige Projektion
c) Zwischenständige Projektion

Die in der Mitte des Bildes (69.3) dargestellte Projektionsart bezeichnet man demnach als „Äquatorständige Zylinderprojektion" oder als „Querachsige Mercatorprojektion".

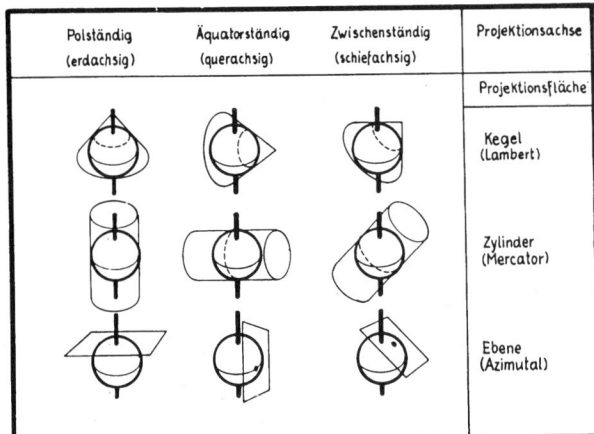

*69.3 Arten der Globusprojektion*

#### 2.2.1.2 Merkmale der Kartenprojektion

Die auf einer Kugel abgebildete Erdoberfläche erfüllt *alle* Bedingungen der ähnlichen Abbildung. Die auf einer ebenen Karte abgebildete Erdoberfläche erfüllt *immer nur einige* Bedingungen auf Kosten anderer.

Die charakteristischen Merkmale der Kartenprojektion sind:

a) Flächentreue (äquivalente Abbildung). Abgebildete Flächen*größen* werden im gleichen Verkleinerungsverhältnis übertragen.
b) Längentreue (äquidistante Abbildung). Strekken (Entfernungen auf der Erdoberfläche werden im gleichen Verkleinerungsverhältnis übertragen.
c) Winkeltreue (konforme) Abbildung. Zwei Kurven schneiden sich in ihrem Schnittpunkt auf der Karte unter dem gleichen Winkel wie in der Natur.
d) Mittabstandstreue. Die Abstände vom Pol, auf einem Meridian gemessen, haben auf der ganzen Karte den gleichen Maßstab.
e) Abweitungstreue. Die Breitenkreise sind längentreu und gleichweit voneinander entfernt.

#### 2.2.1.3 Merkmale von Navigationskarten

*Standort, Richtung und Entfernung sind die 3 Grundelemente der Flugnavigation.*
Daraus ergeben sich die Hauptbedingungen, die alle Navigationskarten möglichst genau erfüllen müssen.

1) Für die Standortfestlegung muß *ein Gradnetz,* bestehend aus Meridianen und Breitenparallellenlinien, vorhanden sein.

2) Für die Richtungsbestimmung müssen die Navigationskarten *geradlinige Meridiane* haben und müssen winkeltreu sein. Für die Winkeltreue ist erforderlich, daß sich Meridiane und Breitenparallele unter rechten Winkel schneiden, und daß der Maßstab in allen Richtungen gleich ist.

3) Für die Entfernungsmessung müssen die Navigationskarten *längentreu* sein.

### 2.2.1.4 Die Kegelprojektionen

#### A) Die Berührkegelprojektion

In Bild 70.1 ist der Globus zusammen mit einer darübergestülpten Kegelfläche dargestellt, auf die das Erdkoordinatennetz projiziert wird.

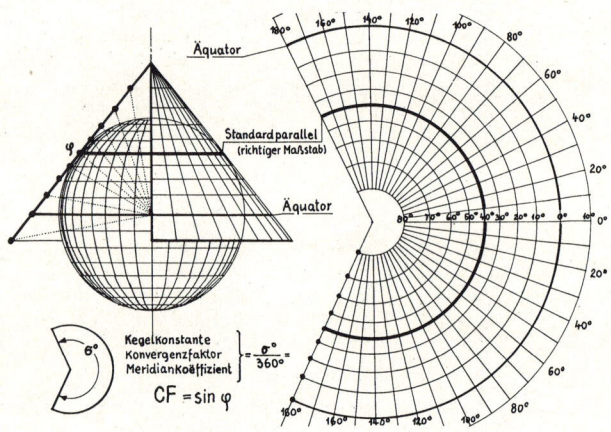

*70.1 Die Berührkegelprojektion*

Bei dieser einfachsten Kegelprojektion unterscheiden wir:

1) *Das Projektionszentrum*

   Es ist der Punkt, von dem aus das Gradnetz der verkleinerten Erde auf den Kegel projiziert wird und befindet sich im Geozentrum.

2) *Das Standardparallel:*

   Es ist das Breitenparallel, in dem sich Globus und Kegel berühren (Berührkegelprojektion). Es ist der einzige Kreis, auf dem der Maßstab des Globus (der „erzeugende Maßstab") und der Maßstab auf dem Kegel (d.h., auch auf der abgewickelten Kegelkarte) gleich ist.

Wie aus dem Bild ersichtlich ist, wird der Maßstab sowohl nach dem Pol hin als auch nach dem Äquator hin immer größer und größer.

3) *Die Breitenparallelen*

   Sie erscheinen auf der abgewickelten Kegelkarte wieder als Kreis, jedoch mit vergrößertem Durchmesser und haben hier den Pol als gemeinsamen Mittelpunkt.

4) *Die Meridiane*

   Sie sind auf dem Globus Großkreise und erscheinen auf der Karte als gerade Linien, die vom Pol ausgehen.

### 2.2.1.5 Die winkeltreue Lambertkarte

In Bild 69.3 haben wir die verschiedenen Globusprojektionen zusammengestellt, bei denen die Projektionsfläche den Globus *berührt.* Der Maßstab auf der Karte stimmt dann immer nur in den Berührungslinien oder Berührungspunkten mit dem erzeugenden Maßstab des Globus überein.

Um die Verzerrungsverhältnisse besser zu verteilen, kann man den Globus auch von der Projektionsfläche (Zylinder, Kegel, Ebene) *schneiden* lassen.

Tut man das bei der Kegelprojektion, dann erhält man die sogenannte *Schnittkegelprojektion* (Bild 71.1). Man erhält dann *2 Standardparallele,* an denen die Verzerrung Null ist. Das Gebiet zu beiden Seiten der Standardparallelen ist nur ganz wenig verzerrt. Um die Abweichung auf einem Kartenblatt nicht zu groß werden zu lassen, wird das Kartenblatt begrenzt. Man verwendet nur ¼ des Abstandes zwischen den beiden Standardparallelen für die Karte nördlich des oberen und südlich des unteren Standardparallels, im Fall des Bildes 71.1 bis 70°N und bis 10°N. Zwischen den Standardparallelen ist der Maßstab geringfügig kleiner als $M_e$ und außerhalb der Standardparallelen etwas größer als $M_e$.

Da diese Schnittkegelkarte wohl sehr längentreu, für die Navigation aber nicht genügend winkeltreu ist, wird das Gradnetz der Schnittkegelprojektion auf mathematischem Wege korrigiert, so daß die Karte winkeltreu (konform) wird.

Diese Korrektur wurde vom deutschen Physiker J. H. LAMBERT konstruiert und berechnet (1728 bis 1777), nach ihm wurde diese Karte daher *„winkeltreue LAMBERTKARTE"* genannt, Sie wird als Navigationskarte in mittleren Breiten verwendet.

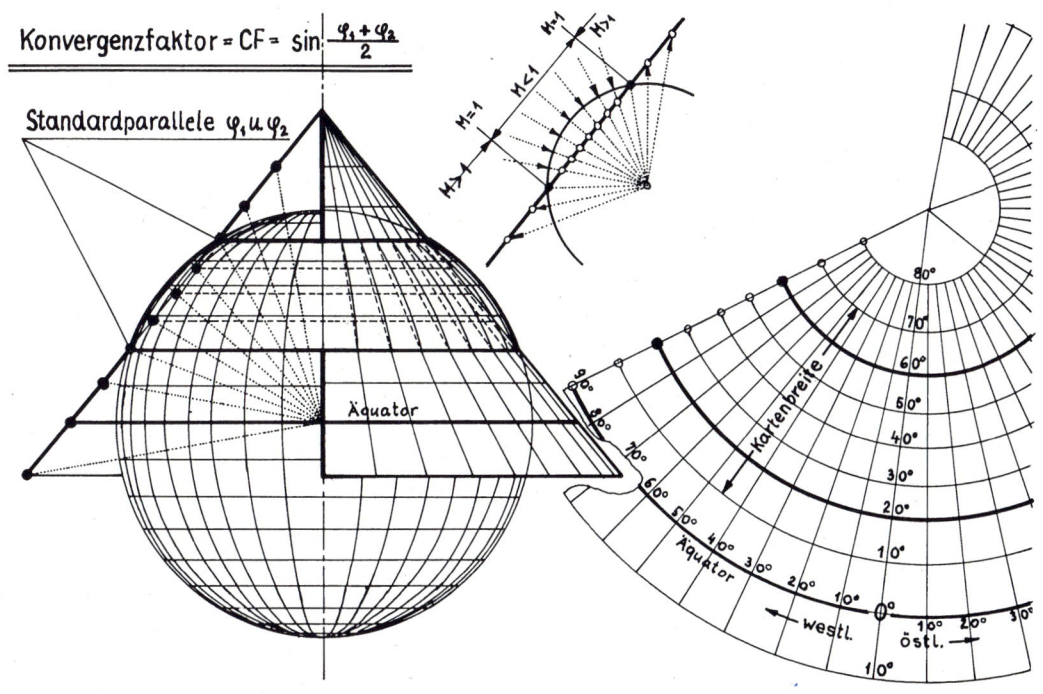

$$\text{Konvergenzfaktor} = CF = \sin\frac{\varphi_1 + \varphi_2}{2}$$

71.1 Die Schnittkegelkarte (Lambert)

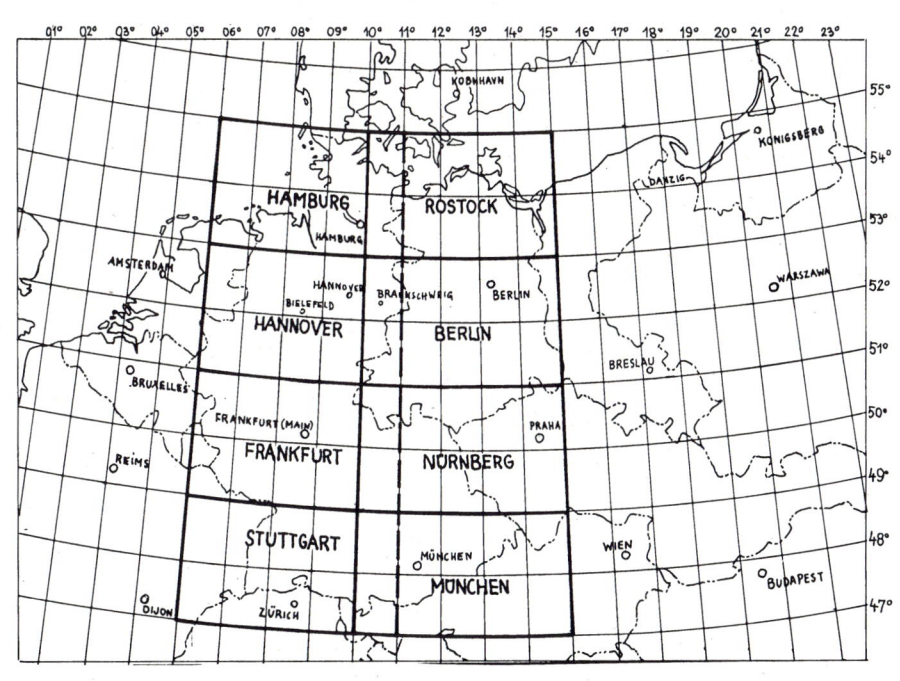

71.2 Die ICAO-Karte Deutschland 1 : 500 000

*Die Luftfahrtkarte ICAO 1 : 500 000* ist eine winkeltreue Lambertkarte (Bild 71.2). Sie hat folgende Standardparallelen:
von 44°–48° Blatt München und Stuttgart
von 50°–54° Blatt Frankfurt, Nürnberg, Hannover, Hamburg.

Das Gebiet der Bundesrepublik Deutschland umfaßt 8 Kartenblätter. Die benachbarten Blätter überlappen sich.

71

## 2.2.1.6 Die Zylinderprojektion

In Bild 72.1 ist der Globus zusammen mit einer (zum Teil abgewickelten) Zylinderfläche dargestellt, auf die das Gradnetz der Kugel projiziert wurde. Das Projektionszentrum ist der Erdmittelpunkt, die Projektionsfläche ist ein Zylinder, der die Kugel entlang des Äquators berührt. Es handelt sich um eine „polständige Zylinderprojektion" (vgl. Bild 69.2). Diese Projektionsart hat in der Äquatorgegend fast keine Verzerrung. Je weiter man gegen den Pol rückt, desto größer wird der Maßstab, am Pol selbst wird er unendlich groß, also unbrauchbar.

Zeichnet man in das so hergestellte Gradnetz eine Loxodrome (Linie mit konstantem rechtweisenden Kurs), dann wird das eine gekrümmte Linie (Bild 71.2, rechts). Das bedeutet, daß dieses Gradnetz nicht winkeltreu ist, also für eine Navigationskarte vollkommen unbrauchbar.

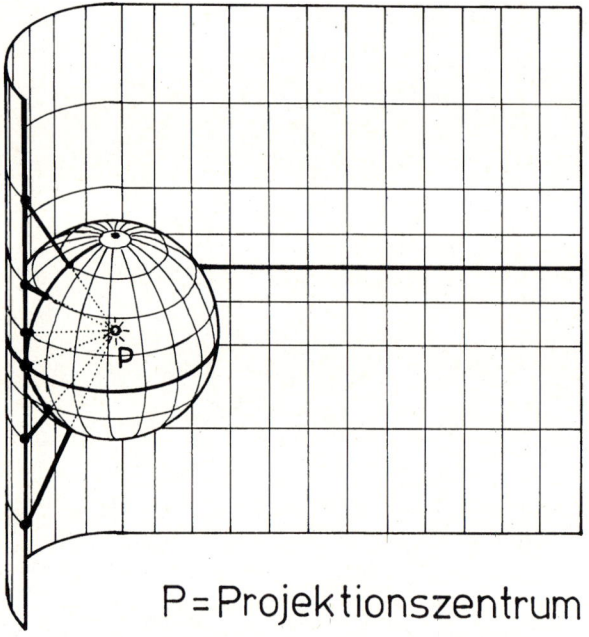

## P = Projektionszentrum

72.1 Prinzip der Zylinderprojektion

## 2.2.1.7 Die winkeltreue Mercatorkarte

Verschiebt man die Parallelkreise der Zylinderprojektion so, daß die Karte winkeltreu wird,
dann erhält man eine für die Navigation brauchbare Karte.

Der deutsche Kartograph Gerhard Kremer (1512 bis 1594), der sich latinisiert „Mercator" nannte, hat so eine winkeltreue Zylinderprojektion erfunden; sie wird deshalb „winkeltreue MERCATOR-KARTE" genannt. Diese Mercatorkarte ist die einzige (rechnerische) Projektion, auf der die Loxodrome eine gerade Linie ist (Bild 72.2 ).

Die Gebiete um die Pole herum werden nicht abgebildet, da dort der unendlich große Maßstab eine Entfernungsmessung sehr erschwert. Für die Polgebiete kann nur die äquatorständige, winkeltreue Zylinderprojektion verwendet werden.

## 2.2.2 Maßstäbe und Kartensymbole

### 2.2.2.1 Maßstäbe

Unter dem „Maßstab" versteht man in der Kartenkunde das Verhältnis:

$$\frac{\text{Länge auf der Karte}}{\text{Länge in der Natur}} = M$$

Dieses Verhältnis wird mit „M" bezeichnet.

Ist M groß (1 : 5000 oder 1 : 100 000), dann spricht man von einem großen Maßstab.

Ist M klein (1 : 250 000, 1 : 2 500 000), dann spricht man von einem kleinen Maßstab.

### 2.2.2.2 Verfahren der Maßstabangabe (Bild 73.1)

1) Zahlenmäßige Angabe    1 : 500 000 bedeutet: 1 cm auf der Karte sind 500 000 cm (= 5 km) in der Natur.

2) Maßstabskala    Mit dem Stechzirkel oder dem Lineal können die Entfernungen auf der Karte abgenommen und am Meridian abgelesen werden.

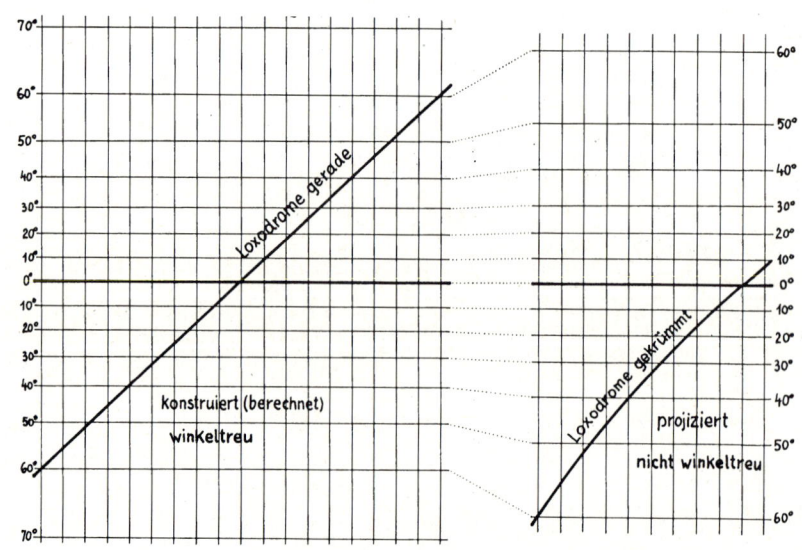

72.2 Die konstruierte Mercatorkarte

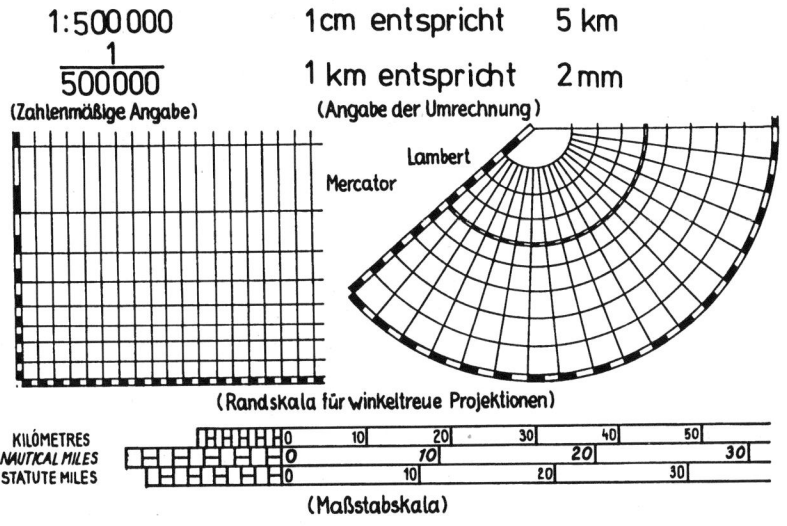

*73.1 Verschiedene Arten der Maßstabangaben*

### 2.2.2.3 Gültigkeit des Kartenmaßstabes

Der Maßstab einer Karte ist streng genommen innerhalb eines Kartenblattes veränderlich. Bei Karten mit großem Maßstab kann er praktisch als konstant angenommen werden. Bei Karten mit kleinem Maßstab, die große Teile der Erdoberfäche zeigen, wird entweder der Mittelpunktsmaßstab oder ein Durchschnittswert angegeben.

Praktisch benutzte Maßstabangaben sind:

a) *Erzeugender Maßstab $M_e$*

Es ist der Maßstab $M_e$, in dem der Globus verkleinert wurde, um damit die Karte projizieren zu können (2.2.1.4 - Standardparallel).

b) *Der Punktmaßstab und „Maßstabfaktor M"*

Sowohl bei der Zylinder- als auch bei der Kegel- oder Azimutalprojektion stimmt der Maßstab auf der Karte nur an den Berührungspunkten oder Schnittlinien zwischen Kugel- und Projektionsfläche mit dem erzeugenden Maßstab $M_e$ überein, also z.B. an den Standardparallelen.

An allen anderen Stellen der Karte ist der Maßstab größer oder kleiner als $M_e$. Das Verhältnis von diesem jeweiligen Punktmaßstab $M_p$ zum erzeugenden Maßstab nennt man „Verzerrungsverhältnis" oder „Maßstabfaktor M".

$$M_p : M_e = M$$

c) *Gesamtmaßstab $M_g$*

Je nachdem, ob das verwendete Kartenblatt das Gelände in der Nähe der maßstabgetreuen Linien oder Punkte zeigt oder weiter entfernte Gebiete darstellt, weicht der tatsächlich auf der Karte verwendbare Maßstab vom erzeugenden Maßstab ab. Man nennt den für das gesamte Kartenblatt mit genügender Genauigkeit verwendbaren Maßstab den „Gesamtmaßstab $M_g$" (oder Durchschnittsmaßstab).

## 2.2.2.4 Kartensymbole

Die ICAO-Karte enthält deutlich den Flugsiche-rungsaufdruck und deutlich gut lesbare Einzeich-nung von Straßen (rot), Eisenbahnlinien (schwarz), Wohnsiedlungen, Gewässern (blau), Bodenvegetation sowie FS-Informationen über alle Arten von Landeplätzen, Luftraumstrukturen, Hindernissen, Seilbahnen, Hochspannungslei-tungen, Funkfeuern, Isogonen, Landes- und Staatsgrenzen usw.

### LUFTRAUMBESCHRÄNKUNGEN
### AIRSPACE RESTRICTIONS

**ED-R1** — Gebiet mit Flugbeschränkung / Restricted area

**ED-D8** — Gefahrengebiet / Danger area

**TRA-** — Zeitweilig reservierte Lufträume / Temporary Reserved Airspace (TRA)

**ADIZ** — Flugüberwachungszone / Air defence identification zone

Ständige Tiefflugschutzzone / Permanent Low Level Flight Protection Zone

Periodisch befristete Tiefflugschutzzone / Periodically Limited Low Level Flight Protection Zone

Vogelschutzgebiet / Bird Reserve

Pflichtmeldepunkt für VFR-Anflüge / Compulsary reporting point for VFR approaches

### GRENZEN · BOUNDARIES

– · – · – · –  Staatsgrenzen / Boundaries (International)

– · – · – · –  Andere Grenzen / Other boundaries

### LANDSCHAFTSMERKMALE · LANDMARKS

| Symbol | |
|---|---|
| | Aussichtsturm, Fernsehturm / Lookout tower, television tower |
| | Kirche / Church |
| | Kloster / Monastery |
| | Ruine / Ruin |
| | Schloß / Castle |
| | Festung / Fort |
| | Denkmal / Monument |
| | Leuchtturm / Lighthouse |
| | Fabrik / Factory |
| | Bergwerk / Mine |
| | Steinbruch / Quarry |
| | Ölfeld / Oilfield |
| | Öltank / Oiltank |

### FLUGPLÄTZE     AERODROMES

**HAMBURG** — Internationaler Flughafen / International Airport

**ESSEN-MÜLHEIM** — Flughafen / Airport

**KIEL-HOLTENAU** — Flughafen (Zivil-/Militär) / Airport (civil/military)

**FASSBERG** — Militärflugplatz / Military Aerodrome

**MAINZ-FINTHEN** — Landeplatz (Zivil-/Militär) / Airfield (civil/military)

**GANDERKESEE** — Verkehrslandeplatz, Ausrichtung der längsten Start- und Landebahn / Airfield for public use, alignment of the longest hardened runway

**Korbach** — Sonderlandeplatz, Ausrichtung der längsten Gras-Start- und Landebahn / Special airfield, alignment of the longest grass runway

**Schwege** — Hubschrauberlandeplatz / Heliport

**Hubschrauberlandeplatz für Krankentransporte** / Heliport for ambulances

**Steinberg** — Segelfluggelände / Glider site

**Tegelberg** — Hängegleiter Gelände / Hang Glider site

**Mamheim** — Fallschirmabsprunggelände / Parachute jumping site

**Gersthofen** — Freiballonstartplatz / Free balloon site

74.1 Kartensymbole I

## BEBAUTE GEBIETE · BUILT - UP AREAS

BONN
**Großstadt**
(100 000 Einwohner und mehr)
**City**
(100 000 inhabitants and more)

HOF
**Stadt**
(über 20 000 Einwohner, dazu:
Ortschaften unter 20 000 Einwohnern)
**Town**
(more than 20 000 inhabitants and villages
with less than 20 000 inhabitants)

Neuhaus
**Ortschaft**
(5000 bis 20 000 Einwohner, dazu:
Ortschaften unter 5000 Einwohnern
in dünn besiedelten Gebieten)
**Village**
(5000 to 20 000 inhabitants, and villages
with less than 5000 inhabitants in sparsely
populated areas)

## EISENBAHNEN · RAILWAYS

**Eisenbahn (eingleisig) mit Bahnhof**
Railway (single track) with station

**Eisenbahn (mehrgleisig) mit Bahnhof**
Railway (multiple track) with station

**Eisenbahn (stillgelegt oder im Bau befindlich**
Railway (abandoned or under construction)

**Eisenbahnbrücke**
Railway bridge

**Eisenbahntunnel**
Railway tunnel

**Seil- oder Schwebebahnen**
Aerial railway

## STRASSEN · ROADS

**Autobahn, Schnellstraße**
Dual highway

**Autobahn im Bau**
Dual highway under construction

**Fernverkehrsstraße**
Primary road

**Wichtige Verbindungsstraße**
Secondary road

**Rennstrecke**
Race track

## GELÄNDEDARSTELLUNG TOPOGRAPHY

**Steile Böschung und Steilküste**
Bluff, cliff or escarpment

**Damm, Deich**
Dike

**Sanddünen**
Sand dunes

· 117
**Höhenpunkt**
Spot elevation

.453
**Höchster Punkt im Kartenblatt**
Highest elevation on chart

4736
**Paß**
Mountain pass

**Gletscher und Eiskappen**
Glaciers and ice caps

## GEWÄSSER · HYDROGRAPHY

**Küstenlinie**
Shore line

**Watten**
Tidal flats

**Fluß**
River

**Kanal**
Canal

**Stillgelegter Kanal
oder Kanal im Bau**
Abandoned canal
or canal under construction

**See**
Lake

**Sumpf**
Swamp

**Fähre**
Ferry

**Talsperre**
Dam

**Staudamm**
Barrage

**Schleuse**
Lock

**Schiffshebewerk**
Ship hoist

**Buhne**
Groyne

**Mole**
Mole

**Landungsbrücke**
Pier

+
**Überspülter Felsen**
Submerged rock

*75.1 Kartensymbole II*

## FUNKNAVIGATIONSANLAGEN
## RADIO NAVIGATION FACILITIES

 VOR — UKW-Drehfunkfeuer
VHF omnidirectional radio range

 VOR / DME — UKW-Drehfunkfeuer mit Entfernungsmeßgerät
VHF omnidirectional radio range with distance-measuring equipment

 VORTAC — Örtlich vereint aufgestellte VOR- und TACAN-Anlagen
Co-located VOR and TACAN facilities

 TACAN — Taktische UKW-Flugnavigationsanlage
Tactical UHF air navigation facility

 NDB — Ungerichtetes Funkfeuer
(Ausstrahlung A0/A2 wenn nicht anders angegeben)
Non-directional radio beacon
(Emission A0/A2 if not stated otherwise)

 MKR — Markierungsfunkfeuer
Marker beacon

⊙ — Allgemeines Zeichen für Funkeinrichtungen
Basic radio facility symbol

## FLUGVERKEHRSDIENSTE
## AIR TRAFFIC SERVICES

FIR — Fluginformationsgebiet
Flight information region

CTA — Kontrollbezirk
Control area

TMA — Nahverkehrsbereich
Terminal control area

rot/red — 1000 ft GND ⎱
blau/blue — 1700 ft GND ⎰ TMA-Untergrenzen
TMA-Lower limits

CTR — Kontrollzone
Control zone

 ATZ — Flugplatzverkehrszone
Aerodrome traffic zone

rot/red — 250 Fuß-Tieffluggebiet
250 feet low flying area

## VERSCHIEDENES · MISCELLANEOUS

3° W — Linien gleicher Mißweisung
Isogonic lines

Λ ⋀ — Hindernis und Hindernisgruppe (unbefeuert)
Obstruction and group of obstructions (unlighted)

Λ ⋀ — Hindernis und Hindernisgruppe (befeuert)
Obstruction and group of obstructions (lighted)

人 仈 — Hindernis 300 m GND und höher (unbefeuert)
Obstruction 300 m GND and higher (unlighted)

人 仈 — Hindernis 300 m GND und höher (befeuert)
Obstruction 300 m GND and higher (lighted)

☆ — Luftfahrtbodenfeuer
Aeronautical ground light

 — Seilbahnen
Funiculars

*76.1 Kartensymbole III*

### 2.2.3 Entnahme von Kursen und Entfernungen

#### 2.2.3.1 Ermittlung des rechtweisenden Kurses aus der Karte

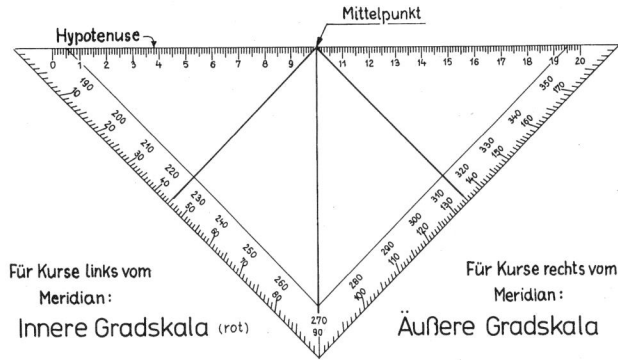

**Für Kurse links vom Meridian:** Innere Gradskala (rot)

**Für Kurse rechts vom Meridian:** Äußere Gradskala

1) Hypotenuse an Kurslinie legen,
3) Kurs am Meridian ablesen.

2) Mittelpunkt auf Schnittpunkt v. Kurslinie mit Meridian,

*77.1 Kursdreieck zum Ermitteln des Kartenkurses*

Die Kursrichtung wird durch Angabe des Winkels *zwischen einer Bezugslinie* (beim rechtweisenden Kartenkurs = rwK) ist es der geografische Meridian *und der Flugrichtung* zahlenmäßig festgelegt. Näheres siehe 2.3.2.

Zum Ermitteln des Kartenkurses, der beim Flug von einem Abflugort A nach einem Zielort B eingehalten werden soll, dient das in verschiedenen Ausführungen im Handel erhältliche Kursdreieck (Bild 77.1). Es ist ein gleichschenklig-rechtwinkliges, durchsichtiges Dreieck mit einer Winkeleinteilung. Die lange Seite des Dreiecks ist die Hypotenuse. Von ihrem Mittelpunkt ausgehende Richtungen sind an den beiden Katheten durch die Gradeinteilung festgelegt. Die äußere Skala zeigt die Winkel von 0° bis 180°, die innere Skala die Winkel von 180° bis 360°.

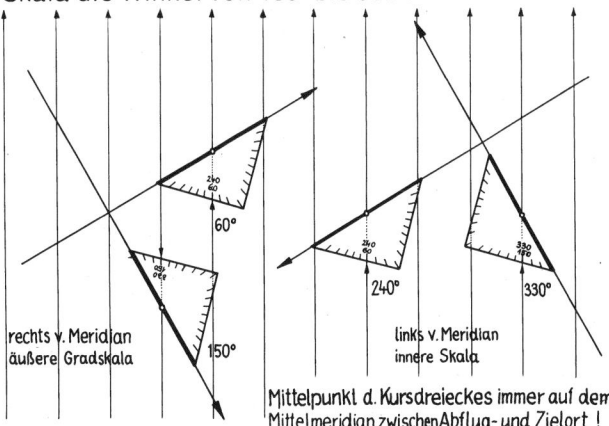

**rechts v. Meridian äußere Gradskala**

**links v. Meridian innere Skala**

Mittelpunkt d. Kursdreieckes immer auf dem Mittelmeridian zwischen Abflug- und Zielort!

*77.2 Kursermittlung und Entfernung mit dem Kursdreieck 1 : 500 000 ... 1 cm = 5 km*

Die Anwendung des Kursdreieckes wird in Bild 77.2 erläutert.
Alle Kurse von 0° bis 180°, also von N über O bis S, liegen rechts vom geografischen Meridian, der auf jeder Navigationskarte eingezeichnet ist; sie entsprechen der äußeren Skala des Dreieckes.
Die Kurse von 180° bis 360°, also von S über W bis N, liegen links vom Meridian und entsprechen der inneren Skala des Dreieckes.

Um einen Kurs zu ermitteln, legt man das Kursdreieck mit der Hypotenuse an die auf der Karte

gezeichnete Kurslinie und verschiebt es entlang der Kurslinie, bis der Mittelpunkt des Kursdreieckes auf den *mittleren Meridian* zwischen Abflugort und dem nächsten Zielort zu liegen kommt. Der Mittelpunkt des Kursdreieckes liegt dann auf dem Schnittpunkt zwischen Kurslinie und Mittelmeridian, die Hypotenuse liegt auf der Kurslinie. Handelt es sich um einen Kurs rechts vom Meridian (die beiden linken Darstellungen im Bild), dann liest man den Kurs auf der äußeren Gradskala ab (im Bild: 060° und 150°). Bei Kursen links vom Meridian (die beiden rechten Darstellungen) liest man auf der inneren Gradskala ab (im Bild: 240° und 330°).

*Merke: Linker Kurs - Innere Skala.*

Die Längenskala auf der Hypotenuse kann zum Messen der Entfernungen auf der Karte benutzt werden.

#### 2.2.3.2 Die Gradscheibe

Zum Eintragen von Peilungen und Kursen benutzt der Segelflieger meist die Gradscheibe. In Bild 77.3 wird deren Anwendung erläutert.

$$QTE = 240° - 180° = 060° + (-2°) = 058°$$

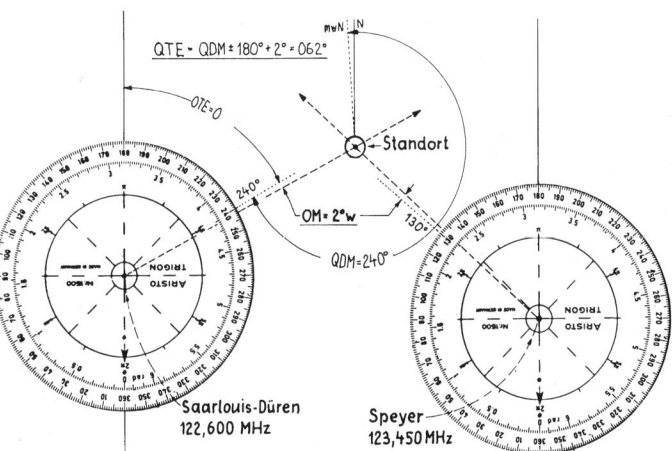

**Saarlouis-Düren** 122,600 MHz

**Speyer** 123,450 MHz

*77.3 Standortbestimmung mit der Gradscheibe*

Zur Standortbestimmung kann die „Kreuzpeilung" verwendet werden (s. Abschn. 2.4.5).
Man ruft nacheinander zwei Flugplätze an, die einen entsprechenden Peiler besitzen. Im Ausdruck der ICAO-Karte ist die Platzfrequenz angegeben und unterstrichen, z.B. Saarlouis-Düren (122,600 MHz) und Speyer (123,450 MHz). Wie auf Seite 112 erläutert wird, erhält man von beiden Stationen die *mißweisende* Peilung (QDM) vom Flugzeug zur Station (z.B. 240°). Die mißweisende Peilung von der Station zum Flugzeug ist um 180° verschieden, man legt deshalb die *Gradscheibe mit 180° nach Norden* und merkt die 240° am äußeren Skalenrand an (in Bild 77.1 punktiert).
Da man auf der Karte die rechtweisende Peilung von der Station zum Flugzeug (QTE) eintragen muß, ist noch die Ortsmißweisung (OM), in unserem Beispiel 2°w, hinzuzufügen, also am äußeren Skalenrand 240° + (-2°) = 238°. In der Richtung 238° (in Bild 77.3 strichliert) verläuft nun die Richtung von der Station Saarlouis zum Flugzeug hin.

$$QTE = QDM \pm 180 + OM$$

z. B. $QTE = 240° - 180° = 060° + (-2°) = 058°$

Der Schnittpunkt zwischen den beiden Peilstrahlen von Saarlouis und Speyer ist dann der gesuchte Standort des Segelflugzeuges.

*Praktisches Beispiel für eine Standortbestimmung mit Gradscheibe*

Sehr wichtig ist die Standortbestimmung bei Flügen in der FlugÜZ bzw. in der Nähe der FlugÜZ.

Eine Standortbestimmung mit Gradscheibe kann jederzeit von Bord eines Segelflugzeuges aus vorgenommen werden.

Der Raum, in dem geflogen wird, ist entsprechend dem Vorhaben bekannt. Es wird die Flugstrecke angegeben. Wir nehmen an (Bild 79.1):

Abflug  von Hettstadt bei Würzburg
Ziel    Marburg-Schönstadt

Zur Standortbestimmung ruft man einen Flugplatz mit Peiler an. Auf der ICAO-Karte 1:500 000 ist die *Frequenz blau unterstrichen, wenn der Flugplatz einen Peiler besitzt.*

z.B. Allendorf/Eder Info 123,650

Der Vorgang ist wie folgt:

| Flugzeug D-1927, Ruf: | Allendorf Info D-1927, kommen! |
|---|---|
| Allendorf/Eder : | D-1927 Info Allendorf, kommen! |
| D-1927 : | Allendorf.              D-1927 erbitte QDM |
| Allendorf/Eder : | Ihr QDM ist 320° |

Wir befinden uns demnach auf einer Standlinie südöstlich von Allendorf und tragen die Standlinie auf der Karte ein (Bild 79.1). Hierzu legt man die Gradscheibe auf Flugplatzmitte Allendorf/Eder mit der 180°-Anzeige nach oben (Nord) und markiert 322° (QDM = 320°, OM = 2°W zusammmen 318°).

Wir sind also rechts vom Sollkurs abgewichen und nehmen den Kurs 320° auf, in Richtung Allendorf.

Zur genauen Standortbestimmung benützen wir eine zweite Station mit Peiler, die querab liegt (z.B. Bad Nauheim-Reichelsheim 122,450).

Ruf, wie vorher:

| D-1927 : | Reichelsheim Info D-1927, kommen! |
|---|---|
| Bad-Nauheim-Reichelsheim : | D-1927 Reichelsheim Info, kommen! |
| D-1927 : | Reichelsheim.              D-1927 erbitte QDM |
| Bad Nauheim-Reichelsheim : | Ihr QDM ist 280° |

Wir legen die Gradscheibe (180° nach oben) auf Flugplatzmitte Reichelsheim und markieren 278° (QDM + OM) und tragen die zweite Standlinie ein.

Der Schnittpunkt zwischen den beiden Standlinien ergibt unseren derzeitigen Standort (Bild 79.1). Er befindet sich in 50°13'N und 9°36'E in einer Entfernung von 6,5 km von Jossa, ca. 10 km von der Grenze der ADIZ/FlugÜZ entfernt. (Ausnahmegebiet bis 2000 ft (600 m) GND).

*Anmerkung:*

Da bei der praktischen Flugdurchführung die Gradscheibe nur annähernd genau auf rechtweisend Nord (TN) ausgerichtet werden kann, kommt es zur Ermittlung des Standortes nicht auf ± 5° an.

Da die derzeitige OM in der Bundesrepublik Deutschland nur 1° bis 2° West beträgt, kann diese zur Standortbestimmung vernachlässigt werden.

Bei der vorstehenden Erläuterung bedeutet (Entfernung von Allendorf 85 km) die Vernachlässigung von 2° OM West = 2,5 km.

Bei 5° Abweichung vom QDM bereits 7,5 km.

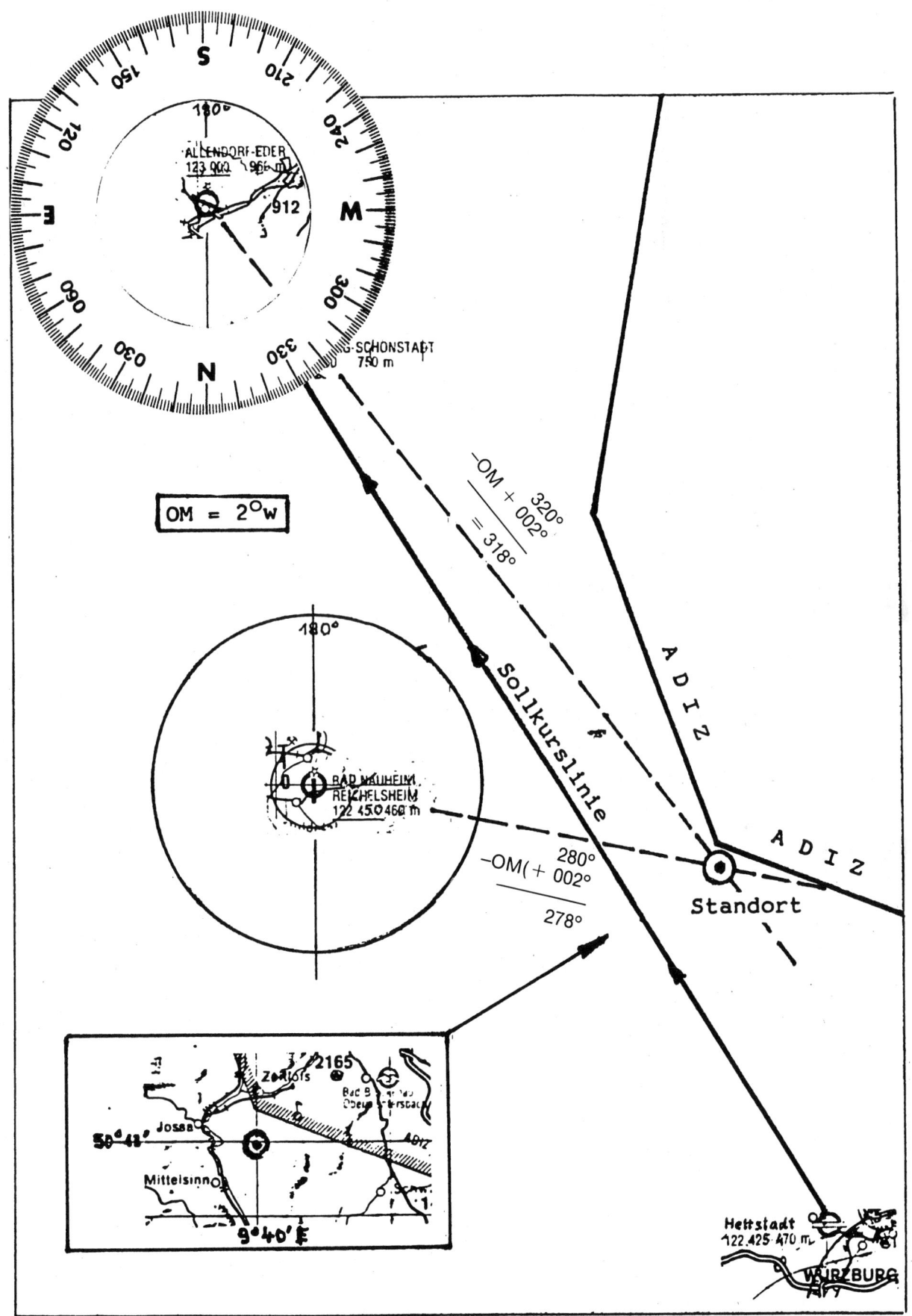

OM = 2°W

−OM + 320° / 002° = 318°

−OM(+ 280° / 002° = 278°

Sollkurslinie

Standort

A D I Z

A D I Z

ALLENDORF-EDER
123.000    906 m
912

G.SCHONSTADT
750 m

BAD NAUHEIM
REICHELSHEIM
122.450 460 m

2165
Zeitlofs
Bad B...au
Obers...rsbach
Jossa
50°41′
Mittelsinno
9°40′E
ADIZ

Hettstadt
122.425 470 m
WÜRZBURG

79.1 Standortbestimmung mit der Gradscheibe

### 2.2.3.3 Ermittlung von Entfernungen aus der Karte (Bild 80.1)

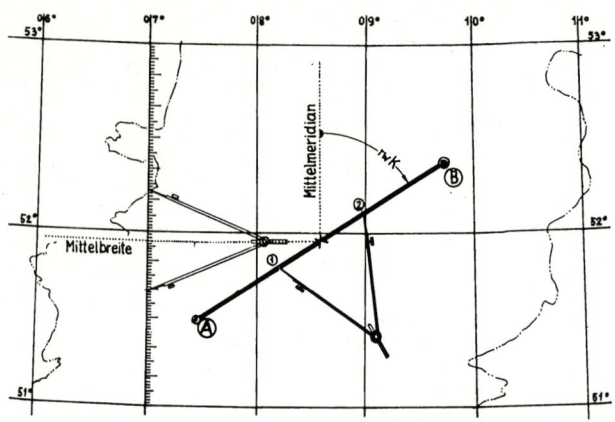

*80.1 Entfernungsmessung auf der Karte*

In allen winkeltreuen Karten ist an jedem Punkt der Karte der Maßstab in allen Richtungen gleich (Navigationskarten sind winkeltreu). Leider ist aber der Maßstab nicht an jedem Punkt der Karte gleich!

Für die Praxis des Segelfliegers kann man den Maßstab auf einer ICAO-Karte (Lambert-Schnitt-Kegelkarte) entlang eines Meridians als fast konstant annehmen.

Will man die Entfernung von A nach B genau ermitteln, dann unterteilt man (bei größeren Entfernungen als 2°) die Strecke A-B in Teilstrecken. Im Bild sind die Teilstrecken: A-1, 1-2 und 2-B. Man greift jede Teilstrecke (z.B. die Teilstrecke 1-2) mit dem Stechzirkel ab und überträgt sie auf einen Meridian in der Gegend der Mittelbreite zwischen 1 und 2.

Da bei der Benutzung eines Stechzirkels die Karte absolut plan liegen muß, um keine Meßfehler zu erhalten, *empfiehlt es sich, die Entfernungen mit einem Lineal abzulesen.*

Unter der Mittelbreite versteht man das arithmetische Mittel zwischen der geografischen Breite von 1 und der geografischen Breite von 2:

$$\text{Mittelbreite zw. 1 u. 2} = \frac{\text{geogr. Breite 1} + \text{geogr. Breite 2}}{2}$$

Die Entfernung ist dann je Grad (auf dem Meridian gemessen) 111,1 km oder 60 NM. Die Entfernung je Bogenminute (auf dem Meridian der Mittelbreite gemessen) ist dann 1,852 km = 1 NM.

Auf Karten, die keine größeren Gebiete als 150 km im Quadrat darstellen, kann die Entfernung auch auf dem am Kartenrand aufgedruckten Maßstab mit dem Stechzirkel abgegriffen werden.

### 2.2.4 Geografie Deutschlands

#### 2.2.4.1 Typische Navigationsmerkmale

Der Segelflugzeugführer soll das überflogene Gebiet genau kennen. Dadurch hat er jederzeit eine Kontrolle der geplanten Flugstrecke durch Beobachtung der Landschaft. Ferner ist die Kenntnis der Landschaftsmerkmale nötig, um sich bei Verlust der Orientierung rasch wieder zurechtfinden zu können.
Wichtig sind daher eingehende Kenntnisse in Geographie.

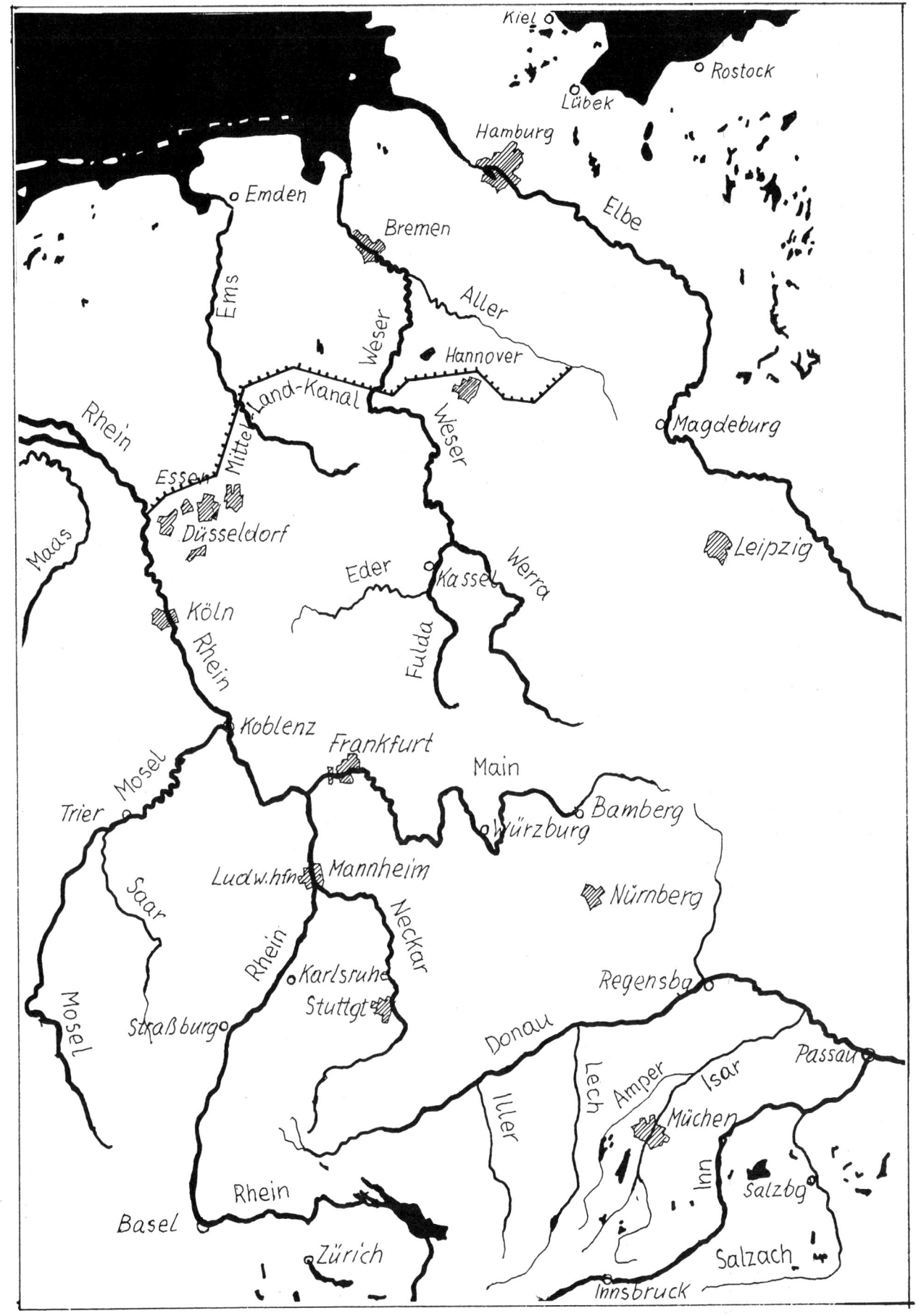

*81.1* Wasserläufe und Seen in Deutschland

Wesentliche Merkmale in der Landschaft sind:

1) Auffanglinien: Wasserläufe, Eisenbahnen, Autobahnen.

2) Fixpunkte: Große Städte, größere Seen, Sendetürme, Aussichtstürme, markante Berggipfel usw., deren Positionen genau festliegen.

3) Landschaftsmerkmale: Bewaldung, Ackerbau, Heide, Industriegebiet, flache oder bergige Landschaft, Gebirgszüge, Farbe des Erdbodens oder des Gesteins.

Aus Raumgründen ist es nicht möglich, die Geografie Deutschlands und der angrenzenden Gebiete erschöpfend zu behandeln. Deswegen werden nur einige Beispiele behandelt. Unerläßlich ist das private Studium guter Landkarten, vereint mit solider Flugerfahrung.

### 2.2.4.2 Wasserläufe und Seen

Wasserläufe (Bild 81.1) haben in Deutschland charakteristische Formen, so daß sie sowohl als Leitlinien während des Fluges und als Auffanglinien bei Orientierungsverlust dienen können.

*Der Rhein* ist der größte Fluß (Strom) Deutschlands, der seine Laufrichtung mehrmals deutlich ändert und verschiedenartige Landschaften durchfließt und deutlich unterscheidbare Städte an seinen Ufern hat, so daß man immer erkennen kann, an welcher Stelle man sich gerade befindet. Aus dem Bodensee kommend, fließt er bis Basel in westlicher Richtung und bildet größtenteils die Grenze zwischen Schweiz und Deutschland. Südlich von ihm befindet sich hier das Schweizer Mittelgebirgsland, mit den Westalpen im Hintergrund; nördlich ist der Schwarzwald. Etwa in der Mitte dieser 100 km langen Strecke mündet südlich die Aare in den Rhein.

In Basel ändert der Rhein seine Fließrichtung nach Nord und tritt in die rund 50 km breite Oberrheinische Tiefebene (Oberrheingraben) ein. Er behält diese Richtung 280 km lang bei. Die wichtigsten Städte in diesem Abschnitt sind Straßburg, Karlsruhe, Mannheim/Ludwigshafen. Von Basel bis Straßburg sind links die Vogesen, rechts der Schwarzwald. Hinter Straßburg weicht die französische Grenze nach West aus; der weitere Stromabschnitt hat beiderseits deutsches Ufer. Jetzt ist links der Pfälzer Wald, rechts immer noch der Schwarzwald, der bei Karlsruhe etwas mehr zurückweicht. In Mannheim mündet von rechts der Neckar in den Rhein. Ab jetzt ist links der Pfälzer Wald, rechts der Odenwald. Auf dem 50sten Breitengrad macht der Rhein eine rechtwinklige Richtungsänderung nach West und hält diese Richtung 45 km weit bei. An der Knickstelle mündet von rechts der Main. Hier liegt Mainz/Wiesbaden. Nun ändert der Rhein neuerlich seine Richtung scharf nach NNW. Er durchbricht das Rheinische Schiefergebirge (Bingen) in einem scharfen und tiefen Einschnitt. Beiderseits sind steile Ufer mit Weinbergen. An beiden Ufern sind Uferstraßen und Eisenbahnen bis Koblenz, wo knapp vorher von rechts die Lahn und

in Koblenz selbst von links die Mosel einmündet. Zwischen Bingen und Koblenz ist links der Hunsrück und rechts der Taunus. Hinter der Moselmündung ist links (westlich) die Eifel und rechts der Westerwald. Zwischen der Ahr-Mündung von links und der Sieg-Mündung von rechts tritt der Rhein in die Niederrheinische Tiefebene ein. Das Gebiet westlich des Rheins ist nun flach, östlich des Rheins sind die Berge des Sauerlandes. Von der Ahr-Mündung bis zur holländischen Grenze (200 km) behält der Strom seine Richtung bei. Hauptorte sind Köln und Düsseldorf. Hinter Düsseldorf, wo das Sauerland endet, zweigt rechts (nach Ost) der Mittellandkanal ab, der in die Münsterländer Bucht führt.

*Der Mittellandkanal* bietet eine Schiffahrtsverbindung zwischen Rhein, Weser, Elbe und Berlin. Er besteht aus Rhein-Herne- und Dortmund-Ems-Kanal (ungefähr nordöstliche Richtung), Ems-Weser- und Weser-Elbe-Kanal (ungefähr östliche Richtung). Die Weser wird bei Minden mit einer Kanalbrücke überschritten. Im Norden des Kanals liegt die Niedersächsische Tiefebene und die Lüneburger Heide. Im Süden (östlich der Ems) der Teutoburger Wald und zu beiden Seiten der Weser das Weser-Bergland.

*Der Main* mündet bei Mainz von Osten her in den Rhein. Er kommt aus dem Fichtelgebirge und fließt in einem nördlich gekrümmten Bogen in die südlich von ihm gelegene Fränkische Alb bis Bamberg, wo von links die Regnitz einmündet. Von Bamberg aus fließt er südlich der Hass-Berge nach Westen (10 km) und macht dann im sogenannten Maindreieck eine zackige Kurve nach Süden und dann wieder nach Nordwest, an Würzburg vorbei. Anschließend macht er im sogenannten Mainviereck wieder eine eckige Kurve um den nördlich gelegenen Spessart herum und fließt dann weiter in westlicher Richtung bis zum Rhein, durch Frankfurt und südlich vom Taunus.

Die nordsüdliche Entfernung vom Main bis zur Eder beträgt rund 150 km, von der Eder bis zum Mittellandkanal rund 130 km. Die Entfernung vom Main bis zur Donau ist durchschnittlich 150 km, vom Mittellandkanal bis zur Nordseeküste ebenfalls 150 km.

*Die Weser* entsteht durch den Zusammenfluß von Fulda und Werra bei Hannoversch-Münden. Alle drei Flüsse fließen in nördlicher Richtung. Die Fulda entspringt in der Rhön, an der sie westlich vorbeifließt. Westlich von ihr ist Vogelsberg und Knüll.
Die Werra entspringt im Thüringer Wald, an dem sie westlich vorbeifließt. Zwischen Fulda und Werra liegt die Rhön und (knapp vor ihrem Zusammenfluß) der Meißner.
Die Weser fließt zwischen Teutoburger Wald (im Westen) und dem Weser-Bergland (im Osten) unter dem Mittellandkanal hindurch in die Norddeutsche Tiefebene und von dort in die Nordsee (Bremen).
Kassel liegt an der Fulda kurz vor dem Zusammenfluß.

*Seen in Deutschland* sind sowohl nördlich des Mittellandkanals, als auch südlich der Donau in größerer Menge vorhanden. Im Sauerland befinden sich viele Talsperren mit Stauseen. Um die Seen als Navigationsmerkmale benutzen zu können, muß sich der Segelflugzeugführer ihre Form einprägen. Zum Beispiel: Chiemsee (groß, an der Autobahn gelegen, Insel; nördlich davon der Kochelsee), Steinhuder Meer (groß, rund, mit Insel) usw.

### 2.2.4.3 Autobahnen, Straßen, Eisenbahnlinien

Die besten Auffanglinien sind meist die Eisenbahnen, wenn man die Orientierung verloren hat. Autobahnen sind ebenfalls gute Auffang- und Leitlinien, jedoch nur in autobahnarmen Gegenden. Wo sich die Autobahnen häufen, kann der Pilot leicht Irrtümern unterliegen. Straßen als Orientierungslinien dort, wo weder Eisenbahnlinien noch Autobahnen sind.

### 2.2.4.4 Größere Städte

Da jede größere Stadt ein besonderes Aussehen und womöglich weithin sichtbare Wahrzeichen hat, oder an einer bestimmten Stelle (Krümmung, Zusammenfluß, Autobahn- oder Eisenbahnbrücke) eines Flusses oder Stromes liegt, soll man sich diese Besonderheiten merken.

*Duisburg* erkennt man an dem großen Binnenhafen (einer der größten der Welt) und an den vielen mit „Esso" beschrifteten Tanks, sowie an den parallelen Kais.

*Köln* erkennt man schon von der Ferne an seinem Wahrzeichen, dem Kölner Dom.

*Das Ruhrgebiet* ist eine Anhäufung von 12 Großstädten und 10 Städten. Dichte Besiedlung auch zwischen den Städten. Starker Verkehr auf den Straßen, Schnellweg; Kanal mit starkem Schiffsverkehr; charakteristischer Verlauf der Ruhr. Viele Industrieanlagen, Fördertürme, Halden, Gaskessel, Industriedunst usw.

#### Markante Berggipfel

Berge sind aus der Ferne entweder an ihrer besonderen Form zu erkennen oder an einem Aussichts- oder Fernsehturm.

*Königsstuhl* bei Heidelberg ist aus der Ferne an seinem Sendeturm zu erkennen.

*Donnersberg* im Pfälzer Wald ist ebenfalls an dem großen Fernsehturm und an den vielen Relaisantennen der amerikanischen Relaisstation zu erkennen.

*Bergzüge* sind als Leit- und Auffanglinien brauchbar, wenn sie sich durch Form und Bewuchs von der näheren Umgebung unterscheiden. In Bild 84.1 sind die hauptsächlichsten Gebirgszüge von Deutschland und den angrenzenden Staaten schematisch zusammengestellt. Die Hauptgipfel dieser Gebirgszüge sind auf den Navigationskarten leicht zu finden und brauchen deshalb hier nicht besonders aufgeführt zu werden.

*Die Höhengliederung der Bundesrepublik* (Bild 84.1) ist folgende:

Im Norden das Norddeutsche Tiefland mit einer durchschnittlichen Höhe von 50 m ü. NN. Es erstreckt sich von der nördlichen Küste bis zur Linie Ruhrgebiet – Hannover-Magdeburg-Breslau-Warschau. Die nordsüdliche Ausdehnung ist im Durchschnitt 250 km bis 300 km.
Das Gebiet wird unterteilt in: Niederrheinische Tiefebene, Niedersächsisches Tiefland, Meck-

lenburgische Seenplatte (DDR), Pommersche Seenplatte (DDR) und Preußische Seenplatte (Polen).

Anschließend folgt das mitteldeutsche Mittelgebirgsland, das bis zur Linie Hunsrück-Taunus-Spessart-Rhön-Thüringer Wald (DDR)-Erzgebirge (DDR)-Riesengebirge (Polen) reicht (Mainlinie). Die Höhe beträgt 200 bis 300 m ü. NN mit Bergen bis 900 m Höhe. Die nordsüdliche Ausdehnung ist durchschnittlich 200 km.

Das süddeutsche Gebirgsviereck wird begrenzt von: Schwarzwald im Westen, Alpen im Süden, Böhmerwald im Osten und Mainlinie im Norden. Diagonal wird es von der schwäbischen und von der fränkischen Alb durchzogen.

Das Alpenvorland besteht aus der schwäbisch-bayrischen Hochebene (bis 900 m hoch).
Die deutschen Alpen im Süden steigen fast bis 3000 m an (Zugspitze 2969 m).

### 2.2.4.5 Landschaftscharakteristiken

*Norddeutsches Tiefland*

Die ostfriesische Inselkette ist der Nordseeküste vorgelagert. Zwischen den Inseln und dem Nordseestrand liegt das Wattenmeer (bei Ebbe ohne Wasser). Landeinwärts folgt die fruchtbare Marsch (vom Meer durch Deiche getrennt). Viele Einzelhöfe, schwarzfleckige Rinder. Weiter landeinwärts folgt die Geest. Sie ist höher gelegen (50 m) und trockener als die Marsch (eiszeitliches Aufschüttungsgebiet) und hügelig. Weidegebiete, Heide und viele Moore. Viele Schiffahrtskanäle (der größte ist der Mittellandkanal). In Schleswig-Holstein sind Felder und Wiesen mit Buschwällen umgrenzt, die als Windbrecher dienen und die Feuchtigkeit im Boden halten. Diese Wälle heißen „Knick".

Ferner sind hier auch viele umwaldete Seen und bewaldete Hügel.

*Teutoburger Wald.* Unmittelbar aus der Ebene aufsteigender, dichtbewaldeter Wall mit dicht nebeneinanderliegenden Kämmen. Am Fuß Weideland und Wacholder. Am südlichen Ende Hermannsdenkmal bei Detmold.

*Weser-Bergland.* Die Weser zwängt sich durch ein reichbewaldetes Tal, das sich bis zum scharfen Wasserknie bei Oynhausen erweitert. Danach breiter Durchbruch der Weser nach Norden durch das Wiehengebirge. Kaiserdenkmal am Osthang (Porta Westfalica). Nördlich davon führt der Mittellandkanal auf einer Trogbrücke über die Weser.

*Harz.* Steiler Gebirgskegel, unmittelbar aus dem Hügel aufsteigend (Brocken). Fichtenwälder, steile Schluchten und Hänge mit Kanzeln und teils überhängenden Felsen.

*Sauerland.* Parkähnliche Landschaft mit viel Wald, Viehzucht; Ausflugsbetrieb. Viele umwaldete Stauseen.

*Eifel.* Vulkaneifel mit den Maaren, von Wall oder Wald umgeben. Gut ausgebaute Ost-West-Straßen. Nördlich davon die Hocheifel (Hohe Acht); Nürburgring. Wenig Ackerbau, viel Wälder und Heide.

*Mosellandschaft.* Tief eingeschnittenes Flußtal mit vielen Windungen. Moselkanalisierung mit

*84.1 Die Oberflächengestaltung in Mitteleuropa*

vielen Staustufen; grüne Seitentäler und Schluchten. An der Sonnenseite Weinberge, an der Schattenseite Wäder. Zahlreiche Burgen.

*Schwäbische und fränkische Alb.* Hochflächen mit wenig Siedlungen; nur Zwergstädte. Weiße Feldwege (Kalk, Sandstein). Vereinzelt grauweiße Klippen und Türme.

*Alpenvorland.* Von der Donau aus flach zu den Alpen steigend; ohne Bergkuppen. Moore, Fichten- und Buchenwälder. Viel Viehwirtschaft, viele

Seen und Stauseen (Ammer-, Starnberger, Chiem-, Bodensee). Barock-Zwiebeltürme.

*Mittelrhein.* Viel Schiffahrt auf dem Strom; Westufer dicht bewaldet, Ostufer mit Weinbergen. An beiden Ufern Straßen und Eisenbahnen.

*Oberrhein.* Oberrheingraben zwischen Vogesen und Schwarzwald. Autobahn östlich, parallel zum Strom.

*2.2.4.6 Grenzen und Flugüberwachungszonen*

Siehe Abschnitt 1.7.4.14.

---

## 2.3 Flugnavigation

### 2.3.1 Kompaßlehre

*2.3.1.1 Erdmagnetismus und Ortsmißweisung*

In 2.2.3.1 wurde erläutert, wie der Kurs aus der Navigationskarte entnommen wird. Es ist der Winkel zwischen dem geographischen Ortsmeridian und der Flugrichtung. Die Kursbestimmung aus der Karte ist, wie wir gesehen haben, mit dem Kursdreieck ganz einfach. Schwieriger ist es dagegen, wenn man im Flugzeug sitzt, denn die geographischen Meridiane sind auf der Erdoberfläche nicht zu sehen, denn es sind nur gedachte Linien. *Wo ist eigentlich Norden?*

Der ungestörte Magnetkompaß zeigt leider nicht in der Richtung des geographischen Meridians

nach dem geographischen Nordpol (N), sondern (Bild 85.1) in der Richtung des *magnetischen Meridians* nach dem magnetischen Nordpol (MN). Der magnetische Pol liegt abseits des geographischen Pols, und zwar (zur Zeit) 73° nördlicher Breite und 100° westlicher Länge.

Den Winkel, um den die Kompaßnadel an einem bestimmten Ort von dem auf der Navigationskarte eingetragenen geographischen Meridian abweicht, nennt man *Ortsmißweisung (OM)*; engl.: variation (var).

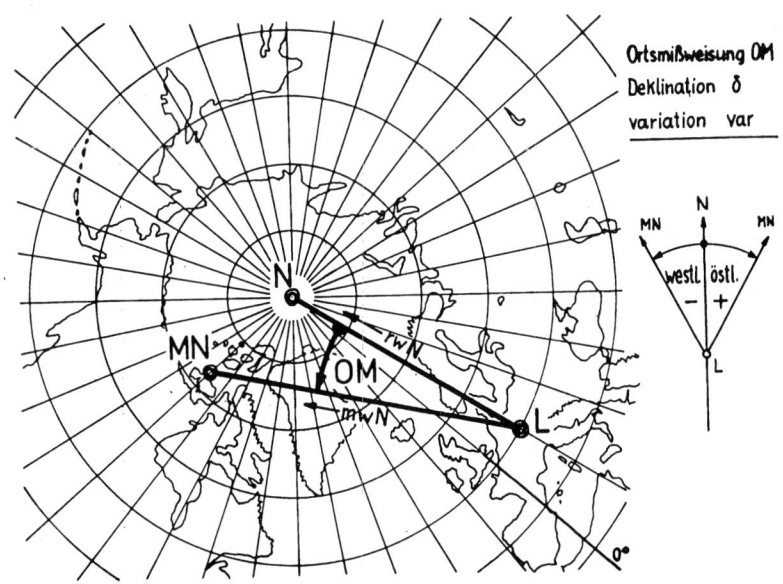

*85.1 Entstehung der Ortsmißweisung*

| Die Richtung des geographischen Meridians nach Nord heißt: | |
|---|---|
| *rechtweisend Nord = rwN*   engl.: true north (wahre Nordrichtung) | = TN |
| Die Richtung des magnetischen Meridians nach Nord heißt: | |
| *mißweisend Nord = mwN*   engl.: magnetic north | = MN |

Die Ortsmißweisung (variation) wird vom geographischen Meridian aus nach rechts (000° bis + 180°) nach links (000° bis - 180°) gemessen.

Die Abweichung nach rechts heißt östliche Ortsmißweisung ( + ) und die Abweichung nach links bis etwa Berlin heißt westliche Ortsmißweisung (-).

Verbindet man alle Orte der Erdoberfläche, die die gleiche Ortsmißweisung haben, miteinander durch Linien, dann erhält man die „Linien gleicher Ortsmißweisung" (griech.: iso = gleich, gonos = Winkel).

Die Isogonen mit 0° OM heißen „*Agonen*" (Bild 86.2)

Die Isogonen sind auf fast allen Navigationskarten eingezeichnet (Bild 86.1). Berlin hat demnach zur Zeit eine OM von ungefähr - 0° (Agono) und Köln eine OM von ungefähr - 02° (2° west). In Mittel- und Westeuropa ändert sich die OM infolge der Verschiebung des MN jährlich um + 0,07°. In 10 Jahren wird in Köln die OM nur noch ca. - 1° west betragen.

Die OM ist nur vom Standpunkt abhängig, nicht von Kurs und Beschleunigung.

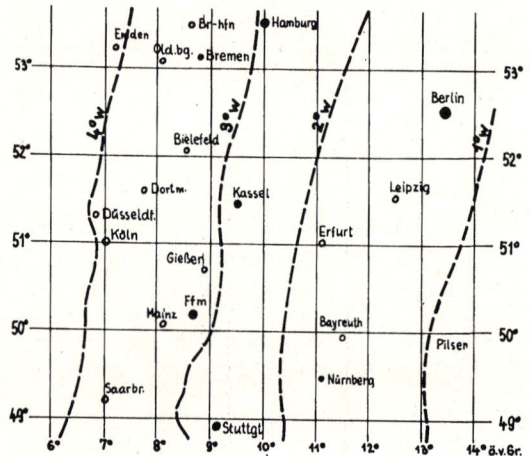

*86.1 Isogonen in Deutschland*

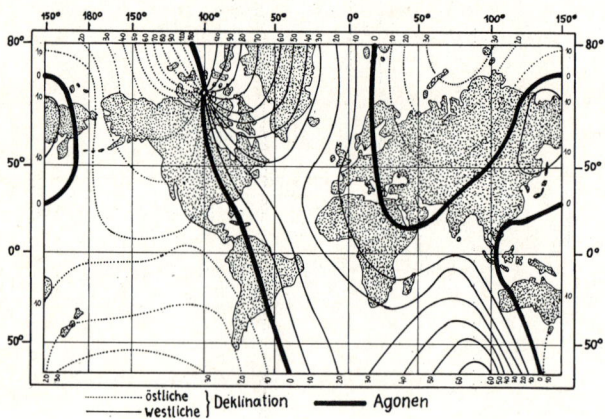

```
········· östliche }
         ──────  westliche } Deklination     ──── Agonen
```

*86.2 Die Isogonen der Erde (1950)*

### 2.3.1.2 Ablenkung im Flugzeug

Magnetisch gewordene Eisenteile oder stromdurchflossene Gleichstromleitungen können ein magnetisches Feld im Flugzeug hervorrufen, das die Kompaßanzeige verfälscht.

Ein durch den „Flugzeugmagnetismus" hervorgerufener Anzeigefehler heißt

---
Ablenkung oder „Deviation $\delta$" (Delta) oder „Dev".
---

Durch Kompensation versucht man, die Auswirkung des Flugzeugmagnetismus auszugleichen, was bis auf einen kleinen Rest gelingt. Die restliche, nicht kompensierbare Deviation ist vom jeweiligen mißweisenden Steuerkurs (mwSK, engl.: magnetic heading = MH) abhängig. Näheres über mwSK bzw. MH siehe 2.3.2.

Die Restdeviation ist in einer *Deviationstabelle* aufgezeichnet (Bild 86.3), die im Flugzeug in der Nähe des Kompasses angebracht ist. Die Devia-

tionstabelle ist *nicht* von einem auf das andere Segelflugzeug übertragbar. Die Tabelle kann auch in Form einer Kurve vorliegen. Sie gilt nur für Standorte, an denen die Horizontalintensität der des Kompensierortes entspricht, weil die Deviation bei gleichbleibendem Flugzeugmagnetismus mit kleiner werdender Horizontalintensität (siehe Abschnitt 4.3.5) rasch größer wird.

| Kurs | D | Kurs | D |
|------|-----|------|-----|
| 000 | -1 | ——— | |
| 015 | 0 | 195 | +2 |
| 030 | -1 | 210 | +3 |
| 045 | -2 | 225 | +4 |
| 060 | -3 | 240 | +3 |
| 075 | -4 | 255 | +1 |
| 090 | -5 | 270 | -1 |
| 105 | -3 | 285 | -1 |
| 120 | -2 | 300 | -1 |
| 135 | -1 | 315 | 0 |
| 150 | 0 | 330 | +1 |
| 165 | +1 | 345 | 0 |
| 180 | +1 | 360 | -1 |

*86.3 Deviationstabelle*

---
Aus der Tabelle Bild 86.3 sehen wir, daß bei einem mwSK von 090° die Deviation - 5° beträgt. Die Kompaßnadel dreht um 5° nach links und der Kompaß zeigt um 5° zu viel an. Wir müssen also von der Kompaßanzeige 5° subtrahieren, um den richtigen mwSK zu erhalten.
---

Die Richtung, die die Kompaßnadel unter Einfluß der Deviation zeigt, heißt Kompaßnord KN; engl.: compassnorth = CN.

Wir haben also *3 verschiedene Nordrichtungen* zu unterscheiden:

| | | | |
|---|---|---|---|
| Rechtweisend Nord | = rwN | engl.: True north | = TN |
| Mißweisend Nord | = mwM | engl.: Magnetic north | = MN |
| Kompaßnord | = KN | engl.: Compass north | = CN |

### 2.3.1.3 Neigungsablenkung

Ein wichtiger Kompaßfehler, dessen Richtung und Größenordnung jeder Segelflugzeugführer kennen muß, um die Kompaßanzeigen richtig deuten zu können, ist der Querneigungsfehler.
Durch die Querneigung des Flugzeuges, sowohl im Geradeausflug als auch im Kurvenflug stellt sich der Querneigungsfehler ein (Näheres siehe 4.3.5).

Die Größe des Fehlers hängt von der Größe der *Totalintensität* und vom Sinus des *Querneigungs-*

*Winkels* ab, ferner von der *Kursrichtung.* Kurz zusammengefaßt, wirkt sich die Querneigung auf die Kompaßanzeige wie folgt aus:

---

**Einfluß der Querneigung auf die Kompaßanzeige:**

Auf *Ost-* und *Westkursen* (090° und 270°) hat die Querneigung
*keinen Einfluß* auf die Kompaßanzeige.

Auf *Kursen mit Nordkomponente* (270° über 360° bis 090°) dreht die Kompaßanzeige
*entgegengesetzt zur hängenden Fläche.*

Auf *Kursen mit Südkomponente* (090° über 180° bis 270°) dreht die Kompaßanzeige
*in Richtung zur hängenden Fläche.*

---

### 2.3.2 Kursbegriffe und Kursarten

#### 2.3.2.1 Die 3 Bezugskurse

Unter der Bezeichnung „Kurs" verstehen wir, wie bereits in 2.2.3.1 erläutert wurde, den *Winkel* zwischen einer *Bezugsrichtung* (z.B. geographisch Nord) und der *Kursrichtung,* die wir angeben wollen.

Je nachdem wir uns die Bezugsrichtung wählen (geographisch Nord = rwN, mißweisend Nord = mwN oder Kompaßnord = KK), erhalten wir für ein und dieselbe Kursrichtung („K" in Bild 87.1) 3 verschiedene Winkel ( = Kurse).

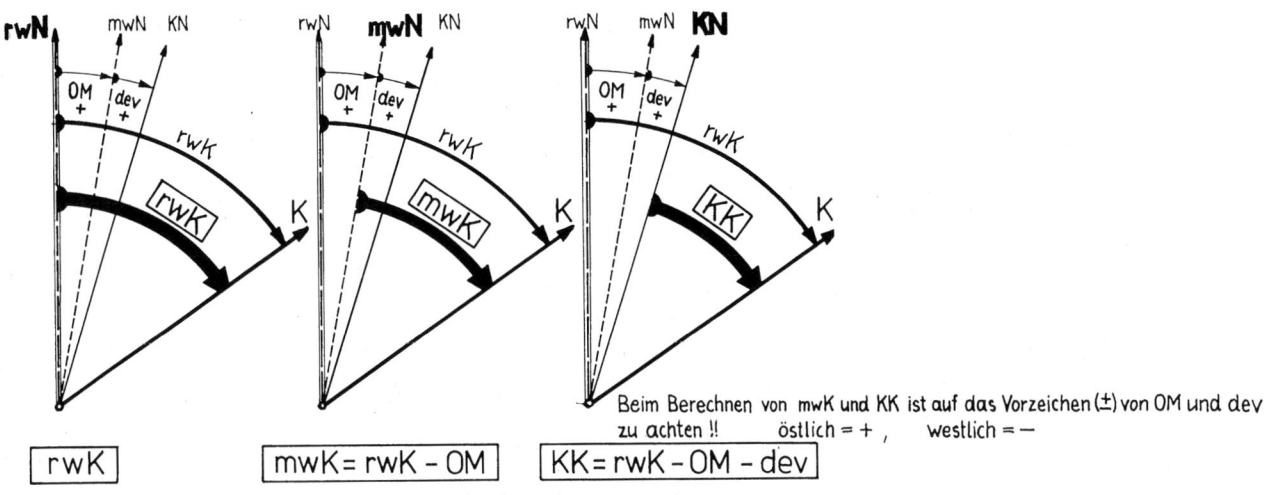

Beim Berechnen von mwK und KK ist auf das Vorzeichen (±) von OM und dev zu achten !!   östlich = + ,   westlich = −

$$\boxed{rwK} \qquad \boxed{mwK = rwK - OM} \qquad \boxed{KK = rwK - OM - dev}$$

*87.1 Die 3 Bezugskurse*

Jeder dieser Kurse hat eine andere Bezugsrichtung (deshalb „Bezugskurs").

*Kursbegriffe:*

| | | |
|---|---|---|
| Abdrift, -winkel | a (DA) | dirft angle |
| Abstand | d (D) | distance |
| Deviation | Dev (DEV) | deviation |
| Flugweg über Grund | GK (T) | track |
| Gitternord | GN (GN) | grid north |
| Kartenkurslinie | K (C) | course |
| Kompaßkurs | KK (CC) | compass course |
| Kompaß Nord | KN (CN) | compass north |
| Kompaßsteuerkurs | KSK (CH) | compass heading |
| Abdriftkorrektur | ℓ (DC) | dirft correction |
| Luvwinkel, Vorhalte- | ℓ (WCA) | wind correction angle |
| mißweisen Nord | MN (MN) | magnetic north |
| mißweisender Kurs | mwk (MC) | magnetic course |
| mißweisender Steuerkurs | mwSK (MH) | magnetic heading |
| rechtweisend Nord | N (TN) | true north |
| Ortsmißweisung | OM (VAR) | variation |
| rechtweisender Kurs | rwk (TC) | true course |
| rechtweisender Steuerkurs | rwSK (TH) | true heading |
| Steuerkurslinie (Richtung der Längsachse des Luftfahrzeuges) | SK (H) | heading |
| Internationale Standardeinheiten | SI | Standard International Unit |
| Eigengeschwindigkeit, wahre | Ve (TAS) | true airspeed |
| Eigengeschwindigkeit, angezeigte | Va (IAS) | indicated airspeed |
| Geschwindigkeit über Grund | Vg (GS) | ground speed |
| Windeinfallsswinkel | WE (RWA) | wind angle |
| Windwinkel | WW (WA) | wind angle |
| Windrichtung/-geschwindigkeit | W/V | wind/velocity |

### 2.3.2.2 Kursumrechnungen

Nachdem sich die 3 Bezugskurse nur um OM oder OM und Dev unterscheiden, kann man die Kurse leicht umrechnen.

Aus dem Bild 87.1 sind die Umrechnungen leicht zu ermitteln:

$$mwK = rwK - OM$$

$$KK = mwK - Dev = rwK - OM - Dev$$

Beim Rechnen mit Zahlen ist auf das jeweils richtige Vorzeichen ( + ,-) zu achten (OM west = minus, OM ost = plus).

Nachdem in Deutschland die OM zur Zeit immer „west" (also minus) ist, wird sie addiert, statt subtrahiert (doppelte Verneinung = Bejahung).

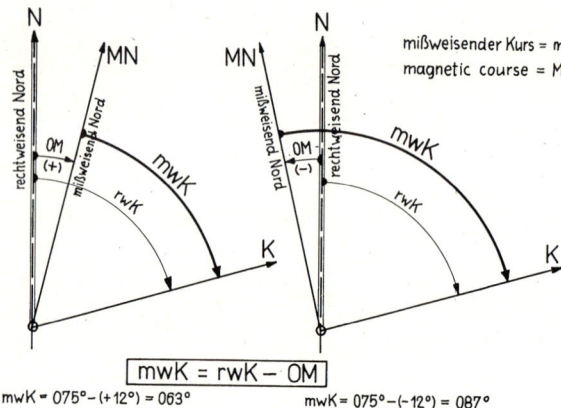

mißweisender Kurs = mwK
magnetic course = MC

$$mwK = rwK - OM$$

mwK = 075° - (+12°) = 063°    mwK = 075° - (-12°) = 087°

*88.1 Östl. OM ( + ) und westl. OM (-)*

Beispiel 1 (Bild 88.1, links)

mwK = rwK - OM
rwK = 080°, OM = 10 ost

$$
\begin{aligned}
rwK &= 080° \\
-OM &= -10° \\
\hline
mwK &= 070°
\end{aligned}
$$

Beispiel 2 (Bild 88.1), rechts)

mwK = rwK - OM
rwK = 080°, OM = 10° west

$$
\begin{aligned}
rwK &= 080° \\
-OM &= +10° \\
\hline
mwK &= 090°
\end{aligned}
$$

Bei der Berechnung des Kompaßkurses (KK) wird mit der Dev ebenso verfahren:

Um vom mwK zum KK zu gelangen, müssen wir eine negative (-) dev addieren und eine positive ( + ) dev subtrahieren.

#### Beispiele

Der Kompaß zeigt 090°, das ist der Kompaßkurs (KK).
Wir wollen wissen, wie groß der Kartenkurs (rwK) ist.

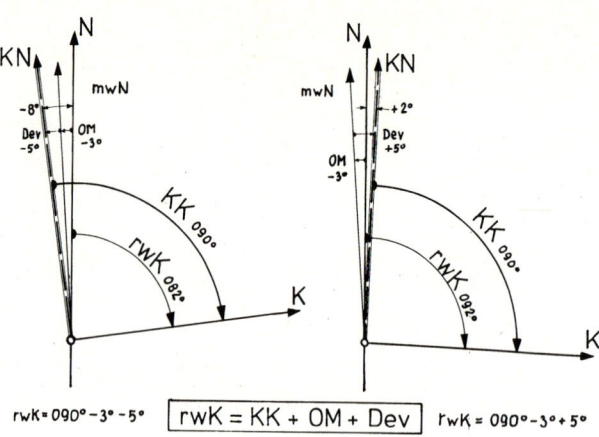

rwK = 090° - 3° - 5°    $\boxed{rwK = KK + OM + Dev}$    rwK = 090° - 3° + 5°

*88.2 + Dev und -Dev*

Beispiel 1 (Bild 88.2, links)

rwK = KK + OM + Dev
KK = 090°, OM = 3° west ( = -)
Dev = -5°

$$
\begin{aligned}
KK &= 090° \\
OM &= -3° \\
Dev &-5° \\
\hline
rwK &\ 082°
\end{aligned}
$$

Beispiel 2 (Bild 88.2, rechts)

rwK = KK + OM + Dev
KK = 090°, OM = 3° west (-)
Dev = +5°

$$
\begin{aligned}
KK &= 090° \\
OM &= -3° \\
Dev &= +5° \\
\hline
rwK &= 092°
\end{aligned}
$$

### 2.3.2.3 Die 3 Kursarten bei Windeinfluß

Der Kompaß zeigt (unter Berücksichtigung von OM und Dev bez. var und dev) die Richtung der Flugzeuglängsachse in Flugrichtung an. In dieser Richtung würde das Segelflugzeug bei Windstille von A nach B fliegen (Bild 88.3), und zwar auf der beabsichtigten Kartenkurslinie K (C). Man nennt die durch die Flugzeuglängsachse gegebene Kurslinie die *Steuerkurslinie SK* (engl.: heading H). Die Kurslinie, die das Segelflugzeug über Grund fliegt, heißt *Flugweg über Grund (GK)*, (engl.: track T).

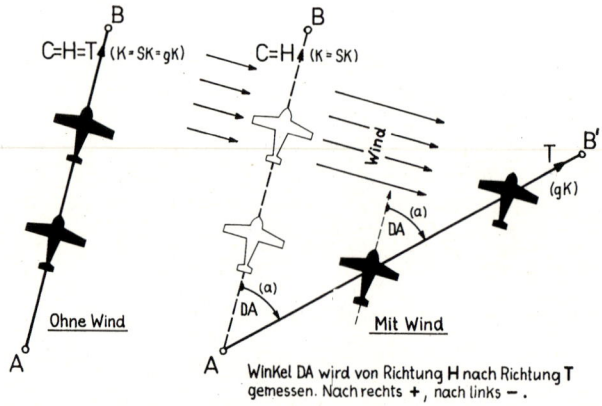

Winkel DA wird von Richtung H nach Richtung T gemessen. Nach rechts + , nach links - .

*88.3 Der Abdriftwinkel a (DA)*

Bei Windstille ist demnach:

K = SK = GK (engl.: C = H = T)

Wenn sich die Luftmasse, wie im vorigen Bild dargestellt, ihrerseits bewegt (Wind), dann wird das Segelflugzeug gegenüber dem Erdboden von der Steuerkurslinie (SK,H) abgetrieben und bewegt sich über Grund auf einem unterschiedlichen Flugweg, dem Flugweg über Grund (GK,T), in diesem Fall nach rechts. Das Segelflugzeug bewegt sich von A nach B', statt von A nach B.

Der Winkel, den der Flugweg über Grund (GK,T) mit der Steuerkurslinie SK (H) einschließt, heißt Abdrift a (engl.: driftangle DA).

*Wichtig:* Die Abdrift a (DA) wird von der Steuerkurslinie SK (H) aus gemessen und nach rechts positiv (+), nach links negativ (-) von 0° bis 180°.

Vergleich der deutschen und englischen Ausdrücke:

| (Karten-)Kurslinie | K | = course | C |
|---|---|---|---|
| Steuerkurslinie | SK | = heading | H |
| Flugweg über Grund | GK | = track | T |
| Abdrift | a | = drift angle | DA |

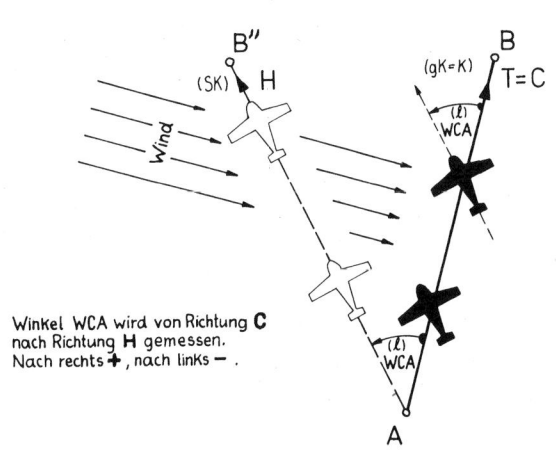

Winkel WCA wird von Richtung **C** nach Richtung **H** gemessen. Nach rechts **+**, nach links **—**.

*89.1 Der Luvwinkel 1 (WCA)*

Will man bei Wind auf der beabsichtigten Kurslinie K über Grund fliegen, so daß GK = K (T = C) ist (Bild 89.1), dann muß das Segelflugzeug entsprechend der Windrichtung und der Windstärke gegen den Wind gesteuert werden.

Der Winkel zwischen der gewünschten Kurslinie K (C) und der benötigten Längsachsenrichtung SK (H) heißt Vorhaltewinkel oder Luvwinkel $\ell$ (Luv = Seite, von der der Wind kommt; Lee = Seite, nach der der Wind hinweht). Englisch heißt der Vorhaltewinkel: wind correction angle WCA.

*Wichtig:* Der Luvwinkel wird von der Kurslinie K aus gemessen. Nach rechts positiv (+), nach links negativ (-) von 0° bis 180°.

Vergleich der deutschen und englischen Ausdrücke:

| Abdrift | a | = drift angle | DA |
|---|---|---|---|
| Luv-(Vorhalte-)winkel $\ell$ | | = wind correction angle | WCA |

Der Vorhaltewinkel und die Abdrift sind nicht gleich groß! (Bild Seite 95 rechts unten).

### 2.3.2.4 Die Kursbezeichnungen

| rechtweisender (Karten)Kurs | rwK | = true course | TC |
|---|---|---|---|
| rechtweisender Steuerkurs | rwSK | = true heading | TH |
| Flugweg über Grund | GK | = Track | T |
| mißweisender Kurs | mwK | = magnetic course | MC |
| mißweisender Steuerkurs | mwSK | = magnetic heading | MH |
| mißweisender Grundkurs | mwgK | = magnetic track | MT |
| Kompaßkurs | KK | = compass course | CC |
| Kompaßsteuerkurs | KSK | = compass heading | CH |
| Kompaßgrundkurs | KgK | = compass track | CT |

### 2.3.2.5 Das Winddreieck

Der Weg über Grund setzt sich zusammen aus dem Weg des Segelflugzeugs in der umgebenden Luft und aus dem Wind (Weg der umgebenden Luft), also aus der Summe von zwei Vektoren, dem Steuerkursvektor und dem Windvektor.

Ein Vektor benötigt immer 2 Angaben: *Die Größe und die Richtung.* Das Addieren von Vektoren, die in einer Ebene liegen, erfolgt am leichtesten grafisch (zeichnerisch).

Das Winddreieck besteht aus 3 Vektoren (Bild 90.1).

*Begriffe und Symbole am Winddreieck (Bild 90.1)*

Das Winddreieck besteht aus 3 Vektoren, von denen jeder *eine Größe* (Geschwindigkeit als Länge dargestellt) *und eine Richtung* hat:

a) Steuerkursvektor:

Richtung = Flugzeuglängsachse in Flugrichtung rwSK

Größe = Eigengeschwindigkeit $V_e$

b) Windvektor:

Richtung = Richtung, *in die* der Wind bläst W

Größe = Windgeschwindigkeit $V_w$

c) Grundvektor:

Richtung = Flugweg über Grund (GK)

Größe = Grundgeschwindigkeit $v_g$

*englisch:*

a) air vector :
   direction = longitudinal axis in flight
   direction TH
   size = true airspedd TAS

b) wind vector :
   direction = wind direction WD
   size = wind speed WS

c) ground vector :
   direction = track T
   size = ground speed GS

---

Es sind also insgesamt 6 Bestimmungsstük-ke. Sind 4 davon bekannt, davon wenig-stens 1 Länge, dann können die restlichen mit Hilfe des Winddreiecks bestimmt wer-den.

---

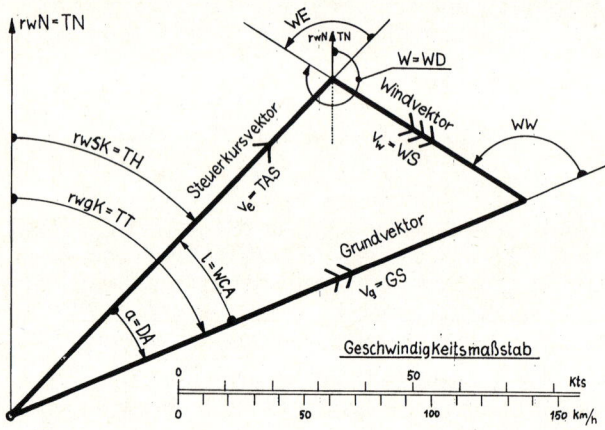

*90.1 Die Bezeichnungen und Symbole am Wind-dreieck*

Zum Windvektor ist zu sagen, daß beide Bestim-mungsstücke (Richtung und Geschwindigkeit) die gemeinsame Bezeichnung „Wind" tragen. Englisch heißt die gemeinsame Bezeichnung „wind velocity".

Alle Richtungen im Winddreieck sind *immer auf rechtweisend Nord (TN) bezogen*. Sollten die Richtungen mißweisend oder kompaßbezogen vorliegen, dann ist vor dem Zeichnen des Wind-dreiecks auf rechtweisend *umzurechnen*.

Für die Darstellung der Geschwindigkeiten ist ein *Geschwindigkeitsmaßstab festzulegen*, der für alle Vektoren der gleiche sein muß. Bild 90.1.

---

*Die Vektoren werden wie folgt gekennzeichnet:*

Steuerkursvektor 1 Pfeil ——>——

Windvektor 3 Pfeile ——>>>——

Grundvektor 2 Pfeile ——>>——

---

Windbezeichnung: 135°/16 =
Richtung, a u s der der Wind kommt
Geschwindigkeit in Knoten

---

*Winkel am Winddreieck (Bild 90.1)*

a) *Windwinkel WW (wind angle WA)*

   Winkel zwischen der Richtung des Grundvek-tors und der Richtung *aus der der Wind kommt*. Er wird *vom Grundvektor aus* nach rechts positiv (+) gemessen von 0° bis + 180°, nach links negativ (–) von 0° bis –180°.

b) *Windeinfallwinkel WE (relative wind angle RWA)*
   Winkel zwischen der Richtung des Steuer-kursvektors und der Richtung *aus der der Wind kommt*. Er wird *vom Steuerkursvektor aus* nach rechts positiv (+) gemessen von 0° bis + 180°, nach links negativ (–) von 0° bis – 180°.

c) *Abdrift a (drift angle DA)*
   Richtung zwischen der Richtung des Steuer-kursvektors und der Richtung des Grundvek-tors. Er wird *vom Steuerkursvektor aus* nach rechts positiv (+) gemessen, von 0° bis + 180°, nach links negativ (–) von 0° bis –180°.

d) *Luvwinkel oder Vorhalte-Winkel (wind correc-tion angle WCA oder driftcorrection DC)*

   Winkel zwischen dem Kartenkurs (gewollter Grundvektor) und dem Steuerkursvektor.

   Er wird *vom Kartenkursvektor aus* nach rechts positiv (+) von 0° bis + 180° gemes-sen, nach links negativ (–) von 0° bis –180°. Praktisch kommen so große Vorhaltewinkel nicht vor.

---

*Zwischen den Winkeln des Winddreiecks beste-hen folgende Beziehungen:*

WW = WE + ℓ    englisch: WA = RWA + WCA
WE = WW + a    englisch: RWA = WA + DA

---

*Der Wind nach Richtung und Stärke*

*Wichtig zu merken* und bei der Konstruktion von Winddreiecken zu beachten ist, daß folgende Ge-pflogenheiten bestehen:

| Bodenwind (Flugplatz) | Höhenwind (Flugplanung, Koppeln) |
|---|---|
| Windrichtung: *mißweisend (MN)*<br>Geschwindigkeit: *in Knoten (kt)* | Windrichtung: *rechtweisend (TN)*<br>Geschwindigkeit: *in Knoten (kt)* |

### 2.3.2.6 Mittlere Reisegeschwindigkeit

In den Beispielen zur Anwendung des Winddreiecks (2.3.2.5) wird die Eigengeschwindigkeit $v_e$ (TAS) als gegeben betrachtet. Im Gegensatz zum Motorsegler, bei dem die Eigengeschwindigkeit in bestimmten Grenzen frei gewählt werden kann, kann der Segelflieger keinen bestimmten Wert einsetzen. Er kann nur, entsprechend den Angaben der Wetterberatung, das zu erwartende „mittlere Steigen" abschätzen und dann mit der Geschwindigkeitspolaren (Abschn. 4.1.1) *die mittlere Reisegeschwindigkeit* ermitteln, die in die Rechnungen als Eigengeschwindigkeit $v_e$ (TAS) eingesetzt werden kann.

### Das mittlere Steigen

Das mittlere Steigen ist ein Maß für die Thermik. Bei einer das Segelflugzeug umgebenden bewegten Luft (Wind) gibt es eine horizontale und eine vertikale Komponente der Luftbewegung und beide Bewegungen müssen vom Segelflugzeug mitgemacht werden.

das gezeichnete Abwindgebiet, dann addiert sich die Abwärtsgeschwindigkeit ( = negative Steiggeschwindigkeit) der Luft zur Sinkgeschwindigkeit $v_p$ des Segelflugzeuges, und das Segelflugzeug sinkt schneller als in der ruhenden Luft. Anschließend gleitet das Segelflugzeug wieder in ruhender Luft und erreicht jetzt die Erdoberfläche im Punkt C.

Soll das Segelflugzeug über dem Fixpunkt F abfliegen und bei ruhender Luft im Punkt C den Erdboden erreichen, dann darf es nicht im Punkt A beginnen, sondern im höher gelegenen Punkt $A_1$. Dieser Höhengewinn durch die zwischenliegenden Aufwinde erfolgt innerhalb der *Gesamtflugzeit* von F nach C. Die *Durchschnittsgeschwindigkeit* beim Ansteigen von A nach $A_1$ (Steighöhe h) nennt man *"das mittlere Steien $v_{st}$*

$$v_{st} = \frac{\text{Steighöhe hm/s}}{\text{Gesamtflugzeit t}}$$

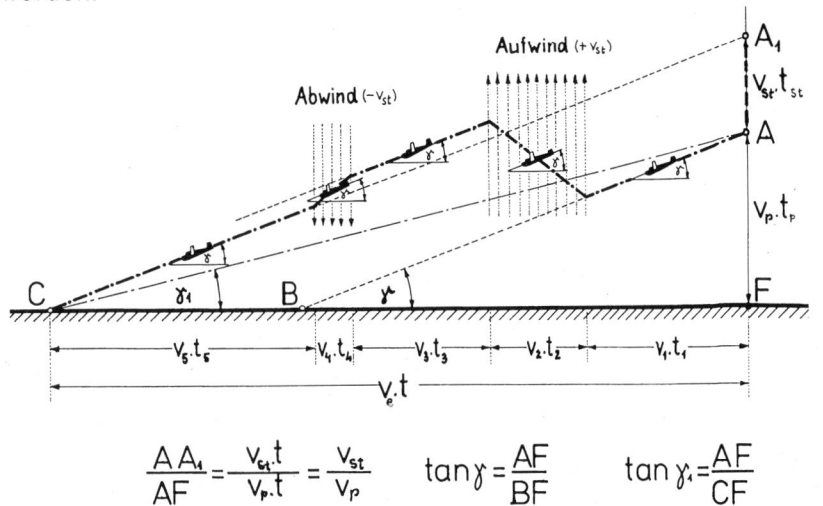

$$\frac{A A_1}{AF} = \frac{v_{st} \cdot t}{v_p \cdot t} = \frac{v_{st}}{v_p} \qquad \tan\gamma = \frac{AF}{BF} \qquad \tan\gamma_1 = \frac{AF}{CF}$$

*91.1 Gleitflug in senkrecht bewegter Luft*

Wie sich die horizontale Komponente $v_w$ (WS) auf die Reisegeschwindigkeit (Grundgeschwindigkeit $v_g$ = GS) auswirkt, wurde in 2.3.2.2 bereits behandelt.

Die Größe dieser Auswirkung wird mit dem Winddreieck zahlenmäßig ermittelt (2.3.2.5).
Die vertikale Komponente (Auf- oder Abwind) wird zu Sinkgeschwindigkeit $v_p$ des Segelflugzeuges gegenüber der ruhenden Luft addiert (Abwind) oder subtrahiert (Aufwind), um die jeweils wahre Vertikalgeschwindigkeit des Segelflugzeuges gegenüber der Erde zu erhalten.
(Siehe auch Abschn. 4.3.3 „Nettovariometer").

Im Bild 91.1 sind die Verhältnisse schematisch dargestellt. Gleitet das Segelflugzeug bei absoluter Windstille vom Punkt A mit dem Gleitwinkel $\gamma$ nach unten, dann erreicht es die (horizontal gedachte) Erdoberfläche im Punkt B.
Durch fliegt das Segelflugzeug unterwegs den im Bild angedeuteten Aufwind, der dem Sinken entgegenwirkt und ist dessen Aufwärtsgeschwindigkeit größer als die Sinkgeschwindigkeit des Segelflugzeuges, dann steigt das Segelflugzeug in diesem Aufwind relativ zur Erdoberfläche.
Durchfliegt das gleitende Segelflugzeug anschließend nach einem Flug durch ruhende Luft

Das Messen der Zeit t beginnt in dem Augenblick, in dem man keine Höhe mehr zur Streckengewinnung abfliegt, und endet, wenn man wieder auf Kurs geht. Auch das Aufsuchen und Zentrieren eines zwischenliegenden Aufwindschlauches, sowie der eventuell damit verbundene Höhenverlust fallen mit in die Zeit t. Am Beispiel des obigen Bildes von Bild 91.1 ist das die Summe der Zeiten für das echte Gleiten ($t_1 + t_3 + t_5$) plus der Zeit für das Zentrieren ($t_2$) plus der Zeit $t_x$ für ein eventuelles Thermiksuchen plus Zeit $t_4$ für das Sinken im Abwind. Beträgt die mittlere Variometeranzeige im Bart z.B. 3 m/s, dann kann es sein, daß das wirkliche mittlere Steigen nur 2 m/s beträgt.

Zum Ausrechnen des mittleren Steigens kann entweder ein umseitig dargestelltes Diagramm oder ein darunter abgebildeter Thermikrechner verwendet werden.
Im Diagramm sucht man unten die gestoppte Zeit t für das Suchen + Steigen. Von hier geht man senkrecht nach oben bis zu der horizontalen Linie, die dem am Höhenmesser abgelesenen Höhengewinn entspricht. Vom Schnittpunkt geht man schräg nach rechts oben, wo am Rand des Diagrammes der Wert für das mittlere Steigen in m/s abgelesen werden kann.

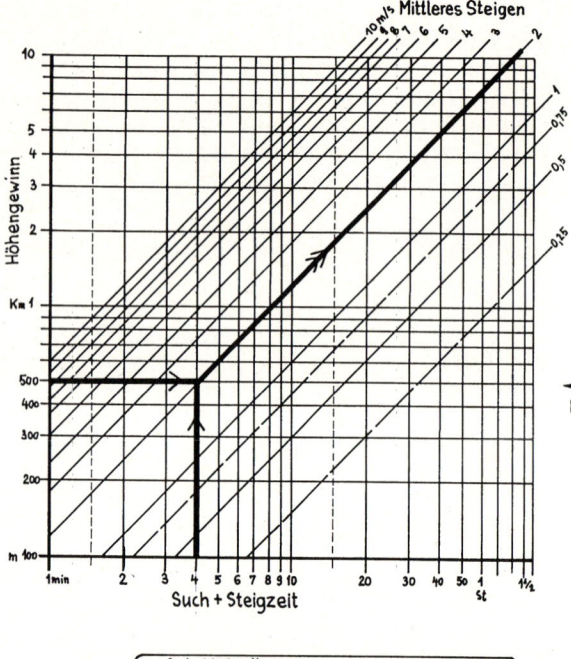

**92.1 Bestimmung des mittleren Steigens**

Konstruktiver ist der darunter abgebildete, von der Entwicklungsgesellschaft Sport- und Segelflug entwickelte Spezialrechenschieber.

Wenn der Gleitflug abgebrochen ist und das Steigen beginnt, drückt man die Stoppuhr und markiert am Höhenmesser die Höhe. Bei Verlassen des Bartes stellt man den Wert des Höhengewinnes unter den Wert für Such- und Steigzeit und kann über dem breiten Pfeil das mittlere Steigen ablesen. (Siehe auch „McCready-Ring" und „Holtkamp-NAV-Schieber").

*Bordcomputer*
Die elektronischen Endanflugrechner (u. a. mit Variometer/Distanzrechner usw.), werden im Anhang erläutert.

*Die mittlere Reisegeschwindigkeit*

Die durchschnittliche Reisegeschwindigkeit hängt bei Windstille vom mittleren Steigen im Aufwind ab. In starker Thermik läßt sich die Durchschnittsgeschwindigkeit steigern, wenn das Segelflugzeug zwischen den Bärten mit einer größeren Geschwindigkeit als der für das beste Gleiten geflogen wird. Die Größe dieser Geschwindigkeit hängt von der Stärke des nächsten angeflogenen Aufwindes ab. Die *voraussichtliche durchschnittliche Reisegeschwindigkeit bei Windstille* (Bild 92.2 ) erhält man im Schnittpunkt zwischen Tangente von der jeweiligen Steiggeschwindigkeit an die Geschwindigkeitspolare und der waagerechten Geschwindigkeitsachse der Polaren.
Dies gilt, wenn zwischen den Aufwinden keine Abwinde sind.

In Bild 92.3 sind die mittleren Reisegeschwindigkeiten für das mittlere Steigen der in Bild 92.1 gezeichneten Polaren gegenübergestellt.

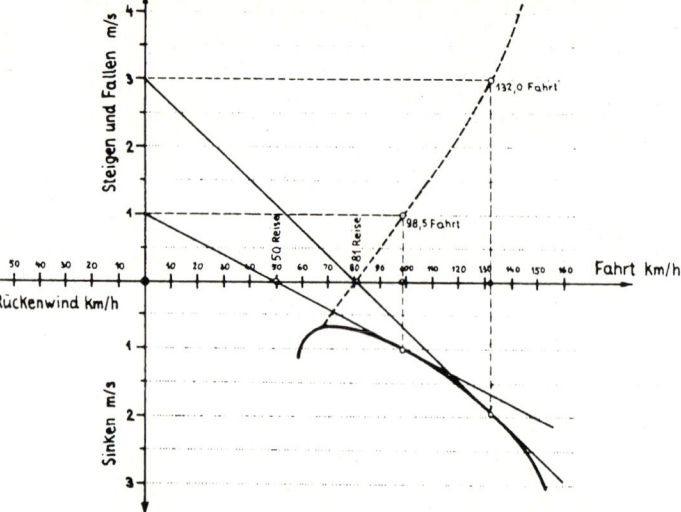

**92.2 Reisegeschwindigkeit aus den Polaren**

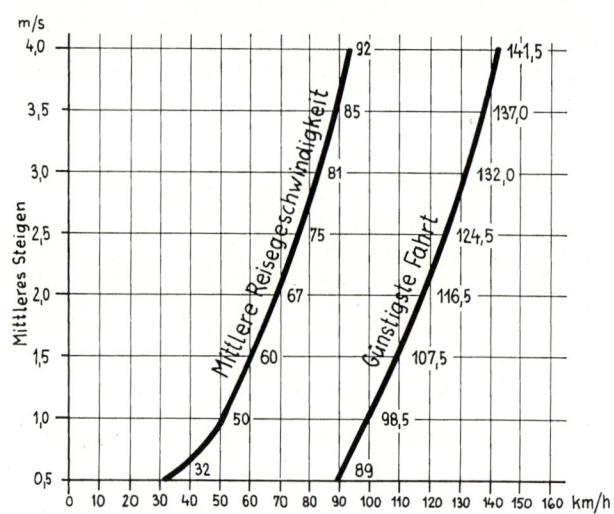

**92.3 Steigen, Fahrt und Reise**

Die mittlere Reisegeschwindigkeit wird bei größerem Steigen im Verhältnis zur günstigsten Fahrt besser. Bei 0,5 m/s mittlerem Steigen beträgt die mittlere Reisegeschwindigkeit ungefähr $1/3$ der günstigsten Fahrt, bei einem Steigen von 2 m/s schon $1/2$, und bei einem Steigen von 4 m/s sogar $2/3$ der günstigsten Fahrt.
Diese Angaben beziehen sich auf den (fast nie vorkommenden) Fall, daß keine horizontale Luftbewegung vorhanden ist.
Um die tatsächliche Reisegeschwindigkeit zu erhalten, muß mit dem Winddreieck der nötige Vorhaltewinkel und der Steuerkurs und vor allem die Geschwindigkeit über Grund ($v_g$) ermittelt werden.

*Als Eigengeschwindigkeit $v_e$ wird die mittlere Reisegeschwindigkeit ($V_{rm}$) für die geplante Strecke eingesetzt.*

*2.3.2.7 Anwendung des Winddreiecks zur Lösung der navigatorischen Grundaufgaben*

A) *Allgemeine Vorbemerkungen*

Eine der wichtigsten Aufgaben der Navigation ist die Berechnung des Windeinflusses auf den tatsächlichen Flugweg über Grund (Grundkurs GK = track T).

Alle Richtungen, die beim Zeichnen des Winddreiecks verwendet werden, sind *rechtweisende Richtungen* (true directions = TD), werden also auf den geographischen Meridian bezogen (rwN, TN). Sollten in der Aufgabe verschiedene Richtungen (Wind, Kurse) mißweisend oder kompaßbezogen angegeben sein (mwK, mwSK, KSK; MC, MH, CH), dann müssen sie *vor der Lösung* zuerst in rechtweisende Richtungen umgerechnet werden (2.3.2.1). In solchen Fällen muß bei der Aufgabenstellung auch OM (var) und Dev (dev) angegeben oder ermittelbar sein.

Windrichtungen werden grundsätzlich von den zuständigen Wetterwarten rechtweisend für Start und Landung an Flugplätzen mißweisend angegeben.

Bei Geschwindigkeitsangaben ist darauf zu achten, daß in der Dreieckszeichnung nur gleiche Maßeinheiten verwendet werden (Geschwindigkeitsmaßstab!). Ist z. B. die wahre Eigengeschwindigkeit (v, TAS) des Segelflugzeuges in km/h und die Windgeschwindigkeit (v ,WS) in kt gegeben. Die Werte sind in jedem Fall gleichnamig zu verwenden.

Meist wird das *„Stundendreieck"* gezeichnet, d.h., die Seitenlängen des Dreiecks entsprechen dem Weg, den das Segelflugzeug oder der Wind in 1 Stunde zurücklegt. Wird das Winddreieck direkt auf der Navigationskarte gezeichnet, dann wählt man den Kartenmaßstab auch gleich als Geschwindigkeitsmaßstab.

B) *Grundaufgabe I (Bild rechts)*

Bestimmung des Vorhaltewinkels (I, WCA), des Kompaßsteuerkurses (KSK, CH) und der Grundgeschwindigkeit ($v_g$, GS).

Diese Aufgabe liegt jedesmal vor, wenn vor Antritt eines Fluges auf bekanntem Kurs und mit bekanntem Wind die Richtung der Flugzeuglängsachse (SK, heading) bestimmt werden muß.

| Gegeben: | | | | |
|---|---|---|---|---|
| Eigengeschwindigkeit | $v_e$ | (TAS) | = | 80 km/h |
| Gewünschter Kurs | rwK | (TC) | = | 045° |
| Windrichtung | W | (WD) | = | 120° |
| Windgeschwindigkeit | $V_w$ | (WS) | = | 11 kt ( = 20 km/h) |
| Ortsmißweisung | OM | (var) | = | 4° (west) |
| Ablenkung | Dev | (dev) | = | + 2° |
| Gesucht: | | | | |
| Vorhaltewinkel | I | (WCA) | = | ? |
| Kompaßsteuerkurs | KSK | (CH) | = | ? |
| Grundgeschwindigkeit | $v_g$ | (GS) | = | ? |

*Achtung:* Nachdem die Eigengeschwindigkeit in km/h angegeben ist, wurde die Windgeschwindigkeit (11 kt) auch in km/h umgerechnet.

*Lösung:*
1) Festlegen des Geschwindigkeitsmaßstabes.
2) Zeichnen der Bezugslinie rwN (Meridian).
3) Fixpunkt „A" auf dem Meridian festlegen.
4) *Richtung* der Windgeraden (durch Punkt A) einzeichnen (120°) = W (WD).

5) *Windgeschwindigkeit* W/V (WS) im Geschwindigkeitsmaßstab in *Windrichtung* antragen (Wind kommt *aus* 120°, Versetzung nach links). Den Windvektor mit drei Pfeilen als solchen kennzeichnen.
Wir erhalten den Punkt B. Es ist der *Windpunkt* (wind position), an dem sich das Segelflugzeug nach einer Stunde befinden würde, wenn es keine Eigengeschwindigkeit hätte und, wie ein Luftballon, nur vom Wind versetzt worden wäre.

6) Vom Punkt A aus die *Richtung* des Kartenkurses rwK (TC) mit 045° einzeichnen und mit zwei Pfeilen als Grundvektor kennzeichnen.

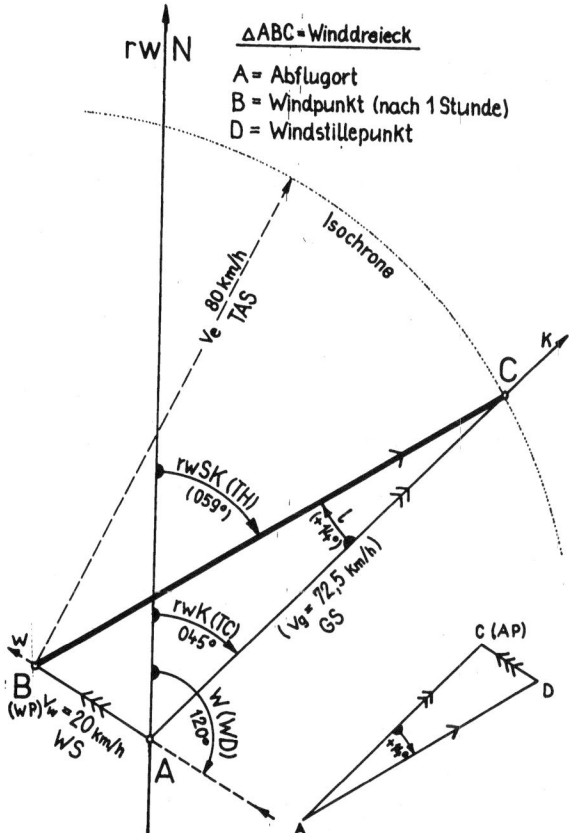

93.1 *Bestimmung des Vorhaltewinkels, des rechtweisenden Steuerkurses und der Grundgeschwindigkeit*

7) Würde das Segelflugzeug vom Windpunkt B aus in unbekannter Richtung 1 Stunde lang mit der Eigengeschwindigkeit $v_e$ (TAS) ohne Windeinfluß fliegen, dann würde es sich irgendwo auf einem Kreis mit dem Mittelpunkt B und dem Radius $v_e$ befinden.
Dieser Kreis heißt „Isochrone" (griech.: iso = gleich, chronos = Zeit).

Nach einer Stunde muß sich das Segelflugzeug auf diesem Kreis befinden und gleichzeitig auf

dem Flugweg über Grund (GK).
Der Schnittpunkt zwischen Isochrone und Grundkurslinie K ist der Punkt C.
Es ist der Standort des Segelflugzeuges nach einer Stunde Flugzeit.

Die Strecke B-C gibt uns die Richtung rwSK, in der das Segelflugzeug gesteuert werden muß. Dieser Steuerkursvektor wird mit einem Pfeil gekennzeichnet und das Winddreieck ist fertig.

Wir können alle gesuchten Werte ablesen (abmessen).

| Vorhaltewinkel | $\ell$ | (WCA) | = + 14° (nach rechts, geg. d. Wind) |
|---|---|---|---|
| Rechtw. Steuerkurs | rwSK | (TH) | = 059° |
| Grundgeschwindigkeit | $v_g$ | (GS) | = 72,5 km/h |

(Merke:  Wind von links = Luvwinkel minus
Wind von rechts = Luvwinkel plus)

Da nach dem Kompaßsteuerkurs KSK (CH) gefragt ist, müssen wir noch die Ortsmißweisung und Devation berücksichtigen (2.3.2.1).

| rwSK | (TH) | 059° | |
|---|---|---|---|
| OM | (var) | 4° | westlich, also addieren (+) |
| mwSK | (MH) | 063° | |
| Dev | (dev) | +2° | östlich, also subtrahieren (-) |
| KSK | (CH) | 061° | |

C) *Grundaufgabe II (Bild unten)*

Bestimmung des Windes nach Richtung und Stärke (W und $v_w$ = WD und WS).

Diese Aufgabe liegt vor, wenn nach einer bestimmten Flugzeit das Segelflugzeug nicht in der erwarteten und vorherberechneten Position ist und die richtige Windrichtung und -geschwindigkeit ermittelt werden muß.

| *Gegeben:* Eigengeschwindigkeit | $v_e$ | (TAS) | = | 80 km/h | (lt. Fahrtenmesser) |
|---|---|---|---|---|---|
| rechtw. Steuerkurs | rwSK | (TH) | = | 068° | (lt. Kompaß und OM) |
| Flugweg über | GK | (T) | = | 042° | (aus der Karte) |
| Entfernung A-C | | | | | (aus der Karte) |

*Gesucht:* tatsächliche Windrichtung (W, WD) und Windgeschwindigkeit W/V

Lösung:
1) Festlegen des Geschwindigkeitsmaßstabes.
2) Zeichnen der Bezugslinie rwN (Meridian).
3) Fixpunkt „A" auf dem Meridian festlegen.
4) Geflogene Grundkurslinie (aus der Karte) einzeichnen (gK, TT, 042°) und Flugzeit in Stunden von A nach dem auf der Karte erkannten Fix C festhalten. Punkt C einzeichnen.
5) Vom Abflugpunkt A die Steuerkurslinie (068°) einzeichnen. ⓐ
6) Eintragen des Windstillepunktes B. Die Entfernung von A nach B ist $v_e$ mal Flugzeit, wie sie in Punkt 4 ermittelt wurde.
Der *Windstillepunkt (air position AP)* ist der Punkt, an dem sich das Segelflugzeug befände, wenn Windstille herrschte (siehe Nebenskizze in Bild 93.1 und 95.1).
7) Verbindungslinie B nach C einzeichnen (Windrichtung W, WD).
8) Punkt $B_1$ einzeichnen. $B_1$ ist der Windstillepunkt für eine Stunde Flugzeit (80 km).

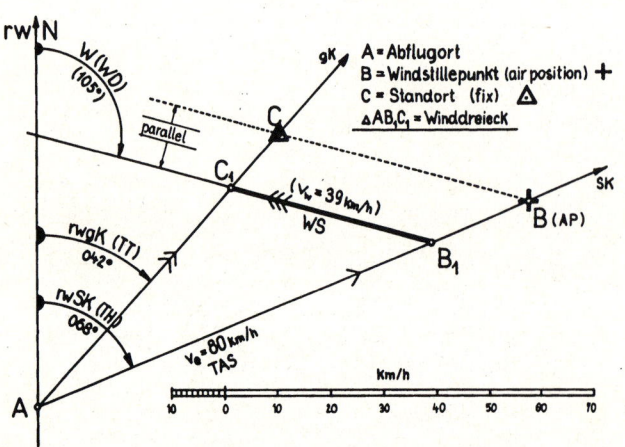

*94.1 Bestimmung des Windes*

9) Parallel zu B-C den Windvektor $B_1$-$C_1$ einzeichnen. Das Winddreieck A-$B_1$-$C_1$ ist fertig, man kann jetzt ablesen (abmessen):

| | | | | | |
|---|---|---|---|---|---|
| _Wind = 105°/21_ | Windrichtung | W | (WD) | = | 105° |
| | Windgeschwindigkeit | $v_w$ | (WS) | = | 39 km/h (= 21 kt) |

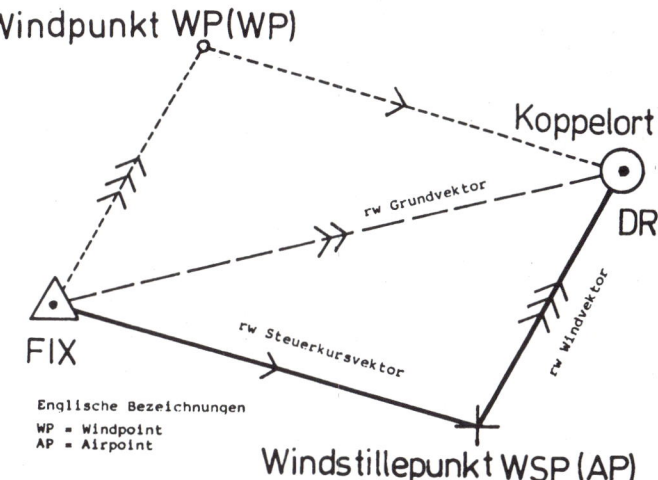

Windpunkt WP (WP)

Koppelort

DR

rw Grundvektor

rw Steuerkursvektor

rw Windvektor

FIX

Englische Bezeichnungen
WP = Windpoint
AP = Airpoint

Windstillepunkt WSP (AP)

_95.1 Windstille- und Windpunkt_

D) _Vergleich zwischen erlittener Abdrift und erforderlichem Vorhaltewinkel_

Hat ein Segelflugzeug eine Abdrift a (DA) bekommen und man will diese Abdrift durch einen Vorhaltewinkel $\ell$ (WCA) in glei- cher Größe ausgleichen, dann entsteht ein _Steuerkursfehler_.

In der Regel ist _der Abdriftwinkel kleiner als der erforder- liche Vorhaltewinkel._
In Bild 95.2 wird diese Tatsache anschaulich gemacht. Man sieht auf den ersten Blick, daß die Seitenwindkompo- nente bei Verwendung des Vorhaltewinkels $\ell$ (oberes Dreieck) größer ist als beim Flug ohne Vorhaltewinkel (unteres Dreieck). Deshalb muß der Luvwinkel größer sein als der Abdriftwinkel.
Da der entstandene Steuerkursfehler kleiner als 1° oder 2° ist, wird er in der Praxis meist nicht beachtet.

Das Segelflugzeug befände sich im:

_WP = Windpunkt_

wenn es ohne Eigengeschwindigkeit (z. B. wie ein Ballon), nur vom Wind bewegt, geflo- gen wäre.

_AP = Windstillepunkt,_
(airposition),

wenn es ohne Windeinfluß (bei Windstille) geflogen wäre.

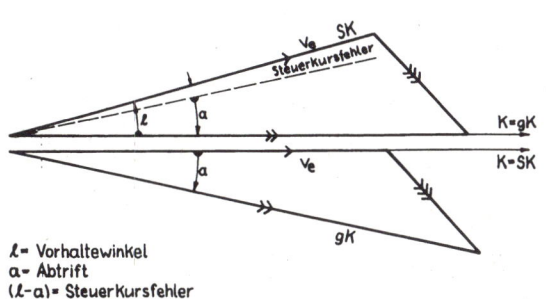

$\ell$ = Vorhaltewinkel
$\alpha$ = Abtrift
($\ell$-$\alpha$) = Steuerkursfehler

_95.2 Vorhaltewinkel ist größer als der Abdrift-
winkel_

### 2.3.3 Navigationsrechner

Da das Zeichnen des Winddreiecks nicht jeder- manns Sache ist, kann man sich einer Kursre- chentafel oder eines Navigationsrechners bedie- nen. Diese Geräte sind einfach zu handhaben und erleichtern die Arbeit.

_2.3.3.1 Kursrechentafel von Heinz Huth_

Die Rechentafel ist anhand von Bild 96.1 leicht zu verstehen.

_Bekannt sei:_

| | | | | |
|---|---|---|---|---|
| mittlere Reisegeschwindigkeit | $v_e$ | (TAS) | = | 80 km/h |
| rechtweisender Kartenkurs | rwK | (TC) | = | 120° |
| Windrichtung | W | (WD) | = | 195° |
| Windgeschwindigkeit | $V_w$ | (WS) | = | 22 NM (ca. 40 km/h) |

_Gesucht ist:_

| | | | | |
|---|---|---|---|---|
| rechtweisender Steuerkurs | rwSK | (TH) | = | ? |
| Vorhaltewinkel | $\ell$ | (WCA) | = | ? |
| Grundgeschwindigkeit | $v_g$ | (GS) | = | ? |

_Wir rechnen zuerst im Kopf:_

Windrichtung minus rechtweisender Kartenkurs und erhalten den Windwinkel WW mit Vorzei- chen.

195° - 120° = + 75° WW (+ heißt, Wind kommt von rechts)

Ist das Ergebnis größer als 180°, dann subtrahie- ren wir 360°, ist das Ergebnis größer als -180°, dann addieren wir 360°. Wir erhalten den WW mit dem richtigen Vorzeichen.

In der Kursrechentafel gehen wir vom Nullpunkt 0 aus, entlang des Radialstrahles 75° bis zum Windgeschwindigkeitskreis ($v_w$) 40 km/h und er- halten den Punkt A.

Von Punkt A aus gehen wir waagerecht bis zum Reisegeschwindigkeitskreis ($v_e$) 80 km/h und er- halten den Punkt B. Nun sind wir fertig.

Den Abstand von A nach B greifen wir mit dem Zirkel ab und ermitteln seine Länge an der waa- gerechten Geschwindigkeitsskala. Wir erhalten so die Grundgeschwindigkeit $v_g$ = 60 km/h.

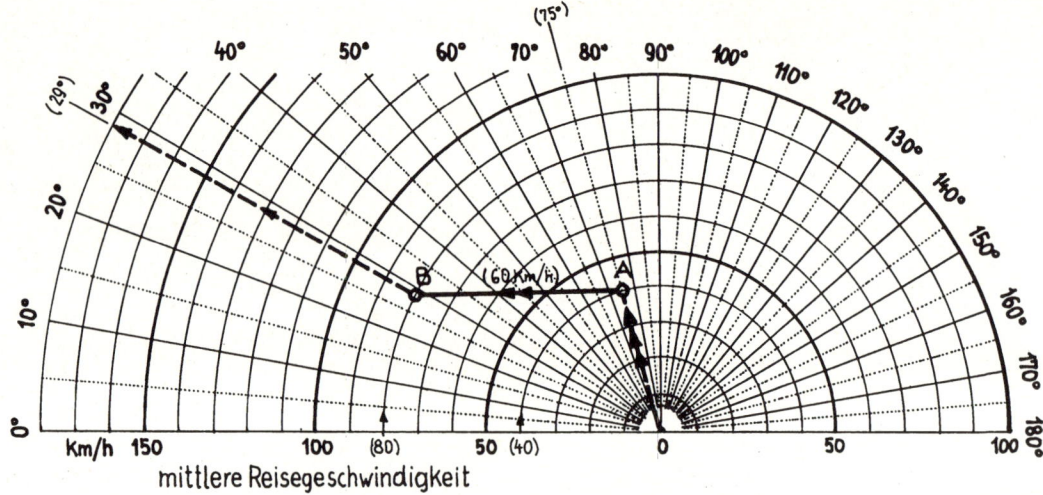

*96.1 Gebrauch der Kursrechentafel von H. Huth*

Vom Punkt B aus gehen wir radial nach außen und lesen dort den Luvwinkel $\ell = +29°$ (plus, weil WW auch plus war).

Den rechtweisenden Steuerkurs erhalten wir, indem wir zum Luvwinkel (Vorzeichen beachten!) den Kartenkurs addieren.

$$\text{rwSK (TH)} = +29° + 120° = 149°$$

Diese Rechnungen können alle im Kopf ausgeführt werden.

### 2.3.3.2 Navigationsschieber von Holtkamp

Dieser Schieber ist eine Weiterentwicklung der Kursrechentafel von H. Huth. Bei diesem Schieber entfällt die Berechnung von WW im Kopf und das Ablesen der Grundgeschwindigkeit erfolgt direkt, ohne Verwendung eines Zirkels. Der Schieber besteht aus 3 Teilen (Bild 97.1).

Teil 1: Klarsichtscheibe mit konzentrischen Kreisen, deren Radien der mittleren Reisegeschwindigkeit $v_e$ entsprechen (von 10 zu 10 km/h abgestuft). Die Geschwindigkeiten sind am oberen und unteren Rand angeschrieben. Die Richtung der waagerechten Mittellinie gibt an, wo der rechtweisende Kartenkurs rwK von Teil 2 eingestellt werden muß.

Teil 2: Eine kreisförmige, durchsichtige Scheibe, die *drehbar auf Teil 1* befestigt ist, so daß die Mittelpunkte und die Radialstrahlen zusammenpassen. Diese Rundscheibe ist als Kompaßrose mit 360° eingeteilt und beziffert.

Teil 3: Schieber, der unter den beiden durchsichtigen Teilen 1 und 2 waagerecht bewegt werden kann. Er hat eine senkrechte Nullinie und links davon senkrechte Geschwindigkeitslinien für die Grundgeschwindigkeit $v_g$ im gleichen Maßstab wie die Teile 1 und 2; von 5 zu 5 km/h eingeteilt, von 0 bis 170 km/h. Die waagerechten Linien des Schiebers sind nur Hilfslinien zum leichteren Ablesen des Schiebers.

Diese 3 Teile des Navigationsschiebers gestatten, miteinander gekoppelt, das erforderliche Winddreieck zusammenzustellen. Die Radialstrahlen von Teil 1 legen mit seinen Geschwindigkeitskreisen den Steuerkursvektor (rwSK, $v_e$) fest. Die Radialstrahlen von Teil 2, zusammen mit den Geschwindigkeitskreisen, legen den Windvektor (W, $v_w$) fest. Die horizontalen Hilfslinien des Teiles 3 legen, zusammen mit den Geschwindigkeitsgeraden, den Grundvektor (rwgK, TT) fest.

Daraus ergibt sich die Anwendung des Schiebers, die anhand eines Beispieles klargemacht werden soll (Bild 97.2).

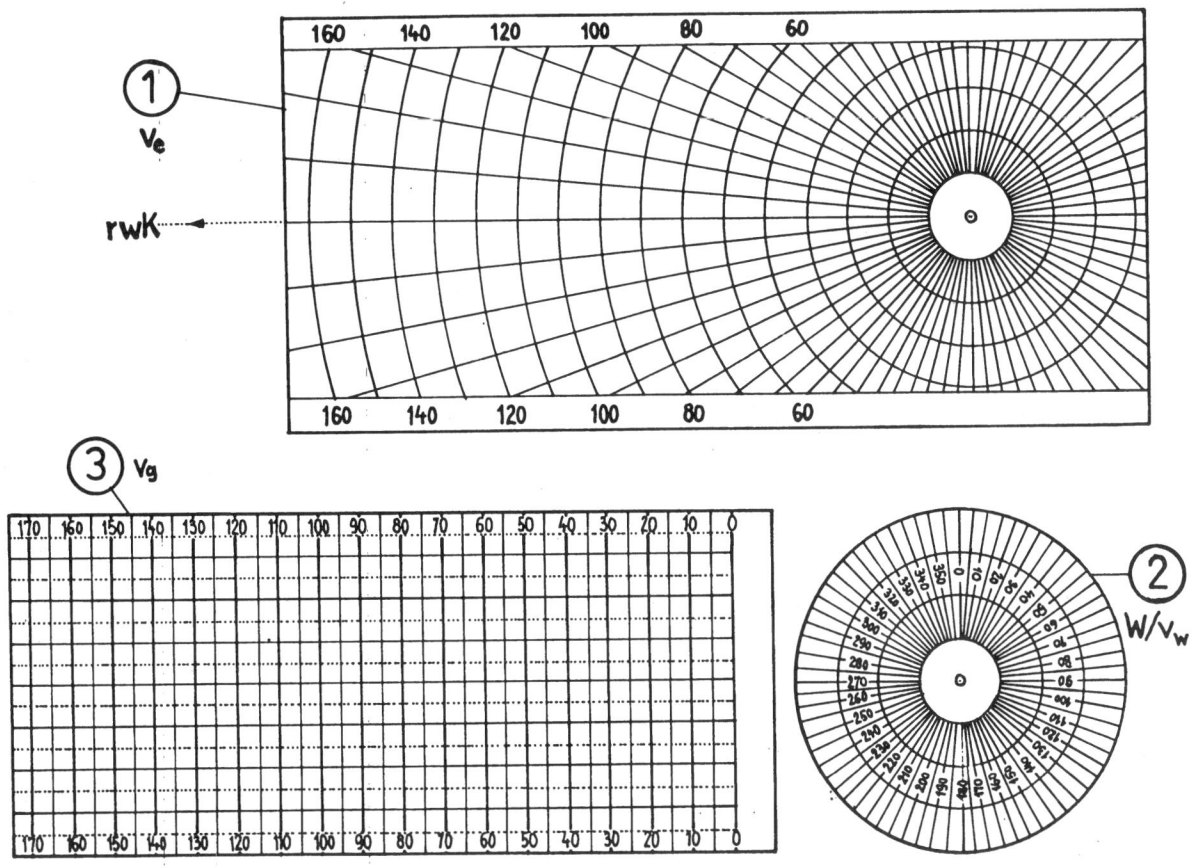

97.1 Die Teile des Holtkamp-Navigationsschiebers

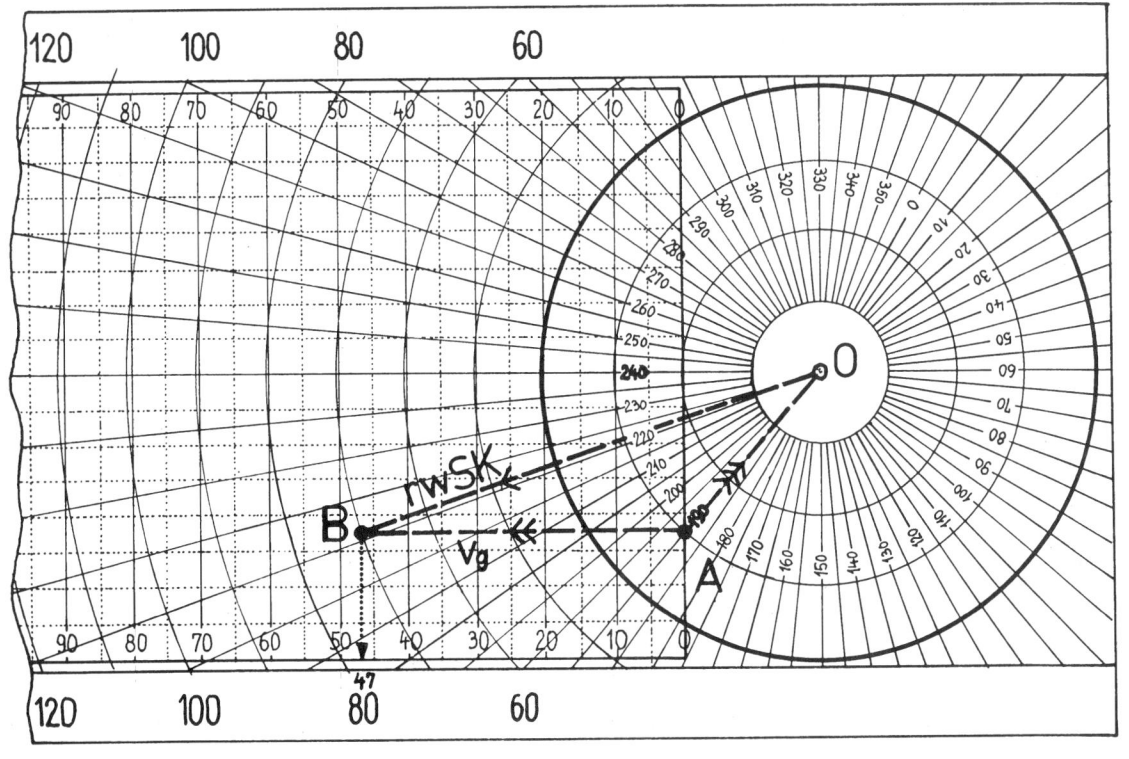

97.2 Gebrauch des Holtkamp-Navigationsschiebers

*Gegeben*:

| | | | |
|---|---|---|---|
| Kartenkurs | rwK | (TC) | = 240° |
| mittl. Reisegeschw. | $v_e$ | (TAS) | = 70 km/h |
| Wind | W/$v_w$ | (WD/WS) | = 190°/16 kts ( = 30 km/h) |
| Ortsmißweisung | OM | (var) | = 4°west |
| Ablenkung | Dev | (dev) | = - 3° |

*Gesucht*:

| | | | |
|---|---|---|---|
| Kompaßsteuerkurs | KSK | (CH) | = ? |
| Grundgeschwindigkeit | $v_g$ | (GS) | = ? |
| Gegenwindkomponente | | (TWC) | = ? |

*Lösung*:

Wir drehen die Kreisscheibe so, daß die Gradzahl des Kartenkurses (240°) auf der mittleren, waagerechten Linie des Schiebers liegt.

Dann stellen wir auf der Kreisscheibe den Schnittpunkt A zwischen dem 190°-Radius (Windrichtung) und dem Geschwindigkeitskreis 30 km/h (Windgeschwindigkeit) fest.

Jetzt wird der Schieber waagerecht so verschoben, daß die Nullinie von Teil 3 genau unter dem Punkt A durchläuft.

Vom Punkt A nach links zum Geschwindigkeitskreis 70 km/h (mittlere Reisegeschwindigkeit) erhalten wir den Punkt B.

Die Richtung 0-B lesen wir an der Gradskala der Kreisscheibe mit 221° ab, es ist der rwSK (TH). Wir rechnen gleich im Kopf:

$$KSK = rwSK - OM - dev =$$
$$= 221 - (-4) - (-3) =$$
$$221 + 4 + 3 = \underline{228°}$$

Vom Punkt B gehen wir senkrecht nach unten (oder nach oben) und lesen an den klein geschriebenen Geschwindigkeitswerten die Reisegeschwindigkeit über Grund ab:

$$v_g = GS = 47 \text{ km/h}$$

Die Gegenwindkomponente TWC (track wind component) ist die Differenz zwischen der mittleren Reisegeschwindigkeit (70 km/h) und der Geschwindigkeit über Grund (47 km/h).

$$\underline{TWC = 70 - 47 = \underline{23 \text{ km/h}}}$$

Diese Geschwindigkeit müssen wir beim Zielanflug berücksichtigen.

*Vorderseite des Holtkamp-Streckenflugrechners (Bild 98.1)*

Der Rechner erlaubt es, mehrere Rechnungen durchzuführen.

1) *Mittlere Steiggeschwindigkeit*

   Die beiden oben angebrachten logarithmischen Skalen entsprechen den Skalen des normalen Thermikrechners (Bild 92.1 unten). In Bild 98.1 ist der Holtkamp - Schieber dargestellt. Die obere Skala (2 bis 200) gibt die gestoppte Steigzeit in Minuten an. Die untere Skala, die sich auf der verschiebbaren Zunge befindet, gibt die Höhendifferenz während der gestoppten Steigzeit (am Höhenmesser abzulesen) an, und zwar von 100 m bis 1 km und von 1 km bis 10 km.

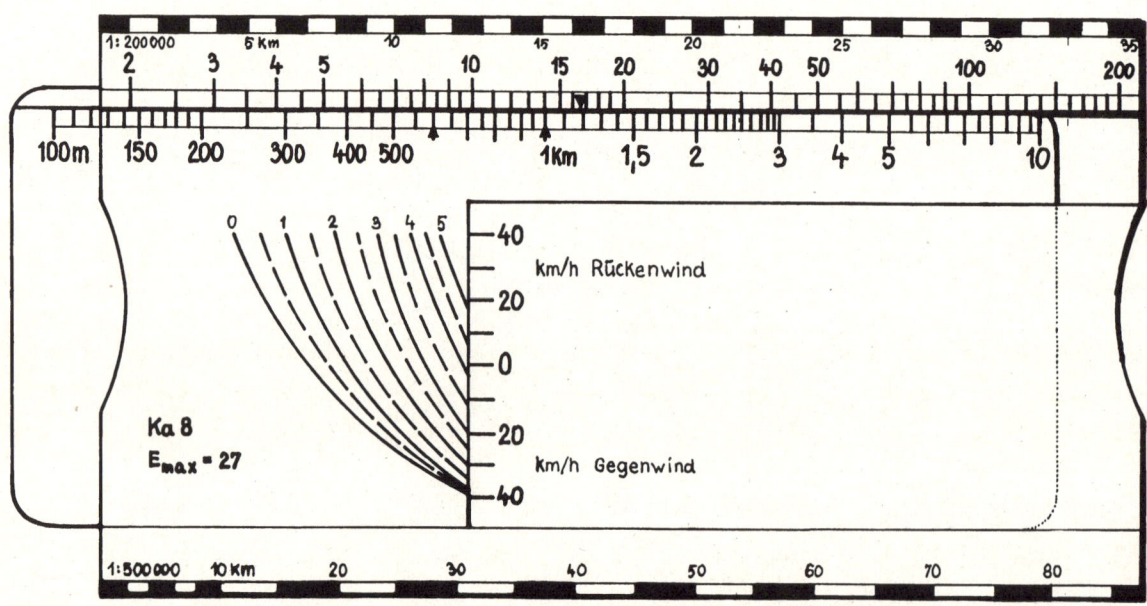

98.1 Vorderseite des Holtkamp - Streckenflugrechners

Stellt man die Zunge so ein, daß der Höhengewinn unter die gestoppte Zeit zu stehen kommt, dann kann man unter dem Pfeildreieck der oberen, festen Skala (bei 16 $^2$/$_3$), auf der unteren Skala (der Zunge) das mittlere Steigen in m/s ablesen. Dabei muß man sich anstelle der angeschriebenen km die Steiggeschwindigkeit in m/s denken.

*Beispiel:*

Steigzeit: 7 Minuten, Höhengewinn: 500 m (1640 ft).
Wir stellen 500 m unter 7 Minuten und lesen unter dem Pfeil der oberen Skala auf der unteren Skala das mittlere Steigen zu 1,2 m/s ab.

3) Auf dem Schieberahmen, der auch die obere logarithmische Skala trägt, befindet sich rechts eine Blende, die die unter 2) genannten Tabellen a, b, c der Zunge normalerweise verdeckt. Auf dem linken, vertikalen Rand dieser Blende ist eine Skala für die Geschwindigkeitskomponente, die beim Zielanflug berücksichtigt werden muß (TWC), und zwar von 0 bis 40 km/h Rückenwind und von 0 bis 40 km/h Gegenwind.

4) Hat man im letzten Bart ein tatsächliches Steigen von 3 m/s festgestellt, dann stellt man die Zunge so, daß die mit 3 bezeichnete Kurve auf die den Zielanflug beeinflussende Windkomponente (in Bild 98.1 sind es 20 km/h Gegen-

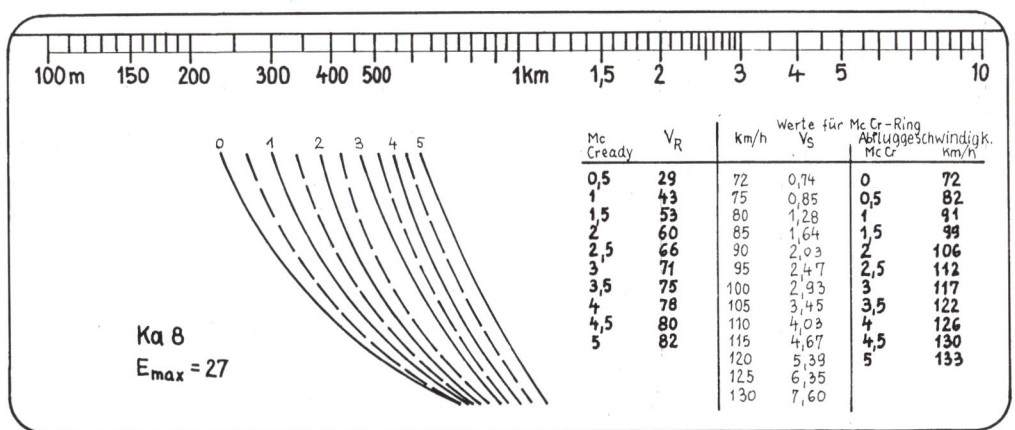

*99.1 Zunge des Holtkamp - Streckenflugrechners*

2) *Auf der verschiebbaren Zunge des Rechners* (Bild 98.1 und 99.1) befindet sich eine Schar von McCready-Kurven, die natürlich für die verschiedenen Segelflugzeugmuster verschieden ist. Im Bild ist die Kurvenschar für die K 8 dargestellt.

Ferner befinden sich auf der Zunge Tabellen mit folgenden Angaben:

a) Die Zahlenwerte zum Anfertigen eines McCready-Ringes;
b) die dem jeweiligen mittleren Steigen entsprechenden mittleren Reisegeschwindigkeiten und
c) die Abfluggeschwindigkeiten nach McCready.

wind), die an der vertikalen Skala der Blende steht, führt.

Haben wir bis zum Ziel z.B. noch 25 km zu fliegen, dann lesen wir unter „25" der oberen logarithmischen Skala auf der unteren Skala die *benötigte Zielanflughöhe* mit 1800 m ab.

Bei sehr geringen Steigwerten empfiehlt es sich, zur Zielanflughöhe einen Zuschlag als Sicherheit einzuplanen. Bei höheren Werten ist die Sicherheit dadurch gegeben, daß bei unerwartetem Höhenverlust der McCready-Ring zurückgedreht werden kann.

5) Der Dreieckspfeil bei 1 km der unteren Skala zeigt gleichzeitig das Gleitverhältnis 1/ε = 14:1 an (Bild 98.1).

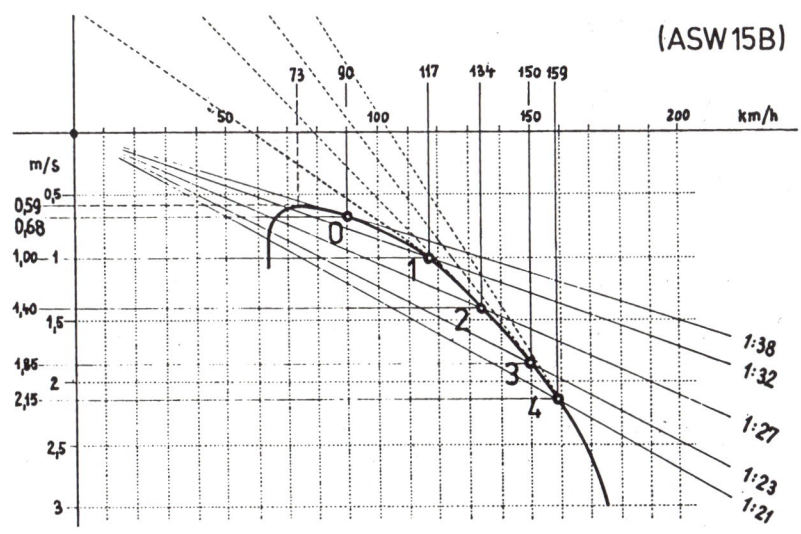

*99.2 Prinzip des Polarenrechners*

### 2.3.3.3 Der Polarenrechner von Henry

Als Basis für diesen Rechner dient die Geschwindigkeitspolare. Der Unterschied gegenüber anderen Rechnern besteht in der Hauptsache darin, daß hier die Form des Polardiagramms beibehalten wird, wodurch die Verhältnisse beim Rechengang besonders einprägsam und anschaulich werden.

Um diesen Mangel abzustellen, rechnet man die Sinkgeschwindigkeit in m/h um (1 m/s = 3600 m/h).

Weil nun beide Geschwindigkeitsangaben auf dieselbe Zeiteinheit (h) bezogen sind, kann man

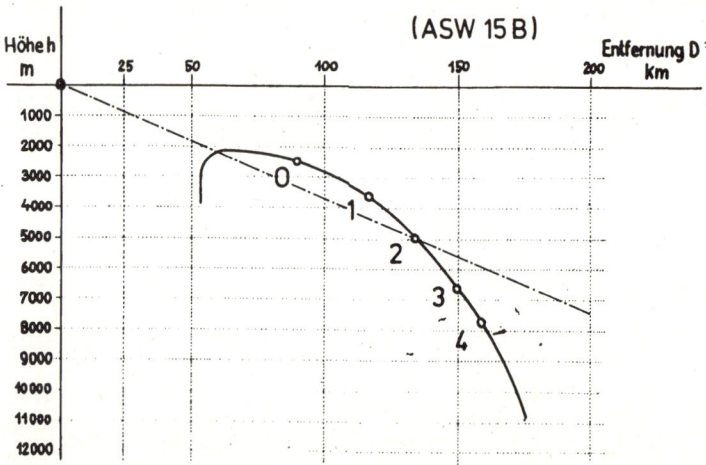

100.1 Die „Gleitwinkelpolare"

*Prinzip und Arbeitsweise* (Bild 99.2)

Auf der für das benutzte Segelflugzeugmuster gültigen Polaren werden die McCready-Werte eingetragen. Die Konstruktion der McCready-Werte erfolgt wie üblich (siehe dort). Man könnte jetzt schon für jeden McCready-Wert den zugehörigen Gleitwinkel für das beste Gleiten ablesen, wenn nicht die Sinkgeschwindigkeit ($V_s$) in m/s und die Fahrt (v) in km/h aufgetragen wären.

die Dimension „Zeit" weglassen (Bild 97.2) und hat so den Zusammenhang zwischen Abflughöhe h (in m) und Entfernung D (in km) für jeden geflogenen McCready-Wert auf der Polaren wieder.

Ändert man den Maßstab auf beiden Seiten des Diagramms im gleichen Verhältnis, dann ändert sich der Gleitwinkel für eine bestimmte McCready-Einstellung nicht, da ja die Kurve der Polaren unverändert geblieben ist.

Wir erhalten so das endgültige Polarendiagramm für den Rechner.

Im Koordinatenursprung des Diagrammträgers (Bild 100.2) ist ein schwenkbares Lineal aus

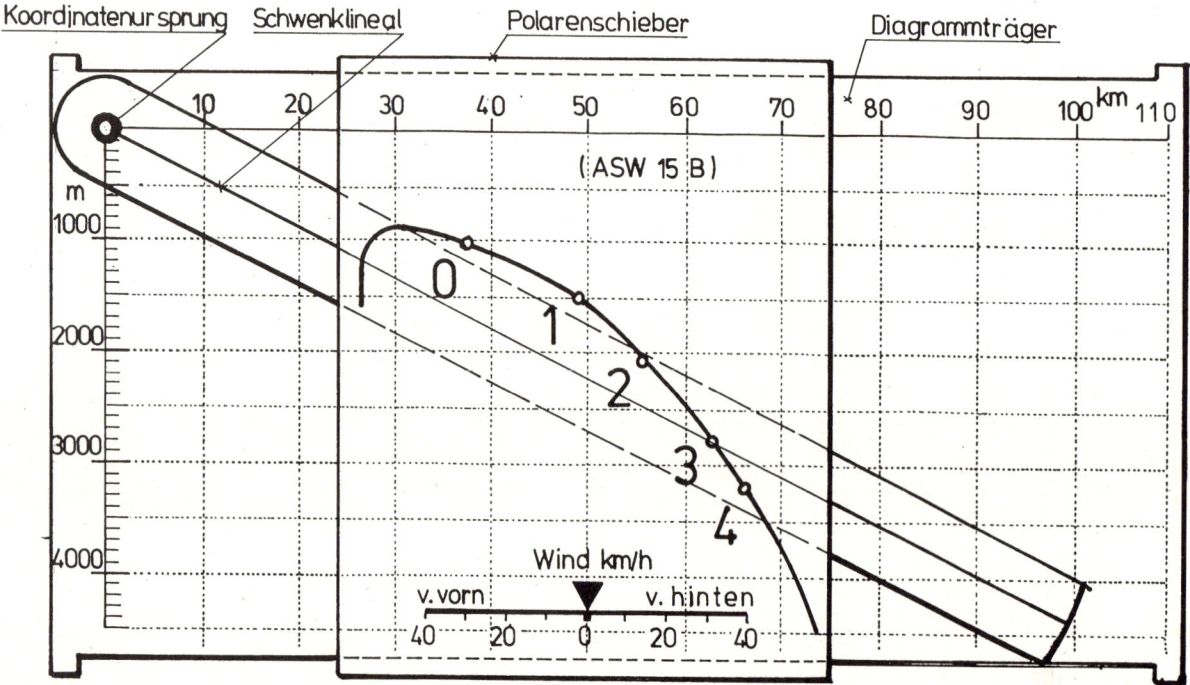

100.2 Vorderseite des Polarenrechners von Henry

durchsichtigem Kunststoff angebracht. Mit diesem Lineal wird nun der McCready-Wert auf der Polaren eingestellt (Bild 100.2). Im Bild ist das der Wert 3. Das Lineal gibt nun automatisch den Gleitwinkel für das beste Gleiten an. Lotet man von der zurückzulegenden Entfernung (im Bild: 30 km) hinunter bis zum Linealstrich und geht von da nach links, dann erhält man auf der Höhenskala sofort die zum McCready-Wert und zur zurückzulegenden Entfernung die notwendige Abflughöhe h über dem Ziel (1375 m).

Ist zwischen Abflugort und Zielort noch ein Hindernis (z.B. ein Berg), und man ermittelt die Entfernung des Hindernisses vom Abflugort, dann kann man auf dem Rechner sofort sehen, ob das Hindernis mit der ermittelten Gleitbahn noch überflogen werden kann oder ob die Abflughöhe noch weiter erhöht werden muß und um wieviel.

Muß man mit Gegen- oder Rückenwind fliegen, dann durchfliegt man die Strecke mit einer kleineren oder größeren Grundgeschwindigkeit. Um den Gleitwinkel über Grund zu bekommen, der ja beim Anflug am wichtigsten ist, muß die Polare um den Betrag der Windgeschwindigkeit nach links (Gegenwind) oder nach rechts (Rückenwind) verschoben werden. Deshalb ist die Polare (die ja für jedes Segelflugzeugmuster speziell ist) auf einem auswechselbaren „Polarenschieber" angebracht, der sich entsprechend der Längs-Windgeschwindigkeit (TWC) verschieben und mit der Skala richtig einstellen läßt.

*Anwendungsgebiet des Polarenrechners*

Mit dem Polarenrechner kann man auf einfachste Weise alle Aufgaben lösen, die auch mit anderen Rechnern durchführbar sind. Hier sollen einige Möglichkeiten anhand von Beispielen erläutert werden.

*Aufgabe 1* Feststellen, ob man aus einer bestimmten Höhe noch eine bestimmte Entfernung zurücklegen kann.

1) Polarenschieber auf die Windgeschwindigkeit in Flugrichtung einstellen;
2) Schwenklineal an die Polare tangential anlegen;
3) von der linken Höhenskala ausgehend bis zum Lineal gehen;
4) von dem auf dem Lineal erhaltenen Punkt nach oben bis zur Entfernungsskala gehen.

Ist die jetzt abgelesene Entfernung kleiner als die gewünschte, dann kommt man nicht bis ans Ziel. Ist die abgelesene Entfernung gleich oder größer als die gewünschte, kann man das Ziel erreichen.

*Aufgabe 2* Welche McCready-Einstellung muß man haben, um aus einer bestimmten Abflughöhe in direktem Anflug ein bestimmtes Ziel noch erreichen zu können?

1) Schwenklineal auf den Schnittpunkt zwischen Höhe und Entfernung einstellen;
2) Polarenschieber auf die Windgeschwindigkeit in Flugrichtung einstellen;
3) Schnittpunkt des Schwenklineals mit der Polaren aufsuchen und die dort abgelesene McCready-Einstellung fliegen.

*Aufgabe 3* Bestimmen der erforderlichen Abflughöhe über dem Zielort und Ermitteln der richti-

gen McCready-Einstellung auf Grund des zuletzt ermittelten Steigens.

1) Polarenschieber auf die Windgeschwindigkeit in Flugrichtung einstellen;
2) Schwenklineal auf den Steigwert (McCready-Wert) der Polaren einstellen;
3) von der Entfernung des Zielpunktes ausgehend, über den Schnittpunkt mit dem Schwenklineal die erforderliche Höhe über dem Zielpunkt feststellen;
4) mit der Ringeinstellung des letzten Steigens den Anflug beginnen.

*Rückseite des Polarenrechners*

Auf der Rückseite des Polarenrechners befindet sich ein Kursrechner der üblichen Ausführung, entsprechend Bild 96.1.

*2.3.3.4 Umwandlung von Maßeinheiten mit dem „ARISTO"-Aviat-Rechner*

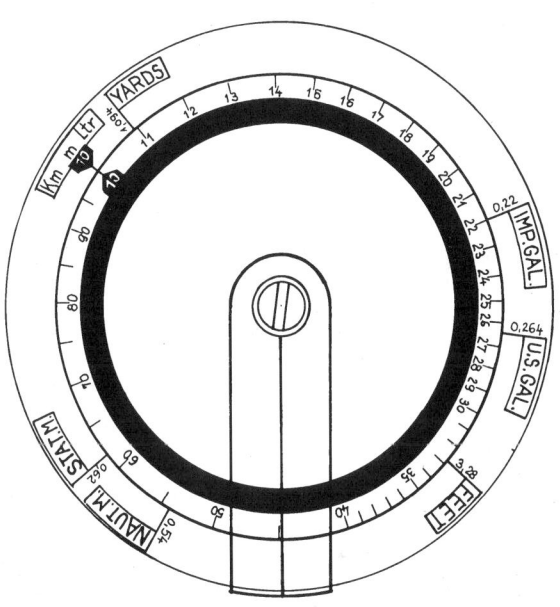

*101.1 Der Kreisrechenschieber (Umrechnung von Maßeinheiten)*

Bild 101.1 zeigt die Ansicht des Kreisrechenschiebers. Er hat eine *feststehende Außenskala* mit folgenden Marken für die umzurechnenden *Längenmaßeinheiten:*

km, m, ltr (Kilometer, Meter, Liter)

YARDS, FEET, NAUT.M., STAT.M. und folgende

*Raummaße:*

ltr. (Liter)
IMP. GAL., U.S. GAL. (Gallonen)

Ferner hat der Rechenschieber eine *innere drehbare Skala* mit der Bezifferung von 10 bis 100 (10 = 100).

Außerdem ist ein ebenfalls um den Mittelpunkt *drehbarer Drehzeiger* vorhanden.

Will man eine Maßeinheit in eine andere umrechnen, dann verfährt man wie folgt:

1) Mit der inneren Drehskala stellt man die *Anzahl* der gegebenen Maßeinheit unter die an der Außenskala angezeigte *gegebene Maßeinheit.*

z.B. ist gegeben: 3 feet.
Man stellt also die Zahl 3 (30) der Innenskala unter die Marke „FEET" der äußeren Skala (Bild 99.2 oben).

2) Man stellt den Drehzeiger auf die Marke „YARDS" und kann dann unter dem Strich des Drehzeigers auf der Innenskala „10" (1) ablesen. Das heißt:

*3 feet = 1 yard*

Will man wissen, wieviel m diese 3 feet sind, dann stellt man den Drehzeiger auf km, *m,* ltr und liest auf der inneren Skala ab: 0,915. Das heißt:

*3 feet = 0,915 m.*

Ein weiteres Beispiel: Bild 102.1 unten.
Wieviel feet bez. yards sind 17 m?

1) Wir stellen die Zahl 17 der inneren, drehbaren Skala unter die Marke „m" der äußeren Skala.

2) Wir drehen den Drehzeiger auf die Marke „FEET" der äußeren Skala und lesen auf der inneren Skala ab:

17 m = 55,8 feet

Stellen wir den Drehzeiger auf „YARD", dann lesen wir ab:

17 m = 18,6 yards

Stellen wir den Drehzeiger auf „NAUT.M.", dann lesen wir ab:

17 km = 9,2 NM

Stellen wir den Drehzeiger auf „STAT.M.", dann lesen wir ab:

17 km = 10,6 St.M.

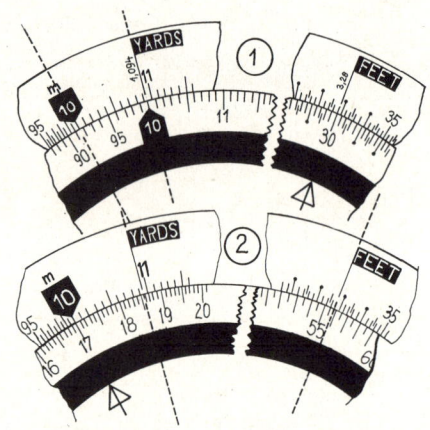

△ bedeutet: Drehskala einstellen

------- bedeutet: Mit Drehzeiger ablesen

① gegeben: 3 feet   gefragt: 1 yard ; 0,915 m

② gegeben: 17 m   gefragt: 18,59 yds ; 55,8 feet

*102.1 Umrechnen von Längenmaßen*

## Umwandlung von Geschwindigkeitsmaßen

Knoten rechnet man in km/h um wie NM in km.
MPH rechnet man in km/h um wie St.M. in km.
Knoten rechnet man in MPH um wie NM in St.M.
Auf der drehbaren Innenskala sind die Marken ▲ ft/min und ▲ m/s und ⑩.
Die Umrechnung erfolgt, wie in Bild 102.2 dargestellt ist.

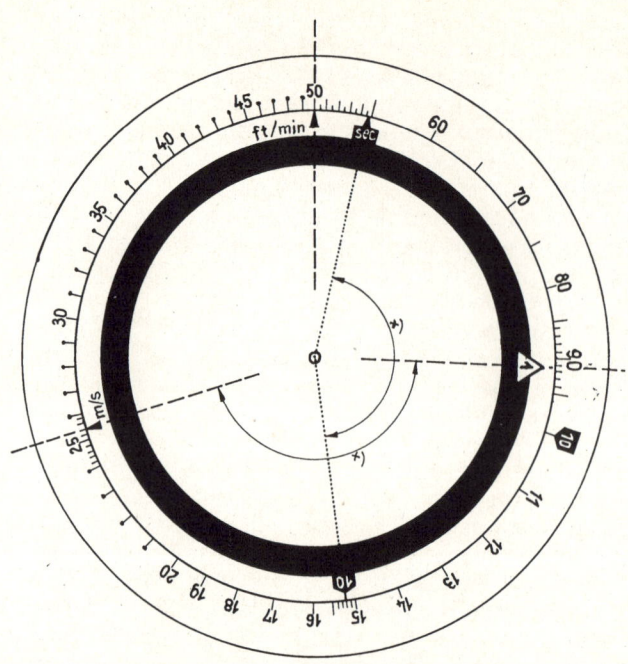

m/s → km/h[*)]   ⑩ auf 15,2 m/s → ablesen bei ⟨sec⟩ = 54,7 Km/h
         oder ▲ m/s auf 15,2 m/s → ablesen bei △ = 54,7 Km/h

ft/min → m/s und Km/h:
         ▲ ft/min auf 50 ——→ ablesen bei ▲ m/s = 0,254 m/s
                          ——→ ablesen bei △ = 0,914 Km/h

[*)] Winkel △ → m/s = Winkel ⟨sec⟩ → ⑩

*102.2 Umrechnung von Geschwindigkeiten*

Auf der Innenskala sind Zeichen verteilt:

| | | | |
|---|---|---|---|
| km/h | Dreieck | △ | bei 60 |
| km/h | Zeiger | ⟨sec⟩ | bei 36 |
| m/s | Pfeil | ▲ | bei 16,66 |
| m/s | Anfangspunkt | ⑩ | bei |
| ft/min | Pfeil | ▲ | bei 3,28 |

1) Man stellt mit der inneren, drehbaren Skala das Zeichen der gegebenen Maßeinheit (z.B. Pfeil ft/min) unter die gegebene Anzahl (z.B. 50) der äußeren Skala (Bild 102.2).

2) Der Drehzeiger wird auf die Marke der gesuchten Maßeinheit gestellt (z.B. auf Pfeil m/s).

3) Mit dem Drehzeiger liest man auf der äußeren Skala das Ergebnis 254 ab.

Das heißt:
50 ft/min = 0,254 m/s.

Will man km/h in m/s verwandeln (oder umgekehrt), dann verfährt man wie folgt:

(Beispiel: Gegeben: 15 m/s. Wieviel km/h sind das?)

Man stellt m/s auf 15 der Außenskala und liest bei △ ab: 54 km/h
*oder:* man stellt ⑩ der Innenskala auf 15 der Außenskala und liest bei ⟨sec⟩ ab: 54 km/h.

## 2.4 Navigatorische Flugvorbereitung

### 2.4.1 Luftfahrthandbuch (AIP), Nachrichten f. Luftfahrer (NfL), NOTAMs

Diese Unterlagen wurden bereits in Abschn. 1.3 behandelt.

### 2.4.2 Angaben f. Planung u. Berechnung eines Zielstreckenfluges

*Aufgabe:* Ein 300 km langer Zielstreckenflug auf geknickter Bahn ist vorzubereiten, mit fotografischer Beurkundung des Wendepunktes. Bei der Planung und Durchführung sind die Luftfahrzeugdaten, die Wetterinformationen und insbesondere die *luftrechtlichen Vorschriften* (Luftraumstruktur, Beschränkungsgebiete, Sichtflugregeln usw.) zu beachten. *Kartenstand 1987.*

*Flugstrecke:* Startort: Wasserkuppe, Wendepunkt: Flugplatz Walldorf, südlich Heidelberg, Zielort: Trier-Föhren.

*Startzeit:* Im Mai (Wochentag) 09:30 UTC (*Alle* Zeiten in UTC, Achtung: Sommerzeit!)

*Segelflugzeugführer:* Inhaber einer gültigen Erlaubnis „Privatluftfahrzeugführer, Beiblatt C".

*Segelflugzeug:* Astir CSCR, D-1927, Wettbewerbskennung HW. - Abfluggewicht 350 kp (s. beigefügte Polare).

$V_e$ aus der Geschwindigkeitspolare (Bild 117.2) Durchschnittliche Reisegeschwindigkeit $V_{rm}$ ergibt sich aus dem mittleren Steigen $V_{st}$ (Steighöhe geteilt durch Gesamtflugzeit).

Erste Teilstrecke: $v_{st}$ = 2 m/s = (72 km/h). Zweite Teilstrecke: $v_{st}$ = 3 m/s = (95 km/h).

*Deviationstabelle:*

| 030° +02° | 060° +01° | 090° -01° | 120° ±0° | 150° ±0° | 180° +02° |
|---|---|---|---|---|---|
| 210° +06° | 240° +05° | 270° ±0° | 300° -04° | 330° -04° | 360° +02° |

*Wetter:* Siehe Automatische Flugwetteransage (AFWA)(Bild 104.1) und dazu den Vermerk über die individuelle Beratung:

Ab 09:00 (= 11:00 Ortszeit) Einsetzen der Thermik. Achtung: Wind ist zu mitteln zwischen 3000–10 000 ft = 070/18 = 34 km/h für1. Strecke und 5000–10 000 ft = 075/20 = 37 km/h für 2. Strecke

Weitere Aussichten: Möglichkeiten für den Leistungsflug, mittleres Steigen 2 bis 3 m/s. Notizen: Wolken 4/8 Cu in den Gebieten 46,47 in ca. 5000 ft. Ab ca. 13:00 ansteigend (Gebiet 41,44 und 45) auf 6000 ft. QNH Frankfurt/Main = 1025 hPa. Angabe der Höhenwinde: MSL, Angabe der Wolkenhöhe: GND.

*Sonstige Angaben:* Achtung! Flüge militärischer Strahlflugzeuge unterhalb FL 100 (siehe NfL I 241/80 oder AIP I RAC 3-3-1) werden nach Sichtflugregeln durchgeführt. Sie sind *nicht* an feste Strecken oder Höhen gebunden. Flugbetrieb an Werktagen (Montag bis Freitag) besonders im Luftraum unterhalb 1500 ft -GND (= 450 m) = Tiefflüge. Dauer des militärischen Flugbetriebes: SR-30 (30 Minuten vor Sonnenaufgang) bis SS + 30 (30 Minuten nach Sonnenuntergang) bei 5 km Flugsicht und 500 ft Abstand von den Wolken.

Im kontrollierten Luftraum nach den geltenden Sichtflugregeln (8 km Flugsicht, 300 m vertikaler und 1,5 km horizontaler Abstand von den Wolken. Nahezu über dem gesamten Bundesgebiet zwischen 500 ft und 1500 ft GND (= 150 m bis 450 m). In bestimmten abgegrenzten Gebieten auch herunter bis 250 ft GND (= 75 m). Siehe ICAO-Luftfahrtkarte 1:500 000 die rotumpunkteten Gebiete (z.B. Area 3).

### 2.4.3 Überprüfung d. Voraussetzungen f. d. sichere Flugdurchführung

Folgende persönlichen und sonstigen Voraussetzungen sind notwendig:

1) *Allgemeines körperliches Befinden und Gesundheitszustand.*
§ 1 LuftVO: Pilot nicht unter Einfluß alkoholischer Getränke oder sonstiger berauschender Mittel, Medikamente oder Ähnlichem - siehe hierzu auch Veröffentlichung in den NfL II 11/73.

2) *Gültiger Luftfahrerschein,* persönlicher Ausweis, Geld, Erlaubnis zum Herstellen von Luftbildaufnahmen (den Landesverbänden im DAeC ist die Erlaubnis verschiedentlich global für ihre Mitglieder erteilt, sonst bei der Luftfahrtbehörde zu beantragen), Verpflegung, Getränke, Mustererfahrung u.a.

## Automatische Flugwetteransage für die Allgemeine Luftfahrt
### gültig für den ..... *25. Mai 1981* ..... *09:00* GMT bis *15:00* GMT

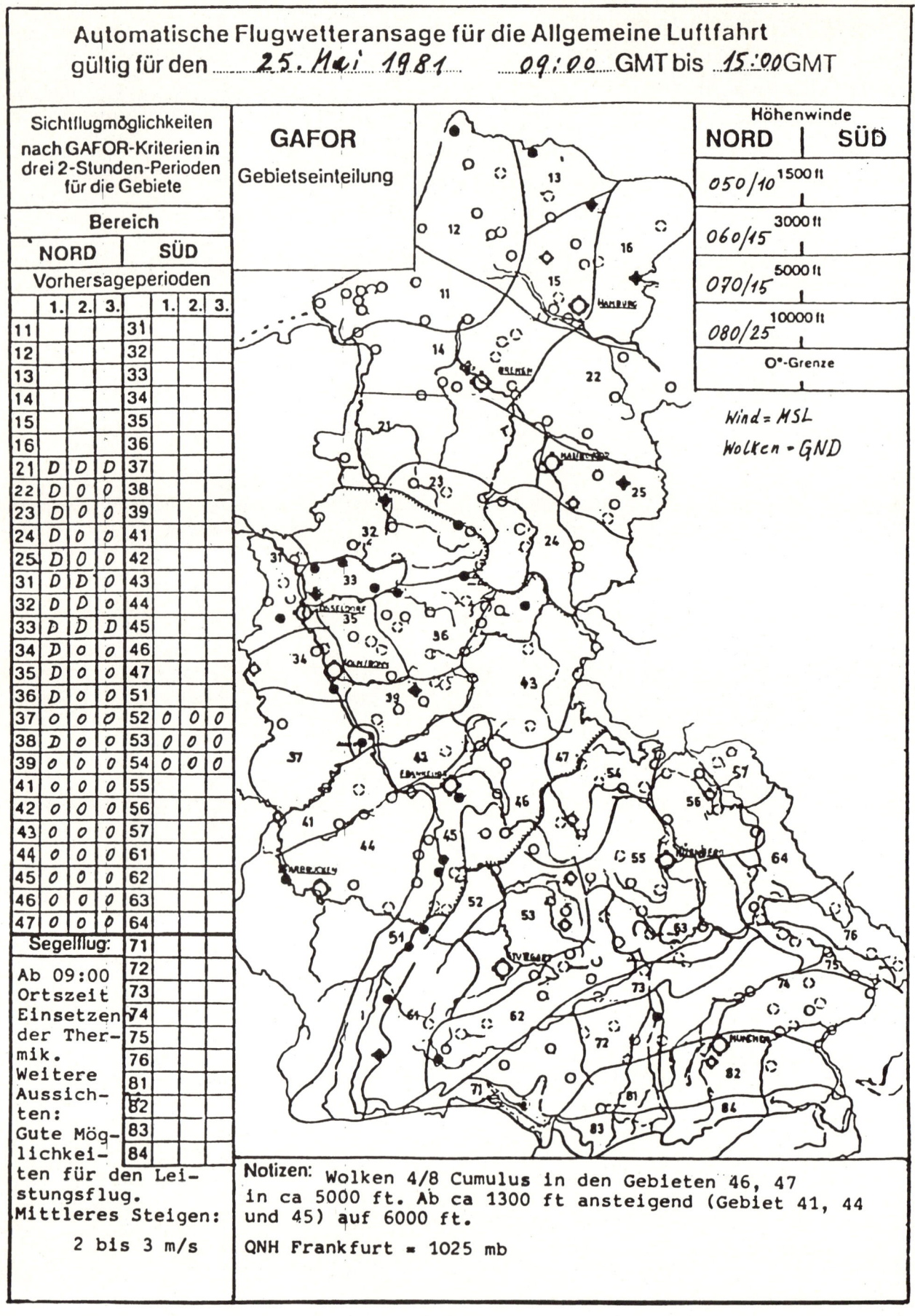

**Sichtflugmöglichkeiten** nach GAFOR-Kriterien in drei 2-Stunden-Perioden für die Gebiete

**Bereich**

| NORD | | | SÜD | | |
|---|---|---|---|---|---|
| **Vorhersageperioden** | | | | | |
| 1. | 2. | 3. | 1. | 2. | 3. |
| 11 | | | 31 | | |
| 12 | | | 32 | | |
| 13 | | | 33 | | |
| 14 | | | 34 | | |
| 15 | | | 35 | | |
| 16 | | | 36 | | |
| 21 D | D | D | 37 | | |
| 22 D | 0 | 0 | 38 | | |
| 23 D | 0 | 0 | 39 | | |
| 24 D | 0 | 0 | 41 | | |
| 25 D | 0 | 0 | 42 | | |
| 31 D | D | 0 | 43 | | |
| 32 D | D | 0 | 44 | | |
| 33 D | D | D | 45 | | |
| 34 D | 0 | 0 | 46 | | |
| 35 D | 0 | 0 | 47 | | |
| 36 D | 0 | 0 | 51 | | |
| 37 0 | 0 | 0 | 52 0 | 0 | 0 |
| 38 D | 0 | 0 | 53 0 | 0 | 0 |
| 39 0 | 0 | 0 | 54 0 | 0 | 0 |
| 41 0 | 0 | 0 | 55 | | |
| 42 0 | 0 | 0 | 56 | | |
| 43 0 | 0 | 0 | 57 | | |
| 44 0 | 0 | 0 | 61 | | |
| 45 0 | 0 | 0 | 62 | | |
| 46 0 | 0 | 0 | 63 | | |
| 47 0 | 0 | 0 | 64 | | |

**Segelflug:** 71

72
73
74
75
76
81
82
83
84

Ab 09:00 Ortszeit Einsetzen der Thermik. Weitere Aussichten: Gute Möglichkeiten für den Leistungsflug. Mittleres Steigen: 2 bis 3 m/s

**GAFOR** Gebietseinteilung

**Höhenwinde**

| NORD | SÜD |
|---|---|
| 050/10 | 1500 ft |
| 060/15 | 3000 ft |
| 070/15 | 5000 ft |
| 080/25 | 10000 ft |
| | 0°-Grenze |

*Wind = MSL*
*Wolken = GND*

**Notizen:** Wolken 4/8 Cumulus in den Gebieten 46, 47 in ca 5000 ft. Ab ca 1300 ft ansteigend (Gebiet 41, 44 und 45) auf 6000 ft.

QNH Frankfurt = 1025 mb

104.1 Automatische Flugwettervorhersage „GAFOR" für den Zielstreckenflug des Segelflugzeuges

3) *Luftfahrzeug:*
Tägliche Kontrolle mit Checkliste durchgeführt? Eintragungsschein, Lufttüchtigkeitszeugnis, Nachprüfschein (gültig), Bordbuch (geführt?), Flug- und Betriebshandbuch, Genehmigung für Funkgerät, Versicherung, Checkliste - an Bord?
Barograph aufgezogen, angestellt und verplombt? Fallschirm in Ordnung?

4) *Beachtung eines NOTAM's der Bundesanstalt für Flugsicherung (Bfs).*
Innerhalb der aufgeführten Koordinaten findet die militärische Übung „Black Power" statt. Hierbei werden Luftfahrzeuge zwischen FL 50 und GND eingesetzt. Das Gebiet ist zu meiden:

| 49°45'00"N 10°05'00"E | 49°30'00"N 09°50'00"E | 49°30'00"N 09°10'00"E | 49°50'00"N 09°10'00"E | 49°50'00"N 09°55'00"E | 49°50'00"N 10°05'00"E |
|---|---|---|---|---|---|

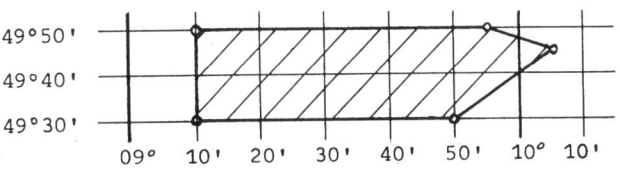

5) *Flugvorbereitung*
Da das Segelfluggelände Wasserkuppe innerhalb eines Gebietes mit Flugbeschränkung (FlugÜZ - Flugüberwachungszone) liegt, ist ein Flugplan (Bild 105.1) bei der zuständigen Flugsicherungsdienststelle fernmündlich aufzugeben.

Vorschriften über Begriff und Zweck eines Flugplanes siehe
AIP I RAC 1-2-1 oder NfL I 177/85.
Flugbeschränkungen in der Flugüberwachungszone siehe
NfL I 26/78, 276/79, 109/87 oder AIP Bd. I RAC.

Vor dem Start ist noch die Meldung bei der Luftaufsichtstelle oder Flugleitung durchzuführen

Vorschrift gemäß § 22 Abs. 8 LuftVO; siehe NfL I 231/70 oder AIP Bd. 1 RAC 1-3-27.

Die Meldung ist vom Luftfahrzeugführer *persönlich* durch Fernsprecher oder Funk zu erstatten. Auf Verlangen hat der Luftfahrzeugführer seinen Namen, das Kennzeichen des Flugzeuges und die Art des Fluges bekannt zu geben. Die Luftaufsicht (auch die Flugleitung) ist berechtigt, die Ausweise zu kontrollieren.

Anmerkung: Obwohl unmittelbar westlich der Wasserkuppe das Ausnahmegbiet der FlugÜZ (GND – 2000 ft GND) verläuft, ist der Flugplan bis Zeitlofs – Grenze der FlugÜZ oberhalb 2000 ft GND, aufzugeben. Dies insbesondere, um höher fliegen zu können als nur 2000 ft (600 m) GND. Da nach den Vorschriften über die Festlegung eines Gebietes mit Flugbe-

schränkungen (FlugÜz/ADIZ) der Luftfahrzeugführer ständig auf der Frequenz 123,200 MHz hörbereit sein und das Verlassen der FlugÜZ gemeldet werden muß, kann gleichzeitig, wie im Flugplan angegeben, der Flugplan aufgehoben und geschlossen werden! (Siehe NfL I 192/87.)

### 2.4.4 Vorgang der Flugplanung

Auf der ICAO-Luftfahrtkarte 1:500 000 (neueste Ausgabe) werden die Kurslinien Wasserkuppe-Walldorf und Walldorf-Trier eingetragen und das mit NOTAM veröffentlichte militärische Übungsgebiet (siehe Punkt 4) markiert (siehe Luftfahrtkartenauszug Bild 107.1).

*Erste Teilstrecke* (Bild 107.1)

Wasserkuppe-Walldorf

a) Kartenkurslinie zwischen Wasserkuppe und Walldorf einzeichnen (Bild 107.1).

b) Mit der Gradscheibe oder mit dem Kursdreieck den Winkel zwischen dem Meridian (geographisch Nord) und der Flugrichtung messen. Wir erhalten den Kartenkurs: Rechtweisender Kurs = rwK = 215°.

c) Der Vorhaltewinkel (Luvwinkel) wird aus den bekannten Daten errechnet:

Wind = 70/18 (= 34 km/h)
rwK = 215°
$V_{rm}$ = 72 km/h

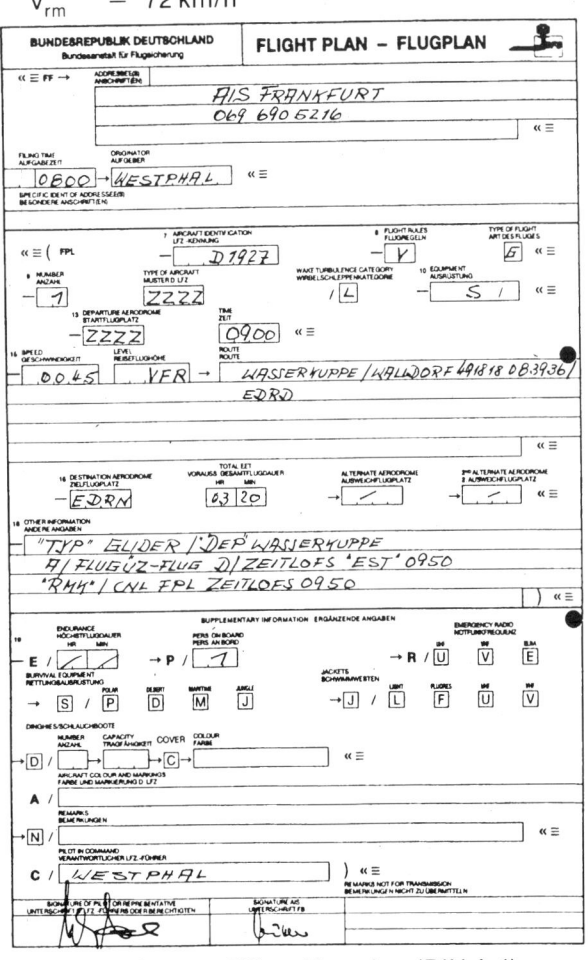

*105.1 Ausgefüllter Flugplan (DIN A 4)*

Die mittlere Reisegeschwindigkeit wird der Geschwindigkeitspolare entnommen (Bild 117.1). Bei einem Steigen von 2 m/s ist $v_{rm}$ = 72 km/h.

Die zeichnerische Ermittlung ist in Bild108.1: Man trägt die Richtungen des Windvektors (070°) und des Grundvektors (215°) auf. Der Windvektor ist 34 (km/h) lang. Vom Ende des Windvektors (C) wird der Kreisbogen mit der Reisegeschwindigkeit $v_{rm}$ = 72 (km/h) geschlagen, der den Grundvektor im Punkt B schneidet. Die Entfernung von A nach B (= 97 km/h) ist die Grundgeschwindigkeit $v_g$. Die

Strecke CB ergibt die Richtung des Steuerkursvektors, die man ablesen kann, wenn durch A die Parallele zu CB gezogen wird.

Man erhält 199°. Die Differenz 215° - 199° = 16° ist der Vorhaltewinkel. Da der Wind von links kommt, muß der Vorhaltewinkel negativ (-) sein. Er ist also -16° (minus).

Um den Kompaßsteuerkurs (KSK = CH) zu erhalten, muß noch die Ortsmißweisung OM und die Deviation (dev) berücksichtigt werden. OM aus der ICAO-Karte = 1°w, Dev aus der Deviationstabelle (Abschn. 2.4.2) = +6°.

Weil die Ortsmißweisung westlich ist, muß sie mit umgekehrtem Vorzeichen, also mit „plus", eingesetzt werden.

Weil die Deviation positiv, also auch westlich ist, muß sie auch mit umgekehrtem Vorzeichen, also mit „minus", eingesetzt werden.

Die Berechnung des Kompaßsteuerkurses (KSK) sieht dann wie folgt aus:

*Berechnung des Kompaßsteuerkurses (KSK) für die erste Teilstrecke*

| rechtweisender Kurs | = rwK | = 215° | = | 215° |
|---|---|---|---|---|
| Luvwinkel | = l | = +(−16°) | = | − 16° |
| rechtweisender Steuerkurs | = rwSK | = | = | 199° |
| Ortsmißweisung | = OM | = −(01° west) | = | + 1° |
| mißweisender Steuerkurs | = mwSK | = | = | 200° |
| Deviation | = dev | = −(+06°) | = | − 6° |
| Kompaßsteuerkurs | = KSK | | | 194° |

Die Formeln sind: rwK + l = rwSK (l, OM und dev mit dem
rwSK − OM = mwSK richtigen Vorzeichen (±)
mwSK − dev = KSK einsetzen!)

Die *Grundgeschwindigkeit auf der ersten Teilstrecke* beträgt *97 km/h.*

*Länge der ersten Teilstrecke* (32,3 cm auf der ICAO-Karte = 161,5 km in der Natur) = *ca. 162 km*

*Flugdauer für die erste Teilstrecke*

$$\frac{\text{Entfernung}}{\text{Geschwindigkeit}} = \frac{162 \text{ km}}{97 \text{ km/h}} = 1,67 \text{ h} = \textit{1 Stunde 40 Minuten}$$

Die ermittelten Werte werden in den Vordruck „Segelflugplanung"/Bild 109.1) übertragen.

*Zweite Teilstrecke*

*Walldorf-Trier-Föhren* (Bild 107.1)

Man verfährt bei der Ermittlung des Kompaßsteuerkurses genauso wie bei der ersten Teilstrecke. Die benützten Werte sind jedoch jetzt andere:

| | | | |
|---|---|---|---|
| Rechtweisender Kurs (aus der ICAO-Karte entnommen) | = rwK | = | 295° |
| Wind (zwischen 5000 und 10 000 ft, GAFOR-Bild 104.1) | = 75/20 | | (37 km/h) |
| Mittlere Reisegeschwindigkeit (Polare, Bild 117.2) | = $v_{rm}$ | = | 95 km/h |
| Mittleres Steigen | | = | 3 m/s |
| Luvwinkel, graphisch oder rechnerisch ermittelt | | = | + 15° |
| Wind von rechts, $\ell$ = positiv | | | |

*Berechnung des Kompaßsteuerkurses (KSK) für die zweite Teilstrecke*

| rechtweisender Kurs | = rwK | = 295° | = | 295° |
|---|---|---|---|---|
| Luvwinkel | = l | = +(+15°) | = | + 15° |
| rechtweisender Steuerkurs | = rwSK | = | = | 310° |
| Ortsmißweisung | = OM | = −(01° west) | = | + 1° |
| mißweisender Steuerkurs | = mwSK | = | = | 311° |
| Deviation | = dev | = −(−04°) | = | + 04° |
| Kompaßsteuerkurs | = KSK | | | 315° |

*Grundgeschwindigkeit auf der zweiten Teilstrek-*

*Länge der zweiten Teilstrecke = 149 km*

*Flugdauer für die zweite Teilstrecke = 1,242 h =*
1 h 14 Minuten.

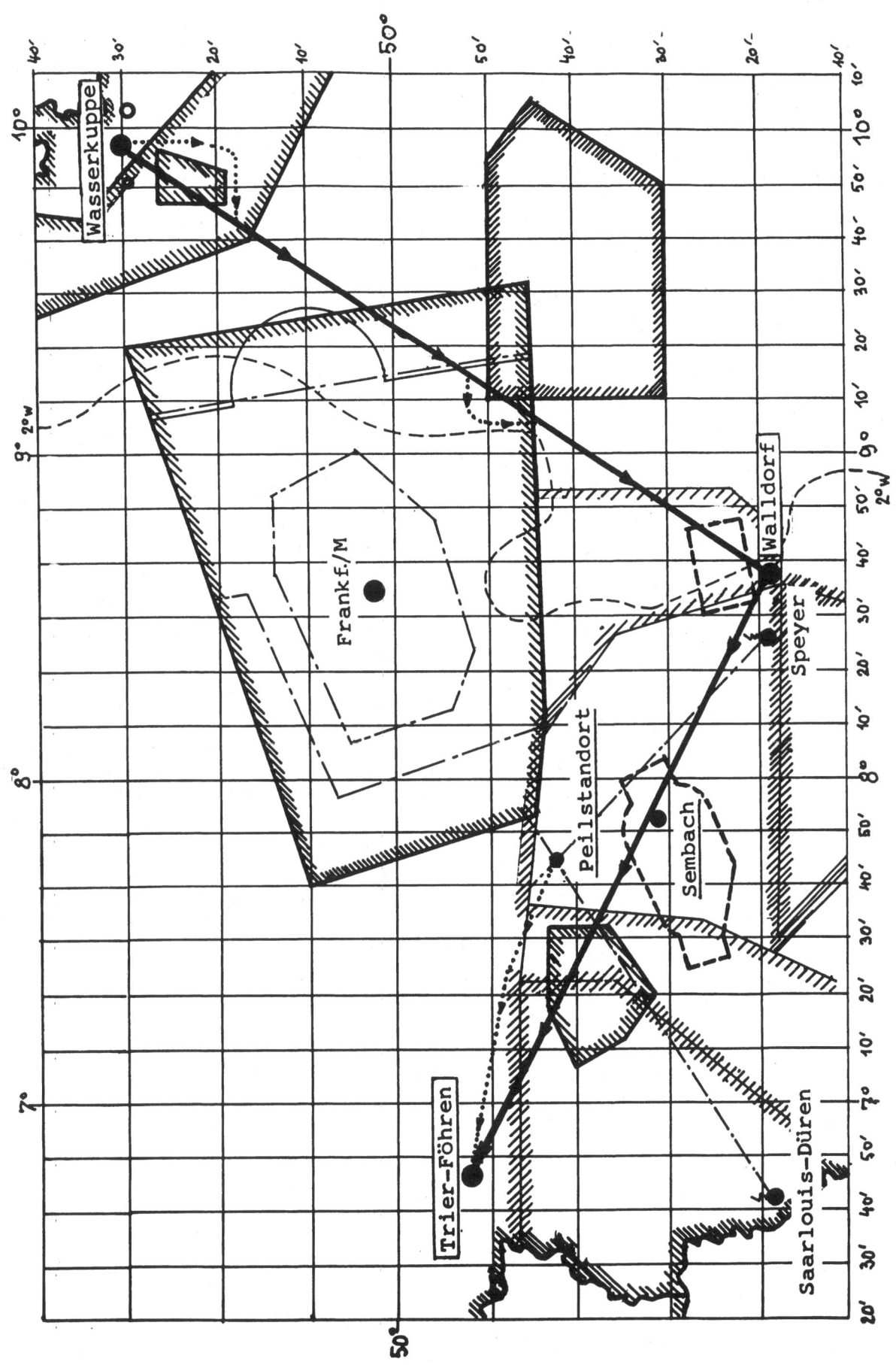

107.1 Auszug aus der ICAO-Karte 1:500 000

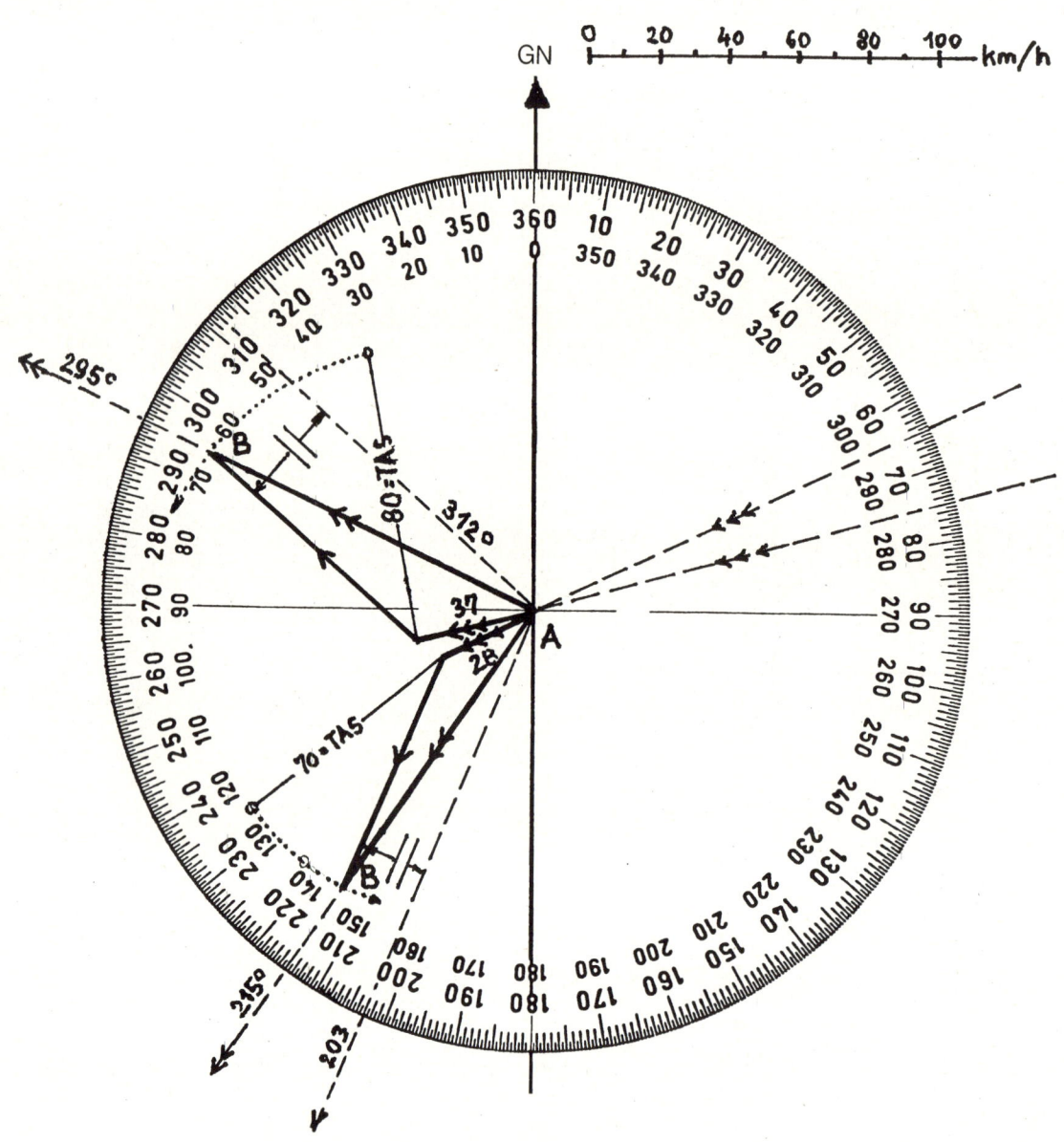

*108.1 Vordruck für die Segelflugplanung*

# Segelflugplanung

| Luftfahrzeug | D-1927 | Startort | Wasserkuppe |
|---|---|---|---|
| Luftfahrzeugführer | Westphal | Funkfrequenz MHz | 129,795 |
| Begleiter | ----- | Telefon | 06654/364 |
| Datum | 25.3.88 | QNH mb hPa Ffm | = 1025 |

**FIS-Frequenzen**
(englisch und deutsch):

| | |
|---|---|
| Bremen-Nord | 133,550 MHz |
| Bremen-Mitte u.-Süd | 135,700 MHz |
| Bremen (nur ADIZ) | 123,200 MHz |
| Düsseldorf | 135,350 MHz |
| Frankfurt N/S | 124,725/130,975 MHz |
| Frankfurt W | 124,475 MHz |
| Stuttgart | 126,400 MHz |
| München-Nord | 127,375 MHz |
| München | 126,950 MHz |
| Zürich | 124,700 MHz |

**Terminal-FIS**

| | | |
|---|---|---|
| Hamburg | Radar | 118,450 MHz |
| Bremen | Radar | 119,825 MHz |
| Hannover | Radar | 124,350 MHz |
| Düsseldorf | Radar | 118,650 MHz |
| Düsseldorf | Radar | 120,900 MHz |
| Frankfurt | Radar | 119,150 MHz |
| Nürnberg | Radar | 135,725 MHz |
| Stuttgart | Radar | 118,600 MHz |

**MET-Infos mit QNH**

| | |
|---|---|
| Bremen -Volmet | 127,400 MHz |
| Frankfurt-Volmet | 127,600 MHz |

**AFWA-Telefone**

| | |
|---|---|
| Bremen | 0421/551090 |
| Hannover | 0511/775080 |
| | 731122 |
| Düsseldorf | 0211/424507/08 |
| Köln-Bonn | 02203/54156 |
| Hamburg | 040/50177/78 |
| Frankfurt | 0611/692077 |
| Nürnberg | 0911/524069 |
| München | 089/530177/78 |
| Stuttgart | 0711/790084/85 |

| | 1 | 2. | 3 | 4 |
|---|---|---|---|---|
| Strecke | Wakü-Walld. | Walld-Trier | | |
| Funk MHz | s.Karte | 122,000 | | |
| Flughöhe | 5-6000 ft= | 1500-1800m | | |
| Wind m | 065/15(28) | 075/20(37) | | |
| rwK | 215° | 295° | | |
| ±Luv ∢ | – 16° | + 15° | | |
| rwSK | 199° | 310° | | |
| ±OM | + 01° W | + 1° W | | |
| mwSK | 200° | 311° | | |
| ±DEV. | – 06° | + 04° | | |
| KSK | 194° | 315° | | |
| UKK | | | | |
| Distanz | 162 km | 149 km | | |
| Vrm | 70 km/h | 80 km/h | | |
| Vg | 97km)h | 120 km/h | | |
| Zeit | | | | |
| ETA | | | | |
| ATA | | | | |

*Papiere an Bord: Bordbuch, Eintragungsschein, Lufttüchtigkeitszeugnis, Nachprüfschein, Versicherungsnachweis, Flug- und Betriebshandbuch, Flugplan, Strecken-flugausweis, ggf. Flugauftrag, Fotoerlaubnis, gültiger Luftfahrerschein, Personal-Ausweis, ICAO-Lufffahrerkarte, Flugbuch, Verpflegung, Kamera, Barograph und Sonstiges:*

*109.1 Vordruck für die Segelflugplanung*

## 2.4.5 Vertrautmachen mit Flugstrecke u. luftrechtl. Vorschriften

1) *Start vom Segelfluggelände Wasserkuppe* (Bild 110.1)

$$\text{ADIZ} \quad \frac{\text{UNL}}{2000 \text{ GND}}$$

erlaubt nur Flüge bis zu 2000 ft (600 m) GND Diese Vorschrift kann für den auszuführenden Leistungsflug *nicht* eingehalten werden.

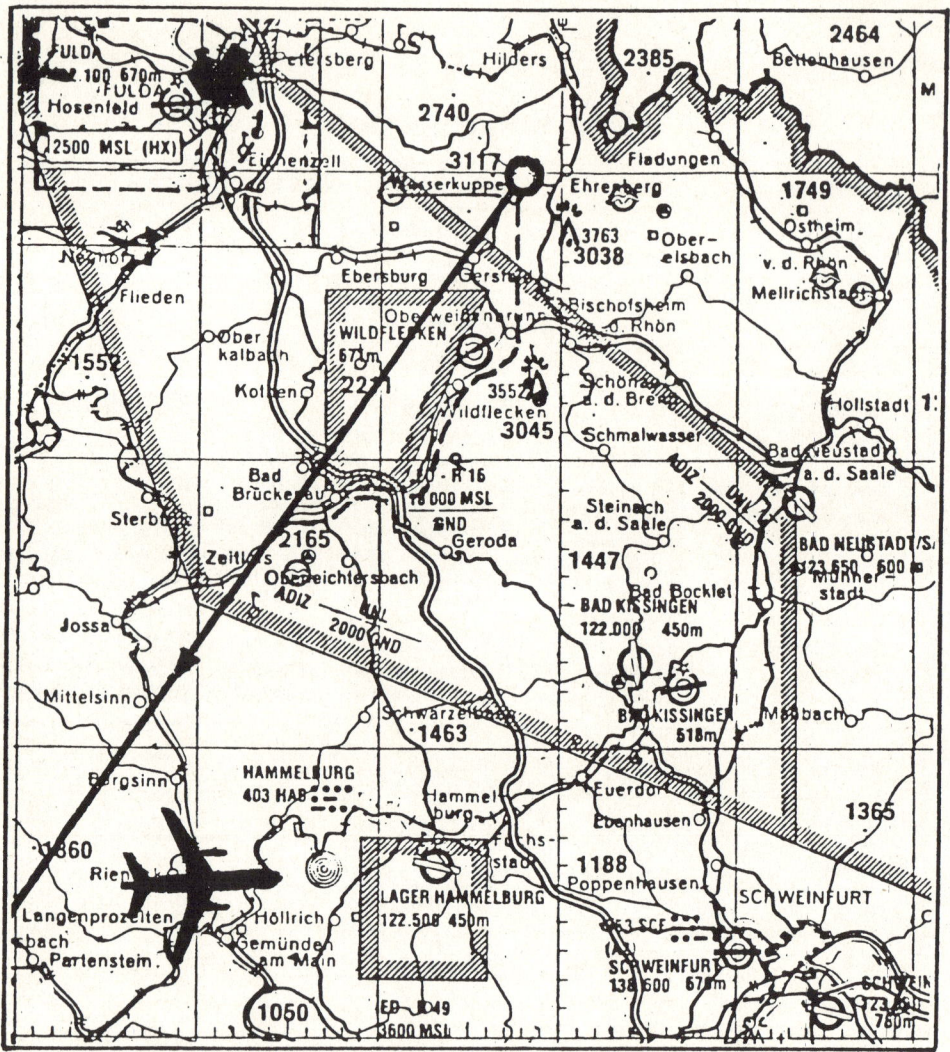

*110.1 Abflug vom Segelfluggelände Wasserkuppe*

Das Segelfluggelände Wasserkuppe liegt innerhalb der Flugüberwachungszone entlang der Grenze zur DDR (FlugÜZ, engl.: ADIZ) mit Flugbeschränkung.
*Ausnahme:* Alle am Segelfluggelände beheimateten Luftfahrzeuge dürfen mit Abgabe und Annahme eines Sammelflugplanes (AIP I RAC 1-3-9-ff oder NfL I 26/78 und I 267/79 bis zu einer Höhe von 3000 ft (914 m) GND fliegen mit folgender örtlicher Beschränkung:

Nordgrenze =
die eingleisige Eisenbahnbrücke Hilders-Eckweißbach-Milseburgtunnel-Langenbieberwiesen.

Ostgrenze =
Bundesstraße 278 Hilders-Batten-Wüstensachsen-Obereisbach.

Süd- und Westgrenze = ein Halbbogen von 5 km ist durchzuführen.

Für den geplanten Flug ist jedoch ein Einzelflugplan erforderlich. Das westlich der Wasserkuppe vorgelagerte Ausnahmegebiet

Die Wasserkuppe liegt im übrigen höhenmäßig unterhalb des CTA-Kontrollbezirkes Frankfurt. Der kontrollierte Luftraum beginnt also 2500 ft (750 m) über GND. Ab dieser Höhe müssen die Sichtflugregeln für den kontrollierten Luftraum eingehalten werden. Die örtliche Freigabe bis 3000 ft (914 m) entbindet *nicht* von der Einhaltung der VFR-Regeln (siehe §§ 28 und 29 LuftVO).

Etwa 15 km von der Wasserkuppe entfernt, gleich hinter Gersfeld, beginnt das Beschränkungsgebiet ED-R-16

$$\frac{18\,000 \text{ MSL}}{\text{GND}}$$

(18 000 ft MSL = 5486 m MSL = 4812 m GND). Es handelt sich um das von den US-Streitkräften betriebene Übungsgebiet „Wildflecken". Dieses Gebiet ist 24 Stunden täglich in Betrieb, d.h. es besteht absolutes Durchflugverbot (siehe AIP I RAC 3-1-3).

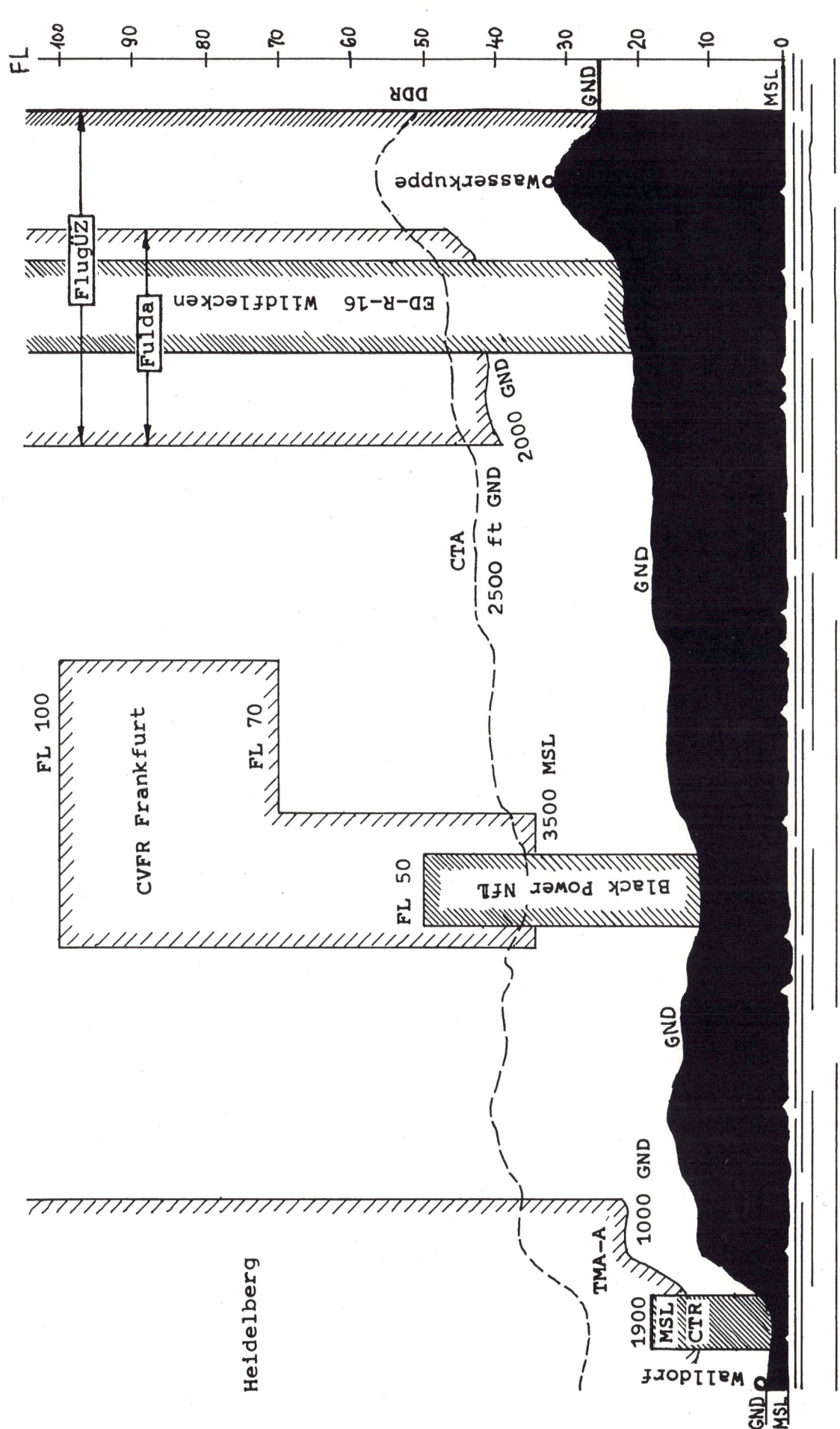

111.1 Vertikaler Schnitt durch die Teilstrecke Wasserkuppe - Walldorf

Der Überflug ist nicht nur wegen der thermischen Voraussetzungen unmöglich, sondern auch wegen der ED-R-9, welche in FL 100 beginnt.

Das Beschränkungsgebiet ED-R-9 bedeckt fast den ganzen Luftraum über der Bundesrepublik und läßt nur Flüge von Grund bis FL 100 (= Druckfläche 10 000 ft = 3050 m) zu. Der Höhenmesser zeigt die Druckfläche an, wenn er auf 1013,2 hPa eingestellt wird. Das Beschränkungsgebiet ED-R-16 muß also umflogen werden. Es bietet sich der südliche Kurs an.

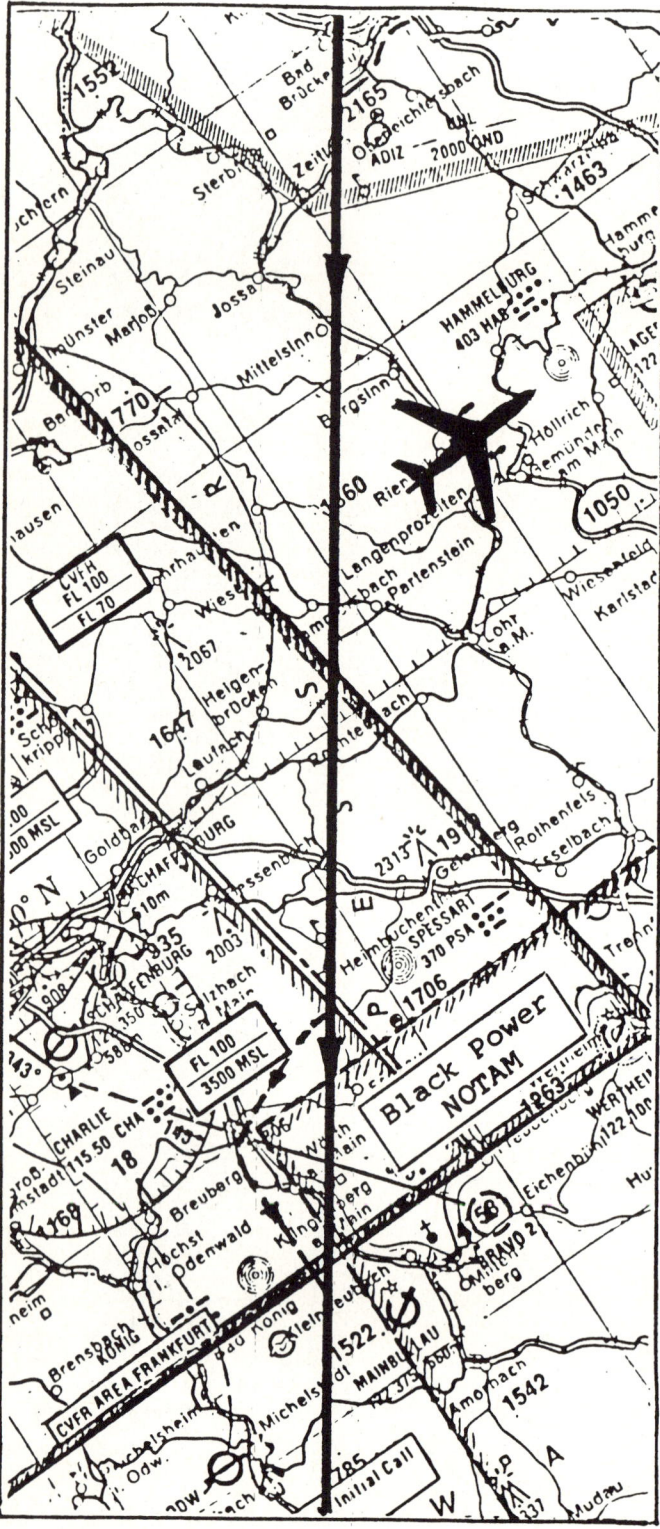

*112.1 Strecke Brückenau-CVFR-Frankfurt*

Die ersten 70 km bis zum Erreichen des CFVR-Gebietes Frankfurt/Main sind gut zu navigieren. Viele Bodenmerkmale (Bild 110.1), machen die Orientierung leicht, wie z.B. ◎ Militärflugplatz (11 km südlich der Wasserkuppe, in der Nähe von Oberweißenbrunn), ⋏ befeuerte Hindernisse und ⊛ Aussichtspunkt, östlich Wildflecken, ++++ eingleisige Eisenbahn von Wildflecken bis zur Autobahn. Hinter *Bad Brückenau* wendet sich die Eisenbahn nach Südwesten und liegt fast genau am geplanten Kurs (etwa nach 42 km Flugstrecke ab Wasserkuppe). Auch die in nordsüdlicher Richtung verlaufenden Täler des Spessarts können zur Orientierung dienen.

2) *Von Bad Brückenau auf Plankurs durch CVFR Frankfurt/Main* (Bild 112.1)

Merke: Der kontrollierte Luftraum beginnt bei 2500 ft (752 m) GND. Die MSL-Anzeige beträgt demnach 1200 bis 1300 m. Der vertikale Abstand von der Wolkenbasis ist unbedingt einzuhalten, da hier bereits mit dem Verkehr von Linienflugzeugen zu rechnen ist.

siehe Symbol

auf der ICAO-Karte. Unbedingt dauernd den Luftraum beobachten!
Etwa 15 km vor Erreichen der Autobahn Frankfurt-Würzburg beginnt das CVFR-Gebiet Frankfurt. Der Einflug in diesen Raum ist *nicht* gestattet.

Die Untergrenze des östlichen CVFR-Gebietes (15 km breit und 80 km lang) ist FL 70 (= 7000 ft = 2134 m), die Obergrenze ist FL 100 (= 10 000 ft = 3048 m). Es darf daher nicht höher als 2100 m geflogen werden (FL 70).

Zur Bestimmung einer Flugfläche ist der Höhenmesser auf 1013,2 hPa einzustellen. *Beispiel:*

| FL | | Anzeige | |
|---|---|---|---|
| 40 | = | 4 000 ft | = 1219 m |
| 50 | = | 5 000 ft | = 1524 m |
| 60 | = | 6 000 ft | = 1829 m |
| 70 | = | 7 000 ft | = 2134 m |
| 80 | = | 8 000 ft | = 2438 m |
| 90 | = | 9 000 ft | = 2743 m |
| 100 | = | 10 000 ft | = 3048 m |

Unmittelbar mit Erreichen des TMA-Sektors A Frankfurt sinkt die Untergrenze des CVFR-Gebietes auf 3500 ft (1067 m) MSL.
Es ist *unbedingt nötig*, das QNH-Frankfurt über Frankfurt-Information einzuholen (Frequenz 130,975 oder Terminal-Fis Frankfurt Radar 119,150 MHz um bei dem augenblicklichen Druck (z.B. 1020 hPa) die Höhe von 3500 ft = 1067 m MSL bestimmen zu können.
*Vorgang:*

Ruf (D-1927) : Frankfurt-Information, D-1927, kommen.

FIS : D-1927, Frankfurt-Information, kommen.

D-1927 : Frankfurt-Information, D-1927, Segelflugzeug Astir CS, Startort Wasserkuppe, augenblickliche Position und Höhe........, erbitte QNH-Frankfurt. Will, wenn möglich, CVFR-Gebiet unterfliegen und für 10 km Strecke 270° fliegen, da der Zipfel des mit NOTAM bekanntgegebenen Gebietes etwas in die TMA-A hineinreicht. Ab Erreichen des Mains wird mit 190° auf Kurslinie zurückgeflogen.

FIS : QNH-Frankfurt 1025 hPa (und ggf. weitere Anweisungen).

D-1927 : QNH und die weiteren Anweisungen bestätigen.

Sollte das CVFR-Gebiet unterflogen werden (es sind nur 15 km), ist dennoch darauf zu achten, daß man sich im kontrollierten Luftraum des TMA-Sektors A Frankfurt bewegt. Der kontrollierte Luftraum beginnt bei 1000 ft (305 m) GND. Achtung, nicht vergessen: Abmelden beim FIS.

### 3) Von CVFR-Frankfurt nach Walldorf (Bild 113.1)

Nach dem Überflug des Mains (charakteristisch durch seinen bizarren Verlauf) und Wiedererreichen der geplanten Kurslinie haben wir wieder die Möglichkeit, Höhe zu erlangen, da die Grenze des CVFR-Gebietes und des TMA-Sektors A hinter uns liegt.
Jetzt kann wieder der kontrollierte Luftraum des CTA-Frankfurt in Anspruch genommen werden.

Etwa 15 km vor Heidelberg beginnt wieder ein Nahverkehrsbereich (TMA-Sektor A) mit einer Untergrenze von 1000 ft (305 m) GND. Die luftrechtlichen Vorschriften können jedoch eingehalten werden, weil die Sicht gut und die Basis sehr hoch ist.

Die CTR-Heidelberg (Kontrollzone) kann leicht überflogen werden. Die Höhe von 1900 ft QNH (580 m) wird keinesfalls unterschritten.

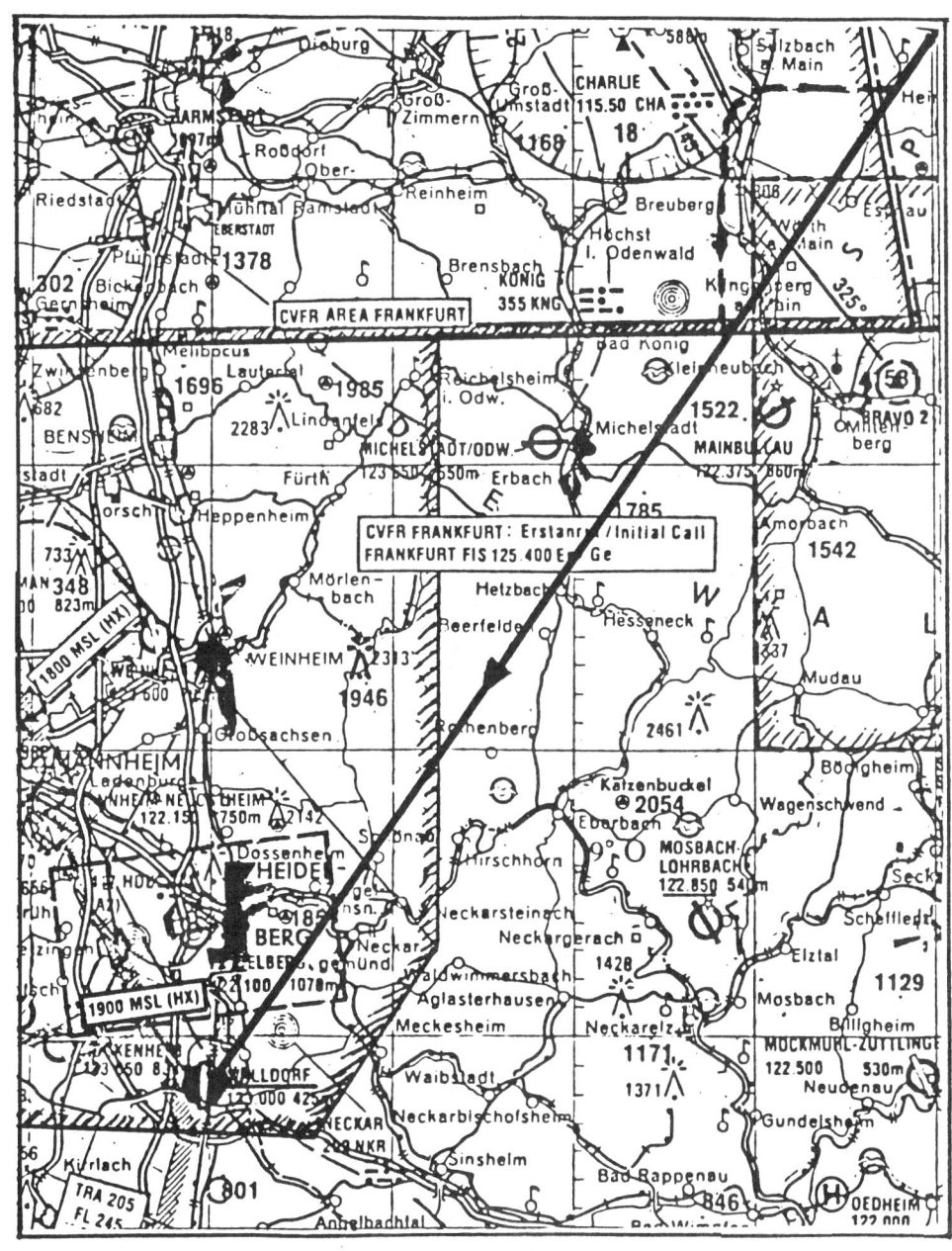

*113.1 Strecke CVFR-Frankfurt nach Walldorf*

Die Bezeichnung Hx, im Kartendruck 1900 ft MSL, (Hx = keine festgelegte Betriebszeit) ist nicht gleichbedeutend damit, daß die Kontrollzone außerhalb der Betriebszeiten oder an Sonn- und Feiertagen durchflogen werden darf (siehe hierzu die Veröffentlichung in AIP I RAC 1-3-7 oder in NfL I 283/69, 19/70, 187/70 und die §§ 10 und 22 Abs. 2 LuftVO).

ff oder in den NfL I 178/76 und 184/79 nachlesen.

Navigatorische Bodenmerkmale befinden sich in großer Zahl auf der zweiten Strecke unseres Zielfluges:

Der Rhein, die Rheinebene, der nach Norden auslaufende Pfälzer Wald. In der Fer-

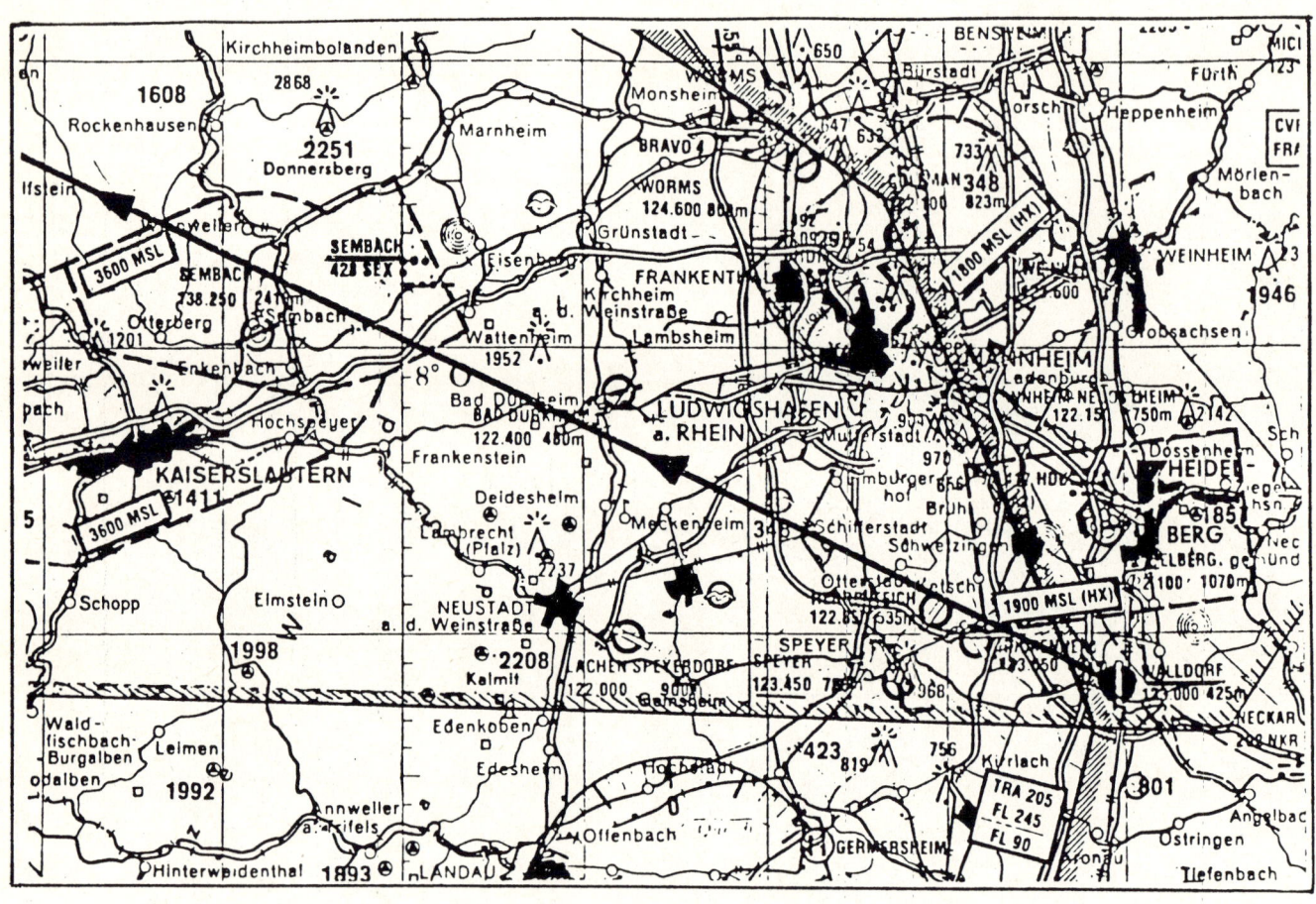

114.1 Strecke von Walldorf nach Sembach

Der Wendepunkt Walldorf wird erreicht *(Foto!)* und der neue Kurs wird aufgenommen.

*4) Von Walldorf nach Sembach* (Bild 114.1)

Der neue Kurs ab Walldorf ist rwK = 295° oder KSK = 315°, wie aus der Segelflugplanung (Bild 109.1) zu entnehmen ist.

Über uns befindet sich ein TRA-Gebiet TRA-205

$$\frac{\text{FL } 245}{\text{FL } 90}.$$

TRA (temporary reserved airspace) ist ein zeitweilig reservierter Luftraum. Die Regelung über TRAs kann man in AIP I RAC 3-1-17

ne, etwas rechts von unserer Kursrichtung sehen wir die großen Antennenanlagen auf dem Donnersberg, Markante Merkmale links und rechts der Kurslinie sind: Die Autobahnen Heilbronn-Koblenz und Basel-Frankfurt. Am Beginn des Pfälzer Waldes liegt Bad Dürkheim unter uns, links und rechts die Sendetürme von Neustadt a.W. und von Bad Dürkheim.

Etwa 55 km nach dem Verlassen von Walldorf erreichen wir die gemeinsame Kontrollzone von „Sembach" und „Ramstein". Die Obergrenze beträgt 3600 ft (1100 m) MSL, kann aber leicht überflogen werden, weil die Höhe über GND nur etwa 750 m beträgt.

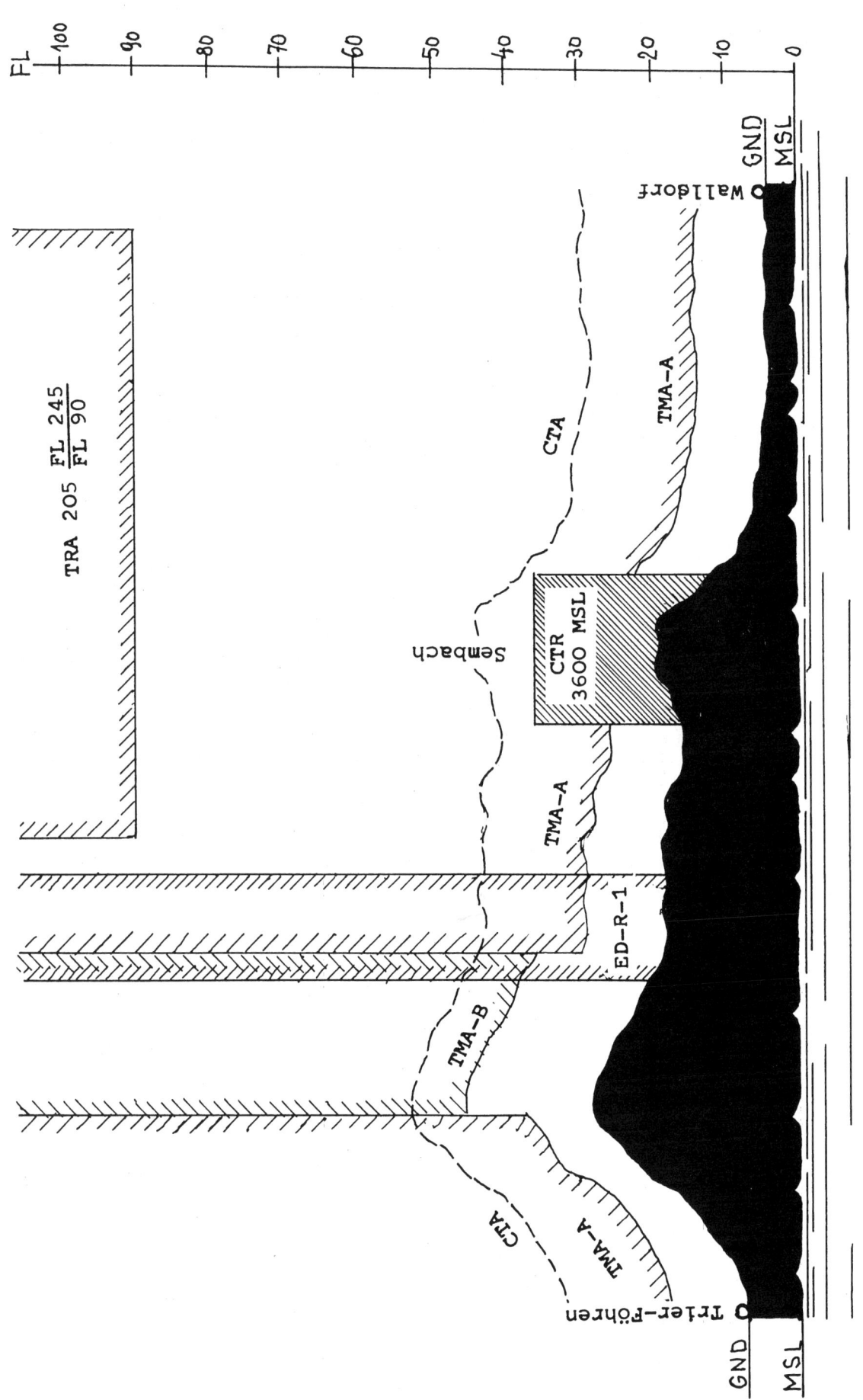

*115.1 Vertikaler Schnitt durch die Teilstrecke Walldorf - Trier-Föhren*

**5) Von Sembach nach Trier-Föhren** (Bild 116.1)
Wir überqueren die Eisenbahnlinie (Neustadt-Bad Kreuznach) und sehen links unter uns das Fluggelände von Sembach. Nach weiteren 25 km endet auch die TRA-205. Vor uns liegt das

ED-R-1  $\dfrac{18\,000\ \text{MSL}}{\text{GND}}$

Aus dem QDM erhält man das zum Eintragen in der Karte erforderliche QTE wie folgt:

QTE = QDM ± 180-OM

In unserem Fall beträgt (aus der ICAO-Karte)
die OM = 2° West
Demnach ist QTE-Saarlouis-Düren  =  058°
QTE-Speyer  =  308°

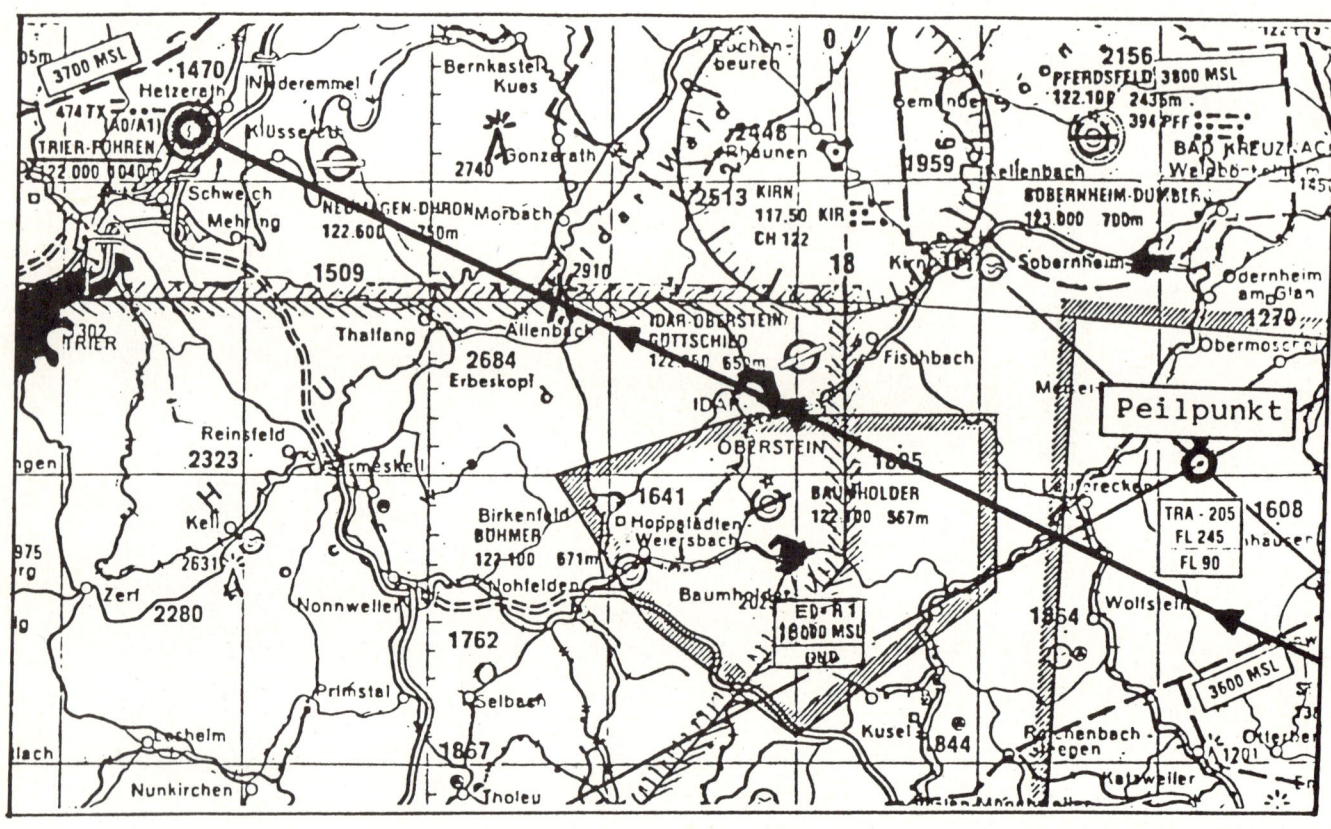

*116.1 Strecke von Sembach nach Trier-Föhren*

Ungefähr 10 km vor dem Erreichen des ED-R-1 wird mit 2 QDM (rechtweisende Peilungen) der augenblickliche Standort ermittelt. Die Flugplätze, die über einen entsprechenden Peiler verfügen, haben auf dem Ausdruck in der ICAO-Karte die Platzfrequenz unterstrichen.

Es wird daher
gerufen: Saarlouis-Düren  122,600 MHz und
Speyer  123,450 MHz.

Ruf : Saarlouis-Düren Info, hier ist D-1927, kommen.

Saarlouis-D.: D-1927, hier ist Info Saarlouis-Düren, kommen.

D-1927 : Bitte ein QDM (Sprechtaste 3 bis 4 Sekunden gedrückt lassen).

Saarlouis-D.: D-1927, Ihr QDM ist 240°.

Der gleiche Ruf wird nun an Speyer-Information gerichtet. Dort beträgt das QDM = 130°.
*Von den beiden Stationen aus* werden auf der Karte die *Standlinien QTE* eingetragen. Es gibt Stationen (Sichtfunkpeiler), bei denen man auch das QTE abrufen kann.

Diese beiden Standlinien werden auf der Karte eingetragen. Der Schnittpunkt der beiden Standlinien (Kreuzpeilung) ergibt den derzeitigen Standort, nämlich die Hochebene zwischen Rockenhausen und Meisenheim, also ungefähr 10 km rechts von der geplanten Kurslinie (siehe Seite 95).

Nun kann das Gebiet ED-R-1 leicht umflogen werden. Nach Erreichen der Bundesstraße von Idar-Oberstein nach Kirn wird die Orientierung wieder aufgenommen. Charakteristisch ist der Idarwald mit dem Hindernis ⋇ 2910 ft MSL. Danach läßt sich bereits die Mosel mit ihrem verschlängelten Lauf erkennen.
Der Flugplatz Trier-Föhren liegt unmittelbar hinter der Autobahn. Auf der Frequenz 122,000 MHz wird „Platz in Sicht" mitgeteilt und angefragt, wo die Landung erfolgen kann. Nach AIP III würde sich die Freifläche zwischen den Zurollwegen und der Landebahn anbieten (Bild 117.1)

Nach der Landung ist die *Landemeldung* fernmündlich sowohl auf der Wasserkuppe als auch der Bfs (sofern Flugplan nicht bereits im Fluge bei Zeitlofs geschlossen wurde) mitzuteilen.

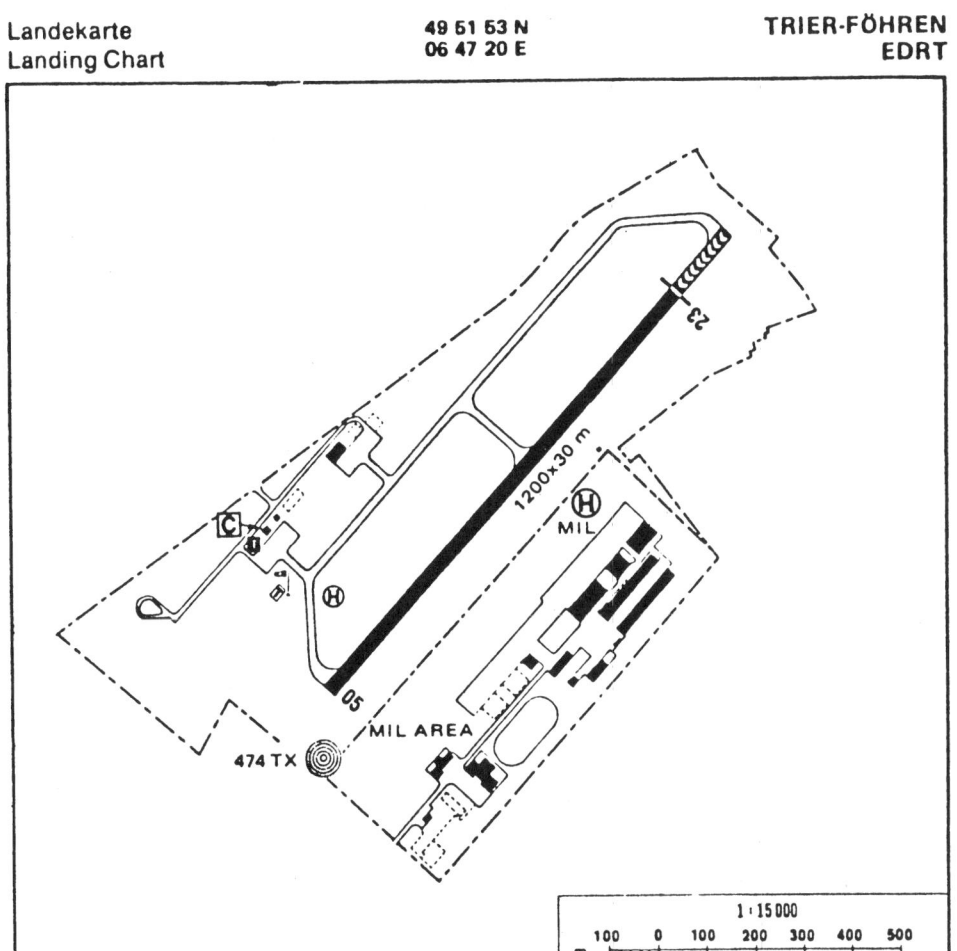

Landekarte
Landing Chart

49 51 53 N
06 47 20 E

TRIER-FÖHREN
EDRT

1200×30 m

MIL

MIL AREA

474 TX

1 : 15 000

100    0    100    200    300    400    500
m

117.1 Landekarte des Flugplatzes Trier-Föhren

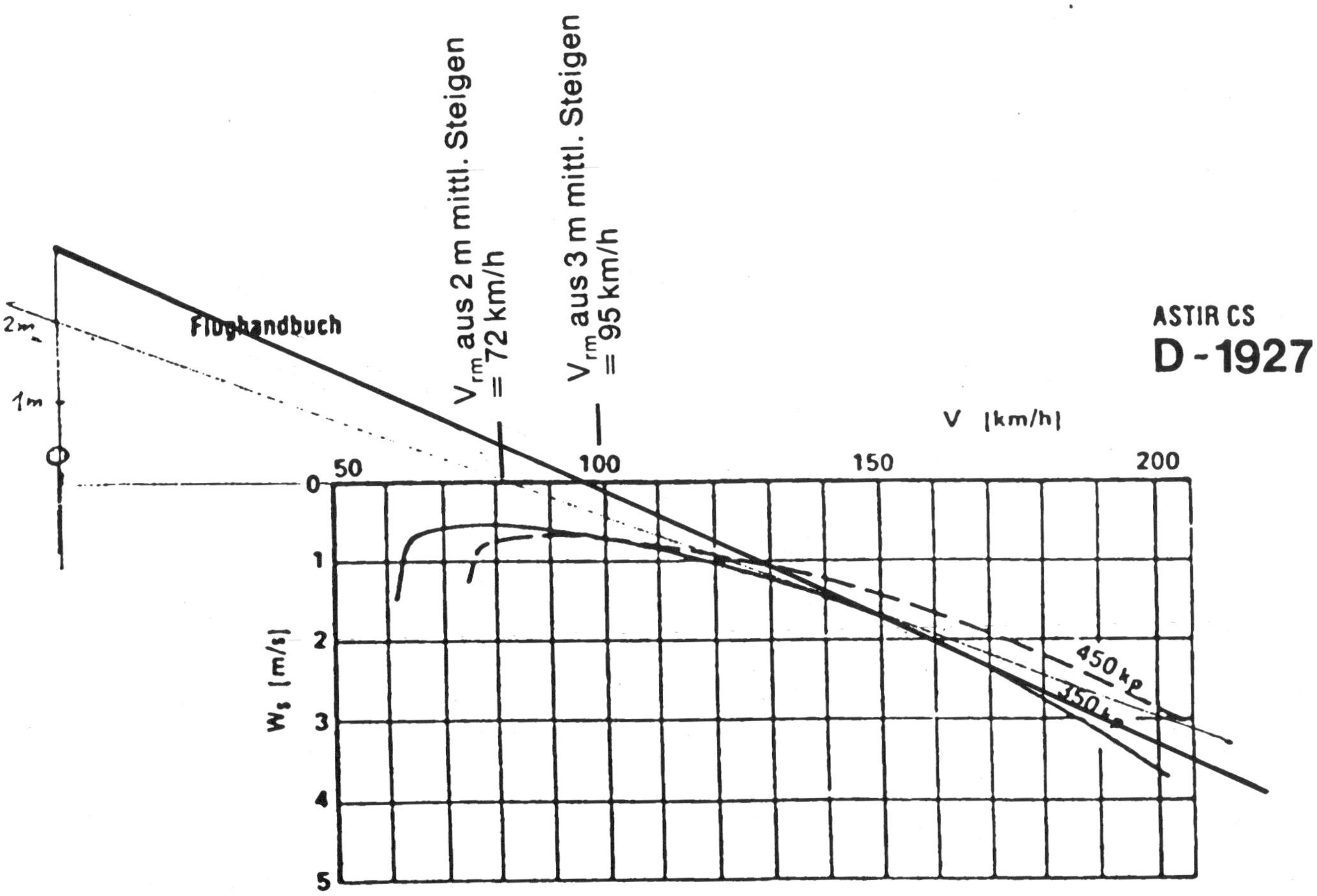

V$_{rm}$ aus 2 m mittl. Steigen = 72 km/h

V$_{rm}$ aus 3 m mittl. Steigen = 95 km/h

Flughandbuch

2 m

1 m

ASTIR CS
**D-1927**

V [km/h]

50    100    150    200

0

1

W$_s$ [m/s]

2

3

4

5

450 kp

350 kp

117.2 Geschwindigkeitspolare der Astir CS.

### 2.4.6 Ausfüllen des Flugplanes

Der Flugplan ist eine schriftliche Meldung an die zuständige Flugsicherungskontrollstelle über einen geplanten Flug. Die Meldung kann auch telefonisch durchgegeben werden. Das Beispiel eines solchen Flugplanes ist mit Bild 105.2 gegeben.

Der Flugplan enthält alle Daten, die zur sicheren Durchführung eines Fluges wichtig sind (AIP Bd I RAC 1-3-9 ft und AIP Bd. III RAC 1-3 + RAC 1-37 FlugÜZ) und NfL I 177/85. Der Flug darf erst angetreten werden, wenn der Flugplan von der FS-Stelle (Bild 47.2) angenommen worden ist.

Nach § 25 LuftVO ist die Flugplanabgabe zwingend vorgeschrieben für Flüge aus oder in die Bundesrepublik, für Flüge in Gebiete mit Flugbeschränkung (z.B. FlugÜZ) und für Flüge bei Nacht im kontrollierten Luftraum, ferner für Kunstflüge im kontrollierten Luftraum und für Wolkenflüge mit Segelflugzeugen.

Vor einem Start hat sich der Segelflugzeugführer bei der Luftaufsichtstelle oder bei der Flugleitung zu melden. Nach Flügen, für die ein Flugplan abzugeben war, ist unverzüglich eine Landemeldung abzugeben, wenn die Landung nicht auf einem Platz mit Flugverkehrskontrolle erfolgt ist.

## 2.5 Terrestrische Navigation

### 2.5.1 Bestimmung des Standortes

*Allgemein:* Überfliegt man ein größeres Gebiet ohne deutliche Navigationsmerkmale oder hat man diese wegen zurückgegangener Sicht nicht erkannt, so daß man die Orientierung verloren hat (man hat sich „verfranzt"), dann muß man trotzdem seinen Standort ermitteln, um festzustellen, ob man sich auf dem geplanten Kurs befindet oder wie man auf diesen zurückkommt.

#### 2.5.1.1 Die Koppelnavigation

*Begriffsbestimmungen*

Bei Verlust der Orientierung muß der Pilot wenigstens wissen, *bis wann* und *bis wohin* er seinen geplanten Kurs noch eingehalten hat. Diese wesentliche Arbeit des Streckenfliegers besteht letzten Endes darin, den Verlauf des Flugkurses laufend zu verfolgen und zwar *auf der Karte und mit der Uhr.*

Wenn ein Streckenflug sorgfältig vorbereitet worden ist, wie in Abschnitt 2.4.2 erläutert wurde, dann kann schon *vor Beginn des Fluges* festgelegt werden, an welcher Stelle man sich zu einer bestimmten Uhrzeit befinden muß bez. um wieviel Uhr man ein bestimmtes FIX überfliegen muß. Unter „FIX" versteht man ein markantes Navigationsmerkmal (Fixpunkt) mit eindeutiger und auf der Karte feststellbarer Position.

Es ist international gebräuchlich, einen FIX mit ⊚ zu bezeichnen.

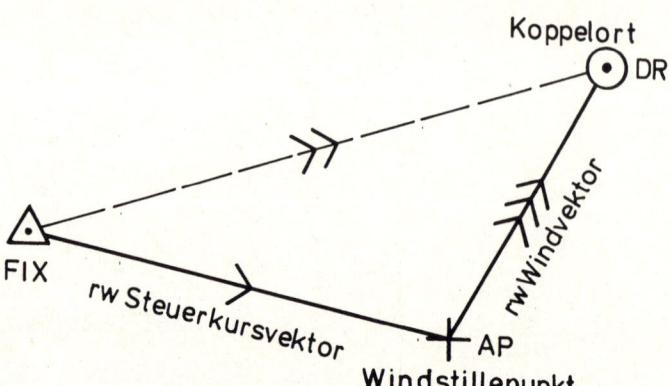

118.1 *Windstillepunkt und Koppelort*

Trägt man vom letzten FIX den rechtweisenden Steuerkurs (TH) auf und darauf als Strecke die seit dem letzten FIX geflogene Entfernung (aus $V_e$ = TAS und der geflogenen Zeit t errechenbar), dann erhält man den Punkt, an dem sich das Segelflugzeug befinden würde, wenn es ohne Windeinfluß (Windstille) geflogen wäre. Dieser Punkt heißt *„Windstillepunkt"* (engl.: airposition = AP). Bild 118.1.

Es ist international gebräuchlich, den Windstillepunkt mit + zu bezeichnen (*AP* oder WSP).

Fügt man an den Windstillepunkt einen Windvektor mit der der geflogenen Zeit t entsprechenden Länge an, dann erhält man den *Koppelort DR*, an dem sich das Segelflugzeug aller Wahrscheinlichkeit nach befindet (DR = dead reckoning position).

Dieser Windvektor (mit der Länge der vom FIX nach DR gebrauchten Zeit) hat die Bezeichnung *„Windeffekt"*.

Der Koppelort wird international mit ⊙ gekennzeichnet.

| ⚠️ FIX | Steuerkursvektor | air vector |
|---|---|---|
| +    AIR POSITION | Windstillepunkt | air position |
| von AP nach DR | Windeffekt ⟶⟶⟶— | wind effect |
| ⊙ DR-POSITION | Koppelort | dead reckoning position |

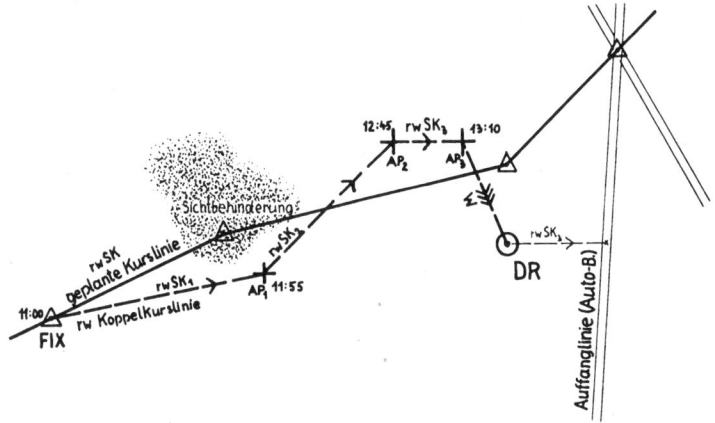

*119.1 Prinzip der Koppelnavigation*

Die Koppelnavigation heißt so, weil man an das letzte bekannte FIX den Weg des Segelflugzeuges bei Windstille *und dann* den Weg des Windes während derselben Zeit ankoppelt, um den neuen Standort zu ermitteln.

Wir nehmen an, der Pilot verläßt den letzten FIX um 11:00 Uhr mit dem rw Steuerkurs rwSK$_1$, der vom geplanten rwSK abweicht, weil der nächste anzufliegende FIX von einer Dunstglocke umgeben ist und nicht gesehen werden kann, und der Pilot dieser Dunstglocke südlich ausweicht.

Um 11:55 ändert er seinen Kurs wieder, auf rwSK$_2$, den er bis 12:45 beibehält und ändert dann den Kurs noch einmal auf rwSK$_3$.
Um 13:10 will der Pilot feststellen, wo er sich jetzt befindet, um auf die geplante Kurslinie zurückzufinden.

Die ganze Strecke wurde mit $v_e$ geflogen und die Windstillepunkte AP$_1$ (11:55), AP$_2$ (12:45) und AP$_3$ (13:10) wurden in die Karte eingetragen. Die Gesamtflugzeit bis AP$_3$ dauerte von 11:00 bis 13:10, also 130 Minuten. Vom Windstillepunkt AP$_3$ aus wird der Windeffekt (Windrichtung und 130 Minuten) aufgetragen und man erhält den gesuchten Koppelort DR.

Wir sehen auf der Karte, daß sich das Segelflugzeug zu weit rechts von der geplanten Kurslinie befindet. *Man fliegt mit dem anliegenden Kurs weiter* (rwSK$_3$) bis zur nächsten Auffanglinie (Autobahn), der man nach links folgt bis zum geplanten FIX (Autobahnkreuzung), von wo aus dann der geplante Kurs weiterverfolgt werden kann.

### 2.5.2 Wahl geeigneter Sichtmarken

siehe Abschnitt 2.2.4

Bei genauem Studium der Karte *vor* dem Flug (bei der Planung) können gleich markante Punkte, die am Wege liegen, festgelegt und durch Sichtmarken (FIX-Dreiecke) gekennzeichnet werden. Am besten ist es, wenn die erwartete Flugzeit von einem FIX zum nächsten eingetragen wird, weil dann die Rechnerei während des Fluges entfällt, und weil dies die Kontrolle des richtigen Plankurses erleichtert.

Die richtige Einübung erfolgt bei der praktischen Ausbildung.

# Abschnitt 3 - Meteorologie

Unter „Meteorologie" versteht man die Physik der Atmosphäre und die Lehre vom Wetter (griech.: „meteoros" = in der Luft schwebend; lat.: „logica" = Lehre vom folgerichtigen Denken).

## 3.1 Grundlagen

### 3.1.1 Physikalischer Aufbau der Atmosphäre

### 3.1.1.1 Die Schichten der Atmosphäre

Die die Erde umgebende Luft bezeichnet man als „Atmosphäre" (griech.: atmos = Dunst, sphaira = die Kugel).
Die Dicke der Atmosphäre ist im Verhältnis zum Erdradius (6371 km) sehr gering.

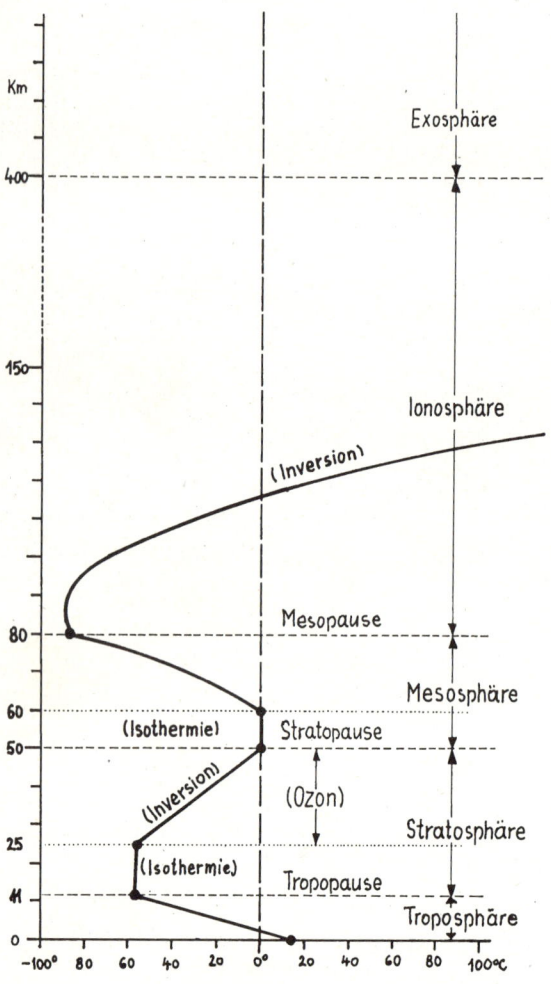

120.1 Die Schichten der Atmosphäre

Eine genau Diche (Höhe) läßt sich nicht angeben, da die Luftdichte zum Weltraum stetig abnimmt und in diesen allmählich (ohne scharfe Grenze) übergeht.

Entsprechend den mit der Höhe (temperaturbedingt) veränderlichen Eigenschaften der Luft unterscheidet man verschiedene Schichten (Bild 120.1).

### Troposphäre

Die Troposphäre (lat.: tropis = Bodensatz) ist die unterste Schicht, in der sich das Wettergeschehen abspielt. Sie hat eine mittlere Höhe von 11 km (ca. $\frac{1}{600}$ des Erdradius). Bei einem Erd-

durchmesser von 1 m würde die Dicke 0,86 mm betragen.

| Die Troposphäre enthält ¾ der gesamten Atmosphärenmasse |
| --- |

In ihr nimmt die Temperatur mit der Höhe ab (siehe Bild 120.1) und sie enthält Wasserdampf (Feuchtigkeit).

### Tropopause

| Die obere Grenze der Troposphäre heißt *Tropopause*. |
| --- |
| Ihre Höhe hängt von der Luftmasse, der Jahreszeit und der geographischen Breite ab (siehe Bild 120.2) |

**Geringe Höhe:** Im Tiefdruckgebiet, im Frühjahr und in hohen Breiten.

**Große Höhe:** Im Hochdruckgebiet, im Sommer und in niederen Breiten.

**Am Äquator:** beträgt die Höhe 14 km bis 18 km, die Temperatur -80° C bis -90°C.

**Am Pol:** beträgt die Höhe 6 km bis 8 km, die Temperatur -40°C bis -50°C.

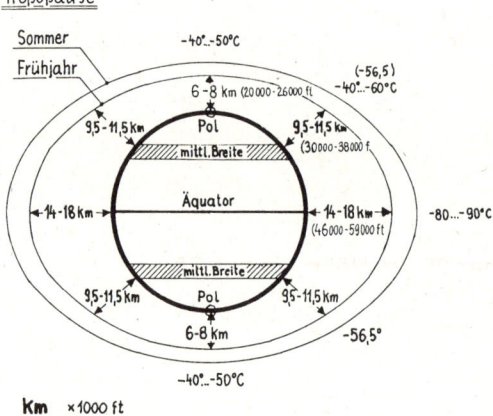

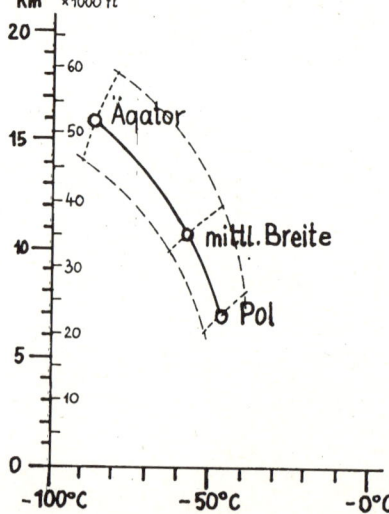

120.2 Die Tropopause: Höhe und Temperatur

### In mittleren Breiten der Nordhalbkugel

beträgt die Höhe 9,4 km (März) bis 11,3 km (August); im Mittel 11 km. Temperatur -40°C bis (60°C; im Mittel -56,5°C. In der unteren Hälfte des Bildes 120.2 sind diese Zahlen grafisch aufgetragen. *mittlere Temperaturabnahme ~ 0,6°C/100n*

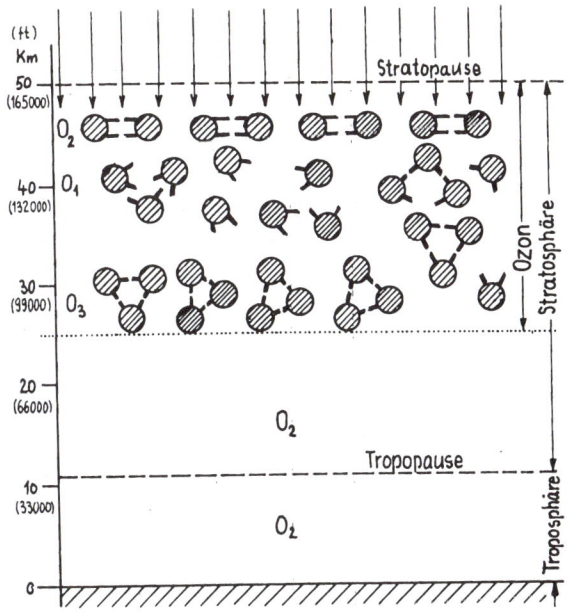

121.1 Entstehung der Ozonschicht

## Stratosphäre (Bild 120.2)

*Ab 15 km Temperatur zunahme ⟹ Ozonschicht*

Die Stratosphäre (lat.: stratus = ausgestreckt, liegend) reicht bis etwa 50 km Höhe.

Die Luftfeuchtigkeit ist fast Null (trocken), deshalb keine Wolkenbildung mehr.

In der Nähe der Tropopause (bis 25 km) herrscht eine fast konstante Temperatur (*Isothermie*). Im Niveau der Tropopause beobachtet man in mittleren Breiten innerhalb der allgemeinen Westdrift wandernde Zonen höchster Windgeschwindigkeit (Düsenströmung, engl.: *jet-stream*) mit zum Teil über 300 km/h, von Herbst bis Frühjahr nicht selten 160–180 Kts = 290–330 km/h.

Über 25 km Höhe bis zur Obergrenze der Stratosphäre nimmt die Temperatur wieder zu. Man nennt dies „Temperaturumkehr" oder „*Inversion*".

Die Temperatur beträgt an der oberen Stratosphärengrenze (60 km) bis 0°C, manchmal bis 50°C.

Die Ursache ist die Anreicherung von Ozon (aktiver Sauerstoff $O_3$) in dieser Höhe. Ozon entsteht aus Sauerstoff durch die Bestrahlung mit Elementarteilchen aus der Sonne (Bild 1.1.1) und hat die Eigenschaft, bestimmte Lichtwellen (ultraviolette Strahlen) zu absorbieren und in Wärme umzusetzen. In der Regel sind 2 Sauerstoffatome zu einem Molekül $O_2$ verbunden, die durch Beschuß mit den Elementarteilchen in einzelne Sauerstoffatome $O_1$ zerfallen. Diese schließen sich dann zu dritt zu $O_3$, dem Ozon, zusammen.

### Stratopause

Die obere Grenze der Ozonschicht ist bei 50 km Höhe. Bis 60 km Höhe bleibt die Temperatur wieder konstant (Isothermie) und von da an nimmt die Temperatur der Luft mit zunehmender Höhe wieder ab. Es beginnt die Mesosphäre.

### Mesosphäre (griech. mesa = mittel)

Die Temperaturabnahme beträgt 3°/km, so daß die Lufttemperatur in 80 km Höhe etwa -80°C bis -90°C ist. In der Höhe von 80 km beginnt die Ionisation der Luft immer stärker zu werden und die Luftdichte beträgt nur noch 0,001 kg/m³.

### Ionosphäre oder Thermosphäre

Die Ionosphäre reicht von 80 km Höhe (Mesopause) bis in etwa 400 km Höhe. Die sehr dünne Luft wird da oben sehr rasch aufgeheizt, so daß die Temperatur jetzt wieder zunimmt (deshalb der Name „Thermosphäre"). In 200 km Höhe beträgt sie bereits 1000°C. Durch kurzwellige Sonnenstrahlen werden die Sauerstoff- und Stickstoffatome ionisiert, daß heißt, sie verlieren Elektronen (und erscheinen dadurch positiv geladen) oder nehmen zusätzliche Elektronen in ihren Atomverband auf (und erscheinen dadurch negativ geladen). Die Ionisation erfolgt in verschiedenen Schichten, die alle sehr gut elektrisch leitend sind, aber verschiedene Eigenschaften haben.

  80 km: D-Region dämpft Kurzwellen.
110 km: E-Regionen reflektieren die Kurzwellen (Reichweiteerhöhung). Diese Schichten werden auch Kenelly- und Heaviside-Schichten genannt.
180 km: $F_1$-Region reflektiert sehr stark.
250 km: $F_2$-Region reflektiert ebenso. Sie steigt tagsüber bis auf 300 bis 400 km Höhe. Die F-Regionen werden auch, nach ihrem Entdecker, Appletonschichten genannt.

### Exosphäre (exo = außen)

Diese beginnt in 400 km Höhe und verliert sich ganz langsam im Weltraum. Eine obere Grenze läßt sich nicht exakt angeben.

| Zusammenfassung | | |
|---|---|---|
| Troposphäre | 0 bis 11 km | Temperatur mit steigender Höhe fallend 150 bis -56,5°C |
| Stratosphäre | 11 bis 25 km 25 bis 50 km | Temperatur -56,5° C konstant (Isothermie) Temperatur mit steigender Höhe steigend -56,5°C bis 0°C (Inversion) |
| Stratopause | 50 bis 60 km | Temperatur 0°C konstant (Isothermie) |
| Mesosphäre | 60 bis 80 km | Temperatur mit steigender Höhe fallend 0°C bis -80°C (3° bis 4°/km) |
| Ionosphäre | 80 bis 400 km | Temperatur mit steigender Höhe steigend in 200 km Höhe schon 1000° C und mehr D-, E- und F-Ionisationsregionen |
| Exosphäre | 400 km aufwärts | Luftwiderstand für Satelliten fast Null |

### 3.1.1.2 Zusammensetzung der Luft

| Gas | | Volums-prozente | |
|---|---|---|---|
| Stickstoff | (N₂) | 78,00 | % |
| Sauerstoff | (O₂) | 21,00 | % |
| Argon | (Ar) | 0,93 | % |
| Kohlendioxyd | (CO₂) | 0,03 | % |
| (Spurenelemente) | | 0,04 | % |
| Neon | (Ne) | 0,0018 | % |
| Helium | (He) | 0,0005 | % |
| Krypton | (Kr) | 0,0001 | % |
| Wasserstoff | (H₂) | 0,0100 | % |
| Xenon | (X) | 0,00001 | % |
| Sonstige | (Rn, O₃ usw.) | 0,02759 | % |
| | | 100,00000 | % |

*Hauptbestandteile der Atmosphäre*

Die Erdatmosphäre ist ein Gemisch aus verschiedenen Gasen, die sich bis Ionisphäre konstante Zusammensetzung beinhaltet. Bis zu einer Höhe von 80 km (erst bei Einsetzen der Ionisation) verändert sich die volumenprozentuale Zusammensetzung). Dabei ist vollkommen trockene Luft vorausgesetzt.

| Merkregel | |
|---|---|
| Stickstoff | 78 % |
| Sauerstoff | 21 % |
| Wasserstoff, Edelgase und sonstige | 1 % |
| Stickstoff $^4/_5$ | |
| Sauerstoff $^1/_5$ | |

Die als „sonstige" in der Tabelle aufgeführten Bestandteile sind meist industrieller Herkunft: Ammoniak, Wasserstoffsuperoxyd, Jod, Staub, Rauch, Ruß und sonstige Umweltverschmutzungen. Zu der trockenen Luft kommt in der Regel noch Wasserdampf hinzu (bis zu 4%). Würde das gesamte in der Luft enthaltene Wasser gleichzeitig zur Erde fallen, dann würde der ganze Planet mit einer Wasserschicht von 25 mm überdeckt werden. Die Hauptgase Stickstoff und Wasserstoff sind durch ihr höheres Gewicht hauptsächlich in den unteren Luftschichten. Das leichte Gas Wasserstoff macht in größeren Höhen (ab 50 km) den Hauptbestandteil des Gasgemisches Luft aus.

### 3.1.2 Luftdruck, -temperatur und -dichte

Da sich die Luft aus verschiedenen Gasen zusammensetzt, gelten für ihren Zustand und ihre Zustandsänderungen die physikalischen Gasgesetze. Um die verschiedenen Begriffe richtig verstehen und anwenden zu können, werden im folgenden Absatz die vorkommenden Begriffsbestimmungen (Definitionen) behandelt.

#### 3.1.2.1 Begriffsbestimmungen

*Die Masse M (kg)*

Unter der Masse eines Körpers versteht man die Menge an Materie, aus der der Körper besteht. Sie wird in kg (Kilogramm) gemessen und mit dem Buchstaben M (Masse) bezeichnet.

*Die Dichte (kg/m³)*

Unter „Dichte" versteht man die Menge der Materie (kg), die in 1 m³ enthalten ist.

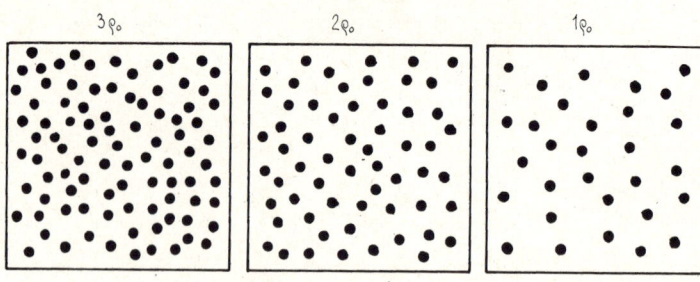

Dichte ρ ist die Menge an Materie in 1 Volumseinheit (1m³) = Spezifische Masse

*122.1 Begriff der Dichte*

Die Dichte (auch spezifische Masse genannt) bezeichnet man mit dem Buchstaben ρ (rho). Sie wird in kg/m³ gemessen.

Die Luftdichte ist also die Angabe, welche Menge an Gasteilchen in 1 m³ vorhanden ist (Bild 122.1).

*Die Beschleunigung a (m/s²)*

Hat ein Masseteilchen M die Geschwindigkeit v (m/s), und diese Geschwindigkeit wird in jeder Sekunde um den Betrag $\triangle v$ (m/s) verändert, dann nennt man diese sekundliche Geschwindigkeitsänderung die „Beschleunigung a" (acceleration). Bild 122.2

Beschleunigung = Geschwindigkeitszunahme je Sekunde

$$a = \frac{\triangle v}{\triangle t}$$

*122.2 Begriff der Beschleunigung*

Wird die Geschwindigkeit v größer, dann spricht man von *Beschleunigung*; wird sie kleiner, dann spricht man von *Verzögerung* (= negative Beschleunigung).

---

Unter „Beschleunigung" versteht man die Geschwindigkeitsänderung je Sekunde.

Die Beschleunigung (acceleration) bezeichnet man mit dem Buchstaben a. Sie wird in m/s² gemessen. Verzögerung ist eine negative Beschleunigung.

Geschwindigkeitsänderung (m/s) je Sekunde (s) $= \dfrac{m/s}{s} = m/s^2$

## Die Kraft F (N)

Will man einen Körper mit der Masse M beschleunigen (z.B. Anschieben eines Wagens), dann muß man eine Kraft F (force) ausüben. Hat ein anderer Körper die doppelte Masse (2xM), dann benötigt man die doppelte Kraft (2xF), um ihn gleich stark zu beschleunigen. Will man den ersten Körper mit der Masse M doppelt so schnell beschleunigen (2xa), dann braucht man auch die doppelte Kraft (2xF). Das heißt, die Kraft wächst proportional zur Masse *und* proportional zur Beschleunigung. Mathematisch ausgedrückt heißt das:

---

F = Mxa (Kraft = Masse × Beschleunigung)

Die Kraft bezeichnet man mit dem Buchstaben F, sie wird in N (Newton) gemessen.

$1 \, N = 1 \, kg \times 1 \, m/s^2 \, (= Mxa)$

---

## Das Gewicht G (kp)

Die Erde übt auf jeden Körper (Masse) eine Anziehungskraft aus. Diese Kraft G nennen wir das „Gewicht" des Körpers. Das Gewicht (kp = Kilopond) ist um so größer, je größer die Masse des Körpers (kg = Kilogramm) ist. Daraus folgt, daß die Erde auf die Masse des Körpers eine Beschleunigung ausübt. Wir nennen diese Beschleunigung die „Erdbeschleunigung g".

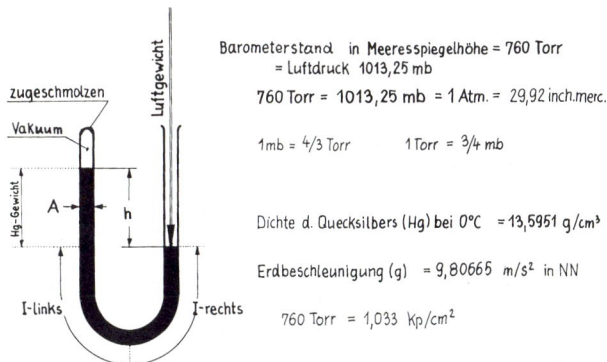

Barometerstand in Meeresspiegelhöhe = 760 Torr = Luftdruck 1013,25 mb

760 Torr = 1013,25 mb = 1 Atm. = 29,92 inch.merc.

1 mb = 4/3 Torr    1 Torr = 3/4 mb

Dichte d. Quecksilbers (Hg) bei 0°C = 13,5951 g/cm³

Erdbeschleunigung (g) = 9,80665 m/s² in NN

760 Torr = 1,033 kp/cm²

### 123.1 Prinzip des Quecksilberbarometers

Das Rohr ist mit Quecksilber gefüllt. Auf der Quecksilberoberfläche des rechten, offenen Rohrschenkels lastet das Gewicht der Luftsäule. Auf der Quecksilberoberfläche des linken, geschlossenen Rohrschenkels lastet nichts, weil sich dort Vakuum (luftleerer Raum) befindet. Die Gewichte der Quecksilbermenge I-links und I-rechts heben sich gegenseitig auf, so daß sich nur noch das Gewicht der linken Quecksilbersäule mit der Höhe h und das Gewicht der Luftsäule gegenüberstehen.

### Luftgewicht = Quecksilbergewicht G

Das Quecksilbergewicht wird aus Quecksilbervolumen V und dem spez. Gewicht γ des Quecksilbers errechnet.

---

G = M × g (Gewicht = Masse mal Erdbeschleunigung)

Das Gewicht bezeichnet man mit dem Buchstaben G, es wird in kp (Kilopond) gemessen und wird auch mit „Gewichtskraft" bezeichnet.

Die Erdbeschleunigung g ist ortsveränderlich und wird in Rechnungen mit 9,81 m/s² eingesetzt.

$1 \, kp = 9,81 \, m/s^2 \times M \, (= 9,81 . M)$

---

*Anmerkung:* Nach DIN 1305 ist zu verwenden:

Statt „*Masse*" als Wägeergebnis ................................................................ das Wort *Gewicht*
Statt „*Gewichtskraft*" als Produkt aus Masse (m)
    mal Fallbeschleunigung (g = 9,81) ................................................... das Wort *Gewicht*

Weil das Wort „Gewicht" noch keine SI-Basiseinheit ist, wurde dafür bis jetzt noch keine international gültige Maßeinheit festgesetzt. Um klare Verhältnisse zu schaffen, verwenden wir *in diesem Buch* als Maßeinheit für das Gewicht als Wägemasse *und* als Gewichtskraft die

*Maßeinheit kp (Kilopond)*

---

## Der Druck p (N/m²)

Unter „Druck" versteht man im allgemeinen die wirkende *Kraft* (N), geteilt durch Größe der gedrückten Fläche (A).

---

$p = \dfrac{F}{A} = (Druck = \dfrac{Kraft}{gedrückte \ Fläche}) = N/m^2$

p = pressure = Druck    F = force = Kraft
A = area = Fläche

---

### 3.1.2.2 Luftdruck p (Pa) und Luftdichte (kp/m³)

Unter dem „Luftdruck" versteht man den Druck, den das *Gewicht* der atmosphärischen Luft auf eine Fläche von 1 cm² ausübt.

Das Luftgewicht kann man mit einem U-förmig gebogenen Rohr feststellen, von dem 1 Schenkel zugeschmolzen ist und das mit Quecksilber (Hg) gefüllt ist (Quecksilberbarometer).

## Das Volumen V ist: Rohrquerschnitt
    A (1 cm²) x Höhe h (cm)
    A = 1 cm², h = 76 cm
    axh = 76 cm³

*Das spez. Gewicht des Quecksilbers (γ) ist:* bei .0°C 13,5951 p/cm³

*Das Gewicht der Quecksilbersäule beträgt* demnach:

G = V.γ = 76 cm³ x 13,5951 p/cm³ = 1033,23 p

*Die Höhe des Luftdruckes* bei 760 mm Hg-Säule beträgt demnach:

    1 atm (physikalische Atmosphäre)
    = 1,033 kp/cm²

    760 mm Hg (Quecksilbersäule)
    = 1013,2 hPa
    = 2992 i.m. (inch mercury)

ICAO Standart Atmosphäre
MSL p = 1013,25 hP
T = 15°C
ϱ = 1,225 kg/m³

rel. Luftfeuchte = 0%
mittlere Temp.abnahme = 0,65 C°/100m

Die Höhe des Luftdruckes wurde früher in mm-Quecksilbersäule angegeben. Später wurde die Angabe in mb (Millibar) vorgeschrieben.

*Heute* ist die *gesetzliche Vorschrift* die Maßeinheit *„Pascal" (Pa)*.

Für die meteorologischen Luftdruckangaben ist das „Hekto-Pascal" vorgeschrieben (hPa). 1 hPa = 100 Pa = 1 mb (hekto = hundert).

| 1 hPa = 1 mb = 0,75 mm Hg = 0,0295 i.m. = 100 N/m² |
|---|
| kp/cm² = 0,981 bar = 981 hPa = 981 mb |

Der Luftdruck nimmt mit zunehmender Höhe gesetzmäßig ab. Je höher man aufsteigt, desto geringer wird die *Höhe der Luftsäule*, die man noch über sich hat und damit das Gewicht der drükkenden Luftsäule. In Meeresspiegelhöhe (MSL-Mean See Level = Mittlere Meeresspiegelhöhe) beträgt der Luftdruck im Durchschnitt 1013 hPa entsprechend etwa 1 atm) (physik. Atmosph.).

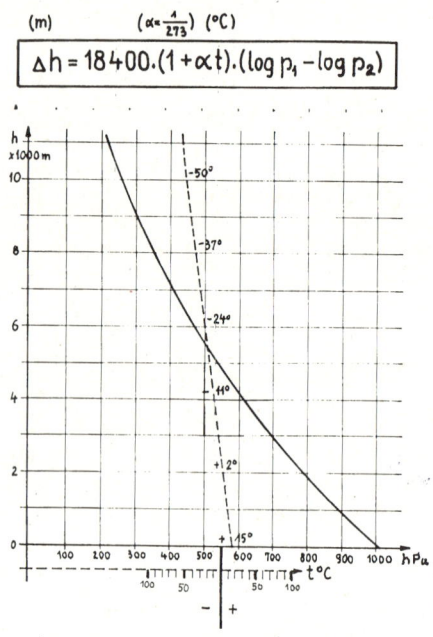

124.1 *Luftdruckabnahme mit der Höhe*

$$\Delta h = 18400 \cdot (1 + \alpha t) \cdot (\log p_1 - \log p_2)$$

Diese gesetzmäßige Abnahme des Druckes mit der Höhe wird bei der barometrischen Höhenmessung verwendet (siehe Abschnitt 4.3, Bordinstrumente). Der Höhenunterschied, der einen Druckunterschied von 1 hPa bedeutet, heißt „*barometrische Höhenstufe*". Sie beträgt:

in MSL          8 m/hPa (26 ft/hPa)

ü. MSL    bis   1 000 m   9 m/hPa *(30 ft/hPa)*

ü.   1 000 bis   2 000 m   10 m/hPa (33 ft/hPa)

ü.   2 000 bis   3 000 m   11 m/hPa (33 ft/hPa)

ü.   3 000 bis   4 000 m   12 m/hPa (39 ft/hPa)

ü.   4 000 bis   5 000 m   13 m/hPa (43 ft/hPa)

ü.   5 000 bis   6 000 m   14 m/hPa (46 ft/hPa)

ü.   6 000 bis   8 000 m   17 m/hPa (56 ft/hPa)

ü.   8 000 bis 10 000 m   23 m/hPa (75 ft/hPa)

ü. 10 000 bis 11 000 m   26 m/hPa (85 ft/hPa)

| *Näherung (gilt bis 6000 m. ü. NN)* |
|---|
| Höhenstufe = (8 + h)m/hPa (h = km ü. MSL) |

*Auch die Luftdichte* wird mit zunehmender Höhe immer geringer, weil sich die Luft infolge des mit der Höhe abnehmenden Druckes weniger zusammendrückt und weniger Materie je m³ enthält.

| Die Standard-Luftdichte in Meeresspiegelhöhe (MSL) beträgt 1,225 kg/m³ |
|---|
| in   200 m Höhe 1,226 kg/m³ |
| in   500 m Höhe 1,20 |
| in 1000 m Höhe 1,11 |
| in 2000 m Höhe 1,01 |
| in 4000 m Höhe 0,82 |
| in 6000 m Höhe 0,66 |
| in   8 000 m Höhe 0,52 kg/m³ |
| in 10 000 m Höhe 0,36 |
| in 15 000 m Höhe 0,19 |
| in 20 000 m Höhe 0,09 |
| in 25 000 m Höhe 0,04 |
| in 30 000 m Höhe 0,01 |

| Bei einem Höhenunterschied von 5500 m (5,5 km) halbiert sich sowohl der Luftdruck als auch die Luftdichte. |
|---|

Beträgt der Barometerstand in Meeresspiegelhöhe 1013,25 hPa, dann beträgt er in 5500 m nur noch 506,6 hPa und in 11 000 m Höhe ist er auf 253,3 hPa gesunken.

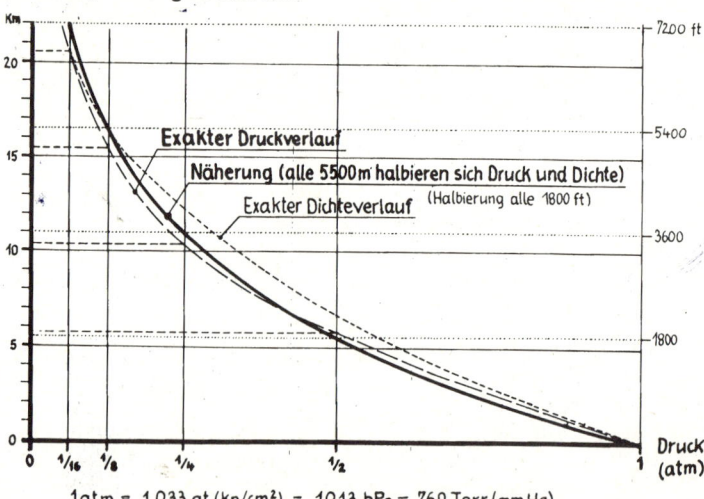

1 atm = 1,033 at (kp/cm²) = 1013 hPa = 760 Torr (mm Hg)

124.2 *Luftdruck und Luftdichte*

Wie aus Bild 124.1 zu ersehen ist, nehmen Luftdruck und Luftdichte mit zunehmender Höhe verschieden schnell ab. Die Ursache sind die verschiedenen Temperaturen. Nimmt die Temperatur ab, dann zieht sich die Luft zusammen und wird schwerer und dichter.
Für die Praxis genügt die in Bild 124.2 stark ausgezogene Näherungskurve, die sowohl für den Luftdruck als auch für die Luftdichte verwendet werden kann.

### 3.1.2.3 Zusammenhang zwischen Luftdruck, Luftdichte und Lufttemperatur

Den Zusammenhang zwischen Luftdruck p, Luftdichte ϱ und Lufttemperatur T gibt die sogenannte „*Zustandsgleichung*" (für trockene Luft). Sie lautet:

$$\frac{p}{\varrho} = R.T$$

p = Luftdruck (hPa)
$\varrho$ = Luftdichte (kp.s².m$^{-4}$)
T = absolute Temperatur
(°Kelvin = 273° + °C)
R = Gaskonstante für Luft
(ca. 28,1)

Mit diesen Zahlen erhält man eine vereinfachte Formel für die Luftdichte:

$$\varrho = \frac{0{,}0356 \times p}{273 + t} \quad (\text{Luftdichte} = \frac{0{,}0356 \times \text{Luftdruck (hPa)}}{273 + \text{Lufttemperatur (°C)}})$$

*Beispiele:*

1) $p_1$ = 1013,25 hPa      t = 15°C

2) $p_2$ = 1030 hPa      t = −20°C

3) $p_3$ = 1000 hPa      t = 30°C

$$\varrho_1 = \frac{0{,}0356 . 1013{,}25}{273 + 15} = 0{,}125 \text{ kp.s².m}^{-4}$$

$$\varrho_2 = \frac{0{,}0356 . 1030}{273 - 20} = 0{,}145 \text{ kp.s².m}^{-4}$$

$$\varrho_3 = \frac{0{,}0356 . 1000}{273 + 30} = 0{,}117 \text{ kp.s².m}^{-4}$$

Die entsprechenden spezifischen Gewichte ($\gamma$ = $\varrho$.g) sind 9,80665 mal so groß:

$$\gamma_1 = 1{,}228 \text{ kp/m}^3$$
$$\gamma_2 = 1{,}421 \text{ kp/m}^3$$
$$\gamma_3 = 1{,}147 \text{ kp/m}^3$$

### 3.1.2.4 Luftdruckänderungen

#### A) Zeitliche Änderungen

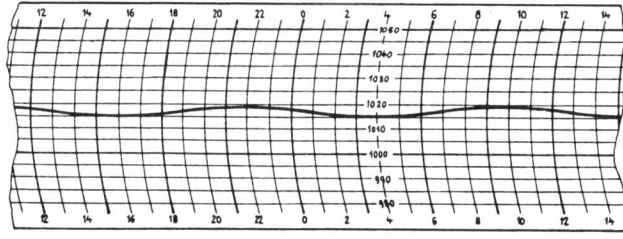

*125.1 Tägliche Luftdruckschwankungen*

An ein und demselben Ort ist der Luftdruck täglichen und jahreszeitlichen Schwankungen unterlegen. Sehr regelmäßig sind die täglichen Schwankungen(Bild 125.1)besonders in den Tropen. In höheren Breiten sind sie meist von wettermäßigen Änderungen überdeckt (die in der Regel wesentlich stärker ausfallen.)
In der Zeit von 22 Uhr bis 4 Uhr früh fällt der Druck, von 4 Uhr früh bis 10 Uhr steigt der Druck und fällt dann wieder bis 16 Uhr nachmittags. Von 16 Uhr bis 22 Uhr steigt der Druck wieder an. Diese halbtäglichen Wellen breiten sich mit großer Regelmäßigkeit über die ganze Erde aus und rühren wahrscheinlich von Eigenschwingungen sehr hoher Luftschichten her. Die Amplitude der Schwingungen beträgt in den Tropen bis zu 3 hPa.

In der Regel sind die Hochdruckgebiete im Winter über den Kontinenten stärker (d. h. mit einem höheren Druckwert) ausgeprägt als im Sommer. Über den Ozeanen ist es umgekehrt. Die Tiefdruckgebiete haben aber sowohl auf den Kontinenten als auch auf den Ozeanen im Winter in der Regel einen tieferen Druckwert als im Sommer.

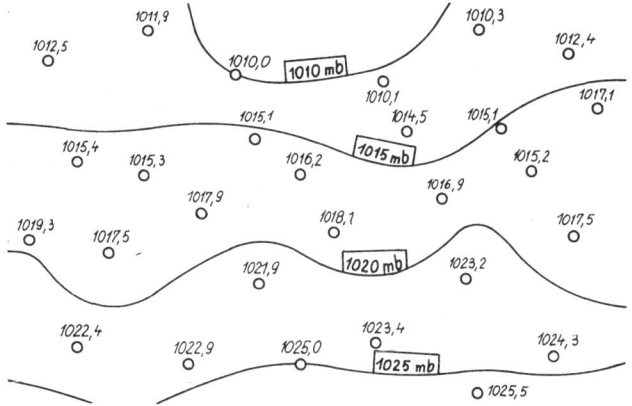

*125.2 Linien gleichen reduzierten Luftdruckes, Isobaren*

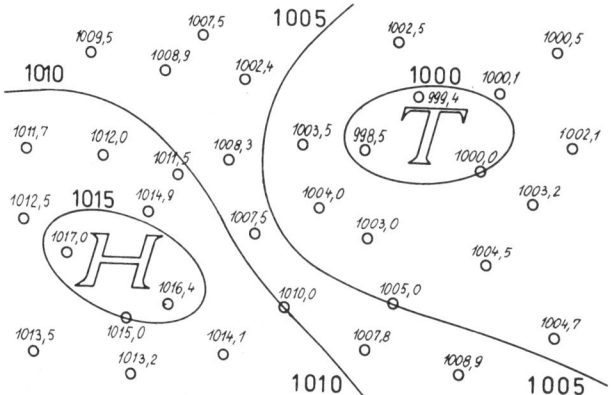

*125.3 Hochdruck- und Tiefdruckgebiete*

#### Räumliche Änderungen

Der Luftdruck schwankt mit den Wettervorgängen in der Atmosphäre im Mittel zwischen 930 hPa und 1060 hPa. In extremen Fällen können auch tiefere Luftdruckwerte, z. B. im Zentrum von Wirbelstürmen oder Tornados oder höhere Werte z. B. in sehr stabilen winterlichen Hochdruckgebieten über Sibirien, auftreten.

Um die an den verschiedenen Orten (Wetterstationen) abgelesenen Werte vergleichen zu können, müssen an den Barometerablesungen *Korrekturen für Temperatur* 0°C, die *Höhe* (Meeresspiegelreduktion) und für die *Normalschwere* auf die bei 45° Breite herrschende Schwere (Erdbeschleunigung) vorgenommen werden.
Verbindet man in einer Wetterkarte alle Stationen, die den gleichen *reduzierten Luftdruck* haben, miteinander, dann erhält man die sogenannten *Isobaren* Bild125.2;griech.: iso = gleich, baros = Gewicht, Druck). Diese Linien werden in der Regel in Abständen von 5 hPa gezeichnet. Die Isobaren können sich niemals berühren oder schneiden.

Bei ausreichend großen Wetterkartenausschnitten treten in sich geschlossene Isobarenlinien auf, wobei (Bild125.3) sie dann Kerngebiete mit relativ hohem Druck (H= Hochdruckgebiet) oder

Gebiete mit relativ niedrigem Druck (T= Tief-druckgebiet) umschließen.

In den Bodenwetterkarten werden auch die drei-stündlichen Druckänderungen eingetragen (Bild 126.1). Diese Druckänderungen werden „Ten-denz" genannt (steigende, fallende oder gleich-bleibende Tendenz, wenn innerhalb von drei Stunden keine Druckänderung aufgetreten ist.

Die dreistündige Druckänderung wird in Zehntel hPascal eingetragen.

52 bedeutet 5,2 hPa in den letzten 3 Stunden.

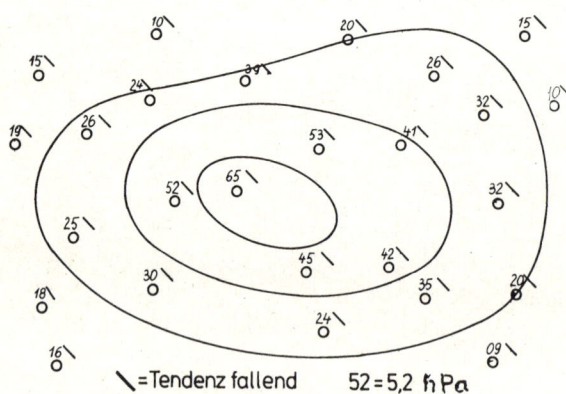

= Tendenz fallend 52 = 5,2 h Pa

*126.1 Linien gleicher Druckänderung*

---

Die Linien gleicher Druckänderung heißen:

*„Isallobaren"*

(griech.: iso = gleich,
allazo = ändern,
baros = Last, Druck).

---

\ bedeutet fallende Tendenz,
/ bedeutet steigende Tendenz.

*3.1.2.5 Abnahme der Temperatur mit zunehmen-der Höhe*

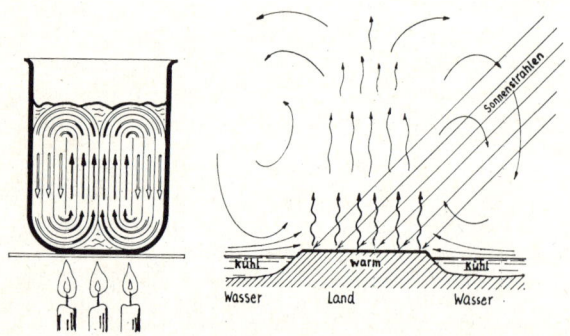

*126.2 Wärmeübertragung durch Konvektion*

Aus den Bildern 120.1 und 120.2 haben wir gese-hen, daß die Temperatur der Luft in der Tropo-sphäre mit zunehmender Höhe abnimmt. Sie be-trägt im Durchschnitt in Meeresspiegelhöhe 15°C und in 10 000 m – 50° C, nach ICAO-Standardat-mopshäre, die den mittleren Zustand der Atmo-sphäre repräsentiert.
Die Ursache ist folgende:
(Bild 126.2):

Die Lufterwärmung in der Troposphäre erfolgt nicht direkt durch die Sonnenstrahlung, sondern

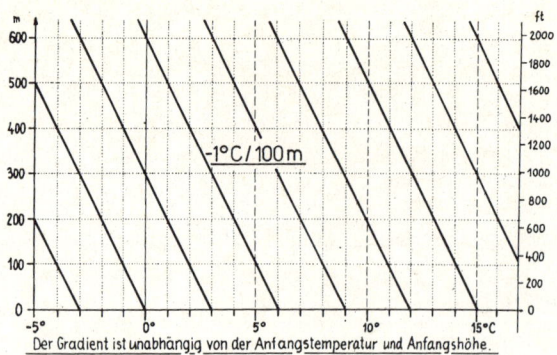

Der Gradient ist unabhängig von der Anfangstemperatur und Anfangshöhe.

*126.3 Temperaturgefälle in trockener Luft*

durch die von der Sonnenstrahlung erwärmte Erdoberfläche. Die Erwärmung der Erdoberflä-che ist über dem Festland größer als über dem Wasser des Ozeans. Da die Luft ein schlechter Wärmeleiter ist, kann die knapp über dem Erdbo-den erwärmte Luftschicht kaum durch Wärmelei-tung an die darüberliegenden Luftschichten Wär-me weitergeben.

Die Luft steigt vom Boden her auf, weil sie über manchen Orten stärker erwärmt wird als in der Umgebung. Wegen der geringeren Dichte und kühleren Umgebungsluft erfährt sie nach dem Archimedischen Prinzip einen Auftrieb und steigt wie ein Heißluftballon auf.

Der Grund für die unterschiedliche Erwärmung des Erdbodens liegt u. a. an der unterschiedli-chen Wärmekapazität, Wärmeleitfähigkeit, Was-sergehalt, ReflekItivität der Sonnenstrahlen der verschiedenen Böden. Zum Ausgleich sinkt Luft von der Höhe ab.

---

Der Wärmetransport durch die vertikal
bewegte Luft heißt „Konvektion".
(lat.: convector = Reisegefährte)

---

Diese dauernde Luftdurchmischung in senkrech-ter Richtung erzeugt eine Temperaturabnahme von unten nach oben (das *Temperaturgefälle*). Für die absolut trockene Luft beträgt dieses Ge-fälle 1°/100 m (3°/1000 ft).

---

Die Temperaturänderung von °C/100 m heißt „*Temperaturgradient*"(Bild126.3). Bei mit der Höhe steigender Temperatur ist der Gradient positiv (+), bei mit der Höhe fallender Tem-peratur ist der Gradient negativ (-).

---

In der Troposphäre beträgt der Temperatur-gradient im Mittel 0,65° C/100 m (2° C/1000 ft.) Der Grund für die Temparaturabnahme mit der Höhe liegt in der zunehmenden Entfer-nung von der „Heizfläche" Boden. (Je weiter man sich von einem Heizkörper entfernt, umso kühler wird es.)

---

Wenn trockene Luft (d. h. so lange noch keine Kondensation eingetreten ist) aufsteigt, kühlt sie sich um 1° C/100 m ab oder erwärmt sich um den-selben Betrag, wenn sie absinkt. Der Grund ist die adiabatische Temperaturänderung eines Ga-ses bei Druckänderung.

Wenn nun in der Konvektion trockene Luft auf- und absteigt, stellt sich in der Konvektions-schicht ein Temperaturgradient von –1° C/100 m ein.

In der realen Atmosphäre nimmt die Lufttempe-ratur nicht immer mit 0,65°C/100 m ab, sondern es sind Luftschichten zwischengelagert, in denen die Temperatur gleich bleibt (Isothermie) oder sogar mit zunehmender Höhe ansteigt (Inver-sion). In Bild 127.1 sind die 3 typischen Fälle dar-gestellt:

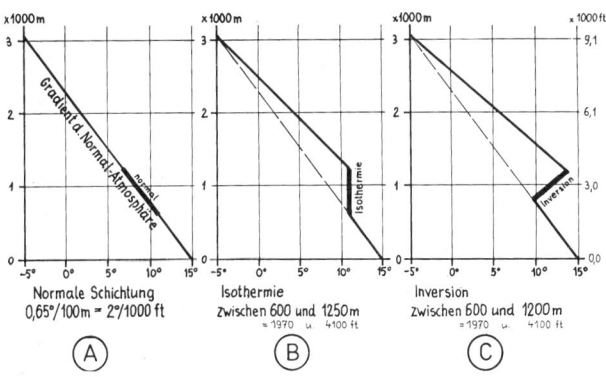

127.1 Die Arten der Luftschichtung

A) Normale Schichtung
   negativer Gradient 0,65°C/100 m

B) Isothermie
   Gradient = 0°/100 m im Bereich von 600 m bis 1250 m Höhe. Gradient im Bereich 1250 m bis 3000 m kleiner als – 0,65°/100 m.

C) Inversion
   positiver Gradient im Bereich von 600 m bis 1250 m Höhe. Gradient im Bereich 1250 m bis 3000 m kleiner als 0,65°/100 m. Bei Tempera-turzunahme mit der Höhe (Inversion) ist der Gradient positiv.

> Die Inversion (Temperaturumkehr) ist eine Sperrschicht für aufsteigende Luft.

### 3.1.3 Die ICAO-Standardatmosphäre

#### 3.1.3.1 Die Standardatmosphäre (ISA)

Die Zahlenwerte der sogenannten Standardat-mosphäre (Normalatmosphäre) sind Mittelwerte aller in der Atmosphäre vorkommenden Zustän-de und sind auf 45° Breite bezogen. Nach diesen Werten werden alle Instrumente, die Luftdruck-messungen (Barometer, Höhenmesser usw), so-wie Messungen der Geschwindigkeiten relativ zur umgebenden Luft (Fahrtenmesser, Variome-ter usw.) vornehmen, geeicht.

Die Grunddaten der ICAO-Atmosphäre (ICAO = International Civil Aviation Organisation = Inter-nationale Zivilluftfahrtvereinigung) sind auf die Höhe des Meeresspiegels (NN = Normal Null, MSL = mean sealevel) bezogen. Die Höhe des Meeresspiegels ist ein vereinbartes Maß und be-zieht sich auf den Nullpunkt (Mittelstand) des Amsterdamer Pegels.

| | |
|---|---|
| Luftdruck in NN | = 1013,2 hPa |
| Temperatur in NN | = 15° C |
| Temperaturgradient in der Troposphäre | = –0,65°C/100 m |
| Stratosphärentemperatur konstant | = -56,5°C |
| Luftdichte in NN | = 0,125 kp.s².m$^{-4}$ |
| Spez. Gewicht der Luft in NN | = 1,226 kp.m$^{-3}$ |
| Luftfeuchtigkeit | = Null % |

Daraus ergeben sich für andere Höhen als NN fol-gende Drücke und Temperaturen der Standard-atmosphäre:

| Höhe über NN m | L.druck hPa | Temp. °C |
|---|---|---|
| 0 | 1013,2 | 15 |
| 200 | 989 | 13,7 |
| 500 | 955 | 11,8 |
| 1 000 | 899 | 8,5 |
| 1 500 | 830 | 5,3 |
| 2 000 | 795 | 2 |
| 3 000 | 700 | – 4,5 |
| 4 000 | 616 | – 11 |
| 5 000 | 540 | – 17,5 |
| 6 000 | 472 | – 24 |
| 7 000 | 410 | – 30,5 |
| 8 000 | 356 | – 37 |
| 9 000 | 307 | – 43,5 |
| 10 000 | 264 | – 50 |
| 11 000 | 226 | – 56,5 |

#### 3.1.3.2 Die Höhenmesser-Einstellungen

Der barometrische Höhenmesser (siehe auch Abschn. 4.3, Bordinstrumente) mißt im Grunde genommen nicht direkt die Höhe über einer ge-wählten Nullhöhe (Meeresspiegel, Flugplatz oder Geländegrund), sondern er zeigt den ge-messenen Luftdruck an. Da jedem Luftdruckwert nach der Standardatmosphäre eine bestimmte Höhe zuzuordnen ist, kann aus dem im Höhen-messer gemessenen Luftdruck bei Eichung der Druckskala in eine Höhenskala auf die Höhe des Segelflugzeuges geschlossen werden.

Die Höhe des Segelflugzeuges wird *relativ zu ei-ner eingestellten Nullhöhe* unter Zugrundele-gung der Standardatmosphäre angezeigt. Auf folgende Höhenmessereinstellungen wird hier näher eingegangen: QFE, QFF, QNH und Stan-dardhöhe.

1) QFE (Bild 128.1)

Im Q-Code bedeutet QFE die Nulleinstellung des Höhenmessers auf den *Barometerstand des Flugplatzes*. In Bild 128.1 ist dieser Baro-meterstand 955 hPa; er ist im Fensterchen des Höhenmessers zu sehen. Beim Drehen des Einstellknopfes drehen sich auch die Zeiger des Instruments, die auf Null zeigen, wenn sich das Segelflugzeug auf dem Flugplatz mit dem Barometerstand 955 hPa befindet. Ist das Segelflugzeug in der Luft, *800 m über dem Platz*, dann zeigt der Höhenmesser 800 m Höhe (über dem Platz) an.

*Umgekehrt:* Stellt der Segelflugzeugführer, solange er auf dem Flugplatz steht, den Höhenanzeiger auf Null, dann erscheint im Fensterchen der auf dem Flugplatz herrschende Luftdruck.

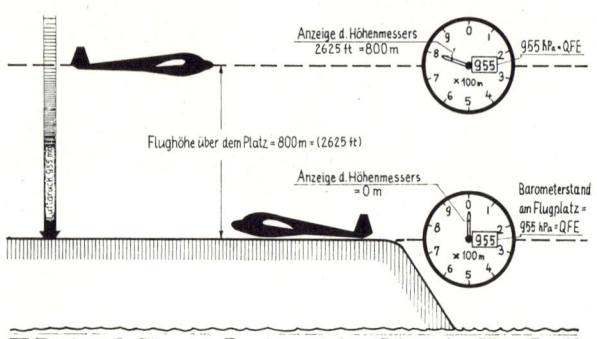

**128.1 Einstellung des Höhenmessers auf QFE**

### 2) QFF (Druckfläche in MSL)

QFF ist ein für MSL *berechneter* Luftdruck. QFF bedeutet den aktuellen Luftdruck an irgendeinem Ort, reduziert auf Meeresniveau mit Hilfe der aktuellen Temperatur an diesem Ort. (Zu einem gemessenen QFE-Wert in der Höhe h muß rechnerisch das Gewicht der Luftsäule h bis zum Meeresniveau hinzugeschlagen werden und dieser Wert ist temperaturabhängig.)

Beim QFF erfolgt die Reduktion auf NN mit der aktuellen Temperatur an der Station, bei QNH mit Hilfe der Standardatmosphäre.

QFE, QFF und QNH sind identisch, wenn die Station im MSL liegt und standardatmosphärische Bedingungen herrschen.

### 3) QNH (Bild 128.2)

QNH ist der *theoretische Luftdruck* in NN. Er wird vom QFE aus nach den Verhältnissen der Standardatmosphäre *zurückgerechnet.*

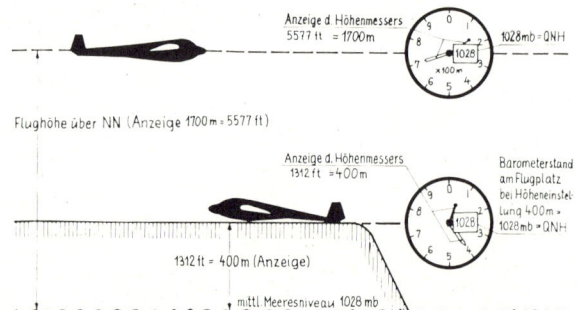

**128.2 Einstellung des Höhenmessers auf QNH**

Steht das Segelflugzeug auf dem Flugplatz und stellt der Pilot den Zeiger des Höhenmessers so ein, daß er die Höhe des Flugplatzes über NN anzeigt, dann erscheint im Fenster der QNH-Wert (theor. Druck in NN).

*Umgekehrt:* Ist im Fenster das QNH eingestellt, dann zeigt der Höhenmesser die Flughöhe über NN an (Bild 128.2).

Da der QNH-Wert vom aktuellen Luftdruck, der ständigen Schwankungen unterworfen ist, abhängt, ist er veränderlich und *muß während eines Fluges laufend nachgestellt werden.*

Das QNH wird vom Flugzeugführer zum Bestimmen seiner augenblicklichen Höhe über MSL benützt; sie heißt: QNH-altitude.

| | |
|---|---|
| QNH-altitude | = Flughöhe über NN (MSL) |
| *terrain clearance* | = Flughöhe über Grund (GND) |

Die terrain clearance erhält man, wenn man von der Höhenanzeige des auf das *richtige* QNH eingestellten Höhenmessers die Höhenangabe der Luftfahrtkarte des Ortes, über den man fliegt, abzieht.

Bei diesen Höhenanzeigen des Höhenmessers ergeben sich *Abweichungen von den tatsächlichen Höhen,* da in den meisten Fällen die aktuellen Temperaturen von den Temperaturwerten der Standardatmosphäre abweichen. Kalte Luft ist dichter als warme Luft, und die Druckabnahme erfolgt mit der Höhe schneller als der Eichung des Höhenmessers (nach der Standardatmosphäre) entspricht (Bild 126.2). Deshalb zeigt der Höhenmesser *in kalter Luft zu große Höhen* an und das Flugzeug befindet sich niedriger *(Gefahr!). In warmer Luft zeigt der Höhenmesser zu kleine Höhen* über NN an und das Flugzeug befindet sich in Wirklichkeit höher.

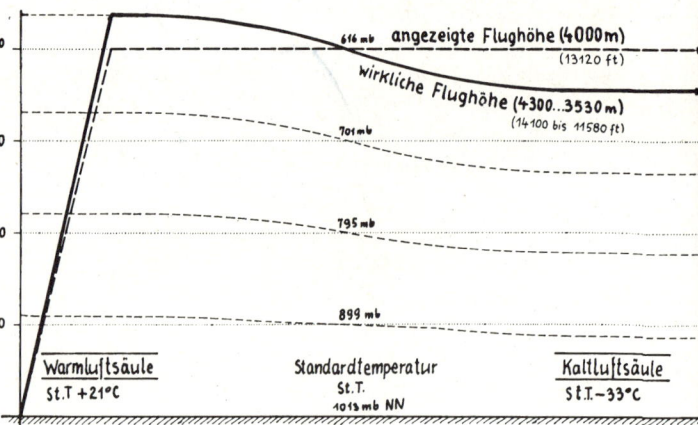

Je 2,8°C *über* Standardtemperatur ist zur Höhenmesseranzeige 1% zu *addieren.*
Je 2,8°C *unter* Standardtemperatur ist 1% zu *subtrahieren.* Die so korrigierten Werte sind da die wahre Höhe, sofern alle andern Voraussetzungen stimmen.

**128.3 Einfluß der Temperaturabweichung auf die Höhenmesseranzeige**

Kalte Luft ist dichter (schwerer) als normale Luft; warme Luft ist dünner (leichter) als normale Luft. Die Luftdichte ändert sich je 1°C Temperaturdifferenz um $1/_{273}$ und damit ändert sich auch das Gewicht und die Höhenmesseranzeige.
Nennen wir $h_a$ die angezeigte Höhe und h die wirkliche Höhe, dann ist bei $\triangle t$ Temperaturdifferenz:

$$h = h_a \cdot (1 + \frac{\triangle t}{273})$$

### 4) Standardeinstellung auf 1013,2 hPa

Bei Überlandflügen im kontrollierten Luftraum über 3000 ft (900 m über GND oder Wasser) wird im Fenster 1013,2 mb (29,92 i.m.) eingestellt (Bild 129.1). Der Höhenmesser zeigt dann immer die Höhe über der Druckfläche 1013,2 hPa an (die nicht immer mit NN (MSL) übereinzustimmen braucht).

Dieser sogenannte QNE-Wert ist also keine Druckangabe, sondern eine Höhenangabe über der 1013,2 hPa hohen Druckfläche. Diese Höhenangabe wird auch mit „Flugfläche " = „flight level" = „FL" bezeichnet.

*FL 240 = Flugfläche 240 = 24 000ft*

Der QNE-Wert gibt die Höhenmesseranzeige an, die beim Landen auf dem Flugplatz zu erwarten ist. Sie wird sich aber nur dann mit der in der Luftfahrtkarte angegebenen Platzhöhe decken, wenn gerade die Verhältnisse der Standardatmosphäre herrschen.

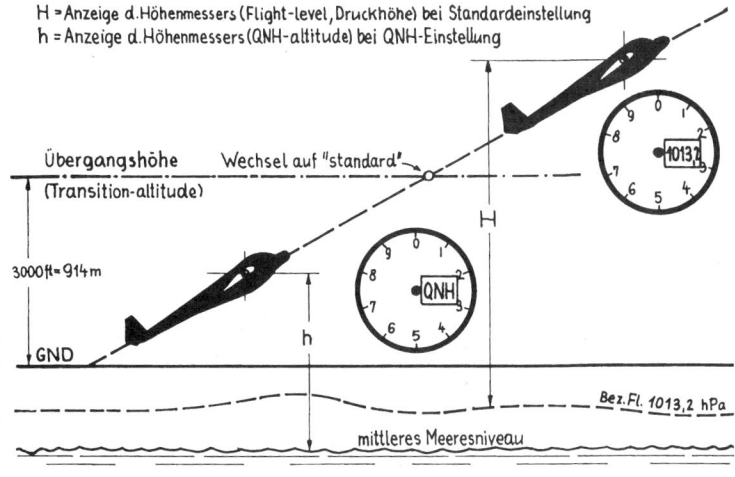

H = Anzeige d. Höhenmessers (Flight-level, Druckhöhe) bei Standardeinstellung
h = Anzeige d. Höhenmessers (QNH-altitude) bei QNH-Einstellung

*129.1 Standardeinstellung 1013,2 hPa*

| Zusammenfassung | | |
|---|---|---|
| Höhenmesser = Einstellung | Definition | Anzeige |
| QFE | Aktueller Luftdruck auf dem Flugplatz | Druckhöhe (pressure level) über dem Flugplatz |
| QNH | Berechneter Luftdruck mit Hilfe der Standardatmosphäre in MSL von QFE zurückgerechnet | Druckhöhe über dem theoretischen Druck in MSL (QNH-altitude) |
| 1013,2 hPa | Standardluftdruckfläche (1013,2 hPa = 29,92 inch merc.) | QNE-Höhenangabe über der 1013,2 hPa-Fläche = (Flugfläche = flight level) |
| QFF = berechneter Luftdruck in MSL mit Hilfe der aktuellen Temperatur von der Station QNH = berechneter Luftdruck in MSL (aus QFE mit Hilfe der Standardatmosphäre) | | |

### 3.1.4 Wasserhaushalt der Atmosphäre

*3.1.4.1 Der Kreislauf des Wassers*

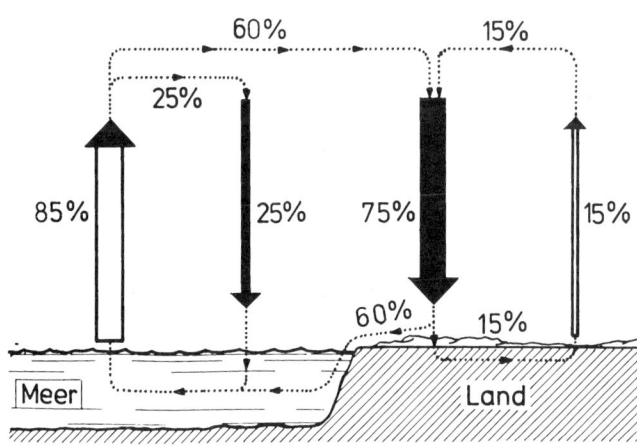

*129.2 Der Kreislauf des Wassers (quantitativ)*

Von der Gesamtoberfläche der Erde (Wasser- und Landoberfläche) verdunsten jährlich 400 000 km³ (Kubikkilometer) Wasser. Die jährliche Niederschlagsmenge (Regen, Schnee usw.) beträgt genauso viel. Über den Meeren werden etwa 85% der Gesamtmenge verdunstet; über dem Land (von Seen, feuchter Erde, Flüssen und von der Vegetation) dagegen nur 15%.

Als Niederschläge fallen über den Meeren nur 25% der Gesamtmenge, auf das Land hingegen 75% (als Wasser-, Reif-, Schnee-, Graupel-, Hagel und Taumenge). Dieser Kreislauf ist in Bild 129.2 schematisch dargestellt.

Der Wassergehalt der Luft (teils als Wasserdampf unsichtbar, teils als Wolken, Nebel usw. sichtbar) ist nicht genau bekannt. Er beträgt in den Tropen maximal 4% der Luftmenge (in Wüstengebieten annähernd 0%). Der gesamte Wassergehalt der Luft befindet sich praktisch in der Troposphäre.

*3.1.4.2 Verdunstung, Kondensation und Sublimation*

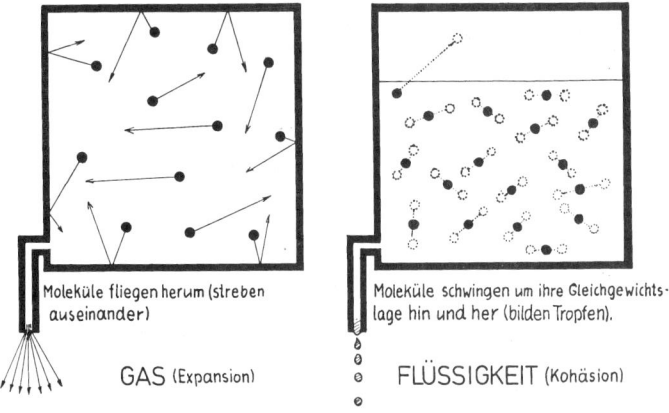

*129.3 Gas und Flüssigkeit*

*Gas und Flüssigkeit*

Die Moleküle in Gasen bewegen sich geradlinig fort (Bild 129.3), bis sie an eine Wand oder an andere Moleküle stoßen. Hat ein mit Luft gefüllter Behälter eine kleine Öffnung, dann „strömt das Gas aus" und verteilt sich im Raum.

Bei Flüssigkeiten ist die Anziehungskraft der einzelnen Moleküle so groß, daß sie im Verband bleiben. Man nennt das „Kohäsion" (lat.: cohaerere = zusammenhängen).

Durch die Kohäsion haben die Moleküle feste Gleichgewichtslagen, um die sie hin- und herschwingen (Bild 129.3 rechts). Hat ein mit Wasser gefüllter Behälter eine kleine Öffnung, dann verteilt sich das Wasser nicht frei im Raum, sondern die Moleküle bleiben beisammen und „die Flüssigkeit bildet Tropfen".

## Verdunstung

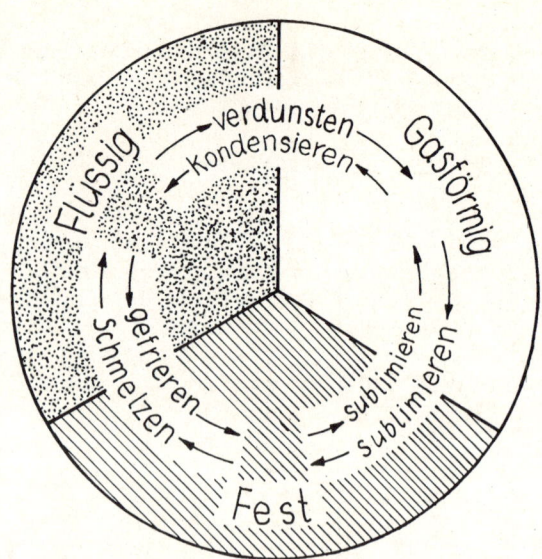

130.2 Verwandlung der Aggregatzustände

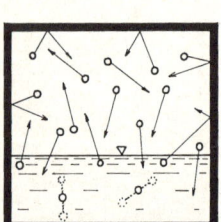 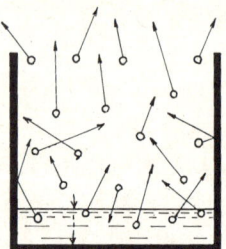

geschlossenes Gefäß
austretende und rückkehrende Molekülzahl hält sich die Waage, Verdunstung hört auf.

offenes Gefäß
Kaum rückkehrende Moleküle, Verdunstung geht weiter, bis alles Wasser weg ist.

### 130.1 Die Verdunstung

Erwärmt man die Flüssigkeit (z.B. Wasser), dann bewegen sich die Moleküle schneller. Die Geschwindigkeit der Moleküle ist jedoch nicht exakt gleich, es gibt langsamere und schnellere. So kommt es, daß schon vor Erreichen der Siedetemperatur einzelne Moleküle die Geschwindigkeit haben, die sie befähigt, die Flüssigkeit zu verlassen. Die Anzahl wird immer größer, je höher die Temperatur ist. Diesen Vorgang des Überwechselns von Wassermolekülen aus dem flüssigen zum gasförmigen Verband nennt man „Verdunstung". Da die schnellen Moleküle die Flüssigkeit verlassen, bleiben nur langsamere zurück; die Temperatur des Wassers nimmt ab. Es ist die bekannte „Verdunstungskälte". (Bild 130.3)

Geschieht das Verdunsten in einem geschlossenen Gefäß (Bild 130.1), links), dann wird nach und nach die Anzahl der in die Flüssigkeit zurückkehrenden Moleküle gleich groß wie die Anzahl der austretenden, und die Verdunstung hört auf. Ist das Gefäß offen (Bild 130.1, rechts), dann kehren nur wenige Moleküle zurück und das Wasser kann weiter verdunsten, bis das Gefäß leer ist.

## Kondensation

Kehren Wasser-($H_2O$)-moleküle aus dem gasförmigen Zustand in den flüssigen Zustand zurück, dann heißt das „Kondensation". Die beim Verdunsten verbrauchte Wärmemenge wird beim Kondensieren wieder frei (Kondensationswärme). Entzieht man dem Dampf diese Wärme, die frei werden soll, dann kondensiert der Wasserdampf zu Wasser. Das heißt: Abkühlung führt zu Kondensation (siehe später).

## Sublimation

Auch feste Stoffe (Eis) haben Moleküle mit der nötigen Geschwindigkeit, die sie zum Verlassen des Körpers befähigt. Diesen direkten Übergang vom festen Aggregatzustand (Eis) in den gasförmigen (Wasserdampf) nennt man Sublimation.

Der umgekehrte Vorgang, nämlich der direkte Übergang von Wasserdampf in Eiskristalle, heißt ebenfalls Sublimation.

## Schmelzen und Gefrieren

Der Übergang vom festen (Eis) in den flüssigen Zustand (Wasser) heißt „schmelzen". Der umgekehrte Vorgang heißt „gefrieren".

Eine Übersicht über die Verwandlung von Aggregatzuständen bietet Bild 128.1

### 3.1.4.3 Die Luftfeuchte

#### Sättigungsdruck

Befindet sich in einem geschlossenen Gefäß Wasser und darüber Luft (Bild 130.3), dann stoßen die frei gewordenen Moleküle des Wassers gegen die Gefäßwand und üben den sogenannten „Dampfdruck" aus, der nach und nach ansteigt. Mit dem Druck steigt auch die Zahl der in die Flüssigkeit zurückkehrenden Moleküle, bis das (kinetische) Gleichgewicht herrscht, bei dem die Zahl der in die Flüssigkeit zurückkehrenden und die der die Flüssigkeit verlassenden gleich groß ist. Man sagt dann: „Der Raum ist mit Wasserdampf gesättigt."

o Luftmoleküle
● Wassermoleküle

$p_W$ = Druck durch Wasser(dampf)moleküle (Partialdruck)

$p_L$ = Druck durch Luftmoleküle (Partialdruck)

$p$ = Gesamtdruck = $p_W + p_L$

$p_{Wmax}$ = Sättigungsdruck ist nur von der Temperatur abhängig und nicht von $p_L$

130.3 Der Sättigungsdruck

Sättigungsdruck oder Sättigungsdampfdruck ist der Dampfdruck, bei dem kein Wasser mehr verdunstet.

Das Gleichgewicht zwischen der Anzahl der Moleküle, die das Wasser verlassen und der Anzahl der Moleküle, die gleichzeitig zurückkehren, ist *unabhängig* davon, wie groß der Luftdruck in dem Gefäß ist. Zwischen den Luftmolekülen haben die Wasserdampfmoleküle genügend Platz; es herrscht kein Platzmangel.

| Das Dalton'sche Gesetz |
|---|
| Der Druck des Gemisches aus Luft und Wasserdampf (p) ist gleich der Summe des Druckes der Luftmoleküle ($p_\ell$) und des Dampfdruckes der Wassermoleküle ($p_w$). |
| Gesamtdruck = Summe der Partialdrücke |

Die Menge des Wasserdampfes ist ausschließlich von der Temperatur abhängig und nicht vom Volumen und (fast) nicht vom Luftdruck (Der Sättigungsdampfdruck ist stark von der Temperatur abhängig und zwar in der Weise, daß mit steigender Temperatur mehr Feuchtigkeit in Dampfform aufgenommen werden kann.)

*Die absolute Feuchte a* (p/m³)

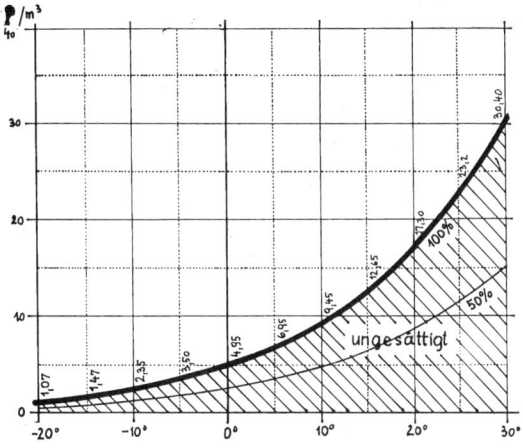

*131.1 Die absolute Feuchte*

Die absolute Feuchte a gibt an, wieviel Pond (p) Wasserdampfgewicht in 1 Kubikmeter (m³) Luft enthalten sind. In Bild 131.1 ist die Sättigungskurve dargestellt. Enthält 1 m³ Luft mit der Temperatur von 10°C ein Wassergewicht von 9,45 p, dann wird dieser Wert mit 100% bezeichnet. Enthält die Luft weniger Wasser, dann ist sie bei dieser Temperatur ungesättigt (schraffiertes Gebiet im Bild 131.1).

*Die relative Feuchte f* (%)

Die relative Feuchte gibt den Sättigungsgrad der Luft mit Wasserdampf an und drückt das Verhältnis zwischen dem tatsächlich vorhandenen Wasserdampfgewicht und dem bei der entsprechenden Temperatur möglichen Wasserdampfgewicht in Prozenten aus.

*Beispiel:* In 1 m³ Luft sind 4,9 p Wasserdampf enthalten, die Temperatur beträgt 10°C. Wie groß ist die relative Feuchte?

$$f = \frac{4,9}{9,45} \cdot 100 = 51,85 \approx 52\%$$

| Relative Feuchte f $= \dfrac{\text{vorhandenes Wasserdampfgewicht}}{\text{mögliches Wasserdampfgewicht}} \times 100\%$ |
|---|

*Der Taupunkt $t_d$ (engl.: dew = Tau)*

Der Taupunkt $t_d$ ist die Temperatur in °C, bis zu der die ungesättigte Luft abgekühlt werden muß, damit Sättigung und hierdurch Kondensation eintritt.

*Beispiel:* Die Luft enthält 4,95 p/m³ Wasserdampf. Wie hoch liegt der Taupunkt?

Aus Bild 161.1 entnehmen wir, daß bei 4,95 p/m³ die Sättigungstemperatur 0°C beträgt. Der Taupunkt ist demnach 0°C.

*Wichtig!* Je kleiner die Differenz von Temperatur und Taupunkt ist, um so größer ist die Gefahr, daß sich tiefliegende Wolken oder Nebel bilden und dann einen Sichtflug unmöglich machen.

*Die spezifische Feuchte s* (p/kp)

Die spezifische Feuchte gibt an, wieviel Pond (p) Wasserdampf in 1 Kilopond (kp) feuchter Luft enthalten sind.

Bei Betrachtungen der Vertikalbewegung der Luft (z. B. Cumulusbildung) muß man mit der spezifischen Feuchte arbeiten, da sie sich mit der Höhenänderung der aufsteigenden Luft nicht ändert, denn 1 kp Luft am Boden bleibt 1 kp Luft in der Höhe, nur das Volumen von 1 kp Luft ändert sich dabei natürlich. Deshalb kann man bei solchen Betrachtungen nicht die absolute Feuchte benutzen, die sich auf das Volumen 1 m³ bezieht.

### 3.1.4.4 Die adiabatische Zustandsänderung

Ein Luftpaket, das gegenüber der ruhenden, umgebenden Luft eine höhere Temperatur und dadurch eine geringere Dichte hat, steigt (wie ein Warmluftballon) in die Höhe. Beim Aufsteigen kommt es in ein Gebiet niedrigeren Druckes (Druckabnahme mit der Höhe) und dehnt sich dabei aus. Für die Ausdehnungsarbeit muß das Luftpaket die eigene Energie anzapfen, da wegen der schlechten Wärmeleitfähigkeit der Luft von außen dem aufsteigenden Luftpaket keine Wärme zugeführt wird. Dadurch verliert es von seiner ihm innewohnenden Wärmeenergie. Das heißt, es kühlt sich ab.
Das heißt:

| Das Sinken der Temperatur eines aufsteigenden Luftpakets ist ausschließlich eine Folge der Ausdehnung |
|---|

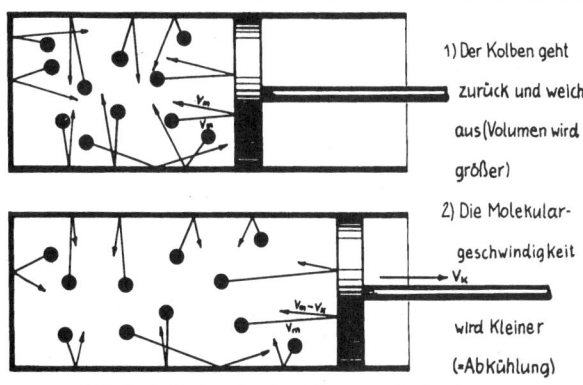

*131.2 Adiabatische Zustandsänderung*

131

Die Moleküle der Luft, die in allen Richtungen durcheinander fliegen, prallen dabei auch gegen die Wand des einschließenden Gefäßes. Die Summe der Aufprallkräfte ergibt den Druck, den das Gas gegen die Wand ausübt. Wird das Gas erwärmt, dann bewegen sich die Moleküle schneller, die Aufprallkräfte und damit der Druck erhöhen sich. Nach dem Aufprall fliegen die Moleküle wie elastische Tennisbälle mit der gleichen Geschwindigkeit wieder von der Wand weg (Bild 131.2). Wird die Wand (im Bild der Kolben) zurückgezogen, dann vergrößert sich dabei das Volumen, das dem Gas, also den herumfliegenden Molekülen, zur Verfügung steht: Das Gas dehnt sich aus. Während des Zurückziehens des Kolbens werden die Moleküle aber in ihrer Bewegungsgeschwindigkeit langsamer, genau wie ein Tennisball, der auf einen zurückweichenden Tennisschläger trifft. Aber: Verringerung der Molekülgeschwindigkeit ist gleichbedeutend mit Temperaturrückgang. Das Gas wird kühler, solange die Wand des Gefäßes zurückweicht. Hört das Zurückweichen auf, bleibt die in diesem Augenblick herrschende Temperatur erhalten und sinkt nicht weiter ab.

Der Wärmeaustausch mit der Umgebung kann entweder dadurch verhindert werden, daß das Luftpaket wärmeisoliert ist (wie bei der Atmosphäre, denn Luft ist praktisch nichtleitend für Wärme) oder dadurch, daß der Vorgang der Volumenänderung so rasch vor sich geht, daß gar keine Zeit für den Wärmeaustausch mit der Umgebung zur Verfügung steht (wie beim Dieselmotor, dessen schnelle Kompression die Temperatur der eingeschlossenen Luft auf Zündtemperatur erhitzt).

Wir haben im betrachteten Fall des aufsteigenden Luftpakets eine *Zustandsänderung* der Luft vor uns: die Luft bekam ein größeres Volumen, eine geringere Dichte und eine geringere Temperatur, ohne daß ihr dabei Wärme entzogen oder von außen zugeführt wurde. Eine solche Zustandsänderung heißt *„adiabatisch"* (griech.: adiabatos = nicht hindurchdringen, also wärmeisoliert).

> Eine Zustandsänderung oder ein Vorgang, bei dem *von außen* weder Wärme zugeführt noch entzogen wird, heißt
> **A d i a b a t i s c h e   Z u s t a n d s ä n d e r u n g**

Jedes Luftpaket, das durch äußere Umstände (z.B. Erwärmung von der Erde her) angehoben wird und sich wegen des Geringerwerdens des Außendruckes der ruhenden Umgebungsluft ausdehnt, *kühlt sich adiabatisch ab*, ohne Rücksicht auf die Außentemperatur.

> Der Temperaturgradient eines aufsteigenden Luftpakets heißt
> **H e b u n g s g r a d i e n t**

Die Temperaturänderung in °C je 100 m vertikaler Höhenänderung von unten nach oben heißt *Temperaturgradient*.
Wie später erläutert wird, beträgt der Hebungsgradient für trockene, das heißt für ungesättigte Luft 1°/100 m. Er heißt:

> **„Trockendiabatischer Temperaturgradient"**

### 3.1.4.5 Schichtung und Stabilität der Atmosphäre

Der vertikale Temperaturverlauf in der Atmosphäre von unten nach oben gibt die Schichtung der Atmosphäre an, die sich von Tag zu Tag ändern kann. Der Temperaturgradient der Schichtung heißt „Schichtungsgradient".

> Der aktuelle, vertikale Temperaturverlauf in der Atmosphäre heißt:
> **S c h i c h t u n g s g r a d i e n t**

Der Schichtungsgradient der Atmosphäre ändert sich ständig und muß jeden Tag mit Hilfe von Radiosondenmessungen neu bestimmt werden.

Je nachdem, ob der Schichtungsgradient größer, gleich oder kleiner ist als der trockenadiabatische Temperaturgradient, heißt er *„überadiabatisch", „adiabatisch" oder „unteradiabatisch"*.

Wird nun Luft in der Atmosphäre angehoben, entweder durch Anblasen eines Berghanges (erzwungene Hebung) oder durch Erwärmung vom Erdboden (thermischer Aufwind), so können folgende Situationen auftreten:

*1) Indifferentes Gleichgewicht (Bild 132.1 A), Schichtung adiabatisch*

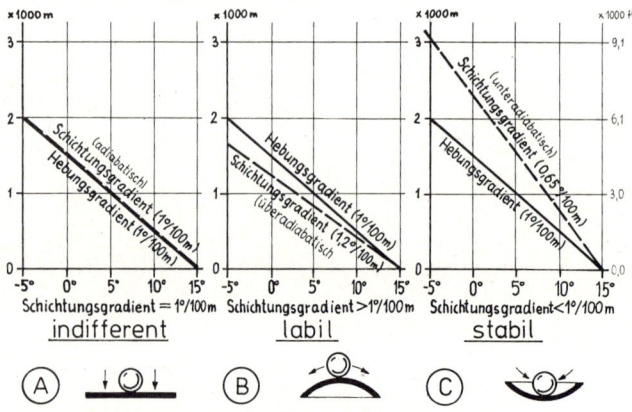

*132.1 Die Stabilitäten aufsteigender Luft*

Ist der Schichtungsgradient der ruhenden Umgebungsluft *gleich* dem Hebungsgradient des Luftpakets (1°/100 m), dann hatte das Paket während der ganzen Aufwärtsbewegung in jedem Zeitpunkt die gleiche Temperatur und die gleiche Dichte wie seine Umgebung. Das Paket wird an jeder Stelle, an der die Ursache der Aufwärtsbewegung aufhört, stehenbleiben, weil es die Dichte der Umgebung besitzt. Es befindet sich im „indifferenten Gleichgewicht" wie eine Kugel auf einer horizontalen Unterlage.

*2) Labiles Gleichgewicht (Bild 132.1 B) Schichtung überadiabatisch*

Ist der Schichtungsgradient der ruhenden Umgebungsluft *größer* als der Hebungsgradient des Luftpakets (z.B. 1,2°/100 m), dann hat das Paket während der ganzen Aufwärtsbewegung in jedem Zeitpunkt eine höhere Temperatur und geringere Dichte als die Umgebung. Das Paket befindet sich im „labilen Gleichgewicht" wie eine Kugel an der obersten Stelle einer nach oben gewölbten Kugel. Bei einer solchen Schichtung wird das Paket, wenn die äußere Ursache der Aufwärtsbewegung aufgehört hat zu wirken, immer weiter steigen, weil es leichter als die umgebende Luft ist. Solche Luftmassen können in sehr große Höhen gebracht werden.

Umgekehrt, wenn das Luftpaket durch äußere Ursachen gezwungen wurde abzusinken, ist es stets schwerer als die Umgebungsluft und wird immer weiter absinken. Diese überadiabatische Schichtung kommt in der freien Atmosphäre nur in den untersten 100–300 m vor. Darüber kann die Temperatur maximal nur 1°C/100 m mit der Höhe abnehmen.

**3) Stabiles Gleichgewicht (Bild 132.1 C) Schichtung unteradiabatisch**

Ist der Schichtungsgradient der ruhenden Umgebungsluft *kleiner* als der Hebungsgradient des Luftpaktes (z.B. 0,65°/100 m), dann hat das Paket stets eine geringere Temperatur und größere Dichte als die Umgebungsluft. Das Paket wird, wenn die Ursache der Aufwärtsbewegung aufgehört hat zu wirken, wieder sinken und in die Ausgangshöhe zurückkehren. Es befindet sich im „stabilen Gleichgewicht" wie eine Kugel am tiefsten Punkt einer Schale.

### 3.1.4.6 Trockenadiabate und Feuchtadiabate (Bild 133.1)

Der Hebungsgradient für trockene und ungesättigt feuchte Luft einerseits, und der Hebungsgradient für eine mit Feuchtigkeit gesättigte Luft andererseits, ist verschieden.

> Die Kurven, die den Zusammenhang zwischen Temperatur und Höhe für aufsteigende Luftpakete darstellen (Verlauf des Hebungsgradienten), nennt man, weil die Zustandsänderung adiabatisch verläuft, *„Adiabaten"*.
>
> Man unterscheidet zwischen
>
> Trockenadiabaten und Feuchtadiabaten

Ist der aufsteigenden Luft Wasserdampf beigemischt (unsichtbar) und die Luft steigt weiter, dann hat das auf den Temperaturgradienten überhaupt keinen Einfluß, solange der Wasserdampf nicht kondensiert (trockenadiabatische Zustandsänderung). Steigt die Luft weiter auf, bis sie infolge der Abkühlung den Taupunkt erreicht (Seite 129), dann kondensiert der Wasserdampf zu sichtbarem Wasser (kleinste Tröpfchen = Wolken oder Nebel). Der Taupunkt hängt von der Wasserdampfmenge ab, die die Luft enthält.
Bei dieser Umwandlung von unsichtbarem Wasserdampf in sichtbares Wasser (Tröpfchen) wird die Wärme frei, die ursprünglich bei der Verdunstung des Wassers verbraucht wurde. Diese (innere) Wärmezufuhr verringert die Abkühlung der aufsteigenden Luft (bis zu 60%), das heißt, daß sich die feuchte, kondensiertes Wasser ausscheidende Luft je 100 m langsamer abkühlt als ungesättigte Luft. Aus diesem Grund ist der *feuchtadiabatische Temperaturgradient kleiner als der trockenadiabatische.*

Steigt das Luftpaket, das den Taupunkt erreicht hat, weiter und das von da an mit Feuchtigkeit gesättigt ist, dann tritt bei der geringsten Temperaturabnahme sofort weitere Kondensation ein.

Da kalte Luft weniger Wasserdampf aufnehmen kann als warme Luft, wird bei der Kondensation mit zunehmender Höhe immer weniger Kondensationswärme freigesetzt, die die Abkühlung der aufsteigenden Luft dämpft. Deswegen wird der feuchtadiabatische Temperaturgradient mit tieferen Temperaturen immer größer und nähert sich bei sehr tiefen Temperaturen dem trockenadiabatischen Gradienten.

In Bild 130.2 ist eine Reihe von Trockenadiabaten gezeichnet, die, weil der trockenadiabatische Gradient für jede Temperatur immer gleich ist, nämlich 1°C/100m, parallele gerade Linien sind. Ferner ist eine Reihe von Feuchtadiabaten gezeichnet, die gekrümmt sind, weil sie bei höheren Temperaturen steiler verlaufen und sich bei niederen Temperaturen in ihrer Richtung immer mehr der Richtung der Trockenadiabaten nähern.

In Bild 133.2 ist an einem Beispiel die Änderung der Gradienten mit der Temperatur zahlenmäßig dargestellt.

| Temperatur | –30° | –20° | –10° | 0° | 10° | 20° | 30° | °C |
|---|---|---|---|---|---|---|---|---|
| trockenadia-bat. Gradient | 1,00 | 1,00 | 1,00 | 1,00 | 1,00 | 1,00 | 1,00 | °C/100 m |
| feuchtadia-bat. Gradient | 0,91 | 0,82 | 0,73 | 0,64 | 0,55 | 0,46 | 0,37 | °C/100 m |

*133.2 Änderung des Temperaturgradienten mit der Temperatur*

> Sinkt die Temperatur eines aufsteigenden Feuchtluftpakets, dann folgt der Temperaturgradient der Trockenadiabate bis zur Kondensationstemperatur (Taupunkt). Bei weiterem Temperaturabfall folgt, vom Augenblick des Kondensationspunktes angefangen, der Temperaturgradient der Feuchtadiabate.

### 3.1.4.7 Temperaturgradienten und Stabilitäten

Nach dem bisher Gesagten hängt der Zustand eines sich vertikal bewegenden Luftpakets von 2 Umständen ab:

1) Verlauf des Schichtungsgradienten,
2) Verlauf des Hebungsgradienten (Trocken- oder Feuchtadiabate).

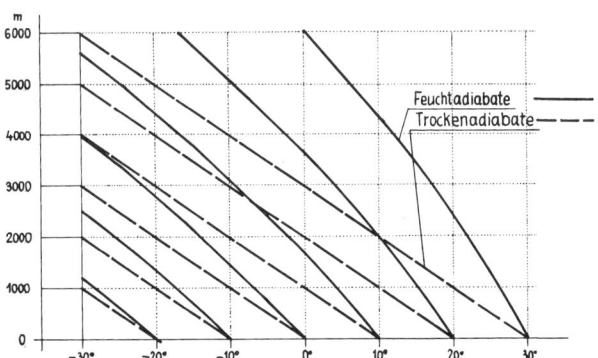

*133.1 Trockenadiabaten und Feuchtadiabaten*

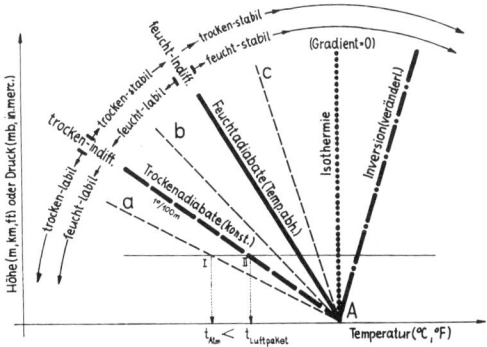

*133.3 Die vorkommenden Temperaturgradienten und Stabilitäten*

Die verschiedenen möglichen Paarungen können anhand von Bild 131.1 übersichtlich erläutert werden (siehe auch Bild 132.1).
Die verschiedenen Temperaturgradienten des aufsteigenden Luftpakets sind im Bild wie folgt gezeichnet:

Trockenadiabate = dick strichliert
Feuchtadiabate = dick voll gezeichnet

Die Schichtungsgradienten sind folgende:

1) *Richtung a,* flacher als die Trockenadiabate (dünn strichliert im Bild 133.3)

Das gehobene Luftpaket, das sich entsprechend der Trockenadiabate abkühlt, ist in jeder Lage oberhalb des Ausgangspunktes A wärmer, also leichter als seine Umgebung. Man findet den Temperaturzustand und damit den Gleichgewichtszustand, wenn man sich eine horizontale Gerade parallel zur Temperaturachse denkt (im Bild dünn eingezeichnet). Diese schneidet die Zustandskurve (a) der Atmosphäre im Punkt I und die Zustandskurve des Luftpakets (Trockenadiabate) im Punkt II. Lotet man diese beiden Punkte nach unten auf die Temperaturskala, dann ist die Temperatur des Luftpakets *in jedem Fall* größer als die der umgebenden Luft. Da sich der Temperaturgradient a links von der Trockenadiabate befindet, ist das Gleichgewicht *trocken - labil.*

2) *Richtung der Trockenadiabate* (dick strichliert)

Nachdem jetzt der Schichtungsgradient und der Hebungsgradient zusammenfallen, ist die Dichte beider Luftmassen immer gleich. Der Zustand ist *trocken - indifferent.*

3) *Richtung b* (zwischen Trockenadiabate und Feuchtadiabate, dünn strichliert)

Hier ist der Schnittpunkt I (Schichtungsgradient) rechts vom Schnittpunkt II (Trockenadiabate). Das Paket ist also in jedem Fall schwerer als die Luft der Umgebung, kehrt also an den Ausgangspunkt zurück. Der Zustand heißt bekanntlich *trocken - stabil.* Ist das Luftpaket feucht und kondensierend, dann ist es schwerer als die umgebende Luft, der Zustand ist *feucht - stabil.*
Bei einer Richtung b des Schichtungsgradienten ist die Atmosphäre *gleichzeitig trockenstabil und feuchtstabil.*

4) *Richtung der Feuchtadiabate* (dick ausgezogen)

In diesem Zustand ist die Atmosphäre *feucht - indifferent* (entspricht Punkt 2).

5) *Richtung c* (steiler bez. rechts von der Feuchtadiabate)

Wie man aus der horizontalen Geraden ersieht, ist der Schnittpunkt II (Paket) immer links vom Schnittpunkt I (Atmosphäre), dann ist der Zustand sowohl *trocken - stabil* als auch *feucht - labil.*

### Abweichung der Luftschichtung vom Standard

In Bild 134.1 ist eine praktisch mögliche, von der Standardatmosphäre abweichende Schichtung dargestellt (dick ausgezogen). Außerdem ist der Standard-Temperaturgradient(0,65°/100 m, strichliert) eingezeichnet und punktiert die Trockenadiabate (1°/100 m) und die Feuchtadiabate (gekrümmt) für ein Luftpaket, das im Niveau 0 aufzusteigen beginnt.
Im Höhenbereich von 0 bis 1000 ft besteht eine deutliche *Bodeninversion.* Im Höhenbereich von 1000 ft bis 2600 ft ist die Schichtung der Atmosphäre *feuchtstabil* und trockenstabil (siehe die entsprechenden Richtungen der Feucht- und der Trockenadiabate des Pakets im Vergleich zur Richtung des Schichtungsgradienten in Bild 133.2).
Im Höhenbereich von 2600 ft bis 5300 ft ist die Schichtung der Atmosphäre *trockenindifferent* (Hebungs- und Schichtungsgradient parallel) und feuchtlabil (entspricht der Linie b im Bild 133.2).
Im Höhenbereich von 5300 ft bis 6200 ft herrscht eine ausgesprochene *Inversion.* Im Höhenbereich von 6200 ft bis 6700 ft ist die Schichtung sowohl *trockenlabil* als auch feuchtlabil) entspricht der Linie a in Bild 133.2).

Im Höhenbereich von 6700 ft bis 7700 ft ist *Isothermie,* also sowohl feuchtstabil als auch trockenstabil. Im Bereich 7700 ft bis 8800 ft *trockenstabil* und feuchtstabil (entspricht der Linie b in Bild 165.2). Und schließlich im Höhenbereich 8800 ft bis 10 000 ft *trockenlabil* und feuchtlabil (entspricht der Linie a in Bild 133.2).

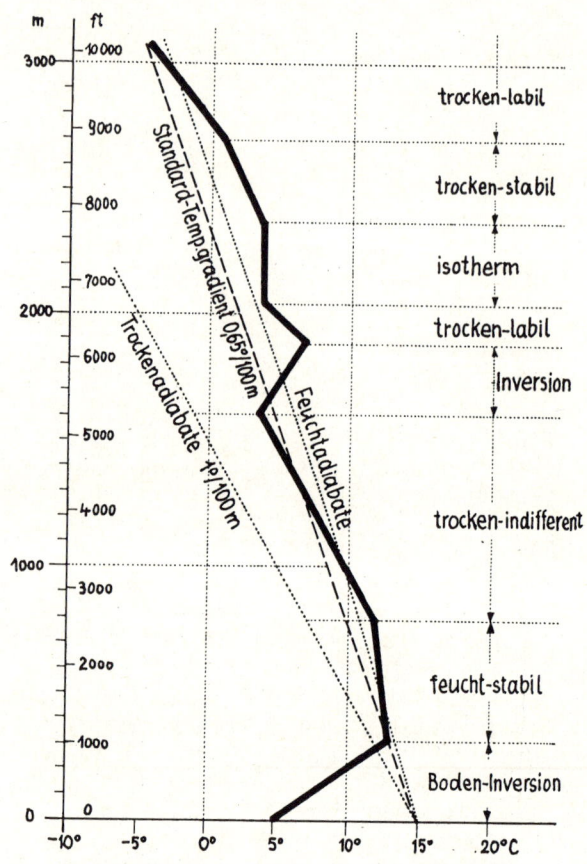

*134.1 Beispiel einer Luftschichtung*

### 3.1.4.8 Einfluß der Luftfeuchte auf das Luftgewicht

Da der Wasserdampf eine geringere Dichte hat als trockene Luft, ist ein Gemisch aus diesen beiden Gasen (= feuchte Luft) leichter als trockene Luft.

Bei gleicher Temperatur hat feuchte Luft einen größeren Auftrieb als trockene Luft

Trockene Luft müßte eine höhere Temperatur haben als feuchte Luft, um den gleichen Auftriebseffekt zu bekommen.

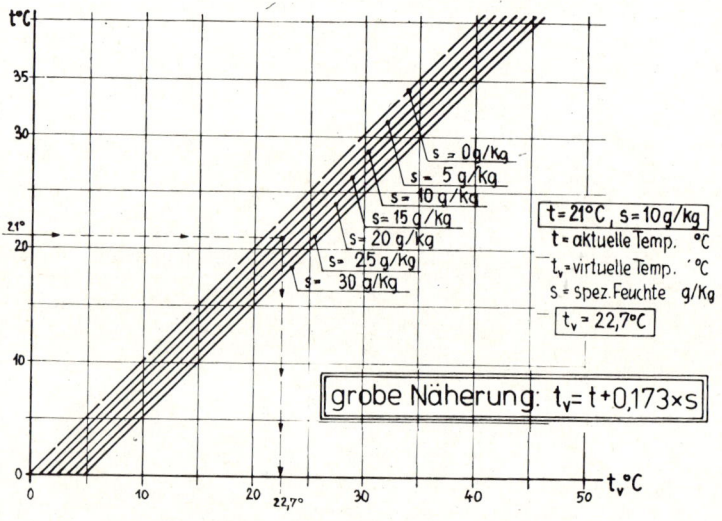

*134.2 Die virtuelle Temperatur*

Die Dichte des Wasserdampfes ist nur 0,622 (ca. 5 Achtel) der Dichte von trockener Luft gleicher Temperatur.
Eine Formel zum Berechnen der virtuellen Temperatur ($t_v$) lautet demnach:

$$(t_v + 273) = (t + 273) \cdot \frac{1000.1,6.s}{1000 + s}$$

$t_v$ = virtuelle Temperatur °C
$t$ = wirkliche Temperatur °C
$s$ = spez. Feuchte p/kp

Die Ausrechnung für verschiedene spez. Feuchten $s$ zeigt Bild 134.2.

Der Unterschied zwischen wirklicher und virtueller Temperatur kann meist unberücksichtigt bleiben. Es lassen sich aber verschiedene eigenartige Erscheinungen erklären:

Über feuchten Flächen oder über kleinen Seen gibt es oft thermische Aufwinde, die das Segelflugzeug nützen kann, obwohl diese Aufwinde niedrigere Temperaturen haben als die Umgebungsluft.

### 3.1.4.9 Einfluß der Beimischung von Trockenluft zur Feuchtluft

*Zur Feuchtluft beigemischte Trockenluft hat zur Folge:*
beim Aufsteigen: niedrigere Wolkengipfel,
beim Absinken: höhere Wolkenbasis.

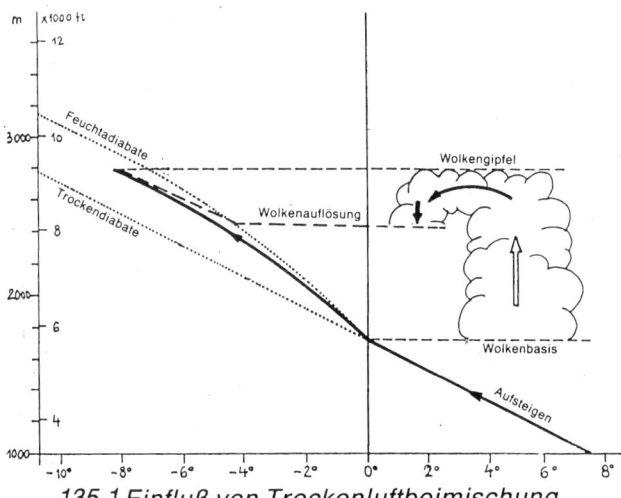

135.1 Einfluß von Trockenluftbeimischung

### 1) Aufsteigende Wolkenluft

Durch das Beimischen trockener Luft verläuft die Abkühlung durch die Verdunstung der Wolkentröpfchen stärker als feuchtdiabatisch (Bild 135.1). Der Wolkengipfel ist niedriger als bei feuchtdiabatischer Abkühlung. Aufwind und Auftrieb sind schwächer.

### 2) Absinkende Wolkenluft

Unmittelbar am Rand einer Cumuluswolke ist die Luft wegen der Verdunstung der Wolkentröpfchen in die trockene Umgebungsluft etwas kälter als die Wolkenluft selber, weswegen dort die Tendenz zum Absinken besteht.
Sinkt die Wolkenluft selbst ab und ist vorher kein Niederschlag ausgefallen, handelt es sich also

um dieselbe Luft, die in der Cumuluswolke aufgestiegen ist, dann erfolgt die Erwärmung – ebenso wie die Abkühlung beim Aufstieg – entlang derselben Feuchtadiabaten, denn die beim Aufstieg freigesetzte Kondensationswärme wird nun wieder verbraucht als Verdunstungswärme beim Verdunsten der Wolkentröpfchen.

Ist aber vorher aus der Wolke Niederschlag ausgefallen – ist also die Luft trockener geworden – oder wird trockene Umgebungsluft mit einbezogen, die sich mit der Wolkenluft vermischt, was denselben Effekt wie das Ausregnen hat, dann hat das zur Folge, daß beim Absinken weniger Wasser verdunstet werden muß, also weniger Verdunstungsabkühlung die Erwärmung dämpfen kann. Die Erwärmung der absinkenden Luft gleicht sich somit zunehmend dem trockenadiabatischen Wert an, d.h. sie erfolgt schneller als beim feuchtadiabatischen Gradient. Die Wolken lösen sich früher auf, d.h. in einem höheren Niveau.
Das kompensierende Absinken der Luft zwischen den Thermikaufwinden (Cumuluswolken) erfolgt über einen deutlich größeren Querschnitt als das Aufsteigen in den Aufwinden und ist deswegen deutlich langsamer als das Aufsteigen. Das Absinken mit adiabatischer Erwärmung verringert damit für aufsteigende Thermikluftkörper die Chance ihr Kondensationsniveau zu erreichen. Das kann man beobachten, wenn eine große Cumuluswolke die Konvektion in ihrer Nachbarschaft unterdrückt oder wenn kräftige Thermikentwicklung vor einem sonnenbeschienen Berghang die Cumulusentwicklung über dem vorgelagerten Flachland verhindert.

## 3.2. Meteorologische Beobachtungen und Messungen

### 3.2.1 Luftdruckbestimmung

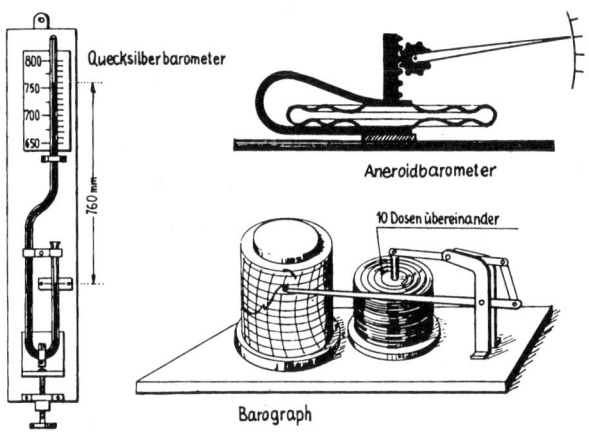

135.2 Die Hauptarten des Barometers

Die Luftdruckbestimmung erfolgt mit dem Barometer, von dem es 2 Grundausführungen gibt:

1) Quecksilberbarometer,
2) Aneroidbarometer.

Ein schreibendes Aneroidbarometer heißt „Barograph".

*Quecksilberbarometer*

Das Prinzip wurde schon anhand des Bildes 123.1 erläutert. Bild 135.2 zeigt die gebräuchliche Ausführung für meteorologische Luftdruckmessungen. Dieses Barometer wurde von dem italienischen Physiker Toricelli (1643) erfunden, nach dem auch die Maßeinheit „Torr" benannt worden ist.

__1 Torr =__

__1 mm Quecksilbersäule = 0,03937 inch mercury__

Die Maßeinheit Torr wird in der Luftfahrt und in der Meteorologie nicht mehr verwendet. Heute ist die Maßeinheit für den Luftdruck 1 hPa (Hekto-Pascal). Siehe 3.1.2.2.

### Aneroidbarometer

Diese Art von Barometern wurde 1847 von Vidi erfunden. Auf eine flache, kreisförmige Wellblechdose, die innen fast luftleer gepumpt ist, wirkt von außen her der Luftdruck. Diese Dose heißt „Aneroid" (griech.: an-aero = ohne Luft). Eine starke Blattfeder, die das Aneroid auseinander zieht, hält der von außen auf das Aneroid wirkenden Kraft des Luftdruckes das Gleichgewicht. Die durch die Luftdruckschwankungen entstehenden atmenden Bewegungen des Aneroids werden auf einen Drehzeiger übertragen, der die Größe des Luftdruckes auf einer Rundskala anzeigt.

Diese Art der Luftdruckmessung wird beim barometrischen Höhenmesser angewandt (siehe Abschn. 4.3.2).

### Barograph

Dieses Meßinstrument ist genauso konstruiert wie das Aneroidbarometer, nur daß mehrere Aneroide übereinandergeschaltet sind, um den Hub und damit die Anzeigegenauigkeit zu vergrößern. An Stelle des Drehzeigers wird ein Schreibarm verwendet, der die Luftdruckschwankungen auf einer sich drehenden, mit einem Uhrwerk angetriebenen Trommel aufzeichnet. Bild 122.1 zeigt das Barogramm, den Papierstreifen, der von der Trommel abgewickelt worden ist.

### 3.2.2 Lufttemperaturbestimmung

Das Messen der herrschenden Temperatur geschieht mit „Thermometern" (griech.: Thermotes = Wärme, metro = messen, zählen), die nach folgenden Prinzipien arbeiten:

1) Ausdehnungsthermometer,
2) Widerstandsthermometer.

Die Lufttemperatur wird von den Meteorologen grundsätzlich unter Ausschaltung der direkten Sonnenbestrahlung (beschattetes Thermometer) in einer gut belüfteten Hütte gemessen, um zu gewährleisten, daß die in der Hütte gemessene Lufttemperatur in jedem Augenblick repräsentativ ist für die außen um die Hütte fließende Luft und um zu vermeiden, daß in der Hütte stillstehende Kalt- oder Warmluft die Anzeige verfälscht.

Die Temperatur wird in Celsiusgraden gemessen. 0°C ist die Temperatur des schmelzenden Eises, 100°C ist die Temperatur des siedenden Wassers. Beide Werte werden bei einem Luftdruck von 1013,2 hPa gemessen.
In angelsächsischen Ländern (z.B. USA) wird teilweise noch in °F (= Grad Fahrenheit) gemessen.

Die Umrechnungsformeln lauten:

| | |
|---|---|
| $°C = 5/9.(°F – 32)$ <br> $°F = 9/5.°C + 32$ das bedeutet: | Gefrierpunkt 0° C = 32° F <br> Siedepunkt 100° C = 212° F |

Gefrierpunkt des Quecksilbers = –40° C = –40° F

### Ausdehnungsthermometer

#### Gasthermometer

In einer abgeschlossenen Gasmenge mißt man das Volumen (v) und den Druck (p) und berechnet dann die Temperatur (T) nach der Zustandsgleichung für ideale Gase (siehe Seite ). Zustandsgleichung: $p.v = R.T$, daraus ist $T = p.v/R$. Abweichungen der Luft vom idealen Gas werden in der Skaleneichung berücksichtigt. Das Volumen (v) ist bekannt, der Druck (p) wird mit einem Druckmesser (Barometer) gemessen, dessen Skala direkt die absolute Temperatur T in Kelvingraden anzeigt.

$1 °K = 1 °C$ (gleich groß)    $T °K = 273,18° + t °C \approx t °C + 273°$

### Flüssigkeitsthermometer

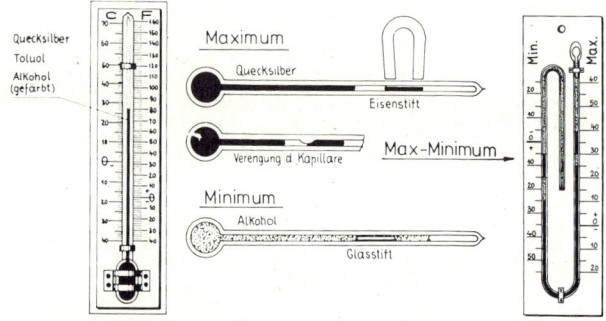

__136.1__ Flüssigkeitsthermometer, Min/Max-Thermometer

Die Flüssigkeitsthermometer bestehen aus einem kleinen Glaskolben (Bild 136.1, links) zur Aufnahme der Thermometerflüssigkeit (Quecksilber, gefärbter Äthylalkohol etc.) mit einer angeschmolzenen Glaskapillare, in die die Flüssigkeit je nach der Temperatur verschieden weit hineinragt. An einer hinterlegten Skala kann die Temperatur abgelesen werden.

_Maximumthermometer_ (Bild 136.1) enthalten in der Kapillare ein Eisenstäbchen, das vom steigenden Flüssigkeitsfaden hochgeschoben, aber vom zurückweichenden Faden nicht mitgenommen wird. Die Rückstellung erfolgt mit einem Magneten von außen.

Das in der Mitte abgebildete Maximumthermometer (Fieberthermometer) besitzt eine Kapillarverengung, durch die beim Zurückgehen der Temperatur der Quecksilberfaden abreißt und damit die Maximaltemperatur-Anzeige festhält. Durch Schütteln des Thermometers wird der abgerissene Faden durch die Kapillarverengung geschleudert und schließt sich dem übrigen Teil wieder an.

_Minimumthermometer_ (Bild 136.1 unten-Mitte) sind Alkoholthermometer mit einem Glasstift in der Kapillare, der bei sinkender Temperatur durch die Kapillarkraft der Flüssigkeitsoberfläche mitgezogen wird, während der mit der Temperatur steigende Alkoholfaden über ihn hinwegfließt.

_Maximum-Minimum-Thermometer_ (Bild 136.1 rechts) ist ein doppelt U-förmig gebogenes Alkoholthermometer, in dem die Flüssigkeit durch einen Quecksilberfaden unterbrochen ist. Auf beiden Enden des Quecksilberfadens liegt je ein Eisenstäbchen. Bei Temperaturanstieg wird der Quecksilberfaden in Richtung auf ein Ausdehnungsgefäß an einem Ende der Kapillare verschoben und nimmt das Maximumstäbchen mit; bei Temperaturabfall wird er nach der anderen Seite verschoben und nimmt das Minimumstäbchen mit. Die beiden Eisenstäbchen können mit einem Magneten zum Quecksilberfaden zurückgebracht werden.

## Bimetallthermometer (Bild 137.1)

Zwei aufeinandergeschweißte Blechstreifen aus Metallen mit verschiedenen Wärmeausdehnungskoeffizienten bilden die Bimetallspirale (Bi = zwei). Die Bi-Metall-Spirale streckt sich oder zieht sich zusammen, wenn sich die Lufttemperatur verringert oder erhöht. Diese Formänderung wird mit dem Zeiger auf der in Temperaturgraden geeichten Rundskala angezeigt.

## Widerstandsthermometer (Bild 137.2)

Ein stromdurchflossener Widerstand mit großer Widerstandsänderung bei Temperaturänderung (Spulendraht aus Platin oder Nickel) zeigt diese Widerstandsänderung über eine Brückenschaltung mit einem Zeiger auf einer geeichten Temperaturskala an.

*Nachteil:* Es werden ein Stromanschluß oder eine Batterie benötigt.
*Vorteil:* Eine Fernanzeige ist möglich.

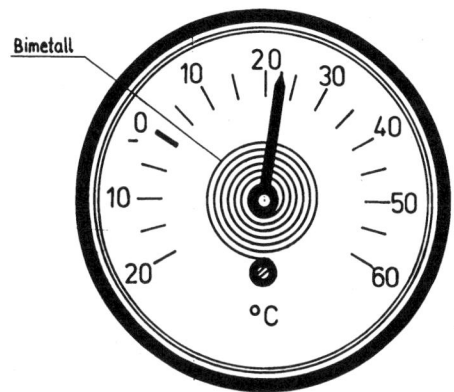

137.1 Bimetallthermometer

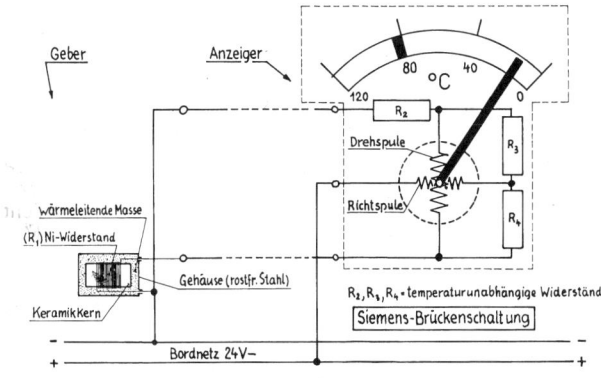

137.2 Elektrisches Widerstandsthermometer

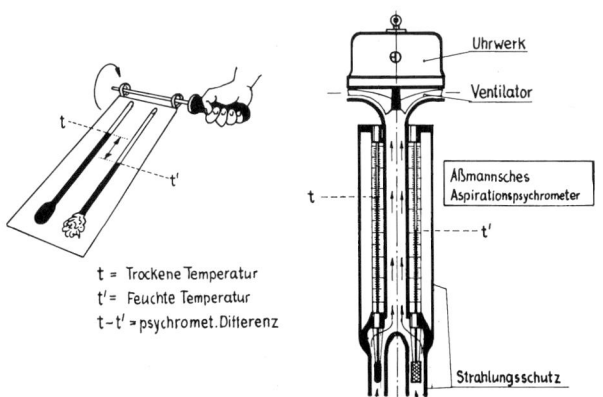

t = Trockene Temperatur
t' = Feuchte Temperatur
t - t' = psychromet. Differenz

137.3 Prinzip des Psychrometers

## 3.2.3 Luftfeuchtebestimmung

Bei der Feuchtemessung benützte physikalische Eigenschaften sind hauptsächlich:

1) Verdunstungskälte (s. Seite 126 ),

2) hygroskopische Volumsänderung organischer Stoffe (Haar, Darmsaite).

*Psychrometer* (Bild 137.3) (griech.: psychro = Kälte)

Das Instrument besteht aus der Kopplung von 2 gleichartigen Thermometern, von denen die Kugel des einen mit einem wasserbefeuchteten Docht (Musselinstrumpf etc.) überzogen ist. Die Kugel des anderen ist trocken. Die je nach der Größe der Luftfeuchte schneller oder langsamer verdunstende Flüssigkeit senkt die Temperatur des feucht umwickelten Thermometers durch die Verdunstungskälte mehr oder weniger ab.

Aus der Temperaturdifferenz zwischen trockenem und feuchtem Thermometer (psychrometrische Differenz) läßt sich die relative Luftfeuchte bestimmen. Das Schleudern mit der Hand ersetzt den Ventilator (oder Aspirator). Darum heißt das in der Praxis verwendete Psychrometer „Aspirationspsychrometer". Die Ventilation ist nötig, damit immer frische, unverfälschte Luft am feuchten Thermometer vorbeigeführt wird. Ohne Ventilation wird die unmittelbare Umgebung des feuchten Thermometers durch Verdunstung des feuchten Strumpfes mit Feuchtigkeit angereichert und damit die Messung verfälscht.

t ist die Temperaturanzeige des trockenen Thermometers, t' ist die der tieferen Temperatur des feuchten Thermometers.

Die Differenz wächst bei steigender Lufttemperatur mit abnehmender relativer Feuchte. Ferner ist die Differenz abhängig von der Luftgeschwindigkeit. Ab einer Luftgeschwindigkeit von 2m/s durch die Ventilation, ist der Meßfehler am feuchten Thermometer nahezu eleminiert. Ventilationsgeschwindigkeiten > 2m/s haben keinen Effekt mehr. Das heißt, der minimierte Restfehler bleibt dann konstant.

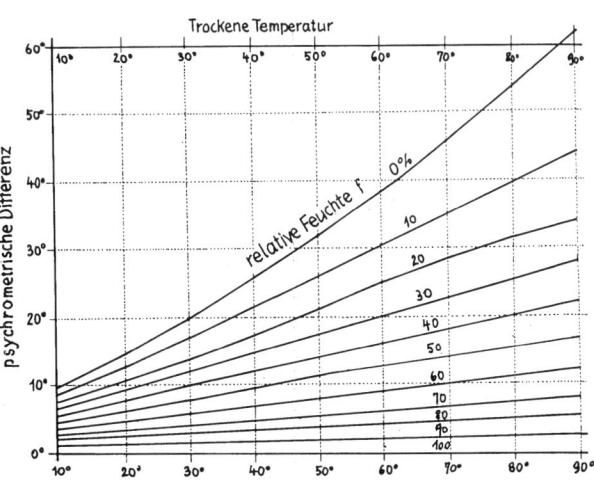

137.4 Relative Feuchte aus der psychrometrischen Differenz und der trockenen Temperatur

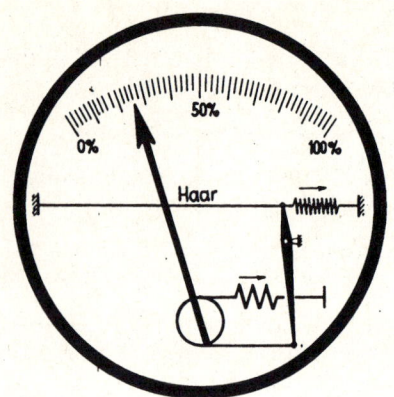

138.1 Prinzip des Haarhygrometers

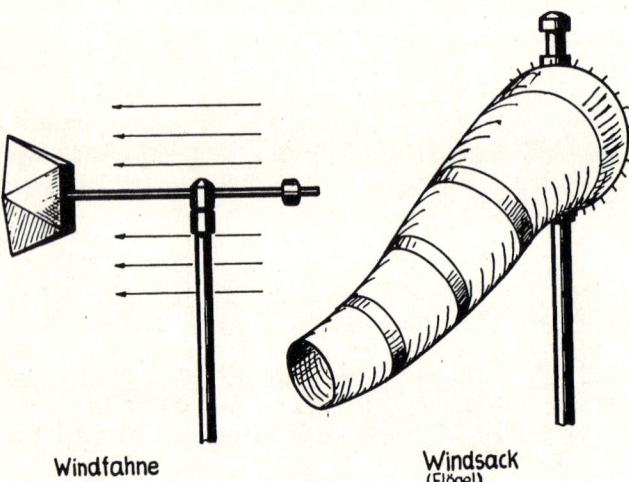

Windfahne                    Windsack
                             (Flögel)

138.2 Ermittlung der Bodenwindrichtung

Das Gerät wird entweder von Hand durch die Luft gedreht (Bild 137.3, links) oder automatisch mit Ventilatoren belüftet, was besser ist (Aßmannsches Aspirationspsychrometer, Bild 137.3, rechts).

In Bild 137.4 ist durch eine Kurvenschar dargestellt, wie relative Feuchte f aus der psychrometrischen Differenz und aus der Trockentemperatur bestimmt werden kann.

### Haarhygrometer (Bild 138.1)

Menschenhaar oder Darmsaiten dehnen sich mit steigender Feuchte aus und ziehen sich bei abnehmender Feuchte wieder zusammen.
Die Längenänderung wird durch eine Übertragungs- und Anzeigevorrichtung auf eine Feuchteskala in % übertragen.
Das Haarhygrometer (griech.: hygro = Feuchtigkeit) ist nicht brauchbar für kleine Feuchtigkeitswerte und bei Temperaturen über 50°C.
Bei längerem Stehen des Haarhygrometers in trockener Luft zeigt es Alterungserscheinungen, die Fehler bis zu 10% bewirken können. Die Fehler verschwinden weitgehend, wenn man das Haar kurzfristig in gesättigte oder beinahe gesättigte Luft (fast 100% rel. Feuchte) bringt und so „regeneriert".

### 3.2.4 Bestimmung des Windes nach Richtung und Stärke

Der Wind ist ein Vektor und besitzt deshalb eine Richtung und eine Geschwindigkeit. Zur Windmessung sind deshalb 2 Meßfühler erforderlich.

1) Richtungsmesser,

2) Geschwindigkeitsmesser.

*Bodenwind*

*Richtungsangabe*

Die Windrichtung wird immer durch die Richtung angegeben, *aus* der der Wind kommt.

090° (Wind kommt *aus* 090°)
Ostwind (Wind kommt *aus* Ost)
180° (Wind kommt *aus* 180°)
Südwind (Wind kommt *aus* Süd)

Im Gegensatz dazu wird beim Zeichnen des Windvektors der Pfeil in die Richtung gezeichnet, *in* die der Wind bläst.

Deshalb Achtung!

*Richtungsmesser*

Als Richtungsmesser (Bild 137.3) werden sowohl die *Windfahne* als auch der *Windsack* verwendet.

Die *Fahne* stellt sich in die Richtung ein, in die der Wind bläst. Ein Gegengewicht sorgt für die horizontale Lage des Systems. Die Fahnenfläche mit stromlinienähnlichem Profil stellt sich schnell auf diese Windrichtung ein. Die Drehung des Systems um die vertikale Achse, also die Änderung der Windrichtung, kann mit einer Welle in der Achse auf ein Zeiger- oder Schreibwerk übertragen werden.

Der *Windsack* ist sowohl ein Windrichtungs- als auch ein Windstärkeanzeiger, der sich automatisch in die Richtung einstellt, in die der Wind bläst. Er gibt dem Piloten kurz vor der Landung die Richtung des Bodenwindes an. Je nachdem, ob der Sack herunterhängt oder wenig bzw. viel von der Horizontalen abweicht, kann der Pilot auch die augenblickliche Windgeschwindigkeit schätzen.

*Geschwindigkeitsfühler*

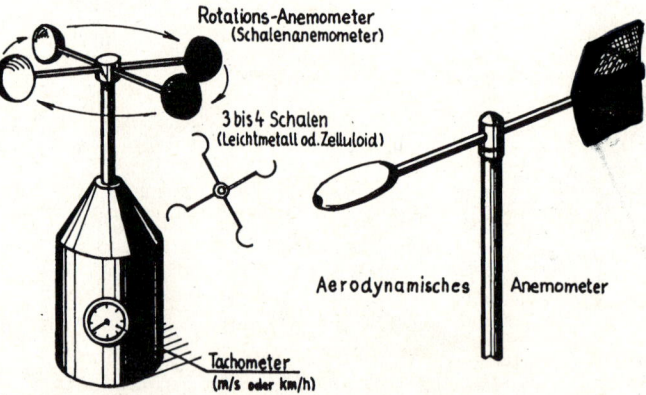

138.3 Anemometer-Arten

Die Geschwindigkeit wird mit dem „Anemometer" gemessen (griech.: anemos = Wind). Die wichtigsten Arten sind (Bild 138.3): das *Schalen- oder Rotationsanemometer* und das aerodynamische Anemometer.

Beim *Rotationsanemometer* dreht sich um eine senkrechte Achse ein System von 3 oder 4 halbkugeligen Hohlschalen. Da der Widerstand von der Hohlseite her größer ist als von der Rückseite der Schale (vgl. Abschn. 4.1.1),dreht sich das System je nach der Windgeschwindigkeit schneller oder langsamer, da die Windkraft auf die konkave Halbkugel etwa fünf mal so groß ist wie auf die konvexe Halbkugel oder Hohlschalen.

Auf der Achse des Schalenanemometers befindet sich ein Dynamo (Generator). Die erzeugte Spannung ist der Umdrehungsfrequenz und damit der Windgeschwindigkeit proportional, die dann direkt auf einem entsprechend geeichten Galvanometer abgelesen werden kann. Auch Spitzenböen können mit dem Schalenanemometer gemessen werden. Diese werden durch die Trägheit des rotierenden Schalenkreuzes etwas geglättet. Beim plötzlichen Nachlassen des Windes dreht es anfangs noch zu schnell und bei plötzlicher Windzunahme dreht es anfangs zu langsam.

Beim *aerodynamischen Anemometer* wird die Messung der Windrichtung gleichzeitig mit der Messung der Windgeschwindigkeit vorgenommen. Ein Staurohr (Pilotrohr, vgl. Abschn. 4.3.4) ist in den vorderen Teil einer Windfahne eingebaut und stellt sich deshalb immer gegen den Wind. Die Funktion der Geschwindigkeitsmessung ist dieselbe wie beim Fahrtmesser (siehe dort).

Dieses Gerät zeigt auch die augenblicklichen Windgeschwindigkeiten an (Spitzböen).

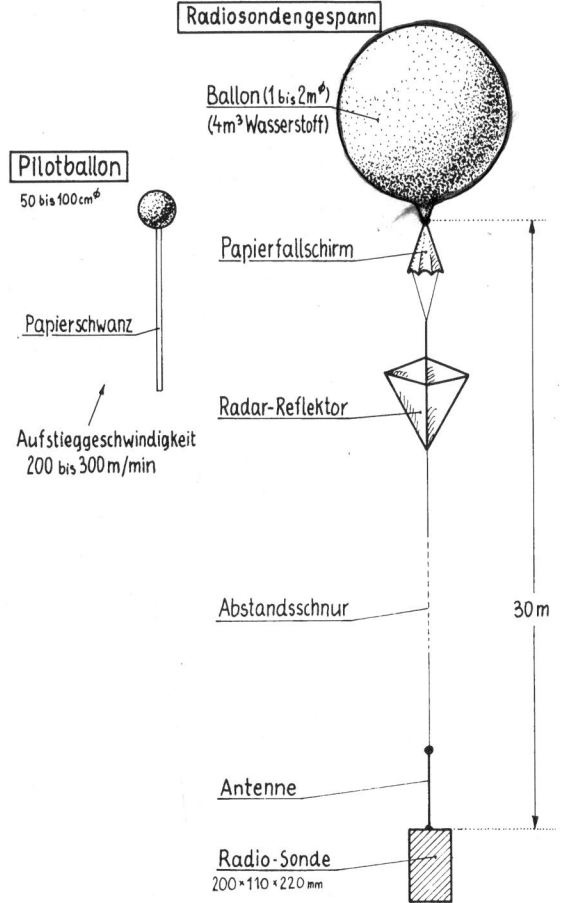

*139.1 Pilotballon und Radiosonde*

## Höhenwind

Das Messen des Höhenwindes nach Richtung und Geschwindigkeit geschieht mit einem Ballon, der mit Wasserstoff gefüllt ist und vom Wind mitgenommen wird. Es werden verwendet:

1) Pilotballone, } (Bild 139.1)
2) Radiosonden. }

Die Steiggeschwindigkeit des *Pilotballons* ist konstant und bekannt, so daß man durch Messen der Steigzeit jeweils die erreichte Höhe berechnen kann. Das geht natürlich nur so lange, wie der Ballon sichtbar ist und hört auf, wenn er in einer Wolke verschwindet oder so hoch ist, daß man ihn nicht mehr verfolgen kann.
Aufgrund der Höhe des Ballons und des mit Hilfe eines Theodoliten ermittelten Höhenwinkels kann man mit trigonometrischer Rechenbeziehungen die Entfernung des Ballons bestimmen (s. auch 3.2.6 „Messung der Wolkenuntergrenze").

*Die Radiosonde* besteht aus einem Pilotballon mit 1 bis 1,5 m Durchmesser, an dem ein Fallschirm hängt, der die Sonde nach dem Platzen des Ballons schonend zur Erde zurückbringt.

Unter dem Fallschirm ist ein Reflektor für die Radar-Entfernungsmessung durch die Bodenstelle. Etwa 30 m unterhalb des Ballons hängt die eigentliche Radiosonde mit Antenne.
Die Sonde ist ein Kästchen, das folgende Instrumente birgt: 1 Aneroidbarometer, 1 Bimetallthermometer und 1 Haarhygrometer. Ferner einen kleinen KW-Sender, 1 Batterie und eine Kontaktwalze, die die ermittelten Meßwerte durch Morsezeichen an die Station senden läßt.

Auf der ganzen Erde werden von rund 500 Stationen aus täglich zweimal (00 Uhr und 12 Uhr Weltzeit) Aufstiege mit Radiosonden durchgeführt (auch von Stationen im Polargebiet auf Eisschollen). Die übermittelten Meßwerte werden von den Bodenstationen sofort ausgewertet und weitergegeben.

Durch Anpeilung der Sonde mit Funkmeßgeräten (Radar) läßt sich, unabhängig von Bewölkung und Sicht, eine sehr zuverlässige Messung des Höhenwindes durchführen (Richtung und Stärke). Bei einer Aufstiegsgeschwindigkeit von 300 bis 400 m/min werden regelmäßig Höhen bis zu 20 km erreicht, unter günstigen Umständen sogar 35 bis 40 km. Nach 1 bis 1,5 Stunden hat der Ballon eine Höhe von 20 bis 35 km erreicht. Er platzt dann und die Sonde sinkt am Fallschirm wieder zur Erde.

## Die Windgeschwindigkeits-Maßeinheiten

Die Windgeschwindigkeit wird grundsätzlich in Knoten (= NM/h) angegeben.

| Faustformeln | | |
|---|---|---|
| kt in km/h | (kt × 2) – 10% | = km/h |
| km/h in kt | (km/h : 2) + 10% | = kt |
| m/s in kt | m/s × 2 | = kt |

Zur Angabe der Windstärke wird auch die *Beaufort-Windstärkenskala* benützt.

*Beziehungen zwischen Beaufortgraden und Windgeschwindigkeit (Schwellenwerte)*

| 1 | 2 | 3 | 4 | 5 |
|---|---|---|---|---|
| Beau- fort- grad P | Windgeschwindigkeit | | | |
| | m/s | km/h | Knoten | Knoten |
| 0 | 0 – 0,2 | unter 1 | unter 1 | unter 1 |
| 1 | 0,3 – 1,5 | 1 – 5 | 1 – 3 | 1 – 3 |
| 2 | 1,6 – 3,3 | 6 – 11 | 4 – 6 | 4 – 6 |
| 3 | 3,4 – 5,4 | 12 – 19 | 7 – 10 | 7 – 10 |
| 4 | 5,5 – 7,9 | 20 – 28 | 11 – 16 | 11 – 15* |
| 5 | 8,0 – 10,7 | 29 – 38 | 17 – 21 | 16*– 20* |
| 6 | 10,8 – 13,8 | 39 – 49 | 22 – 27 | 21*– 26* |
| 7 | 13,9 – 17,1 | 50 – 61 | 28 – 33 | 27*– 33 |
| 8 | 17,2 – 20,7 | 62 – 74 | 34 – 40 | 34 – 40 |
| 9 | 20,8 – 24,4 | 75 – 88 | 41 – 47 | 41 – 47 |
| 10 | 24,5 – 28,4 | 89 – 102 | 48 – 55 | 48 – 55 |
| 11 | 28,5 – 32,6 | 103 – 117 | 56 – 63 | 56 – 63 |
| 12 | 32,7 und mehr | 118 und mehr | 64 und mehr | 64 und mehr |

### 3.2.5 Die Sicht (visibility)

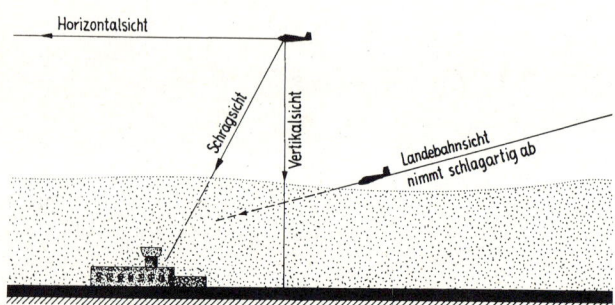

*140.1 Die Nebel-Sichtweiten*

Die „Sicht" ist die größte Entfernung, in der Gegenstände, die bei klarer Luft leicht auszumachen sind, durch einen Beobachter gerade noch erkennbar sind.
Bei den Sichtweiten werden 5 Hauptrichtungen unterschieden (Bild 140.1):

1) Bodensicht
2) Flugsicht
3) Schrägsicht
4) Vertikalsicht
5) Landebahnsicht

Die *Bodensicht* ist die horizontale Sichtweite auf dem Flugplatz selbst. Sie wird von einem amtlich beauftragten Beobachter festgestellt.

Die *Flugsicht* ist im Sinne des Luftrechts die Sicht in Flugrichtung vom Führersitz eines im Flug befindlichen Flugzeuges aus.

Die *Schrägsicht* ist die Sicht vom Luftfahrzeug aus auf die Erdoberfläche und ist für die Sichtnavigation besonders wichtig.

Die *Vertikalsicht* ist die Sicht vom Flugzeug aus senkrecht auf die Erdoberfläche. Bis heute gibt es noch keine geeigneten Meßmethoden und keine Vorhersagemethoden.

Die *Landebahnsicht* ist wissenswert für Instrumentenanflüge (IFR). Unter *Landebahnsicht* versteht man die größte Entfernung, aus der die Landebahn, spezielle Markierungen oder Leuchten vom Piloten aus Cockpit-Höhe bei Starts und Landungen gesehen werden können.

*Sichtmeldungen und Vorhersagen* beziehen sich (wenn nicht anders angegeben) immer auf die Horizontalsicht.

Die Ausdrücke für die Sichtbezeichnung sind wie folgt definiert (GAFOR):

| Gut: | > 8 km |
|---|---|
| Mäßig: | 3 km bis 8 km |
| Kritisch: | 1,5 km bis 3 km |
| Feuchter Dunst (Wassertröpfchen) Trockener Dunst (Rauch und Staub) | *Dunst* ist definiert in der Flugmeteorologie durch Sichtweiten zwischen **1 km und 8 km** |

### 3.2.6 Wolkenuntergrenze (ceiling)

Zum Messen der Wolkenuntergrenze werden hauptsächlich verwendet:

1) Pilotballon
2) Glühlampenscheinwerfer
3) Ceilometer

*Pilotballon*

Bei bekannter Steiggeschwindigkeit ($V_{st}$) des Ballons kann durch Messen der Zeit (t) bis zu seinem Verschwinden in den Wolken die Wolkenuntergrenze (H) ermittelt werden. Die Pilotballone zum Bestimmen der Wolkenuntergrenze sind nicht so groß wie die für die Höhenwindmessung benützten.

Die Steiggeschwindigkeiten betragen 120 bis 150 m/min und werden durch entsprechendes Aufblasen des Ballons erreicht.

Als *Wolkenuntergrenze* gilt das erste Eintauchen des Ballons in die Wolke, was sich durch zunehmende Verschwommenheit des Ballons äußert, aber nicht durch dessen völliges Verschwinden.

Die *Hauptunterwolkengrenze* ist die Höhe über Grund oder Wasser der niedrigsten Wolkenschicht, die mehr als die Hälfte des Himmels bedeckt und unterhalb von 6000 m (20000 ft) liegt.

*Glühlampenscheinwerfer (Bild 140.2)*

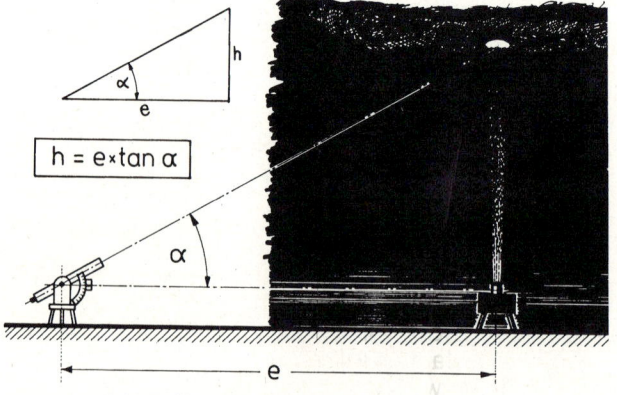

$$h = e \times \tan \alpha$$

*140.2 Der Wolkenscheinwerfer*

Die Wolke wird nachts vom Erdboden senkrecht nach oben angestrahlt. Der Lichtfleck, der auf der Wolkenunterseite entsteht, wird von der Beobachtungsstation aus mit einem Theodolit angepeilt, wobei der Winkel α abgelesen werden kann.

Ist e die Entfernung zwischen Beobachtungsstelle und Scheinwerfer (beide in gleicher Höhe) und α der Peilwinkel, dann ist die Höhe H der Wolkenuntergrenze:

$$H = e \cdot \tan \alpha$$

*Das Ceilometer (engl.: ceiling = Zimmerdecke)*

Dieser Wolkenhöhenmesser arbeitet nach demselben Prinzip wie der nächtliche Glühlampenscheinwerfer, jedoch auch bei Tageslicht. Der Scheinwerfer des Ceilometers wirft moduliertes, ultraviolettes Licht mit einer Blitzfolgefrequenz von 5 bis 10 Hz (pulsierende Lichtquelle) nach oben. Eine Photozelle, deren optische Achse in einer senkrechten Ebene durch Scheinwerfer und Lichtfleck an der Wolke auf- und abwärts schwenkt, nimmt das modulierte Licht des Flecks an der Wolke und gleichzeitig das viel stärkere Tages-Gleichlicht auf und wandelt beide in elektrische Ströme um. Von einem Verstärker wird die vom Lichtfleck herrührende Wechselstrom-Komponente von der vom Tageslicht herrührenden Gleichstrom-Komponente getrennt und verstärkt. Die auf- und abwärts schwenkende Photozelle kann somit den für das menschliche Auge unsichtbaren Lichtfleck an der Wolkenunterseite registrieren und gleichzeitig den zugehörigen Höhenwinkel. Aus diesem Winkel und der Entfernung zwischen Photozelle und Scheinwerfer (Meßbasis etwa 200–250 m) läßt sich die Höhe der Wolkenuntergrenze berechnen.

### 3.2.7 Der Bewölkungsgrad

Auf den Bodenwetterkarten wird der Bedeckungsgrad der Bewölkung in Achteln angegeben. (Bild 141.1):

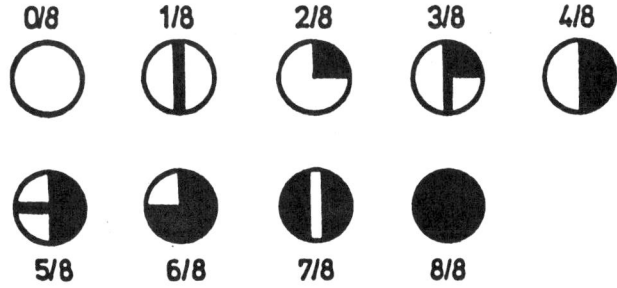

141.1 Die Bewölkungsgrade

Der leere Kreis bedeutet wolkenfrei.
Der vollschwarze Kreis bedeutet geschlossene Wolkendecke.
2/8 = Das rechte obere Viertel des Kreises ist schwarz.
4/8 = Die rechte Hälfte des Kreises ist schwarz.
6/8 = Nur das linke obere Viertel des Kreises bleibt weiß.

Die Zwischenstufen werden durch Striche angegeben:

1/8 = Vertikaler Strich.
3/8 = Vertikaler Strich zusätzlich zur 2/8 Bewölkung.

5/8 = Waagerechter Strich zusätzlich zur 4/8 Bewölkung.
7/8 = Vertikaler, weißer Strich auf der 8/8 Bewölkung.

### 3.2.8 Die Niederschlagsmenge (precipitation quantity)

Unter „Niederschlag" versteht man alle Formen, in denen Wasser infolge Kondensation aus der Atmosphäre ausgeschieden wird.
Für die Beschreibung des Niederschlages sind folgende Angaben erforderlich:

1) Angabe der Niederschlagsart (Hagel, Schnee, Regen usw.),
2) Angabe der Niederschlagsform (Tau, Reif, Sublimation),
3) Angabe der Niederschlagsmenge (Wasserhöhe in mm, ohne Verdunstung),
4) Intensität des Niederschlages (Schauer, Landregen und dgl.),
5) Dauer des Niederschlages.

Intensität und Dauer des Niederschlages sind beide die Folge der Niederschlagsart.

*Das Pluviometer (Regenmesser)*

Das Pluviometer wird zum Messen der Niederschlagsmenge verwendet (Bild 141.2). Dieser Niederschlagsmesser besteht aus Zinkblech oder verzinktem Eisenblech.

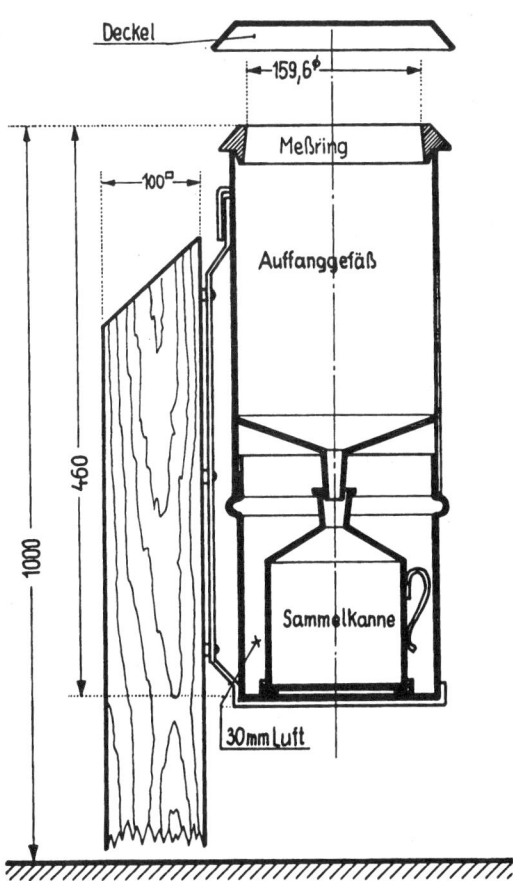

141.2 Das Pluviometer

Das Auffanggerät hat am oberen Rand einen *Meßring* von 159,6 mm Durchmesser, was einer Auffangfläche von 200 cm² entspricht. Im *Auffanggefäß* ist ein trichterförmiger Boden mit Ablauftülle. Durch die Tülle fließt der Niederschlag in die im Unterteil stehende *Sammelkanne*, die durch eine ringförmige (oder auf 3 Stützen stehende) Unterlage zentriert wird.

Zwischen der Sammelkanne und der unmittelbar der Sonnenbestrahlung ausgesetzten Außenmantelfläche ist eine ungefähr 30 mm dicke Luftschicht, die den Inhalt der Sammelkanne gegen Verdunstung schützt.

Das Pluviometer wird an einem Holzpfahl so aufgehängt, daß die Auffangfläche einen Abstand von 1 m vom Boden hat. In schneereichen Gegenden 1,25 bis 1,5 m hoch.

Das *Schneekreuz* ist ein kreuzförmiger Einsatz, der nur vor zu erwartenden Schneefällen in das Auffanggerät eingesetzt wird, um das Wiederhinauswehen des gesammelten Schnees zu verhindern.

Wenn der Schnee oder das Eis in einem warmen Innenraum zum Schmelzen gebracht wird, wird ein *Deckel* auf das Auffanggerät gelegt. Er verhindert die Verdunstung.

Soll der Niederschlag (die gesammelte Regen- oder Schneemenge) gemessen werden, dann wird das Auffanggerät abgenommen und das Sammelgefäß aus dem Außenmantel entfernt. Der Inhalt des Sammelgefäßes wird in ein *Meßglas* entleert, dessen Meßskala so geteilt ist, daß der Abstand zwischen 2 Teilstrichen einem 0,1 mm Regenhöhe entspricht. Der Hohlraum des Meßglases läuft unten in eine konische Spitze aus, um auch kleinste Niederschlagsmengen genau messen zu können.

> 1 Liter Wasser je m² Bodenfläche entspricht
> 1 mm Niederschlagshöhe

## 3.3 Synoptische Meteorologie

Unter synoptischer Meteorologie versteht man eine Betrachtungsweise der Wetterabläufe in der Atmosphäre, die sich auf die *gleichzeitigen* Beobachtungen einer großen Anzahl von Beobachtungsstationen stützt, die in einem größeren geographischen Raum geeignet verteilt sind.

### 3.3.1 Boden- und Höhenwetterkarten

Da das Wettergeschehen sehr stark von den Vorgängen in höheren Luftschichten abhängig ist, werden außer den normalen Bodenwetterkarten auch Höhenwetterkarten (Analysen- und Vorhersagekarten) angefertigt. Es handelt sich bei den Vorhersagekarten um Vorhersagen des Höhenwindes und der zugehörigen Temperatur in den verschiedenen Niveaus.

Diese Höhenwetterkarten, *die der Windvorhersage dienen*, werden viermal täglich (um 00:00, 06:00, 12:00 und 18:00 UTC mit einer Gültigkeitsdauer von jeweils 6 Stunden aufgestellt. Die Karten werden für folgende Druckhöhen erstellt:

| | | | | | |
|---|---|---|---|---|---|
| 850 hPa | = | FL 50 | = | 5 000 ft | = | 1 500 m |
| 700 hPa | = | FL 100 | = | 10 000 ft | = | 3 000 m |
| 500 hPa | = | FL 180 | = | 18 000 ft | = | 5 500 m |
| (300 hPa | = | FL 300 | = | 30 000 ft | = | 9 000 m) |
| (200 hPa | = | FL 385 | = | 38 500 ft | = | 11 600 m) |

Auf diesen Karten werden Windrichtung, Windgeschwindigkeit und Temperatur wie folgt angegeben (Bild 143.1):

Auf den 850 hPa- und den 700 hPa-Karten (Bild 143.1), werden Windrichtung und Windgeschwindigkeit durch Windpfeile angegeben.

In den Analysen der Höhenwetterkarten der verschiedenen Hauptdruckflächen gibt es Isophysen, die die Höhen der entsprechenden Hauptdruckfläche angeben.

*Bedeutung der Windpfeile auf Wetterkarten*

Die Richtung des Pfeilstabes gibt die Windrichtung an. Die Fahnen des Pfeils geben die Windstärke an.

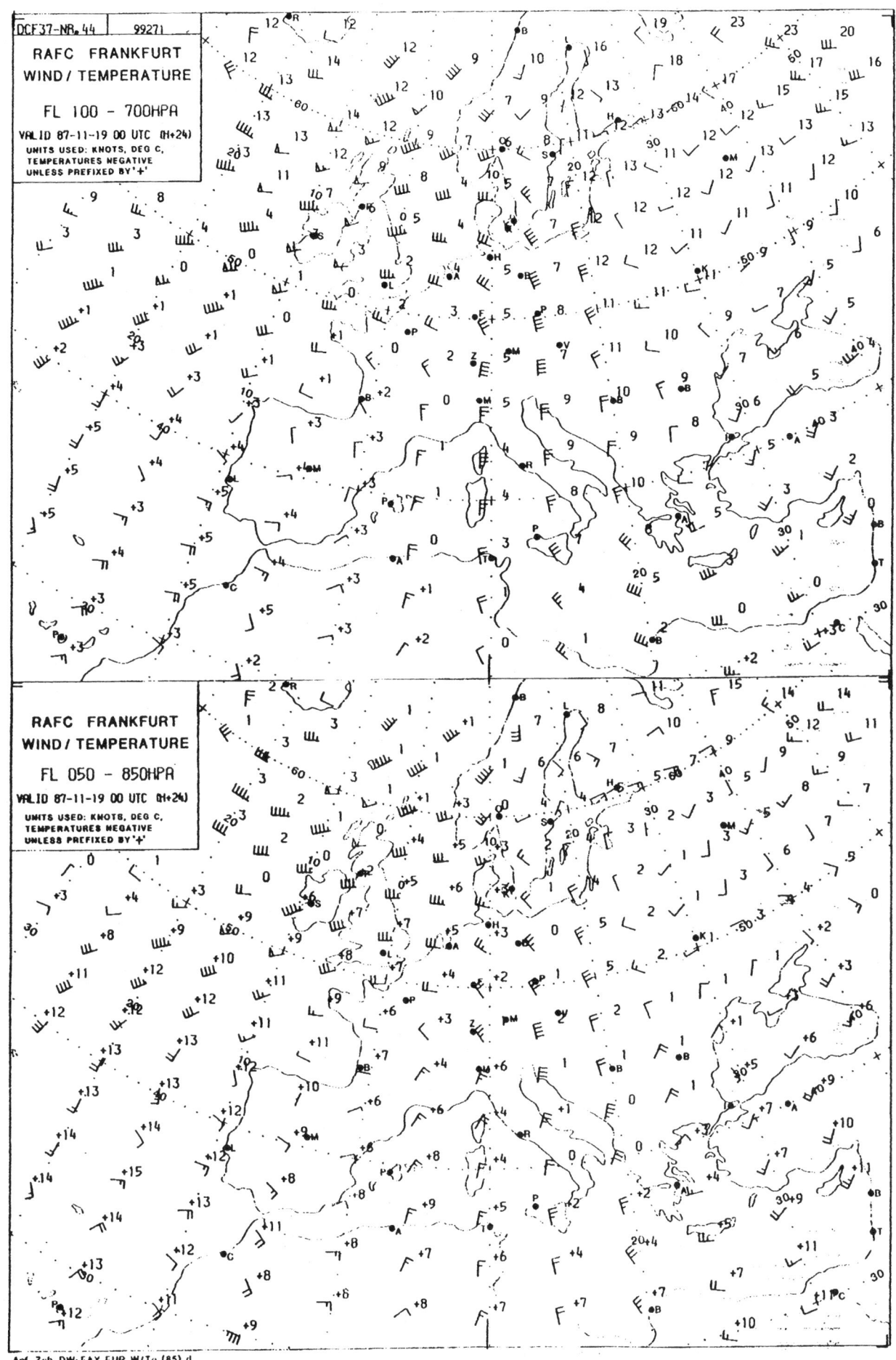

143.1 Beispiele für Höhenwetterkarten

| Windpfeil | Zeichen | Bedeutung |
|---|---|---|
| Doppelkreis | ◎ | Windstille (calm) |
| Pfeil ohne Fahne | | 1 bis 2 kt |
| kurze Fahne | | 5 kt |
| lange Fahne | | 10 kt |
| dicke Fahne | | 50 kt |
| Fahnensumme | | 50 + 10 + 10 + 5 = 75 kt |

### 3.3.2 Luftzirkulationen

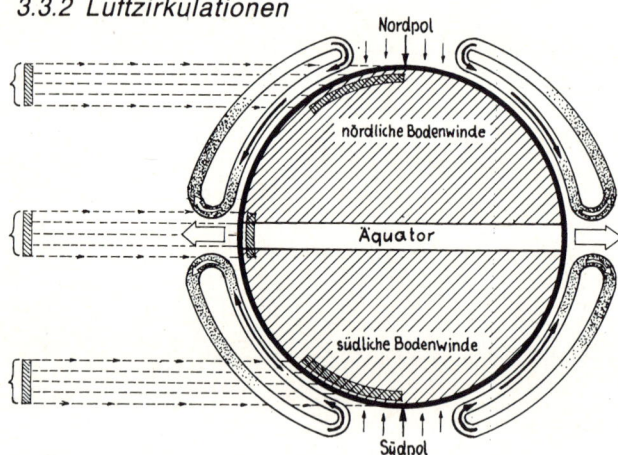

144.1 Vertikale Luftzirkulation bei stillstehender Erde

### 3.3.2.1 Allgemeiner Überblick

*Ursache des Windes*

Bewegt sich eine Luftmasse gegenüber der Erdoberfläche, dann nennen wir das „Wind". Die eigentliche Ursache des Windes sind *immer* Temperaturunterschiede der Luft, woraus auch Druckunterschiede resultieren können. Es treten aber auch Winde ohne Druckunterschiede auf, z. B. bei Kaltluftabflüssen infolge von Dichteunterschieden der Luft in geeignetem topographischem Gelände (Berghänge).

Der Wind hat also seine Ursache in Unterschieden der Lufttemperatur, Luftdichte und des Luftdruckes und in Unterschieden der Topographie.

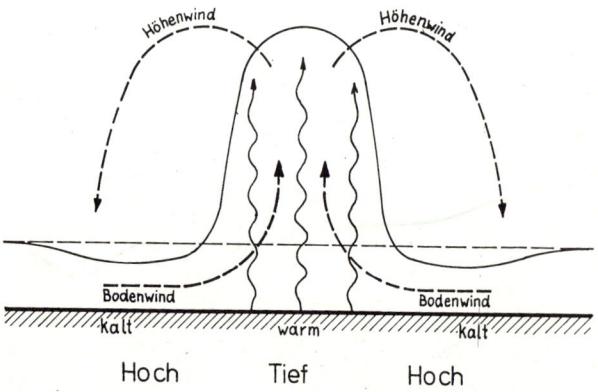

144.2 Entstehung der vertikalen Luftzirkulation

In Bild 144.2 sind die Luftbewegungen infolge der verschiedenen erwärmten Erdoberfläche dargestellt.
Im großräumigen Wettergeschehen geschieht so eine unterschiedliche Erd- und damit Lufterwärmung zwischen Äquator und Polen.

Bei einer stillstehenden und nicht rotierenden Erde, deren Achse gegen die Erdbahn nicht schräg steht und die eine einheitliche glatte Oberfläche ohne Land-Meer-Verteilung hätte, würde eine ganz einfache, vertikale Luftzirkulation entstehen (Bild 144.1).
Die gleiche Wärmemenge, von der Sonne kommend (im Bild schematisch dargestellt) bestrahlt am Äquator infolge senkrechten Auftreffens auf die Erdoberfläche eine kleine Fläche (dort wird es sehr heiß) und an den Polen infolge schrägen Auftreffens auf die Erdoberfläche eine große Fläche (dort wird es nicht so besonders warm). Die Folge ist, daß am Äquator die warme Luft aufsteigt, als Höhenwind zu den Polen wandert, dort absinkt und als Bodenwind zum Äquator zurückkehrt.

Der Einfachheit halber betrachten wir in den weiteren Ausführungen nur die Nordhalbkugel. Auf der Südhalbkugel ist alles spiegelbildlich.

Das Ergebnis ist: Höhenwind weht vom Äquator nach Norden (Südwind) und der Bodenwind weht vom Pol nach Süden (Nordwind).

### 3.3.2.2 Die horizontale Luftzirkulation auf der Erde (Bild 183.1)

| Corioliskraft |
|---|
| Die Erddrehung bewirkt durch die Corioliskraft eine Ablenkung bewegter Körper (also auch bewegter Luft) aus ihrer Bahn. |
| Die Ablenkung ist auf der Nordhalbkugel nach rechts gerichtet und auf der Südhalbkugel nach links. |

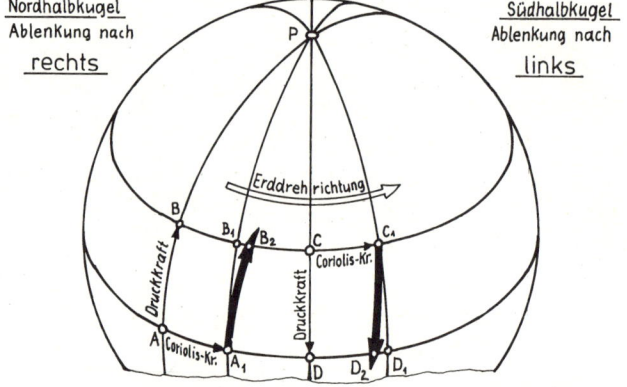

144.3 Ablenkung durch die Corioliskraft

Da sich die Erde um ihre eigene Achse dreht (von West nach Ost) und die Erdoberfläche nicht glatt ist, dreht sich ihre Lufthülle mit. Jedes Luftteilchen hat, wenn es relativ zur Erde in Ruhe ist, dieselbe Geschwindigkeit wie die Erdoberfläche an der betreffenden Stelle. Die *Rotationsgeschwindigkeit* eines Punktes der Erdoberfläche ist am Äquator am größten und wird nach den Polen hin kleiner. Am Pol selbst ist die *Rotationsgeschwindigkeit* eines Punktes der Erdoberfläche Null.

Bewegt sich nun ein Luftteilchen (Bild 144.3) von A nach Norden, dann würde es bei stillstehender Erde nach einer gewissen Zeit in B ankommen. Würde dasselbe Luftteilchen relativ zur Erde ruhen, dann wäre es mit der Erddrehung in der gleichen Zeit von A nach $A_1$ gelangt.

Bewegt es sich aber bei rotierender Erde nach Norden, dann kommt es in der Zeit, wenn ein fester Punkt auf der Erde von A nach $A_1$ wandert, in $B_2$ und nicht in $B_1$ an, weil wegen der Masseträgheit des Luftteilchens es sich nicht unmittelbar der langsameren Rotationsgeschwindigkeit im Norden anpaßt, sondern die höhere Rotationsgeschwindigkeit der Erde im Süden beibehält, denn die Strecke A–$A_1$ ist gleich der Strecke B–$B_2$.

Die *Ablenkungskraft*, die die beabsichtigte Flugbahn des Teilchens (von $A_1$ nach $B_1$) *nach rechts* auf die Bahn von $A_1$ nach $B_2$ verschoben hat, heißt *„Corioliskraft"*.

Die gleiche Überlegung für ein Luftteilchen, das infolge eines Luftdruckunterschiedes von C nach D (nach Süden) fliegen müßte, erfährt eine Ablenkung auf die Bahn von $C_1$ nach $D_2$, also ebenfalls nach rechts.
Teilchen, die von West nach Ost fliegen müßten, haben gegenüber den Punkten der Erdoberfläche ihres Breitenkreises eine erhöhte Rotationsgeschwindigkeit, erfahren also auch eine größere Fliehkraft als ruhende Luftmassen. Die horizontale Komponente dieser Fliehkraft ist nach Süden (also nach rechts) gerichtet, so daß Teilchen, die nach Ost fliegen , ebenfalls nach rechts abgelenkt werden. Aus dem gleichen Grund werden Teilchen, die nach West fliegen, nach Nord, also auch nach rechts, abgelenkt.

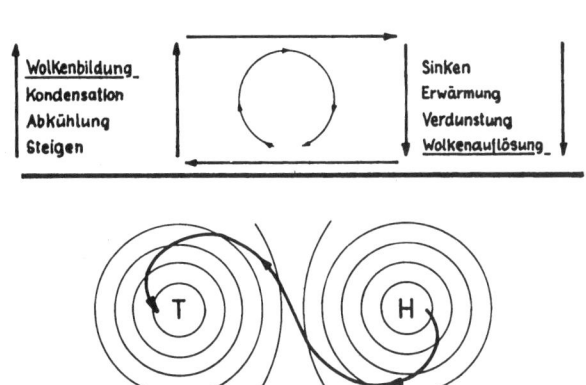

*145.1 Luftströmung und Wettercharakter*

### Die Druckkraft

Die Luft würde aufgrund der *Druckkraft* (Druckkraft ist der Druckunterschied zweier Orte bezogen auf eine bestimmte Entfernung), die senkrecht zu den Isobaren wirkt, in Bodennähe direkt von Gebieten mit Hochdruck zu den Gebieten mit Tiefdruck (Kreise in Bild 180.2) strömen. Das tut sie aber nicht, weil sie durch die Corioliskraft (auf der Nordhalbkugel) nach rechts abgelenkt wird. Jeder Blick auf eine Wetterkarte bestätigt das für die aus dem Hochdruckgebiet ab- und in das Tiefdruckgebiet einströmenden Luftmassen.

In Bild 145.1 ist der Weg der Luft vom „H" zum „T" schematisch eingetragen. Steht man mit dem Rücken gegen den Wind, dann ist das „Hoch" rechts hinten und das „Tief" links vorn. Das ist das Barische Windgesetz von Buys Ballot. Im Tiefdruckgebiet steigt die Luft auf, kühlt sich dadurch ab, kondensiert schließlich und bildet Wolken. Im Hochdruckgebiet sinkt die Luft ab, erwärmt sich. Die absinkende und sich dabei erwärmende Luft kann mehr Feuchtigkeit aufnehmen, weswegen sich der kondensierte Wasserdampf – sprich Wolken – auflösen.Daher kommt es, daß im Tief vorwiegend schlechtes Wetter (nicht immer!) und im Hoch vorwiegend gutes Wetter (nicht immer!) herrscht.

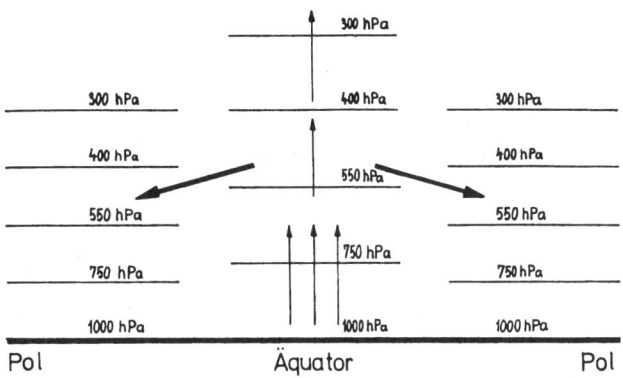

Auf der Nordhalbkugel gilt:

Die aus einem Hochdruckgebiet strömenden Luftmassen drehen rechts herum. Die ins Tiefdruckgebiet einströmenden Luftmassen drehen links herum.

*145.2 Druckflächen und Windrichtung*

In der warmen Luft herrscht in der Höhe gegenüber kalter Luft hoher Luftdruck, weil die Druckflächen in warmer Luft hoch und in kalter Luft tief liegen. Also fließt in der Höhe der Wind ebenfalls von einem Gebiet hohen in ein Gebiet tieferen Luftdrucks. Am Boden können dabei die Druckverhältnisse umgekehrt sein.

### 3.3.2.3 Die Luftmassen der gemäßigten nördlichen Breiten (Bild 146.1 u. 146.2)

Mit Luftmassen bezeichnet man große, zusammenhängende Gebiete in der Troposphäre, deren Eigenschaften bezogen auf Feuchtigkeit, Temperatur und Stabilität einheitlich sind.

Die Luftmassen erhalten ihre charakteristischen Eigenschaften einerseits durch ihren Herkunftsort (Ort der Entstehung) und andererseits durch die Beeinflussung vom Untergrund der durchwanderten Gebiete.

*Unterscheidung nach der Herkunft: (siehe Bild 146.1)*

*Unterscheidung nach der Temperatur:*

K : direkt aus subpolarem Gebiet,

W : aus subtropischen Gebieten oder unterwegs erwärmt.

*Unterscheidung nach durchquerten Gebieten*

m = maritime Luft:
  langer Weg über das Meer (feucht),

c = kontinentale Luft:
  langer Weg über das Festland (trocken).

Eine schematische Übersicht gibt Bild 146.1 und die Tabelle 146.2.

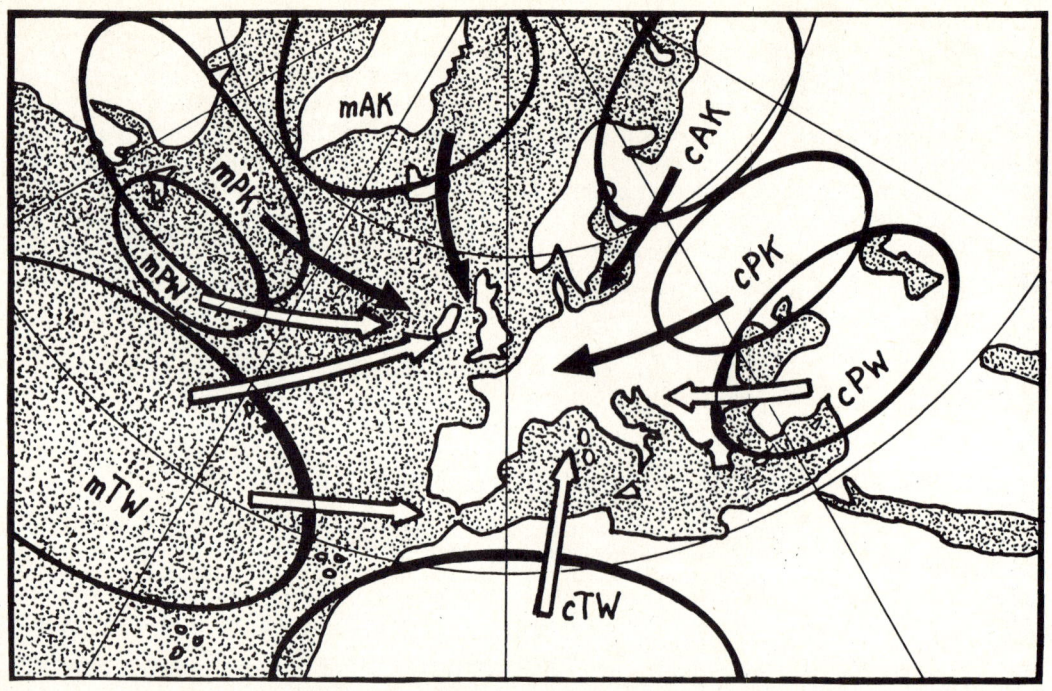

146.1 Luftmassen in Europa (vereinfacht)

| Herkunft | Temp. | Art. | Abk. | Ursprung | Zeitpunkt der Erscheinung |
|---|---|---|---|---|---|
| Arktisch (A) | kalt (K) | maritim (m) | mAK | Grönland Spitzbergen | Januar-Juni Sept.-Dezember |
| | kalt (K) | kontinental (c) | cAK | Barentsee Novaja-Semlja Nordrußland | |
| Polar (P) | kalt (K) | maritim (m) | mPK | Nordatlantik Kanada | Ganzes Jahr |
| | | kontinental (c) | cPK | Zentralrußland (Kältepol) | Winter |
| | warm (W) | maritim (m) | mPW | Nordatlantik 50° Breite | Winter |
| | | kontinental (c) | cPW | Balkan Südrußland | Sommer |
| Tropisch (T) | warm (W) | maritim (m) | mTW | Subtrop. Meere Azoren | Ganzes Jahr |
| | warm (W) | kontinental (c) | cTW | Nordafrika | Ganzes Jahr |

146.2 Tabelle der Luftmassen über Europa

### 3.3.2.4 Druckgebiete der gemäßigten nördlichen Breiten

**1) Ein Keil des Azorenhochs**

schiebt sich von einem Hochdruckgebiet, das sich mit großer Beständigkeit in den Roßbreiten im Raum der Azoren entwickelt, ein Keil nach Mitteleuropa vor, dann kann es dort für einige Tage wetterbestimmend bleiben.

**2) Ein Tief über Island**

Dieses Tief entsteht durch ein Zusammentreffen von 2 Luftmassen und zwar:

a) aus der nach Süden ausfließenden Polarluft an der Ostküste Grönlands und

b) aus der nach Norden fließenden subtropischen Warmluft.

**3) Das sibirische Hoch**

Im Winter bildet die über den Landmassen von Rußland und Asien stark abgekühlte Luft ein ausgedehntes Hochdruckgebiet. Bei einer entsprechenden Zirkulation kann dieses Hoch auch in Mitteleuropa einen strengen Winter hervorrufen.

**4) Das Genua-Tief (Vb-Tief)**

Von Frankreich ins Mittelmeer vorstoßende Kaltluft und von Afrika ebenfalls ins Mittelmeer zufließende Warmluft bilden zusammen das Genua-Tief. Dieses Tief wandert nordöstlich über die Ostalpen nach Ungarn und dann über Polen zur Ostsee. Es führt zu starken Niederschlägen in den südlichen und östlichen Teilen von Deutschland.

### 3.3.2.5 Die allgemeine Zirkulation auf der Erde

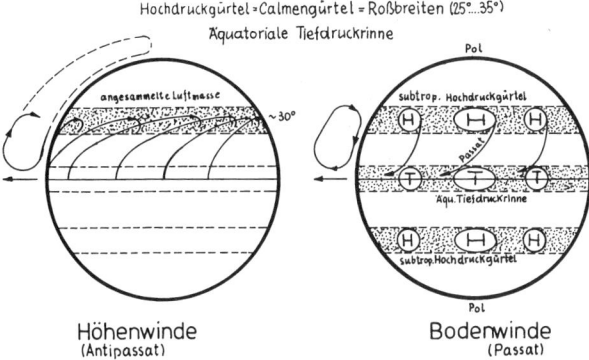

*147.1 Entstehung der Passate*

Die Zirkulation bei stillstehender Erde wurde anhand von Bild 182.2 besprochen. Die Erddrehung und der Ablauf der Jahreszeiten verändern jedoch diese einfache Zirkulation.

Das Charakteristische der Passatwinde ist der auf der Nordhalbkugel von den Roßbreiten zum Äquator beständig wehende Nordostwind. Auf der Südhalbkugel weht ein Südostwind zum Äquator. Beide Windsysteme erzeugen am Äquator die innertropische Konvergenzzone, in der die Luft einerseits aus thermischen Gründen (senkrechter Sonnenstand) andererseits aus dynamischen Gründen (Konvergenz des NE-Passats und SE-Passats) gezwungen wird, aufzusteigen.

Die vom Äquator nach Norden wehenden Höhenwinde (Bild 144.1) werden durch die Corioliskraft nach rechts abgelenkt (Bild 147.1, links) und werden schließlich zu Westwinden. In etwa 35° nördlicher Breite sammelt sich ein dicker Luftwulst an, der in diesen Breiten einen beständig hohen Luftdruck erzeugt.

Es bildet sich am Boden ein Hochdruckgürtel aus (Bild 147.1, rechts), der um den ganzen Erdball herumgeht. Es ist der sogenannte „subtropische Hochdruckgürtel". Diese Breiten heißen seit alters her „Roßbreiten", weil dort oft kein Wind weht. Die Segelschiffe blieben dort wochenlang regungslos liegen und man schlachtete die mitgeführten Pferde (deshalb „Roß"-breiten; engl.: calmes). Hier sinkt die Luft zum Boden ab und fließt als Nordostwind wieder zum Äquator zurück.

Durch die Coriolisablenkung wird es auf der Nordhalbkugel ein NO-Wind, *NO-Passat* genannt, der das ganze Jahr über gleichmäßig weht (Kanarische Inseln!). Die vom Äquator in der Höhe wegfließende Luft heißt *Anti-Passat* oder Gegenpassat. Auf der Südhalbkugel weht ein entsprechender Südost-Passat.
Die Polargegend ist wegen der flach einfallenden Sonnenstrahlung die kälteste Gegend der Nord-

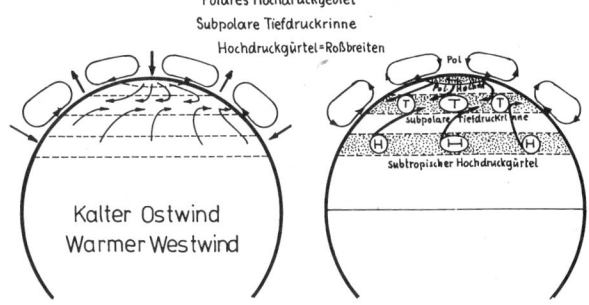

*147.2 Tiedruckrinne der gemäßigten Breiten*

halbkugel. Dort sinkt die kalte, schwere Luft und fließt dann nach Süden.

Durch die auf diese Strömung einwirkende Coriolis-Ablenkung (Bild 144.3) dreht sich der Nordwind nach rechts und wird bei etwa 60° nördlicher Breite zum reinen Ostwind. Die vom Subtropischen kommende, nach Norden gerichtete warme Luftströmung wird ebenfalls nach rechts gedreht und kommt als warmer Westwind bei etwa 60° nördlicher Breite an. Man bezeichnet die Begegnungslinie zwischen dem nördlichen Ostwind und dem südlichen Westwind als „Polarfront".

Die sich bildenden Tiefdruckgebiete wandern nach Osten und bilden die sogenannte „subpolare Tiedruckrinne", die vorwiegend das Wetter in Europa beeinflußt.

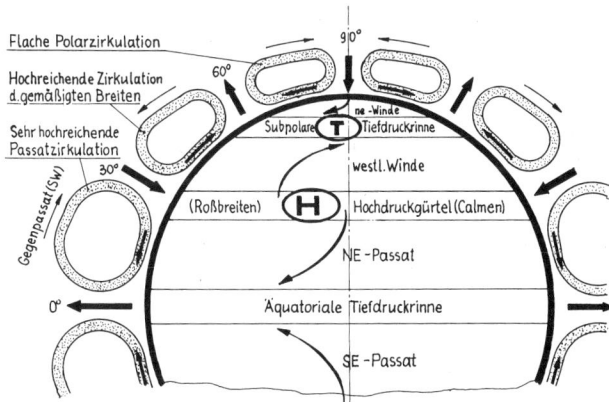

*147.3 Die vertikalen und horizontalen Luftzirkulationen*

In Bild 147.3 sind alle diese Zirkulationen zusammengestellt (vertikale und horizontale Bodenzirkulation). Die verschiedenen Tiefdruckrinnen und Hochdruckgürtel wandern in der ersten Jahreshälfte etwas nach Norden und in der zweiten Jahreshälfte nach Süden.

Auf Grund der oben dargestellten „idealen Zirkulationssysteme" muß man den Eindruck haben, als ob in der Atmosphäre tatsächlich diese Zirkulationsräder existierten. Das ist aber in der realen Atmosphäre nicht der Fall, sonder nur als Ergebnis statistischer Mittelwertbildung über die sich ständig ändernden Strömungsverhältnisse auf der Erde kommt man zu solchen Zirkulationssystemen.

| Vertikale Zirkulationen | |
|---|---|
| 0° bis 30° | Sehr hochreichende Passatzirkulation |
| 30° bis 60° | Hochreichende Zirkulation der gemäßigten Breiten |
| 60° bis 90° | Flache Polarzirkulation |
| Horizontale Bodenzirkulation | |
| Äquatorgebiet | Äquatoriale Tiefdruckrinne |
| 30° nördl. Breite | Roßbreiten = Hochdruckgebiet<br>Subtropischer Hochdruckgürtel |
| 60° nördl. Breite | Tiefdruckgebiet<br>Subpolare Tiefdruckrinne |
| Polgebiet | Polares Hochdruckgebiet |

Also auch am Pol gibt es mal Zyklonen oder dort, wo im statistischen Mittel die subpolare Tiefdruckrinne liegt, existieren gelegentlich kräftige Antizyklonen oder dort, wo das Azorenhoch zu Hause ist, liegt schon mal ein Tief.

### 3.3.3 Wetterfolgen

*3.3.3.1 Fronten*

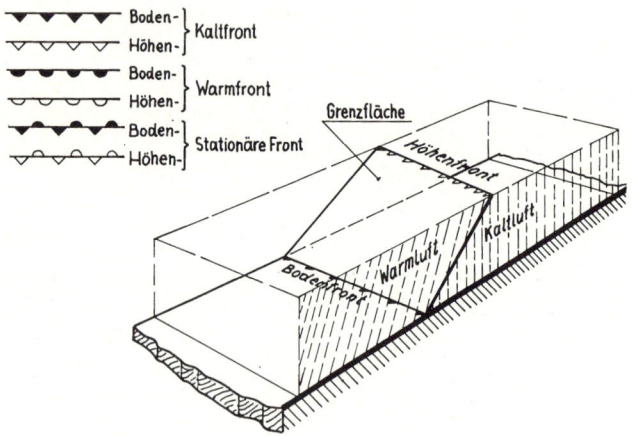

*148.1 Begriff der Front*

### Begriffbestimmung

Unter einer Front versteht man die Grenzfläche zwischen zwei verschiedenartigen Luftmassen. Treffen zwei Luftmassen verschiedener Temperatur aufeinander, dann vermischen sie sich nicht, sondern es bildet sich eine Grenzfläche aus, die nicht senkrecht zur Erdoberfläche verläuft, sondern schräg geneigt ist. Die wärmere Luftmasse liegt dann immer oberhalb der schrägen Fläche und die kältere Luftmasse wegen ihres größeren Gewichts liegt unterhalb der schrägen Fläche (Bild 145.2). Die Linie, in der die schräge Fläche den Erdboden schneidet, heißt *„Bodenfront"*.

Drückt eine warme Luftmasse die kältere weg, dann heißt das *„Warmfront"*. Ist die kalte Luftmasse im Vormarsch, dann heißt das *„Kaltfront"*. In den Wetterkarten werden die Kaltfronten durch Dreieckspfeile in Zugrichtung der Front gekennzeichnet (Bild **148.1**). Die voll ausgefüllten Dreiecke bedeuten die Bodenfront, die leeren Dreiecke bedeuten die Höhenfront. Die Warmfront wird durch Halbkreise in Zugrichtung der

Front gekennzeichnet (voll = Bodenfront, leer = Höhenfront). Bewegt sich die Front nicht von der Stelle, dann heißt das *„stationäre Front"* und wird gleichzeitig mit Dreiecken und Halbkreisen gekennzeichnet, jeweils in Zugrichtung der Front (siehe Bild).

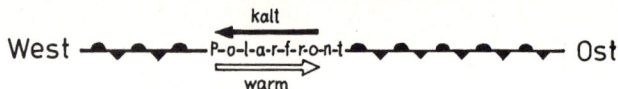

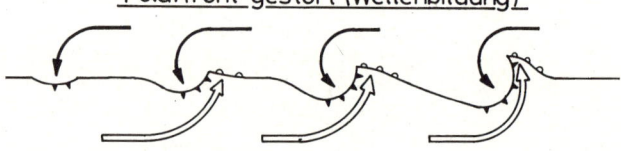

*148.2 Die Polarfront*

### Die Polarfront

Wie in Abschnitt 3.3.2.5 beschrieben wurde, treffen sich bei ungefähr 60° nördlicher Breite kalte Polarluft (Ostwind) und warme Subtropenluft (Westwind). Die Grenze zwischen den beiden Luftmassen wird mit „Polarfront" bezeichnet.
Diese Übergangszone ist normalerweise im Gleichgewicht und die beiden entgegengesetzt gerichteten Strömungen stören sich nicht. Der Frieden dauert aber meist nicht lange.
Der Grund für die Initialzündung der Zyklonenbildung liegt in der Höhenströmung über der Polarfront. Im Bereich der subpolaren Tiefdruckrinne herrschen in der Höhe (zwischen 8 und 11 km) oft hohe Windgeschwindigkeiten, die als Strahlstrom (engl. Jetstrom) bekannt sind. Dieser Strahlstrom, der im Sommer Windgeschwindigkeiten bis zu 200 km/h und im Winter bis zu 400 km/h aufweist, umläuft die Erdkugel von West nach Ost. Es gibt einen Strahlstrom auf der Nordhalbkugel (überwiegend bewegt er sich in Wellenlinien zwischen 40° Nord und 60° Nord) und einen Strahlstrom auf der Südhalbkugel (zwischen 40° Süd und 60° Süd), der ebenfalls von Westen nach Osten weht.
Infolge der hohen Windgeschwindigkeiten kommt es in der Höhe an manchen Orten zu Luftmassenanhäufungen (Konvergenz) und an manchen Orten zu Luftmassenmangel (Divergenz), was am Boden einerseits Luftdruckanstieg oder Luftdruckfall zur Folge hat. Damit wird unmittel-

bar eine Zirkulation am Boden ausgelöst, die die warmen und kalten Luftmassen gegeneinander führt, um die Druckunterschiede auszugleichen. Die Entwicklung eines Tiefs (Zyklone) oder Hochs (Antizyklone) hat damit begonnen.

Ist das „Auspumpen" (Divergenz) durch den Strahlstrom in der Höhe stärker als der Massenzufluß im Tief am Boden (Konvergenz), dann vertieft sich das Tief.

Beim Hoch ist es umgekehrt. Ist der Massenzufluß in der Höhe (Konvergenz) stärker als der Massenabfluß aus dem Hoch am Boden (Divergenz), dann verstärkt sich das Hoch.
Bei Abschwächung von Hoch und Tief sind die Größenverhältnisse von Konvergenz und Divergenz zwischen Boden und Höhe gerade umgekehrt.

### Die Warmfront

Anströmende Warmluft kann, wegen ihrer geringen Dichte, nicht die schwere Kaltluft verdrängen. Sie gleitet in einem sehr flachen Winkel (1:100) auf die Kaltluft auf (Bild 149.1) und kühlt sich dabei adiabatisch ab. Beim Aufsteigen wird das Kondensationsniveau bald erreicht, so daß sich Wolken bilden. Fliegt man einer Warmfront einer *Idealzyklone* von Ost nach West entgegen, dann beobachtet man zunächst 1000 km vor der Bodenfront in 10 km Höhe die Cirrusbewölkung.

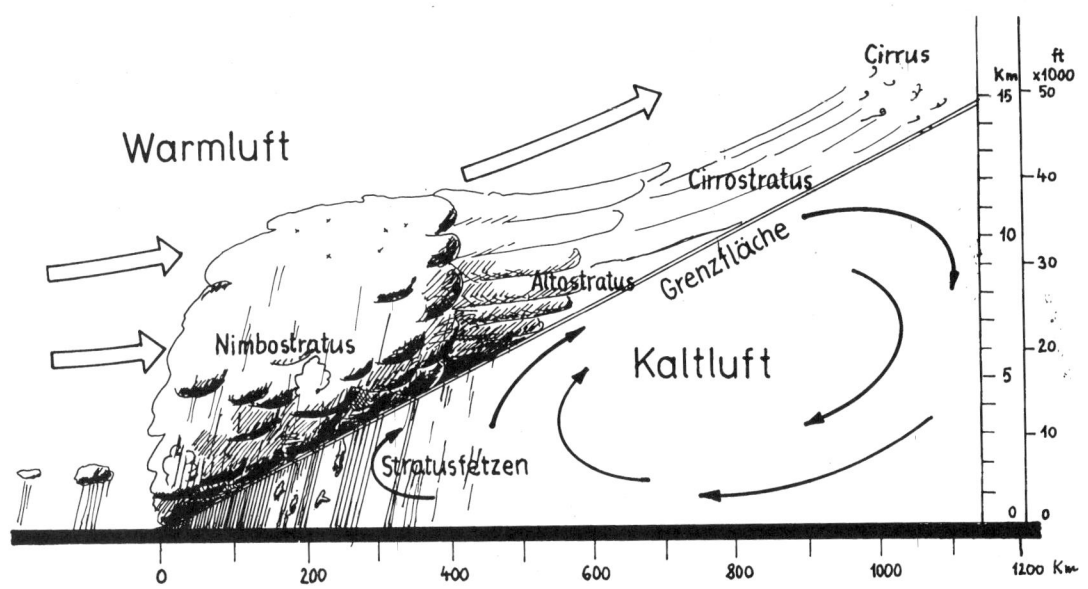

Die Bodenfront bewegt sich mit 15 bis 35 km/h vorwärts (= 2 bis 3 Tage/1100 km)

Die wirkliche Neigung der Grenzfläche ist 1:100 (überhöht gezeichnet mit 1:2)

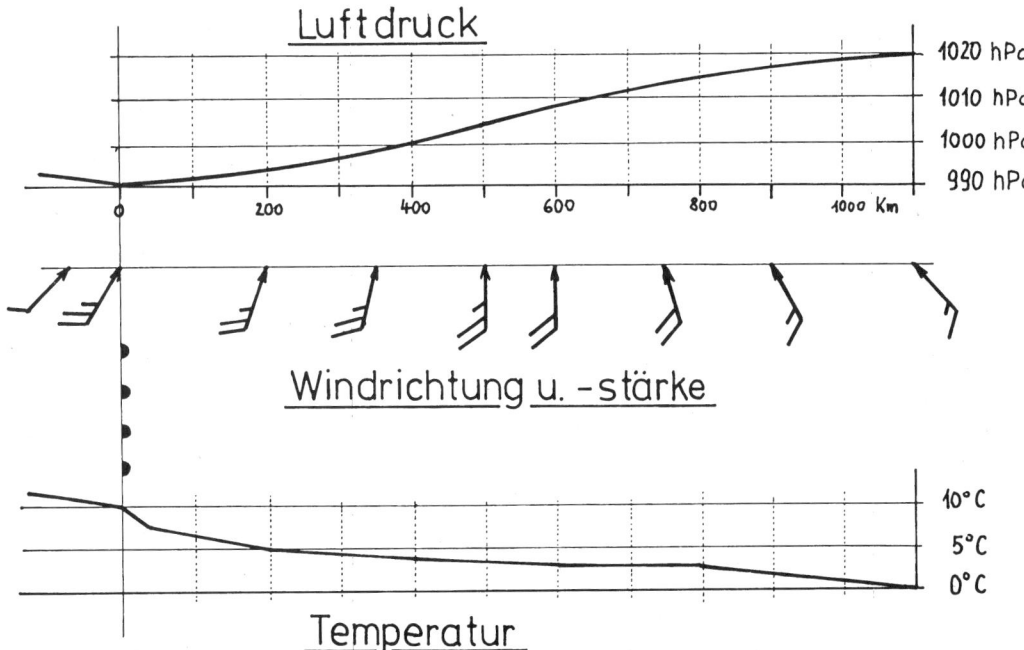

149.1 Schnitt durch die stabile Warmfront mit Änderung von Druck, Wind und Temperatur einer Idealzyklone.

Anschließend folgt milchiger weißer Schleier von Cirrostratus, der sich zuerst in dünnen, dann in dichteren Altostratus, der die Sonne nicht mehr durchscheinen läßt, verwandelt. Der Luftdruck fällt, die Temperatur steigt allmählich und der zuerst südöstliche Wind frischt auf und dreht nach Süd.

Der erste Regen fällt 300 bis 400 km vor der Bodenfront. Die Temperatur steigt weiter an und der Altostratus geht in Nimbostratus über. Der Nimbostratus ist eine hochreichende Warmfrontbewölkung, die fast am Boden aufliegt und etwa 7–9 km hochreicht. Der Wind dreht weiter auf Südsüdwest und wird stärker. Der Niederschlag wird so dicht, daß die Sicht (besonders bei Schnee) auf Null zurückgehen kann.

Die Fronttiefe (quer zur Front), in der Niederschlag fällt, beträgt im Mittel 200–400 km, manchmal auch mehr.

Wenn die Bodenfront in der Nähe ist, tritt Fetzenbewölkung mit sehr tiefer Untergrenze (fast Null) auf. Zwischen den Wolkenfetzen und der eigentlichen Regenwolke ist oft ein wolkenfreier Raum, aber dunsterfüllt.

Nach dem Durchgang der Bodenfront dreht der Wind von Südsüdwest auf Südwest und wird dann schwächer. Die Temperatur steigt nur unwesentlich an, sie bleibt fast gleich. Auch der Luftdruck bleibt und nimmt höchstens ganz langsam etwas zu. Bei auflockernder Bewölkung im Warmsektor können sich vorübergehend flache Cumuli bilden. Meist aber herrschen mittelhohe Wolkenfelder.

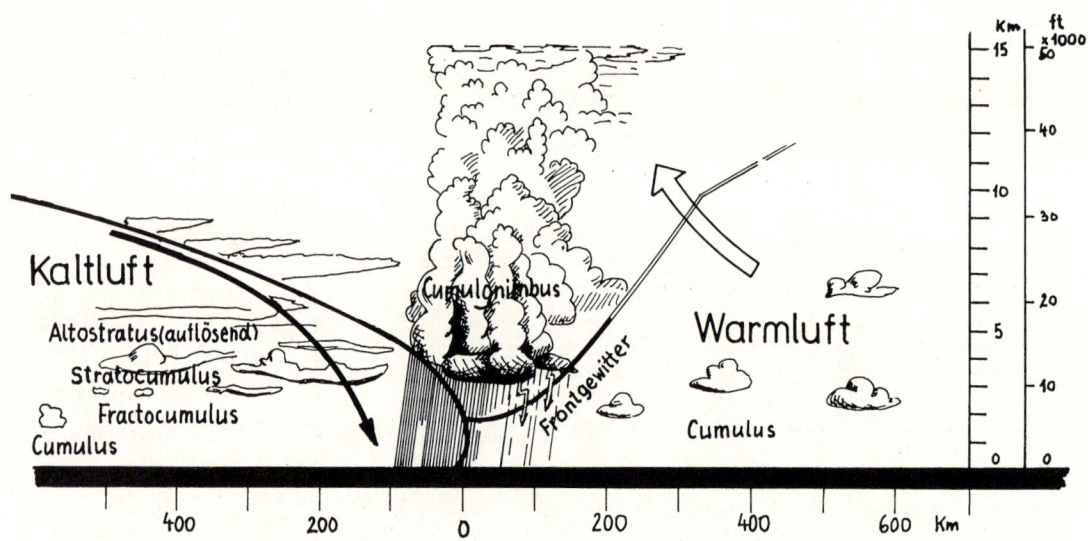

Front-Regengebiet = 80...150 km lang; Durchzugdauer = 2...3 Stunden; Geschwindigkeit = 30 bis 60 km/h

Die Neigung der Kaltluftgrenze ist ≈ 1:50...1:80 (überhöht gezeichnet mit 1:1,5)

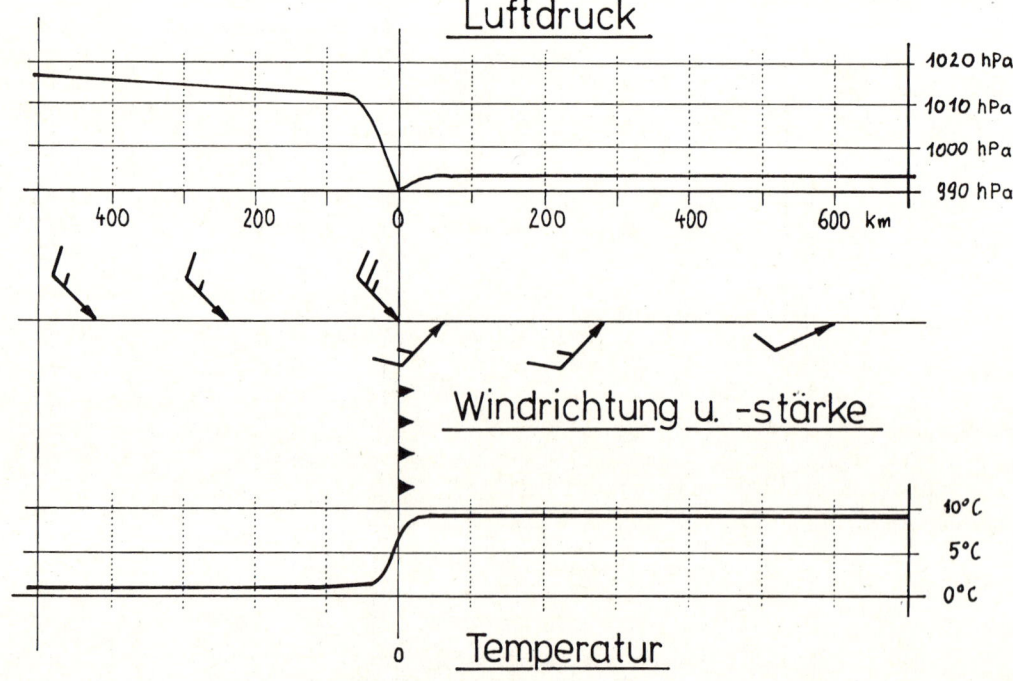

*150.1 Schnitt durch die Kaltfront mit Änderung von Druck, Wind und Temperatur einer Idealzyklone*

## Die Kaltfront

Die Kaltluftmasse bewegt sich ungefähr doppelt so schnell vorwärts wie eine Warmluftmasse. Dadurch holt sie die Warmluftmasse ein. Da die Kaltluft schwerer als die Warmluft ist, schiebt sie sich wie ein Keil unter die Warmluft und hebt diese an (Bild 150.1).

Die rasch emporgehobene Warmluft kühlt sich bei ihrem Aufwärtsweg adiabatisch ab und kondensiert bald.

Bei der Kaltfront kann man keinen Neigungswinkel der Frontfläche gegenüber der Warmluft angeben. Manchmal schiebt sich die Kaltluft keilförmig unter die Warmluft (häufig im Winter). Dann gleitet die Warmluft an der sich darunterschiebenden Kaltluft auf (passive Hebung im Gegensatz zur aktiven Hebung beim Vordringen der Warmluft mit Aufgleiten auf der Kaltluft), wobei ähnliche Wetterbedingungen wie bei der Warmfront zu beobachten sind mit Schichtbewölkung und länger andauernden Niederschlägen (Regen oder Schnee).

Oft aber, meist im Sommer, ist die vordringende Kaltluft im Bereich einer Kaltfront in der Höhe schneller als am Boden (Verzögerung durch die Bodenreibung). Dadurch wird die Luftmasse stark labilisiert (Kaltluft in der Höhe und Warmluft am Boden hat kräftige vertikale Umlagerungen der Luft zur Folge mit Schauer- und Gewitterbildung mit hochreichenden Cumulunimbus-Wolken). Da die Frontfläche zwischen Kaltluft und Warmluft bei einer aktiven Kaltfront nur einen geringen Neigungswinkel hat, entsteht meist ein schmales Wetterband.

Durch die steile Frontfläche (Bild 150.1) entsteht ein schmales Wetterband von nur 80 bis 150 km Breite aus hochreichenden Cumulus und Cumulonimbus mit starker Turbulenz und heftigen Schauern, manchmal auch Hagel. Öfters befindet sich vor der Front eine ausgeprägte Gewitterlinie (engl.: squall-line), die im Sommer 100 bis 200 km vor der Bodenfront beginnen kann. Diese *Frontgewitter* bilden wegen der Turbulenz, wegen der böigen Bodenwinde und wegen der Schauerniederschläge (Hagel) eine ganz große Gefahr für den Segelflieger. Da die Durchzugsdauer des Regengebietes nur 2 bis 3 Stunden beträgt, warte man besser ab. Das Schlechtwettergebiet ist nur 80 bis 150 km breit.

Der Luftdruck bleibt während der Annäherung der Front konstant und fällt kurz vor dem Eintreffen der Bodenfront ab. Nach dem Durchgang der Front steigt der Druck stark an.

Der Wind springt bei Frontdurchgang von Südwest auf Nordwest, wird stark böig und kann Spitzengeschwindigkeiten von 70 bis 90 kt (130 bis 170 km/h) erreichen.

Die Temperatur bleibt bei der Frontannäherung ebenfalls konstant. Beim Frontdurchgang sinkt die Temperatur stark ab (oft bis zu 10°C) und bleibt dann wieder konstant.

Nach dem Durchgang der Kaltfront erfolgt rasche Aufheiterung. Zuerst sind noch sich auflösende Altostratus, dann seltener werdende Stratocumulus vorhanden, später Auftreten von Cumulus. Zunächst knapp hinter der Front Schauertätigkeit; nachher ausgezeichnete Sicht in der gereinigten Atmosphäre (50 km, manchmal 100 km).

Oft bildet sich hinter der Kaltfront ein kleines Zwischenhoch, das bis zur Ankunft der nächsten Zyklone wirksam bleibt.

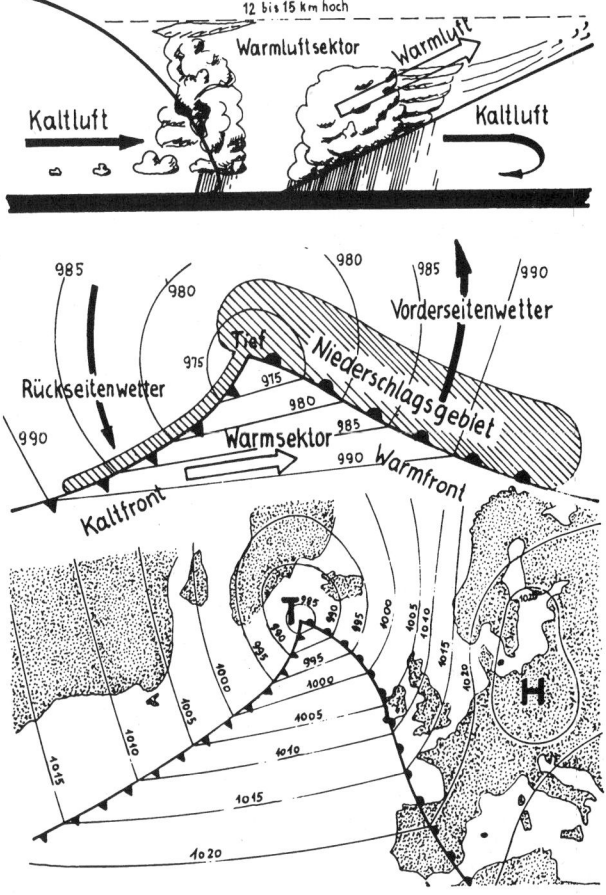

*151.1 Frontsystem einer Zyklone*

### 3.3.3.2 Okklusionen

Wie bereits bekannt, entstehen in der subpolaren Tiefdruckrinne durch Störung der sonst geradlinig verlaufenden Polarfront die Tiefdruckgebiete, die sich entgegen dem Uhrzeigersinn drehen. Dabei strebt der Kaltfrontteil meist nach Südost (Bild 151.1, Mitte links) und der Warmfrontteil nach Nordost (Bild 151.1, Mitte rechts). Zwischen diesen beiden Fronten befindet sich der sogenannte *Warmsektor*. Das vollständige Tiefdruckgebiet (Zyklone) besteht also aus Warmfront, Warmsektor und Kaltfront, wobei im gesamten Bereich der Zyklone der Luftdruck niedriger als in seiner Umgebung ist.

An der Vorderseite dieser Zyklone bildet sich durch das schon bekannte Aufgleiten der Warmluft aus dem Warmsektor auf die im Osten liegende Kaltluft eine Warmfront mit ihrem großen Niederschlagsgebiet.

An der Rückseite bildet sich durch die gegen die Warmluft des Warmsektors vordringende Kaltluft eine Kaltfront mit einem schmalen Niederschlagsgebiet. Dort, wo diese beiden Fronten zusammenlaufen, liegt das Zentrum des entstandenen Tiefdruckgebietes.

Das Tiefdruckgebiet wandert durch die in der subpolaren Tiefdruckrinne herrschende starke

Höhenströmung nach Osten und weitet sich dabei aus (Bild 151.1, unten). So kommt es, daß Tiefdruckgebiete, die nördlich an Europa vorbeiziehen, das Wetter in den gemäßigten Breiten und sogar in Südeuropa mit ihren Fronten beeinflussen. Da die Kaltfront rascher fortschreitet als die Warmfront, holt diese allmählich die Warmfront ein und engt damit den Warmsektor zunehmend ein.

*Die Wetterfolge* beim Durchgang der Ausläufer des Tiefdruckgebietes ist in unseren Breiten folgende:

---
– Vorderseitenwetter – Warmfrontdurchgang –Warmsektorwetter –
– Kaltfrontdurchgang – Rückseitenwetter –
---

Durch das raschere Fortschreiten der Kaltfront wird die Warmfront eingeholt (Bild 151.1, obere Reihe), so daß die beiden Fronten sich schließlich vereinigen.

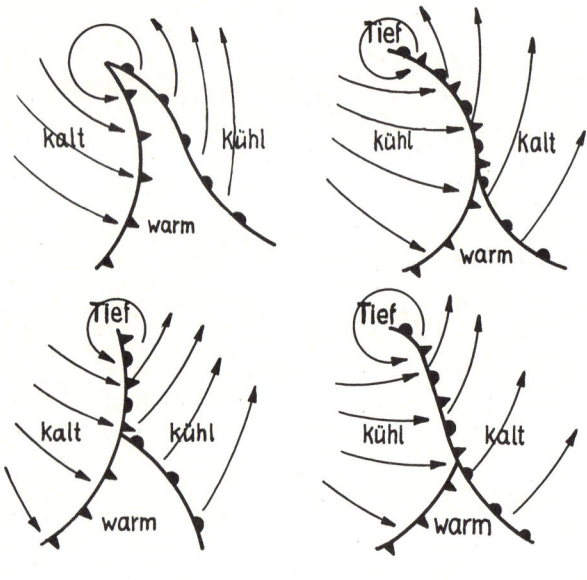

## Kaltfront-       Warmfront-
## Okklusion

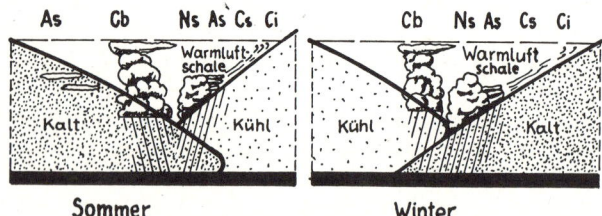

*152.1 Die Arten der Okklusion*

---
Der Zusammenschluß von Warmfront und Kaltfront heißt Okklusion

lat.: occludere = zusammenklappen
---

Wenn die kalte Luft der Rückseite auf die kalte Luft der Vorderseite trifft, dann ist die vorher dazwischenliegende Warmluft des Warmsektors gänzlich vom Erdboden abgehoben worden. Die abgehobene Warmluft kühlt sich adiabatisch ab und behält noch einige Zeit ihre höhere Temperatur in der Höhe als *Warmluftschale*, bis sie ihre

Temperatur mit der Umgebung ausgeglichen hat (Bild 152.1, unten).

*Die Okklusion*, also das Zusammentreffen der Kaltluft von der Zyklonenrückseite mit der Kaltluft der Zyklonenvorderseite, *bildet wieder eine Front*.

Je nachdem, ob die Luft auf der Rückseite der Kaltfront kälter ist als auf der Vorderseite der Warmfront oder umgekehrt, unterscheidet man:

---
*Okklusion mit Kaltfrontcharakter*
und
*Okklusion mit Warmfrontcharakter*
---

### Auflösung der Zyklone

Nachdem sich beide Fronten zur Okklusion vollständig vereinigt haben, ist der Warmsektor verschwunden, der Rest der Warmluft kühlt sich als Warmluftschale in der Höhe ab. Der ungleiche Temperaturverlauf innerhalb der Zyklone besteht nicht mehr. Am Boden hat sich die Kaltluft durchgesetzt und die unterschiedliche Temperaturverteilung im Bereich der Zyklone ausgeglichen.

Der Luftdruck steigt im Bereich des Tiefs und füllt dieses allmählich auf. (Begründung: Weil der Massenzufluß am Boden ins Tief hinein größer ist als der Massenabfluß in der Höhe (Auspumpen durch den Strahlstrom). Das Tief hat sich schließlich aufgelöst. Es kann sich im Bereich der Polarfront, in den Subtropen oder in der Polarregion auflösen, je nachdem, wo es hingezogen ist.

### 3.3.3.3 Konvergenzen

Manchmal weisen Tiefdruckgebiete trichterförmige Ausbuchtungen der Isobaren auf (Bodentrog, Bild 153.1). Dabei bildet sich in der Achse des Trichters (Trogachse) eine Zone (Linie), gegen die die Luft von beiden Seiten zusammenströmt (konvergiert), da links und rechts dieser Zone ein höherer Luftdruck herrscht. Durch das Zusammenfließen der Luft an der Troglinie wird die Luft gezwungen aufzusteigen. Infolge der adiabatischen Abkühlung können sich ausgedehnte Wolkenfelder mit hochreichenden Schauerwolken bilden. Diese frontähnliche Schlechtwetterzone ist aber nicht als Front zu interpretieren, da sie keine Luftmassengrenze zwischen zwei unterschiedlichen Luftmassen darstellt.

### Die Küstenkonvergenz

Bei landeinwärts wehenden Winden verlangsamt sich die Geschwindigkeit durch die größere Bodenreibung über Land gegenüber der geringeren Reibung am Meer. Der dadurch entstehende Luftmassenstau (Konvergenz) im Bereich der Küste, zwingt die Luft, aufzusteigen. Die Folge ist *Quellbewölkung entlang der Küste*, zeitweise mit Schauerniederschlägen und auch Gewittern.

### 3.3.3.4 Tiefdruck-Trog (Bild 193.1)

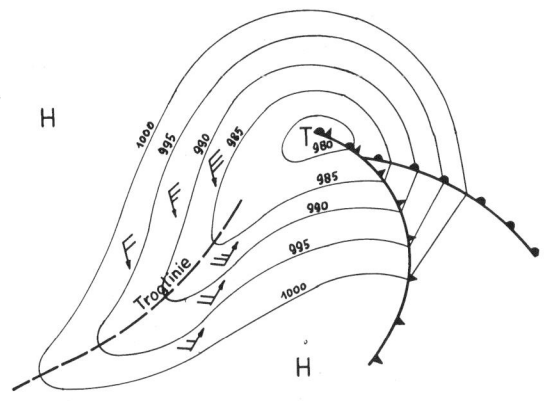

153.1 Tiefdrucktrog

Auf der Rückseite der Kaltfront von ausgeprägten Tiefdruckgebieten gibt es auf der Wetterkarte oft trog- oder U-förmige Ausbuchtungen der Isobaren. Diese Ausbuchtungen sind nach Süden oder Südwesten gerichtet. Da die Trogachse in vielen Fällen mit der Zone der kältesten Höhenluft gekoppelt ist, herrschen in ihr sehr labile Schichtungsverhältnisse. Daraus ergibt sich auf der Rückseite der Kaltfront oft eine zweite Schlechtwetterzone, weit hinter der Kaltfront, mit den stärksten Schauern und der größten Windgeschwindigkeit. Bei Durchgang der Troglinie erfolgt meist ein scharfer Windsprung von einer südlichen auf eine nördliche Richtung.

### 3.3.3.5 Der Kaltlufttropfen (Bild 153.2)

Wenn ein Höhentrog (also ein Gebiet, in dem die Druckflächen tiefer liegen als in der Umgebung, weil der Höhentrog mit Kaltluft angefüllt ist) an seinen nördlichen Flanken durch Warmluftvor-

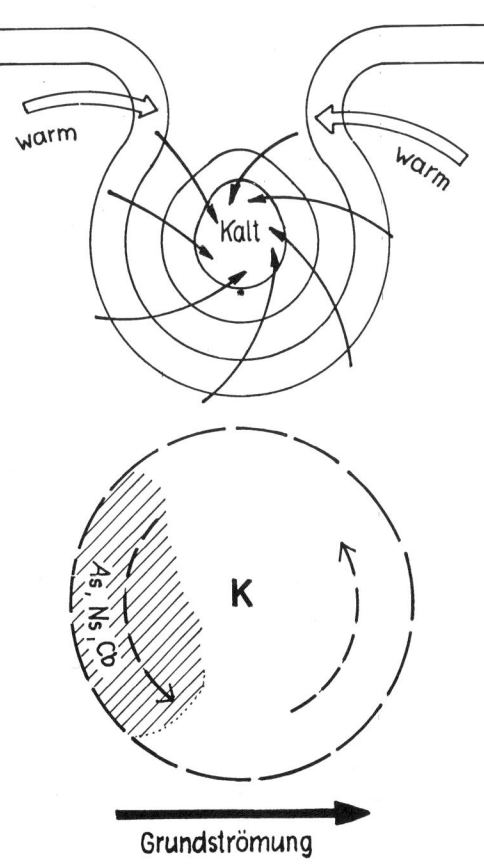

Grundströmung

153.2 Der Kaltlufttropfen

stöße von Südwesten und Südosten seine Verbindung zum Kaltluftgebiet der Polarregionen verliert, das Kaltluftgebiet also von der Polarregion abgeschnitten wird und ein abgeschlossenes Kaltluftgebiet in der Höhe bildet, spricht man von einem Kaltlufttropfen.

Das von allen Seiten von Warmluft umgebene Kaltluftgebiet in der Höhe ist in der Bodenwetterkarte nicht zu ersehen. Es wird auf der Wetterkarte als gestrichelter Kreis dargestellt (Bild 194.1), in dessen Mitte ein großes „K" ist.

In der Höhenwetterkarte erscheint der Tropfen als Tief, da in der Kaltluft des Tropfens der Luftdruck mit zunehmender Höhe stärker abnimmt als in der umgebenden Warmluft, denn die Druckflächen liegen in der Kaltluft niedriger als in der umgebenden Warmluft.

Die Kaltlufttropfen sind in ihrer Größe sehr unterschiedlich. Sie haben manchmal nur einen Durchmesser von weniger als 100 km und andermal können sie als ausgedehntes Höhentief ganz Mitteleuropa überdecken. Ihre Verlagerungsrichtung läßt sich nur sehr schwer vorhersagen. Manchmal ziehen sie sehr rasch und andermal bewegen sie sich kaum, so daß sie das Wetter unter sich zum Teil nur kurzfristig, manchmal aber auch bis zu zwei Wochen, beeinflussen können.

Die *Wettererscheinungen* im Bereich eines Kaltlufttropfens sind jahreszeitlich verschieden. Da der Kaltlufttropfen langsamer wandert als die ihn umgebende Strömung, wirkt er in der atmosphäre wie ein Berghindernis, das wie beim Föhn auf der Luvseite (Rückseite des Kaltlufttropfens) Staubewölkung und auf der Leeseite (Vorderseite des Kaltlufttropfens) Absinken mit Wolkenauflösung zeigt. Das ist vor allem im Winter der Fall. Im Sommer sorgt die Höhenkaltluft im ganzen Bereich des Kaltlufttropfens für starke Labilität mit überwiegend starker Quellbewölkung mit Schauern oder Gewittern.

Wettergeschen im Bereich eines Kaltlufttropfens:

Sommer: im gesamten Bereich überwiegend starke Bewölkung mit Schauern oder Gewittern.
Winter: Rückseite: Aufgleitbewölkung mit Regen.
Zentrum: Starke Schicht-Quellbewölkung mit schauerartig verstärkten Niederschlägen.
Vorderseite: Wolkenauflösung und klares Wetter.

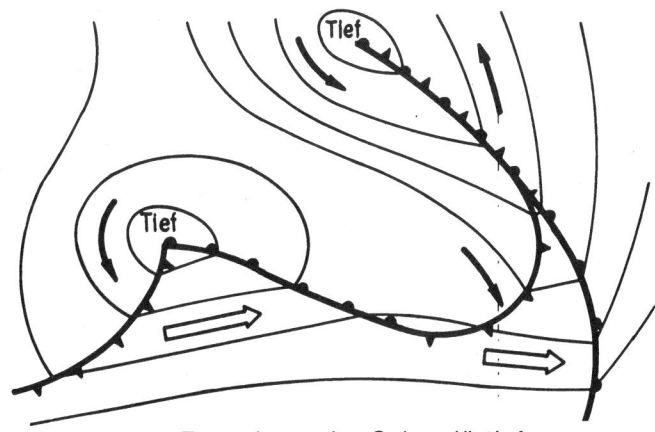

153.3 Entstehung des Sekundärtiefs

### 3.3.3.6 Zyklonenfamilien

*Sekundärtief:* Oft bildet sich an der Kaltfront eines an der Polarfront entstandenen Tiefs eine neue Frontalwelle (wie in Bild 148.1), die sich dann zu einem zweiten Tief, dem Sekundärtief, entwickelt. In Bild 154.1 ist der Vorgang dargestellt.

Das erste (Haupt-)Tief ist bereits okkludiert, da bildet sich durch Eindringen von Warmluft in seine Kaltfront ein zweites (Sekundär-)Tief.

Ein Sekundärtief entwickelt sich manchmal überhaupt nicht, manchmal bereits in 1000 km, manchmal auch erst in 3000 km Abstand vom Muttertief an der Kaltfront.

### Zyklonenfamilien

Meist bilden sich nach dem Sekundärtief noch weitere Folgetiefs, die dem ersten Tief folgen und mit diesem zusammen eine Zyklonenserie (oder Zyklonenfamilie) bilden. Bei kräftiger Westdrift kommt es vor, daß sich mehrere solche Zyklonenfamilien hintereinander bilden und sich dann vom isländischen Raum nach Europa fortbewegen, wo dann über einen langen Zeitraum unbeständiges Wetter herrscht.

### 3.3.3.7 Hochdruckgebiete

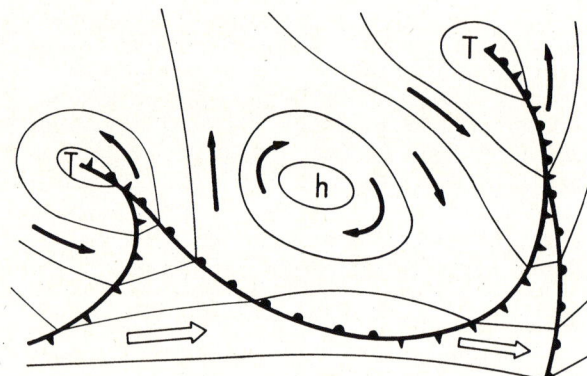

*154.1 Das Zwischen- oder Thermische Hoch*

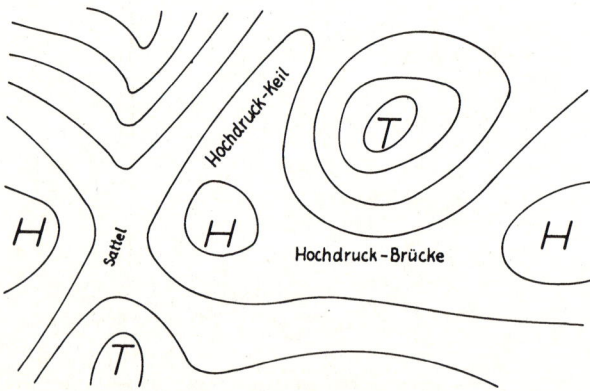

*154.2 Arten der Hochdruckgebiete*

### Das Zwischenhoch

Ziehen mehrere Tiefs von Island auf Europa zu, dann steigt jeweils hinter der Kaltfront des vorlaufenden Tiefs der Luftdruck am Boden durch die jetzt einströmende kalte, schwere Luft an.
Das Wetter beruhigt sich kurzzeitig, so lange, bis die aufgleitende Warmluft des nächsten Tiefs eine neue Wetterverschlechterung bringt.

Diese kurzzeitige Wetterberuhigung mit Druckanstieg heißt *Zwischenhoch oder „kaltes Hoch",* weil *es sich durch die rückseitig einfließende schwere Kaltluft bildet. Es ist in den Höhenkarten nicht zu erkennen und zieht genauso schnell wie die Tiefs (Bild 195.1).*

### Dynamisches Hochdruckgebiet

Zum Unterschied gegenüber den kurzlebigen Zwischen- oder kalten Hochdruckgebieten gibt es die dynamischen oder warmen Hochdruckgebiete. Sie sind im Gegensatz zu den kalten Hochdruckgebieten deutlich in der Höhe ausgeprägt, weil die in ihnen liegende Warmluft zum Anheben der Druckflächen gegenüber der kälteren Umgebung (Bildung eines Höhenhochkeils) führt. Sie beeinflussen also stark die Höhenströmung und sind deshalb Steuerungszentren der sie umwandernden Tiefdruckgebiete.

Das sind u. a. die Antizyklonen, die sich im subtropischen Hochdruckgürtel bilden (Azorenhoch) oder das russische Festlandshoch, die gelegentlich ihren Schwerpunkt nach Mitteleuropa verlagern und hier für eine länger andauernde Schönwetterperiode sorgen können.
Dies sind *wichtige Steuerungszentren* unseres Wettergeschehens.

### Hochdruckbrücke, -keil und -sattel

Manchmal breitet sich das Azorenhoch bis nach Europa aus und verbindet sich durch eine Hochdruckbrücke (Bild 154.2) mit dem russischen Festlandhoch, wodurch unser Wetter längere Zeit beständig bleiben kann.

Es handelt sich bei diesen Hochdruckgebieten um dynamische oder warme Hochs, die nach früherer Erklärung beständig sind. Das ständige Absinken im Bereich des Hochs mit der adiabatischen Erwärmung der Luft hält die Erwärmung aufrecht. (siehe auch Bild 147.1). Es tritt auch eine Hochdruckbrücke zwischen dem Subtropenhoch und dem polaren Hochdruckgebiet nördlich Island auf. Diese Brücke stoppt die Westdrift in den gemäßigten Breiten (Westdriftblockierung) und unterbricht die Bildung von Zyklonenfamilien. Besitzt ein Hoch eine von seinem Kern keilförmige Ausbuchtung, dann spricht man von einem Hochdruckkeil.

## 3.4 Flugmeteorologie

### 3.4.1 Wind in Bodennähe

### 3.4.1.1 Der horizontale Druckgradient

Unter Gradient versteht man die Änderung einer Größe in Richtung der stärksten Änderung dieser Größe, (also senkrecht zu den Isolinien dieser Größe).

$$\text{Gradient} = \frac{\text{Größenänderung}}{\text{Wegstrecke}}$$

*Vertikale Gradienten* sind z.B.: Temperaturgradient (Bilder 155.1 und 126.3), Druckgradient (Bilder 124.1 und 155.1), barometrische Höhenstufe m/hPa usw.

Ist die Wegstrecke, auf die man sich bezieht, horizontal, dann spricht man vom *„Horizontalen Gradient"*.

Für die Beurteilung der Windgeschwindigkeit aus der Wetterkarte ist der *horizontale Druckgradient* wichtig. Er ist ein Maß für die Druckkraft (Seite 180), die die Luft bewegt, also den Wind erzeugt.

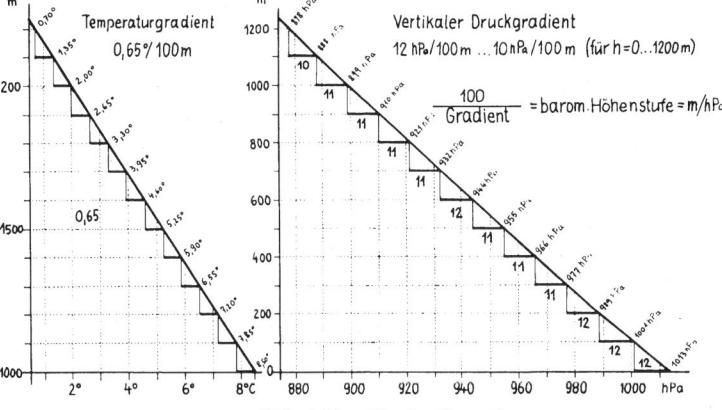

155.1 Vertikale Gradienten

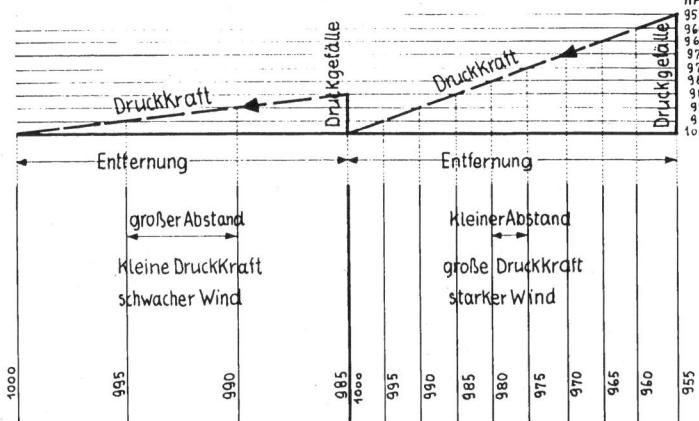

155.2 Isobarenabstand u. Windstärke

Der Isobarenabstand auf der Wetterkarte ist umgekehrt proportional der Druckkraft (Bild 196.2). Das heißt:

```
kleiner Abstand = große Druckkraft = starker Wind
großer Abstand = kleine Druckkraft = schwacher Wind
```
**Isobarenabstand und Wind**

Der horizontale Druckgradient wird in
hPa/111 km
gemessen (111 km = 1 Breitengrad)

### 3.4.1.2 Isobarenverlauf und Windrichtung

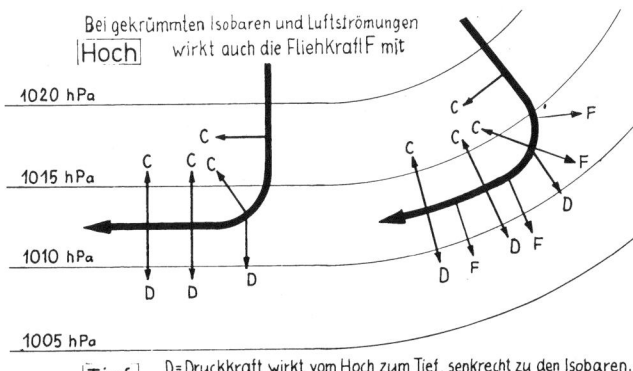

D = Druckkraft wirkt vom Hoch zum Tief, senkrecht zu den Isobaren,
C = Corioliskraft wirkt nach rechts, senkrecht zur Strömung,
Resultat = Strömung läuft parallel zu den Isobaren.

155.3 Isobaren- und Windrichtung

Die Luft würde aufgrund der Druckkraft, die ja senkrecht zu den Isobaren wirkt, direkt von Gebieten hohen Luftdrucks senkrecht zu den Isobaren in Gebiete tiefen Luftdrucks strömen. Das tut sie aber nicht, weil sie (auf der Nordhalbkugel) durch die Corioliskraft nach rechts abgelenkt wird.

Mit zunehmender Höhe, wo die Bodenreibung ihren Einfluß verliert und die Corioliskraft erst richtig zur Wirkung kommen kann, wird die Luft immer mehr nach rechts abgelenkt (Bild 155.3), bis sich schließlich die Druckkraft D und die Corioliskraft C das Gleichgewicht halten, und die Luft parallel zu den Isobaren strömt.

Man nennt die Windgeschwindigkeit, die aus dem Druckgradienten und der Corioliskraft ohne *Berücksichtigung der Krümmung des Bahnweges* berechnet wird, die *geostrophische Windgeschwindigkeit*. Diese Windgeschwindigkeit ergibt sich bei parallel verlaufenden und gradlinigen Isobaren. Die Windgeschwindigkeit, bei deren Berechnung außerdem die Krümmung der Laufbahn (also auch die Fliehkraft F) mitberücksichtigt wird, heißt *Gradientwindgeschwindigkeit*. Diese Windgeschwindigkeit ergibt sich bei gekrümmt verlaufenden Isobaren, sofern die Höhe über 1500 m beträgt.

Bei zyklonaler Strömung (Umströmung eines Tiefs) wirkt die Fliehkraft entgegengesetzt zur Druckkraft in Richtung der Corioliskraft und bei antizyklonaler Strömung die Fliehkraft in Richtung der Druckkraft entgegen der Corioliskraft. Daraus folgt, daß bei gleichem Isobarenabstand die Windgeschwindigkeit um ein Hoch stärker ist als um ein Tief.

*Gerade,* parallele Isobaren =
*Geostrophischer Wind* parallel zu den Isobaren
*Gekrümmte* Isobaren =
*Gradientwind* parallel zu den Isobaren

### 3.4.1.3 Einfluß der Bodenreibung auf die Windrichtung (Bild 197.1)

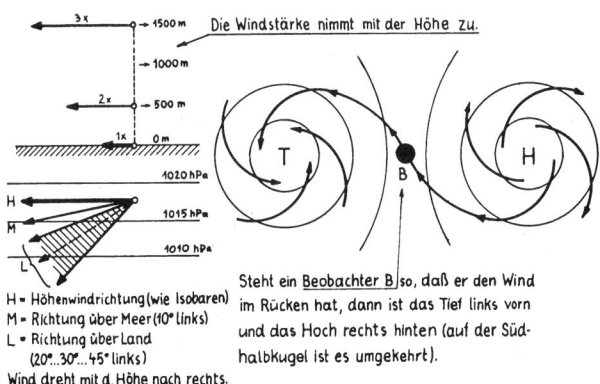

H = Höhenwindrichtung (wie Isobaren)
M = Richtung über Meer (10° links)
L = Richtung über Land
(20°...30°...45° links)
Wind dreht mit d. Höhe nach rechts.

Steht ein Beobachter B so, daß er den Wind im Rücken hat, dann ist das Tief links vorn und das Hoch rechts hinten (auf der Südhalbkugel ist es umgekehrt).

155.4 Strömung vom Hoch zum Tief in Bodennähe

Die Reibung zwischen Wind und Erdboden wirkt dem Wind entgegen, so daß die Windgeschwindigkeit bei gleichem Druckgradienten in Boden-

155

nähe geringer ist als in der Höhe. Wegen der geringeren Windgeschwindigkeit ist am Boden auch die Corioliskraft kleiner, wodurch der Bodenwind weniger von der zu den Isobaren senkrechten Richtung abgelenkt wird.

Vergleicht man eine Höhenwetterkarte mit der zugehörigen Bodenwetterkarte, dann findet man immer, daß der Wind in der Höhe parallel zu den „Isohypsen" um das Hoch rechts herum und um das Tief links herum dreht, während der Bodenwind von der radialen Richtung (vom Hoch zum Tief) etwas nach rechts ausweicht, also schräg (spiralig) vom Hoch zum Tief weht.

Die Ablenkung der isobarenparallelen Strömung hängt von der Größe der Bodenreibung ab. Sie beträgt über dem glatten Meer weniger als 10° und kann über Land bis zu 45° betragen (normalerweise 20° bis 30°).

Das Linksdrehen der Luftmassen um das Tief und das Rechtsdrehen um das Hoch wurde von dem holländischen Meteorologen Buys Ballot entdeckt und heißt:

1) Bei stabiler Schichtung kann infolge des verminderten Vertikalaustausches der Höhenwind nur schwer bis zum Boden „durchgreifen". Deshalb ist dann der Bodenwind meist schwach. Der Wind nimmt aber mit zunehmender Höhe rasch zu.
2) Bei labiler Schichtung herrscht ein starker Vertikalaustausch zwischen den bodennahen und höheren Schichten (Thermik). Dadurch kann der Höhenwind kurzeitig bis zum Boden „durchschlagen" vor allem bei Schauern, was zu großer Böigkeit am Boden führt.

### 3.4.1.5 Lokale Windsysteme

*Lokale und erdweite Windsysteme*

Durch orographische Einflüsse (griech.: oros = Berg), sowie durch örtliche thermische Einflüsse, die durch verschiedene Bodenarten entstehen, bilden sich an verschiedenen Stellen der Erde lokale Windsysteme aus, die von den Windverhältnissen, die durch die Lage von Hoch und Tief bestimmt werden, deutlich abweichen können.

---

| das barische Windgesetz |
|---|
| 1) Der Wind dreht mit der Höhe nach rechts und nimmt an Geschwindigkeit zu. Je nach Stärke der Bodenreibung ist die Windgeschwindigkeit 1/2- bis 2mal größer in einer Höhe von 500 m und 2- bis 3mal größer in einer Höhe von 1500 m. |
| 2) Die Luftströmung läuft schräg zu den Isobaren (spiralig) vom Hoch zum Tief (in Bodennähe). |
| 3) Über 1500 m Höhe über Grund läuft die Luftströmung schon fast parallel zu den Isohypsen. |
| Auf der Südhalbkugel sind die Drehrichtungen umgekehrt. |

---

### 3.4.1.4 Einfluß der Luftschichtung auf die Windgeschwindigkeit in Bodennähe

Wie schon im Bild 155.3 dargestellt wurde, nimmt die Windgeschwindigkeit im allgemeinen mit der Höhe zu. Die Verteilung der Windgeschwindigkeit vom Boden bis zu der Höhe von 150 m über GND hängt jedoch auch von der thermischen Schichtung ab (Bild 198.1) und zwar:

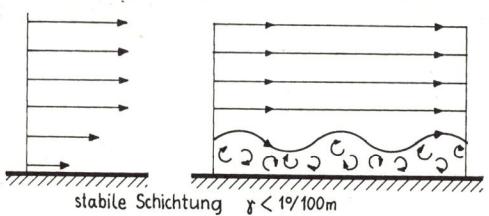

stabile Schichtung  γ < 1°/100m

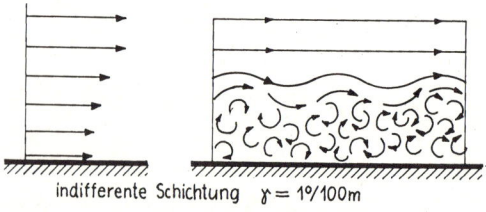

indifferente Schichtung  γ = 1°/100m

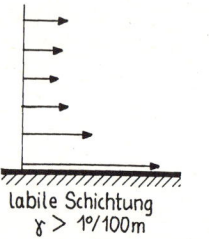

labile Schichtung  γ > 1°/100m

*156.1 Schichtung und Bodenreibung*

*Land- und Seewind*

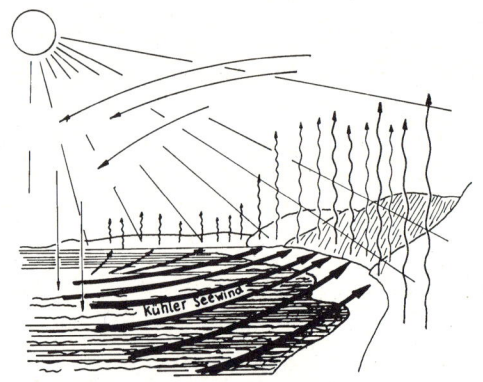

*156.2 Tagsüber der Seewind*

Die Erde erwärmt sich bei Sonnenstrahlung sehr rasch und gibt ihre Wärme an die darüberliegende Luft ab, die sich durch Konvektion auch erwärmt.

Die Wasseroberfläche wirkt wie ein schwarzer Körper, d. h. sie verschluckt (absorbiert) fast vollständig das Sonnenlicht. (Die Meere sehen vom Satelliten schwarz und nicht weiß aus). Da aber das Wasser eine sehr hohe Wärmekapazität besitzt, erwärmt es sich trotz der Sonneneinstrahlung kaum und bleibt gegenüber dem Land deutlich kälter.

Im Küstengebiet und an größeren Seen steigt am *Tag* die Luft über dem warmen Land auf und die kühle Luft strömt vom Wasser her nach. Es ist der Seewind (Bild 156.2).

*157.1 Nachts der Landwind*

*Nachts* ist die Zirkulation umgekehrt (Bild 198.3). Die ufernahen Landflächen kühlen rasch aus, wogegen die Wasserfläche noch lange warm bleibt und einen Aufwind verursacht. Die kühle Luft strömt jetzt vom Land her nach, es ist der *Landwind*.

Diese flachen Luftzirkulationen reichen bei Tag bis 1000–1500 m Höhe. Dabei werden Windgeschwindigkeiten von 20 bis 40 km/h erreicht. In der Nacht reichen sie bis 500 m Höhe, wobei die Windgeschwindigkeit deutlich schwächer als beim Seewind ist, denn der Temperaturgegensatz zwischen Land und Wasser ist in der Nacht schwächer als am Tage.

### Berg- und Talwind

Hier strömt die Luft am Tag talaufwärts und nachts bergab.

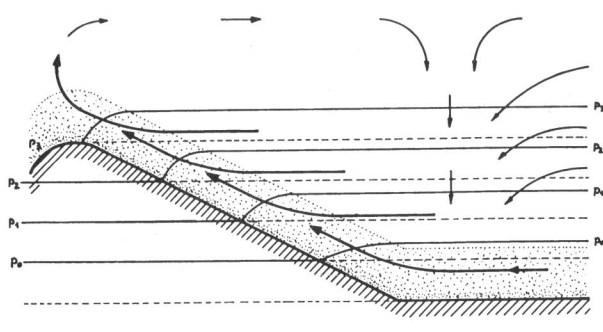

*157.2 Berg- und Talwinde*

Der Talwind weht tagsüber aufwärts. Diese Luftbewegung erfolgt nicht nur durch den Auftrieb der am Berghang erwärmten Luftschicht, sondern hauptsächlich *durch Veränderungen der Druckverhältnisse* infolge der Tageserwärmung (Bild 157.2).

Punktiert gezeichnet ist die bodennahe Luftschicht (etwa 200 m dick), die durch Sonneneinstrahlung vom Boden her erwärmt worden ist. Die Druckflächen $p_0$, $p_1$, $p_2$ und $p_3$ heben sich bei Erwärmung an, weil bei warmer Luft die Druckabnahme mit zunehmender Höhe langsamer vor sich geht. Dort, wo die Druckflächen den Berghang treffen, ändert sich ihre Höhe nicht, da unterhalb der Schnittlinien fester Erdboden und keine Luft ist, die sich erwärmen und damit die Druckfläche heben könnte.

Der Verlauf der Isobaren ist deshalb gegen den Berghang hin gekrümmt. Es herscht also ein Druckgefälle von der freien Atmosphäre zum Berghang, das eine Strömung gegen den Berghang zur Folge hat. Dort wird die Luft wegen der Hangneigung als Hangaufwind umgelenkt.

Die größte Windgeschwindigkeit wäre am Erdboden zu erwarten, wegen der Bodenreibung liegt sie aber ca. 300 m über Grund. Dieser lokale Talwind erreicht Geschwindigkeiten von 20 bis 40 km/h. Infolge Anhäufung der Luft am Bergkamm erfolgt ein Abströmen nach der Ebene hin, wo sie absinkt. Somit ist der Kreislauf geschlossen.

Nachts kühlt sich im Gebirge die bodennächste Luftschicht in klaren Nächten ab und wird dichter (schwerer) als die freie Atmosphäre im gleichen Niveau.

Die unterste Luftschicht beginnt ins Tal zu fließen (= Bergwind). Der adiabatischen Erwärmung bei der Abwärtsbewegung wirkt die ständige Strahlungsabkühlung entgegen, so daß der *Bergwind ein kalter Wind* bleibt.

---

Man nennt solche *bergabfließenden* Luftmengen „katabatisch" (griech.: Katabatoz = herabsteigen, sinken). Katabatische Winde sind im Mittelgebirge sehr verbreitet, aber sehr schwach. In Grönland (kalte Luft vom Inlandeis) erreichen sie mitunter Orkanstärke.

*Bergauffließende* Luftmengen (Talwinde) nennt man „anabatisch" (griech.: anabaino = hinaufgehen).

---

Dieser Berg- und Talwind darf *nicht mit dem Hangaufwind verwechselt werden!*

### Der Hangaufwind

Am Tage wird bei Sonneneinstrahlung an Gebirgshängen liegende Luft stärker erwärmt als gleich hoch liegende Luft über Tälern. Sie wird leichter und steigt auf mitunter bis zum Kondensationsniveau. Dann können die sich bildenden Wolken gelegentlich den Berggipfel vollständig einhüllen.

Nachts kühlt sich die am Hang liegende Luft durch Ausstrahlung stärker ab als die Luft über der Talebene. Die Hangluft wird schwerer und bewegt sich abwärts zur Talebene hin, sie wird zum „Hangabwind".

### Berghindernis in Windrichtung (Bild 158.1)

Aus der Ebene herausragende Berge oder Inseln mit hohen Bergen im Meer zwingen die Winde, sich zu teilen. Dabei ergeben sich folgende Abweichungen von der gleichförmigen Strömung:

1) An den beidseitigen Bergflanken erhöht sich die Windgeschwindigkeit,

2) Hinter dem Berg entstehen Wirbel und, was besonders wichtig ist, es gibt eine der allgemeinen Strömung entgegengesetzte Strömung und Wirbelung.

**Berghindernis quer zur Strömungsrichtung**

In Europa sind hierfür die Alpen bei Nord- und Südwinden ein Beispiel. Über den Gebirgskämmen drängen sich die Stromlinien zusammen (Bild 158.2), das heißt:

1) In den Kammlagen erhöht sich die Windgeschwindigkeit,
2) an der Luvseite (der dem Wind zugewandten Seite) bilden sich Wirbel, wenn der Hang steil ist;
3) an der Leeseite (im Windschatten) besteht starke Wirbelbildung;
4) Wellenbildung hinter dem Hindernis. Die Wellen können sehr hoch reichen (bis zur Tropopause; siehe Absch. 4.4.1.7 „Aufwinde in den Leewellen").

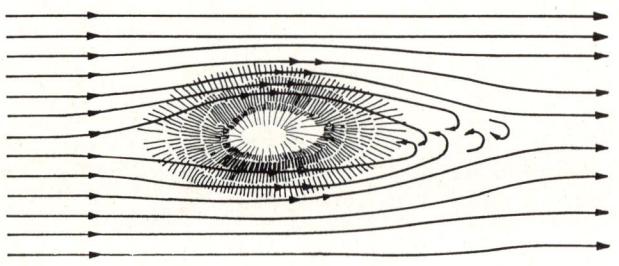

158.1 Berg in Strömungssrichtung

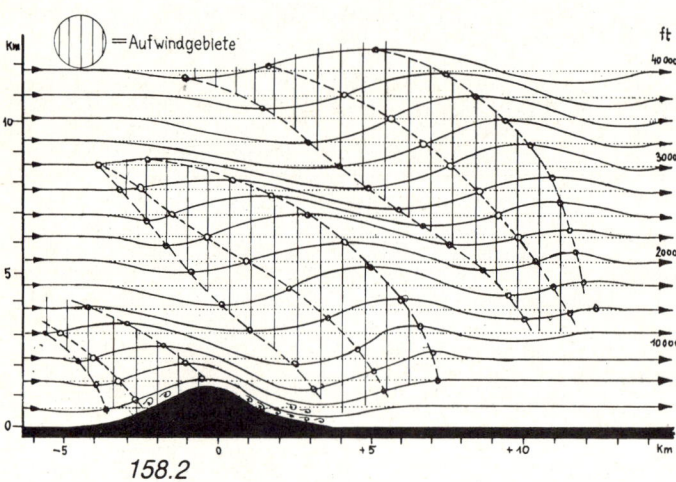

158.2

**Stau und Föhn (Bild 158.3 )**

Der Föhn ist ein warmer Fallwind auf der Leeseite eines überströmten Gebirges.

Die Stärke des Föhneffekts hängt von der Windgeschwindigkeit und von der Höhe der quer zur Windrichtung verlaufenden Gebirgszüge ab.

Die gegen die Alpen strömende Luft (Stau) wird angehoben und kühlt sich zunächst trocken adiabatisch ab, solange sie noch keine Wolken gebildet that. Bald hat sie sich bis zu ihrem Taupunkt abgekühlt

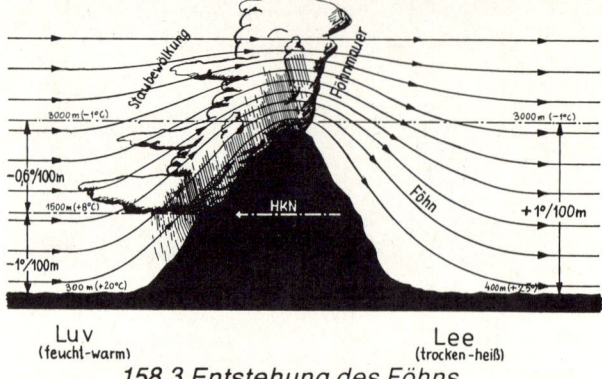

Luv
(feucht-warm)

Lee
(trocken-heiß)

158.3 Entstehung des Föhns

Am Taupunkt angekommen, hat die Luft 100% Feuchte erreicht und kondensiert. Die entsprechende Höhe heißt „Hebungs-Kondensations-Niveau" = HKN.

Ab diesem HKN kommt es zur Wolkenbildung. Die Luft steigt von hier ab feuchtadiabatisch (z.B. 0,6°/100 m). Sobald die Wolke eine ausreichende Mächtigkeit erlangt hat, fällt Niederschlag aus.

Die von unten nachströmende Luft hält den Feuchtezustrom aufrecht. Die Luftfeuchtigkeit steigt maximal bis zur Sättigung (100%). Bei weiterem Aufsteigen und weiterer feuchtadiabatischer Abkühlung wird die Feuchtigkeit in Form von Niederschlag abgegeben, so daß immer 100% rel. Feuchte bestehen bleiben. Überströmt die Luft den Gebirgskamm und sinkt im Lee ab, erwärmt sie sich und die rel. Feuchte sinkt sofort unter 100%, d. h. die Wolken lösen sich auf. Danach erwärmt sich die Luft trockenadiabatisch, und die Luft kommt trocken und mit höherer Temperatur als auf der Luvseite auf der Leeseite an.

Für das Zustandekommen des Föhns ist nicht unbedingt ein Gebirgszug nötig:

Wenn eine Luftmasse gezwungen ist, über eine am Boden liegende Kaltluftmasse zu klettern, und dann nach Überschreiten der Kaltluftmasse wieder zu Boden sinkt, entsteht der sogenannte „freie Föhn". Das Hauptmerkmal dabei ist der „Stau", der die Luftmasse zum Aufsteigen zwingt. Dieser Stau kann auch durch plötzlich veränderte Bodenreibung.

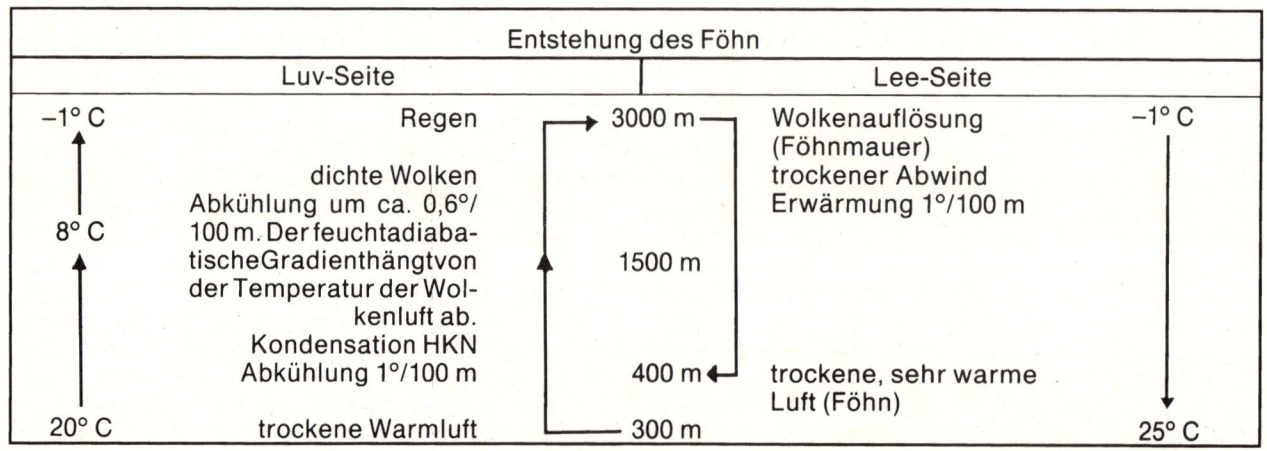

| Entstehung des Föhn | | | | |
|---|---|---|---|---|
| Luv-Seite | | | Lee-Seite | |
| −1° C | Regen | 3000 m | Wolkenauflösung (Föhnmauer) trockener Abwind Erwärmung 1°/100 m | −1° C |
| 8° C | dichte Wolken Abkühlung um ca. 0,6°/100 m. Der feuchtadiabatische Gradient hängt von der Temperatur der Wolkenluft ab. Kondensation HKN Abkühlung 1°/100 m | 1500 m | | |
| | | 400 m | trockene, sehr warme Luft (Föhn) | |
| 20° C | trockene Warmluft | 300 m | | 25° C |

### Talenge in Windirchtung (Bild 159.1)

Strömt der Wind durch eine Talenge, dann drängen sich die Stromlinien zusammen und es tritt eine Düsenwirkung auf (Schlüssellochwirkung). Die Windgeschwindigkeit steigt erheblich.

Handelt es sich gleichzeitig um eine Paßhöhe, dann kommt noch die Wirkung, wie sie in Bild 200.2 dargestellt ist, hinzu (weitere Erhöhung der Windgeschwindigkeit.

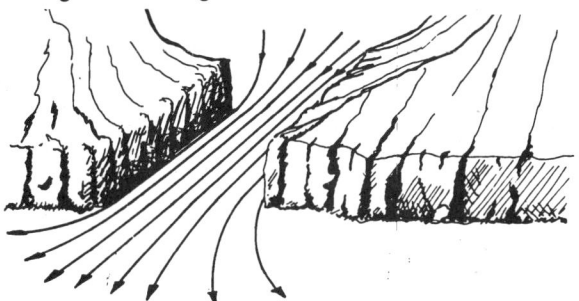

159.1 Talenge in Strömungsrichtung

### Der Mistral

Bei nordwestlichen Luftströmungen bildet sich im sehr engen Rhonetal zwischen den Cevennen und den Seealpen durch Düsenwirkung der Mistral (Bild 159.2).

In der Regel weist der Mistral Windgeschwindigkeiten von 30–50 kt auf, in sehr seltenen Fällen werden auch Geschwindigkeiten über 60 kt beobacht

Der Mistral ist ein stürmischer Nord- bis Nordwestwind, der im Sommer kühle, und im Winter kalte Luft heranführt.

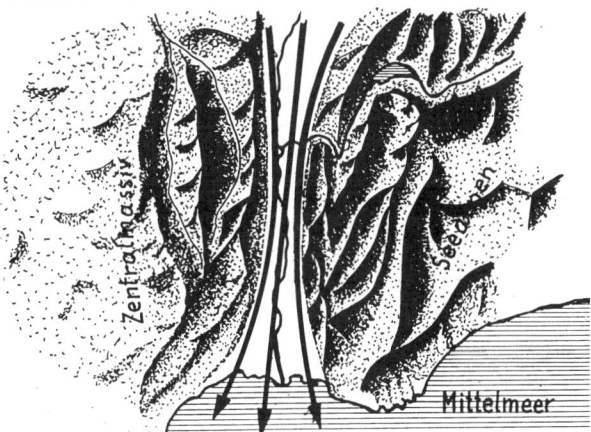

159.2 Der Mistral

### Die Bise

Die Bise ist ein *in der Schweiz* auftretender, kalter Nordostwind.
Die Bise tritt auf, wenn ein Hoch über England, der Nordsee oder Skandinavien liegt und ein Tief über Norditalien, der Adria oder dem Balkan.
*Zeitraum:* Im Frühling oder Frühsommer brechen die Kaltluftmassen aus Nordost in das Schweizer Gebiet ein und strömen mit zunehmender Geschwindigkeit in das untere Rhonetal. Dann bewegen sie sich in südlicher Richtung zum Mittelmeer.
*Merkmal:* Das wesentliche Merkmal ist die Austrocknung der Luft auf dem Weg nach Süden. Sie beginnt im Südwesten und greift innerhalb von 3 Tagen nach Nordosten über.
*Verlauf:* Am dritten Tag herrscht die Austrocknung in der Schweiz (keine Cumuli mehr = Bise

blanche), während im Rhonetal bereits Stabilität ohne Thermik herrscht (geschlossene Wolkendecke = bise noire). Dabei sinkt, im Südwesten beginnend, die Inversion ab. Flüge aus dem Juragebiet in das Rhonetal ins Mittelmeergebiet müssen am ersten Bisentag gestartet werden, trotz niederer Wolkenbasis.

Die Bise verdrängt den Mistral und die Verhältnisse werden immer besser, je weiter man nach Südwesten kommt. In der Gegend des Mont d'Angele und besonders beim Mont Ventoux wurden ausgezeichnete Verhältnisse für den Wellenflug angetroffen (Nietlispach, Georgii).

### Die Bora (Bild 159.3)

Eine nordöstliche Luftströmung, vom Ostrand der Alpen kommend, überströmt die Karstberge oberhalb der dalmatinischen Küste und stürzt dann als sturmartiger Fallwind zur Adriaküste hinunter.

Trotz adiabatischer Erwärmung wird dieser Fallwind (die Bora) wegen der verhältnismäßig warmen Küste als sehr kalt empfunden. Luftgeschwindigkeiten bis 200 km/h ( = 110 kt) wurden schon gemessen!

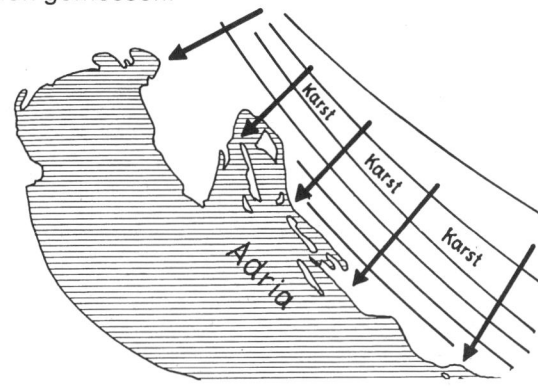

159.3 Die Bora

### Der Schirokko (Scirocco)

Der Schirokko ist ein Wüstenwind aus der Sahara, der *über das Mittelmeer* nach Südeuropa kommt und deshalb *feuchtwarm* ist. Sowie diese Luftmasse an Hindernissen (Apenninen) oder Wetterfronten gehoben wird, treten Wolkenbildung und sehr starke Niederschläge auf. Dieser Wind verursacht besonders in Oberitalien in der Po-Ebene oft katastrophale Überschwemmungen.

### Böen

Eine kurzfristige und starke Änderung der horizontalen Windrichtung und -geschwindigkeit bezeichnet man als Bö. Wird die mittlere Windgeschwindigkeit um mehr als 10 kt überschritten und erreichen die Böen mindestens 25 kt, dann werden die Böen in den verschlüsselten Wettermeldungen angegeben.

### 3.4.1.6 Turbulenzen

Unter „Turbulenz" versteht man in der Meteorologie die Böigkeit des Windes, d. h. einen nach Richtung und Geschwindigkeit mehr oder weniger um einen Mittelwert schwankenden Wind, wobei es auch zur Wirbelbildung in der Luft kommen kann.
Durch die Orographie, durch Berührung verschiedengerichteter Luftströme (Scherflächen),

durch Wirbel von Großflugzeugen, durch Verwirbelung in der Thermik strömt Luft nicht immer gleichmäßig (laminar), sondern oft mehr oder weniger unruhig.

Die Turbulenz äußert sich durch fortwährende Schwankung sowohl der Windrichtung (horizontal und vertikal) als auch der Windgeschwindigkeit. Je größer die durchschnittliche Windgeschwindigkeit ist, desto stärker wird auch die Turbulenz. Diese reicht vom Luftflimmern über die Sonnen- und Geländeböigkeit bis zu großen Konvektionsbewegungen mit Thermikblasen, Thermikschläuchen und Haufenwolkenbildung.

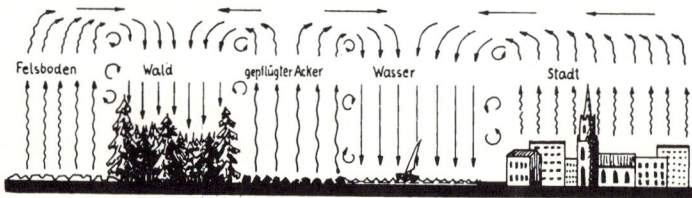

160.1 Konvektive Turbulenz (Oberflächentemperatur)

Turbulenzarten

Grundsätzlich unterscheidet man:

1) *Konvektive oder thermische Turbulenz (Bild 202.2):* Diese wird durch aufsteigende und absinkende Luftmassen in thermischen Auf- und Abwinden verursacht.

2) *Dynamische Turbulenz (Bild 160.2):* Sie entsteht durch unterschiedliche Beschaffenheit der Oberfläche, über die der Wind streicht.

daß die Strömung an den Tragflächen abreißt und der Auftrieb verloren geht.

### 3.4.1.7 Thermische Aufwinde (Thermik)

*Thermische Hebung*

Erfolgt eine Erwärmung der bodennahen Luftschicht durch länger andauernde Sonnenbestrahlung, so daß sich ein überdiabatischer Temperaturgradient (Temperaturabnahme > 1°C/100 m) einstellt, dann löst sich die warme Luft vom Boden ab.

Infolge der unterschiedlichen Erwärmbarkeit der Erdoberfläche (Wärmekapazität, Wärmeleitfähigkeit, Wasser- und Luftgehalt der Böden) erwärmt sich an machen Stellen die unmittelbar darüberliegende Luft stärker als in ihrer Umgebung, wodurch sie wegen der geringen Dichte einen Auftrieb erhält und sich als Warmluftblase (Thermikblase) ablöst und aufsteigt.

Falls ein mit der Höhe zunehmender Wind herrscht, was in der Regel der Fall ist, dann steigen die Thermikblasen schräg mpor und kommen erst an einer Inversion (wo die Umgebungsluft mit zunehmender Höhe wärmer wird und da-

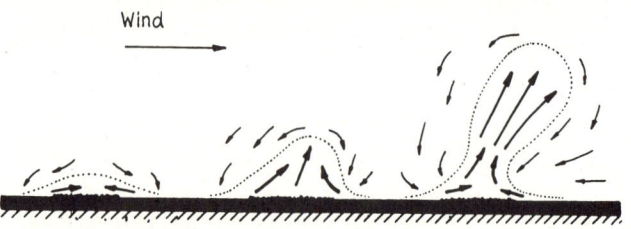

160.3 Ablösung der Thermikblase in der Ebene

160.2 Dynamische Turbulenz (Oberflächenform)

3) *Gemischte Turbulenz:* Hier wirken Oberflächentemperatur *und* Oberflächenbeschaffenheit gemeinsam. Diese Turbulenz kann beträchtliche Ausmaße erreichen.

4) *Turbulenz an Scherflächen:* Wenn zwei Luftströmungen mit verschiedener Strömungsrichtung und Geschwindigkeit übereinander liegen, dann können an der Trennungsschicht (Scherfläche) ebenfalls gefährliche Turbulenzen entstehen.

Man unterscheidet deshalb zwischen Richtungsscherung und Geschwindigkeitsscherung des Windes.

Eine starke Turbulenz stellt nicht nur während des Fluges, sondern vor allem bei Start und Landung eine Gefahr für den Flugbetrieb dar.

Der Segelflugzeugführer muß bei mäßiger und schwerer Turbulenz sofort seine Reisegeschwindigkeit verringern. Bei höherer Geschwindigkeit sind die Stöße zwar kürzer, aber desto härter. Dagegen ist beim Landen die Geschwindigkeit zu erhöhen, weil bei Böen ein plötzlicher Geschwindigkeitsverlust eintreten kann, der so groß ist, daß

mit der Auftrieb der Thermikblase verloren geht) zum Stillstand.

Da eine Mindestenergie zum Ablösen vom Boden angesammelt werden muß (Bild 160.3), ehe das Ablösen erfolgen kann, entstehen Blasen von 100 bis 300 m Durchmesser in Abständen von 10 bis 30 Minuten. Die Aufstiegsgeschwindigkeiten betragen im Mittel 1 bis 2 m/s und können im Extremfall über 5 m/s erreichen.

Das Ablösen von Thermikblasen wird erleichtert, wenn sich diese vor einem sonnenbeschienenen Hang entwickeln, was vor allem in den Vormittagsstunden der Fall ist, weil der Hang dann gegenüber der Ebene bereits unter einem steilen Einstrahlwinkel der Sonne liegt und sich deswegen rascher erwärmt. Liegt der Hang zusätzlich im Luv, dann unterstützt die erzwungene Hebung am Hang durch das Anblasen des Hanges die Ablösung der Warmluftblasen. (Bild 161.1). Wird die Lee-Seite des Hanges sonnenbestrahlt, entwickeln sich auch dort Thermikblasen, falls das nicht bei starkem Wind durch starke Turbulenz verhindert wird. An schwachwindigen Sommertagen bilden sich über dem Lee-Hang (Bild 204.1, links) eines Berges ortsfeste Aufwindgebiete.

Während die Thermikblase aufsteigt, kühlt sie sich trockenadiabatisch ab. Wenn sie nicht durch eine Inversion gebremst wird, kann sie sich bis zu ihrem Taupunkt abkühlen. Dann beginnt die Kondensation und eine Cumulus-Wolke entwickelt sich. Die Höhe, in der die Kondensation beginnt, nennt man

Konvektions-Kondensations-Niveau = KKN

Warmluftblase auf, die durch örtlich starke Erhitzung Auftrieb erhalten hat, der erst eine nächste folgt, wenn sich wieder genügend Warmluft an dieser Stelle gebildet hat.

Es entsteht ein „Warmluftschlauch", der von dem riesigen Warmluftinhalt der ausgedehnten Warmluftqualle laufend gespeist wird, bis diese verbraucht ist. Das Ablösen des Warmluftschlau-

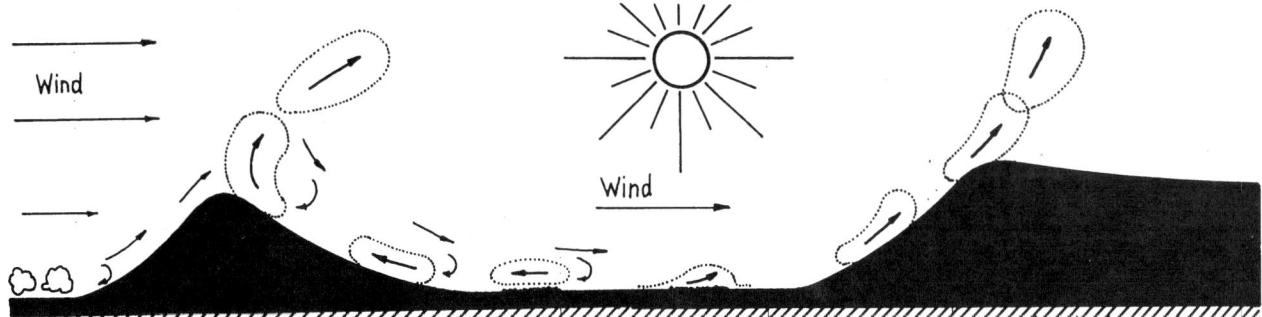

161.1 Thermikblasen bei luv- und bei leeseitig sonnenbestrahltem Hang

*Der Warmluftschlauch*

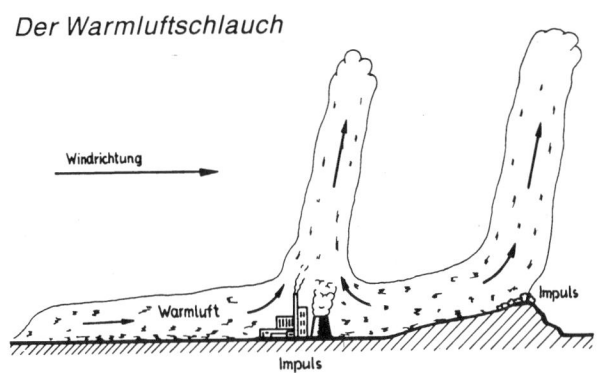

161.2 Warmluftqualle und Impulse

Wird die Thermikblase zur Wolkenbildung gebracht, dann ist aus der „Blauthermik" (ohne Wolkenbildung) die „Cumulusthermik" geworden. Näheres in Abschn. 3.4.3 „Wolkenentstehung".

Die durch örtliche Konvektion entstehenden Aufwinde (Blasen) können in der Regel nicht die Hebungsenergie aufbringen, die nötig ist, um einen Aufwindschlauch von z.B. 200 m Durchmesser und (einschließlich Wolke) 2000 m Höhe in Schwung zu halten.

Der Warmluftschlauch entsteht auf folgende Weise:
Durch die Sonneneinstrahlung erhitzt sich der Erdboden und von diesem aus die darüberliegende Luftmasse, die immer weiter anwächst. Diese Heißluftmasse müßte aufsteigen, jedoch wird sie zunächst noch von der Adhäsion (Haftkraft) am Boden festgehalten, wo sie zittert und flimmert wie eine Qualle. Diese „Warmluftqualle" wird vom Wind ganz langsam über die Landschaft geweht (Bild 161.2)., bis sie an eine Stelle gelangt, wo die Luft vom Untergrund her nicht so stark erwärmt wird. Während vorher die „Übertemperatur" der „Warmluftqualle" nicht ausreichte, um sich vom Boden abzulösen, ist jetzt durch die kühlere Umgebungsluft der Temperaturgegensatz und damit der Auftrieb groß genug, um die Qualle aufsteigen zu lassen, bis ihr durch eine Isothermie oder eine Inversion Einhalt geboten wird. Es steigt also nicht nur eine einzelne

ches kann durch folgende Bedingungen unterstützt werden:

1) Erhitzte Luft aus Steinbrüchen, Industrieanlagen, Kühltürmen usw. durchstößt die Qualle und macht dem Schlauch den Weg nach oben frei;

2) Abreißkanten, wie Bergkämme oder Waldränder, gegen die der Wind die Qualle treibt;

3) örtliche Verwirbelungen durch eine Bewegung, z.B. eine fahrende Eisenbahn, ein Auto oder auf Segelfluggeländen ein Windenstart.

Mit zunehmender Stärke des Bodenwindes mehren sich begreiflicherweise die Impulse, wodurch die Thermikhäufigkeit zunimmt, die Quallen aber nicht so groß anwachsen können wie bei Windstille.

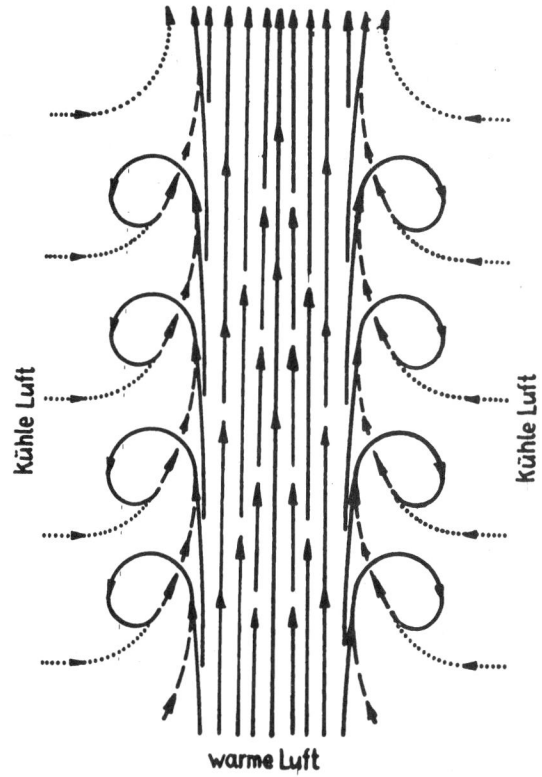

161.3 Wirbel im therm. Aufwind

161

*Strömungen im Schlauch*

Die Thermik schießt aus der Warmluftquelle wie eine Fontäne heraus (Bild 161.3) und übt dabei eine Sogwirkung auf die umgebende, ruhende und kühlere Luftmasse aus. Am Rand der „Fontäne" kommt es zur Mischung der aufwärtsstrebenden und der ruhenden Luft, die dadurch Verwirbelungen aufweist.

Ein Segelflieger, der sich am Rand eines „Bartes" befindet, merkt dieses durch ungleichmäßiges Steigen und sehr unruhige Luftströmungen.

Durch das Mischen der Warm- und Kaltluft erfolgt eine Geschwindigkeitsminderung von der Schlauchmitte zum Rand hin. Um den Schlauch herum bilden sich Wirbelringe, die übereinanderliegen (Bild 161.3). Im Kern der Thermik ergibt sich ein gleichmäßiges und das stärkste Steigen, das zum Rand hin geringer wird.

*Das Zentrieren*

Für das Finden des besten Kreises im Warmluftschlauch (des besten Thermikkreises) hat der Segelflieger den Ausdruck „Zentrieren".

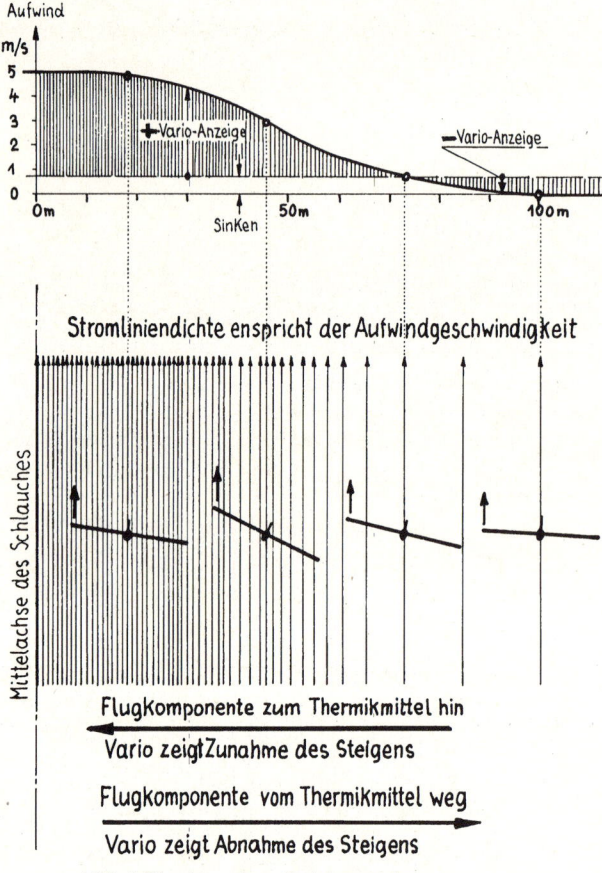

162.1 Finden des Schlauchkerns

Beim Anschneiden eines Aufwindschlauches *hebt sich die Tragfläche, die näher am Zentrum des Schlauches ist*, an (Bild 162.1), weil die Aufwindgeschwindigkeit gegen das Zentrum hin größer wird.

Im Bildbeispiel hat die Warmluft im Zentrum die Aufwärtsgeschwindigkeit von 5 m/s und fällt bis zum Rand (r = 100 m) auf Null ab. Die relative **Hebung** (Änderung der Aufwindgeschwindigkeit bezogen auf die Tragflügellänge) des inneren Tragflügels ist, wie leicht zu ersehen ist, am Rand des Schlauches sowie im Zentrum des Schlauches sehr klein, dazwischen (r = 30 bis 70 m) groß. Im Beispielsfall ist das Sinken des Se-

gelflugzeuges als konstante Größe (1 m/s) eingezeichnet. Die Differenz zwischen der Aufwindgeschwindigkeit und der Sinkgeschwindigkeit ist gleich der Variometeranzeige (senkrecht schraffiert). Sie ist am Rand des Schlauches negativ (-), im Mittelteil, der genützt werden kann, positiv (+). Daraus ergibt sich:

Das günstigste Steigen findet man auf der Seite, an der der Tragflügel nach oben strebt. Nimmt dabei das Steigen des Segelflugzeuges gleichmäßig zu (am besten an einem feinfühligen TEK-Variometer zu erkennen), dann fliegen wir ungefähr in den Mittelpunkt der Thermik hinein.

Hebt sich aber ein Flügel, und das Variometer zeigt nur eine ganz geringe oder gar keine Zunahme des Steigens an, dann haben wir den Bart ganz am Rand angeschnitten.

Hebt sich der Flügel, und das Variometer zeigt eine Abnahme des Steigens oder gar ein Sinken an, dann entfernen wir uns vom Zentrum des Bartes.

Sobald sich der innere Tragflügel hebt (Bild 163.1 Punkt 1), empfiehlt es sich, den Kurs möglichst schnell um etwa 45° zum gehobenen Flügel hin zu ändern (Kurve von Punkt 1 nach Punkt 2). Nimmt dann das Steigen schlagartig zu, (zu bemerken am Anschwellen des Fahrtgeräusches, am plötzlichen Ausschlag des empfindlichen Variometers, am besten an dem verstärkten Druck im Sitz), so wartet man noch 1 Sekunde (Strecke 2 bis 3), dann wird mit 40° Querneigung zur hochstehenden Fläche hin eingekurvt (Punkt 3).

Haben wir Glück gehabt, dann sind wir nun genau im Kern und das Variometer zeigt im ganzen Kreis herum (3 bis 4) das gleiche Steigen an.

Meist kommt aber nach 6 bis 10 Sekunden der berühmte Ruck (3a): der Sitzdruck wird geringer, die Variometeranzeige geht zurück, wir haben das beste Steigen verloren.

*Jetzt beginnt das Zentrieren:* Eine wirkungsvolle Methode gibt uns H. Huth an:

Fliegt man im ersten Kreis aus dem Bart hinaus (3a, Bild 163.1), so werden Fluglage und Drehgeschwindigkeit beibehalten, bis das starke Steigen wieder einsetzt (3). Nach kurzer Verzögerung (Punkt 4) wird dann ein sehr steiler Kreis (Steilkreis) mit äußerst kleinem Radius eingeleitet (Punkt 4 bis 5) und erst nach etwa 300°, kurz vor der Vollendung des Steilkreises die normale Fluglage wieder eingenommen (Punkt 5).

Dadurch haben wir unseren Kreismittelpunkt zwangsläufig zum Mittelpunkt der Thermik verlagert. Werden keine Fehler gemacht, so ist der Bart spätestens beim zweiten Versuch richtig zentriert. Voraussetzung ist, daß der Pilot den sauberen Kurvenflug beherrscht. Außerordentlich wichtig ist auch noch, nicht mit Mindestfluggeschwindigkeit in die Thermik hineinzugehen. Die Geschwindigkeit des besten Gleitens dürfte auch die beste Thermikfluggeschwindigkeit sein, denn mit ihr hat der Pilot jederzeit genügend Reserven für plötzliche und wichtige Fluglageänderungen.

*Die günstigste Querneigung*

Es würde im Rahmen dieses Buches zu weit führen, die ganzen theoretischen Zusammenhänge zwischen der Art der Thermik, dem Kurvenradius

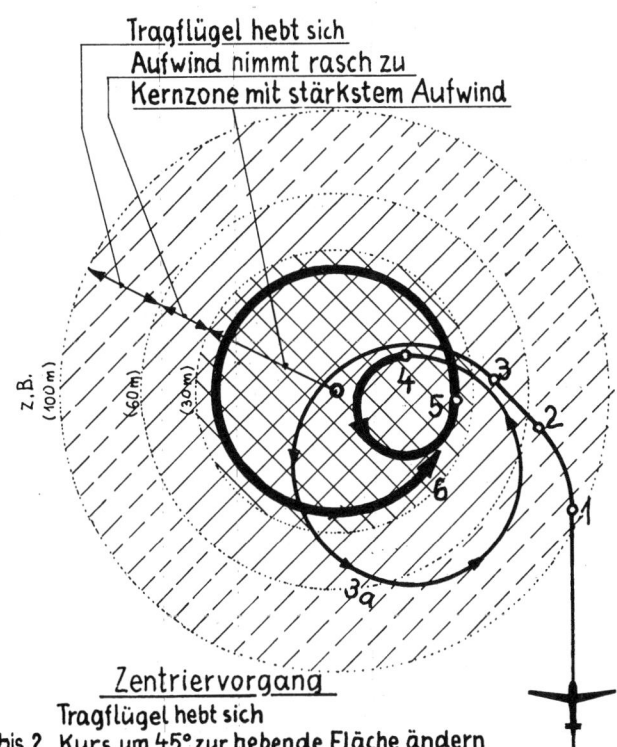

**Zentriervorgang**

Tragflügel hebt sich
1 bis 2 Kurs um 45° zur hebenden Fläche ändern
2 bis 3 etwa 1 Sekunde warten
3 Querneigung 40° zur hochstrebenden Fläche
3 bis 4 ERSTER KREIS
4 bis 5 Steiler STEILKREIS, ca 300° lang
5 Normale Kurvenfluglage einnehmen
5 bis 6 ENDGÜLTIGER KREIS (zentriert)

**Variometeranzeigen**

1 Tragflügel hebt sich
3 Steigen nimmt schlagartig zu
3a Variometeranzeige geht zurück
4 Starkes Steigen setzt wieder ein

*163.1 Das Zentrieren im Bart*

im Bart und der günstigsten Querneigung, die das bestmögliche Steigen ergibt, zu erläutern. Wir verweisen auf das Buch von F. W. Weinholtz „Grundtheorie des modernen Streckensegelfluges", aus dem auch die hier gebrachten Angaben zum Streckenflug entnommen worden sind.

Grundsätzlich bestimmt die Thermik die Fluglage. Wie im vorigen Abschnitt erwähnt, schneiden wir die Thermik mit einer Querneigung von 40° an, denn bei dieser Fluglage haben unsere Segelflugzeuge eine noch recht günstige Sinkgeschwindigkeit bei einem verhältnismäßig kleinen Kurvenradius. Nach dem Zentrieren kann dann die Querneigung ganz allmählich verkleinert oder vergrößert werden, und so kann man feststellen, wann das Variometer die günstigsten Werte anzeigt. Die so gefundene Querneigung ist dann in einem Gebiet gleichen Wetters die beste. Stellt man eine deutliche Veränderung der Thermikverhältnisse fest, dann soll der Thermikkreis neu erflogen werden.

### 3.4.1.8 Orographische Aufwinde (Leewellen)

Neben den im Abschn. 3.4.1.5 beschriebenen lokalen Windsystemen thermischer Natur spielen im Streckenflug die in Bild 158.2 erwähnten Leewellen, die rein orographischer Natur sind, eine große Rolle.

*163.2 Schiff mit Leewellen*

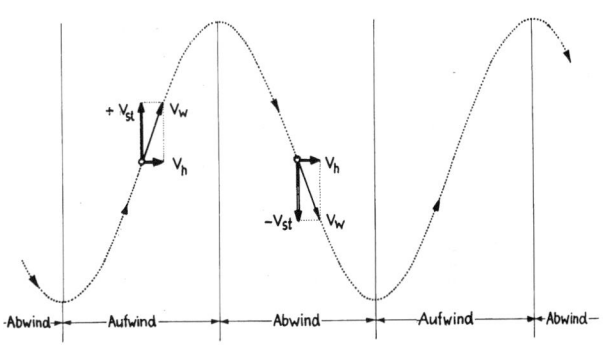

*163.3 Auf- und Abwindzonen der Leewellen*

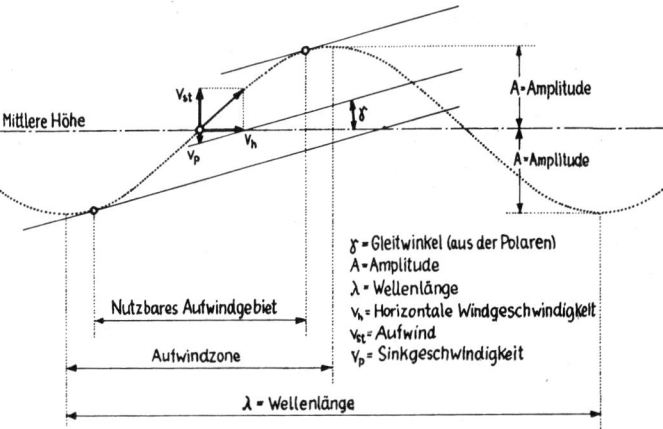

γ = Gleitwinkel (aus der Polaren)
A = Amplitude
λ = Wellenlänge
$v_h$ = Horizontale Windgeschwindigkeit
$v_{st}$ = Aufwind
$v_p$ = Sinkgeschwindigkeit

*163.4 Das nutzbare Aufwindgebiet*

*Entstehung der Leewellen*

Bläst annähernd senkrecht zu einem langgestreckten Bergrücken ein genügend starker Wind (Bild 158.2), dann bilden sich unter Umständen, die später behandelt werden sollen, hinter dem Bergrücken wellenartige Stromlinien, die ortsfest bleiben („stehende" Wellen).

Zur bessern Veranschaulichung der relativen Luftbewegung soll das Beispiel eines gegen den Wind fahrenden Schiffes (Bild 163.2), über das die Luft hinwegströmt, dienen.

Hinter dem Schiff mit seinen hohen Aufbauten bildet die Luft ebenfalls Leewellen, die gegenüber dem Schiff ihre Lage nicht ändern, also mit dem Schiff fahren. Möven, Albatrosse und ande-

re Meeressegler folgen im Aufwind dieser Leewellen oft stundenlang, ja tagelang, dem Schiff,
ohne einen Flügelschlag zu tun.

Die Physik dieser Strömungsvorgänge ist ziemlich kompliziert, so daß im Rahmen dieses Buches nicht näher darauf eingegangen wird.

*Aufwinde in den Leewellen*

Unter dem Aufwind versteht man bekanntlich die
senkrecht nach oben gerichtete Komponente der
Luftbewegung (des Windes) die thermisch, orographisch oder durch Konvergenz verursacht
sein kann.

Innerhalb der ortsfesten Leewelle bewegt sich
die Luft entsprechend den wellenförmigen
Stromlinien sowohl in der Windrichtung horizon-
tal ($V_h$), als auch gleichzeitig senkrecht dazu, ($V_{st}$), vertikal.

Wie aus Bild 163.3 ersichtlich ist, wechseln dabei
entlang der Wellen die Auf- und Abwindzonen
ab. Der Segelflieger muß demnach, um in einer
erreichten Aufwindzone zu bleiben, gegen den
Wind fliegen und zwar mit der Geschwindigkeit
von ungefähr $v_h$. Die dieser Geschwindigkeit jeweils entsprechende Sinkgeschwindigkeit $v_p$ erhält man aus der Geschwindigkeitspolaren für
den Geradeausflug.

Soll das Segelflugzeug seine Höhe beibehalten
oder steigen, muß der Aufwind $v_{st}$ gleich oder
größer sein als die Sinkgeschwindigkeit $v_p$ (Bild
163.4). Durch diese Bedingung wird das nutzbare
Aufwindgebiet begrenzt, wie aus dem Bild deutlich hervorgeht.

Um von dem Aufwindgebiet einer Leewelle in
das einer entfernteren zu kommen, muß das dazwischenliegende Abwindgebiet schnell durchflogen werden, wobei der Rückenwind hilft, das
Sinken günstig zu verkleinern.

Aus der Bedingung, daß $v_{st} > v_p$ sein soll, ergibt
sich, daß die Wellenlinie möglichst steil aufsteigen muß. Die Wellenlinie wird steiler, wenn die
Wellenlänge $\lambda$ kürzer und die Amplitude größer
wird.

*Die Wellenlänge der Leewelle*

164.1 *Natürliche Wellenlänge und Windgeschwindigkeit*

*Die natürliche* Wellenlänge schwingender Luftströme hängt
einerseits von der Windgeschwindigkeit und andererseits von der Stabilität der schwingenden Luft ab. Für die Praxis
genügt es, zu wissen, daß die natürliche Wellenlänge *linear*
mit der Luftgeschwindigkeit zusammenhängt (Bild 164.1).
Eine Näherungsformel, die man sich merken kann, ist:

> Natürliche Wellenlänge
> $\lambda = 0{,}63 \cdot v_h + 0{,}83$

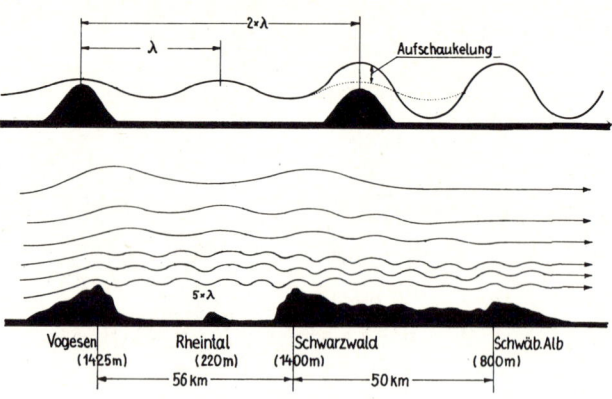

164.2 *Wellenlänge und Hindernisbreite*

$v_h$ = Windgeschwindigkeit (horizontal) in m/s,

$\lambda$ = Wellenlänge in km

Die *erzwungene* Wellenlänge der schwingenden Luftmasse
hängt von der Breite des überströmten Hindernisses (in
Windrichtung) ab. Man setzt gewöhnlich ein:

> $\lambda$ = 2 mal Hindernisbreite b

Um Wellen mit großer Amplitude zu erzeugen, ist es nötig,
daß die natürliche Wellenlänge (von der Windgeschwindigkeit abhängig) und die erzwungene Wellenlänge gleich groß
sind (Bild 164.2), das heißt:

> Natürliche und erzwungene Wellenlänge müssen
> in Resonanz sein.

*Die Amplitude der Leewelle*

Die Amplitude A wächst mit der Wellenlänge $\lambda$ und verringert
sich mit größerwerdender Windgeschwindigkeit $v_h$.

Die mathematische Formel lautet:

$$A = \frac{v_{st} \cdot \lambda}{2\pi \cdot v_h} \approx 0{,}16 \cdot v_{st} \cdot \frac{\lambda}{v_h} \qquad v_{st} = 6{,}28 \cdot v_h \cdot \frac{A}{\lambda}$$

Mit der Größe der Amplitude wächst auch die Größe des Aufwindes $v_{st}$.

Wie bei der Wellenlänge erweist sich auch bei der Amplitude
ein Gelände mit Resonanz als wichtig. Wenn dem wellener-
zeugenden Hauptkamm (Bild 164.3) in einer Entfernung von
einem ganzen Vielfachen der Wellenlänge $\lambda$ (also in einer
Entfernung von $1\lambda$, $2\lambda$, $3\lambda$ usw.) ein weiterer, paralleler Höhenzug in Leerichtung folgt, dann schaukelt sich die Luft-
schwingung auf und vergrößert die Amplitude hinter dem
zweiten Höhenzug. Beträgt der Abstand kein *ganzes* Vielfaches von $\lambda$, dann wirkt der zweite Höhenzug störend.

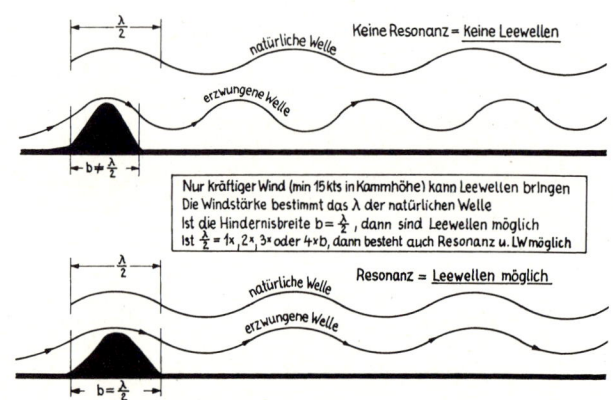

164.3 *Gelände und Amplitude*

164

## Bedingungen für die Leewellenbildung

### 1) Orographische Bedingungen

a) Das Bergrückenhindernis muß quer (90° ± 30°) zur Windrichtung liegen und möglichst lang sein, damit die Luft nicht seitlich herumströmen kann, sondern *über* den Bergkamm strömen muß.

b) Die Bergoberfläche (besonders bei niedrigen Bergen) soll möglichst glatt sein, damit eine weitgehend laminare Strömung beibehalten wird, die für die Wellenbildung günstig ist.

c) Die Leeseite des Hindernisses soll möglichst steil abfallen, damit sich Rotore bilden, die die Wellenentstehung begünstigen. Die Neigung der Luvseite ist weniger wichtig.

d) Die Leeseite des Berghindernisses soll ein strömungsfreundliches, breites Tal sein, dem im Abstand von einem *ganzen* Vielfachen der natürlichen Wellenlänge (die von der Windgeschwindigkeit abhängt) ein Bergrücken parallel zum ersten Hindernisrücken folgt.

e) Die Breite des Hindernisses (in Windrichtung) soll etwa ½ der natürlichen Wellenlänge sein.

### 2) Windströmungsbedingungen

a) Die Windgeschwindigkeit in Kammhöhe muß mindestens 15 kt ~ 28 km/ betragen.

b) Die Windrichtung soll bis zur Obergrenze der stabilen Luftschicht möglichst gleich bleiben.

c) Die Windgeschwindigkeit soll mit der Höhe zunehmen.

### 3) Thermische Bedingungen

a) Untere Luftschicht bis zur Höhe der Rotoren labile Luftschichtung (meist trockenadiabatischer Temperaturgradient).

b) Mittlere Luftschicht (Wellenschicht) stabil, d.h. mit Inversion oder Isothermie.

c) Obere Luftschicht bis zur Grenze der Troposphäre mit geringerer Stabilität.

## Synoptische günstige Wetterlagen

a) *Warmsektor* bringt bei uns frische West- bis Südwestwinde, deren Geschwindigkeit bei gleichbleibender Richtung mit der Höhe zunimmt. Die Luft der unteren Schichtung ist durch Bodenreibung durchmischt und hat in Höhe von 600 bis 1800 m meist eine nur geringe Stabilität. Die Stabilität nimmt über dieser Höhe ganz deutlich zu und nimmt erst in noch größeren Höhen wieder ab.
Weil im Warmsektor häufig geschlossene Wolkendecken sind, die oft die Bergkuppen mit nässendem Nebel verhüllen, ist die Wellenform über der Wolkenoberseite für den Beobachter am Boden oft verborgen. Deshalb ist es schwierig, die Wellen immer auszunutzen.

b) *Hochdruckgebiete* haben die für die Wellenbildung genau passende Temperaturschichtung durch die Absinkbewegung der Luft in der Höhe. Zwischen 1200 und 3000 m Höhe ist eine stabile Schicht (das allgemeine Kennzeichen der Hochdruckgebiete in gemäßigten Breiten).
Da im Zentrum der Hochdruckgebiete (Antizyklone) meist nur schwache Winde vorherrschen, muß das Gebiet, in dem sich die Leewellen entwickeln sollen, am Rande des Hochs liegen, um Windgeschwindigkeiten von 15 kt zu bekommen, jedoch nicht so weit vom Hoch entfernt, daß die stabilisierende Wirkung der absinkenden Luft fehlt.

c) *Warmfronten* haben oft vorausgehende Wind- und Temperaturverhältnisse, die kurze Zeit während der Wetterentwicklung an der Frontvorderseite für die Wellenentwicklung günstig sind.

Die Art der Wellenströmung in den einzelnen Entwicklungsstadien während der Annäherung einer ausgeprägten Warmfront zeigt Bild 165.1 im zeitlichen Ablauf von rechts nach links (a bis e). Die Darstellung entspricht der von Wallington.

Obwohl man in der Praxis kaum genau bestimmen kann, wann und wo die günstigsten Verhältnisse auftreten werden, kann man sagen, daß in einigem Abstand vor der Warmfront (Darstellung a) kurze Wellen mit kleiner Amplitude auftreten, wobei die Amplituden in zwei Niveaus ein Maximum haben. Zwischen diesen beiden Maximalschichten ist eine ruhige Fläche ohne Wellen. Die Wellen unter und über dieser wellenfreien Trennschicht sind gegenläufig, denn den Wellenbergen der unteren Schicht entsprechen Wellentäler der oberen Schicht und umgekehrt.

Wenn diese Wellen weit vor der Front für den Wellenflug noch zu schwach sind, können sie dort durch Bildung von Wellenwolken (Darstellung b) dem Segelflieger anzeigen, daß etwas näher an der Front Wellen kommen dürften, die für den Wellenflug ausnutzbar sind, weil die Schicht der stärksten Wellen immer weiter herunter kommt. Etwa 6 bis 12 Stunden vor dem Eintreffen der Front werden dann die Wellen kräftiger und können für den Wellensegelflug brauchbar werden.
Bei weiterer Annäherung der Front (Darstellung c) verschwinden die guten Wellen ganz plötzlich, so daß nur noch unbrauchbare, kaum erkennbare Wellen da sind. Allmählich

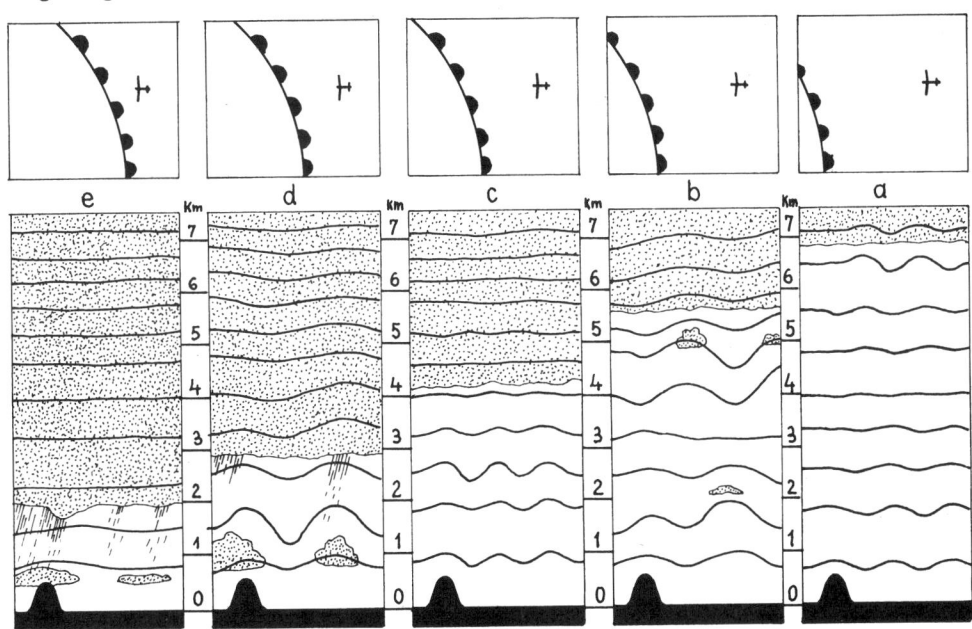

(Darstellung Wallington)

**165.1 Leewellen bei Annäherung einer Warmfront**

nehmen dann die Wellenlängen und Amplituden wieder zu (Darstellung d) und 150 bis 500 km vor der Front sind wieder ausfliegbare Wellen da.

Da es zur Zeit keine einfachen und praktisch anwendbaren Regeln gibt, Wellenlängen und Amplituden mit der Höhe der Frontbewölkung oder ihrer Zuggeschwindigkeit in Beziehung zu setzen, besteht nur die Möglichkeit, während des Annäherns einer Warmfront darauf zu achten, daß es zwei oder auch drei Perioden gibt, in denen die Wind- und Temperaturverhältnisse die Bildung ausgeprägter Leewellen begünstigen.

### 3.4.1.9 Das jahreszeitliche Segelflugwetter

#### Allgemein (Bild 166.2)

Im Durchschnitt betrachtet hat jede Jahreszeit ihre charakteristische Wetterluftmasse und ist deshalb für verschiedene typische Segelflugarten geeignet. Europa liegt zwischen dem Meer im Westen mit dessem maritimen Klima und der großen asiatischen Landmasse im Osten mit derem kontinentalen Klima.

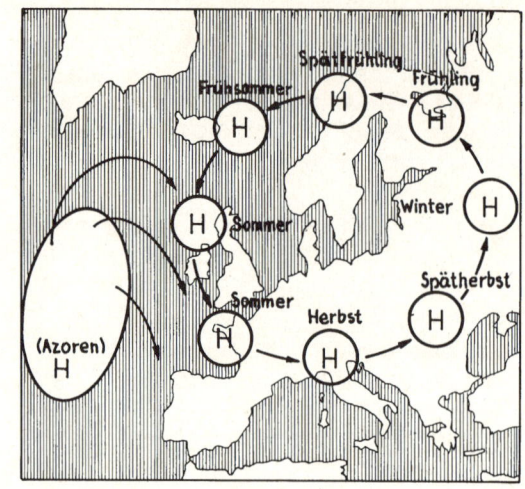

166.1 Kreiswanderung der Hochs im Jahr

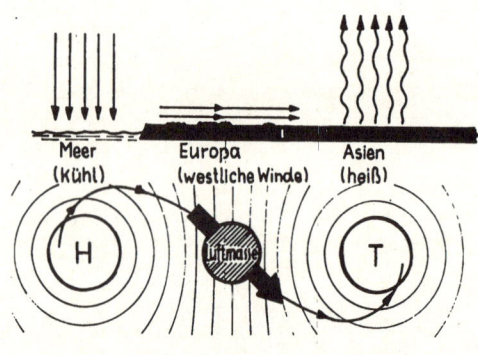

Sommerhalbjahr

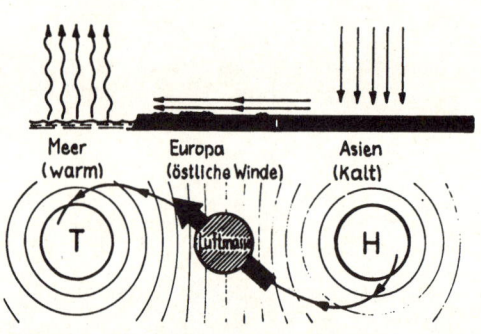

Winterhalbjahr

166.2 Die Europäische Druckverteilung

Das Meer ist im Winter gegenüber dem Festland relativ warm, das in dieser Jahreszeit kalt ist. Im Sommer ist es umgekehrt: das Meer ist verhältnismäßig kühl, wogegen das Festland sehr warm ist.

Die jahreszeitlich verschiedene Erwärmung und Abkühlung ist verantwortlich für die verschiedenen Lagen der Hoch- und Tiefdruckgebiete über dem Meer und über dem Festland. Der Entstehungsort eines Hoch- oder Tiefdruckgebietes ist also thermisch bedingt. Der großräumige Luftaustausch unserer Atmosphäre zwischen den Tropen und der Polarregion, der sich wegen der geringen Bodenreibung am lebhaftesten über dem Ozean abspielt, überlagert durch seine dynamischen Kräfte den örtlichen, thermischen Einfluß.

#### Die Kreiswanderung der Hochdruckgebiete

Die Hochdruckgebiete mit ihrem durchschnittlich besseren Wetter sind für den Segelflug im allgemeinen nützlicher als die Tiefdruckgebiete mit dem schlechteren Wetter. Deswegen legen wir den Ort der Hochdruckgebiete und den Weg, den sie im Laufe eines Jahres zurücklegen, unseren Betrachtungen über die typischen jahreszeitlichen Segelflugmöglichkeiten zugrunde.

Durchschnittlich betrachtet, beschreibt die Lage der Hochdruckgebiete infolge der *gleichzeitig wirkenden thermischen und dynamischen Einflüsse* im Jahreswechsel eine kreisförmige Bahn um Europa herum.

Die das Hochdruckgebiet begleitende Luftmasse und das dazugehörige Windsystem ergeben *zusammen mit der örtlichen Bodengestaltung* die jahreszeitlichen Segelflugmöglichkeiten (Bild 166.1).

Winter:      Im Winter, der im allgemeinen für den Segelflug nur eine geringe Bedeutung hat, finden wir den hohen Luftdruck über dem Kältezentrum Osteuropas, in Zentralrußland.

Frühling:      Da die Erwärmung im Frühling naturgemäß zuerst im Süden beginnt, verlagert sich das Hochdruckgebiet zum Nordosten Europas, nämlich nach Nordrußland und Finnland.

Spätfrühling: In dieser Jahreszeit (April) wird das Meer allmählich kälter als das Festland, wodurch sich das Hochdruckgebiet westwärts nach Skandinavien verlagert.

Frühsommer: Mit fortschreitender Jahreszeit (Mai) wandert der hohe Luftdruck noch weiter nach Westen zum nördlichen Atlantik, wo sich das sommerliche Kältezentrum Europas befindet.

Sommer:      Bisher war die Wanderung des Hochdruckgebietes über den europäischen, kontinentalen Halbkreis vom Winter zum Sommer rein thermisch durch den Temperaturunterschied zwischen dem Festland und dem Meer bedingt. Im Sommer wird durch den großräumigen Luftaustausch (allgemeine Zirkulation) die Wanderung nach Süden erwirkt. Von dem ständigen Azorenhoch dringen Keile über den Ozean nach Norden vor und verlegen das Hoch weiter nach Nordwesteuropa oder zu den Britischen Inseln, in die Biskaya oder nach Westfrankreich. Das kontinentale Europa hat zu dieser zeit als Wärmezentrum den tieferen Luftdruck.

*Herbst:* Im Herbst ändert sich wieder das Temperaturverhältnis zwischen Festland und Meer. Das Festland erkaltet und das Meer bildet ein Wärmereservoir. Der Hochdruck geht wieder auf das Festland über, und zwar nach Mittel- und Südeuropa.

*Spätherbst:* Jetzt macht sich langsam das Kältezentrum im Osten wieder bemerkbar und das Hochdruckgebiet wandert wieder nach Zentralrußland. Der Jahreskreislauf um Europa ist damit abgeschlossen.

### Drehung der Windsysteme im Jahreskreislauf

Da die Luftmassen vom Hoch zum Tief bewegt werden und sowohl das Hoch als auch das Tief ihre Lage im Jahreslauf verändern, verändert sich im Laufe des Jahres auch *die Hauptrichtung des Windes* von Süd über Ost, Nord und West wieder nach Süd. Mit diesem Wetterablauf vollzieht sich auch der *Jahreskreislauf der Segelflugmöglichkeiten.*

### Winter (Südlage und Südwestlage)

*Bild 164.3 zeigt die durchschnittliche Druckverteilung im Winter. Das kontinentale Hoch ist über Rußland und das Tief zwischen Island un den Britischen Inseln mit einem großen Ausläufer bis zum Mittelmeer.*
*Über Mitteleuropa herrschen demnach vorwiegend südliche Winde (deshalb „Südlage" bei trochener Witterung und übernormaler Temperatur.*

*Winter (Süd- und Südwestlage) (Bild 167.1)*

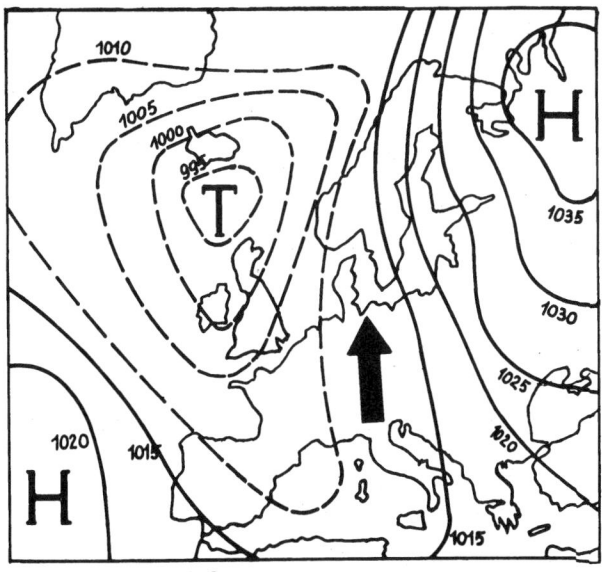

*167.1 Südlage (im Winter)*

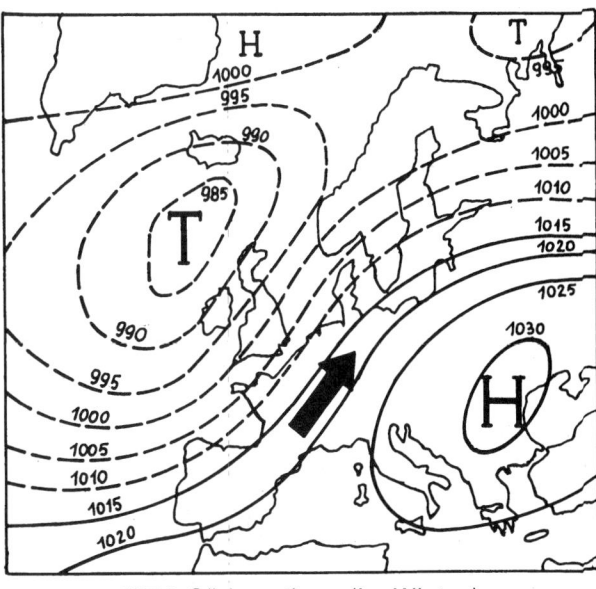

*167.2 Südwestlage (im Winter)*

Alle Gebiete mit west-östlicher Richtung haben Föhn und damit bei genügender Windgeschwindigkeit die Voraussetzung für Wellensegelflüge bis in große Höhen.

Wenn man zur Südlage noch Großwetterlagen hinzunimmt, die nur eine geringe Verschiebung der Luftdruckverteilung bringen, im wesentlichen aber die gleichen Windverhältnisse aufweisen, erhält man statistisch die folgenden maximalen und minimalen Häufigkeiten für Süd- und Föhnwetterlagen:

Maximum:   9. bis 13. November,
           6. bis 14. Dezember,
           27. bis 29. Dezember.


Minimum: oder gar nicht:
           1. bis 14. Februar
           15. bis 30. April,
           1. Mai bis 30. Sept.,
           10. bis 20. Oktober.

Steht der Winter vorwiegend unter ozeanischem Einfluß und hat warme, maritime Tropikluft die Vorherrschaft, dann wird das russische Kältehoch nach Südosten zum Schwarzen Meer abgedrängt und über dem Atlantik liegt nördlich der Britischen Inseln ein kräftiges Tief (Südwestlage, Bild 167.2). Wegen der dann typischen, vorherrschenden Windrichtung spricht man von „Südwestlage".

Auch bei der Südwestlage sind noch lokale Alpenföhnflüge möglich. Da in diesem Fall auch Norddeutschland kaum Niederschläge hat, ist diese Wetterlage besonders für Wellensegelflüge an den Mittelgebirgen geeignet, die sich von Südosten nach Nordwesten erstrecken.

Dafür kommen in Frage:

Leegebiet des Harzes, Deister, Wiehengebirge, Süntel und vor allem der Teutoburger Wald.
Der Wind in Kammhöhe muß mindestens 50 km/h (= 27 kts) betragen.
Außerdem: Thüringer Wald bei Erfurt, Lausitzer Gebirge und Isergebirge.

### Frühling (Ostlage)

Durch die Lage des Hochs im Norden herrscht vornehmlich Ostwind (*„Ostlage"*, Bild 168.1).

Zwischen dem Boden und etwa 2000 m Höhe herrscht ausgezeichnete Thermik bei größerer Windgeschwindigkeit. Die Wetterlage ist besonders für Streckensegelflüge in westlicher Richtung (von Detuschland nach Frankreich) geeignet und bei Windgeschwindigkeiten von 40 bis 50 km/h (= 22 bis 27 kts) in Flughöhe können Fluggeschwindigkeiten von 100 km/h erreicht werden. Diese Ostlage weist oft sehr gute Wolkenstraßen auf.
Hat das bei der Ostlage entsprechende Tief über Südeuropa das Thyrrenische Meer erreicht, dann frischen über den Alpen südöstliche bis südliche Winde auf, wodurch es in den Alpen zu kurzdauerndem Föhn kommen kann, der Wellenflüge in den Zentralalpen möglich macht.

167

Dafür kommmen in Frage:
Innsbruck, Hohe Tauern, Untersberg auf deutscher Seite bei Bad Reichenhall, Karwendel, Wettersteinwand, Zugspitzmassiv.

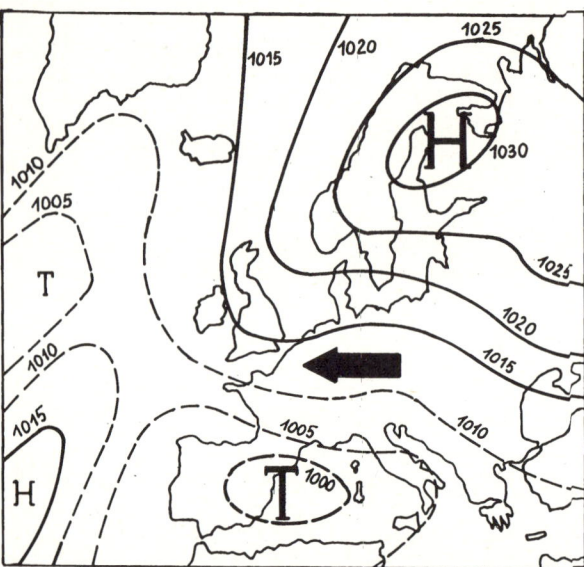

*168.1 Frühling (Ostlage)*

### Das zentrale Sommerhoch

Das Sommerhoch ist ein zentral über Mitteleuropa liegendes, geschlossenes Gebiet hohen Luftdruckes. Es ist die charakteristische Wetterlage reiner Einstrahlungsthermik mit wolkenlosem Himmel oder abgeplatteten Schönwettercumuli bei schwachen, umlaufenden Winden (Bild 168.2).
Das entscheidende Merkmal des vertikalen Aufbaues eines solchen Hochdruckgebietes ist, daß die labile (trockenadiabatische) Schichtung durch eine Absinkinversion begrenzt ist, die anfangs bei etwa 2000 m Höhe liegt und von Tag zu Tag weiter absinkt, bis sie 1200 m oder 1000 m Höhe erreicht hat. Dabei trocknet die Luft zunehmend ab, so daß die besten thermischen Bedingungen einer solchen Hochdruckwetterlage meist nur am ersten oder noch am zweiten Tag angetroffen werden, wenn sich häufig noch flache Cumuli unterhalb der Inversion bilden. Später herrscht nur noch mäßige Blauthermik, die keine größeren Dreiecksflüge mehr zuläßt.
Unter Ausnützung eines solchen zentralen Hochdruckgebietes hat M. Hahn bei einem 100 km-Dreiecksflug Weiden-Steinmühle-Kirchenlaibach-Weiden eine Reisegeschwindigkeit von 128,6 km/h erreicht.

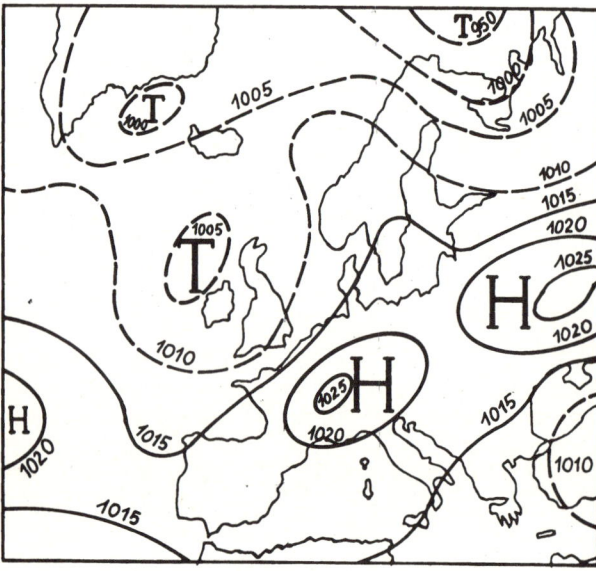

*168.2 Das zentrale Sommerhoch*

Im allgemeinen eignet sich die Lage für Flüge mit Rückkehr zum Ausgangspunkt, odernders für Dreiecksflüge in antizyklonaler Richtung.

Die thermischen Verhältnisse im Gebirge sind günstiger, weil die Cumuli dort zuerst erscheinen (die thermischen Auf-

winde erreichen früher das Kondensationsniveau als in der Ebene) und damit längere Zeit gute Wolkenthermik zur Verfügung steht (Alpenüberquerungen von Karch 1937, 30.06.1957 und 7.07.1957).

Die statistische Häufigkeit für die Föhnlage ist:
   Maximum 20. bis 28. Februar,
für die Streckenfluglage:
   6. bis 21. Mai.

Nach dem 21. Mai bis Ende August wird diese Ostlage kaum noch beobachtet.

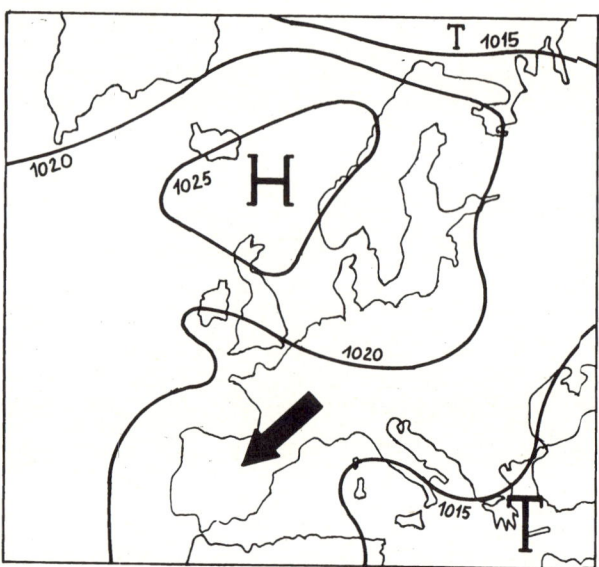

*168.3 Sommer (Nordostlage)*

### Frühsommer (Nordostlage)

Das Hoch zwischen den Britischen Inseln und Island mit einem nach Skandinavien weisenden Keil, zusammen mit dem Tief über dem Mittelmeer (Bild 168.3) bringt nordöstliche Winde, die bei vorzüglicher Thermik Streckenflüge von Deutschland über Paris zur Atlantikküste bis Bordeaux erlauben.

Größte Häufigkeit:

30. Mai bis 6. Juni und
26. bis 30. Juni.

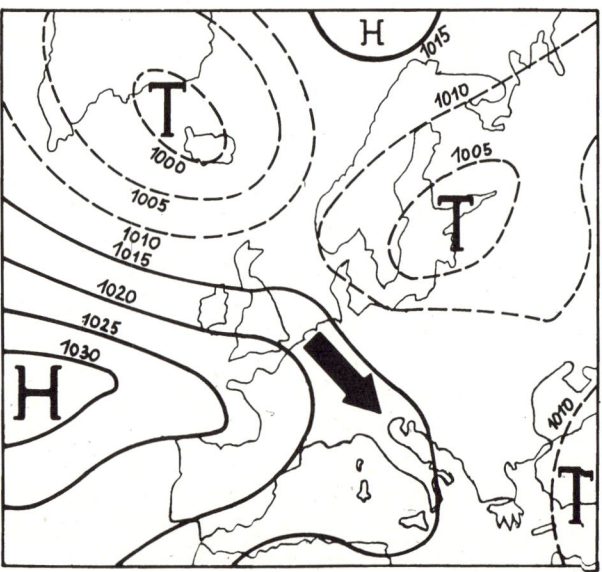

*168.4 Sommer (Nordwestlage)*

Das Hoch über dem Atlantik mit dem Tief auf der Zugstraße von Island über die Ostsee nach Rußland (Bild 168.4) bringt anhaltende Zufuhr maritimer Luftmassen mit südwestlichen bis nordwestlichen Winden und häufige Niederschläge über Mitteleuropa.

Diese hartnäckig anhaltende Luftdruckverteilung ist die Ursache unserer so häufig verregneten Sommer.

Nach Durchzug einer Tiefdruckstörung von der Nordsee nach Osten bringt die Rückseite des Tiefs frischen Nordwestwind („Nordwestlage") mit nachlassender Schauertätigkeit und damit für die Gebiete südlich der Mittelgebirge meist ein ausgezeichnetes Segelflugwetter . Besonders Streckenflugwetter in südöstlicher Flugrichtung und nach Österreich in Richtung Wien sind möglich.
Größte Häufigkeit: 10. bis 27. Juli, 11. bis 15. August.

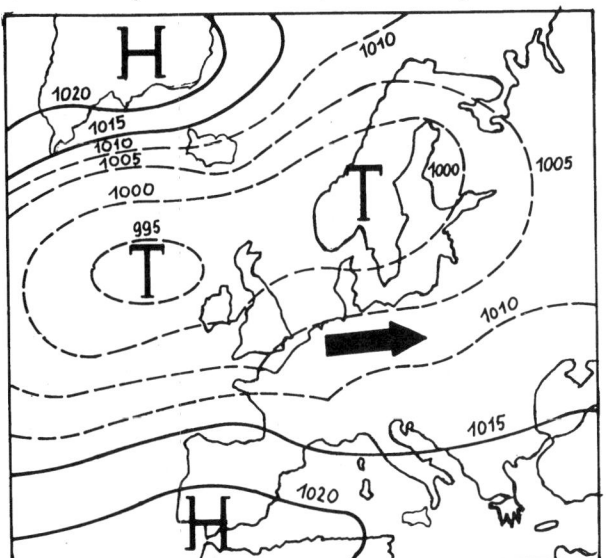

### 169.1 Herbst (West- oder Schleifzonenlage)

Nördlich der Mittelgebirge ist die von Nordwesten einfließende Luftmasse in der Regel noch sehr feucht, so daß ein Bedeckungsgrad der Cumuli von größer 5/8 herrscht und die Basis ist selten höher als 1200 m. Der Nordrand der Mittelgebirge ist angestaut. Außerdem herrscht meist ein kräftiger Nordwestwind in der Thermikschicht von 20–30 kts, so daß keine größeren Dreiecksflüge möglich sind.

*Herbst (West- oder Schleifzonenlage)*
Die Verlagerung des Hochs nach Mitteleuropa mit den hoch nach Norden verdrängten Tiefs bringt den Altweibersommer, der segelfliegerisch wenig nützt, weil die nachts abgekühlte Bodenluft am Tage von der Sonne nur langsam aufgeheizt wird und die labile Schicht nur noch geringe Höhen erreicht, so daß sich keine wirksame Thermik entwickeln kann.
Wenn nach dem Altweibersommer die nördlichen Tiefs nach Süden Raum gewinnen, dann entwickelt sich eine Westlage, wobei die Isobaren über West- und Mitteleuropa mehr oder weniger gradlinig von West nach Ost verlaufen.
Wenn die Ausläufer der nördlichen Tiefs fast breitenkreisparallel über Deutschland „schleifen", die als Luftmassengrenze polare Luft im Norden von Subtropikluft im Süden trennen, spricht man auch von „Schleifzonenlage". Dabei herrscht im Bereich der Luftmassengrenze und nördlich davon meist starke Bewölkung mit gelegentlichem Regen, während es südlich davon häufig zu Aufheiterungen kommt.
Die warmen Westwinde bringen Föhn an allen nord-südlich verlaufenden Gebirgszügen, der an den südlichen Mittelgebirgen wie z.B. Vogesen-Schwarzwald, Pfälzer Wald-Odenwald, fliegerisch ausnutzbar ist.

### 3.4.1.10 Die thermodynamischen Diagramme

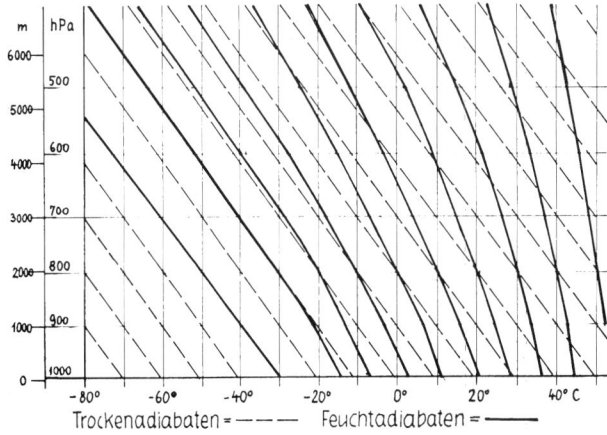

Trockenadiabaten = – – – Feuchtadiabaten = ──

### 169.2 Adiabaten mit hPa-Höhen

Um in der Praxis rasch zwischen Stabilität und Labilität der Atmosphärenschichtung entscheiden zu können, wurden entsprechende Diagrammvordrucke geschaffen.

*Die vorgedruckten Linienscharen*

*a) Druckhöhe*
In den bisher verwendeten Zustandskurven wurde als Abszisse (horizontale Koordinatenachse) die Temperatur (°C) verwendet und als Ordinate (vertikale Koordinatenachse) die Höhe (m, km, ft; z.B. Bild 133.1).
In den thermodynamischen Diagrammen wird auf der Ordinate der Luftdruzck (hPa) aufgetragen.
Der Luftdruck gibt einen ungefähren Anhaltspunkt für die Höhe über dem Meeresniveau (Druckhöhe). In grober Annäherung entsprechen dem Meeresniveau 1000 hPa (statt 1013,25 hPa). Einer Höhe von 1000 m entsprechen dann 900 hPa, der Höhe von 2000 m entsprechen 800 hPa, der Höhe von 3000 m = 700 hPa, 4000 m = 600 hPa (siehe Tabelle auf Seite 160). Wie Bild 169.3 zeigt, ist der Maßstab für hPa nicht linear, sondern der Abstand zwischen Druckflächen bei gleicher Druckdifferenz wird immer größer.

*b) Spezifische Feuchte*
Für viele meteorologische Zwecke ist es einfacher, statt des Dampfdruckes in hPa die spezifische Feuchte s anzugeben, also wieviel Wasser in 1 kg Luft enthalten ist. Die maximale spezifische Feuchte ist von der Temperatur und vom Luftdruck abhängig (Bild 133.1).

Da die maximale spez. Feuchte (Sättigungsmischungsverhältnis) einerseits von der Temperatur abhängt (je höher die Temperatur, um so mehr Gramm Wasserdampf kann die Luft pro kg enthalten) und andererseits vom Luftdruck abhängt (bei gleichbleibender Temperatur nimmt die maximale spez. Feuchte zu, wenn der Luftdruck abnimmt), erhält man im Zustandsdiagramm für gleiche spezifische Feuchten schräge, nach links oben ansteigende, fast gerade Linien.

*c) Die Linienscharen*

In allen thermodynamischen Diagrammen sind also folgende Linienscharen vorgedruckt:

Isothermen (Temperatur °C)
Isobaren (Druck hPa)
Trockenadiabaten
Feuchtadiabaten
Spezifische Feuchte (p/kp) Bild 169.3

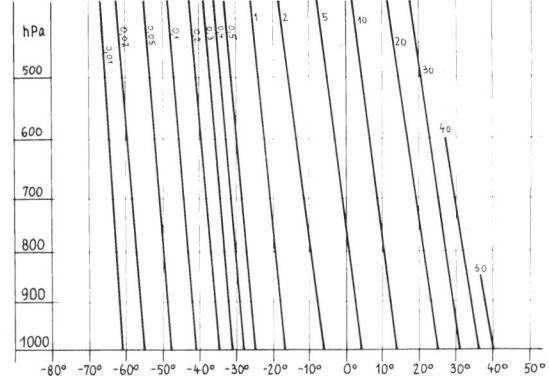

### 169.3 Linien gleicher spez. Feuchte

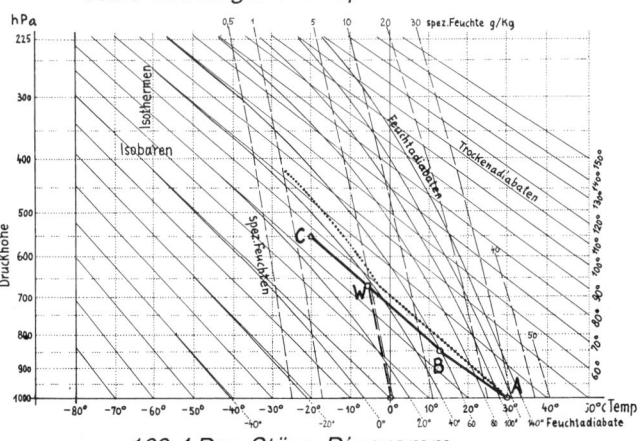

### 169.4 Das Stüve-Diagramm

## Das Stüve-Diagramm

Dieses Diagramm-Papier wird vom Deutschen Wetterdienst verwendet:

*Isobaren:* Horizontale, gerade Linien (hPa).

*Isothermen:* Vertikale, gerade Linien (°C).

*Trockenadiabaten:* Gerade Linien von rechts unten nach links oben.

*Feuchtadiabaten:* Schwach gekrümmte Linien von rechts unten nach links oben. Sie nähern sich den Trockenadiabaten asymptotisch. Die zugehörigen Ausgangstemperaturen sind in Bild 167.2 unter der Temperaturskala der Isothermen angeschrieben, ganz am unteren Bildrand.

*Spezifische Feuchten:* Steil von rechts unten nach mitte oben verlaufende, fast gerade Linien. Die zugehörigen Werte sind am oberen Bildrand eingetragen.

Im thermodynamischen Diagrammpapier des Deutschen Wetterdienstes ist noch eine weitere Kurvenschar in einem besonderen Diagramm gezeichnet (Bild 168.1), und zwar die Beziehung zwischen der relativen Feuchte f, der Temperatur °C und der Taupunktsdifferenz °C.

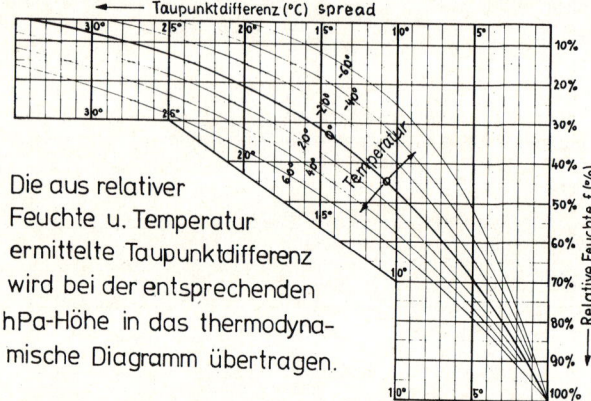

Die aus relativer Feuchte u. Temperatur ermittelte Taupunktdifferenz wird bei der entsprechenden hPa-Höhe in das thermodynamische Diagramm übertragen.

### 170.1 Feuchte, Temperatur und Taupunktdifferenz

Am rechten Rand dieses besonderen Diagrammes (Bild 170.1) ist die Skala für die relative Feuchte (%), am oberen Rand die Skala für die zur jeweiligen Temperatur (Kurvenschar) gehörende Taupunktdifferenz in °C. Der aus diesem Diagramm erhaltene Wert für die Taupunktsdifferenz wird dann im Hauptdiagramm neben der entsprechenden Temperatur in der richtigen hPa-Höhe eingetragen.

In den Vordruck (Bild 167.2) ist die Zustandskurve der Atmosphäre einfach einzuzeichnen, wenn man laufend die Meldungen einer aufsteigenden Radiosonde in den Vordruck einträgt.

Beispiel:

| | | | | |
|---|---|---|---|---|
| Am Boden | 1000 hPa | 30°C | Taupunkt 0°C | Punkt A im Diagramm |
| In der Höhe | 850 hPa | 13°C | | Punkt B im Diagramm |
| In der Höhe | 550 hPa | –20°C | | Punkt C im Diagramm |

Das Liniensystem für die spezifische Feuchte ergibt für den 0°C-Taupunkt am Boden den Wert von fast genau 5 p/kp. Verfolgen wir diese Linie von unten (1000 hPa) nach oben bis zum Schnitt mit der Zustandskurve (A-B-C), dann erhalten wir den Punkt W in der Höhe von 660 hPa. In dieser Höhe (660 hPa = 3400 m = 11.150 ft) erfolgt also die Kondensation (Wolkenuntergrenze) für von A kommende, aufsteigende Luft. Von dieser Höhe an steigt die Luft feuchtadiabatisch weiter (punktierte Linie), also parallel zu den eingezeichneten Feuchtadiabaten. Die punktierte Aufstiegskurve ist steiler als die Zustandskurve A-B-C, die aufsteigende Luftmasse ist stets wärmer als die Umgebungsluft und hat laufend weiteren Auftrieb (sofern sie keine Wärme von außen annimmt oder abgibt, z.B. durch Mischung mit anders temperierter Luft).

### Das Te-Phi-Diagramm (Bild 171.1)

*Das in England von Sir Napier Shaw entwickelte Te-Phi-Diagramm hat seinen Namen von T = Temperatur und dem griech. Buchstaben $\varphi$ = phi (= log p).*

In Bild 171.1 sind dieselben Punkte A-B-W-C wiedergegeben wie in Bild 167.2 (Stüve-Diagramm).
Der Vorteil dieses thermodynamischen Diagrammes besteht darin, daß sich alle eingetragenen Linien in großen Winkeln schneiden (keine sogenannten „Schleifschnitte"), wodurch die Übersichtlichkeit sehr gewinnt.

*Isobaren:* Horizontal, sehr leicht gekrümmt (hPa).

*Isothermen:* Um 45° gegen die Horizontale geneigt, geradlinig, haben gleichen Abstand voneinander.

*Trockenadiabaten:* Geradlinig und senkrecht zu den Isothermen.

*Feuchtadiabaten:* Gekrümmt und nähern sich den Trockenadiabaten asymptotisch.

*Spez. Feuchte:* Etwas steiler als die Isothermen, fast geradlinig.

### Das T-, log p-Diagramm (Bild 171.2)

*Das T-, log p-Diagramm wird vom Geophysikalischen Beratungsdienst der Bundeswehr verwendet (dem militärischen Wetterdienst). Es ist klar und übersichtlich und vor allem in der Energiedarstellung (s. Bild 170.1) flächentreu.*

*Isobaren:* Waagerechte, gerade Linien. Am linken Rand sind bei den Druckflächen (hPa) die entsprechenden Höhen (lt. Standardatmosphäre) in km und in ft eingetragen.

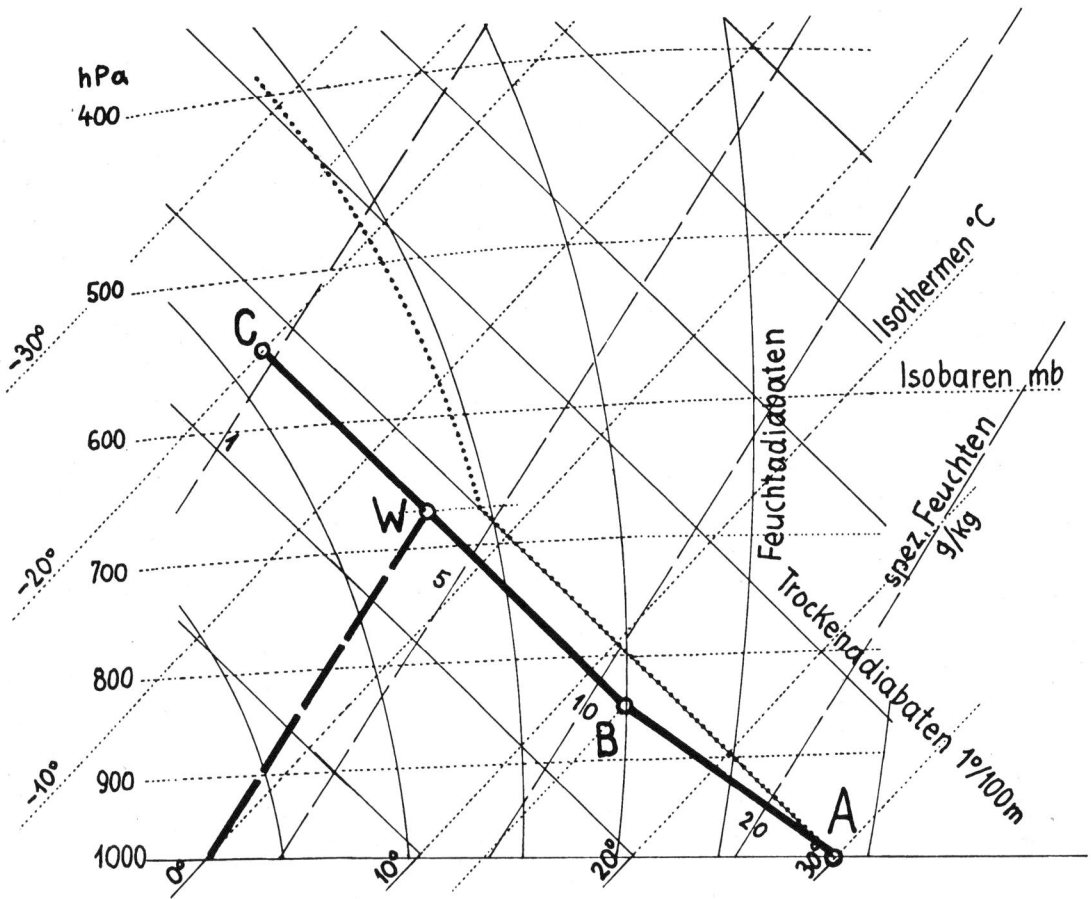

171.1 Das Te-phi-Diagramm (England)

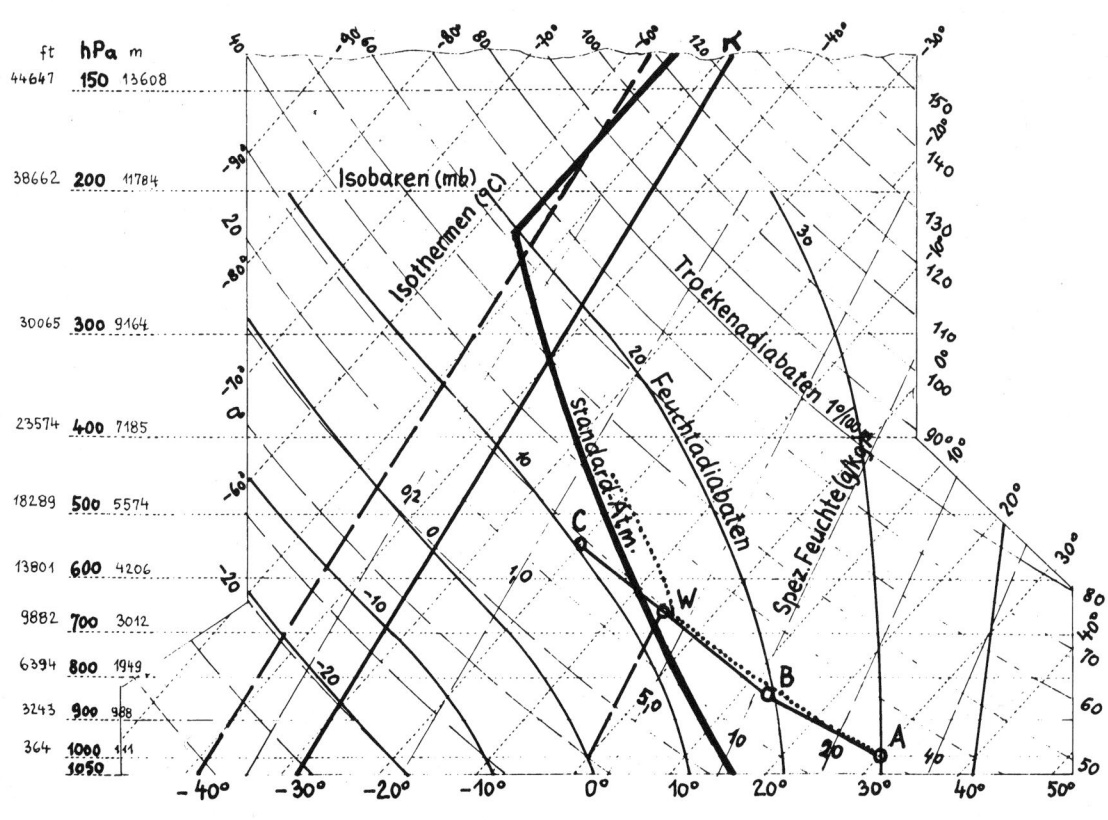

171.2 Das T-, log p-Diagramm (Deutscher Wetterdienst

| Isothermen: | Gerade, unter 48° geneigte Linien. |
|---|---|
| Trockenadiabaten: | Leicht gekrümmte Linien. |
| Feuchtadiabaten: | Sind wie im Te-phi-gramm gekrümmt und nähern sich asymptotisch den Trockenadiabaten. |
| Spezifische Feuchten: | Laufen fast geradlinig von links unten nach rechts oben. |
| ICAO-Standardatmosphäre: | Der Temperaturverlauf ist mit einer dicken (im Original braunen) Linie eingetragen, so daß Temperaturabweichungen von ihr leicht festgestellt werden können. |
| Kondensationsstreifen: | Eine (im Original grüne) mit „K" bezeichnete Linie gibt an, daß rechts von ihr das Auftreten von Kondensationsstreifen unwahrscheinlich ist. Eine fast parallel dazu, gestrichelt gezeichnete Linie, gibt an, daß links von dieser Linie auf alle Fälle Kondensationsstreifen |

auftreten. Zwischen diesen beiden Linien wächst die Wahrscheinlichkeit von rechts (0 %) nach links (100 %).

*Das USAF Skew T-, log p-Diagramm (Skew - schief)*

Dieses thermodynamische Diagramm der amerikanischen Luftwaffe (USAF = U.S.air-force) wird auch in Deutschland verwendet. Es ist praktisch identisch mit dem T-, log p-Diagramm. Der Unterschied besteht hauptsächlich darin, daß die Temperaturskala in Fahrenheit angegeben ist und daß statt der ICAO-Standardatmosphäre die U.S.-Standardatmosphäre eingezeichnet ist.

## 3.4.2 Inversion, Begriff und Bedeutung

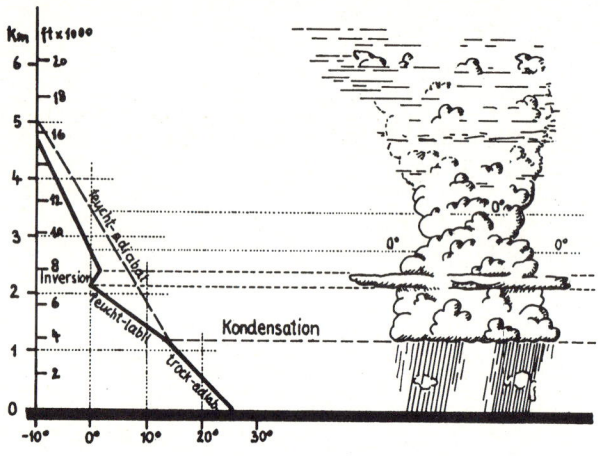

172.1 Quellbewölkung in feucht-labiler Atmosphäre

Bekanntlich steigt ein Warmluftpaket auf, solange seine Temperatur höher ist als die Temperatur der umgebenden Atmosphäre.
Bei feuchtlabilem Temperaturgradienten ist die aufsteigende Warmluft (Blase) *immer* wärmer als die umgebende Atmosphäre. Der Auftrieb bleibt erhalten oder wird sogar größer. Die Blase wird zur Wolke, sobald sie das KKN (Konvektions-Kondensations-Niveau) überschreitet. Die Wolke quillt in immer größere Höhen hinauf (Bild 172.1). Das Wachstum der Wolke hört erst auf, wenn:
a) nicht mehr genügend Luftfeuchtigkeit in der Blase zur Verfügung steht (mangelnde Kondensationswärme) durch Einbezug trockener Umgebungsluft, wenn die Quellwolke in sehr trockene Luft vorstößt.

b) der Temperaturgradient in größerer Höhe wieder feuchtstabil wird,

c) eine Inversion vorliegt.

In der Regel bremst eine Inversion (Atmosphärentemperatur nimmt mit der Höhe zu statt ab) die aufsteigende Warmluft ab, weil die Warmluft auf einmal die gleiche oder eine kleinere Temperatur hat als ihre Umgebung.

Manchmal wird die aufsteigende Warmluft in der Inversion nur abgebremst, aber nicht zum Stillstand gebracht, wenn die Luftschicht unter der Inversion genügend labil war und die Warmluft so viel kinetische Energie sammeln konnte, daß diese ausreicht, die Sperrschicht zu durchdringen. Ein weiterer Aufstieg (Bild) ist dann möglich, wenn die über der Inversion liegende Luft wieder labil ist.

Im vorliegenden Beispiel (Bild 172.2) steigt trockene Luft mit einer Temperatur von 15°C trockenadiabatisch auf. Da die Zustandskurve der Atmosphäre links von der Trockenadiabate liegt, ist die Schichtung trockenlabil und das aufsteigende Luftpaket hat eine thermische Hebungsenergie in sich angesammelt, die der schraffierten Fläche entspricht.

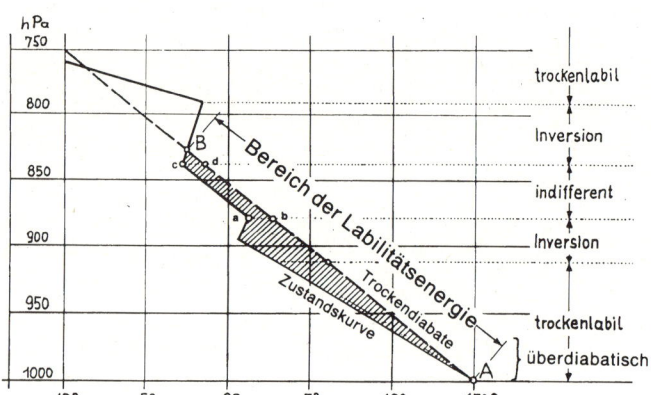

172.2 Inversion und Aufstiegsenergie

In der jetzt folgenden Inversion verringert sich die dem Paket innewohnende thermische Energie auf die entsprechende Strecke a–b.
Dann kommt eine indifferente Zone, in der die Restenergie erhalten bleibt (Strecke c–d ist gleich der Strecke a–b).

In der folgenden Inversion reicht der Energiegehalt des Warmluftpaketes nur noch bis zum Punkt B, wo die Energie aufgezehrt ist und das Paket zum Stillstand kommt.

Die gesamte schraffierte Fläche zwischen der Zustandskurve und dem rechts davon liegenden Teil der Aufstiegsadiabate (Trockenadiabate) zeigt, daß die aufsteigende Luft genügend Energie für den Aufstieg durch die Labilität der Atmosphäre hat. Die Energie (schraffierte Fläche) reicht auch noch zum Heben durch die folgende Inversion bis zum Punkt B.

Man nennt den Bereich der Trockenadiabate Von A bis B den *"Bereich der Labilitätsenergie".*

### 3.4.3 Wolken

*3.4.3.1 Entstehung der Wolken*

*Definition der Wolke*

Der in Dampfform unsichtbare Wassergehalt der Luft verwandelt sich bei der Kondensation in *sichtbare* Wassertröpchen oder Eisteilchen. „Wolken" bedeutet also, daß in dem betreffenden Luftraum schwebende Wassertröpchen oder Eisteilchen vorhanden sind.

*Wolkenbildung*

| Zur Wolkenbildung ist nötig |
| --- |
| 1) Übersättigung der Luft (Abkühlung oder Überfeuchtung) |
| 2) Kondensationskerne |

Wolkenbildung ist vor allem an eine aufsteigende Luftmenge gebunden, die adiabatisch abkühlt und den Taupunkt erreicht (Kondensations- oder Sublimationspunkt), so daß der unsichtbare Wassergehalt der Luft sichtbar werden kann. Die Luft ist „übersättigt". Die *Übersättigung der Luft* kann auch entstehen, wenn die Luft über einer feuchten Erdoberfläche liegt, die wärmer als die darüberliegende Luft ist. Dann wird Feuchtigkeit aus der feuchten Oberfläche in die Luft verdampft, die dort sofort kondensiert (z. B. Seerauch bei kalter Luft über warmem Wasser).

Eine zweite Voraussetzung für den Übergang des gasförmigen Wasserdampfes in den flüssigen Zustand ist das *Vorhandensein von Kondensationskernen*. Das sind kleinste Partikel (Industriestaub oder Salzkriställchen aus der Gischt des Meeres) mit einem Durchmesser von einem tausendstel bis zu einem millionstel Millimeter. Ohne Kondensationskerne würden die durch

Kondensation entstandenen Wasserteilchen sofort wieder verdunsten.

Die Wolkenelemente, die durch Ansammeln der kondensierenden Wasserdampfmoleküle auf den Kondensationskernen entstehen, haben einen Durchmesser von 5 tausendstel bis 5 hundertstel Millimeter. In 1 cm³ Luft sind 30 bis 300 solcher winziger Tröpfchen, für die Aufwinde von wenigen mm/s bis cm/s genügen, um sie in Schwebe zu halten.

Schreitet die Abkühlung so weit fort, daß 0°C unterschritten werden, dann gefrieren die Tröpfchen nicht immer sofort. Sie bleiben flüssig und die Wolke kommt in den *unterkühlten Zustand*.

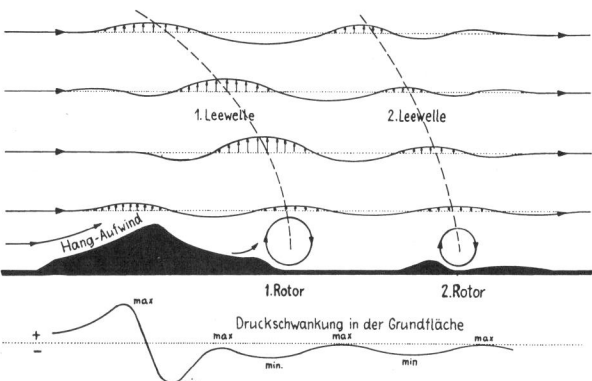

*173.2 Bildung von Leewellen und Rotoren*

Schreitet die Unterkühlung genügend weit fort, dann bilden sich allmählich Eiskristalle (Sternchen) und sublimiert Wasserdampf direkt zu Eisnadeln (Bild 173.1).

| Aussehen der Wolke |
| --- |
| *Wasserwolken* haben scharfe Ränder, *Eiswolken* zeigen einen fasrigen Rand. |

*Entstehung aufsteigender Luft*

Drei Hauptgruppen für Luftanhebung gibt es:

1) Erzwungene Hebung durch Bodenerhebungen,
2) Frontwirkung,
3) Thermische Hebung.

*1) Erzwungene Hebung durch Bodenerhebung*

Auf der Luvseite von ansteigendem Gelände wird die Luft gezwungen aufzusteigen und wenn sie genügend feucht ist, bilden sich Wolken nach demselben Prinzip wie beim Föhn (Bild 155.3). Handelt es sich um sehr feuchte Luft, dann liegt das Kondensationsniveau (HKN Hebungskondensationsniveau) sehr tief und die Wolkenbildung setzt schon kurz nach dem Beginn der Hebung ein. Auf der Leeseite von Bergrücken können sich stehende Wellen mit *Auf-* und Abwinden (Bild 158.3) bilden.

In den Aufwindgebieten entstehen bei ausreichend hoher Feuchte die Linsenwolken (lenticularis-Wolken), die nicht mit dem Luftstrom wandern, sondern als Durchströmungswolken ihre Lage beibehalten.
In den Bergen treten häufiger Leewellen ohne Lenticularis als mit auf, weil oft nicht genügend Feuchte vorhanden ist.

● = Wassertröpfchen    O = unterkühlte Tröpfchen
✳ = Schneesterne    \ = Eisnadeln

*173.1 Wolke zu beiden Seiten der 0°-Grenze*

*Sie können dem Segelflieger zum Erkennen von Aufwindgebieten* dienen (Moatzagotl-Wolken: die Bezeichnung „Moatzagotl" soll von einer mundartlichen Verformung des Namens Gottlieb Motz entstanden sein, eines Schäfers am Fuße des Riesengebirges. Diese Bezeichnung ist früher auch in anderen Gebieten für diese Wellenwolken verwendet worden).

Außer den hochreichenden, stehenden Wellen treten im Lee in den unteren Schichten noch die sog. „Rotorwolken" auf. Es handelt sich um cumuliforme Wolken, die sich parallel zum Gebirgskamm unterhalb der Wellenberge der Leewellen anordnen (Bild 173.2). Die Rotoren stellen Zonen einer ungewöhnlich heftigen Turbulenz dar, die an Stärke noch diejenige in Gewitterwolken übertreffen kann. Die Untergrenzen der Rotorwolken liegen in oder etwas über der Kammhöhe der Berge. Die am besten entwickelte Rotorwolke mit der stärksten Turbulenz ist in der Regel der erste Rotor im Lee des Bergrückens unterhalb der ersten Leewelle. Die turbulente Rotorströmung wird unterstützt durch lokale heftige Konvektion, weil die Schichtung unterhalb des Rotors sehr labil ist mit einem zum Teil überadiabatischen Gradient. Die kräftige Föhnströmung mit einer Drängung der Stromlinien unmittelbar im Lee des Bergrückens (in Talhöhe werden manchmal höhere Windgeschwindigkeiten als in Kammhöhe gemessen), erzeugt einen Unterdruck hinter dem Gebirgskamm (Bild 173.2), so daß sich an der Unterseite des Rotors eine Gegenströmung zur Höhenströmung ausbilden kann.

## 2) Frontwirkung

Sobald Warmluft gegen Kaltluft vordringt, gleitet sie auf diese wie auf einen Berg hinauf. Wie bei der Strömung gegen einen Berghang kühlt sie sich infolge der Hebung adiabatisch ab, und wenn sie genügend feucht ist, erreicht sie bald das Kondensationsniveau. Bei weiterem Aufgleiten fällt die freigesetzte Feuchtigkeit, wie bei Staubewölkung vor einem Gebirge, als Niederschlag aus. Je höher die Warmluft angehoben wird, um so stärker kühlt sie sich ab. Kalte, gesättigte Luft (Wolkenluft) hat aber einen deutlich geringeren Wassergehalt als warme Wolkenluft. Deshalb werden die Wolken mit zunehmender Höhe dünner und gehen allmählich in Altostratus- und schließlich Cirruswolken über (Bild 189.1).

Da die Warmluft meist stabil geschichtet ist, entstehen an der Aufgleitfläche mächtige Schichtwolken (Nimbostratus) mit langandauernden, ergiebigen Niederschlägen.

Ist die aufgleitende Warmluft (feucht-)labil geschichtet, dann sind eingelagert in die Aufgleitbewölkung Cumulonimbuswolken, die die Hebung der Warmluft an der Frontfläche lokal sehr verstärken, so daß die Niederschläge örtlich schauerartig verstärkt auftreten (Bild 150.1).

Dringt dagegen Kaltluft gegen Warmluft vor, dann geschieht das im Zusammenhang mit Kaltfronten im Winterhalbjahr häufig in der Weise, daß sich die Kaltluft keilförmig unter die Warm-

luft schiebt. Dabei wird die Warmluft angehoben und gleitet an der sich darunterschiebenden Kaltluft auf (passives Aufgleiten im Gegensatz zum aktiven Aufgleiten beim Vordringen der Warmluft gegen Kaltluft). Da die Warmluft über der Kaltluft liegt, ist die Schichtung stabil und die dabei auftretende Bewölkung im Erscheinungsbild gleich der Aufgleitbewölkung bei stabilgeschichteter Warmfrontbewölkung.

Im Sommerhalbjahr dagegen dringt bei aktiven Kaltfronten in der Regel die Kaltluft in der Höhe schneller als am Boden gegen die Warmluft vor. Da dann Kaltluft über Warmluft liegt, wird die Luftmasse im Frontbereich stark labilisiert. Das heißt, die durch Konvergenz am Boden erzwungene dynamische Hebung im Frontbereich, wird häufig durch starke feucht-labile Umlagerungen unterstützt, so daß dann die vordringende Kaltluft meist mit hochreichenden Cumulonimbus-Wolken begleitet wird.

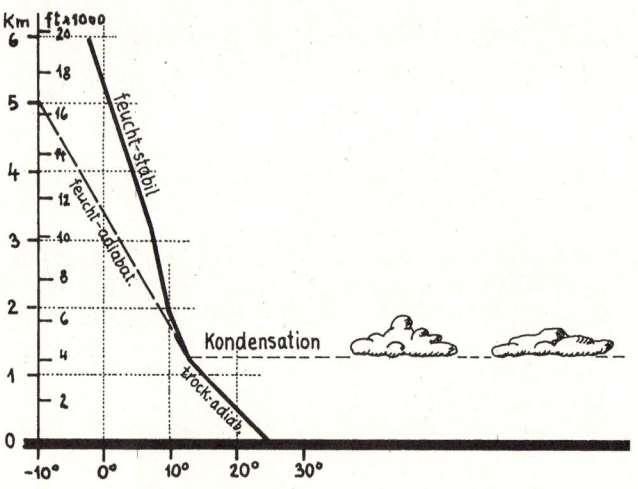

*174.1 Flach-Cumulus (feucht-stabil)*

## 3) Thermische Hebung

Diese Art der Hebung wurde in Abschn. 3.4.1.7 bereits behandelt. Wird in allen behandelten Fällen die angehobene Warmluft so weit abgekühlt, daß der Taupunkt erreicht wird, dann entstehen Cumuluswolken.

Bei feuchtstabilem Temperaturgradienten läßt das Aufsteigen der Warmluft bald nach (Bild 174.1). Sie wird allmählich kälter als die umgebende Luft. So eine Wolke erreicht nur eine geringe vertikale Ausdehnung.

> Eine sorgfältige Wolkenbeobachtung liefert dem Segelflieger wertvolle Hinweise für ihre fliegerische Ausnutzungsmöglichkeiten.

### 3.4.3.2 Entstehung der verschiedenen Wolkenarten

*Flache Cumuluswölkchen (Cumulus humilis) (Bild 174.1)*

Bei feucht-stabilem Temperaturgradienten der Luft oberhalb des Kondensationsniveaus. Aufwinde unmittelbar unter der Wolke gering, vor allem innerhalb der Wolkenluft. Vorwiegend scharfe Konturen.

### Cumulus congestus (Bild 172.1)

Bei feucht-labilem Temperaturgradienten erhält die aufsteigende Warmluft bei Beginn der Wolkenbildung durch freiwerdende Kondensationswärme weiteren Auftrieb. Dadurch saugt die Wolke auch zusätzliche Luft in ihre Basisfläche ein. Aufwind unter der Wolke verstärkt sich. Die Wolke *zieht*, sie hat einen „Bart".

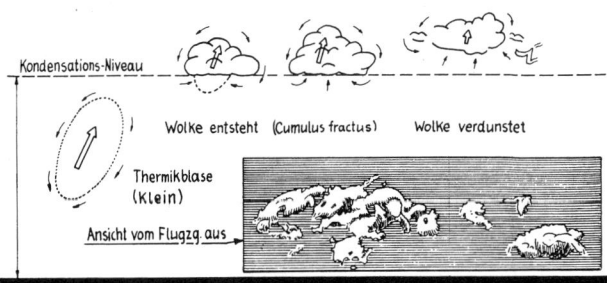

175.1 Beginnende Cumulusbildung und Auflösung

### Cumulus fractus (Bild 175.1)

Dabei handelt es sich um Cumulus-Wolken, die sich unmittelbar nach Einsetzen der Kondensation meist rasch wieder auflösen. Durch die anfangs kleinen Thermikblasen bilden sich zunächst nur kleine Haufenwolken aus und zwar sehr schnell wegen der Kleinheit. Die von unten angesaugte Umgebungsluft kann sehr trocken sein und trägt nicht mehr zur Kondensation bei und liefert keinen weiteren Auftrieb. Die Wolke geht an „Unterernährung" ein und löst sich in Fetzen auf.

### Stratocumulus (Bild 172.1)

Cumulus-Wolken, die dem Segelflieger gute Aufwinde anzeigen, werden in ihrer Vertikalentwicklung in der Regel durch eine Inversion begrenzt. Ist die Luft im Bereich der Inversion sehr feucht (Spread nur 1–2° C), dann breiten sich die Cumuli an der Inversion aus und bilden eine Stratocumulusdecke.

Gewöhnlich wird durch so entstandene Wolkendecken die Sonneneinstrahlung abgeschirmt und dadurch die Thermik vermindert. Dadurch wird der breiten Wolkendecke die Existenzgrundlage genommen und es treten Auflösungserscheinungen ein. Jetzt kann sich die Thermik neu entwickeln und das Spiel beginnt von vorn.

Im Laufe des Nachmittags, wenn die Einstrahlung nachläßt, löst sich der breite Stratocumulus allmählich stärker auf und verschwindet gegen Abend ganz.

Bei schwachen Inversionen (Bild 172.1) kann die aufsteigende Warmluft bei kräftiger Thermik und durch ihre Schwungkraft die Inversion durchstoßen und sie sogar ganz beseitigen, so daß die Quellwolke weiterwächst. Für das Auge macht sich diese Situation, wie im Bild dargestellt,

durch horizontale, bankförmige Ausbreitungen (Stratocumulus) bemerkbar.

### Linsenwolken (Altocumulus lenticularis) Bild 175.2)

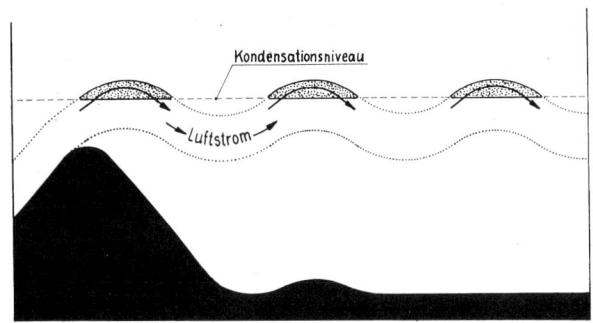

175.2 Bildung von Linsenwolken

Im Lee eines Bergrückens können, wie bereits in Bild 173.1 dargestellt wurde, stehende Wellen auftreten. Falls bei der Hebung innerhalb der wellenförmigen Strömung (Bild 163.4, Aufwindzonen) ein Kondensationsniveau erreicht wird (Bild 175.2), entstehen linsenförmige Wolken (Föhnfische) im mittelhohen Niveau. Die entstehenden Wolken bleiben ortsfest, während sich die Luft durch sie hindurch bewegt. An der Windeintrittsseite entstehen die Wolken stets neu, während sie sich an der Windaustrittseite auflösen und so stillstehend erscheinen. Das Vorhandensein von Linsenwolken läßt immer auf eine Wellenströmung schließen.

### 3.4.3.3 Wolkenklassifizierung

#### Internationale Wolkeneinteilung

Im „Internationalen Wolkenatlas" unterscheidet man:

10 Gattungen: das sind gut voneinander unterscheidbare Wolken, die sich gegenseitig ausschließen, das heißt: eine bestimmte Wolke kann immer nur zu einer einzigen Gattung gehören.

14 Arten: Einzelne Gattungen können in mehrere Arten unterteilt werden, aber jede Wolke kann nur einer einzigen Art angehören. Unter Art versteht man z.B. die Form: linsenförmig, schichtförmig, mit Türmchen, flockig (diese Arten kommen bei der Gattung Altocumulus vor). Andererseits kommen bestimmte Arten bei mehreren Gattungen vor (Linsenwolken bei Cirrocumulus, Altocumulus und Stratocumulus).

9 Unterarten: das sind besondere Merkmale, die sich auf die Lichtdurchlässigkeit oder auf die Anordnung der Wolkenarten beziehen (wellenförmig, strahlenförmig).

9 zusätzliche Besonderheiten: werden angegeben, wenn die Beschreibung durch die Angabe von Gattung, Art und Unterart nicht ausreicht (z.B. Amboß, Fallstreifen, Bogen, Kappe).

7 Mutterwolken: werden angegeben, um die Ursprungsform (Mutterwolke) festzulegen, aus der die vorliegende Form entstanden ist.

Beispiel: Stratocumulus cumulogenitus = aus Cumulus entstanden, der sich ausgebreitet hat (genitus = geboren aus).

| | |
|---|---|
| Unterart | = Merkmale (Lichtdurchlässigkeit, Anordnung), z. B. Altostratus *translucidus* (Sonne scheint noch durch) |
| Besonderheiten | = Angabe, wenn Gattung, Art und Unterart nicht ausreicht, z. B. cumulonimbus capillatus incus (faserig werdende Gewitterwolke mit Amboß), |
| Mutterwolken | = Gattung, aus der die Wolke entstanden ist, z. B.: stratocumulus *cumulogenitus* (aus einem Cumulus entstanden) |

*Zusammenfassung:*

| | |
|---|---|
| Gattung | = gesamtes Aussehen der Wolke z. B. Altocumulus |
| Art | = besondere Form z. B. Altocumulus *lenticularis* |

## Die 10 Hauptgruppen der Wolkenerscheinung

Die 10 Hauptgruppen, auf die wir hier näher eingehen, sind:
Cirrus, Cirrocumulus, Cirrostratus, Altocumulus, Altostratus, Nimbostratus, Stratocumulus, Stratus, Cumulus, Cumulonimbus.

### 3.4.3.4 Die Stockwerksgliederung

Mit Ausnahme von seltenen Sonderformen (Perlmutterwolken in 20 bis 30 km Höhe) befinden sich alle beobachteten Wolken zwischen der Erdoberfläche und der Tropopause. Dieser Höhenbereich wird senkrecht in 3 Stockwerke eingeteilt. Die einzelnen Stockwerke sind durch den Höhenbereich, in dem bestimmte Wolkengattungen am meisten vorkommen, festgelegt worden. Ihre Bereiche dehnen sich nach dem Internationalen Wolkenatlas wie folgt aus:
Die Grenzen der Stockwerke überschneiden sich und ändern sich auch mit der geographischen Breite. Ihre ungefähren Höhenlagen sind folgende:

| Stockwerk | Polarzonen | mittlere Breiten | Tropen |
|---|---|---|---|
| oberes | von 3 bis 8 km<br>10 000 – 27 000 ft | von 5 bis 13 km<br>16 500 – 43 000 ft | von 6 bis 18 km<br>20 000 – 60 000 ft |
| mittleres | von 2 bis 4 km<br>7 000 – 13 000 ft | von 2 bis 7 km<br>7 000 – 23 000 ft | von 2 bis 8 km<br>7 000 – 27 000 ft |
| unteres | Boden bis 2 km<br>0 – 7 000 ft | Boden bis 2 km<br>0 – 7 000 ft | Boden bis 2 km<br>0 – 7 000 ft |

Die Höhenlage einer Wolke kann helfen, sie in die richtige Gattung einzureihen. Besser ist, die Wolke nur nach ihrem Aussehen zu bezeichnen und nicht nur nach ihrer Höhenlage.
Die Verteilung der Wolken auf die einzelnen Stockwerke gibt folgende Übersicht:

| Stockwerk | Bezeichnung | Abkürzung | Niederschläge |
|---|---|---|---|
| oberes | Cirrus<br>Cirrocumulus<br><br>Cirrostratus | Ci<br>Cc<br><br>Cs | keine<br>geringe<br>aber nicht Boden erreichend<br>geringe<br>aber nicht Boden erreichend |
| mittleres | Altocumulus<br>Altostratus<br>Nimbostratus<br><br>Cumulus<br>Cumulonimbus | Ac<br>As<br>Ns<br><br>Cu<br>Cb | geringe möglich<br>anhaltend leichte<br>anhaltend ergiebige<br><br>leichte Schauer möglich<br>starke Schauer |
| unteres | Stratocumulus<br>Stratus<br>Cumulus<br>Cumulonimbus | Sc<br>St<br>Cu<br>Cb | geringe möglich<br>geringe<br>leichte Schauer möglich<br>starke Schauer |
| In einigen Fällen reichen Cb und Ns bis zur Tropopause | | | |

Eine Vorstellung des Aussehens der Wolken und ihrer Verteilung gibt Bild *178.1*.

### 3.4.3.5 Allgemeine Wolkencharakteristiken (Bild 227.1)

#### 1) Cirrus (Ci) (lat.: Haarlocke)

Aussehen: Feine weiße Fäden oder weiße Flocken bzw. schmale Bänder. Faseriges Aussehen, seidiger Schimmer oder beides.

Bestandteile: Sehr kleine und nicht dichte Eiskristale meist durchscheinend.

Besonderes: Vor Sonnenaufgang erscheinen sie als erste Wolken in roter, dann rosa und schließlich gelber und weißer Farbe. Letzte angestrahlte Wolken bei Sonnenuntergang.

#### 2) Cirrocumulus (Cc) (lat.: Cumulus = Haufen)

Aussehen: Felder, Flocken oder Schichten von weißen Wolken ohne Eigenschaften. Zusammengesetzt aus sehr kleinen Wolkenteilchen, manchmal miteinander verwachsen, körnig, gerippt, manchmal regelmäßig angeordnete Wolkenteilchen.

Bestandteile: Eiskristalle, manchmal kurzlebig unterkühlte Wassertröpfchen.

Besonderes: Ab und zu Koronaerscheinung (farbige Kreise um Sonne oder Mond). Irisierend (grün und rosa gefärbte Wolkenteile). Cirrocumulus ist selten. Unterschied gegenüber Cirrus ist die Aufteilung in kleine Wolkenelemente.

#### 3) Cirrostratus (Cs) (lat.: stratus = flach liegend)

Aussehen: Durchscheinender, zarter weißer Wolkenschleier, faserig oder glatt. Himmel ganz oder teilweise verschleiert.

Bestandteile: Eiskristalle

Besonderes: Cs ist so dünn, daß bei Sonnenschein die Gegenstände auf der Erde noch Schatten werfen. Tritt manchmal in Form eines faserigen Schleiers mit dünnen Streifen auf. Sonnen- oder Mondhof (Halo) mit einem Radius von 22°, seltener 46°. Manchmal Nebensonnen oder senkrecht stehende Lichtsäulen.

#### 4) Altocumulus (Ac) (lat.: altus = hoch)

Aussehen: Wolkenfelder, -flecken oder -schichten, meist weiß, grau oder gemischt, schuppenartige Teile, Ballen oder Walzen. Wolkenteile regelmäßig angeordnet.

Bestandteile: Wassertröpfchen, bei negativen Temperaturen auch Eiskristalle oder unterkühlte Tröpfchen.

Besonderes: Bei dünnen Schichten auch Koronabildung oder Irisieren. Tritt häufig in verschiedenen Höhen gleichzeitig auf.

*Arten:*

*177.1 Altocumulus castellanus*

Altocumulus lenticularis (linsenförmig, in Leewellen); Altocumulus flocus (kleine, isolierte Büschel, deren untere Teile etwas zerfranst sind); Altocumulus castellanus (kastellartig); sieht so aus wie eine Reihe von Türmchen auf einer gemeinsamen Basis; Bild 177.1).

#### 5) Altostratus (As)

Aussehen: Grau oder bläulich. Schichten, streifig, faserig oder einförmig, Himmel ganz oder teilweise bedeckend. Sonne scheint gerade noch durch (wie durch eine Mattscheibe).

Bestandteile: Wassertröpchen und Eiskristalle, sowie Regentropfen oder Schneeflocken.

Besonderes: Horizontale Ausdehung bis zu Hunderten von Kilometern. Vertikale Ausdehnung mehrere Kilometer möglich. Meist leichte Niederschläge, vorher Fallstreifen wie Vorhänge (Virga-Bildung)

#### 6) Nimbostratus (Ns) (lat.: Nimbus = Sturmwolke – Regen)

Aussehen: Graue, dichte Wolkenschicht, diffus, ohne Gliederung. So dicht, daß keine Sonne durchkommt. Meist länger anhaltende und ergiebige Niederschläge, dabei niedrige Wolkenfetzen, die mit der Hauptwolke verbunden sein können.

Bestandteile: Wassertröpchen, oberhalb der Nullgradgrenze unterkühlt, ferner Regentropfen, Schneeflocken oder beides.

Besonderes: Große Vertikalerstreckung. Entstehung durch Verdichten und allmähliches Absinken eines Altostratus bei Aufgleiten feucht-warmer Luft.

#### 7) Stratocumulus (Sc)

Aussehen: Grau, weißlich oder beides, mit dunklen Flecken. Wolkenfelder oder -schichten. Mosaikartige Schollen, Ballen oder Walzen.

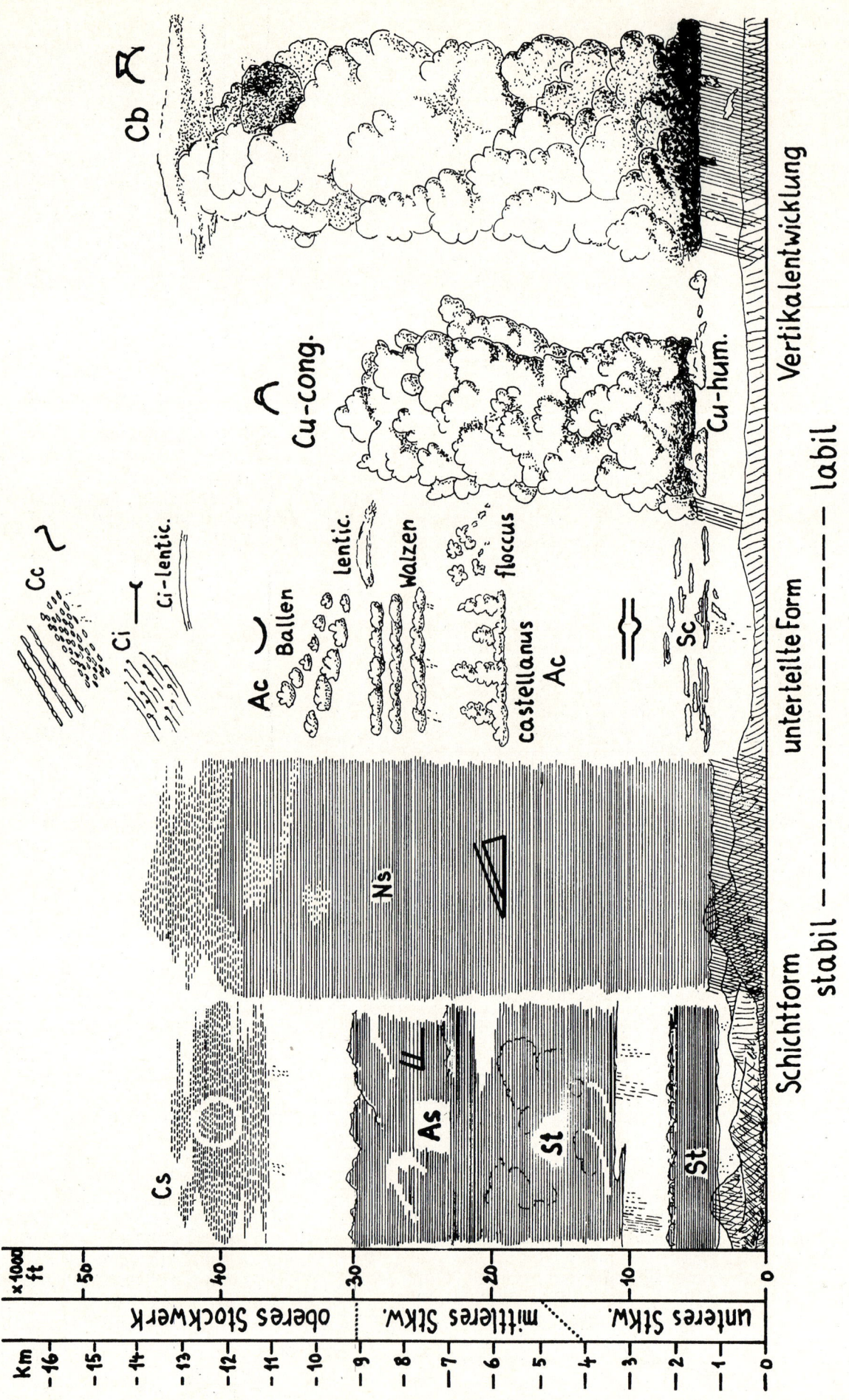

178.1 Zusammenstellung der Wolkengruppen

Bestandteile: Wassertröpfchen, manchmal auch Regentropfen oder Reifgraupeln. Seltener auch Schneekristalle und Schneeflocken.

Besonderes: Einzelwolken, manchmal in parallelen Walzen oder in zwei Richtungen angeordnet. Lichtdurchlässigkeit wechselnd, manchmal Sonnenstellung erkennbar.

Arten:

8) Stratus (St)

Aussehen: Durchgehend graue Wolkenschicht mit einförmiger Untergrenze, aus der Sprühregen, Eisprismen oder Schneegriesel fallen können. Ist die Sonne hindurch sichtbar, sind ihre Umrisse klar zu erkennen. Kommt auch als zerfetzte Schwaden vor.

Bestandteile: Wassertröpchen, bei niedriger Temperatur auch Eisteilchen.

Besonderes: Stratus liegt mit seiner Untergrenze oft so tief, daß die obersten Teile niedriger Hügel eintauchen. Überdeckt im Winter das ganze Land tagelang als Hochnebel, bildet sich meist bei Windstille oder schwachem Wind und bei tiefliegender Inversion. Hat meist eine strukturlose, einförmigere Unterseite als der Nimbostratus, der in der Regel bei mäßigem bis starkem Wind vorkommt.

9) Cumulus (Cu)

Aussehen: Als Hügel, Kuppeln oder Türme aufquellende, isolierte, scharf begrenzte Wolken, die bei Sonnenschein schneeweiß und im oberen Teil wie ein Blumenkohl aussehen. An der Untergrenze sind sie flach und dunkel.

Bestandteile: Wassertröpfchen oberhalb der Nullgradgrenze unterkühlte Tröpfchen und Eiskristalle.

Besonderes: Es gibt oft gleichzeitig verschiedene Arten.

Arten: Cumulus humilis (Schönwettercumulus, abgeflacht);
Cumulus mediocris (mäßige vertikale Ausdehnung mit emporschießenden Teilen);
Cumulus congestus (große Cumuli bei großer vertikaler Ausdehnung. Hohe, blumenkohlartige Quellungen. Die scharfen Umrisse verändern sich rasch, ist manchmal das Vorstadium zu einem Cumulonimbus. Kann als einzige Cumulus-Art Niederschlag erzeugen.

10) Cumulonimbus (Cb)

Aussehen: Massige und dichte Wolke mit großer vertikaler Ausdehung. Form eines mächtigen Turmes oder Berges. Der obere Wolkenabschnitt ist glatt, faserig oder streifig, und oft abgeflacht. Dieser Teil breitet sich vielfach amboßförmig oder wie ein großer Federbusch aus. Unterteil sehr dunkel, manchmal mit Wolkenfetzen.

Bestandteile: Wassertröpchen, oberhalb der Nullgradgrenze unterkühlte Tröpfchen, im oberen Abschnitt Eiskristalle. Große Regentropfen, oft auch Schneeflocken, Reifgraupeln, Eis- und Hagelkörner. Regentropfen können stark unterkühlt sein.

Besonderes: Cb können einzeln oder in zusammenhängenden Wolkenreihen auftreten, die wie eine riesige Mauer aussehen. Im Inneren heftige Gewitter.

| Symbol | Art | Abkürzung |
|---|---|---|
| | Cirrus | ci |
| | Cirrocumulus | cc |
| | Cirrostratus | cs |
| | Altocumulus | ac |
| | Altostratus | as |
| | Nimbostratus | ns |
| | Stratocumulus | sc |
| | Stratus | st |
| | Cumulus | cu |
| | Cumulonimbus | cb |

179.1 Die Wolkensymbole

Die wichtigsten Wolkensymbole sind in Bild 179.1 dargestellt.

Der Wetterschlüssel kennt 30 Arten dieser Symbole.

### 3.4.3.6 Berechnung der Wolkenuntergrenze

Entstehen Cumuluswolken bei ungehinderter Sonneneinstrahlung, dann kann man die Untergrenze schon am Aufstiegsort der Wolkenluft mit folgender Faustformel errechnen:

$$h\ (ft) = (t - t_d) \cdot 400 \qquad h\ (m) = (t - t_d) \cdot 122$$

t = Temperatur am Boden (Aufstiegsort),
td = Taupunkttemperatur,
$(t - t_d)$ = Taupunktdifferenz ( = spread),
h = Höhe der Untergrenze.

Beispiel: Temperatur am Boden = 20°C = t
Taupunkt = 14°C = $t_d$

(t - td) = 20 - 14 = 6°C
h = 6 · 400 = 2 400 ft
h = 6 · 122 = 732 m

### 3.4.4 Niederschläge (Hydrometeore)

### 3.4.4.1 Niederschlagsformen

Alle Niederschläge werden mit „Hydrometeore" bezeichnet (griech.: hydro = Wasser betreffend, meteora = in der Luft schwebend).

Bei den Hydrometeoren handelt es sich jeweils um eine Ansammlung flüssiger oder gefrorener Wasserteilchen, die innerhalb der Atmosphäre fallend oder schwebend vorhanden sind und am Erdboden sowie an Gegenständen in der Luft abgelagert werden.

Für alle Vorgänge in der Natur, bei denen Wasser aus der Luft ausgeschieden wird, ist Voraussetzung, daß die Lufttemperatur unter den Taupunkt absinkt. Diese Temperaturerniedrigung der Luft kann 4 verschiedene Ursachen haben:

1) Adiabatische Abkühlung beim Steigen in größere Höhen,
2) Vermischung mit kälterer Luft,
3) Ausstrahlung (nachts),
4) Berührung mit kalten Körpern.

#### Der Tau (engl.: dew)

Die Luft selber hat den Taupunkt noch nicht erreicht, wenn sie aber an kühlen Gegenständen vorbeistreicht, deren Temperatur unter der des Taupunktes der Luft liegt, dann kondensiert der Wasserdampf der Luft an den kalten Oberflächen von z. B. Gräsern, Bäumen, Autos, Flugzeugen, Fensterscheiben usw. aus.

#### Der Reif (engl.: frost)

Haben sich Gegenstände, über die die Luft streicht, unter den Gefrierpunkt abgekühlt, und liegt ihre Temperatur unter dem Taupunkt (negativ) bzw. Sublimationspunkt der Luft, dann geht der Wasserdampf der Luft direkt in Eis über und lagert sich an den Gegenständen in Form von Schuppen, Nadeln und Federn ab.

Niederschläge in der freien Atmosphäre

Die Niederschläge in der freien Atmosphäre können ebenfalls in fester oder in flüssiger Form gebildet werden.

Der Dampfdruck über Wasser (unterkühltes) ist größer als der Dampfdruck über Eis von gleicher Temperatur, , weshalb flüssige Wolkenelemente früher verdunsten als eisförmige Wolkenelemente,denn in der Wolkenluft herrscht für die Eisteilchen bereits starke Übersättigung, während für die unterkühlten Wassertröpfchen der Sättigungswert noch nicht oder knapp erreicht ist.

Die Wassertröpfchen verdunsten und der entstehende Wasserdampf kondensiert direkt an den Eisteilchen der Wolke; er lagert sich an ihnen an, so daß die Eiskristalle immer mehr auf Kosten der Wassertröpfchen wachsen. Schließlich werden die Eisteile so schwer, daß sie nicht mehr in Schwebe gehalten werden können und absinken. Tiefer unten schmelzen sie zu Regentropfen.

*Mit Ausnahme von Sprühregen erfolgt die Niederschlagsbildung immer über die Eisphase, wie oben beschrieben. Denn bei gleichzeitiger Existenz von unterkühlten Wassertröpfchen und Eisteilchen wachsen die Eisteilchen rasch auf Kosten der Wassertröpfchen, wodurch sie schnell schwerer werden und ausfallen.*

In Wolken, deren Temperatur nur über dem Gefrierpunkt liegt, fallen Wassertröpfchen, die der Auftrieb nicht mehr in Schwebe halten kann, durch die Wolke. Sie vereinigen sich mit Wassertröpfchen, die noch in Schwebe sind und werden dabei größer. Sie erreichen aber nie die Tröpfchengröße, wie bei der Tropfenbildung über die Eisphase. Sie bilden nur sehr kleine Regentropfen, die als Sprühregen fallen.

### 3.4.4.2 Niederschlagsarten

#### Fallstreifen (curtain)

Niederschläge können ganz bis auf die Erde fallen und sie können unterwegs verdunsten. Im letzteren Fall spricht man von Fallstreifen. (Virga-Bildung).

#### Schauer und gleichmäßige Niederschläge (shower and persistent rain)

Niederschläge können gleichmäßig oder in Form von Schauern auftreten. Die Schauer setzen plötzlich ein und hören plötzlich auf (Platzregen). Die Niederschlagsteilchen (flüssig oder fest) sind größer als bei kontinuierlichen Niederschlägen (Landregen).
Die Schauer entstehen in Konvektionswolken (Cumulonimbus, selten in Cumulus).
Der gleichförmige Niederschlag entsteht in Schichtwolken (Altostratus und Nimbostratus).

#### Regen (rain)

Niederschlag aus Wolken mit Eiskristallen und flüssigen Wasserelementen. Wasserdampf sublimiert an Eisteilchen in Form von Eisspießen. Es entsteht ein Schneesternchen, das sich mit anderen zur Schneeflocke verbindet.
(Nimbostratus, Cumulonimbus). In Schichten über 0°C schmilzt die Flocke und fällt als Regentropfen zur Erde. Maximaler Regentropfendurchmesser 5 mm. Fallgeschwindigkeit bis 8 m/s.
Staub, Sand- oder sonstige Teilchen, die von der Erde aufgewirbelt wurden und in der Luft enthalten sind, können mit dem Regen ausgewaschen und über große Entfernungen transportiert werden (Saharastaub-Regen, farbiger Schnee).

#### Sprühregen oder „Nieseln" (drizzle)

Feiner gleichmäßiger Niederschlag. Besteht aus Tröpfchen, die weniger als 1/2 mm Durchmesser haben. Die Tröpfchen scheinen manchmal in der Luft zu schweben, so daß sie jede Luftbewegung mitmachen; Fallgeschwindigkeit nur wenige cm/s. (Entstehung wie oben beschrieben.)
Sprühregen fällt aus verhältnismäßig mächtiger Stratusschicht (500 m Vertikalerstreckung) mit tiefliegender Untergrenze. Dichter Sprühregen kann Niederschlagsmengen bis 1 mm/h bringen, besonders an Küsten und im Gebirge.

#### Gefrierender Regen (freezing rain)

Wenn über dem Erdboden eine Kaltluftschicht mit negativen Temperaturen liegt und die Regentropfen sich beim Durchfallen dieser Schicht selbst auf unter 0°C abkühlen, gefrieren sie in der Regel nicht, sondern sind nur unterkühlt. Im Augenblick des Auftreffens auf einen Gegenstand (Boden, Flugzeug), gefriert das Wasser unmittelbar und der Gegenstand wird mit einer sehr festen anhaftenden Glatteisschicht überzogen.

## Eisnadeln (Polarschnee) (polar snow)

Niederschlag von nicht verzweigten Eiskristallen in Form von Nadeln, Säulen oder Plättchen, die oft so klein sind, daß sie in der Luft zu schweben scheinen. Diese Eiskristalle können aus einer Wolke oder auch bei wolkenlosem Himmel fallen.

Dieser Hydrometeor ist in Polarzonen häufig. In gemäßigten Zonen bei Temperaturen unter −15°C, an klaren Wintertagen, besonders in der Auflösungsphase eines Eisnebels.

## Grieselschnee (snow grains)

Kleine, weiße, undurchsichtige Eiskörnchen, die abgeplattet oder länglich sind. Durchmesser unter 1 mm. Sie springen, wenn wie auf einen harten Boden fallen, nicht hoch.

Der Grieselschnee fällt in kleinen Mengen, meist aus Stratus oder Nebel, nie in Schauerform. Sie entstehen beim Zusammenprallen von unterkühlten Wassertröpfchen oder von Wassertröpfchen und Eiskristallen.

## Eiskörner (ice pellets)

Durchscheinende oder durchsichtige Eiskügelchen mit Durchmessern wie Regentropfen (bis 5 mm). Diese Körner springen beim Auftreten auf eine harte Unterlage elastisch zurück, wobei ein deutliches Rauschen zu hören ist. Gefrorene Regentropfen oder fast geschmolzene und wiedergefrorene Schneeflocken (Durchfallen warmer, auftauender Luftschichten und dann kalter Luftschichten unter 0°C).

## Graupel (snow pellets, früher „soft hail" genannt)

Weiße, undurchsichtige Eiskörnchen, die kugel- oder kegelförmig sind mit Durchmessern von 2 bis 5 mm. Die Körnchen sind zerbrechlich und leicht zerdrückbar. Auf harten Boden auffallend, springen sie und zerbrechen.

## Reifgraupel (ice pellets)

Fallen bei Bodentemperaturen von etwa 0°C in Schauerform, mit Regen vermischt oder mit Schneeflocken. Entstehung aus Schneesternchen, an die unterkühlte Tröpfchen angefroren sind (Vergraupelung), meist in Cumulonimbus.

## Hagel (hail)

Eiskugeln oder Eisstücke mit Durchmessern von 5 bis 50 mm, oder bisweilen auch mehr, die entweder in einzelnen Stücken oder in unregelmäßig zusammengewachsenen Klumpen herabfallen, die wenige Gramm bis zu einem Kilogramm schwer werden können.

Hagelkörner können aus ganz klarem Eis bestehen oder aus klaren und trüben Schichten gemischt sein.

Entstehung im Cumulonimbus, wenn Graupelkörner in starken Aufwind geraten und längere Zeit in unterkühltem Wasserbereich verweilen. Dadurch entsteht ein glasiger Überzug.

## Schnee (snow)

Niederschlag aus Eiskristallen, meist sternförmig verzweigt, die aber selten in Form einfacher Kristalle fallen, sondern in Gestalt vieler verhakter Sternchen auftreten und so die Schneeflocken bilden. Je dichter die Temperatur an 0° C liegt, umso größer werden die Flocken.

Die wichtigsten Symbole für den Witterungscharakter sind in Bild 181.1 dargestellt. Der Wetterschlüssel kennt 100 Arten davon.

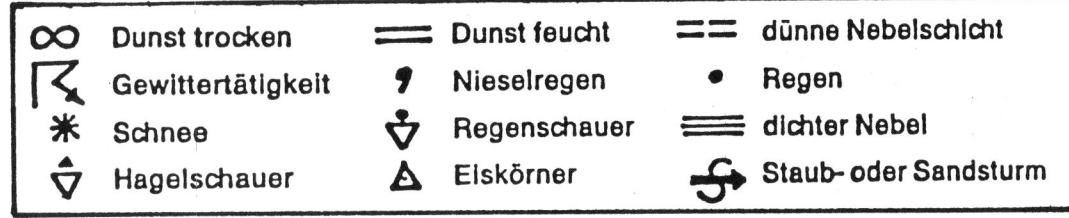

181.1 Symbole für den Witterungscharakter

Eine Zusammenstellung der Niederschlagsarten und der sie erzeugenden Wolken gibt untenstehende Tabelle:

| Niederschlagsart: | Wolkengattungen | | | | | |
|---|---|---|---|---|---|---|
| | As | Ns | Sc | St | Cu | Cb |
| Regen | X | X | (X) | | (X) | X |
| Sprühregen | | X | | X | | |
| Schnee | X | X | (X) | (X) | (X) | X |
| Graupeln | | | (X) | | X | X |
| Grieselschnee | | | | X | | |
| Eiskörner | X | X | | | | |
| Hagel | | | | | | X |
| Eisnadeln | | | | X | | |

181.2 Wolken und Niederschlag    Schauer

(Wenn X in Klammern gestezt, bedeutet es, daß Niederschlag möglich, aber selten ist.)

### 3.4.4.3 Auswirkung des Niederschlages auf die Flugdurchführung

**Gefrierender Regen**

Flüge vermeiden! Die Haube des Segelflugzeuges vereist sofort, so daß kaum Sicht nach außen mehr besteht. Das Segelflugzeug wird rasch schwerer und die Aerodynamik (Auftrieb und Widerstand) verschlechtert sich innerhalb weniger Minuten erheblich.

**Schnee**

Schnee nahe an der Nullgradgrenze ist Pappschnee und setzt sich leicht an hindurchfliegenden Segelflugzeugen fest. Es hat dieselbe Wirkung wie unterkühlter Regen.

### 3.4.5 Luftfahrtzeugvereisung (aircraft icing)

#### 3.4.5.1 Ursachen der Vereisung

*Begriffsbestimmung*

Unter Vereisung versteht man den Eisansatz an Teilen des Flugzeuges. Die Vereisung kann sowohl am Boden, als auch an einem im Fluge befindlichen Segelflugzeug erfolgen.
Damit am Segelflugzeug Eis ansetzen kann, muß dieses mit Wassertröpfchen in Berührung kommen, und zwar bei einer Temperatur von unter Null Grad.

*Entstehung des Eisansatzes*

Wie bereits erwähnt, kann Wasser in Wolken bis zu sehr tiefen Temperaturen in unterkühltem Zustand vorhanden sein. Besonders häufig treten unterkühlte Wassertröpfchen zwischen Null und –15°C in Wolken auf. Bei noch niedrigeren Temperaturen verwandeln sich die flüssigen Wolkenelemente rasch in Eisteilchen.
Schlagen unterkühlte Wassertröpfchen an einem Segelflugzeug auf, dann tritt schlagartig Eisansatz auf. Eisansatz tritt daher meist an Flugzeugteilen auf, die dem frontalen Zusammenstoß mit den Wassertröpfchen ausgesetzt sind: Rumpfnase, Frontscheibe der Haube, Nasenflächen der Flügel, Steuerflächen usw.

*Das Aussehen und die Beschaffenheit des Eises* hängt ab von:

1) Art der durchflogenen Wolke,
2) Größe und Dichte der in ihr vorhandenen Wassertropfen,
3) Temperatur.

*Die Geschwindigkeit der Eisbildung* und die Haftfähigkeit der Eisschicht am Segelflugzeug hängt ab von:

1) Obeflächenglätte des Flugzeuges,
2) Dichte der Wassertropfen (Anzahl je Kubikzentimeter),
3) Größe der unterkühltenWassertropfen
4) Geschwindigkeit des Flugzeuges,
5) Temperatur der Flugzeugflächen.

#### 3.4.5.2 Arten der Vereisung (Bild 182.1)

Der Eisansatz hat entsprechend dem Gefrierverlauf verschiedenes Aussehen und unterschiedliche Festigkeit:

*Klareis (oder Glatteis) (clear-ice)*

Entsteht, wenn das Flugzeug durch schwach unterkühlte Wolken (Temperatur häufig zwischen 0° und –4° C) oder bei gefrierendem Regen fliegt.
Beim Erstarrungsvorgang wird viel Wärme frei, die das endgültige Gefrieren verzögert. Die noch flüssigen Teile der Tropfen werden vom Fahrtwind mit nach hinten gerissen, bevor auch diese anfrieren.
Es bildet sich eine durchsichtige (Klareis) und glatte (Glatteis) Eisschicht, die gut haftet und nur wenig gewellt ist; schmiegt sich dem Profil gut an. Die Schichtdicke nimmt nach hinten allmählich ab. Unangenehm ist vor allem die rasche Gewichtserhöhung des Flugzeuges durch das Eisgewicht.

*Rauheis (rime ice)*

Entsteht beim Flug durch stark unterkühlte Wolken mit kleinen Wolkentröpfchen bei Temperaturen meist unter –5° C, häufig unter –10° C.
Die kleinen Tröpfchen enthalten nur unbedeutende Gefrierwärme, so daß sie sofort beim Aufprall anfrieren und ihre Kugelgestalt behalten. Zwischen den Eiskügelchen bleiben kleine Lufteinschlüsse, so daß das Ganze weiß aussieht. Es können sich unerwünschte Auswüchse von beträchtlicher Größe entwickeln, die die Profilströmung sehr stören.
Rauheis läßt sich jedoch verhältnismäßig leicht entfernen.

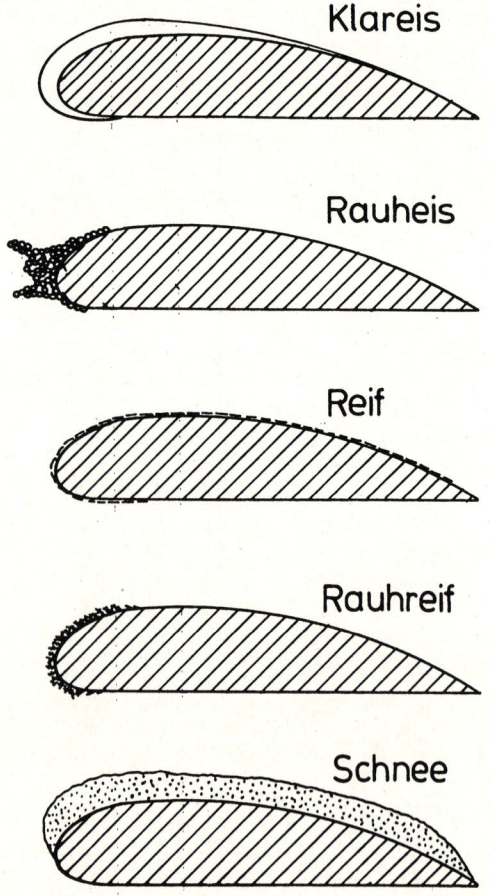

*182.1 Arten der Vereisung*

### Reif (frost)

Reif ist eine Bodenvereisung an abgestellten Flugzeugen. Er tritt in klaren Nächten auf, wenn sich die Luft an der Oberfläche des Flugzeuges auf einen negativen Taupunkt abkühlt, und bildet eine dünne, kristalline Schicht. Diese läßt sich mechanisch (abkratzen) nur schwer entfernen.

Bei Sonnenbestrahlung schmilzt der Belag rasch ab. Wenn dies nur auf einer Seite geschieht, kann es beim Start zum Abreißen der Strömung auf einer Seite kommen.

### Rauhreif (hoar frost)

Diese Vereisungsart tritt auf, wenn ein Luftfahrzeug aus großer Höhe mit einer stark unterkühlten Außenhaut in wärmere und gleichzeitig feuchte Luftmassen einfliegt. Der in der wärmeren Luft enthaltene Wasserdampf schlägt sich an der kalten Luftfahrzeugoberfläche durch Sublimation nieder.

Der Rauhreif hat eine lockere, kristalline Struktur, ist milchig weiß und setzt sich vor allem an den Staupunkten der Profile und an den Cockpitscheiben fest. Er haftet schlecht und ist auch meist nicht sehr dick, deshalb weniger gefährlich. Der Reifbeschlag an der Haube kann zu einer vorübergehenden Sichtbehinderung führen.

### Vereisung durch gefrierenden Regen (icing by freezing rain)

Diese gefährliche Vereisung entsteht dadurch, daß aus einer oberen Warmluftschicht mit Temperaturen über 0° C Regen in eine untere Kaltluftschicht fällt, wo die Regentropfen nicht gefrieren, sondern unterkühlt werden. Trifft dieser unterkühlte Regen nun auf ein Flugzeug, so kann der Regen am Luftfahrzeug schlagartig gefrieren und dieses in kurzer Zeit mit einem dicken Klareispanzer überziehen, ähnlich wie Regen, der auf gefrorenen Boden fällt, dort blitzschnell zu gefährlichem Glatteis führt.

### Pappschnee (pack snow)

Auf abgestellte Segelflugzeuge gefallener Pappschnee muß sofort entfernt werden, weil der Schnee teilweise schmilzt und als Wasser in die Steuergelenke dringt, wo es beim Flug im Bereich von negativen Temperaturen wieder friert und zu ernsthaften Gefährdungen führen kann.

Während eines Fluges im Schneetreiben um Null Grad pappt der nasse Schnee an den Stirnkanten und verändert das Profil.

### 3.4.5.3 Einfluß der Temperatur auf die Vereisung

Da durch den Gefrierprozeß Wärme frei wird (80 Kalorien je Gramm Wasser), wird die Kristallisation des Wassers verzögert. Je tiefer aber die Temperatur sinkt (Temperatur der Luft oder des Flugzeuges), desto rascher wird auch die Vereisung stattfinden. Jedes Eiskristall, das beim Auftreffen eines Wassertropfens auf das Flugzeug entsteht, hat durch die Gefrierverzögerung die Möglichkeit, sich mit benachbarten Kristallen zu verbinden, ehe es fest ist, wodurch der gefährliche, festsitzende Glatteisansatz erfolgt.

Je größer die Wassertropfen sind und je näher sie beieinander liegen (Tropfendichte), desto leichter wird so eine Verbindung stattfinden und das entstandene Eis wird eine starke, kompakte Schicht bilden.

Je tiefer die Temperatur liegt, desto seltener ist die Möglichkeit, solche Verbindungen einzugehen. Die Möglichkeit wird auch geringer, je kleiner die Tropfen und je weiter sie voneinander entfernt sind. Die Vereisung ist nicht kompakt, aber zerbrechlich.

Vereisung zwischen 0° und –8°C ist deshalb gefährlich.

Vereisung unter –15° C wird immer unwahrscheinlicher. Vereisungwahrscheinlichkeit sinkt unter 3%. Der Eisansatz ist brüchig und hat nur noch die Festigkeit von Schnee.

### 3.4.5.4 Einfluß der Wolkengattung auf die Vereisung

#### Cumuluswolken

Bei dieser Wolkengattung können gefährliche Vereisungsarten vorkommen. Cumuluswolken enthalten sehr große Tropfen wegen der aufsteigenden Luftströme. Durch diese kommt es zu kräftiger Kondensation mit hohem Wassergehalt der Wolkenluft.

Mit den starken Aufwinden werden verhältnismäßig große und zahlreiche Tröpfchen emporgerissen. Überschreitet dieser Vorgang die Nullgradgrenze, so enthalten die zentralen Partien der Wolke erhebliche Mengen unterkühlten Wassers.

Bei Altocumulus-Wolken ist die Vereisung meist nur leicht, da der Wassergehalt dieser Wolken nicht groß und die Dicke der Wolkenschicht gering ist.

Innerhalb von Wolken, in denen Aufwinde auftreten, ist die Vereisung stärker als in anderen Wolken. Auch den Einfluß von Bodenerhebung auf den Aufwind muß man immer in Betracht ziehen, wie z. B. bei Staubewölkung vor Gebirgen, die durch erzwungene Hebung weit über die Nullgradgrenze steigt.

*Cumulonimbus* ist wohl die gefährlichste Wolke in bezug auf Vereisung. Allerdings tritt die stärkste Vereisung im Cumulus congestus kurz vor der Umwandlung zum Cb auf. Der Grund ist, daß in diesem Entwicklungsstadium des Cb bei Temperaturen bis zu –14° C Wassertröpfchen überwiegen, während im Reifestadium des Cb bereits ein beträchtlicher Teil der Tröpfchen sich in die feste Phase umgewandelt hat. Trotzdem kann auch in einem älteren Cb schwere Vereisung auftreten, wenn, wie es häufig geschieht, von unten neue Cu in den Cb hineinwachsen. Im alternden Cb findet man die Vereisung wegen der nachlassenden Vertikalbewegungen hauptsächlich in der Nähe der Nullgradgrenze.

Für die Vereisungsgefahr während des Fluges ist neben der Tropfengröße auch die relative Fluggeschwindigkeit ausschlaggebend.

Kleine Wassertropfen neigen dazu, dem Luftstrom zu folgen, wie z. B. unmittelbar vor dem Auftreffen auf die Profilnase, wo eine Ablenkung der Stromlinien zur Ober- und Unterseite des Profils erfolgt. Größere Tropfen widerstehen dieser Ablenkung durch den Luftstrom und behalten durch ihre größere Masse die alte Richtung bei, wodurch sie gegen die Flugzeugoberfläche prallen und dort anfrieren. Dadurch wächst die Vereisungsgefahr etwa mit dem Quadrat der Fluggeschwindigkeit, bei Geschwindigkeiten, wie sie bei Segelflugzeugen vorkommen. Bei ganz hohen Geschwindigkeiten (über 400 kts) nimmt die

Vereisungsgefahr wegen der Temperaturerhöhung am Staupunkt wieder ab.

*Stratuswolken*

Die Vereisungsintensität in Schichtwolken ist meist geringer als in Quellwolken.

In den Schichtwolken kommt unterkühltes Wasser im tiefen Niveau nur im Winter vor. Im mittleren und oberen Stockwerk bestehen diese Wolken fast vollständig aus Eiskristallen und können deshalb keine Vereisung herbeiführen.

### 3.4.6 Gewitter

#### 3.4.6.1 Bedingungen für die Gewitterbildung

Für das Entstehen einer Gewitterwolke (Cumulonimbus) sind folgende Hauptbedingungen nötig:

1) *Labile Luftschichtung Bild 184.1)*

Es muß eine hochreichend labile Luftschichtung bestehen, wobei ungefähr bis zu einer Höhe von 3000 m oberhalb der Nullgradgrenze noch labile Verhältnisse herrschen müssen, damit die Obergrenze (top) der Cumulus-Wolke mindestens eine Temperatur von −20° C erreicht.

sie dazu relativ feucht, dann bilden sich in ihr meist noch keine hochreichenden Quellungen, weil der Auslösungsimpuls fehlt. Im Bereich einer sich nicht abschwächenden Front findet immer Hebung der Luft aus dynamischen Gründen statt. (Konvergenz am Boden [Windsprung] und Divergenz in der Höhe [Strahlstrom]). Diese Hebung kann ausreichen, um bei obigen Bedingungen hochreichende Quellungen mit Gewittern auslösen.

d) *Kaltluftzufuhr in der Höhe*

Findet Kaltluftzufuhr (Kaltluftadvektion) in der Höhe statt (der Wind dreht mit zunehmender Höhe zurück (nach links), dann wird die Luftmasse zunehmend stabilisiert. Dies ist der Fall, wenn sich ein Höhentrog (Gebiet höhenkalter Luft) annähert. Die Labilisierung erfolgt von der Höhe her, was sich morgens häufig durch Auftreten von Altocumulus castellanus ankündigt. Bei weiter fortschreitender Labilisierung und zunehmender Tageserwärmung am Boden entwickeln sich dann am Nachmittag häufig Gewitter.

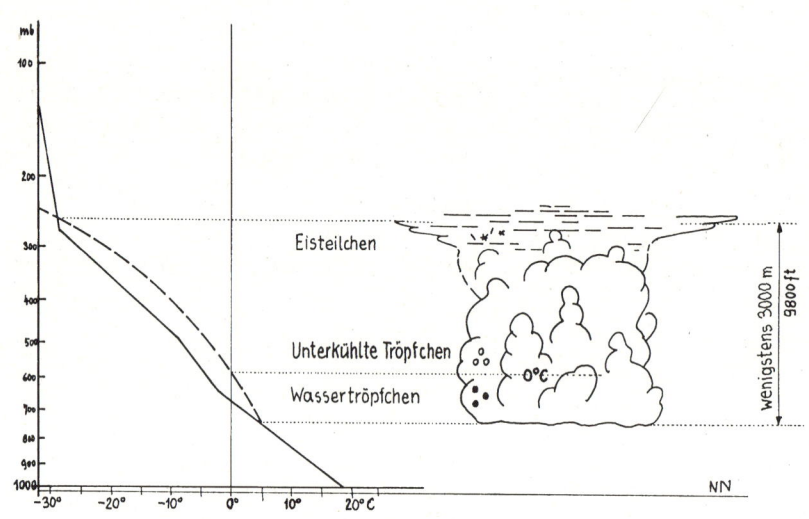

184.1 Bedingungen für die Gewitterbildung

2) *Große Luftfeuchtigkeit,* d. h. die bodennahe Luft muß relativ hohe Taupunkte aufweisen bzw. die Luft, in die die Cumuluswolken wachsen, muß feucht sein (einen kleinen Spread besitzen).

3) *Auslösung der hochreichenden vertikalen Umlagerungen der Luft*

a) *Sonneneinstrahlung über Land*

dadurch starke Erhitzung der bodennahen Luftschichten (Wärmegewitter).

b) *Orographisch erzwungene Hebung*

Erzwungene Hebung der Luft im Luv eines Berges.

c) *Frontale Lufthebung*

Hat eine Luftmasse eine indifferente Schichtung (trocken- wie feuchtadiabatisch) und ist

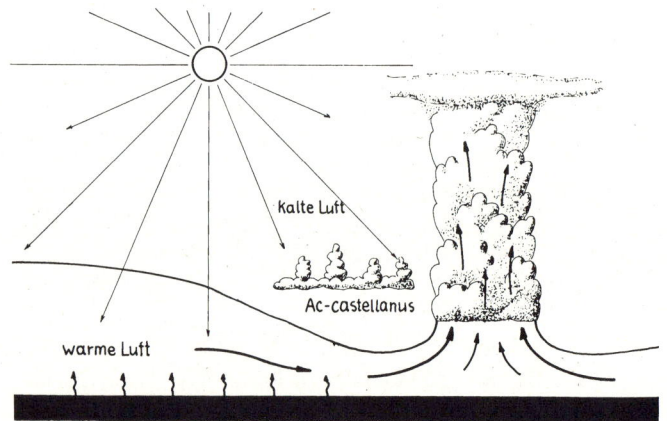

184.2 Auslösung durch Kaltluft in der Höhe und Warmluft am Boden

### e) Erwärmung am Boden

Starke Erwärmung (Überhitzung) am Boden durch ungestörte Einstrahlung bei schwachen Winden (wodurch eine allzu schnelle Ablösung der Warmluftblasen vom Boden vermieden und eine Überhitzung möglich wird) hat ebenfalls eine Labilisierung der Luft zur Folge. Bei ausreichender Luftfeuchtigkeit können sich dann am Nachmittag, zur Zeit der stärksten Erwärmung isolierte Wärmegewitter bilden.

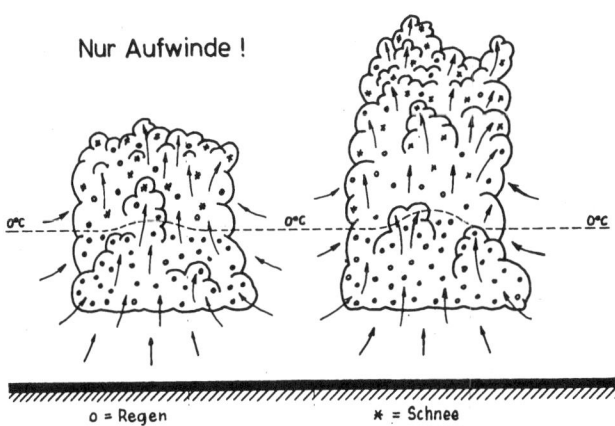

185.1 Aufbaustadium der Gewitterwolke

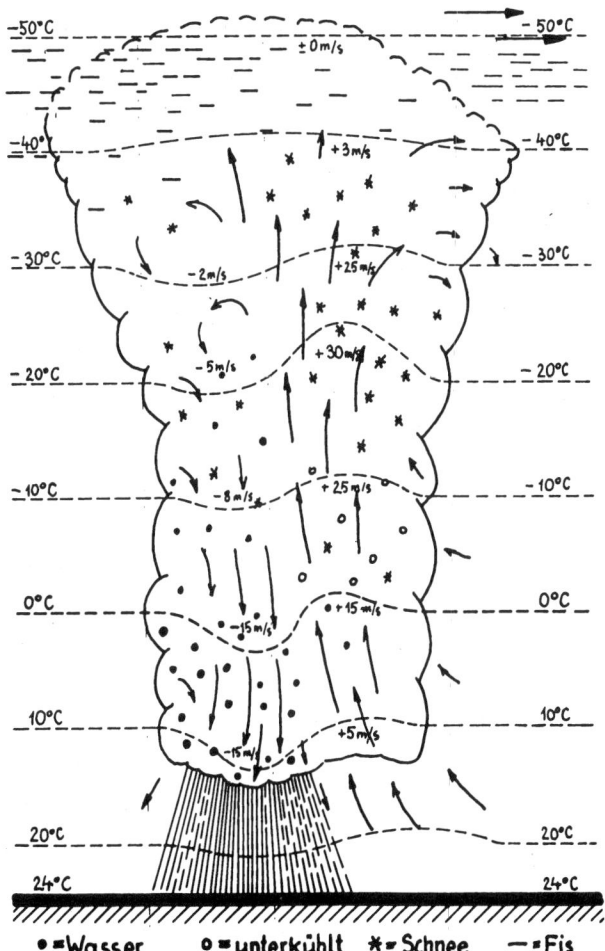

185.2 Struktur der Gewitterwolke

### 3.4.6.2 Entstehung von Gewittern

*Entwicklung einer Gewitterzelle*

*1) Aufbaustadium (Bild 185.1)*

Starke Thermik führt zur Bildung immer mächtigerer und umfangreicher werdenden Quellwolken (Cumulus). Die oberen Teile der Wolke haben viele Quellkuppen dicht beieinanderliegend (blumenkohlartig, cumulus congestus).
Im Aufbaustadium der Wolke herrschen in ihrem Inneren nur Aufwinde, die in der Mitte der Wolke am stärksten sind. Die Aufwindgeschwindigkeiten schwanken in Mitteleuropa zwischen 10 und 30 m/s.

*2) Reifestadium (Bild 185.2)*

Am Ende dieser Entwicklung stehen schließlich Wolkenmassive von mehreren km Mächtigkeit und Durchmesser.
Der Gipfel der Wolke erreicht bald die Tropopause (im Sommer 11 bis 14 km). Da hier Temperaturen von −50° bis −65°C herrschen, ist der obere Teil der Gewitterwolke eine Eiswolke. An der Tropopause breitet sie sich aus und bekommt die Form eines Pilzes, Schirmes oder Ambosses.
Im Inneren der Gewitterwolke herrschen mehrere Aufwindströme (sogenannte Aufwindschlote).

Im Bereich der Schlote wachsen die Graupel zu Hagelkörnern an. Dabei werden sie in die Höhe getragen, wobei unterkühlte Wassertröpfchen ständig am Hagelkorn anwachsen, bis es so schwer geworden ist, daß der Aufwind es nicht mehr tragen kann und es schließlich nach unten durchfällt. Da sich große Hagelkörner, die nicht schon auftauen, bevor sie den Boden erreichen, nur in starken Aufwindströmen halten und wachsen können, treten am Boden entsprechend der Begrenztheit der starken Aufwindschlote meist nur schmale Hagelschneisen auf.

Neben den starken Aufwinden liegen dicht die entsprechenden Abwinde. Das führt in Gewitterwolken zur starker Böigkeit und Turbulenz.
Vermutlich beginnt die Umkehrung vom Auf- zum Abwind in der Nähe der 0°-Grenze, weil dort durch das Abschmelzen der Hagelkörner der Wolke beträchtlich Wärme entzogen wird. Die dort entstehende Kaltluft beginnt abzusinken und entwickelt von dort ausgehend einen Abwindschlauch in der Wolke.
Der ausfallende Niederschlag, der die Luft mit sich reißt, bewirkt eine Zweiteilung der Cumulonimbuswolke in einen Aufwindteil (meist als Vorderseite bezeichnet) und in einen Abwindteil (engl.: up drafts und down drafts). Die dazwischenliegenden, äußerst heftigen und gefährlichen Wirbel (engl.: eddies) muß jedes Luftfahrzeug meiden.

*3) Das Gewitter (Bild 186.1)*

*Jede Schauer- und Gewitterwolke wird zusammen mit ihrem Niederschlagsgebiet durch ihre große vertikale Ausdehnung vornehmlich von der Höhenströmung weiterbewegt. Das führt wegen der mit der Höhe zunehmenden Windgeschwindigkeit zu einer Asymetrie der Lage der Auf- und Abwinde, des Niederschlages- und des Kaltluftgebietes, sowie der gesamten Wolke.*

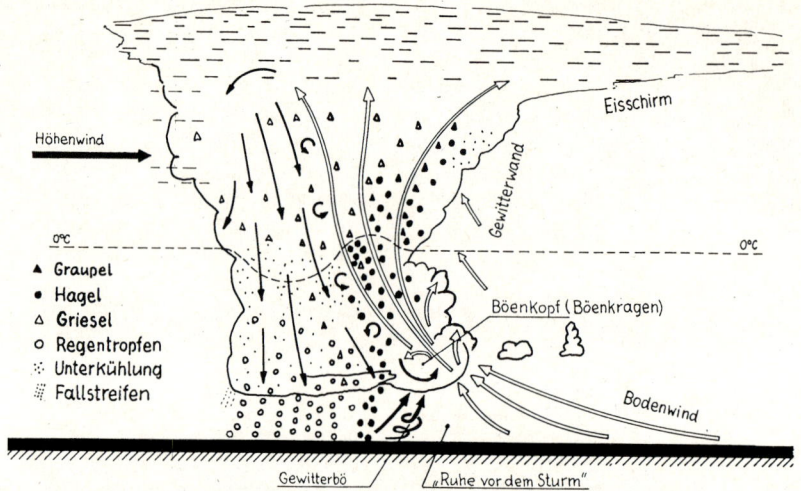

186.1 Wind und Niederschlag in der Gewitterwolke

*Auf der „Vorderseite" wird die bodenerhitzte Luft angesaugt. Der Bodenwind weht auf das Gewitter zu, so daß für einen Beobachter am Boden der Eindruck entstehen kann, das Gewitter ziehe gegen den Wind.*

Durch den Schmelzvorgang dicht unter der 0°-Grenze wird der Wolke Wärme entzogen. Die entstehende Kaltluft stürzt mit dem Niederschlag zu Boden und ist die Ursache der sogenannten „Böenwalze". Sie ist um so stärker, je kälter die herabstürzende Luft ist.

*Die erste Bewölkung vom Gewitter, die am Beobachtungsort eintrifft, ist in großer Höhe der Eisschirm. Anschließend rückt die darunter steil aufragende Gewitterwand immer näher. Von ihrem untersten Teil wälzt sich der Böenkragen mit Wolkenfetzen (Cumulus fractus) heran. Mit ihm setzten schlagartig die ersten kalten Windböen ein. An diesem Vorderrand der Gewitterwolke herrscht der stärkste Aufwind, der die Wolke ständig regeneriert.*

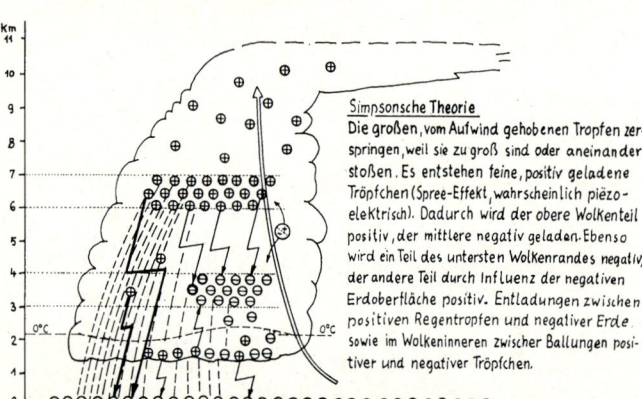

186.2 Elektrische Ladungen in der Gewitterwolke

Gleich nach Durchzug der Böenwalze setzt der erste Niederschlag ein und wird schnell kräftiger. Hier ist der Aufwind nur in den oberen Teilen der Wolke kräftig. Unten ist durch die herabstürzende Kaltluft kein Aufwind mehr. Im hinteren Bereich der Wolke ist der Aufwind auch in den oberen Teilen sehr gering, die Tröpfchen werden so klein, daß sie unterwegs verdunsten und nur aus dem Eisschirm „Fallstreifen" herabhängen.

Schließlich zieht auch der hintere Eisschirmrand ab und die Sonne scheint wieder.

Das Entstehen der Gewitterelektrizität

(Blitz als Entladung) ist gegenwärtig noch ziemlich ungeklärt.

Die häufig auftretende elektrische Ladungsverteilung (positiv und negativ) ist schematisch in Bild 186.2 dargestellt.
Die Erdoberfläche ist negativ geladen. In 3 bis 4 km Höhe (oberhalb der 0°-Grenze) ist auch in der Wolke eine starke negative Ladung, in 6 bis 7 km Höhe dagegen eine starke positive Ladung. Die Wolkenunterseite ist (durch Influenz) positiv geladen. Blitze innerhalb der Wolke sind bedeutend stärker als solche zwischen Wolken und Erde.

Auflösungsstadium (Bild 186.2)

Das Stadium der Auflösung ist erreicht, sobald die Abwindzone sich über die ganze Wolke ausgedehnt hat. Die anfänglich heftigen Schauer gehen in einen leichten Dauerniederschlag über und führen zum Ausregen der Wolke.

Durch den Niederschlagausfall und die fehlende Neubildung an der Vorderseite löst sich die Wolke auf. Die Neubildung an der Vorderseite hört auf, wenn der warme Aufwind ausbleibt, z.B. an den Ufern eines breiten Flusses oder am Rand eines großen, kühlen Sees. Dies gilt aber nur für Wärmegewitter, die ihre Entstehung der Erwärmung von unten her verdanken.

Die Reste der ausgedehnten Ambosse treiben mit der Höhenströmung als dichte Cirren ab.

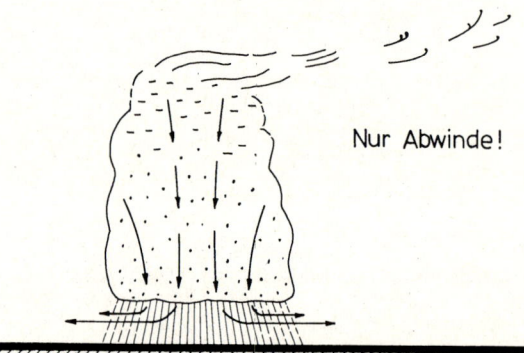

186.3 Auflösungsstadium des Gewitters

### 3.4.6.3 Einteilung der Gewitter

Die drei hauptsächlichsten Gewittertypen sind: Wärme-, Front- und orographisches Gewitter.

#### Wärmegewitter (convectional thunderstorm)

Voraussetzungen sind: geringer Druckgradient (schwacher Wind),zyklonale Krümmung der Isobaren (leichte bodennahe Konvergenz der Luft) und gleichzeitig Vorhandensein einer feuchtwarmen Luftmasse, sowie labile Schichtung.

Ein gutes Vorzeichen ist das Auftreten von alto cumulus castellanus (siehe Bild 177.1) in den frühen Morgenstunden. Bald nach Sonnenaufgang verschwinden die Castellanus-Wolken wieder, dafür entwickeln sich gegen Mittag Cumuli, die rasch in die Höhe schießen und sich bei gewittergünstigen Verhältnissen im Laufe einiger Stunden in Cumulonimben verwandeln. Es sind meist örtlich begrenzte Vorgänge. Ist viel Feuchtigkeit vorhanden, dann treten Gewitter in größerer Anzahl, oft in Reihe angeordnet, auf.

Wärmegewitter wandern ungefähr mit der Windrichtung, die in 3000 m vorherrscht. Die Bodenwinde strömen von allen Seiten in das Gewitter ein, um die erforderliche Luftmenge für den Schlot herbeizuführen.

Da Wärmegewitter durch die Strahlungserwärmung des Bodens entstehen, nimmt ihre Tätigkeit meist nach Sonnenuntergang rasch ab. In Fällen, wo sie bis in die Morgenstunden dauern, liegt das an hoher Feuchtigkeitsanreicherung in der oberen Troposphäre, wo es in der Nacht zu einer vermehrten Ausstrahlung kommt, die eine Abkühlung bewirkt und so das starke vertikale Temperaturgefälle aufrecht erhält, auch wenn unten bereits eine Abkühlung stattfindet.

#### Frontgewitter (frontal thunderstorm)

Im Sommer lösen die hohen Feuchtwerte und die Vertikalbewegung der Warmluft in Fronten in Verbindung mit der Höhenkaltluft des zugehörigen Höhentroges Gewitter aus (Bild 190.1). Besonders bei Kaltfronten ist die Vertikalgeschwindigkeit besonders groß.

Ein besonderes Kennzeichen der Kaltfrontgewitter ist die große Verlagerungsgeschwindigkeit (bis zu 100 km/h). Die Fronttiefe (quer zur Front) schwankt zwischen 20 und 200 km, während die Länge der Frontlinie mehrere 1000 km betragen kann. Manchmal treten bereits 150 bis 500 km vor der eigentlichen Kaltfront, also noch innerhalb der Warmluftmasse, Gewitter auf, die an Heftigkeit die Gewitter an der Kaltfront noch übertreffen können. Sie werden meist von einer starken Böenlinie (squall-line) begleitet.

#### Orographisches Gewitter (orographical thunderstorm)

Am Tag herrscht im Gebirge infolge der Strahlungserwärmung des Bodens dort eine deutlich höhere Temperatur als abseits vom Gebirge in der freien Atmosphäre. Dadurch entwickelt sich über einem Gebirgsstock am Tage rasch ein *starkes* vertikales Temperaturgefälle mit entsprechend großer Labilität. Bei ausreichender Feuchte werden die Aufwindschläuche an den Berghängen bald durch stark quellende Cumulus-Wolken markiert, die am Nachmittag rasch zu Gewitterwolken überentwickeln können. Da die Aufwindschläuche an das Bergrelief gebunden sind, „kleben" diese Gewitter am Gebirgsstock oder ziehen an ihm entlang.

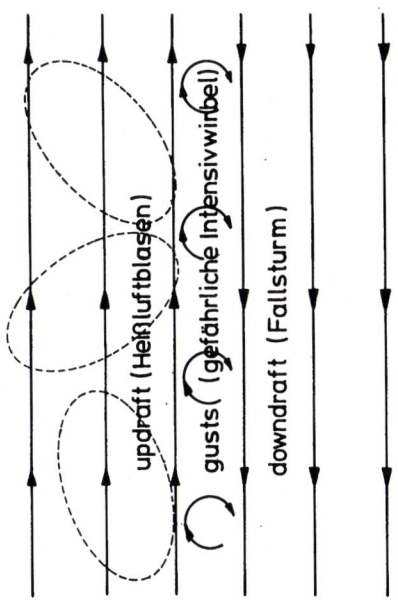

187.1 drafts und gusts

### 3.4.6.4 Gefahren bei Flügen in Gewittern

#### Turbulenz (Bild 187.1 (turbulence)

Die starke Auf- und Abwärtsbewegung der Luft in der Gewitterwolke kann beim Durchfliegen das Segelflugzeug in Sekunden um viele Meter mehrmals auf- und abwärtsreißen, was die Konstruktion des Segelflugzeuges überlasten kann. Im Grenzbereich zwischen einem starken Aufwind - und Abwindschlot (updraft-downdraft) bilden sich kleine, aber äußerst intensive Verwirbelungen der Luft (gusts).

Beim Durchfliegen erhält das Luftfahrzeug sehr starke Stöße, die es zerbrechen können. Unfälle im Gewitter führt man meist auf diese gusts zurück. Die drafts (vertikale Stürme) und die gusts (Turbulenzwirbel dazwischen) nehmen in ihrer Stärke von unten nach oben zu. Erst im obersten Teil der Wolke ist eine Abschwächung zu erwarten.

#### Hagel (hail)

Ganz allgemein sind Niederschläge in Gewittern hauptsächlich in den Abwindzonen anzutreffen. Sie führen zur Verminderung der Sichtweite (bis unter 1 km).

Besonders gefährlich ist Hagelschlag (Hagelkörner bis 5 cm, bisweilen bis 10 cm Durchmesser), der zu umfangreichen Beschädigungen bis zur totalen Zerstörung des Segelflugzeuges führen kann.

#### Blitzschlag (strake of lightening)

Luftfahrzeuge werden gelegentlich vom Blitzschlag getroffen. Metallflugzeuge wirken wie ein Faradayscher Käfig, so daß Insassen nicht direkt gefährdet werden. Dagegen können Beschädigungen der Funkanlagen eintreten, Außenantennen können abgeschmolzen werden, Instrumente fallen aus, Kompasse können ummagnetisiert werden, so daß Flugsicherungsanlagen gestört sind oder ganz ausfallen.

Die Hauptgefahr ist, daß der Pilot durch die heftige Turbulenz zusammen mit der Schockwirkung und kurzen Blendungen durch Blitze die Gewalt über das Luftfahrzeug verliert.

### Vereisung (icing)

Oberhalb der 0°-Grenze tritt meist starke Vereisung (Klareis) auf, da die starken Aufwinde große Tropfen mit sich führen. Erst in den obersten Wolkenteilen nimmt die Vereisungsgefahr ab und es überwiegt das weniger gefährliche Rauheis.

### 3.4.6.5 Wahl des Flugweges bei Gewittern

Die verschiedenen Gefahren, die in einem Gewitter auftreten, legen nahe, dem Gewitter nach Möglichkeit auszuweichen.

### 3.4.7 Dunst und Nebel (haze, fog)

#### 3.4.7.1 Atmosphärische Einflüsse auf die Sichtweite

Die Sichtweite hängt außer von der subjektiven Leistungsfähigkeit des menschlichen Auges und vom Objekt (Beleuchtung, Hintergrund, Farbe) besonders von der Trübung der Luft zwischen Beobachter und dem Objekt ab. Wenn die Luft keinerlei Verunreinigungen enthält, ist sie praktisch vollkommen durchlässig für das sichtbare Licht.

Atmosphärische Einflüsse, die die Sicht sehr stark beeinträchtigen können, sind:

---

Nebel oder Wolken, die die Sicht auf wenige Meter verringern können;
Niederschläge: Sprühregen und besonders starke Schneeschauer;
Sand oder Staub in Stürmen
Dunst: Trübung der Luft durch flüssige oder feste Partikelchen.

---

#### 3.4.7.2 Dunst und Nebel

Dunst ist eine Trübung der Atmosphäre, die von mikroskopisch kleinen, in der Luft schwebenden Teilchen hervorgerufen wird.

Man unterscheidet den trockenen Dunst (haze) (Relative Feuchte <80%), der aus festen Teilchen besteht (Staub, Rauchteilchen, Salzkristalle und dgl.), und den feuchten Dunst (mist) (Relative Feuchte >80%), der hauptsächlich aus feinen Wassertröpfchen besteht. Trockener Dunst tritt oft bei Hochdrucklagen über dem Festland in Erscheinung; seine relative Feuchtigkeit ist meist unter 60%. Er bildet einen weißlichen Schleier, der die Farbtöne der Landschaft abschwächt.

Nebel sind schwebende Wasserteilchen (manchmal auch Eiskristalle), die sich in bodennahen Luftschichten halten. Seine relative Feuchte liegt bei 100%. Der Unterschied zwischen feuchtem Dunst und Nebel ist die Sichtweite (feuchter Dunst bis 1 km, Nebel weniger als 1 km). Im Nebel hat man das Gefühl der Nässe, beim Dunst nicht. Die Farbe des Nebels ist verschieden: weißlich und bläulich, in Industriegebieten durch Verunreinigungen auch gelblich (smog).

#### 3.4.7.3 Nebelbildung

Zur *Bildung von Nebel* sind zwei Dinge unerläßlich:

1) Erreichen von 100% relativer Feuchtigkeit,
2) Anwesenheit von Kondensationskernen.

Sind die Kondensationskerne hygroskopisch (wasseranziehend), dann kann die Nebelbildung auch schon unter 100% relativer Feuchtigkeit auftreten.
Luft mit so hohem Feuchtigkeitsgehalt (Sättigungsgrad) entsteht, wenn sich die Luft bis zu ihrem Taupunkt abkühlt oder wenn Wasserdampf bis zur Sättigung zugeführt wird.
Wasserdampf wird von der Luft aufgenommen, wenn die Luft über einer verdunstenden Wasserfläche oder über einer feuchten Oberfläche liegt. Abkühlung der Luft erfolgt durch Ausstrahlung, Advektion oder Hebung.

#### Abkühlung durch Ausstrahlung

Nachts strahlt der Boden durch die langwellige Wärmestrahlung Wärme in den Weltraum aus. Da eine kompensierende Wärmezufuhr durch Sonneneinstrahlung fehlt, sinkt die Bodentemperatur. Dadurch wird die unmittelbar über dem Boden liegende Luft abgekühlt, die durch Turbulenz allmählich an Mächtigkeit gewinnt und so eine Bodeninversion bildet.

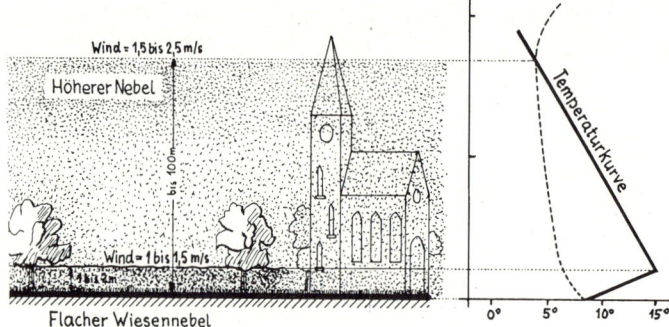

188.1 Strahlungsnebel

Bei sehr feuchter Luft genügt eine geringe Abkühlung, um Sättigung herbeizuführen. Nebelbildung erfolgt nicht sofort, weil zunächst nur die unmittelbar am Boden aufliegende Luft sich bis zum Taupunkt abkühlt und dort ihre Feuchtigkeit in Form von Tau oder Reif abgibt. Eine weitere Abkühlung bringt dann die Kondensation in der bodennahen Luft. Diese Art von Bodennebel heißt Strahlungsnebel.

Die vertikale Ausdehnung hängt von der Luftbewegung ab. Bei Windstille ist die Höhe der Nebelschicht nur 1 bis 2 m. Bei leichter Turbulenz wird die Schicht bedeutend dicker.
Bei stärkerem Wind wird die Nebelbildung erschwert, weil am Boden durch die turbulente Durchmischung ein ständiger Temperaturausgleich aus höheren Schichten erfolgt. Bei 4 bis 5 m/s Luftbewegung ist Strahlungsnebel nur noch sehr selten, dagegen erhöht sich die Wahrscheinlichkeit der Bildung eines Hochnebels, besonders über hügeligem Gelände.
Die Dicke des Strahlungsnebels ist im Sommer wegen der kurzen Ausstrahlungs- und Abkühlungszeit in der Nacht gering. Man kann, nach

oben blickend, Sterne oder den Mond meist sehen. Im Winter wächst die Schichtdicke auf 100–300 m, manchmal bis 400 m.

Bewölkung kann die Abstrahlung der Bodenwärme und damit die Nebelbildung verhindern. Sternklarer Himmel begünstigt dagegen die Ausstrahlung und damit die Bildung von Strahlungsnebel.

### Abkühlung durch Advektion

Unter Advektion versteht man die *horizontale* Verfrachtung der Luft.

Wenn warme und feuchte Luft bei ihrer Bewegung über eine kalte Oberfläche gelangt, kann Nebel entstehen, wenn sie von unten her bis zu ihrem Taupunkt abgekühlt wird (z. B. Seenebel). Diese Art von Nebel wird auch Advektionsnebel genannt.

Im Unterschied zum Strahlungsnebel, wo auch die Abkühlung der Luft von unten her erfolgt, ist die Entstehung des Seenebels nicht an geringe Windstärken gebunden.

### Abkühlung durch Hebung

Wenn Luftmassen einen Hang hinaufgleiten (erzwungene Hebung), kühlen sie sich adiabatisch ab und erreichen in einer bestimmten Höhe den Taupunkt.

189.1 Nebelauflösung durch Wind

### Wind (Bild 189.1)

Beträgt die Windgeschwindigkeit mehr als 3,5 m/s, dann wird die turbulente Durchmischung so groß, daß trockenere Luft über dem Nebel mit der Nebelluft ständig vermischt wird, bis es schließlich zur Nebelauflösung kommt.

### 3.4.7.5 Nebelarten

Strahlungsnebel: Dazu gehören der bereits besprochene Bodennebel und als abgehobener Bodennebel, der Hochnebel.
Der Strahlungsnebel ist im allgemeinen nicht sehr mächtig und wird im Laufe des Tages aufgelöst, sofern die Sonne nicht zu tief steht (Winter).

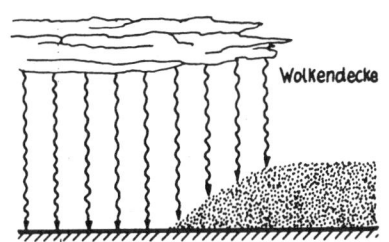

189.2 Nebelauflösung durch Sonneneinstrahlung und durch Wolken

### 3.4.7.4 Auflösung des Nebels

Nebelauflösend wirkt alles, was die Nebeltröpfchen zum Verdunsten bringt. Die hauptsächlichsten nebelauflösenden Vorgänge sind:

### Sonnenstrahlung (Bild 189.2)

Das Sonnenlicht, das vom Erdboden oder von den Nebeltröpfchen absorbiert wird, wirkt erwärmend, wodurch die Tröpfchen verdunsten können.

Ist die Nebelschicht dick, daß die Sonne nicht bis zum Boden durchdringt, löst sich der Nebel von seiner Obergrenze her auf. Dünne Nebelschichten lösen sich schneller auf, weil auch die Bodenwärme mitwirken kann.

### Wolkenaufzug (Bild 189.2)

Wolkendecken, die in der Nacht über dem Nebel aufziehen, können zum Auflösen beitragen. Denn die vom Erdboden immer ausgehende langwellige Wärmestrahlung (Ultrarotstrahlung) wird von den Wolkentröpfchen absorbiert und zur Erde zurückgestrahlt, wo sie zu einer Erwärmung und schließlich Auflösung des Nebels führen kann.

Zieht dagegen am Tage eine Wolkendecke über den Bodennebel, dann schirmt sie die Sonneneinstrahlung ab und kann die Nebelauflösung dadurch verzögern. Die von ihnen ausgehende Ultrarot-(Wärme-)strahlung ist deutlich schwächer als die Wärmeenergie durch die Sonnenstrahlung.

Advektionsnebel: Dazu gehören der See-Nebel, bei dem sich Luft von einem warmen zu einem kalten Gebiet des Ozeans verschiebt (z.B. Luft vom warmen Golfstrom fließt nach Norden und trifft auf die vom Norden kommende kalte Meeresströmung, was die berühmte Nebelbank von Neufundland ergibt.
Der Küstennebel entsteht, wenn warme Meeresluft auf das kältere Festland gelangt. (Nebel über Großbritannien und an der Westküste Europas).

Hangnebel (orographischer Nebel): (Bild 189.2)
Er entsteht, wenn feuchte Luft vor einem vom Wind angeblasenen Hang gezwungen wird, aufzusteigen. Er liegt am Hang auf.

Verdunstungs- und Mischungsnebel:
Dazu gehört der Frontnebel. Dabei fällt Regen aus wärmerer in kältere Luft. Die Tropfen verdunsten und führen der Luft Wasserdampf zu, bis sie den Taupunkt erreicht und Nebel bildet.

Mischungsnebel kann auch im Grenzbereich zweier verschieden warmer, aber sehr feuchter Luftmassen auftreten, wenn z. B. warme, sehr feuchte Luft in Bodennähe vordringt und sich mit Kaltluft mischt, die ebenso feucht ist, wobei aber jede Luftmasse für sich noch keinen Nebel hervorbringt.

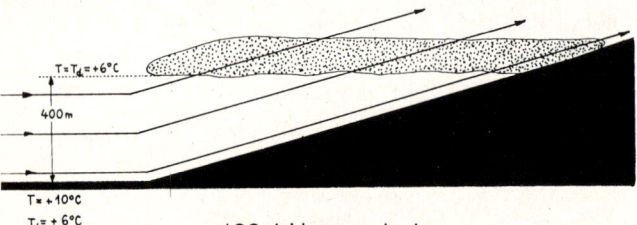

190.1 Hangnebel

Der Seerauch ist eine besondere Art von Nebel, eher eine Art Advektionsnebel, wobei aber der Untergrund nicht kalt, sondern warm ist. Relativ warmes Wasser verdampft Feuchtigkeit in die darüberliegende kalte Luft, wo sie sofort kondensiert. (Der See raucht.)
Derselbe Effekt ist auch zu beobachten, wenn bei einem warmen Sonnentag nach Schauern oder Gewittern Dächer, Straßen oder Wälder dampfen, weil die noch warmen, aber nassen Oberflächen Wasser in die sich abgekühlte Luft hinein verdampfen.

## 3.5 Meteorologische Information und Dokumentation

### 3.5.1 Organisation des Flugwetterdienstes

Wetterdienste werden von fast allen Staaten unterhalten. Eine Koordination der staatlichen Wetterdienste geschieht durch die World Meteorological Organisation = WMO, deren Sitz sich in Genf befindet.

Den Flugwetterdienst betreffende Fragen werden von der

International Civil Aviation Organisation (ICAO)

bearbeitet. Sie hat ihren Sitz in Montreal/Canada.
Diese Organisation befaßt sich hauptsächlich mit der internationalen, einheitlichen Regelung von Flugnavigation, Flugsicherungs- und Flughafenbetrieb, sowie mit der Koordination des internationalen Luftrechts. Sie gibt auch die Richtlinien zur einheitlichen Gestaltung der Luftfahrtkarten.

*Deutscher Wetterdienst (DWD)*

Für das Gebiet der Bundesrepublik ist mit der Durchführung des Wetterdienstes der Deutsche Wetterdienst (DWD),mit seinem Zentralamt (Sitz Offenbach/Main) und den unmittelbar nachgeordneten überregionalen Dienststellen und den Wetterämtern beauftragt.

*Wetterämter*

sind: Hamburg (Seewetteramt), Berlin, Bremen, Essen, Frankfurt/Main, Freiburg, Hannover, Mün-

chen, Nürnberg, Schleswig, Stuttgart und Trier mit ihren nachgeordneten Dienststellen.

Den einzelnen Wetterämtern unterstehen die *Flugwetterwarten,* die in ihren Zuständigkeitsbereich fallen, sind:

Berlin-Tegel, Berlin-Tempelhof, Bremen, Düsseldorf, Frankfurt/Main, Hamburg, Hannover, Köln-Bonn, München, Nürnberg, Saarbrücken und Stuttgart.

Außerdem erstellen vier *Regional-Vorhersage-Zentralen (RVZ) Leitmaterial für die Flugwetterkarten* in den Wetterämtern:

Hamburg (Nord), Frankfurt/Main (Mitte, Südwest), München (Süd), Essen (Mitte West).

Diese 4 Dienststellen sind mit Meteorologen von 0.00 bis 24.00 Uhr besetzt. Auf den Flughäfen wird der Beratungsdienst meist nur tagsüber wahrgenommen, und zwar von den Wetterberatern (forecaster). Ausnahmen bilden die Flughäfen Hamburg, Düsseldorf, Frankfurt und München, die ebenfalls nachts mit Wetterberatern besetzt sind.

Eine Abteilung des Zentralamtes (Offenbach/Main) des DWD ist die

*Gebietsvorhersagezentrale AFC-Frankfurt*

(AFC = area forecast center) , die nach internationaler Vereinbarung zuständig ist für die Erstellung der Flugwetterkarten für den Raum Mitteleuropa, die über das 2. Faksimileprogramm des DWD ausgestrahlt werden und an allen Flugwetterwarten über Wetterkartenschreiber empfangen werden. Diese Flugwetterkarten (Significant Weather Chart und Höhenwindkarten) stellen die Beratungsgrundlagen vor allem für den Linien- und Charterflugverkehr dar.

### 3.5.2 Gebrauch d. Luftfahrthandbuch z. Entnahme von MET-Inform.

Da die meteorologischen Informationen *zum Teil verschlüsselt* ausgegeben werden und die verschiedenen Wettervorhersagen immer nur für ein Teilgebiet und für eine begrenzte Zeit gelten, ist es wichtig, die Hinweise des Luftfahrthandbuches (MET-0-2 bis MET-0-12) zu beachten.

### 3.5.3 Flugwettermeldungen und Landewettervorhersagen (METAR)

#### 3.5.3.1 Allgemein

An allen internationalen Flughäfen wird in der Regel in einem halbstündigen Rhythmus eine Bodenwettermeldung des Flughafens erstellt und in verschlüsselter Form an die zuständige nationale Wetterdienstzentrale übermittelt, wo sie in internationale Datenaustauschkanäle eingesteuert wird. An die Flugwetterwarten laufen über Fernschreibkanäle die Flugplatzwettermeldungen der anderen internationalen Flugplätze (aus dem eigenen Land sowie aus dem Ausland) wenige Minuten nach dem Beobachtungstermin ein.

Bei der Verschlüsselung wird der METAR-Schlüssel verwendet. Er ist speziell für die Luftfahrt gedacht und zeichnet sich durch leichte Lesbarkeit aus.

### 3.5.3.2 Art und Inhalt der Wettermeldungen

Man unterscheidet zwischen Routine- und Sonderwettermeldungen. Für die Routinemeldungen sind die Abgabezeiten festgelegt. Im allgemeinen wird der Beobachtungsdienst 24-stündlich durchgeführt. Außer der Angabe von Beobachtungszeit und -ort enthält die Wettermeldung Angaben über folgende Elemente:

1) *Bodenwind* (Messung erfolgt 10 m über GND)

   a) mittlere Windrichtung (von 10° zu 10°, mißweisend);
   b) mittlere Windgeschwindigkeit (Knoten);
   c) Spitzenböen (wenn die Böen 25 kts oder mehr betragen und die mittlere Windgeschwindigkeit um mehr als 10 kts überschritten wird).

2) *Sichtweite*

   Angabe in m. Bis 5000 m in Stufen von 100 zu 100 m, darüber in Stufen von 1000 m.

3) *Landebahnsicht*

   Angabe in m. Von 0 bis 800 m Sicht in Stufen von 50 zu 50 m, über 800 m Sicht in Stufen von 100 m.

4) *Wetter vor oder zur Zeit der Beobachtung*

   Rauch, Staub, Nebelarten, markante Böen, Regenarten, Schneearten, Hagel, Gewitter usw. (genaue Angaben im AIP Band I, MET Anlage 6).

5) *Bewölkung*

   Angabe des Bedeckungsgrades in Achteln, Wolkenart abgekürzt, Wolkenhöhe in 100er Fuß z.B. 012 = 1200 ft.
   050 = 5000 ft.

6) *CAVOK*

   Wenn die Sichtweite 10 km oder mehr, gleichzeitig kein Gewitter oder Niederschlag und gleichzeitig keine Wolken unter 5000 ft (1500 m), dann werden die Meldungen (2), (4) und (5) durch das Wort „CAVOK" (Clouds and Visitility O.K.) ersetzt.

7) *Temperatur und Taupunkt*

   Auf ganze Grad Celsius angegeben, bei negativen Temperaturen wird der Buchstabe „m" vor die Ziffer gesetzt, z. B. m 05 = minus 5° C.

8) *Luftdruck (QNH, QFE)*

   QNH stets auf ganze hPa abgerundeter Druckwert, z. B. 1013,8 = 1013 hPa. Das QFE wird auf die im AIP-AGA-2 veröffentlichten Flugplatzhöhen bezogen und auf Anforderung in Zehntel hPa angegeben.

10) *Landewettervorhersage*

   Das aktuelle Flugplatzwetter wird Landewettervorhersage genannt, wenn an die METAR-Meldung noch eine Trendangabe über die Wetterentwicklung für die nächsten 2 Stunden angehängt wird.

Der Trend in der *Landewettervorhersage* gibt vor allem voraussichtliche Änderungen der Hauptwolkenuntergrenze (ceiling) und der Horizontalsicht an. Außerdem werden Gewitter, Nebel, gefrierende Niederschläge oder Böen (über 25 kts) angekündigt, solange diese Wettererscheinungen am Platz selbst noch nicht aufgetreten sind.

Sind keine derartigen Änderungen zu erwarten, dann wird der Beobachtung das Wort „NOSING" (no significant change) beigefügt.

Die Abgabe von *Sonderwettermeldungen (SPECI)* erfolgt nur bei Eintritt besonderer Kriterien (dramatische Wetterverschlechterung) (siehe AIP Band I, MET-1-7/A und B). Diese Meldungen erfolgen mit dem SPECI-Code zu unbestimmten Zeitpunkten und werden von den Fluginformationszentren (FIC) oder den Kontrollzenten (ACC) über FIS- oder ATIS-Frequenzen an die Luftfahrzeuge unterwegs weitergeleitet.

### 3.5.3.3 SIGMET

Die Flugüberwachungsstellen des DWD (Regionale Vorhersagezentralen) geben im Bedarfsfall Warnungen über vorhandene oder zu erwartende besonders gefährliche Wettererscheinungen aus. Diese Flugwetterwarnungen werden SIGMET (significant meteorological phenomena) genannt.

Die SIGMETs werden von den Fluginformationsdiensten (FIS = Flight Information Service) über Funk weitergegeben. Der DWD informiert die mit dem Betrieb von Luftfahrzeugen unmittelbar in Verbindung stehenden Stellen über die laufenden SIGMETs.

Dieser Überwachungs- und Warndienst gilt in den FIR (Flight Information Region)und UIR (Upper flight Information Region). Dieser meteorologische Gebietsüberwachungsdienst wird von nachstehenden Dienststellen wahrgenommen (MWO = Meteorological Watch Offices).

| | |
|---|---|
| Berlin Tempelhof | Kontrollzone Berlin und Berliner Luftkorridore |
| Frankfurt/Main | FIR-Frankfurt |
| Hamburg | FIR-Bremen |
| München | FIR-München und UIR-Rhein. |
| Düsseldorf | FIR Düsseldorf und UIR Hannover |

Die Sigmets melden das Auftreten oder das zu erwartende Auftreten einer oder mehrerer der folgenden bedeutenden Erscheinungen:

   a) Aktive Gewitterzonen (active thuderstorm areas)

   b) Starke Böenlinien (severe squall lines)

   c) Starker Hagel (heavy hail)

   d) Starke Turbulenz oder Böigkeit (severe turbulence)

   e) Starke Vereisung (severe icing)

   f) Ausgeprägte orogr. Wellenbildung (marked mountain waves)

   g) Tropische Wirbelstürme (tropical hurricanes)

191

Die Sigmets enthalten die Meldungen in folgender Reihenfolge:

Kennzeichen der Meldung (SIGMET);
Gültigkeitsdauer (von ..... bis ..... GMT), maximal für 4 Stunden;
Wettererscheinung (siehe oben);
Beschreibung;
Art der Meldung (Beobachtung oder Vorhersage) in Englisch;
Standort;
Beobachteter Standort oder vorhergesehene Standortänderung;
Vorhergesehene Entwicklung.

### 3.5.3.4 Beispiele für SIGMET

SIGMET1 – VALID BETWEEN ONE ONE ZERO ZERO AND ONE FIVE ZERO ZERO – SEVERE ICING IN CUMULONIMBUS between FL 100 and FL 180– FORECAST – MÜNCHEN FIR – MOVING NORTH WEST – WEAKENING

(Sigmet – gültig zwischen 11:00 und 15:00 – starke Vereisung in Cumulonimbus zwischen FL 100 und FL 180 – Vorhersage – München FIR – bewegt sich nach Nordwest – schwächt sich ab)

SIGMET2 – VALID BETWEEN ONE SIX ZERO ZERO AND ONE NINE ZERO ZERO – MANY THUNDERSTORMS - tops of cb upto FL 300 OBSERVED AND FORECAST – FRANKFURT FIR – MOVING EAST – NO CHANGE

(Sigmet2 – gültig zwischen 16:00 und 19:00 – viele Gewitter – Obergrenzen der cb bis FL 300 – beobachtet und vorhergesagt - Frankfurt FIR - bewegt sich ostwärts – keine Änderung)

Die SIGMETs werden in englischer Sprache ausgegeben und für jeden Tag, um 00:01 beginnend, durchlaufend numeriert. Die Gültigkeitsdauer darf einen Zeitraum von 4 Stunden nicht überschreiten.

Neben den SIGMETs werden von den Flugüberwachungsstellen des DWD auch ADVICES for GA (General Aviation) ausgegeben. Hierbei handelt es sich um Hinweise auf bestimmte für die Allgemeine Luftfahrt gefährliche Wettererscheinungen, die noch kein SIGMET erfordern (z. B. mäßige Vereisung).

### 3.5.3.5 Bodenwettermeldungen für die Luftfahrt

Die Bodenwettermeldungen enthalten Angaben über das Wetter, die durch Augenbeobachtungen oder mit Hilfe von Instrumenten gewonnen werden.

Unter den Bodenwettermeldungen bilden die für die Luftfahrt bestimmten eine besondere Gruppe. Die beiden Wetterschlüssel METAR und TAF wurden speziell für die Luftfahrt geschaffen und sind international gültig.

### 3.5.4 Wetterschlüssel für die Luftfahrt (METAR, TAF)

METAR = *Me*teorological *A*erodrome *R*outine *R*eport

TAF = *T*erminal *A*erodrome *F*orecast

Durch die direkte Lesbarkeit der Schlüssel ist es dem FVK und allen Fliegern möglich, die wichtigen Wetterinformationen den Meldungen sofort selbst zu entnehmen, ohne komplizierte Zahlenschlüssel anwenden zu müssen, wie sie sonst im internationalen synoptischen Wetterdienst üblich sind.

Unter METAR versteht man eine Bodenwettermeldung für den Bereich eines Flughafens (Platzwetter).

Wird an das Platzwetter eine verschlüsselte Trendangabe der Wetterentwicklung am Platz für die nächsten 2 Stunden (TREND) angehängt, dann spricht man von einer Landewettervorhersage.

| | | |
|---|---|---|
| Platzwetter | + | Trendangabe |
| | | = Landewettervorhersage |
| METAR | + | TREND |
| | | = landing forecast |

Der TREND bezieht sich auf einen Zeitraum von 2 Stunden.

Die METAR-Meldungen oder die Landewettervorhersagen werden in der Regel alle halben Stunden von Wetterbeobachtern an den Flugplätzen oder Flugwetterwarten (falls vorhanden) erstellt und von den Wetterdienstzentralen national wie international verbreitet.

Bei gutem Wetter kann die METAR-Meldung durch das Wort *CAVOK* (clouds and visibility o.k.) wesentlich verkürzt werden. CAVOK wird unter folgenden Voraussetzungen verwendet:

| CAVOK |
|---|
| a) Sicht 10 km oder mehr, |
| b) unter 5000 ft keine Bewölkung, |
| c) kein Gewitter am Platz oder in Platznähe |
| d) kein Niederschlag. |

Mit dem METAR-Schlüssel kann auch TAF gelesen werden.

### 3.5.4.1 Aufbauform der Bodenwettermeldung (METAR-Schlüssel)

Die Bodenwettermeldung für die Luftfahrt hat folgende Form:

| | |
|---|---|
| METAR YYGG$_{gg}$ CCCC | (Einführungsgruppe) |
| dddff/($f_m f_m$) | (Windgruppe) |
| VVVV | (Sichtgruppe) |
| (w w ) | (Wettergruppe) |
| $N_s$CCh$_s$h$_s$ | Wolkengruppe) |
| (M)T T /(M)T$_d$ T$_d$ | (Temperaturgruppe) |
| P$_H$P$_H$P$_H$P$_H$ | (Luftdruckgruppe) |
| TREND | Wettertrend 2 Stunden |

Kann durch CAVOK ersetzt werden

Die in ( ) gesetzten Schlüsselgruppen entfallen, wenn keine Voraussetzungen für die entsprechende Erscheinung gegeben sind.

### 3.5.4.2 Bedeutung der Symbolzeichen und Gruppen

#### 1) Einleitungsgruppe

Um anzugeben, welche Art von Meldung es ist, an welchem Tag und um welche Uhrzeit die Beobachtung stattfand (wichtig, um eindeutig das „Alter" der Meldung zu erkennen), sowie woher die Meldung kommt.

Es bedeutet:

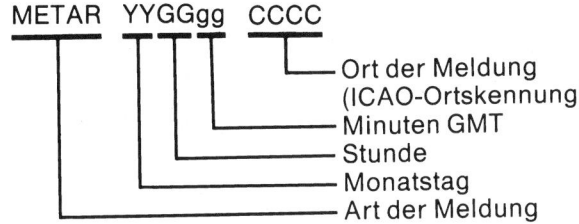

| | |
|---|---|
| Beispiel: | 011020 eddm |
| Das heißt: | Die vorliegende Bodenwettermeldung ist METAR, wurde am 1. des Monats um 10:20 Uhr UTC in München erstellt und ausgegeben. |

#### 2) Windgruppe

Es bedeutet:

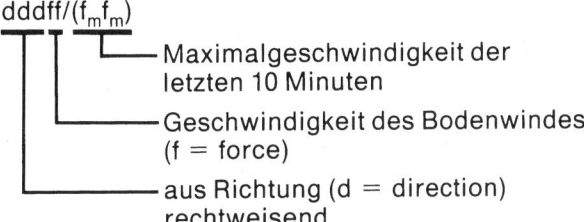

| | |
|---|---|
| 1. Beispiel: | 25015/25 |
| Das heißt: | Der Wind kommt im Mittel aus 250°, mittlere Geschwindigkeit der letzten 10 Min. = 15 kts, Spitzenwert der letzten 10 Minuten = 25 kts. |
| 2. Beispiel: | 00000 |
| Das heißt: | Völlige Windstille (calm). Die Angabe $f_m f_m$ entfällt, weil die Voraussetzung für Böigkeit nicht gegeben ist. |
| 3. Beispiel: | 99902 (variabel 2 Knoten) |
| Das heißt: | ddd = veränderliche Windrichtung; die Angabe ist in der BRD nur bei einer Windgeschwindigkeit von 5 kts oder weniger gestattet. Mittlere Geschwindigkeit ist 2 kts, die Angabe $f_m f_m$ entfällt, weil keine Böigkeit. |

#### 3) Sichtgruppe

Es bedeutet:

VVVV

Bodensicht

| | |
|---|---|
| 1. Beispiel: | 3500 |
| Das heißt: | Die Horizontalsicht in Richtung der geringsten Sichtweite beträgt wenigstens 3500 Meter. |

| | |
|---|---|
| 2. Beispiel: | 9999 |
| Das heißt: | Es herrscht eine Sicht von 10 km und mehr. |

#### 4) Wettergruppe (siehe Tabelle Seite 196)

Es bedeutet:

(W'W')
Wettererscheinung (Zahl und 4 Buchstaben)
Gefährlichkeit
Wettererscheinung

| | |
|---|---|
| 1. Beispiel: | 48fzfg |
| Das heißt: | 48 sagt aus, daß der Himmel erkennbar ist (49 würde aussagen, daß Nebel mit Rauhreifbildung herrscht und der Himmel nicht erkennbar ist); fzfg = freezing fog = gefrierender Nebel. |
| 2. Beispiel: | 83 rasn |
| Das heißt: | 83 sagt aus, daß es sich um einen Schneeregen-Schauer handelt, (68 = schwacher, 69 = starker) Schneeregen als Dauerniederschlag. rasn = rain and snow = Schneeregen. |

Ein Verzeichnis der Schlüsselzahlen und deren Bedeutung für METAR und TAF ist auf Seite 196. Im allgemeinen ist zu bemerken, daß die Wettererscheinung umso gefahrvoller ist, je größer die *zweiziffrige* Zahl ist:

48 = Himmel erkennbar, 49 = Himmel nicht erkennbar, 68 = schwacher Schneeregen, 69 = starker Schneeregen.

#### 5) Wolkengruppe

| | |
|---|---|
| 1. Beispiel: | 1 Cu020 3sc035 5ac100 |
| Das heißt: | 1/8 Cumulusbewölkung in 2000 ft über GND, 3/8 Stratocumulus in 3500 ft über GND, 5/8 Altocumulus in 10000 ft über GND. |
| 2. Beispiel: | 9//02 |
| Das heißt: | 9: Himmel nicht erkennbar (sky obscured), //: Wolken nicht unterscheidbar (clouds not discernible), 02: Vertikalsicht 200 ft (vertical visibility 200 ft). |

#### 6) CAVOK

Bei verhältnismäßig gutem Wetter läßt der METAR-Schlüssel die Vereinfachung zu, daß an Stelle der Sicht-, Wetter- und Wolkengruppe das Schlüsselwort CAVOK angebracht wird (= clouds and visibility o.k.).

#### 7) Temperaturgruppe

Es bedeutet: (M)TT/ (M)$T_d T_d$

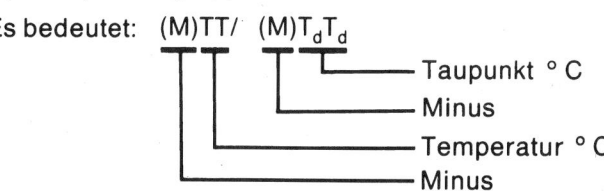

Taupunkt ° C
Minus
Temperatur ° C
Minus

### 1. Beispiel: 11/00

Das heißt: Temperatur 11°C, Taupunkt 0°C, Differenz 11°C.

### 2. Beispiel: 07/m02

Das heißt: Temperatur 7°C, Taupunkt –2°C, Differenz 9°C.

## 8) Luftdruckgruppe

Es bedeutet:

$P_H P_H P_H P_H$ (1020)

Luftdruck (QNH) auf ganze hPa abgerundet

### 1. Beispiel: 1020

Das heißt: Luftdruck beträgt (QNH) nach Umrechnung auf MSL mit der Temperatur der Standardatmosphäre: zwischen 1020,9 und 1020,0 hPa.

QNH wird aus Sicherheitsgründen immer abgerundet.

### 2. Beispiel: 995

Das heißt: Luftdruck (QNH) liegt zwischen 995,9 und 995 hPa.

Beispiel: Am 16. des Monats um 17:20 Uhr UTC erkennt der Beobachter in München bei einem schwachen Wind mit 6 kts aus Richtung Süd, daß die Sichtziele im Norden in 14 km Entfernung gerade noch erkennbar sind (schlechteste Horizontalsicht). In 8000 ft über GND befinden sich 4/8 Altocumulus lenticularis (Föhnwolken); die Temperatur beträgt 18°C; der Taupunkt beträgt 6°C; der Luftdruck (QNH) weist 999,5 hPa auf.

Die Meldung lautet demnach:
161720 EDDM 18006 CAVOK 18/06 999
Es bedeutet:
16. des Monats   17.20 Uhr.
München
Wind aus 180° (Süd) mit 6 Knoten
Clouds and visibility o.k.
Temperatur / Taupunkt 18° u. 6° C
Luftdruck (QNH)   999 hPa.
Art der Meldung: METAR

## 10) TREND

Der TREND = Vorhersage der Entwicklung des Platzwetters in den nächsten 2 Stunden) wird mit jedem Platzwetter als Landewettervorhersage verbreitet über MOTNE = Meteorogical Network Europe (internationale Wetterdienst-Fernschreibkanäle), und über Funk).

Diese Vorhersage gilt für die der Ausgabe folgenden 2 Stunden. Das Hauptgewicht liegt dabei auf der ersten Stunde.

Die Angaben beziehen sich auf Bodenwind, Sicht, Wetter (dieses aber nur, wenn es sich um Gewitter oder gefrierenden Niederschlag handelt) und Wolken in der eben angegebenen Reihenfolge.

A) Ist keine nachhaltige Änderung der im METAR angegebenen Werte bezogen auf Sicht, Wind und Wetter zu erwarten, dann

wird der Trend durch *NOSIG* (no *significant change*) (keine signifikante Änderung) ausgedrückt.

NOSIG darf nicht gesetzt werden, wenn die Sicht die Stufenwerte
5km, 3km, 1600 m, 800 m, 600 m, 400 m, 200 m,
*oder die Haupt-Wolkenuntergrenze* die Werte
1500 ft, 1000 ft, 500 ft, 200 ft, 100 ft, unter- oder überschreiten wird.

Es können, auch die im TAF gebräuchlichen Änderungsgruppen GRADU, RAPID, TEMPO, INTER und zusätzlich TEND verwendet werden, z. B. Tend ts (tendency of thunderstorm - Gewitterneigung) oder: rapid 0700 45 fg (rapid change to 0700 fog - schneller Übergang zu einer Sicht von 700 m im Nebel
oder: gradu 6 st 008 (gradual change - allmählicher Übergang zu einer Stratus-Untergrenze von 800 ft mit Bedeckungsgrad 6/8).

## 11) Landebahnzustandsbericht

In den Wintermonaten kann, wenn es erforderlich ist, dem vollständigen METAR eine 6-ziffrige Zahl nachgestellt werden als Angabe über den augenblicklichen Zustand der Landebahn oder der Landebahnen.
Dieser Bericht wird von den örtlichen Flughafengesellschaften zusammengestellt und unter anderem den Flugwetterwarten zur Weiterleitung über MOTNE zugeleitet. Er wird nicht über VOLMET ausgestrahlt.

Folgende Flughäfen der BRD sind an diesem Meldedienst beteiligt:
Berlin-Tempelhof, Düsseldorf, Frankfurt/Main, Hamburg, Köln-Bonn und München.

Beispiel einer vollständigen Landewettervorhersage:
1250 EDDL 24010 5000 63ra 5st012 8 sc 020 10/09 1003 gradu 3000 7st 008
METAR 12.50 UTC von Düsseldorf:
Wind: 240° 10 kts
Sicht: 5000 Meter
Wetter: mäßiger Regen
Wolken: 5/8 Stratus in 1200 ft 8/8 Stratocumulus in 2000 ft.
Temperatur: 10° C
Taupunkt: 9° C
QNH: 1003 hPa

TREND: allmähliche Sichtverschlechterung auf 3000 m und absinkende Stratuswolkenuntergrenze auf 800 ft.

### 3.5.4.3 TAF (Terminal Aerodrome Forecast = Flugplatzwettervorhersage)

Der TAF enthält alle flugmeteorologisch wichtigen Aussagen von dem Ort, für den er (für eine bestimmte Zeit) aufgestellt worden ist. Er ist ein unentbehrliches Hilfsmittel für den weltweiten Beratungsdienst.
Jede Flugwetterwarte gibt den TAF für den eigenen Platz heraus, wobei zwei Arten von TAF unterschieden werden:

*„Kurz-TAF"* für den kontinentalen Flugverkehr

(Gültigkeitsdauer: 9 Stunden ab Ausgabezeit-puntk.)

Veröffentlichung alle 3 Stunden (in der BRD um 01:00, 04:00, 07:00 usw. bis 22:00 GMT).

*„Lang-TAF" für den interkontinentalen Flugver-kehr*

(Gültigkeitsdauer: 18 Stunden ab Ausgabezeit-punkt.)

Veröffentlichung alle 6 Stunden (in der BRD um 04:30, 10:30, 16:30 und 22:30 GMT).

Ein TAF besteht im wesentlichen aus einem Grundwetterzustand und zusätzlichen (mögli-chen) Wetterveränderungsvorhersagen (gültig für den jeweils angegebenen Zeitraum).

### 3.5.4.4 Bedeutung der Symbolzeichen und Grup-pen (TAF-Schlüssel)

**1) Einleitungsgruppe**

CCCC *Ort der Meldung (ICAO-Ortskennung)*
eddm

$G_1G_1G_2G_2$ 0716 (gültig von 07 bis 16 UTC)

$G_2G_2$ Ende des Vorhersagezeitraumes

$G_1G_1$ Beginn des Vorhersagezeitraumes

> *Beispiel:* eddm 0716
>
> Das heißt: Ausgabeort München; Gültig-keitsbeginn 07:00 UTC; Gültig-keitsende 16:00 UTC.

| 2) *Windgruppe* | $dddff(f_mf_m)$ | (wie METAR) |
|---|---|---|
| 3) *Sichtgruppe* | VVVV | (wie METAR) |
| 4) *Wettergruppe* | (w'w') | (wie METAR) |
| 5) *Wolkengruppe* | NsCCshs | (wie METAR) |
| 6) *CAVOK* | Gilt für Gruppe 3, 4, 5 | (wie METAR) |

*Änderungsgruppe (erwartete Änderungen des Grundwetterzustandes)*

Für die Änderungsgruppe werden folgende Angaben vorausgesetzt:

*GRADU* = gradual change (allmählich Übergang in ...).

*TEMPO* = temporary variation(s) (zeitwei-lige, kurze Änderung).

*INTER* = intermitted variation(s) (häufige kurze Änderungen)

*PROB* = probability (Wahrscheinlichkeit, wird in Prozent angegeben; 40% = prob 40, oder mit der Zeitgruppe $G_aG_aG_eG_e$ als Anfang oder Ende der Erscheinung: Änderung zwischen

15:00 und 16:00 UTC = prob30 1516) mit 30% Wahrscheinlichkeit zwi-schen 15 und 16 UTC.

*RAPID* = rapidly (schnell, in weniger als 0,5 Stunden).

*Anmerkung:* Wenn kein signifikantes Wetter beobachtet wird, dann *entfällt* die w'w'-Gruppe.

Wenn im Grundwetterzustand ein (w'w')-Wetter gemeldet wurde, das aber nach der Än-derungsgruppe nicht mehr auf-tritt, dann wird wxnil gegeben, z. B. 03015 0800 73sn 9//003 gradu 0811, 9999 wxnil 5 ac 100, Wind 030° mit 15 kts, Sicht 800 m, mäßiger Schneefall, Vertikalsicht 300 ft, von 08 bis 11 UTC allmählicher Übergang zu 10 km oder mehr Sicht, kein Wetter, 5/8 Ac in 10000 ft.

Wird wolkenloser Himmel er-wartet, dann wird *keine Wol-kengruppe* gemeldet.

Wenn im Grundwetterzustand Wolken gemeldet wurden, die aber nach der Änderungsgrup-pe nicht mehr auftreten, dann wird SKC (sky clear) gegeben, z. B. 24010 9999 6 SC 020 gradu 1619 8000 skc. Wind 240° 10 kts, Sicht 10 oder mehr km, 6/8 Stratocumulus in 2000 ft, all-mählicher Übergang von 16 bis 19 UTC zu 8000 m Sicht und wolkenlosen Himmel.

### 3.5.4.5 Verbreitung der Flugwettervorhersagen

Die Flugwettervorhersagen werden zu Sammel-sendungen zusammengefaßt und über MOTNE verbreitet. Dabei haben die Kurz-TAFs als Ken-nung den Doppelbuchstaben „bb", die Lang-TAFs den Doppelbuchstaben „oo".

Beispiel für einen Kurz-TAF:
EDDK 0716 16005 9999 3CU045 tempo 1216 24015/26 8000 80rash 3cb020 6cu030 prob30 1416 5000 95ts 7cb015, Flugplatzwetter von Köln/Bonn, gül-tig von 07 bis 16 UTC: Wind 160° 5 Kts, Sicht 10 km und mehr, 3/8 Cu in 4500 ft, zwischen 12 und 16 UTC zeitweise Wind aus 240° mit 15 Kts und Böen 26 Kts, Sicht auf 8000 m zurückgehend bei Regenschauern und 3/8 Cumulonimbus in 2000 ft und 6/8 Cumulus in 3000 ft, mit 30% Wahr-scheinlichkeit zwischen 14 und 16 UTC Gewitter mit Sichtverschlechterung auf 5000 m und 7/8 Cu-mulonimbus in 1500 ft.

| Schlüsselzahlen und Buchstabenabkürzungen für die Wettergruppe (w'w') | | | |
|---|---|---|---|
| 04 | FU | fume, smoke | Rauch |
| 06 | HZ | dust haze | Staubdunst |
| 08 | PO | dust devils | Staubwirbel |
| 11 bis 12 | MIFG | shallow fog | Flacher Bodennebel |
| 17 | TS | thunderstorm, but no precipitation | Gewitter, aber kein Niederschlag |
| 18 | SQ | squalls | Markante Böen |
| 19 | FC | funnel cloud | Großtrombe |
| 20 | REDZ | recent drizzle | Sprühregen |
| 21 | RERA | recent rain | Regen |
| 22 | RESN | recent snow | Schnee |
| 23 | RE-RASN | recent rain and snow | Schneeregen |
| 24 | REFZRA | recent freezing rain | Gefrierender Regen |
| 25 | RESH | recent showers | Schauer |
| 26 | RESH | recent snow showers | Schneeschauer |
| 27 | REGR | recent hail | Hagel |
| 29 | RETS | recent thunderstorm | Gewitter |
| 30 bis 32 | SA | dust- or sandstorms | Staub- oder Sandstorm |
| 33 bis 35 | XXSA | heavy dust- or sandstorm | Schwerer Staub- oder Sandsturm |
| 36 bis 37 | DRSN | snow-drift | Schneefegen |
| 38 bis 39 | BLSN | blowing snow | Schneetreiben |
| 40 bis 41 | BCFG | fog patches | Nebelbänke |
| 42 bis 47 | FG | fog | Nebel |
| 48 bis 49 | FZFG | freezing fog | Gefrierender Nebel |
| 50 bis 53 | DZ | drizzle | Sprühregen |
| 54 bis 55 | XXDZ | heavy drizzle | Starker Regen |
| 56 | FZDZ | freezing drizzle | Gefrierender Sprühregen |
| 57 | FZDZ | heavy freezing drizzle | Stark gefrierender Sprühregen |
| 58 bis 63 | RA | rain | Regen |
| 64 bis 65 | XXRA | heavy rain | Starker Regen |
| 66 | FZRA | freezing rain | Gefrierender Regen |
| 67 | XXFZRA | heavy freezing rain | Stark gefrierender Regen |
| 68 | RASN | rain and snow | Schneeregen |
| 69 | XXRASN- | heavy rain and snow | Starker Schneeregen |
| 70 bis 73 | SN | snow | Schneefall |
| 74 bis 75 | XXSN | heavy snow | Starker Schneefall |
| 77 | SN | snow grains | Schneegriesel |
| 79 | PE | ice pellets | Reifgraupeln (Eiskörner) |
| 80 | RASH | showers | Schauer |
| 81 bis 82 | XXSH | heavy showers | Starke Schauer |
| 83 | RASN | showers of rain and snow | Schneeregenschauer |
| 84 | XXRASH- | heavy showers of r.a.s. | Starker Schneeregenschauer |
| 85 | SNSH | snow showers | Schneeschauer |
| 86 | XXSN | heavy snowshowers | Starke Schneeschauer |
| 87 bis 88 | GR | shower(s) of soft hail | Graupelschauer |
| 89 | GR | shower (s) of hail | Hagelschauer |
| 90 | XXGR | shower (s) of hail | Starker Hagelschauer |
| 91 | RA | rainrecent thunder storm | Regen nach Gewitter |
| 92 | XXRA | heavy rain recent thunderstorm | Starker Regen nach Gewitter |
| 93 | GR | hail recent thunder storm | Hagel und Gewitter |
| 94 | XXGR | heavy hail recent thunderstorm | Starker Hagelnach Gewitter |
| 95 | TS | thunderstorm | Gewitter |
| 96 | TSGR | thunderstorm with hail | Gewitter mit Hagel |
| 97 | XXTS | heavy thunderstorm | Starkes Gewitter |
| 98 | TSSA | th.st. with dust o. sandst. | Gewitter mit Staub- o. Sandsturm |
| 99 | XXTSGR | heavy th.storm with hail | Starkes Gewitter mit Hagel |

recent = vor kurzem, in der letzten Stunde, aber nicht zum Beobachtungszeitpunkt).

### 3.5.5 Wetterberatung

#### 3.5.5.1 Aufgaben des Flugwetterdienstes

Eine Aufstellung über die Aufgaben und Dienste der einzelnen Flugwetterwarten und Beobachtungsstellen des DWD geben die Anlagen 1 und 2 des AIP (MET-1-1 und 1-2). Die Hauptaufgaben sind:

a) schriftliche und mündliche Wetterberatung des Luftfahrtpersonals einschließlich seiner Versorgung mit allen für die Flugplanung und den Betrieb von Luftfahrzeugen erforderlichen meteorologischen Meldungen und Vorhersagen.

b) Versorgung der Flugsicherungsdienststellen mit allen Wettermeldungen und Vorhersagen, die diese für die Sicherung des Luftverkehrs sowie für die Übermittlung an Luftfahrzeuge in der Luft benötigen.

c) Durchführung eines den Erfordernissen der Luftfahrt angepaßten Wetterbeobachtungs- und Meldedienstes.

#### Beratungsdokumente

Die Dokumentation wird in tabellarischer und bildlicher Form ausgegeben und umfaßt:

a) Flughafenwettervorhersagen für Start-, Ziel- und Ausweichflughäfen,

b) Vorhersagekarten des Streckenwetters, (Höhenwindvorhersagen und SWC<sup>s</sup> [significant weater charts])

c) sonstige Unterlagen nach Vereinbarung.

Jeder Teilnehmer am Luftverkehr hat die Möglichkeit, von dieser Einrichtung Gebrauch zu machen.

Die Beratungsdokumente werden an den Luftfahrzeugführer oder an eine von ihm beauftragte Person ausgehändigt.
Sichtflüge (VFR) werden mündlich beraten. Die Erteilung der Beratung kann auf einem besonderen Formblatt mit Vermerken über den wesentlichen Inhalt der Beratung bestätigt werden.

#### 3.5.5.2 Wetterberatung über automatische Anrufbeantworter

Der DWD stellt Flugwettervorhersagen für die Allgemeine Luftfahrt in deutscher Sprache als Automatische Flugwetteransage (AFWA) oder GAFOR (General Aviation Forecast) über Anrufbeantworter bereit. Die Anrufbeantworter sind an das öffentliche Fernsprechnetz angeschlossen. Die Rufnummern sind dem Luftfahrthandbuch Band I - MET - zu entnehmen.

Die vom Tonband übermittelten Flugwettervorhersagen dauern maximal 3 Minuten und gliedern sich wie folgt:

1) Einleitender Text und Gültigkeitsdauer der Vorhersage,

2) Charakterisierung der Wetterlage mit kurzem Text.

3) 6stündige Sichtflugvorhersage für flugklimatologisch einheitliche Gebiete in der BRD, die in 3 Zweistundenintervalle unterteilt wird. Die Einstufung der Intervalle erfolgt nach 5 Sichtflug-Kriterien (Charly, Oskar, Delta, Mike, x-Ray).

4) Vorhersage des innerhalb des gesamten Vorhersagezeitraumes vorherrschenden Höhenwindes,

5) Höhe der Null-Grad-Grenze,

6) Zeit der nächsten planmäßigen Ansage.

Die Aufsage und Ausgabe der GAFOR-Berichte erfolgt alle 3 Stunden.
Die Ausgabe erfolgt zu den UTC-Zeiten: 05:30, 08:30, 11:30, 14:30 (in den Monaten Mai bis August auch noch um 02.30 und 17.30).
Das ganze Jahr über werden um 20:30 die Aussichten für den Folgetag durchgegeben.
Eine graphische Übersicht über die Sichtflugstufen zeigt Bild 197.1

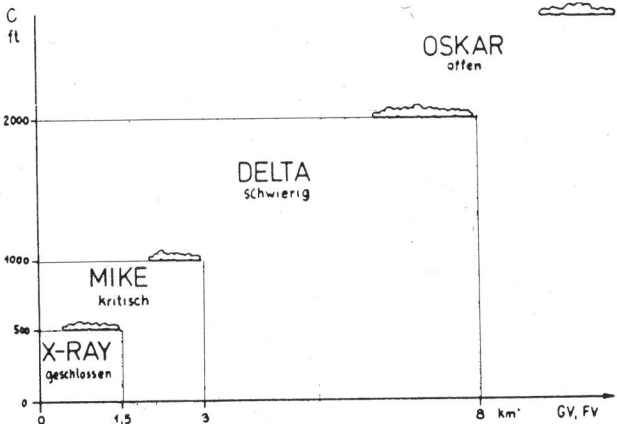

197.1 Sichtflugstufen-Übersicht

Es wird empfohlen, die mitgeteilten Stufenwerte anschließend in die Luftfahrtkarte zu übertragen, um hierdurch beurteilen zu können, welche Sichtflugmöglichkeiten auf dem beabsichtigten Flugweg bestehen.

Hierbei ist zu beachten, daß innerhalb der jeweiligen Gebiete die vorhergesagten Stufen der Sichtflugmöglichkeiten zwar im weitaus größten Teil vorherrschend sein sollen, jedoch kleinräu-

| Die Vorhersagen können in folgenden Ortsnetzen abgerufen werden: | | | | |
|---|---|---|---|---|
| Bereich Nord: | Bremen | 0421/551090 | Porz (Köln-Bonn) | 02203/402247 |
| | Hannover | 0511/7305561 | Hamburg | 040/595045 |
| | Düsseldorf | 0211/424140 | | |
| Bereich Süd: | Frankfurt | 069/6903233 | München | 089/908016 |
| | Nürnberg | 0911/36680 | Stuttgart | 0711/7901336 /796085 |

197

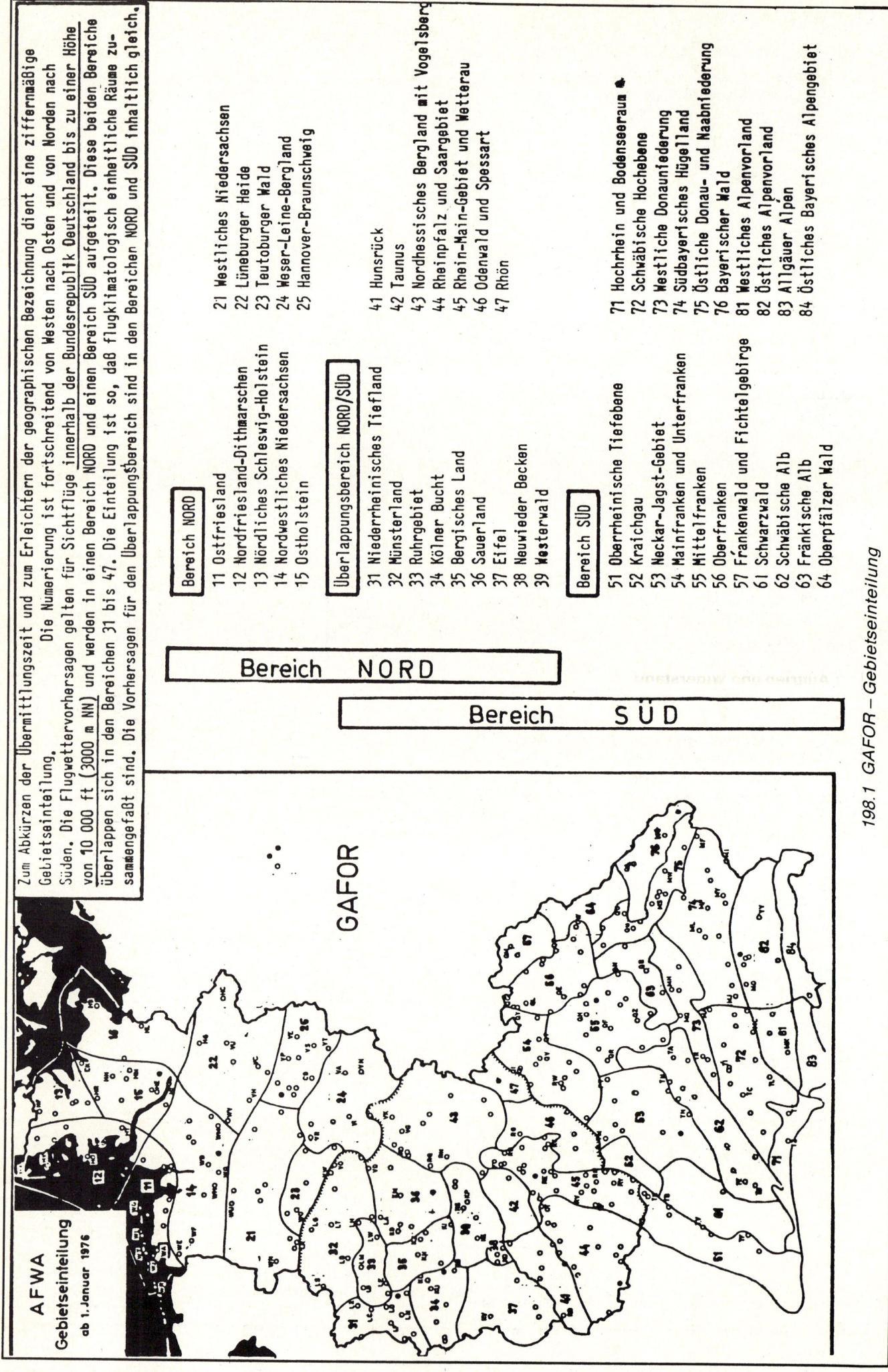

**AFWA**
**Gebietseinteilung**
ab 1.Januar 1976

Zum Abkürzen der Übermittlungszeit und zum Erleichtern der geographischen Bezeichnung dient eine ziffernmäßige Gebietseinteilung.

Die Numerierung ist fortschreitend von Westen nach Osten und von Norden nach Süden. Die Flugwettervorhersagen gelten für Sichtflüge innerhalb der Bundesrepublik Deutschland bis zu einer Höhe von 10 000 ft (3000 m NN) und werden in einen Bereich NORD und einen Bereich SÜD aufgeteilt. Diese beiden Bereiche überlappen sich in den Bereichen 31 bis 47. Die Einteilung ist so, daß flugklimatologisch einheitliche Räume zusammengefaßt sind. Die Vorhersagen für den Überlappungsbereich sind in den Bereichen NORD und SÜD inhaltlich gleich.

**Bereich NORD**

11 Ostfriesland
12 Nordfriesland-Dithmarschen
13 Nördliches Schleswig-Holstein
14 Nordwestliches Niedersachsen
15 Ostholstein

21 Westliches Niedersachsen
22 Lüneburger Heide
23 Teutoburger Wald
24 Weser-Leine-Bergland
25 Hannover-Braunschweig

**Überlappungsbereich NORD/SÜD**

31 Niederrheinisches Tiefland
32 Münsterland
33 Ruhrgebiet
34 Kölner Bucht
35 Bergisches Land
36 Sauerland
37 Eifel
38 Neuwieder Becken
39 Westerwald

41 Hunsrück
42 Taunus
43 Nordhessisches Bergland mit Vogelsberg
44 Rheinpfalz und Saargebiet
45 Rhein-Main-Gebiet und Wetterau
46 Odenwald und Spessart
47 Rhön

**Bereich SÜD**

51 Oberrheinische Tiefebene
52 Kraichgau
53 Neckar-Jagst-Gebiet
54 Mainfranken und Unterfranken
55 Mittelfranken
56 Oberfranken
57 Frankenwald und Fichtelgebirge
61 Schwarzwald
62 Schwäbische Alb
63 Fränkische Alb
64 Oberpfälzer Wald

71 Hochrhein und Bodenseeraum
72 Schwäbische Hochebene
73 Westliche Donauniederung
74 Südbayerisches Hügelland
75 Östliche Donau- und Naabniederung
76 Bayerischer Wald
81 Westliches Alpenvorland
82 Östliches Alpenvorland
83 Allgäuer Alpen
84 Östliches Bayerisches Alpengebiet

Bereich NORD

Bereich SÜD

GAFOR

198.1 GAFOR – Gebietseinteilung

| Einstufungskriterien der Sichtflugmöglichkeiten | | | |
|---|---|---|---|
| Symbol | Einstufung | Horizontalsicht am Boden (VV) | Hauptwolkenuntergrenze (ceiling) |
| c (Charly) O (Oskar) | offen (open) | VV    10 km FV ≥ 8 km | C ≥ 2000 ft GND |
| D (Delta) | schwierig (difficult) | 3 km ≤ 8 km | 1000 ft ≤ C |
| M (Mike) | kritisch (marginal) | 1,5 km ≤ FV < 3 km | 500 ft ≤ C < 1000 ft GND |
| X (X-Ray) | geschlossen (closed) | FV < 1,5 km | C < 500 ft GND |
| *Das jeweils ungünstigere der beiden Kriterien* (Sicht- oder Hauptwolkenuntergrenze) ist für die Einstufung der Sichtflugmöglichkeiten maßgebend. | | | |

mige und kurzfristige Abweichungen vorkommen können.

*Strecken- und Flugvorhersagen* beziehen sich auf einen bestimmten Flugweg zwischen zwei Flughäfen.

*Die Streckenvorhersage* hilft allen Flugzeugen, die eine bestimmte, zwischen zwei Flughäfen liegende Strecke zu befliegen (ROFOR).

*Die Flugvorhersage* (ziemlich dasselbe) wird nur für ein bestimmtes Flugzeug aufgestellt, das zu einer bestimmten Stunde den Flugweg zwischen zwei Flughäfen zurücklegt (FIFOR).

Die Streckenvorhersagen können auch im Q-Code abgefaßt werden und heißen dann QFA.

# Abschnitt 4 – Technik

## 4.1 Aerodynamik

### 4.1.1 Auftrieb und Widerstand

#### 4.1.1.1 Der Strömungswiderstand

Jeder von Luft umströmte *Körper* setzt dem Luftstrom einen Widerstand entgegen, den sogenannten Luftwiderstand oder *Strömungswiderstand*.

Die anströmende *Luft* übt dabei auf den umströmten Körper eine Kraft aus, die genau so groß ist wie der Strömungswiderstamd (Kraft = Gegenkraft).

Es ist gleichgültig, ob ein ruhender Körper von bewegter Luft angeblasen wird (der obere Drachen in Bild 199.1) oder ob sich der Körper innerhalb der ruhenden Luft bewegt (unterer Drachen). Es kommt lediglich auf die *Relativbewegung* an.

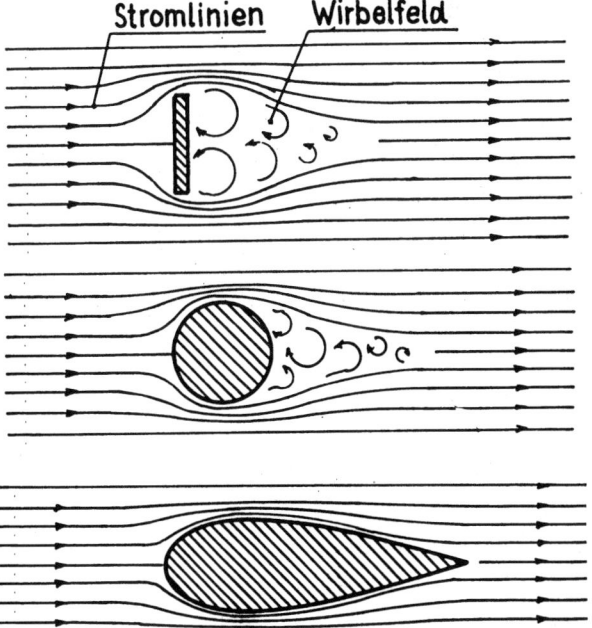

windschnittiger Körper

199.2 Strömungsverhältnisse an Scheibe, Kugel und Stromlinienkörper

Die einzelnen Luftteilchen umströmen den Körper auf bestimmten Bahnen, den *Stromlinien* (Bild 199.2). Die Stromlinien werden *immer in Bezug auf den ruhend gedachten Körper gezeichnet*. Im Bild sind die Strömungsverhältnisse an einer Scheibe, einer Kugel und an einem windschnittigen Körper (Stromlinienkörper) dargestellt.

Die Luft strömt um vorspringende Kanten nicht einfach herum, sondern biegt schon vorher aus und nimmt selbst eine Abrundung vor. Nach dem Vorbeiströmen am Körper mit brüsker oder

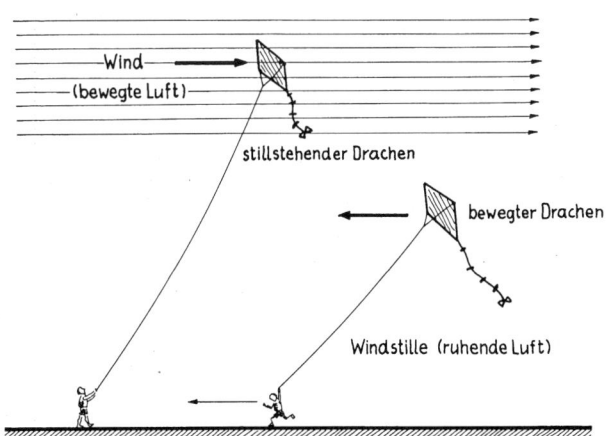

199.1 Die relative Luftbewegung

rascher Querschnittsverminderung schließen sich die getrennten Stromlinien nicht sofort, sondern erst allmählich. Im Gebiet hinter dem Körper, zwischen den ausgewichenen Strömungen, bildet sich ein starkes *Wirbelfeld* aus.

Das Wirbelfeld kann verhindert werden, wenn der Körperquerschnitt auf der Rückseite des Körpers nicht rasch abnimmt, sondern allmählich auf Null gebracht wird. Man erhält dann den sogenannten Stromlinienkörper oder windschnittigen Körper.

Die *Größe des Strömungswiderstandes* setzt sich zusammen aus dem Druckwiderstand $W_D$ und dem Reibungswiderstand $W_R$:

$$W = W_D + W_R$$

### 4.1.1.2 Der Druckwiderstand $W_D$

Der Druckwiderstand hängt ab von:

a) Größe der angeblasenen Fläche ...A,
b) Quadrat der relativen Luftgeschwindigkeit ...$v^2$,
c) Luftdichte $\varrho$ (rho) ...$\varrho$,
d) Form des Körpers (Bug und Heck) ...$c_w$.

*Einfluß der Größe der angeblasenen Fläche A*

(Bild 198.1) (A = area)

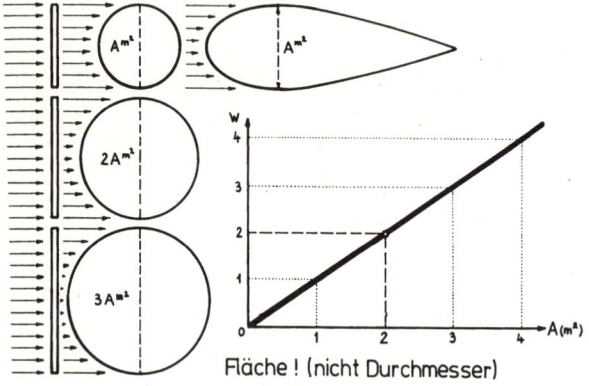

200.1 Anblasfläche und Druckwiderstand

Der Druckwiderstand wächst linear mit der Größe der angeblasenen Fläche A (area). Unter der angeblasenene Fläche versteht man die Fläche, als die der Körper erscheint, wenn man ihn in Strömungsrichtung projiziert (Bild 200.1).

*A wird in m² gemessen.*

Linear heißt: ist die Fläche doppelt oder dreimal so groß (Bild), dann ist auch der Druckwiderstand doppelt oder dreimal so groß (bei gleichbleibender Luftgeschwindigkeit und gleichbleibender Luftdichte).

*Einfluß der relativen Luftgeschwindigkeit $v_e$* (Bild 200.2).

Der Druckwiderstand wächst mit dem Quadrat der relativen Luftgeschwindigkeit $v_e$ (lat.: velocitas = Geschwindigkeit).

Mit dem Quadrat heißt: Wird die Geschwindigkeit 2 mal so groß, dann wird der Widerstand 2 x 2 = 4 mal so groß. Wird die Geschwindigkeit 3 mal so groß, dann wird der Widerstand 3 x 3 = 9 mal so groß usw.

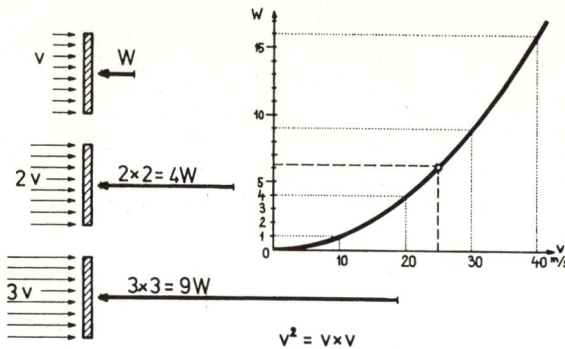

200.2 Relative Luftgeschwindigkeit und Druckwiderstand

*Einfluß der Luftdichte $\varrho$* (Bild 200.3)

Bei gleichbleibender Relativgeschwindigkeit wächst der Druckwiderstand linear mit der Luftdichte.

Die Luftdichte ist außer vom Luftdruck (große Flughöhe) sehr von der Temperatur (Sommer-Winter) abhängig.

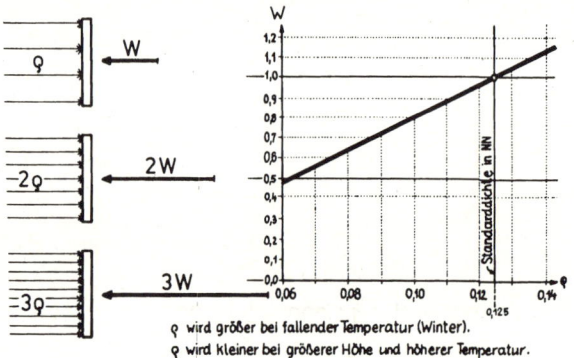

200.3 Luftdichte und Druckwiderstand

*Beispiel:* Die Luftdichte beträgt in Meeresspiegelhöhe bei 15°C: $\varrho$ = 0,125 (siehe Bild).

Sinkt die Temperatur auf −20°C, dann erhöht sich die Luftdichte auf $\varrho$ = 0,14.

War der Widerstand W = 1 bei $\varrho$ = 0,125, dann steigt er bei $\varrho$ = 0,14 auf 1,12, ist also um 12% größer.

Fliegen wir in einer Höhe von 6000 m, dann hat die dünnere Luft eine Dichte von $\varrho$ = 0,07. Der Druckwiderstand fällt auf 0,56, also um 44%!

*Erklärung:* Je größer die „Dichte", desto mehr Luftmoleküle prallen gleichzeitig gegen den Körper und der Widerstand wächst.

Die Werte für Temperatur, Druck und Luftdichteder Standardatmosphäre sind der folgenden Tabelle 262.1 zu entnehmen.

*Einfluß der Körperform (Bild 202.1)*

Bei gleicher Anblasfläche A, gleichbleibender Relativgeschwindigkeit v und gleicher Luftdichte $\varrho$ ändert sich der Druckwiderstand mit der *Form* des Körpers.

Dieser formeigene Widerstand wird maßgebend von dem Ausmaß der durch die Körperform verursachten Luftwirbel (Bild 202.2) beeinflußt und *wird durch eine Zahl*, den sogenannten Wider-

standsbeiwert $c_w$ ausgedrückt (c = coefficient).
Je größer der *Widerstandsbeiwert $c_w$* desto größer der Druckwiderstand.

Der Wert $c_w$ wird im Windkanal experimentell ermittelt. In Bild 202.1 ist eine Reihe solcher Widerstandsbeiwerte für verschiedene Körperformen zusammengestellt.
*Mathematisch ausgedrückt* ist der Druckwiderstand $W_D$ eines Körpers:

$$W_D = \frac{1}{2} \cdot c_w \cdot A \cdot \varrho \cdot v^2$$

*In Worten ausgedrückt:* Der Druckwiderstand ist die Hälfte von Widerstandsbeiwert mal Anblasfläche mal Luftdichte mal dem Quadrat der relativen Luftgeschwindigkeit.

*Beispiel:* Berechnen Sie den Druckwiderstand einer glatten Kugel von 10 cm Durchmesser bei einer Relativgeschwindigkeit von 80 km/h.

$c_w = 0,45$; $A = 0,00785\ m^2$; $\varrho = 0,125\ kp \cdot m^{-4} \cdot s^2\ (= kg \cdot m^{-3})$; $v = 22,2\ m/s$

$W_D = 0,5 \cdot 0,45 \cdot 0,00785 \cdot 0,125 \cdot 22,2^2 = 0,109\ kp = 1,07\ N$

| Höhe | Druck | | Dichte | Temperatur | |
|---|---|---|---|---|---|
| (m) | hPa | (kp/cm²) | (kp.s².m⁴) | °K = T | °C |
| 0 | 1013,2 | 1,033 | 0,125 | 288 | 15 |
| 200 | 989 | 1,008 | 0,122 | 286,7 | 13,7 |
| 500 | 955 | 0,974 | 0,119 | 284,8 | 11,8 |
| 1 000 | 899 | 0,917 | 0,113 | 281,5 | 8,5 |
| 1 500 | 830 | 0,846 | 0,108 | 278,3 | 5,3 |
| 2 000 | 795 | 0,810 | 0,103 | 275 | 2 |
| 3 000 | 700 | 0,714 | 0,094 | 268,5 | − 4,5 |
| 4 000 | 616 | 0,628 | 0,084 | 262 | −11 |
| 5 000 | 540 | 0,551 | 0,076 | 255,5 | −17,5 |
| 6 000 | 472 | 0,481 | 0,067 | 249 | −24 |
| 7 000 | 410 | 0,418 | 0,060 | 242,5 | −30,5 |
| 8 000 | 356 | 0,363 | 0,053 | 236 | −37 |
| 9 000 | 307 | 0,313 | 0,048 | 229,5 | −43,5 |
| 10 000 | 264 | 0,269 | 0,042 | 223 | −50 |
| 11 000 | 226 | 0,230 | 0,037 | 216,5 | −56,5 |

201.1 Druck, Temperatur und Dichte der Standardatmosphäre

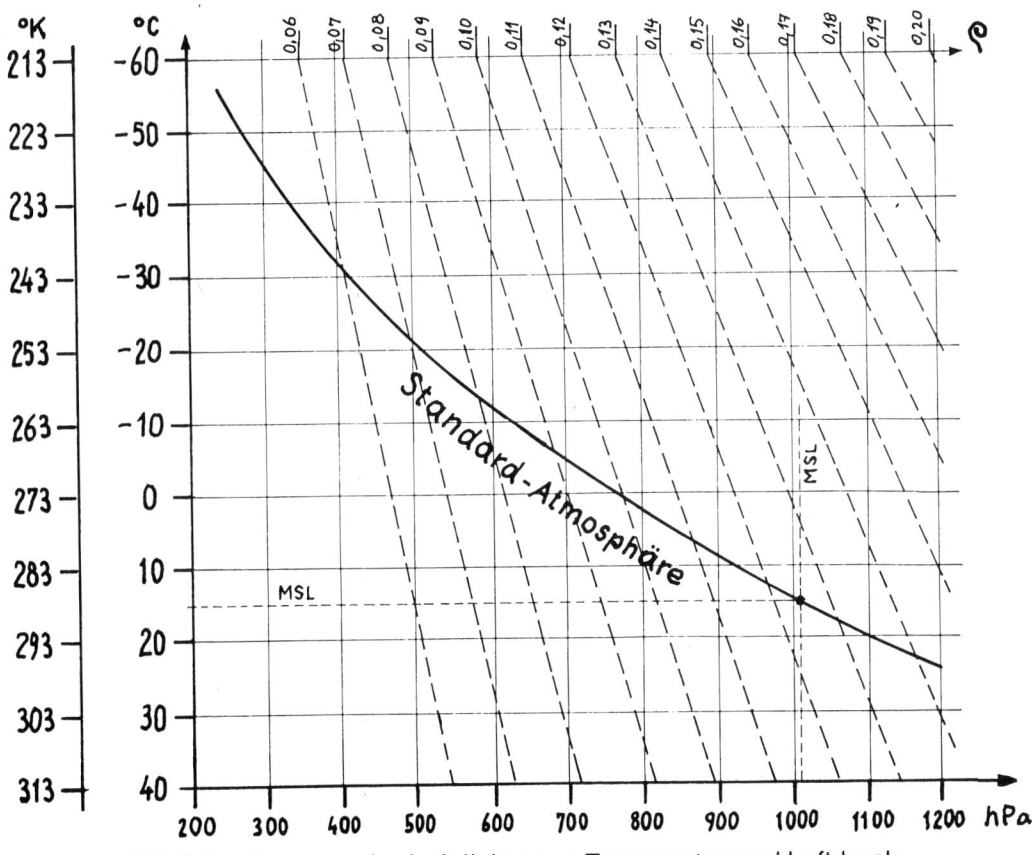

201.2 Bestimmung der Luftdichte aus Temperatur und Luftdruck

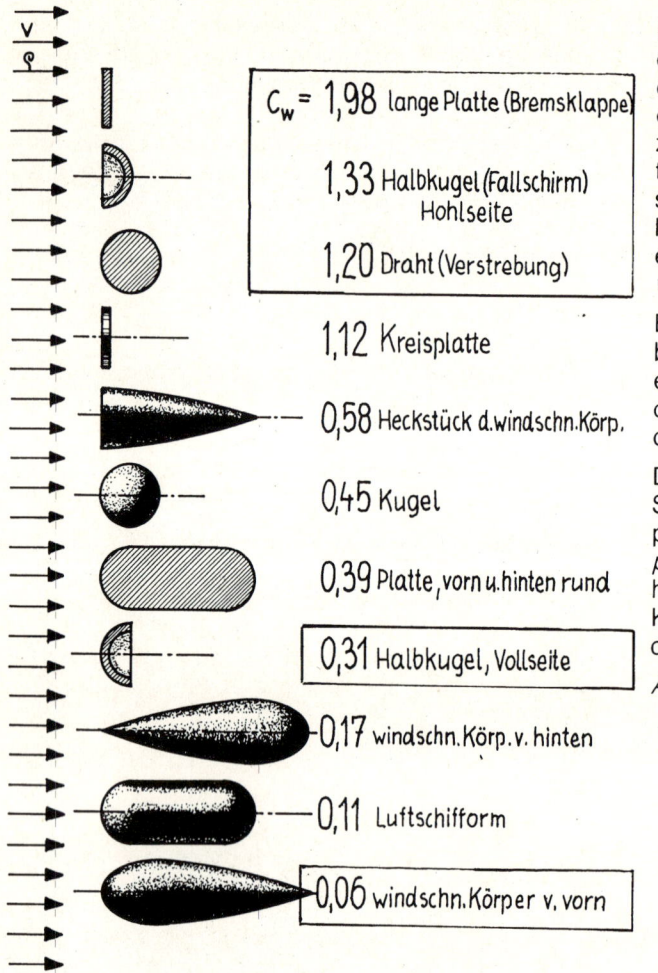

$$c_w = 1{,}98 \text{ lange Platte (Bremsklappe)}$$

$$1{,}33 \text{ Halbkugel (Fallschirm)}$$
Hohlseite

$$1{,}20 \text{ Draht (Verstrebung)}$$

$$1{,}12 \text{ Kreisplatte}$$

$$0{,}58 \text{ Heckstück d. windschn. Körp.}$$

$$0{,}45 \text{ Kugel}$$

$$0{,}39 \text{ Platte, vorn u. hinten rund}$$

$$0{,}31 \text{ Halbkugel, Vollseite}$$

$$0{,}17 \text{ windschn. Körp. v. hinten}$$

$$0{,}11 \text{ Luftschifform}$$

$$0{,}06 \text{ windschn. Körper v. vorn}$$

202.1 Widerstandsbeiwerte $c_w$

### 4.1.1.3 Der Reibungswiderstand $W_R$

Der Reibungswiderstand zwischen Luft und umströmtem Körper hängt ab von
a) Grenzschichtausbildung der Luft,
b) Oberflächenrauhigkeit des Körpers.

Bevor wir näher darauf eingehen, erklären wir die möglichen Strömungsformen der Luft.

### Die Strömungsformen

Man unterscheidet zwei verschiedene Strömungsformen:

a) die laminare Strömung,
b) die turbulente Strömung.

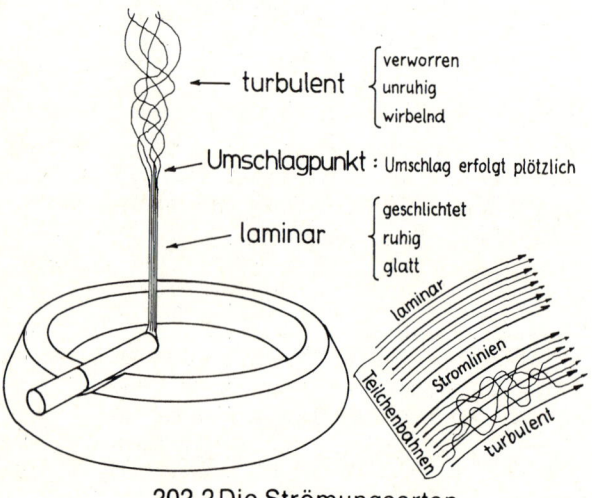

turbulent
{ verworren
  unruhig
  wirbelnd }

Umschlagpunkt: Umschlag erfolgt plötzlich

laminar
{ geschlichtet
  ruhig
  glatt }

202.2 Die Strömungsarten

Den Unterschied soll das Bild 202.2 verdeutlichen: in der *laminaren* Strömung bewegen sich die Luftteilchen geordnet nebeneinander genau entlang der Stromlinien, ohne sich gegenseitig zu vermengen. Solche laminaren Strömungen treten nur bei verhältnismäßig kleinen Geschwindigkeiten auf. Bei größeren Geschwindigkeiten tritt bei der vorhandenen Längsbewegung entlang der Stromlinien eine deutliche *Querbewegung der Strömungsteilchen* hinzu.

Bei dieser *turbulenten Strömung* werden die nebeneinander liegenden Strömungsschichten miteinander vermischt, so daß die Stromlinien nur die Mittelwerte der Bewegungen darstellen, die die Strömungsteilchen ausführen.

Der Übergang von der laminaren zur turbulenten Strömungsform erfolgt nicht langsam, sondern plötzlich. Deshalb wird diese Stelle „Umschlagpunkt" genannt. Die Lage des Umschlagpunktes hängt von der Luftgeschwindigkeit und von der Körperform ab und ist, wie wir später sehen werden, sehr wichtig.

Anmerkung: Diese Turbulenz darf man nicht mit Wirbelbildung verwechseln. *Wirbel* sind spiralige Krümmungen der Stromlinien; *Turbulenz* ist ein ungeregeltes Überwechseln von Luftteilchen auf benachbarte Stromlinien. In Wirbeln herrscht meist eine tubulente Strömung, aber die turbulente Strömung tritt auch da auf, wo keine Wirbel sind.

### Die Grenzschichtreibung

Wegen der Zähigkeit (Klebrigkeit) der Luft haften durch molekulare Kräfte die Strömungsteilchen der Luft an der Körperoberfläche fest und haben dort die Relativgeschwindigkeit Null. Sie bremsen die darüber liegenden Strömungsschichten ab, so daß erst in einiger Entfernung von der Körperoberfläche die ungestört fließende Luft zu finden ist.

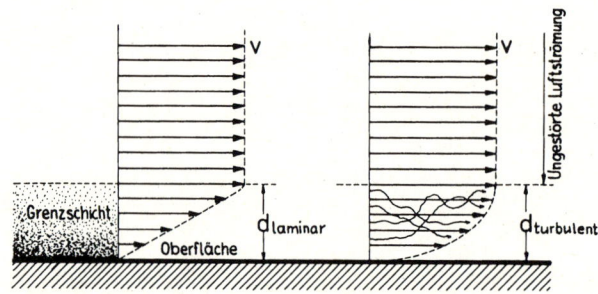

202.3 Laminare und turbulente Grenzschicht

Die *Übergangszone* zwischen ruhender und ungehindert fließender Luft heißt *Grenzschicht* (Bild 264.1).

In größerer Entfernung vom umströmten Körper ist die Strömungsgeschwindigkeit praktisch überall gleich groß, zwischen den benachbarten Luftschichten besteht keine Geschwindigkeitsdifferenz und damit auch keine Reibung.
In Körperwandnähe dagegen fällt die Relativgeschwindigkeit rasch ab und ist an der Körper-

oberfläche Null. Dieser Geschwindigkeits*unterschied* innerhalb der Grenzschicht erzeugt die sogenannte *Grenzschichtreibung*.

Von großer Bedeutung für die Flugtechnik ist, daß eine laminare Grenzschicht einen kleineren Reibungskoeffizienten hat als die turbulente Grenzschicht, die ja bei größerer Geschwindigkeit auftritt. Man bemüht sich deshalb bei der Formgebung der Flugzeugteile, den *Umschlagpunkt möglichst weit nach hinten* zu verlegen, um den Reibungsverlust gering zu halten.

*Entstehung der Grenzschichten*

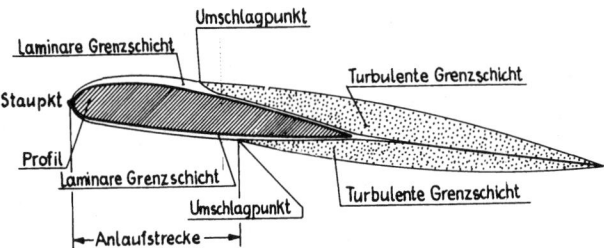

203.1 Die Entwicklung der Grenzschichtarten

An einem angeblasenen Profil entwickeln sich die Grenzschichtarten der Reihe nach:

Da am Staupunkt die Relativgeschwindigkeit Null ist (Bild 203.1), ist dort jede Turbulenz ausgeschlossen, auch wenn die Gesamtströmung turbulent war. Die vom Staupunkt ausgehende Grenzschicht ist deshalb immer laminar.

Nach einer laminaren Anlaufstrecke beginnt (am Umschlagpunkt) die Grenzschichtströmung turbulent zu werden, wobei eine dünne laminare Unterschicht bestehen bleibt. Die Grenzschichtdicke nimmt mit der Profiltiefe zu. Je dicker die Grenzschicht, umso geringer werden die örtlich auftretenden Reibungskräfte. Die *vorderen Profilteile tragen daher am meisten zum Reibungswiderstand bei*.

*Einfluß der Oberflächenrauhigkeit auf Reibungswert und Grenzschicht*

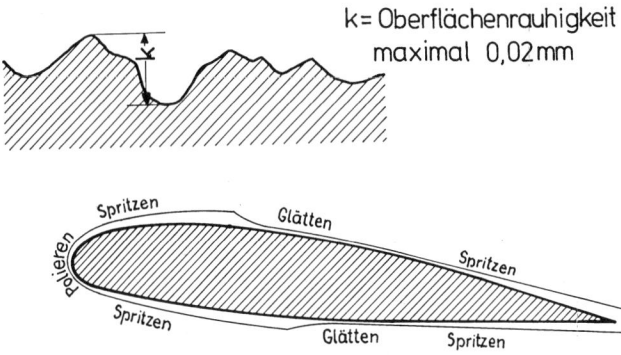

203.2 Die Oberflächenrauhigkeit

Unter *Rauhigkeit* versteht man den mittleren Unterschied zwischen Talsohle und Bergspitzen (makroskopisch). Die zulässige Rauhigkeitshöhe (Bild 203.2), bei der weder der Widerstandsbeiwert, noch die Lage des Umschlagpunktes beeinflußt wird, liegt bei k = 0,02 mm. Sie läßt sich durch einfaches Aufspritzen eines Farbüberzuges erreichen.

*Ausnahme:* Die vordersten Körperpartien müssen besonders poliert werden, weil sich dort wegen der geringen Grenzschichtdicke die Rauhig-

keiten viel stärker auswirken. Die turbulente Grenzschicht ist gegen die Oberflächenrauhigkeit bedeutend empfindlicher als die laminare. Im mittleren Teil des Profils führen die aus der laminaren Unterschicht herausragenden Bergspitzen leicht zur Ablösung der ganzen Grenzschicht vom Körper und es entsteht dann der große Wirbelwiderstand (Bild 199.2). Gegen die Hinterkante des Profilkörpers nimmt dann der Einfluß der Rauhigkeit wieder ab, weil die Dicke der laminaren Unterschicht in der Strömungsrichtung zunimmt.

### 4.1.1.4 Die Strömung am Profil

*Die Entstehung der Luftkraft*

Das Profil des Tragflügels ist hauptsächlich durch eine Wölbung nach oben gekennzeichnet. Durch diese Wölbung werden die oberen Stromlinien zusammengedrängt (Bild 203.3) und die Luftströmung hat nur noch einen kleineren Querschnitt zur Verfügung. Durch diese Querschnittsverengung wird aber die ursprüngliche Luftgeschwindigkeit erhöht, was einen Druckabfall (Sog) zur Folge hat (vgl. Abschn. 4.3.1; Venturidüse, Gleichung von Bernoulli).

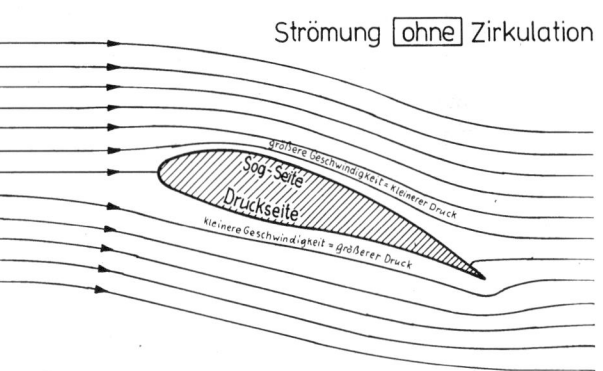

Strömung ohne Zirkulation

Langer Weg = Große Geschwindigkeit = Sog
Kurzer Weg = Kleine Geschwindigkeit = Druck

203.3 Die zirkulationsfreie Strömung am Profil

Die Unterseite des Flügelprofils ist jedoch meist eben oder nach Innen gewölbt, was eine Verkleinerung der Geschwindigkeit und damit Druck bedeutet. Der Sog an der Oberseite und der Druck an der Unterseite des Profils ergeben zusammen die Luftkraft, die das Flugzeug trägt, weil sie nach oben gerichtet ist.
Der Druckunterschied zwischen Oben und Unten hat zur Folge, daß die Luft von der Profilunterseite nach der Sogoberseite strebt, und zwar sowohl an der Profilnase (Bild 204.2, Bild ① links oben), als auch am hinteren Profilende.

Die über das Profilende nach oben strebende Luft wird von der ihr entgegenkommenden Luft abgedrängt und bildet den sogenannten *Anfahrwirbel*, der gleich nach seinem Entstehen "abschwimmt" (Bild 204.1 und Bild 204.2, ② rechts oben).

Die von der Profilnase über die Profilseite kommende Luftkomponente kehrt beim Umströmen des Profilendes ihre Richtung um und kehrt an der Profilunterseite nach vorne zurück. An der Profilnase gelangt sie wieder auf die Oberseite und schließt sich zur „Zirkulation" (Kreislauf, Darstellung ③).

204.1 Anfahrwirbel eines Tragflügels

Die Zirkulation (Bewegungskomponente) bleibt während des ganzen Fluges bestehen, solange die Strömung am Profil anliegt. Das Ergebnis ist Darstellung ④ und Bild 204.3:

An der Profiloberseite wird die relative Luftgeschwindigkeit $v_o$ um die Zirkulationsgeschwindigkeit z vermehrt auf $(v_o + z)$. An der Profilunterseite wird die relative Luftgeschwindigkeit $v_u$ vermindert auf $(v_u - z)$.

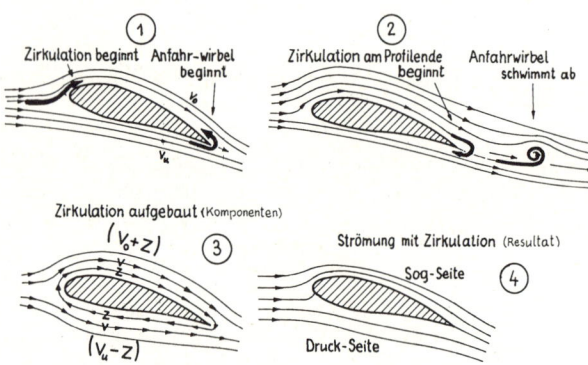

204.2 Entstehung der Zirkulation

In Bild 204.3 ist das Ergebnis deutlich dargestellt. *Durch die Zirkulation verschiebt sich der Staupunkt nach unten* (vgl. Bild 203.3), ferner verstärkt sich der Sog oben und der Druck unten.

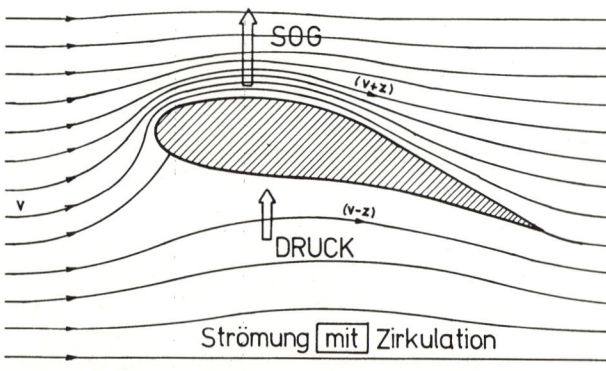

204.3 Die Profilströmung *mit* Zirkulation

In Bild 204.1 ist der Sog- und Druckverlauf über einem Profil aufgetragen. Der Soganteil (−) ist hier etwa doppelt so groß wie der Druckanteil (+).

Die Summe aller Kräfte, die im Normalfall alle nach oben wirken (Bild 204.4) ergibt eine resultierende Kraft, die

*Luftkraft L*

*Im Schnellflug (besonders beim symmetrischen Profil), wo sowohl oben als auch unten Sog ist, ergibt die Differenz zwischen Oberseiten- und Unterseitensog die Luftkraft L.*

*Die Kraft L ist gegenüber dem Profil erst dann voll bestimmt, wenn außer ihrer Größe und Richtung auch die Lage ihrer Wirkungslinie festlegt. Die Richtung ist durch den Winkel bestimmt, den ihre Wirkungslinie mit der Profilsehne (siehe Abschn. 4.1.3) einschließt.*

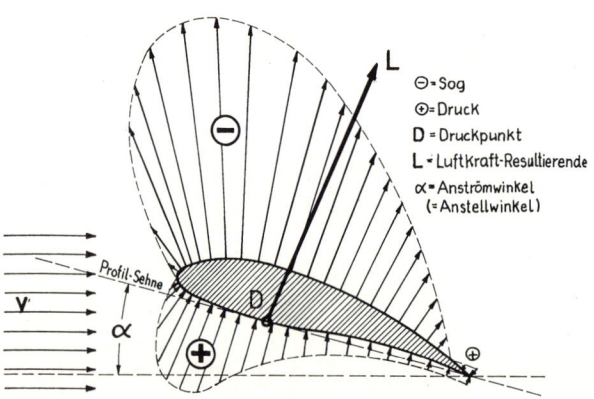

204.4 Druckverlauf um ein Tragflügelprofil

Die *Lage* der Wirkungslinie ist durch die Lage ihres Schnittpunktes mit der Profilsehne bestimmt. Dieser Schnittpunkt heißt:

*Druckpunkt D*

Für die Größe und Lage der Luftkraft hat man früher folgende 3 Bestimmungsstücke als maßgebend angegeben:

1) Lage des Druckpunktes in bezug auf die Profilnase,
2) Richtung der Luftkraft in bezug auf die Profilsehne,
3) Größe der Luftkraft.

Die *moderne Darstellung* der Luftkraft durch Auftrieb, Widerstand und Nickmoment wird in Abschn. 4.1.1.7 behandelt.

### 4.1.1.5 Änderung von Auftrieb und Widerstand mit dem Anstellwinkel

Den Winkel, den die Profilsehne mit der Anströmrichtung (entgegengesetzt der Flugrichtung) einschließt, nennt man *Anstellwinkel* α (Abschn. 4.1.3).

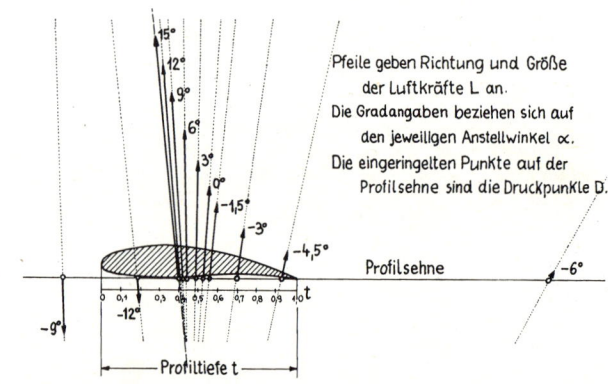

204.5 Anstellwinkel und Luftkraft Druckpunktwanderung

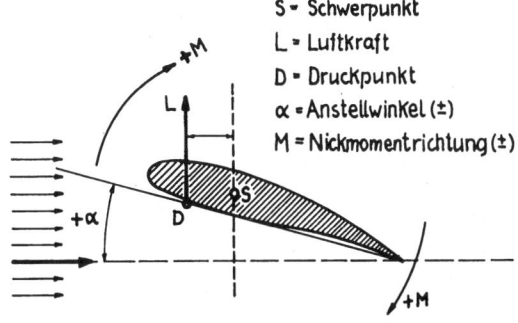

S = Schwerpunkt
L = Luftkraft
D = Druckpunkt
α = Anstellwinkel (±)
M = Nickmomentrichtung (±)

Die Drehung erfolgt um den Schwerpunkt S
nach oben (+) oder nach unten (−)

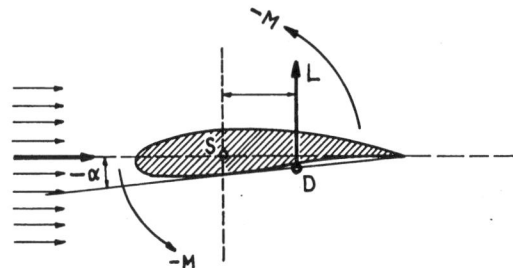

205.1 Auswirkung der Druckpunktwanderung

In Bild 204.5 ist an einem Tragflügelprofil die Luftkraft L in Abhängigkeit vom Anstellwinkel eingezeichnet. Bei diesem Profil ist die Luftkraft L bei α = 15° am größten und wird mit abnehmendem Anstellwinkel sehr schnell kleiner und wandert nach hinten (Druckpunktwanderung).

Für Anstellwinkel ab −1,5° eilt der Druckpunkt sogar sehr rasch nach hinten und liegt bei −9° plötzlich weit vor der Profilnase, wobei die Luftkraft schräg nach unten (!) wirkt. Das Profil wird jetzt nach unten gedrückt (Abtrieb statt Auftrieb).

Diese Druckpunktwanderung hat zur Folge, daß der Druckpunkt vor oder hinter dem Profilschwerpunkt S (Bild 205.1) liegen kann. Das Profil wird dann durch das Drehmoment der Luftkraft (Kraft mal Hebelarm) bald mit der Nase nach oben, bald nach unten gedreht. Dieses Drehmoment heißt:

*Nickmoment M.*

Hebt z.B. eine Bö das Profil vorne an (α wird größer), dann wandert der Druckpunkt nach vorn und das Nickmoment vergrößert den Winkel α noch weiter.

Umgekehrt: Wir α kleiner, dann wandert der Druckpunkt nach hinten und das Nickmoment verkleinert den Anstellwinkel α noch mehr.

Diese *Unstabilität der Fluglage* wird beim Segelflugzeug durch geeignete Maßnahmen (4.1.4) behoben. Es gibt auch *druckpunktfeste Profile*, bei denen die Lage des Druckpunktes ohne Rücksicht auf die Größe des Anstellwinkels an der gleichen Stelle bleibt (Tropfenprofile, Profile mit S-Schlag, Abschn. 4.1.3).

*Auftrieb und Widerstand*

Als *Auftrieb* bezeichnet man die Komponente der Luftkraft, die *senkrecht zur Anströmrichtung* nach oben gerichtet ist (Bild 205.2).

Als Widerstand *(Rücktrieb)* bezeichnet man die Komponente, die in Anblasrichtung (entgegen der Flugrichtung) wirkt.

*Der Gleitflug*

Fliegt man auf einer geneigten Bahn schräg abwärts (Bild 205.2), dann liefert eine Teilkraft der Schwerkraft (Komponente des Gewichtes G) in der Flugrichtung die erforderliche Zugkraft Z, die dem Widerstand W entgegenwirkt.

Damit Gleichgewicht besteht, muß das Segelflugzeug (bez. der Tragflügel) so weit gekippt werden, daß die aus A und W resultierende Luftkraft L in die entgegengesetzte Richtung des Gewichtes G fällt, da G die einzige zur Verfügung stehende Antriebskraft für das Segelflugzeug ist.

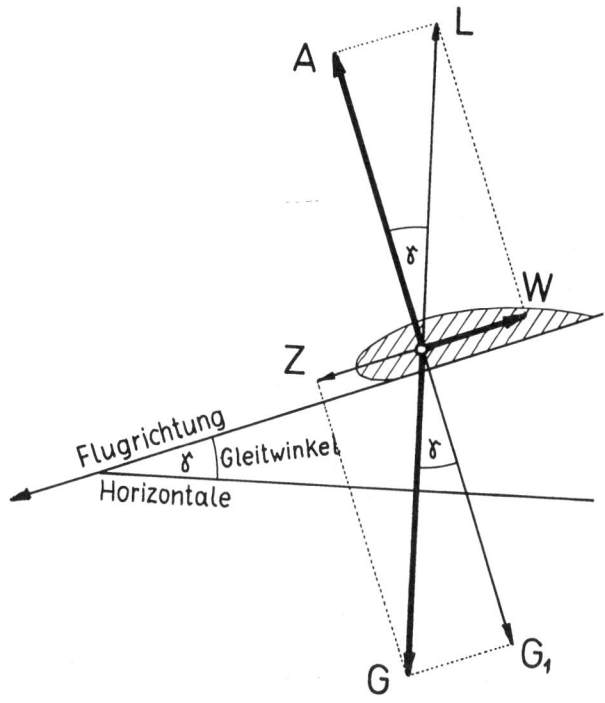

205.2 Kräfte im Gleitflug

### 4.1.1.6 Gleitwinkel, Gleitzahl, Gleitverhältnis

*1. Der Gleitwinkel γ*

Der Winkel, um den gekippt werden muß, ist gleichzeitig der Winkel zwischen der Flugrichtung und der Horizontalen. Er wird „*Gleitwinkel* γ" (Gamma) genannt. Der Gleitwinkel wird in Grad gemessen.

*2. Die Gleitzahl* E

Da man mit einem Winkel (in Grad ausgedrückt) kaum Berechnungen ausführen kann, führt man in der Mathematik eine Winkelfunktion (in unserem Fall die Tangens-Funktion = tan γ) ein. Diese Funktion ist eine *Zahl*, mit der man rechnen kann. Da diese Zahl in Rechnungen an Stelle des Gleitwinkels tritt, wurde sie *Gleitwinkelzahl*, abgekürzt *Gleitzahl* E (Epsilon) genannt. Für kleine Winkel gilt:

Gleit*zahl* E = 0,0175 mal Gleit*winkel* (Grad)
$$E = 0,0175 \times \gamma°$$

Diese in der Aerodynamik Gleitzahl genannte Größe heißt im Straßenbau „Gefälle".

### 3. Das Gleitverhältnis E

Den Segelflieger interessiert vor allem die horizontale Entfernung D, die er bei einer zur Verfügung stehenden Sinkhöhe h zurücklegen kann

$$\text{Gleitverhältnis} = \frac{\text{Entfernung}}{\text{Höhenverlust}} = \frac{D}{h}$$

$$D = h \text{ mal Gleitverhältnis} = h \times E$$

### 4. Das Geschwindigkeitsverhältnis ≈ E

Im Segelflugzeug kann mit Hilfe der Bordinstrumente leicht die Fahrt $v_e$ (Relativ*geschwindigkeit,* bezogen auf die umgebende Luft) und die Sinkgeschwindigkeit $v_s$ (Abwärts*geschwindigkeit*) festgestellt werden, wogegen die geflogene Entfernung und der Höhenverlust schwieriger zu ermitteln sind.

$$\text{Geschwindigkeits}verhältnis =$$
$$\frac{v_e}{v_s} = \frac{\text{Eigengeschwindigkeit}}{\text{Sinkgeschwindigkeit}}$$

Da die Horizontalgeschwindigkeit $v \approx$ Eigengeschwindigkeit $v_e$ ist, kann

$$\text{man} = \frac{v}{v_s} = \frac{v_e}{v_s} = \frac{D}{h} \text{ setzen und so das}$$
Gleit*verhältnis* rechnen.

*Geschwindigkeitsverhältnis ≈ Gleitverhältnis*

*Anmerkung:* In manchen Lehrbüchern und auch in Prospekten wird das Gleitverhältnis *fälschlich* mit Gleitzahl bezeichnet.

*Merke:* *Gleitwinkel* und Gleit*zahl* sind kleine Zahlen, Gleit*verhältnis* und Geschwindigkeits*verhältnis* sind große Zahlen; das Gleitverhältnis ist ein Maß für die Güte des Segelflugzeuges in bezug auf das beste Gleiten.

| Gleitwinkel | Gleitzahl | Gleitverhältnis |
|---|---|---|
| 5,7° | 0,1 | 10:1 |
| 3,8° | 0,067 | 15:1 |
| 2,9° | 0,05 | 20:1 |
| 1,9° | 0,033 | 30:1 |
| 1,4° | 0,025 | 40:1 |
| 1,1° | 0,02 | 50:1 |
| Gleitwinkel x 0,0175 = Gleitzahl (gilt von γ = 0° bis γ = 7°) | | |
| Gleitverhältnis ist der reziproke Wert (Kehrwert) der Gleitzahl | | |

### 4.1.1.7 Bezugsfläche, Auftriebs- und Widerstandsformel

Bei der Untersuchung des Strömungswiderstandes (4.1.1.1, 4.1.1.2) erhielten wir die Formel

$$W = \frac{1}{2} \cdot \varrho \cdot v^2 \cdot A \cdot c_w$$

Nachdem $= \frac{1}{2} \cdot \varrho \cdot v^2$ nichts anderes ist als der Staudruck q (siehe 4.3.1 „Fahrtmesser"), können wir schreiben

$$W = q \cdot A \cdot c_w$$

In der Praxis benützt man diese Formel, um die Werte $c_w$ für den Widerstand und $c_a$ für den Auftrieb zu ermitteln, indem man im Windkanal die Werte W, A (Auftrieb), den Staudruck q und die Fläche A mißt, worauf man $c_w$ oder $c_a$ berechnen kann.

Bei *Körpern, die in der Hauptsache Widerstand und keinen Auftrieb erzeugen*, wählt man, wie wir in Abschn. 4.1.1.1 gesehen haben, als Bezugsfläche üblicherweise die Querschnittsfläche senkrecht zur Anblasrichtung, die sogenannte *Anblasfläche A.*

Zu diesen Körpern gehören: Rumpf, Laufräder, Schwimmer, Streben, Spanndrähte und dergleichen.

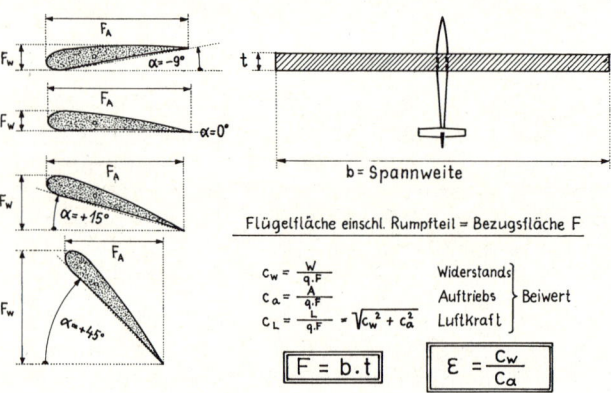

206.1 Die Beiwert-Bezugsfläche

Bei *Quertriebkörpern,* das sind solche, die im wesentlichen eine Kraftkomponente senkrecht zur Anströmrichtung liefern, also einen Auftrieb haben, werden die Beiwerte auf eine *Bezugsfläche* bezogen, die *mit F bezeichnet* wird.

Zu diesen Körpern gehören: Tragflügel, Leitwerk und u.U. das ganze Segelflugzeug.

Wie wir in Bild 206.1 links sehen, ändert sich je nach der Größe des Anstellwinkels α sowohl die Fläche $F_W$ (Anblasfläche senkrecht zur Strömungsrichtung), als auch die Fläche Fa (senkrecht zum Auftrieb).

Beide Flächen sind also zum Ermitteln von konstanten Beiwerten $c_w$ und $c_a$ nicht geeignet.
Aus diesem Grund hat man sich auf eine *konstante Bezugsfläche F* geeinigt, die allen in der Literatur veröffentlichten Beiwertangaben für Quertriebkörper zugrunde liegt.

Als Bezugsfläche wählte man unabhängig vom Anstellwinkel die sogenannte *Grundfläche,* das ist die tragende Fläche des Segelflugzeuges, die allgemein als *Flügelfläche* bezeichnet wird. Diese Flügelfläche (Bild 206.1 rechts) schließt das durch den Rumpf abgedeckte Flügelstück mit ein (es ist die schraffierte Fläche in Bild 206.1, deren

Länge b gleich der Spannweite und deren Breite t die sogenannte mittlere Profiltiefe ist (s. Abschn. 4.1.3).

Demnach ist

$$\text{Bezugsfläche } F = b \cdot t$$

Für die tragenden Teile des Segelflugzeuges (u.U. für das ganze Flugzeug) lauten daher die Formeln für den Auftrieb und für den Widerstand:

$$A = q \cdot F \cdot c_a \qquad W = q \cdot F \cdot c_w$$

Auch das Nickmoment (Bild 205.1) wird durch einen Beiwert $c_m$ auf die Bezugsfläche bezogen, die man mit $t_m$ (der mittleren Flügeltiefe) multipliziert. Für die Größe und Lage der Luftkraft werden heute die folgenden drei Bestimmungsstükke verwendet (vgl. auch 4.1.1.5 „Druckpunkt"):

| | | |
|---|---|---|
| 1) Auftrieb | $A = q \cdot F \cdot c_a$ | |
| 2) Widerstand | $W = q \cdot F \cdot c_w$ | |
| 3) Nickmoment | $N = q \cdot F \cdot t_m \cdot c_m$ | |

### 4.1.1.8 Die Polardiagramme

Es ist nicht möglich, die Beiwerte $c_a$ und $c_w$ durch theoretische Rechnungen zu bestimmen. Die Werte werden deshalb experimentell im *Windkanal* ermittelt, und zwar für die praktisch in Frage kommenden Anstellwinkel $\alpha$ von -12° bis +16°.

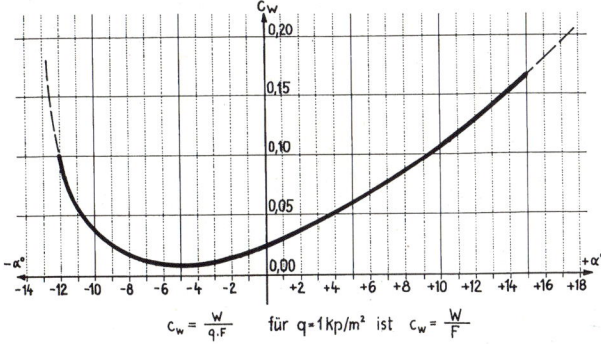

207.1 *Anstellwinkel und Widerstandbeiwert*

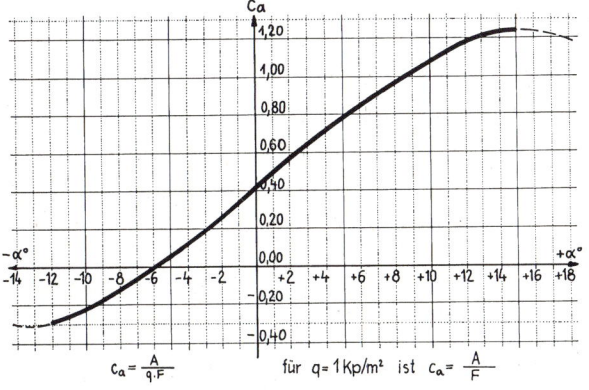

207.2 *Anstellwinkel und Auftriebsbeiwert*

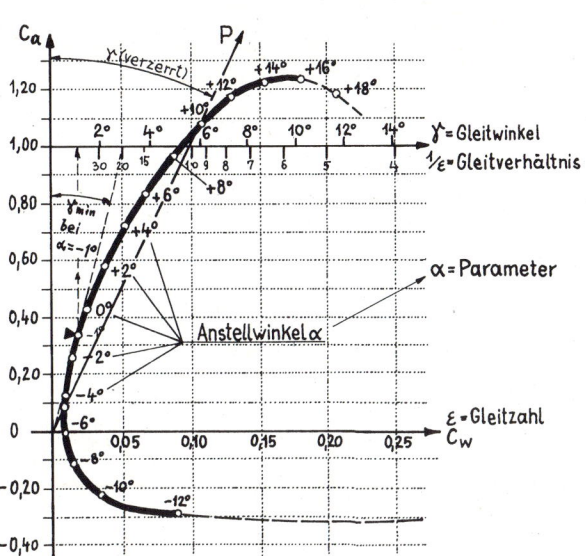

207.3 *Widerstandspolare von Lilienthal*

*Verlauf des Widerstandsbeiwertes*

Der Widerstandsbeiwert $c_w$ ist am kleinsten bei einem Anstellwinkel von etwa −5° (Bild 207.1) und nimmt bei kleiner werdenden Anstellwinkeln (nach links) zu. Bei steigenden Anstellwinkeln (nach rechts) nimmt der Beiwert ebenfalls zu und erreicht (bei diesem Profil) bei $\alpha = +15°$ etwa den 10fachen Wert wie bei −5°.

*Verlauf des Auftriebsbeiwertes*

Für größere negative Werte von $\alpha$ hat das Profil einen negativen Beiwert $c_a$ (Abtrieb). Für $\alpha = -6°$ ist $c_a = $ Null *(Nullauftrieb)*. Von hier ab nimmt der Beiwert $c_a$ etwa linear zu und erreicht bei $\alpha = +15°$ den kritischen Anstellwinkel und seinen *Höchstwert* und fällt dann rasch ab (Strömungsabriß). Bild 207.2.

Diese beiden Kurven (Bild 207.1) und 207.2) lassen sich durch eine einzige ersetzen und zwar im *Polardiagramm von Lilienthal*.

*Die Widerstandspolare (Bild 207.3)*

Für jeden Anstellwinkel $\alpha$ (Parameter) werden die Werte von $c_a$ nach oben und die Werte von $c_w$ nach rechts aufgetragen. Wegen der Kleinheit von $c_w$ nimmt man den *Maßstab von $c_w$ fünfmal so groß* wie den Maßstab von $c_a$.

Aus der so erhaltenen Widerstandspolare (polar = gegenüberstehend) kann man alles Wissenswerte über die Eigenschaften des Profils entnehmen.

Zieht man die Gerade vom Ursprung O nach P durch den Punkt $\alpha = +10°$, dann schließt sie mit der $c_a$-Achse den Gleitwinkel $\gamma$ ein (allerdings verzerrt durch den ungleichen Maßstab).

Die Gleitzahl E erhalten wir bekanntlich, wenn wir $c_w/c_a$ bilden. Diese Rechnung bleibt uns erspart, wenn wir den Schnittpunkt zwischen der Geraden O–P und der horizontalen Geraden durch $c_a = 1$ nach unten auf die $c_w$-Achse loten. Dort lesen wir ab: $E = c_w = 0,10$.

Darüber, auf der Geraden durch $c_a = 1$ können wir auf einer besonderen Skala auch das Gleitverhältnis E = 10 ablesen.

Den kleinstmöglichen Gleitwinkel $\gamma_{min}$ erhalten wir, wenn wir vom Koordinaten-Nullpunkt aus die Tangente an die Polare ziehen. Der Berührungspunkt (im Bild durch einen Pfeil gekennzeichnet) liegt bei $\alpha = -1°$, der Gleitwinkel ist $\approx 3°$ und das Gleitverhältnis E = 20:1.

*Anmerkung:* Die Gerade O–P schneidet die Polare auch bei einem Anstellwinkel von $\alpha = -4°$. Für diesen Anstellwinkel haben Gleitzahl und Gleitwinkel denselben Wert wie bei $\alpha = +10°$. Der Flügel kann demnach mit der Gleitzahl 0,10 einmal mit dem hohen Anstellwinkel $+10°$ fliegen oder, durch Betätigung des Höhenruders, mit dem kleinen Anstellwinkel $-4,5°$. Im zweiten Fall ist wegen des geringen Widerstandes eine hohe Fluggeschwindigkeit möglich und wegen des geringen Auftriebes erforderlich. Im ersten Fall ($+10°$) sind $c_a$ und $c_w$ groß und die Fluggeschwindigkeit klein, was besonders beim Landen sehr erwünscht ist.

*Die Geschwindigkeitspolare*

Wir wissen, daß die Gleitzahl sowohl

$\dfrac{c_a}{c_w}$ als auch $\dfrac{h}{D}$ sein kann.

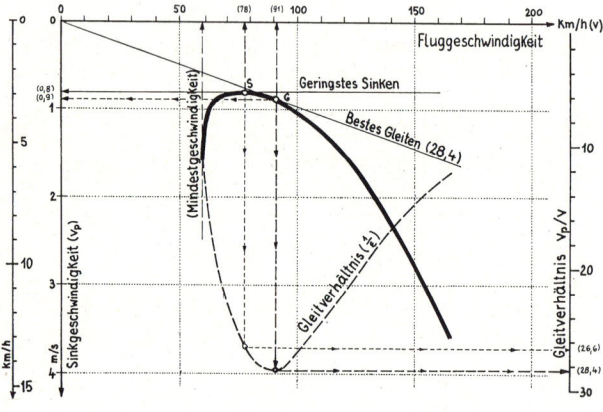

*208.1 Die Geschwindigkeits-
oder Leistungspolare*

Wenn wir den Höhenverlust h je Sekunde annehmen, dann entspricht das der Sinkgeschwindigkeit $v_p$ (m/s). Nehmen wir im selben Sinn auch die geflogene Entfernung D pro Sekunde an, dann entspricht das der Fluggeschwindigkeit $v_e$ m/s).

Wird nun die Polare statt mit den Koordinaten $c_a$ und $c_w$ mit den Koordinatenachsen $v_p$ (m/s) und $v_e$ (km/h) gezeichnet, dann ändert sich außer einer Maßstabsverzerrung an der Polarenkurve nichts. Drehen wir jetzt das Ganze um 90° nach rechts, dann erhalten wir $v_e$ als Abszisse von links nach rechts und $v_p$ als Ordinate von oben nach unten (Bild 208.1). Diese Art der Darstellung des Polardiagrammes heißt „Geschwindigkeitspolare" oder „Flugleistungspolare". Wir finden sie in den Prospekten der Segelflugzeug-Herstellerfirmen abgedruckt.

Die Tangente an den höchsten Punkt dieser Polaren (horizontale Tangente) gibt uns das geringste Sinken (links) und die dazugehörige Fluggeschwindigkeit (oben) an.

Den Punkt G des besten Gleitens erhalten wir als Berührungspunkt der Tangente vom Nullpunkt des Koordinatensystems an die Polarenkurve. Dieser Punkt gibt uns die Fluggeschwindigkeit und Sinkgeschwindigkeit an, die wir einhalten müssen, um die weitmöglichste Strecke fliegen zu können. Wir brauchen nur vom Punkt G aus nach oben (zum Ablesen der Fluggeschwindigkeit) und nach links (zum Ablesen der Sinkgeschwindigkeit) zu loten.

In Bild 208.1 ist außerdem die Kurve des Gleitverhältnisses E = $1/E = v_e/v_p$ eingezeichnet, die meist in den Prospekten fehlt. Aus den Leitpfeilen in Bild 272.1 ist zu ersehen, auf welche Weise das Gleitverhältnis gefunden und abgelesen werden kann. Die Ableseskala ist am rechten Bildrand.

*Punkt des geringsten Sinkens* (lang in der Luft bleiben)

Fluggeschwindigkeit: von S nach oben loten,
      gibt $v_e = 78$ km/h
Sinkgeschwindigkeit: von S nach links loten,
      gibt $v_p = 0,8$ m/s
Gleitverhältnis:      von S nach unten loten,
      bis zur 1/E-Kurve, von da
      nach rechts bis zur Skala,
      gibt 1/E = 26,6:1 = E.

Wie weit kann man unter den Bedingungen des geringsten Sinkens in vollkommen ruhiger Luft aus 1000 m Höhe fliegen? In welcher Zeit?

*Antwort:* D = h · Gleitverhältnis = (1000 m = 1 km) = 1 · 26,6 = 26,6 km $\approx$ 27 km

$$t = \frac{h}{v_p} = \frac{1000}{0,8} = 1250 \text{ Sekunden} = 20,8 \text{ Minuten} \approx 21 \text{ min}$$

*Punkt des besten Gleitens* (größte Flugstrecke ermöglichen)

Fluggeschwindigkeit: von G nach oben loten,
      gibt $v_e = 91$ km/h
Sinkgeschwindigkeit: von G nach links loten,
      gibt $v_p = 0,9$ m/s
Gleitverhältnis:      von G nach unten loten
      bis zur 1/E-Kurve. von da
      nach rechts bis zur Skala
      gibt 1/E = 28,4:1

Wie weit kann man unter den Bedingungen des besten Gleitens in vollkommen ruhiger Luft aus 1000 m Höhe fliegen? In welcher Zeit?

*Antwort:* D = h · Gleitverhältnis = (1000 m = 1 km) = 1 · 28,4 = 28,4 km

$$t = \frac{h}{v_p} = \frac{1000}{0,9} = 1111 \text{ Sekunden} = 18,5 \text{ Minuten}$$

*Schlußfolgerung:*

Will man aus einer gegebenen Höhe recht weit kommen oder an ein Ziel (zum nächsten Aufwind oder zu einem Flugplatz), dann muß man nach den Bedingungen des besten Gleitens fliegen. In unserem Beispiel ist die Flugstrecke 7% länger, als wenn man mit sparsamem (geringstem) Sinken fliegt.

Will man recht lange in der Luft bleiben, weil keine Gefahr besteht, daß man den Landeplatz nicht mehr erreicht, dann nach den Bedingungen des geringsten Sinkens fliegen. In unserem Beispiel ist die Gleitzeit 12% länger als beim besten Gleiten.

### 4.1.1.9 Die Widerstandsarten

*Allgemein*

Gleichzeitig mit der Erzeugung des *gewünschten* Auftriebes treten Kräfte auf, die *unerwünscht* in anderen Richtungen als der Auftrieb wirken. Alle diese unerwünschten Kräfte nennt man zusammen *Widerstände*.

Die Widerstände, die als Nebenprodukt bei der Auftriebserzeugung entstehen, nennt man *Flügelwiderstand*. Weitere schädliche Kräfte der Luftströmung, die nichts mit der Auftriebserzeugung zu tun haben, aber doch bei jedem Flug auftreten, nennt man *schädlichen Widerstand*.

nicht aus, denn sie ist schon in d ausgezehrt und das Luftteilchen kommt zum Stillstand. Die stillstehenden Luftteilchen häufen sich in d an und schließlich wandert die in d angesammelte Luft in die allgemeine Strömung hinein *(das ist die Ablösung)* und durchsetzt diese mit sich drehenden Luftmengen *(das sind die Wirbel)*.

Besonders leicht zu verstehen ist dies mit einem mechanischen Vergleich (Bild 274.1, Mitte).

Das reibungsfrei gleitende Teilchen rollt auf der eingezeichneten Bahn von a nach b hinunter und beschleunigt sich hierbei. Es hat in b soviel kinetische Energie angesammelt, daß es mit dem Schwung bis nach c hinaufrollt. Gleitet jedoch das Teilchen mit Reibung, dann verzehrt diese einen Teil der kinetischen Energie, so daß das Teilchen schon im Punkt d zum Stillstand kommt, seine Bewegungsrichtung umkehrt und wieder zurückrollt.

| Einteilung der Widerstände | | |
|---|---|---|
| Druckwiderstand (auch Formwiderstand genannt) <br> Reibungswiderstand (auch Grenzschichtwiderstand) <br> Induzierter Widerstand (auch Randwiderstand) | $W_D$ <br> $W_R$ <br> $W_I$ | Flügelwiderstand |
| Nebenwiderstand (auch Restwiderstand) <br> Zusätzlicher Widerstand (auch Interferenzwid.) | $W_N$ <br> $W_Z$ | Schädl. Widerstand |

### 4.1.1.10 Der Druckwiderstand $W_D$

Dieser Widerstand wurde ausführlich in 4.1.1.2 besprochen. Im allgemeinen sind die Widerstandsbeiwerte $c_w$ bei normaler Wirbelentwicklung am Heckteil des Tragflügels gültig, beinhalten also auch den Einfluß des Reibungswiderstandes $W_R$.

### 4.1.1.11 Der Reibungswiderstand $W_R$

Der Grenzschichtwiderstand oder Reibungswiderstand wurde ausführlich in 4.1.1.3 behandelt, soweit die Strömung laminar oder turbulent an der Körperoberfläche anliegt.

Bei größeren Geschwindigkeiten und Druckanstieg an der Oberfläche löst sich jedoch die Strömung (Stromlinien) von der Oberfläche ab und es entstehen Wirbel, die den Reibungswiderstand hochschnellen lassen und den Auftrieb vernichten können. Diesen Vorgang nennt man „Ablösung der Strömung".

### 4.1.1.12 Ablösung der Strömung

Bei der Umströmung des Profils kann man einen Bereich beschleunigter Strömungsgeschwindigkeit (a–b in Bild 206.1) und einen Bereich verzögerter Geschwindigkeit (b–c in Bild 209.1) unterscheiden. Entsprechend der Bernoullischen Gleichung ist damit ein Druckabfall bzw. ein Druckanstieg verbunden: Verengung der Stromlinien bedeutet Druckabfall (und Beschleunigung), Erweiterung der Stromlinien bedeutet Druckanstieg (und Verzögerung).

Bei reibungslosem Strömungsmedium würde die Bewegungsenergie (kinetische Energie) gerade ausreichen, um den Druckanstieg von b nach c zu überwinden. Bei einem Medium mit innerer Reibung (z.B. Luft) reicht die kinetische Energie durch die Reibungsverluste auf dem Weg b–c

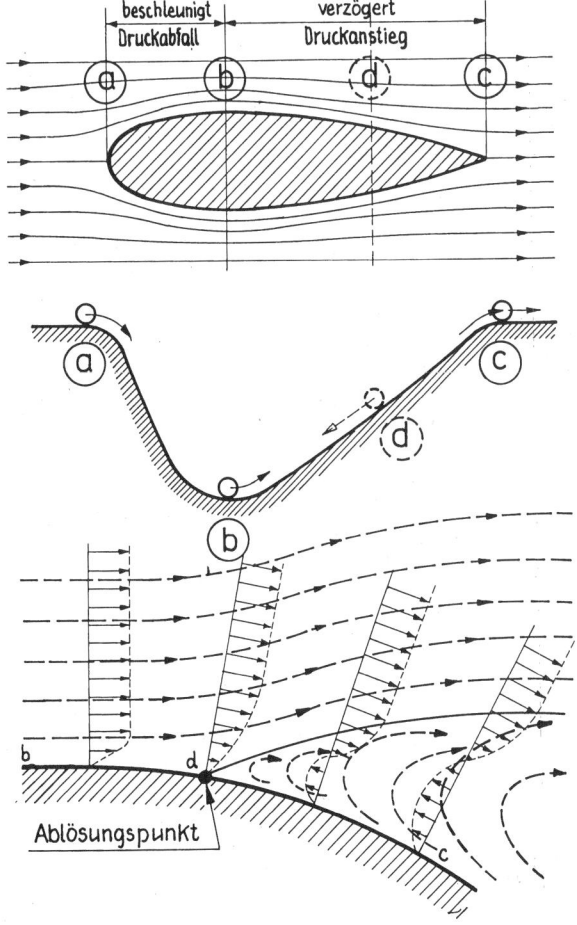

*209.1 Entstehung der Ablösung*

Die Geschwindigkeitsprofile (Bild 202.3) auf dem Weg von a nach c ändern sich so, wie (in Bild *209.1*, unten) dargestellt ist: Am *Ablösungspunkt d* ist die Geschwindigkeit der Luft an der Körperoberfläche Null und wird dann negativ, entgegengesetzt zur allgemeinen Strömungsrichtung.

Die Wirbelablösung von der Körperoberfläche geht im allgemeinen *periodisch* vor sich. Besonders auffallend ist dies in besonderen Fällen, in denen sich die Wirbel regelmäßig in ganz bestimmter Anordnung bilden. Das *Pfeifen eines durch die Luft bewegten Körpers* (Lineal durch die Luft, bewegter Tragflügel, Wind um eine Hausecke usw.) ist z.B. darauf zurückzuführen.

Auf der *Profilunterseite* sind bei Normalzuständen Grenzschichtablösungen nicht zu befürchten, da in der Richtung zur Hinterkante des Profils meistens ein kleines Druckgefälle und nie ein Druckanstieg vorhanden ist.

Auf der *Profiloberseite* dagegen, kann durch die zu starke Geschwindigkeitsabnahme in Richtung zur Hinterkante, die rasche Druckzunahme zu einer Ablösung der Grenzschicht beim Ablösungspunkt A führen (Bild 207.1).

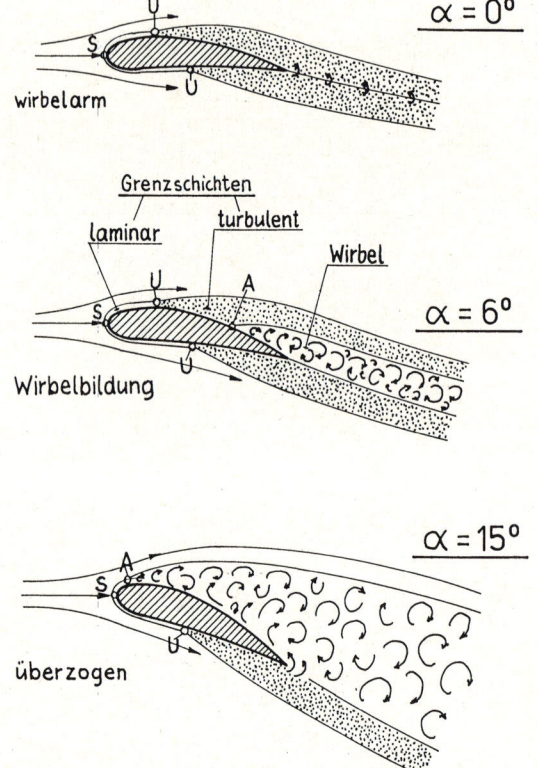

210.1 Grenzschichtablösung

In Bild 210.1 sind die verschiedenen Strömungszustände, abhängig vom Anstellwinkel dargestellt (vgl. auch Bild 203.1). Beim *Anstellwinkel* α = 0º sind normale, gewünschte Strömungszustände. Zu beiden Seiten des Staupunktes verläuft die Grenzschicht laminar bis zu den Umschlagpunkten U. Von da an ist die Grenzschicht turbulent, mit einer zarten laminaren Unterschicht. Beim Zusammenschluß der von oben und unten kommenden Grenzschichten entstehen nur unbedeutende, kaum zu merkende Wirbel.

Beim *Anstellwinkel* α = 6º und höher schließen sich die Ober- und Unterströmung nicht mehr so ganz wirbelfrei, weil sich die obere Grenzschicht beim Erreichen des Ablösungspunktes ablöst, so daß ein Wirbelfeld entsteht (Bild 209.1).

Äußerst gefährliche Flugzustände mit tragischen Folgen können sich einstellen, wenn sich auch die laminare Grenzschicht ablöst und der Ablösungspunkt A auf der Oberseite ganz nach vorn rückt *(Beispiel Anstellwinkel* α = 15º), wodurch praktisch die gesamte Strömung auf der Oberseite abreißt. Dieser Fall kommt hauptsächlich bei starker Anstellung des Tragflügels gegen die Strömung vor. Man sagt: Der *Flugzustand ist überzogen.* Das Überziehen tritt bei einem Anstellwinkel von etwa 15º ein.

*Die Stelle des Ablösungspunktes hängt ab von:*
1) Druckverlauf (plötzlicher Druckanstieg ist ablösungsgefährlicher als langsamer),
2) Dicke der Grenzschicht (dicke löst sich leichter ab als dünne),
3) Art den Grenzschicht (turbulente löst sich leichter ab),
4) Oberflächenrauhigkeit (rauhe löst leichter ab).

*Die Stelle des Umschlagpunktes* wandert mit wachsender Reynolds'scher Zahl nach vorne, während die Lage des Ablösepunktes von der Re-Zahl unabhängig ist. Die Gefahr, daß die Ablösung vor dem Umschlagpunkt liegt, wird mit zunehmender Re-Zahl kleiner.

---

*Die Reynolds'sche Zahl* wird u.a. benötigt, um Ergebnisse von Messungen an Modellen im Windkanal auf das Originalflugzeug umrechnen zu können. Modell und Originalsegelflugzeug müssen die gleiche Re-Zahl haben. Sie lautet:

$$Re = \frac{v \cdot l}{\gamma} \text{ und liegt für Segelflugzeuge zwischen } 0,6 \cdot 10^6 \text{ und } 4,0 \cdot 10^6$$

(v = Luftgeschwindigkeit in m/s; l = irgend eine kennzeichnende Länge in m (z.B. die Profiltiefe); $\gamma$ = kinematische Luftzähigkeit (m²/s = 0,00001464 bei 15ºC und Druck 1,033 kp/cm).

$$\gamma = \frac{\mu}{\varrho} = \frac{\text{Zähigkeit der Luft}}{\text{Luftdichte}} = \frac{(kp \cdot s \cdot m^{-2})}{(kp \cdot s^2 \cdot m^{-4})} = (m^2/s)$$

---

Näheres Eingehen auf die Re-Zahl ist im Rahmen dieses Buches nicht erforderlich.

### 4.1.1.13 Der induzierte Widerstand $W_i$

*Das Wirbelsystem am Tragflügel*

Weil die Tragflügel aller Flugzeuge nicht unendlich lang sind, sondern nur eine begrenzte Länge haben, gleicht sich der Druckunterschied zwischen Flügeloberseite und Flügelunterseite an den Flügelenden aus (Bild 211.1, oben).
Dieser Druckausgleich verringert den Druckunterschied zwischen Ober- und Unterseite an den Flügelenden stark. Der Einfluß der endlichen Spannweite ist auf den Widerstand und auf den Anstellwinkel recht beträchtlich.
Die Strömung des Druckausgleiches, die auf der Flügelunterseite von der Flugzeugmitte nach den Flügelenden und auf der Flügeloberseite von den Flügelenden nach der Flugzeugmitte hin gerichtet ist, bewirkt eine Ablenkung der Stromlinien (Bild oben und Mitte). Die Ablenkung erfolgt auf

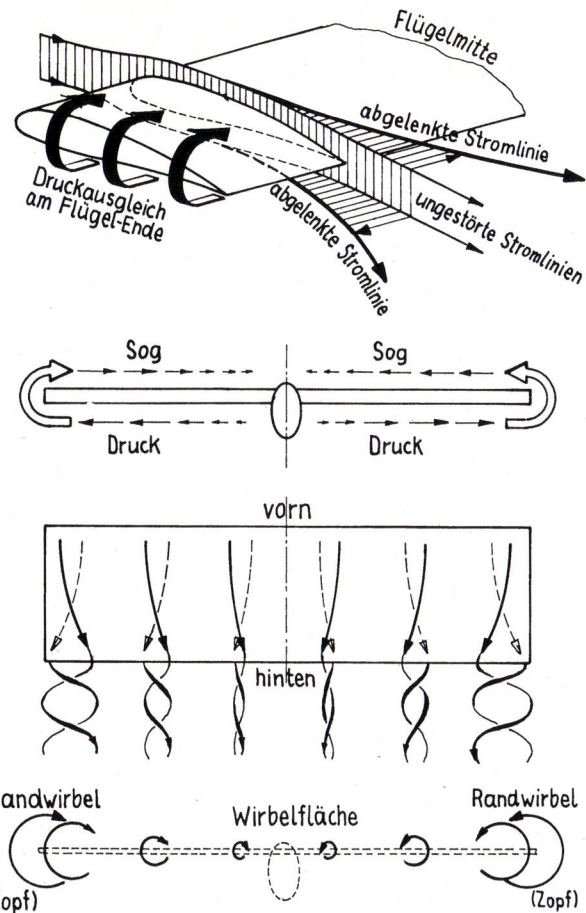

211.1 Entstehung der Wirbelfläche hinter dem Tragflügel

c) dem bei Bewegungsbeginn entstandenen, aber abschwimmenden *Anfahrwirbel*.

Der Anfahrwirbel schwimmt ab und verliert sich nach kurzer Zeit. Er entsteht immer wieder neu, wenn die Strömung abgerissen war und wieder neu zum Anliegen kommt. Dabei entsteht auch die Zirkulation, die am Tragflügel verbleibt und nur so lange besteht, so lange die Strömung anliegt.

Vom hinteren Flügelrand geht die *Wirbelfläche* aus. Zur besseren Veranschaulichung sind in Bild 211.2 von den vielen Wirbelbändern der Wirbelfläche nur einige dargestellt.

Die Wirbelfläche stellt kein stabiles System dar, denn in einiger Entfernung hinter dem Flügel beginnt sie sich aufzurollen (Bild 211.3). Das Aufrollen der Wirbelfläche in die beiden Wirbelzöpfe läßt sie verschwinden. Die Wirbelzöpfe halten jedoch längere Zeit an und verursachen in der Ebene zwischen sich, also auch am Tragflügel

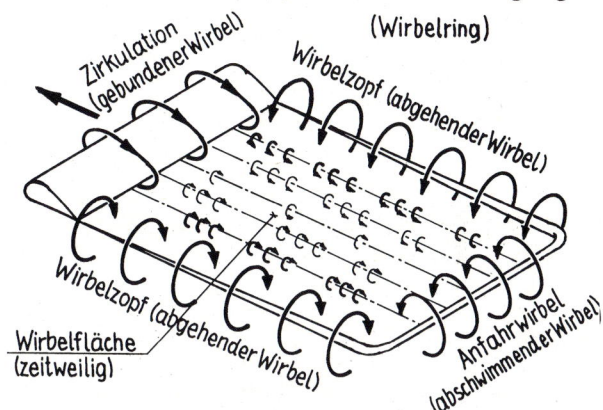

211.2 Das Wirbelsystem des Tragflügels

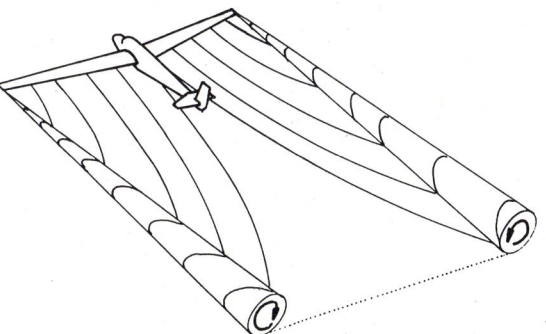

211.3 Das Aufrollen der Wirbelfläche

der Oberseite nach der Flugzeugmitte hin und auf der Unterseite nach den Flügelenden hin. Die Ablenkung ist an den Flügelenden am größten und nimmt nach der Flugzeugmitte hin ab.

Da bei der Wiedervereinigung der von oben und von unten kommenden Stromlinien eine Versetzung vorliegt, wird eine Drehbewegung eingeleitet, die zusammen mit dem nach hinten gerichteten Strömungsverlauf Wirbel bildet.
Die Wirbel drehen auf der linken Flügelseite rechts herum und auf der rechten Flügelseite links herum und werden nach der Flugzeugmitte hin immer schwächer. Die Drehachsen der Wirbel liegen dabei alle in Flugrichtung und bilden alle zusammen die sogenannte „*Wirbelfläche*".

Besonders stark ausgebildet sind die Wirbel an den Flügelenden. Sie heißen Randwirbel oder „*Wirbelzöpfe*". Je nach der Größe des Druckunterschiedes an den Flügelenden ist auch die Intensität dieser Wirbelzöpfe verschieden.

Da sich die Wirbelzöpfe sehr lange in der Luft halten und besonders bei Großflugzeugen außerordentlich stark sind, bedeuten sie eine *sehr große Gefahr für kleinere Flugzeuge* und besonders für Segelflugzeuge. Deshalb ist der Raum hinter größeren Flugzeugen zu meiden.

Das Wirbelsystem am Tragflügel bildet einen geschlossenen *Wirbelring* (Bild 211.2, oben). Dieser Wirbelring besteht aus:

a) dem an den Tragflügel gebundenen *Zirkulationswirbel*,
b) den beiden von den Flügelenden abgehenden *Wirbelzöpfen*,

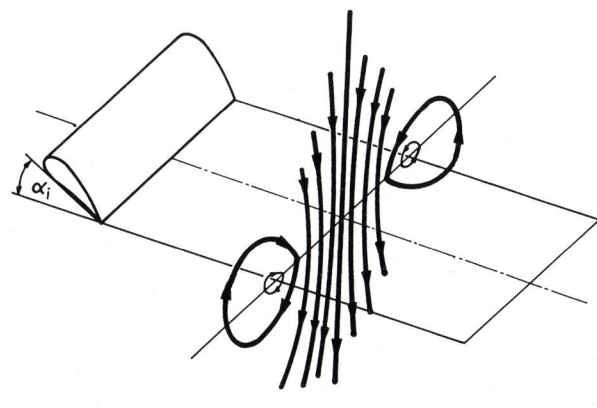

211.4 Der induzierte Anstellwinkel

selbst, eine zusätzliche Abwärtsgeschwindigkeit, d.h. eine zusätzliche Ablenkung der Strömung (Bild 211.4).

Zum fortgesetzten Neubilden der Wirbelzöpfe, die sich bei der Vorwärtsbewegung des Luftfahrzeuges ständig verlängern, muß dauernd Arbeit verrichtet werden. Diese Arbeit wird zum Überwinden des sogenannten *induzierten Widerstandes* (auch Randwiderstand genannt, weil er vom Überströmen der Luft von der Flügelunterseite über den Rand zur Flügeloberseite ausgelöst wird) gebraucht (Bild 211.1).

### Der induzierte Anstellwinkel

Die Strömungsablenkung am Tragflügel (Bild 211.4) nach unten bringt eine Änderung der Anströmrichtung um den sogenannten induzierten Anstellwinkel $\alpha_i$, d.h. der Flügel mit begrenzter Spannweite muß in der von ihm selbst erzeugten absteigenden Strömung (Abwind) ständig einen Steigflug ausführen, um horizontal zu fliegen.

Der wirksame Anstellwinkel $\alpha_{eff}$ ist kleiner als der geometrisch vorhanden Anstellwinkel $\alpha$ und zwar um den induzierten Anstellwinkel $\alpha_i$.

Der unter dem geometrischen Anstellwinkel $\alpha$ gegen die ungestörte Strömung angestellte Tragflügel wird also nur noch unter dem „effektiven Anstellwinkel $\alpha_{eff}$" angeströmt (Bild 209.1).

### Der induzierte Widerstand (Bild 212.1)

Da der Quertrieb (= Auftrieb) immer senkrecht zur tatsächlichen Anströmrichtung wirkt und diese jetzt um den induzierten Anströmwinkel $\alpha_i$ gegenüber der ungestörten Strömung geneigt ist, erhält der Quertrieb (Auftrieb) ebenfalls eine Neigung $\alpha_i$.

Dadurch erhält der Auftrieb eine Widerstandskomponente nach hinten. Diese Widerstandskomponente heißt:

„*induzierter Widerstand* $W_i$".

Auch der induzierte Widerstand wird durch einen Beiwert $c_{wi}$ aus der Bezugsfläche F und dem Staudruck q errechnet.

Bei elliptischer Auftriebsverteilung über die Flügelspannweite b (Bild 278.2) beträgt der Beiwert des induzierten Widerstandes:

$$c_{wi} = \frac{c_a^2}{\pi} \cdot \lambda$$

Dabei ist $\lambda$ das „Seitenverhältnis des Tragflügels": t/b.

Unter *Seitenverhältnis* versteht man:

$$\lambda = \frac{t}{b} = \frac{F}{b^2}$$

(siehe auch 4.1.3).

Je kleiner das Seitenverhältnis ist, desto schlanker ist der Tragflügel.

Der Verlust durch den induzierten Widerstand $W_i$ ist beim schlanken Tragflügel bedeutend geringer als beim gedrungenen Flügel. Bild 212.3 zeigt klar, welchen großen Einfluß das Seitenverhältnis eines Tragflügels auf den induzierten Widerstand und damit auf die Polare hat.

Nicht nur die Flügelstreckung, sondern auch die *Grundrißform* des Tragflügels hat einen großen Einfluß auf den induzierten Widerstand (siehe 4.1.3). Am günstigsten, aber schwieriger herzustellen und deshalb teuer, sind Flügel mit elliptischem Grundriß (Bild 213.1). Der elliptische Tragflügel hat auch eine elliptische Auftriebsverteilung über die Spannweite, bei der auch der induzierte Widerstand am geringsten ist.

Wegen der leichteren Herstellung werden die Tragflügel der Segelflugzeuge mit einem der Ellipse ähnlichen, aber trapezförmigen Grundriß ausgeführt. Die günstigsten Verhältnisse hinsichtlich des induzierten Widerstandes liefert der Trapezflügel mit einer Verjüngung $t_2 : t_1 \approx 0,45$ (Bild 213.1).

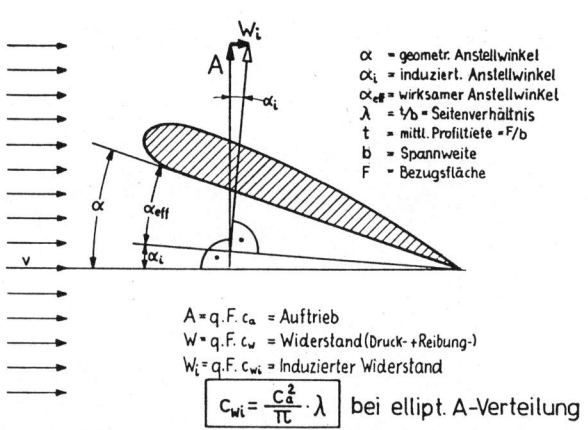

$A = q.F. c_a = $ Auftrieb
$W = q.F. c_w = $ Widerstand (Druck- + Reibung-)
$W_i = q.F. c_{wi} = $ Induzierter Widerstand

$$c_{wi} = \frac{c_a^2}{\pi} \cdot \lambda \quad \text{bei ellipt. A-Verteilung}$$

*212.1 Der induzierte Widerstand*

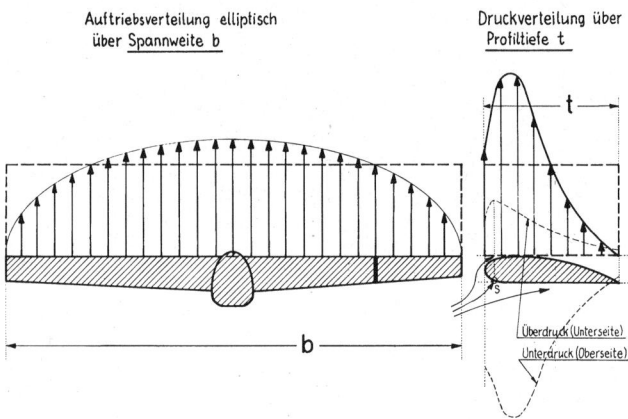

*212.2 Auftriebsverteilung über Spannweite b und Profiltiefe t*

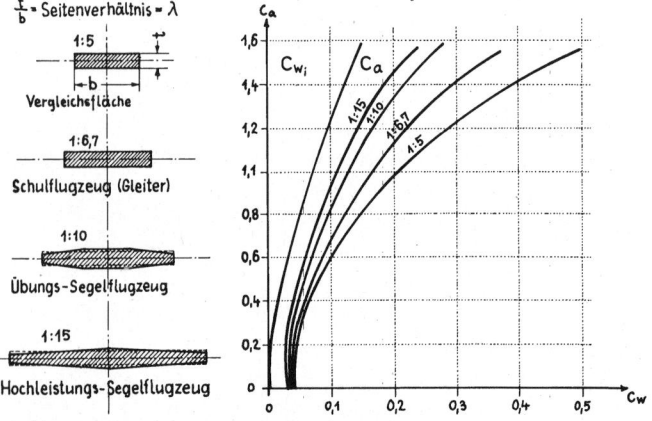

*212.3 Einfluß des Seitenverhältnisses auf die Polare*

212

Flügeln mit beliebigem Grundriß kann man durch eine geeignete geometrische oder aerodynamische Flügelschränkung (siehe 4.1.3) eine elliptische Auftriebsverteilung aufzwingen.

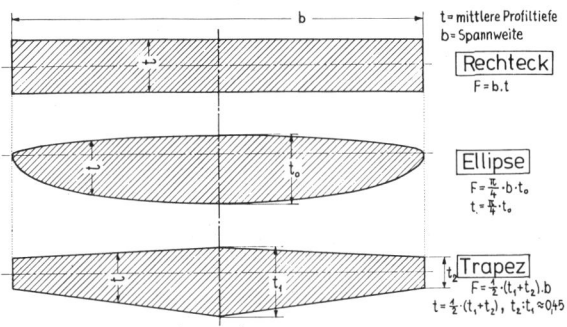

$F = b \cdot t =$ Tragfläche, $\lambda = \frac{t}{b} = \frac{F}{b^2}$, $\Lambda = \frac{b^2}{F}$, $\lambda =$ Seitenverhältnis, $\Lambda =$ Flügelstreckung

*213.1 Formen der Tragflügel*

Ferner kann durch eine geeignete Pfeilstellung der Flügelhälften (4.1.3) Einfluß auf den Verlauf der Auftriebsverteilung genommen werden.

Die Ausbildung der Flügelenden („Flügelspitzen") ist ebenfalls wichtig zum Verringern der Wirbelzöpfe, die eine Hauptursache des induzierten Widerstandes sind.

### 4.1.1.14 Der Nebenwiderstand $W_N$

Alle Luftfahrzeugteile, die keinen Beitrag zur Auftriebserzeugung liefern, haben zusammen einen Luftwiderstand, den sogenannten Nebenwiderstand (oder Restwiderstand).
Zu diesen Teilen gehören: Rumpf, Leitwerk, Fahrwerk, eventuelle Verstrebungen, äußere Armaturen usw.

Diese Teile verursachen zusammen einen verhältnismäßig großen, zusätzlichen Widerstand. Er nimmt mit dem Anstellwinkel rasch, stärker als linear zu. Dies ist der Grund, warum bei modernen Flugzeugen durch Einziehfahrwerk, verspannungs- und strebenfreie Konstruktion, saubere Verkleidung vorstehender Armaturen usw. versucht wird, den Nebenwiderstand zu verkleinern.

Der Nebenwiderstand $W_D$ (Restwiderstand) ist:

$$W_N = (\tfrac{1}{2} \cdot \varrho \cdot v^2) \text{ mal Summe } (A \cdot c_w) \text{ aller Bauteile}$$

Die $c_w$ der infrage kommenden Bauteile liegen zwischen 0,07 und 0,20.
Höhen- und Seitenleitwerke in Normalstellung: $c_w = 0,03$.

Der Ruderausschlag hat einen sehr großen Einfluß auf deren Widerstand. Größere Ruderausschläge *vervielfachen* den Widerstand. Deshalb sind Ruderausschläge auf das notwendige Minimum zu beschränken.

### 4.1.1.15 Der Interferenzwiderstand $W_Z$

Es genügt nicht, die Widerstände der einzelnen, im Luftstrom liegenden Teile einfach zu addieren, um den Gesamtwiderstand des Flugzeuges zu bekommen. Die gegenseitige Beeinflussung (Interferenz) der Teilluftströmungen muß außer

dem berücksichtigt werden. Bei Annäherung oder gar bei Anbau eines weiteren Körpers wird das gesamte Strömungsbild und damit der Auftrieb und die Widerstände verändert.

Ist der Gesamtwiderstand des Segelflugzeuges kleiner als die Summe der Einzelwiderstände, dann gilt die Differenz zwischen Gesamtwiderstand und Widerstandssumme (der Interferenzwiderstand) als negativ; ist der Gesamtwiderstand größer als die Summe der Einzelwiderstände, dann gilt der Interferenzwiderstand als positiv:

Negativer Interferenzwiderstand = günstig
Positiver Interferenzwiderstand = ungünstig

Besonders ungünstig wirkt sich bei Tief- und Mitteldeckern der sogenannte *Diffusoreffekt* aus, da die äußerst empfindliche Strömung an der Saugseite des Tragflügels (Oberseite) leicht zur Ablösung und zu starker Wirbelbildung veranlaßt werden kann.

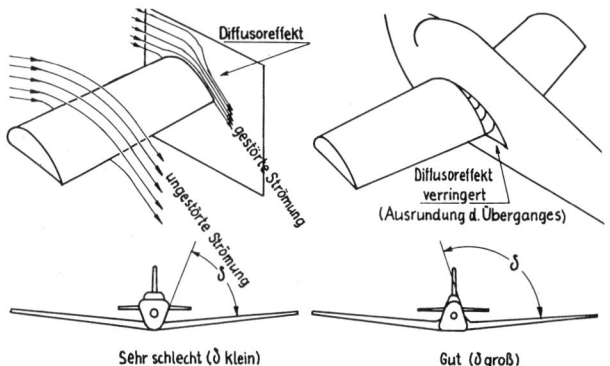

*213.2 Der Diffusoreffekt*

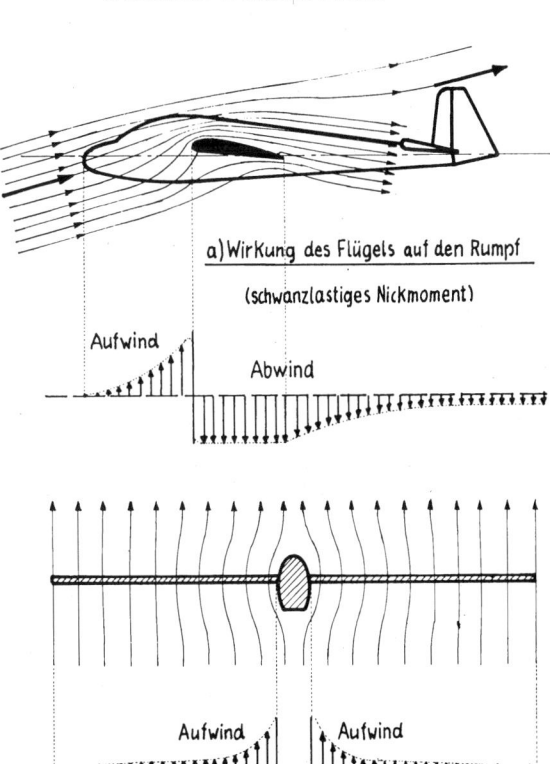

a) Wirkung des Flügels auf den Rumpf

(schwanzlastiges Nickmoment)

b) Wirkung des Rumpfes auf den Flügel

(In Rumpfnähe zusätzl. Aufwind = Anstellwinkel = Verwindung)

*213.3 Interferenz Flügel-Rumpf*

Unter *Diffusoreffekt* versteht man die zusätzliche Geschwindigkeitsminderung der Luftströmung durch die Reibung der Luftteilchen an der Rumpfwand.

Die Luftteilchen verlieren durch diese Reibung ihre Bewegungsenergie (kinetische Energie) rascher als die Teilchen der ungestörten Strömung an der Flügeloberseite (Bild 280.1) und beschreiben stärker gekrümmte Bahnen gegen den hier erfolgenden Druckanstieg. Durch den schnellen Druckanstieg in Strömungsrichtung (vgl. Bild 209.1) tritt die Ablösung an der Flügeloberseite sehr rasch ein.

Die Luft strömt jetzt als „freier Luftstrahl" zwischen durchwirbeltem „Totwasser" und mischt sich mit diesem. Der entstehende Energieverlust ist ganz gewaltig.

Von den zahlreichen Interferenzeinflüssen der verschiedenen Teile des Segelflugzeuges aufeinander sind:
a) die Wirkung des Flügels auf den Rumpf sowie
b) die Wirkung des Rumpfes auf den Flügel (Bild 213.3).

Die Wirkung des Flügels ergibt ein schwanzlastiges Nickmoment, die Wirkung des Rumpfes ergibt eine Anstellwinkelverwindung. Es würde den Rahmen dieses Buches überschreiten, näher darauf einzugehen. Es soll nur erwähnt werden, daß bezüglich des Widerstandes und des Höchstauftriebes die Tiefdeckeranordnung besonders empfindlich ist, weil hierbei der Rumpf auf der Saugseite des Flügels liegt und dadurch den Ablösungsbeginn stark beeinflußt.

### 4.1.1.16 Die Gesamtpolare (Bild 214.1)

Als Grundlage der Gesamtpolare dient die bereits bekannte „Flügelpolare", bei deren Konstruktion die Widerstandsbeiwerte des Tragflügels (Druck-, Reibungs- und Induzierter Widerstand) zusammen als „Flügelwiderstand" den Beiwert $c_{wF}$ haben (in Bild 214.1 die dünn gezeichnete Polare).

Die Gesamtpolare zeigt den Zusammenhang zwischen Auftrieb und Widerstand des *gesamten* Segelflugzeuges in Abhängigkeit vom Anstellwinkel $\alpha$.

Bei der Konstruktion der Gesamtpolaren werden bei den verschiedenen Anstellwinkeln von der vorhandenen Flügelpolaren aus die Beiwerte des Nebenwiderstandes $W_N$ und des Interferenzwiderstandes $W_Z$ als schädlicher Widerstand $c_{ws}$ aufgetragen (stark ausgezogene Polare in Bild 214.1).

$$\text{Gesamtpolare: } c_{w\,ges} = c_{wF} + c_{ws}$$

Die Gesamtpolare ist eine unerläßliche Unterlage zu allen Flugleistungsrechnungen und ist die aerodynamische Visitenkarte des Segelflugzeuges.

Der Vergleich zwischen Flügelpolare und Gesamtpolare zeigt, daß der Neben-(Rest-)-widerstand und der Induzierte Widerstand den kleinsten Gleitwinkel $\gamma_{min}$ ganz wesentlich verschlechtern.

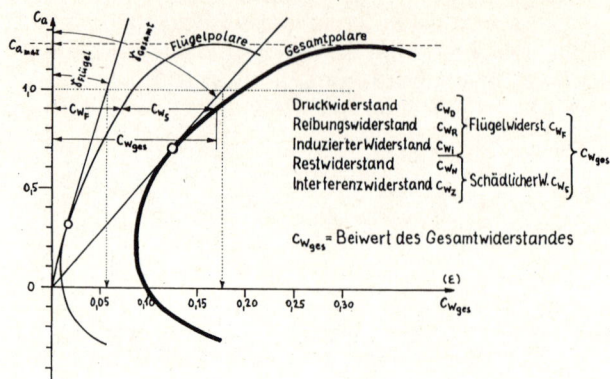

*214.1 Der Aufbau der Gesamtpolare*

### 4.1.1.17 Der Höchstauftrieb

Aus der Höhe, bis zu der die Kurve der Gesamtpolare aufsteigt, ist zu ersehen, bis zu welchem Anstellwinkel $\alpha$ das Segelflugzeug Auftrieb hat. Im Falle des Bildes 214.1 ist das der Anstellwinkel 15°.

Wird diese Gradzahl überschritten, dann reißt die Strömung ab, das Segelflugzeug befindet sich im überzogenen Flugzustand. Der Höchstauftrieb ($c_{a/max}$) beträgt in unserem Beispiel:

$$A_{max} = 0,5 \cdot 1,22 \cdot F \cdot \varrho \cdot v^2$$

Zeigt die Gesamtpolare beim Höchstauftrieb einen scharfen Knick nach unten, dann reißt die Strömung auf der ganzen Profiltiefe ab (Bild 207.1 unten). Je näher die Polarenkurve an der ca-Achse liegt, je steiler sie aufsteigt und je höher sie hinaufreicht, desto günstiger ist das Segelflugzeug.

### 4.1.1.18 Einfluß der Vereisung

*Auftriebsverminderung:* Die am Flugzeug auftretende Vereisung (vgl. 3.4.5) verändert das Flügelprofil und vergrößert das Eigengewicht des Segelflugzeuges. Durch die Profilverschlechterung vermindert sich der Höchstauftrieb. Die Folgen sind besonders bei Luftfahrzeugen mit hoher Flächenbelastung schwerwiegend.

*Widerstandserhöhung:* Durch die Eisbildung an Flügeln, Steuerflächen, Rumpf und an allen exponierten Stellen des Segelflugzeuges erhöht sich der Widerstand erheblich. Schon eine geringe Eisschicht kann die Geschwindigkeit beträchtlich vermindern.

*Gewichtserhöhung:* Die Gewichtserhöhung durch Eisansatz allein wäre in ihren Folgen nicht sehr bedeutend. Aber zusammen mit der Auftriebsverminderung und der Widerstandserhöhung kann sie ausschlaggebend werden.

*Steuerung:* Nach einem Flug durch starken Nebel oder durch Regen mit anschließendem Einflug in eine kalte Zone kann zurückgebliebene Wasseransammlung gefrieren. Durch diese Eisbildung können Gelenke der Steuerung blockiert werden und eine weitere Steuerung unmöglich machen.

*Pitotrohre:* Bildet sich im Pitotrohr Eis, dann wird zunächst die Geschwindigkeitsanzeige (Fahrtmesser) falsch oder kann sogar ganz ausfallen. Die Funktion von künstlichem Horizont, Wendezeiger und (wenn vorhanden) Kurskreisel kann beeinträchtigt oder gänzlich unterbunden werden. Eine Schutzmaßnahme gegen die Vereisung ist die *Heizung am Pitotrohr.*

*Fenster der Führerkabine:* Durch die Vereisung der Fensterscheiben kann die Sicht nach vorn oder rundherum sehr behindert oder ganz unmöglich werden. Deshalb ist die Vereisung von Fenstern besonders gefährlich.

### 4.1.1.19 Start- und Landehilfen, Klappen

Die Aufgaben der verschiedenen, bei Segelflug verwendeten Hilfen sind:

Für den Start: Auftriebserhöhung, kleine Geschwindigkeit (kurze Anlaufstrecke);

Für Unterwegs: Profilveränderung zum Schnellfliegen;

Für das Landen: Geschwindigkeitsminderung, Auftriebserhöhung, kleinere Geschwindigkeit (kurze Landestrecke)

*Wölbklappen und Spreizklappen (Bild 215.1)*

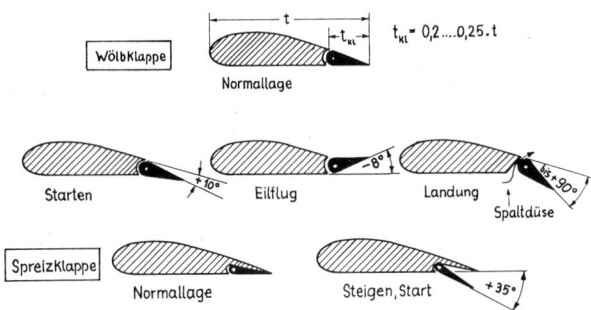

*215.1 Wölb- und Spreizklappen*

Wölbklappen ( = Landeklappen)

Beim Verstellen der Wölbklappen ändert sich die Wölbung des Flügelprofils. Die Klappen befinden sich am hinteren Ende des Profils und bilden in der Normallage einen Teil desselben. Die Wölbklappe nimmt 1/4 bis 1/5 der Flügeltiefe t ein und ersteckt sich ungefährt über 0,4 der Flügellänge. Die Klappen sind zwischen Querruder und Rumpf (Abschn. 4.2.5) angebracht.

*Beim Starten* werden die Wölbklappen nur zum Teil ausgefahren (etwa 10°). Durch die Vergrößerung der Wölbung wird der Auftrieb erhöht, durch den kleinen Ausschlag ist die Widerstandserhöhung unwesentlich.

*Beim Schnellflug* werden die Wölbklappen eingefahren, manchmal auf eine negative Stellung gebracht (–8°), so daß ein S-Profil (siehe 4.1.3) entsteht.

*Zum Landen* wird die Wölbklappe steil (bis 90°) nach unten ausgeschlagen. Die starke Vergrößerung der Profilwölbung ergibt eine große Auftriebserhöhung (langsameres Sinken) und gleichzeitig durch die Vergrößerung der Anblasfläche eine starke Fahrtminderung, wodurch der Gleitwinkel groß wird.

*Spreizklappen (Sonderform der Wölbklappe, meist bei Motorflugzeugen)*

Bei dieser Klappenart bleibt die Profiloberseite unverändert. Hinter der nach unten ausgeschlagenen Spreizklappe entsteht ein starkes Unterdruckgebiet (3-facher Staudruck), welches das Abreißen der Oberseitenströmung verzögert, die jetzt vom Unterdruck der Unterseite angezogen wird.

*Anmerkung:* Die Verwendung der Landeklappen zur Gleitwinkelsteuerung birgt in geringer Höhe Gefahren in sich. Werden die Landeklappen schnell, nur um den Gleitweg zu strecken, eingefahren, so sackt die Maschine durch. In geringer Höhe kann das katastrophale Folgen haben.

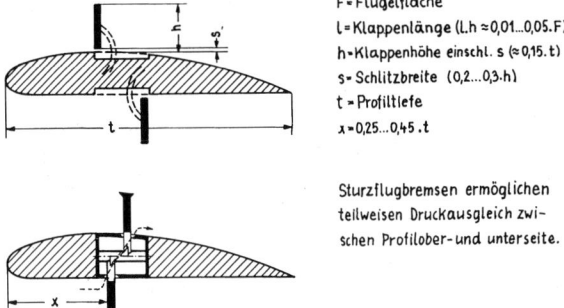

F = Flügelfläche
L = Klappenlänge (L·h ≈ 0,01...0,05·F)
h = Klappenhöhe einschl. s (≈ 0,15·t)
s = Schlitzbreite (0,2...0,3·h)
t = Profiltiefe
x = 0,25...0,45·t

Sturzflugbremsen ermöglichen teilweisen Druckausgleich zwischen Profilober- und unterseite.

215.2 Störklappen (Flugbremsen)

Diese Klappenart wird auf der Tragflügel-Ober- oder Unterseite angebracht. Meist ist sie sogar beidseitig zu finden. Am wirkungsvollsten ist diese Klappenart in etwa 25–45 % der Flügeltiefe. Je weiter hinten sie angebracht ist, desto geringer ist ihre Wirkung.

Die Störkappen sind im Normalflug stets eingefahren. Durch die Störung (deshalb der Name) der Grenzschicht im laminaren Anlaufbereich der Strömung erreicht man damit die beste Bremswirkung für die Maschine.

Zwischen den senkrecht zur Flugrichtung ausfahrenden Störklappen, ist meist, je nach Baukonstruktion, ein Spalt gelassen (siehe Bild 215.2), durch den die Grenzschicht fließen kann. Dadurch wird eine allzugroße Störung der Luftströmung verhindert.

Ebenso sind, wieder je nach Bauart, Schlitze in den Störklappen eingelassen, um Luftschwingungen zu vermeiden, die die Steuerfähigkeit des Segelflugzeuges ungünstig beeinflussen zu können.

Störklappen, die weit vorne in den Tragflächen liegen, eignen sich besonders auch als Sturzflugbremsen. Für Gleitwegsteuerung sind sie nicht sehr günstig. Die Störklappen werden zur Fahrtverminderung und Erhöhung der Sinkgeschwindigkeit benutzt (langsame und steile Landung).

*Der Bremsschirm*

Der Bremsschirm wird zum Landen verwendet. Er ist durch seinen großen Druckwiderstand (siehe Bild 202.1) die wirkungsvollste Landehilfe. Er beeinflußt kaum die Strömung an den Tragflügeln und am Leitwerk. Seine Wirkung steigt mit dem Quadrat der Geschwindigkeit. Beim Nachlassen der Geschwindigkeit läßt auch die Bremswirkung nach. Ein Nachteil gegenüber den Störklappen ist vielleicht, daß man ihn nicht wieder einziehen kann, sondern abwerfen muß.

### 4.1.2 Besondere Fluglagen

#### 4.1.2.1 Trudeln

Unter dem „Trudeln" versteht man eine Absturzbewegung des Segelflugzeuges. Das Segelflugzeug stürzt steuerlos, mit der Schnauze voran, ab und dreht sich dabei um eine Achse, die gewöhnlich außerhalb der Flugzeuglängsachse liegt (schraubenlinienförmige Absturzbahn), wie in Bild 284.1 dargestellt ist.

#### Der Trudelbeginn

Voraussetzung für den Beginn einer Trudelbewegung ist, daß im geschobenen (ungleichmäßig angeblasenen) Zustand der Anstellwinkel auf einer Flügelhälfte überzogen wird, so daß die Strömung abreißt, und daß die Mindestgeschwindigkeit (Überziehungsgeschwindigkeit) unterschritten wird. Das Abreißen der Strömung auf nur einer Flügelhälfte geschieht also im *Langsamstflug* mit größtem Anstellwinkel. Der Zusammenbruch des Auftriebes geschieht zuerst am langsameren Flügel.

Gibt man in diesem Flugzustand z.B. Querruder links (wie in Bild 213.2), dann überschreitet der Anstellwinkel am rechten Flügel das zulässige Maß, die Strömung reißt dort ab, und das Segelflugzeug geht über den rechten Flügel ab (statt daß die erwartete Linksneigung des Segelflugzeuges eintritt).

Wenn das Segelflugzeug gleichzeitig eine Wendebewegung macht oder unsymetrisch angeblasen wird (4.1.2.2), dann beginnt es zu trudeln.

*Zusammenfassung:*

Zum Trudelbeginn ist es notwendig, daß die Strömung an einer Fläche abreißt und das Segelflugzeug eine Wendebewegung macht.

Die unterschiedliche Auftriebsverteilung an den beiden Tragflächenhälften ist eine instabile Rollbewegung, die *Autorotation* genannt wird. Das Segelflugzeug würde sich um die Längsachse weiterdrehen, bis seine Tragflächen wieder im normalen Anstellwinkelbereich wären.

Dieses horizontale Trudeln (gerissene Rolle) geht jedoch durch den Einfluß der Schwerkraft, zusammen mit dem beim Überziehen auftretenden Kippmoment, in ein abwärts gerichtetes Trudeln über (Bild 216.1).

---

Je nach der Neigung der Trudelachse gegenüber der Horizontalen unterscheidet man das

*Steiltrudeln*
und das
*Flachtrudeln*

---

Ist der Winkel, unter dem die Trudelachse geneigt ist (Bild 216.2) kleiner als 45°, dann spricht man von Flachtrudeln. Liegt der Schwerpunkt des Segelflugzeuges zu weit hinten (Schwanzlastigkeit), dann kann das Segelflugzeug leichter ins Trudeln gebracht werden und *sehr schwer, manchmal gar nicht,* wieder herausgenommen werden (Bild 216.2).

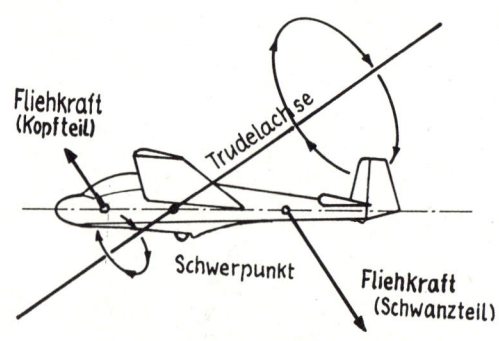

*216.2 Das Flachtrudeln*

Die am Höhenleitwerk wirkende Luftkraft kann durch das im Schwerpunkt angreifende Fluggewicht nicht ausgeglichen werden. Die Tragflächen erhalten dadurch einen noch größeren Anstellwinkel und das Trudeln wird flacher.

Will man das Trudeln beenden, dann muß das Höhenruder erst diese Schwanzlastigkeit überwinden können. Gelingt das nicht, dann kann das Trudeln nicht beendet werden.

Um die Schwanzlastigkeit zu vermeiden, muß darauf geachtet werden, daß bei einem zu leichten Piloten ein entsprechendes Zugewicht benutzt wird.

---

**Flugzeugbewegung:**

Rechtsdrall

**Flug-(Trudel-)bahn:**

Linksgängige Schraubenlinie

**Trudelachse:**

90° gegen Horizontale (Steiltrudeln)

**Beenden des Trudelns:**

1. Seitenruder voll gegen die Drehrichtung
2. Innehalten (bis 4.)
3. Knüppel nachlassen (Normalstellung) bis das Trudeln (Drehen) aufhört
4. Seitenruder in Normalstellung
5. Sturzflug sacht abfangen
6. Normal weiterfliegen

*216.1 Der Vorgang des Trudelns*

*(left margin labels: Erster Abschnitt; Trudelachse; Zweiter Abschnitt (Volltrudeln))*

Ist der Neigungswinkel größer als 45°, dann spricht man vom Steiltrudeln (Bild 216.1). Es ist um so steiler, je weiter der Schwerpunkt des Fluggewichtes vorne liegt (Kopflastigkeit). Das ist der Normalfall und das Trudeln läßt sich durch richtige Maßnahmen immer beenden.

*Das Trudel-Beenden*

Da das Segelflugzeug nur zum Trudeln zu bringen ist, wenn während des Überziehens das Segelflugzeug eine Wendebewegung macht, ist *Trudelverhindern* nichts anderes, als das Überziehen zu vermeiden. Ist es doch passiert, dann ist *mit dem Seitenruder* jeder Neigung des Segelflugzeuges, über die Fläche wegzugehen, entgegenzuwirken.

Beim Trudelvorgang unterscheidet man zwei Abschnitte (Bild 213.2):

*Erster Abschnitt:* Das Segelflugzeug geht über eine Fläche ab und in eine langsame, sich verengende Schraubenkurve. Nach einer Dreiviertel-Umdrehung (etwa) nimmt die Drehgeschwindigkeit stark zu (sofern das Segelflugzeugmuster überhaupt volltrudelt).

*Trudel-Beenden* durch Geben von Gegenseitenruder und durch Nachlassen des Knüppels, daß die Tragflächen wieder in den wirksamen Anstellwinkelbereich (unter 15°) kommen. Ein Querruderausschlag ist deshalb zwecklos, weil die Strömung am Tragflügel nicht anliegt. Das Höhenruder hilft auch nichts, weil die Strömung durch den Tragflügelabtrieb unbrauchbar ist. Wichtig ist, daß das Höhenruder in Normallage oder sogar gedrückt ist, um die Strömung am Seitenruder, die alleinige Hilfe bringt, nicht zu behindern.

*Zweiter Abschnitt:* Das Segelflugzeug stürzt mit hoher Drehgeschwindigkeit steil zur Erde. Die Drehung muß nicht immer um die Längsachse erfolgen. Die Flugbahn ist eine steile Schraubenlinie, meist entgegengesetzt zum Drall des Flugzeuges gewunden.

Das Trudel-Beenden des Volltrudelns braucht viel längere Zeit als im ersten Abschnitt des Trudelvorganges. Da sich Höhen- und Seitenruder gegenseitig abschirmen und sich u.U. wirkungslos machen können, ist die Reihefolge, in der die Ruder betätigt werden müssen, genau einzuhalten:

1) Sofort volles Gegenseitenruder geben. Dadurch wird die Trudelgeschwindigkeit verkleinert (sozusagen abgebremst). Das Segelflugzeug geht auf die Schnauze und die Tragflächen kommen wieder in den normalen Anstellwinkelbereich (unter 15°). Sobald sich die Anstellwinkeldifferenz verringert, läßt auch die Autorotation nach.

2) Nach dem Gegenseitenruderausschlag eine kurze Zeit innehalten, bis sich die Auswirkung zeigt. Dann erst den Knüppel gleichmäßg nachlassen. Sobald die Strömung an den Tragflächen wieder richtig anliegt, hört die Autorotation auf, das Trudeln ist beendet. Das Segelflugzeug fliegt in einer steilen Schraubenlinie abwärts. Kurz vor dem Aufhören der Trudelbewegung kann sich die Trudelgeschwindigkeit nochmals erhöhen; dies zeigt den Schluß des Trudelns an. Beim Steilerwer-

den des Trudelns verkleinert sich der Trudelradius und die vorhandene Drehenenergie läßt den Rumpf sich schneller drehen (wie die Pirouette beim Eiskunstlauf durch Anlegen der Arme an den Körper).

3) Sobald das Trudeln aufgehört hat, wird das Seitenruder normal gestellt. Das Segelflugzeug wird aus dem Sturzflug mit Hilfe der Ruder in gewohnter Weise abgefangen. Wenn nötig, Bremsklappen ziehen, um die Geschwindigkeit zu mindern (Bruchgefahr), nur im zulässigen Geschwindigkeitsbereich.

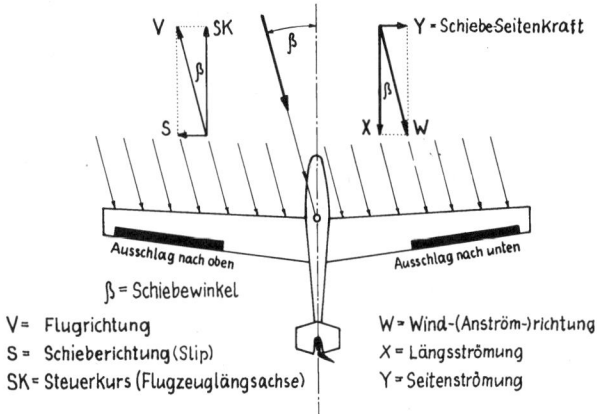

*217.1 Die unsymetrische Anströmung*

### 4.1.2.2 Der Seitengleitflug (Slip)

Beim Seitengleitflug wird das Segelflugzeug nicht von vorn, parallel zu einer senkrechten Ebene durch die Längsachse angeströmt, sondern unter einem Winkel $\beta$ schräg von vorn (Bild 217.1).

Die Nase des Segelflugzeuges zeigt in bezug auf die Flugrichtung entweder nach links (Rechtsslip) oder nach rechts (Linksslip).

Der Winkel $\beta$ zwischen Segelflugzeuglängsachse und Anströmrichtung heißt *Schiebewinkel.*

Das Segelflugzeug schiebt nach der Seite, aus der es angeblasen wird, es ist die *Schieberichtung* (wird durch den *Wollfaden* angezeigt).

Da sich der allgemeine Bewegungszustand in eine Längsbewegung und in eine Seitenbewegung aufteilen läßt, erhalten wir eine Längsanströmkraft und eine *Seitenschiebekraft.*

Zum übersichtlichen Verständnis der Strömungsverhältnisse beim Seitengleitflug betrachtet man getrennt:

Strömung in Richtung Längsbewegung (SK),
Strömung in Richtung Seitenbewegung (S),
Interferenzeinflüsse zwischen den beiden Strömungen.

Das Ergebnis der wissenschaftlichen Untersuchungen und Berechnungen genau zu erörtern, ist im Rahmen dieses Buches nicht möglich. Wir begnügen uns damit, zu erklären, wie durch geeignete Ruderstellungen eine unsymetrische Anströmung und damit ein Seitengleitflug (Slip, Schiebeflug) zustandekommt.

*Herbeiführen der Seitengleitfluglage (Bild 218.1)*

*Die Erläuterung gilt für einen Linksslip, wie er auch in Bild 286.1 dargestellt ist.*

Der Slip wird mit einer *Querruderstellung links* eingeleitet. Dadurch geht das linke Querruder nach oben und das rechte Querruder nach unten.

*Auswirkung:* ①

Der Auftrieb des linken Tragflügels wird durch die Verkleinerung des Anstellwinkels und durch die Profiländerung kleiner.

Der Auftrieb des rechten Tragflügels wird durch die Vergrößerung des Anstellwinkels und durch die Profiländerung größer.

Der entstandene Auftriebsunterschied zwischen links und rechts bildet ein Rolldrehmoment um die Längsachse des Segelflugzeuges nach links, es ergibt sich eine *Querneigung links*.

*Nebenwirkung:* ②

Der Luftwiderstand des linken Tragflügels ändert sich wegen der unwesentlich kleinen Änderung der angeblasenen Fläche kaum.

Der Luftwiderstand des rechten Tragflügels wird wegen der Vergrößerung der Anblasfläche größer. Der entstandene *Widerstandsunterschied* zwischen links und rechts bildet ein Giermoment nach rechts um die Hochachse des Segelflugzeuges, die *Flugzeugnase will nach rechts*.

*Ergebnis:*
Querneigung links, Nase will nach rechts.

Durch den *Einsatz des Seitenruders nach rechts* verhindert man das Zurückdrehen der Nase und damit den Beginn einer Linkskurve.

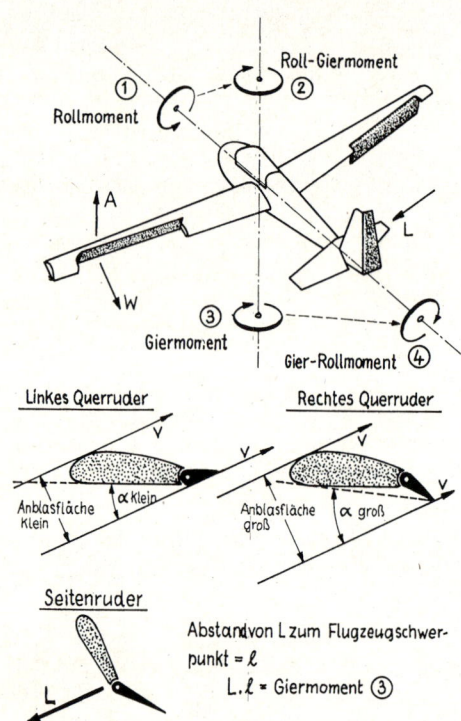

*218.1 Strömungsverhalten beim Linksslip*

*Auswirkung:* ③

Die Seitenflosse und das Seitenruder bilden durch den Ruderausschlag zusammen ein gewölbtes Profil, das durch die anströmende Luft eine saugende Luftkraft nach links erhält.

Diese *Luftkraft* mit ihrem Hebelarm zum Schwerpunkt des Segelflugzeuges bildet ein Giermoment um die Hochachse nach rechts, die *Flugzeugnase* dreht sich *nach rechts*.

*Nebenwirkung:* ④

Durch das Gieren nach rechts eilt der linke Flügel mit erhöhter Geschwindigkeit vor und vergrößert dadurch seinen Auftrieb. Durch das Rechtsgieren bleibt der rechte Flügel mit verminderter Geschwindigkeit zurück und verkleinert dadurch seinen Auftrieb.

Der entstandene *Auftriebsunterschied* zwischen links und rechts bildet ein Rolldrehmoment um die Längsachse des Segelflugzeuges nach rechts, es *richtet sich aus seiner Querneigung wieder auf*.

*Ergebnis:*
Querneigung rechts, Nase strebt nach rechts.

*Zusammenfassung:*
Zum Slippen muß man das Segelflugzeug mit dem Querruder schräg legen, aber durch das Gegenseitenruder am Kurven hindern.

Die Rollmomente ① und ④ heben sich bei geeigneter Abstimmung zwischen Quer- und Seitenruder gegenseitig auf.

Die Giermomente ② und ③ addieren sich und führen den gewünschten Schiebewinkel herbei.

Durch die schräge Stellung zur Flugrichtung wirkt der seitlich angeblasene Rumpf als zusätzliche Widerstandsfläche und die Flügelstreckung wird in Anblasrichtung schlechter, was den induzierten Widerstand vergrößert. Die Tragflügel sind z.T. im Windschatten des Rumpfes, was den Interferenzwiderstand vergrößert. Alles zusammen vergrößert den Gleitwinkel und das Segelflugzeug sinkt rasch.

Das Slippen ist ein Mittel, rasch und ohne wesentliche Fahrtzunahme Höhe zu verlieren (Landen auf kurzen Flugplätzen, Außenlandung, Ziellandung), wenn keine Sturzflug- oder Landeklappen zur Verfügung stehen.

Da die Nase das Bestreben hat, sich zu senken, muß das Höhenruder etwas gezogen werden. Vorsicht, daß durch vorzeitiges oder plötzliches Ziehen der Anstellwinkel nicht zu stark anwächst, da sonst die Gefahr besteht, ins Trudeln zu kommen.

*Beenden des Seitengleitfluges*
1) Durch Nachlassen des Knüppels das Segelflugzeug auf einen kleineren Anstellwinkel bringen;
2) mit dem Querruder den Querneigungswinkel zurücknehmen;
3) den Seitensteuerausschlag zurücknehmen.

Andere Steuerfolgen zum Beenden des Seitengleitfluges sind für einen geübten Piloten möglich, sie bedeuten jedoch für einen Schüler oder bei schwer zu fliegenden Segelflugzeugen eine gewisse Gefahr.

### 4.1.2.3 Auftriebserhöhung im Kurvenflug

Wie aus Bild 268.1 hervorgeht, ist beim Geradeaus-Gleitflug die Luftkraft L nach oben gerichtet und (aus Gleichgewichtsgründen) genau so groß wie das nach unten gerichtete Gewicht G des Segelflugzeuges.

Bei stilreinem Kurvenflug hat das Segelflugzeug eine Querneigung gegenüber der Horizontalen mit dem Querneigunswinkel α, und außer dem Gewicht G wirkt noch die Fliehkraft F auf den

Schwerpunkt des Segelflugzeuges vom Krümmungsmittelpunkt nach außen. Um die neuen Verhältnisse überblicken zu können, betrachten wir das Segelflugzeug in seiner Flugrichtung, also von hinten, und erhalten Bild 288.1.

Die Möglichkeit zur Erhöhung des Auftriebes durch Vergrößern des Anstellwinkels α (vgl. Bild 204.5) ist beim Segelflugzeug sehr begrenzt, da auch im Geradeausflug schon mit einem großen Anstellwinkel geflogen wird.

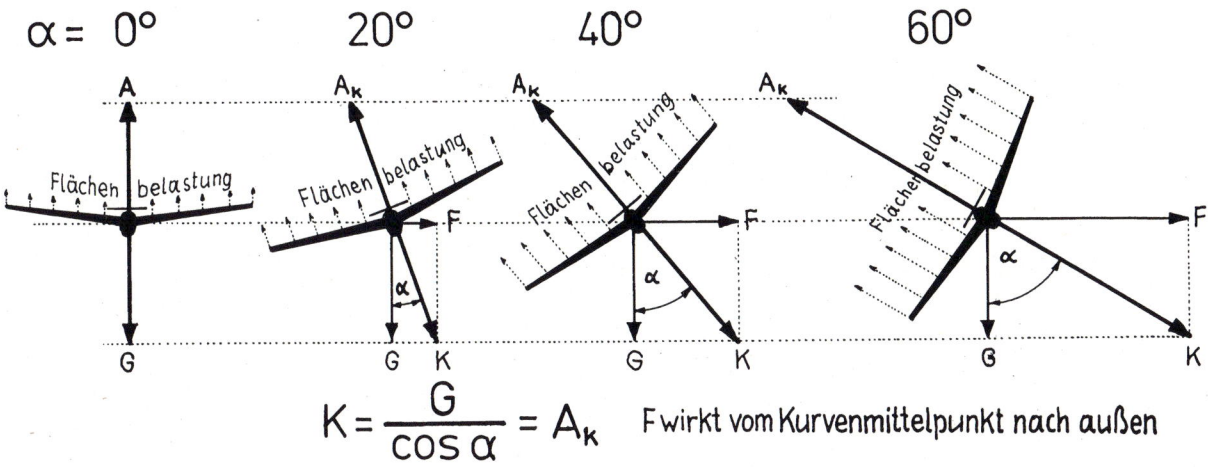

$$K = \frac{G}{\cos \alpha} = A_k \qquad \text{F wirkt vom Kurvenmittelpunkt nach außen}$$

G=Fluggewicht, A=Auftrieb, F=Fliehkraft, K=Kurvengewicht, $A_k$=Auftrieb in der Kurve
α = Querneigungswinkel

*219.1 Auftriebserhöhung im Kurvenflug*

Im *geradlinigen Geradeaus-Gleitflug* wirkt in Richtung der Hochachse des Segelflugzeuges nach unten, die vom Gewicht herrührende Kraft $G_1$ und in Richtung der Hochachse nach oben wirkt der Auftrieb A, der der Kraft $G_1$ das Gleichgewicht hält. Weil sich die Kraft $G_1$ (Bild 205.2) vom Fluggewicht G nur wenig unterscheidet, setzen wir $G_1 \approx G$.

Im *Kurvengleitflug* kommt die Fliehkraft F dazu, die mit G zusammen die resultierende Kraft K bildet (Bild 219.1). Diese Kraft K nennen wir das *Kurvengewicht* des Segelflugzeuges.

Bei der Betrachtung des Bildes sehen wir auf den ersten Blick, daß das Kurvengewicht bei steigender Querneigung (bei größer werdendem α) immer größer wird. Das heißt:

*Das Kurvengewicht wächst mit der Querneigung*

oder *das Kurvengewicht wächst mit der Steilheit der Kurve*

Mathematisch ausgedrückt ist: (α = Querneigung, γ = Gleitwinkel)

$$K = \frac{G \cdot \cos \gamma}{\cos \alpha} \approx \frac{G}{\cos \alpha}$$

Günstiger ist beim Segelflugzeug die Auftriebserhöhung durch Geschwindigkeitserhöhung. Entsprechend der Auftriebsformel (4.1.1.7) ist der Flügelauftrieb:

$$A = k \cdot v^2$$

wobei wir den Anstellwinkel α und damit $c_a$, die Tragflügelgröße F und die Luftdichte ϱ als konstante Größe k zusammengefaßt haben.

Wir können die notwendige Fahrt in der Kurve ($v_k$) aus der Fahrt, die wir im Geradeausflug hatten (v), wie folgt berechnen:

$$v^2 = \frac{A}{k} \quad \text{und} \quad v_k^2 = \frac{A_k}{k}$$

$$\frac{v_k^2}{v^2} = \frac{A_k}{k} = \frac{K}{G} = \frac{G/\cos \alpha}{G} =$$

$$= \frac{1}{\cos \alpha}$$

$$v_k = v \cdot \frac{1}{\cos \alpha}$$

Diese Formel ist in Bild 285.1 graphisch dargestellt.

| Querneigung α | 0° | 20° | 40° | 60° | 80° | 85° |
|---|---|---|---|---|---|---|
| Kurvengewicht K | G | 1,06·G | 1,31·G | 2,00·G | 5,76·G | 11,5·G |
| Man erkennt diese Zunahme des Kurvengewichts K auch am Sitzdruck | | | | | | |

Damit wieder Gleichgewicht herrscht, muß bei zunehmendem Kurvengewicht auch der Auftrieb in der Kurve ($A_k$) in gleicher Weise zunehmen. Diese *Auftriebserhöhung im Kurvenflug* kann auf 2 Arten erreicht werden:

1) durch Vergrößerung des Anstellwinkels,
2) durch Erhöhung der Geschwindigkeit (Fahrt).

### 4.1.2.4 Schiebekurve, Rutschkurve, Steilkurve

Bei einer stilrein geflogenen Kurve muß die Richtung des Kurvengewichtes in der Richtung der Flugzeughochachse liegen (entgegengesetzt zum Auftrieb). Ist das der Fall, dann steht die Kugel der Libelle (4.3.6) in der Mitte.
Ist die Querneigung des Segelflugzeuges zu klein, dann entsteht eine Kraftkomponente nach

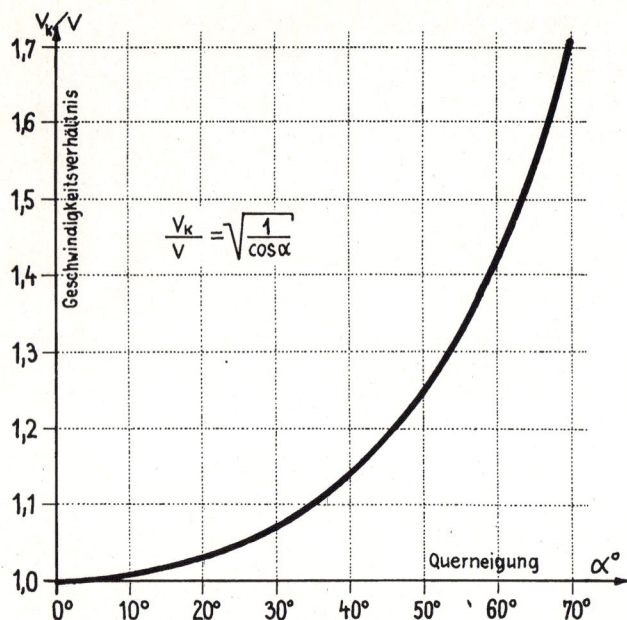

220.1 Geschwindigkeitszunahme durch das Kurvengewicht K

außen (Schiebekurve), ist die Neigung zu groß, dann entsteht eine Kraftkomponente nach innen, d.h. zum Krümmungsmittelpunkt hin (Rutschkurve).

### Die Schiebekurve (Bild 220.2)

Ist die Querneigung des Segelflugzeuges im Verhältnis zur Drehgeschwindigkeit und zum Kurvenradius r zu klein, dann wird das Segelflugzeug mit der Kraft S *nach außen* gedrängt, man sagt „es schiebt". Die dann unbeabsichtigt ausgeführte (mehr gestreckte) Kurve heißt *"Schiebekurve"*.

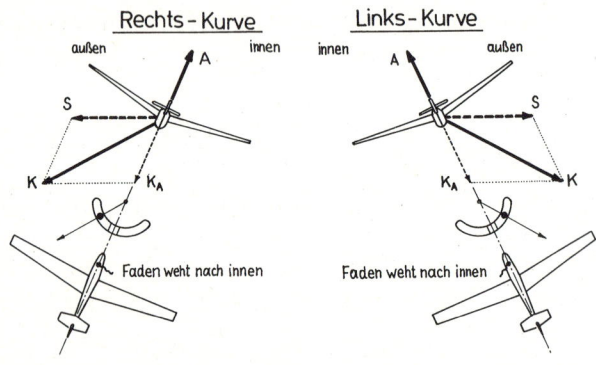

A=Auftrieb, K=Kurvengewicht, K$_A$=K-Komponente gegen A, S=Schiebekraft (nach außen)

220.2 Die Schiebekurve

Ein einfaches Anzeigeinstrument für die falsch geflogene Kurve ist *der Faden*, ein dünner Wollfaden, der vor der Kabine im freien Luftstrom angebracht ist. Da das Segelflugzeug nach der Kurven*außen*seite schiebt, zeigt der Faden nach *innen*.

Das Kräftespiel, ist in Bild 220.2 deutlich zu erkennen. Die Komponente K$_A$ des Kurvengewichtes wird vom Autrieb A aufgehoben. Die Komponente S zieht das Segelflugzeug nach außen.

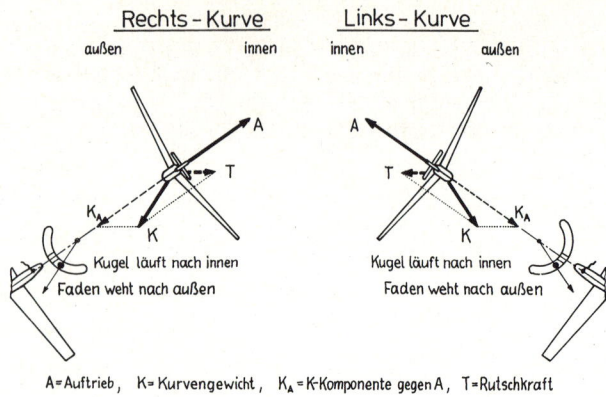

A=Auftrieb, K=Kurvengewicht, K$_A$=K-Komponente gegen A, T=Rutschkraft

220.3 Die Rutschkurve

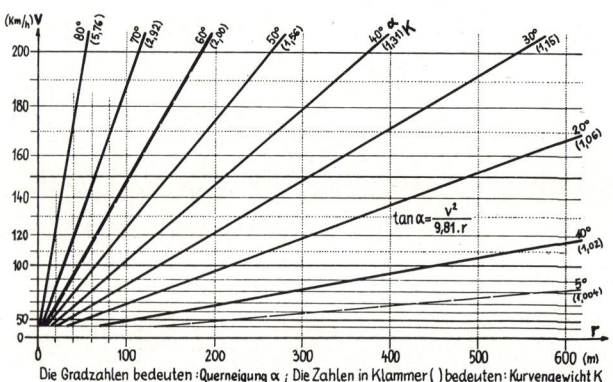

Die Gradzahlen bedeuten: Querneigung α ; Die Zahlen in Klammer ( ) bedeuten: Kurvengewicht K

220.4 Zusammenhang zwischen v, r, α und K

*Zusammenfassung:*
Bei der Schiebekurve
a) läuft die Libellenkugel nach außen,
b) weht der Faden nach innen.

### Die Rutschkurve (Bild 220.3)

Ist die Querneigung α des Segelflugzeuges im Verhältnis zur Drehgeschwindigkeit und zum Kurvenradius r zu groß, dann wird das Segelflugzeug mit der Kraft T *nach innen* gezogen. Man sagt „es rutscht" oder „es schmiert". Die unbeabsichtigt ausgeführte Kurve (stärker gekrümmt) heißt *„Rutschkurve"*.

Das Kräftespiel ist in Bild 220.3 deutlich zu erkennen: die freie Komponente T des Kurvengewichtes zieht das Segelflugzeug nach innen.

*Zusammenfassung:*
Bei der Rutschkurve
a) läuft die Libellenkugel nach innen,
b) weht der Faden nach außen.

### Die Steilkurve

Je kleiner bei konstanter Fluggeschwindigkeit der Kurvenradius r wird, desto größer muß die Querneigung α sein.

$$\tan \alpha = \frac{v^2}{9{,}81 \cdot r} = 1{,}02 \cdot \frac{v^2}{r}$$

Die vergrößerte Querneigung erfordert eine vergrößerte Geschwindigkeit (Bild 217.2), die das Segelflugzeug sehr belastet. Sowohl für die Geschwindigkeit, als auch für die Flächenbelastung bestehen für jedes Segelflugzeugmuster Zulassungsgrenzen.

Aus diesen Gründen sind Querneigungen über 60°, die mit Vorsicht zu fliegen sind, möglichst zu vermeiden.

Bei einer Querneigung von 60° beträgt das Gewicht das Doppelte des normalen Gewichtes; bei 80° schon das 6-fache (Blutleere im Kopf, Bewußtseinstörungen, Ohmacht), bei 85° fast das 12-fache.

Bild 217.2 zeigt übersichtlich den Zusammenhang zwischen der Fahrt (v), dem Kurvenradius (r), der Querneigung (α) und der Erhöhung des Kurvengewichtes (K).

### 4.1.2.5 Die Überziehgeschwindigkeit im Kurvenflug

Wenn wir das Gewicht (G) gleich dem Auftrieb (A) setzen, erhalten wir aus der Auftriebsformel (4.1.1.7):

$$G = \frac{1}{2} \cdot \varrho \cdot v^2 \cdot F \cdot c_a$$

Daraus kann man die Geschwindigkeit (v) berechnen:

$$v = \sqrt{\frac{2}{\varrho} \cdot \frac{G}{F} \cdot \frac{1}{c_a}}$$

Wir nennen den Ausdruck

$$\frac{G}{F} = \frac{\text{Fluggewicht}}{\text{Flügelfläche}} = \text{die „Flächenbelastung“.}$$

Setzt man für $\varrho$ und G/F häufig vorkommende Werte ein

(z.B. $\varrho = 0{,}125$ kp·s²·m⁻⁴, G/F = 20 kp/m²), dann erhält man:

$$\sqrt{\frac{2}{\varrho} \cdot \frac{G}{F}} = \sqrt{\frac{2}{0{,}125} \cdot 20} = 17{,}9 \text{ m/s}$$
$$(= 65 \text{ km/h} = 35 \text{ kt})$$

Für die Geschwindigkeit:

$$v = 17{,}9 \cdot \sqrt{\frac{1}{c_a}}$$

Die kleinstmögliche Geschwindigkeit, bei der die Strömung zusammenzubrechen beginnt, (Überziehgeschwindigkeit), erhalten wir, wenn wir für $c_a$ den größtmöglichen Wert einsetzen, denn je größer $c_a$ ist, desto kleiner wird nach oben stehender Formel die Überziehungsgeschwindigkeit $v_{min}$.

In Beispiel Bild 267.3 ist $c_{a\,max} = 1{,}25$. Wir erhalten eine *Überziehgeschwindigkeit* von

$$v_{\ddot{u}} = 17{,}9 \cdot \sqrt{\frac{1}{1{,}25}} = 16 \text{ m/s}$$
$$(= 58 \text{ km/h} = 31 \text{kt})$$

Diese Geschwindigkeit wird in den Prospekten der Segelflugzeughersteller als *Mindestgeschwindigkeit (v_{min})* angegeben und kann auch der Flugleistungspolare (Geschwindigkeitspolare) entnommen werden.

*Beim Kurvenflug* ändert sich die Überziehgeschwindigkeit, sie wird *größer*.

Die Erhöhung der Mindestgeschwindigkeit in der Kurve hat im wesentlichen 2 Ursachen:

1) Geschwindigkeitsunterschiede am Tragflügel in der Kurvenflugbahn (Einfluß der Spannweite),

2) Erhöhung der Flächenbelastung durch die Fliehkraft in der Kurvenflugbahn (Einfluß des Lastvielfachen).

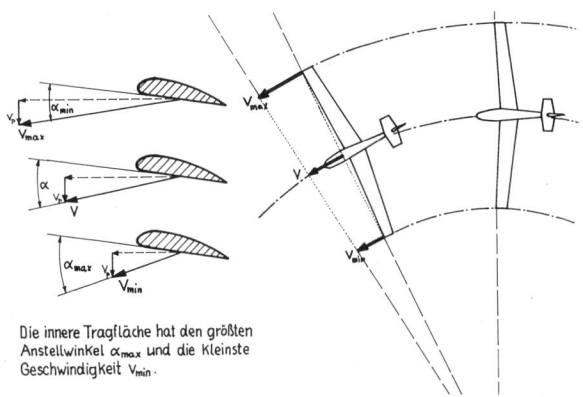

Die innere Tragfläche hat den größten Anstellwinkel $\alpha_{max}$ und die kleinste Geschwindigkeit $v_{min}$.

*221.1 Erhöhung der Mindestgeschwindigkeit durch die Bahnkrümmung*

Zu 1): (Bild 221.1)

Sobald das Segelflugzeug eine Kurve fliegt, bewegen sich die Tragflügelenden an der Kurvenaußenseite schneller und die Tragflügelenden an der Kurveninnenseite langsamer als die Flugzeugmitte, deren Geschwindigkeit der Fahrtmesser anzeigt.

Der Geschwindigkeitsunterschied hängt zunächst von der Spannweite b ab, dann von der Größe der Querneigung und schließlich vom geflogenen Kurvenradius. Da Geschwindigkeit und Kurvenradius zusammen die Querneigung beeinflussen, können wir sagen:

Der Geschwindigkeitsunterschied ($\triangle v$) zwischen Segelflugzeugmitte und innerem Tragflügelende hängt von der Spannweite (b) und der Querneigung (α) ab. Die Zusammenhänge sind in Bild 221.1 dargestellt. Läßt die Geschwindigkeit des Segelflugzeuges in der Kurve nach und hat das kurveninnere Flügelende die Mindestgeschwindigkeit $v_{min}$ erreicht, dann zeigt der Fahrtmesser noch eine größere Geschwindigkeit an ($v_{min} + \triangle v$). Wieviel der Unterschied zwischen $v_{min}$ (100%) und der angezeigten Überziehgeschwindigkeit $v_{\ddot{u}}$ durch den Einfluß der Spannweite, je nach Querneigung α ausmacht, ist in Bild 292.2 als Kurve eingetragen (AS K 13). Bei Querneigung 0° (Geradeausflug) ist $v_{\ddot{u}} = v_{min}$. Bei α = 55° ist $v_{\ddot{u}}$ 120% von $v_{min}$ (Maximum) und fällt bis α = 90° wieder auf 100% zurück.

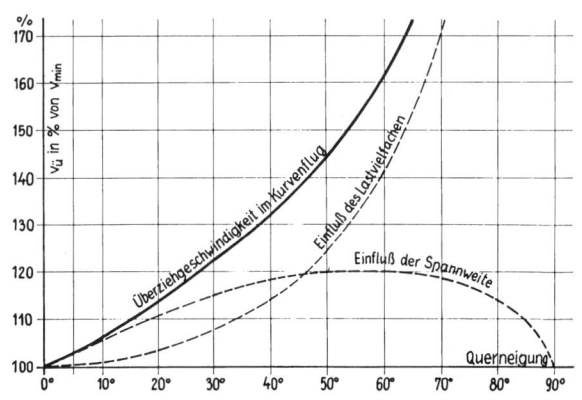

*221.2 Überziehgeschwindigkeit im Kurvenflug*

*Zu 2):*

Während des Kurvenfluges erhöht sich das Kurvengewicht des Segelflugzeuges und damit die Flächenbelastung (Lastvielfache). Dadurch steigt die Überziehgeschwindigkeit $v_ü$ gegenüber der im Prospekt angegebenen $v_{min}$ je nach der Größe der Querneigung $\alpha$ an. Wieviel die $v_ü$ in % der $v_{min}$ bei den verschiedenen Querlagen beträgt, ist ebenfalls in Bild 219.1 als Kurve dargestellt. Wir sehen da, daß der Einfluß des Lastvielfachen gegenüber dem Einfluß der Spannweite bis zu einer Querneigung von ungefähr 45° geringer ist und dann, bei noch größeren Querneigungen, gewaltig überwiegt.

Die Summe der beiden Einflüsse ergibt dann die Überziehgeschwindigkeit im Kurvenflug (v). Die Überziehgeschwindigkeit steigt bis 30° Querneigung auf 120% der Mindestgeschwindigkeit, bis 50% Querneigung auf 140% der Mindestgeschwindigkeit!

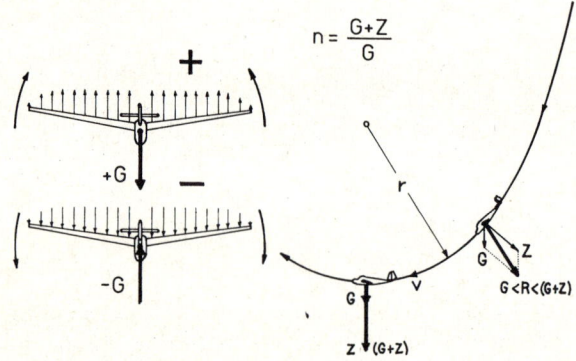

$$n = \frac{G+Z}{G}$$

### 4.1.2.6 Lastvielfache und Windeinfluß

Die über die Tragflügel verteilte Auftriebskraft wirkt normal nach oben, nur bei negativem Auftrieb (Abtrieb) wirkt sie nach unten. Das Gewicht G des Segelflugzeuges, vor allem das Rumpfgewicht mit Pilot und Ladung wirkt normal nach unten (nur im Flug in Rückenlage nach oben). Durch diese einander entgegenwirkenden Kräfte (Bild 222.1) werden die Tragflügel auf Biegung nach oben (+, positiv) oder nach unten (-, negativ) beansprucht.

Im Gleichgewichtszustand ist    $A = G$

Beim Kurvenflug (4.1.2.3) und beim Abfangen aus dem Steilflug (Sturzflug) wirkt außer dem Gewicht G noch die Fliehkraft Z (Zentrifugalkraft) auf das Segelflugzeug, sodaß anstelle von G ein Vielfaches von G zur Wirkung kommt. Diese Kraft ist n-mal so groß wie die Normallast (Fluggewicht). Der *Faktor „n" heißt „das Lastvielfache".*

In den Prospekten für die einzelnen Segelflugzeugmuster sind die Zahlen für das Lastvielfache angegeben, zum Beispiel:

| | |
|---|---|
| Höchstzulässiges positives Lastvielfaches | + 5,3 |
| Höchstzulässiges negatives Lastvielfaches | - 2,65 |
| Bruchlastvielfaches mit Wasserballast (pos.) | + 8,4 |
| Bruchlastvielfaches mit Wasserballast (neg.) | - 5,4 |

Das bedeutet:

Das höchstzulässige Lastvielfache (in der Regel + 5,3) darf nicht überschritten werden, kann aber wiederholt erreicht werden.

Das Bruchlastvielfache gibt an, bei welchem Lastvielfachen das Segelflugzeug zu Bruch geht (in der Regel bei + 8 g). Beim Erreichen des höchstzulässigen Lastvielfachen besteht also noch eine Bruchsicherheit von 8 – 5,3 = 2,7 g.

Das Lastvielfache beim Kurvenflug (Kurvengewicht: Fluggewicht) ist in Bild 217.1 dargestellt worden. Bei einer Höchstquerneigung von 60° hat es den Wert 2.

Bei der Abfangbewegung (Bild 222.1) wird die größte Last am tiefsten Punkt der Flugbahn (sofern sie kreisförmig ist) erreicht, weil da die Fliehkraft Z in die Richtung des Gewichtes G fällt, sodaß sich beide Kräfte addieren.

Die Größe der Fliehkraft Z hängt vom Kurvenradius r und dem Quadrat der Fluggeschwindigkeit $v^2$ ab:

$$Z = \frac{G}{g} \cdot \frac{v^2}{r} \quad\text{.............................. (1)}$$

Bei Erreichen der zulässigen Höchstgeschwindigkeit (z.B. 200 km/h) ist der kleinste noch zulässige Kurvenbahnradius noch errechenbar:

$$\frac{Z + G}{G} = n \text{ (Lastvielfaches daraus } Z = g\cdot(n-1))$$

Ist das zulässige Lastvielfache n = 4, dann ist die höchstzulässige Fliehkraft Z:

$$Z = G \cdot (4 - 1) = 3\cdot G \quad\text{........(2)}$$

Aus den beiden Gleichungen (1) und (2) errechnen wir den kleinsten Radius r, den wir mit der zulässigen Höchstgeschwindigkeit noch fliegen dürfen zu:

$$r = \frac{G}{g} \cdot \frac{v^2}{Z} \qquad \frac{G \cdot v^2}{g \cdot G \cdot (n-1)} =$$

$$\frac{200^2}{3,6^2 \cdot 9,81 \cdot 3} = 104,9 \approx 105 \text{ m}$$

Wird die Geschwindigkeit des Sturzfluges *vor* dem Fliegen der Abfangkurve auf z.B. 100 km/h abgebremst, dann ist der kleinstzulässige Abfangradius:

$$r = \frac{100^2}{3,6^2 \cdot 9,81 \cdot 3} = 26,2 \approx 26 \text{ m}$$

Bei diesen Berechnungen wurde vorausgesetzt, daß vom geradlinigen Sturzflug *allmählich* in den Abfangradius übergegangen wird. Bei plötzlichem Übergang ist die Belastung bis doppelt so hoch.

*Windeinfluß und Lastvielfaches*

Starke Böen in vertikaler Richtung können sehr hohe Lastvielfache erzeugen. Da das Flugzeug wegen seiner Massenträgheit als vertikal stillstehend betrachtet werden kann, ist mit dem vollen Winddruck zu rechnen. Im Fall, daß im Schnellflug (Reisefluggeschwindigkeit) starke Turbulenz auftritt, muß sofort auf die im Flughandbuch vorgeschriebene Manövergeschwindigkeit herabgegangen werden (im Flughandbuch unter „Betriebsgrenzen" zu finden).

### 4.1.2.7 Täuschung des Flugzeugführers durch Beschleunigung

Auf dem Erdboden stellt der Mensch seine Lage im Raum (Augen geschlossen) nur durch die Wirkung der Schwerkraft, die immer nach unten wirkt, fest. Unter dem Einfluß der Schwerkraft stehen Hautsinne, Muskeln und Nerven, vor allem aber das Gleichgewichtsorgan (im Ohr). Der Mensch ist demnach nur die Richtung der Schwerkraft (Erdbeschleunigung), also Richtung „oben-unten" ausgebildet, die ihn gleichsam senkrecht hält.

Wird diese Schwerkraft durch andere Beschleunigungen (z.B. im fliegenden Flugzeug) überdeckt, dann kommt der Mensch hinsichtlich seiner Lagebeurteilung schnell und leicht zu falschen Schlüssen, er unterliegt einer Täuschung. Diese zusätzlichen Beschleunigungen treten beim Beschleunigen und Verzögern im Geradeausflug und im Kurvenflug durch die Fliehkraft auf.

Eine *gleichbleibende* Geradeausgeschwindigkeit oder Drehgeschwindigkeit empfindet der Mensch auch nicht mit dem Gleichgewichtsorgan im Ohr. Gleichbleibende Geradeaus- und Drehgeschwindigkeiten werden in Richtung und Größe *nur mit dem Gesichtssinn* (Auge) wahrgenommen, durch Betrachtung der sichtbaren Umgebung oder des sichtbaren Horizontes.

Da es im Flugzeug nicht immer möglich ist, die Geschwindigkeit mit dem Auge anhand der vorbeiziehenden Umgebung oder anhand der sich verändernden Horizontlage festzustellen und Beschleunigungen jeder Art immer als Lageveränderungen (Änderung der Schwerkraftrichtung) empfunden werden, ergibt sich die *Unmöglichkeit, ein Flugzeug nur nach dem Gefühl zu fliegen oder zu führen*. Gleichförmige (stationäre) Drehbewegungen (also auch Trudelbewegungen) werden bei Ausschaltung der äußeren Sicht nicht wahrgenommen. Nur die Beschleunigungen beim Einleiten solcher Bewegungen werden empfunden, aber *nur bei entsprechender Erfahrung richtig gedeutet*.

> Das durch die Erfahrung und Übung sich einstellende „Fliegerische Gefühl" ist kein körperliches Gefühl für die Lage im Luftraum, sondern die *erworbene Fähigkeit*, die körperlichen Sinne *und* das verstandesmäßige Wissen zur Führung des Flugzeuges auszunützen.

Außer den wissentlich durch Betätigung der Ruder und Klappen herbeigeführten Änderungen der Fluglage und der Fluggeschwindigkeit, müssen auch Änderungen der Fluglage und der Fluggeschwindigkeit, die durch Bewegungen der durchflogenen Luftmasse (Windeinfluß) entstehen, rechtzeitig und richtig erkannt werden, um sie kompensieren zu können.

Alles zusammen zeigt, daß außer den *„natürlichen Instrumenten"* (Gleichgewichtsorgan, Augen, Nerven, Muskel) der Sinneswahrnehmung eine Ausrüstung mit *„anzeigenden Bordinstrumenten"* unerläßlich ist, und daß die Kenntnis der Funktion und der möglichen Fehlanzeigen dieser Instrumente erforderlich ist (Abschn. 4.4).

### 4.1.3 Profil und Tragflügel

#### 4.1.3.1 Geometrie des Tragflügelprofils

Unter einem Flügelprofil versteht man den Schnitt durch den Tragflügel, senkrecht zur Querachse des Flugzeuges, also parallel zu der Symetrieebene des Segelflugzeuges (Bild 223.1).

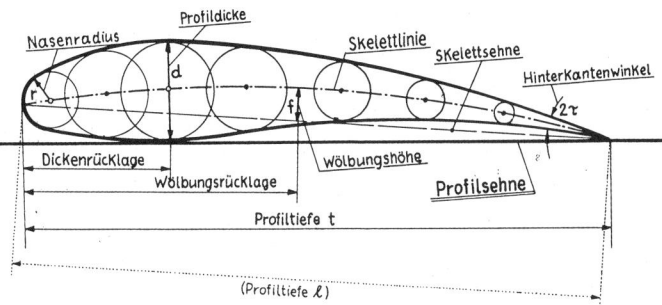

*223.1 Bezeichnungen am Flügelprofil*

*Skelettlinie* = Verbindungslinie der Mittelpunkte aller eingeschiebenen Kreise.

*Skelletsehne* = Verbindungsgerade zwischen dem vordersten und dem hintersten Punkt der Skelettlinie.

*Profilsehne* = Verbindungsgerade zwischen den beiden tiefsten Punkten des Profils.

*Profilbezugslinie* = Die Bezugsgerade, von der aus Winkelangaben (Einstellwinkel, Anstellwinkel) gemessen werden. Bei normalen Tragflügelprofilen ist die *Profilsehne* die Bezugslinie, bei Tropfenprofilen (Ruder und Profile, die sowohl oben als auch unten eine Wölbung nach außen haben) ist die *Skelettsehne* die Bezugslinie.

*Profiltiefe t* = Der Abstand zwischen dem vordersten und dem hintersten Punkt der Skelettsehne.

*Profillänge l* = Der Abstand zwischen dem vordersten und dem hintersten Punkt des Profils, parallel zur Profilsehne gemessen. Die Profillänge wird kaum benützt und hier nur der Vollständigkeit halber definiert. Sie wird manchmal (fälschlich) auch mit Profiltiefe bezeichnet.

*Profildicke d* = Der Durchmesser des größten aller eingeschriebenen Kreise.

*Nasenradius* = Das ist der Radius des durch die Profilvorderkante gehenden Innenkreises. Er ist meist mit der Dicke gekoppelt.

*Hinterkantenwinkel 2 τ* (zwei tau) = Wichtige-Größe (Wirbelbildung).

*Wölbungshöhe f* = Größte Erhebung der Skelettlinie über die Skelettsehne (auch Wölbungshöhe oder einfach „Wölbung" genannt).

*Wölbungsrücklage* = Abstand der Profilvorderkante von der Lage der größten Profildicke.

#### 4.1.3.2 Einstellwinkel und Anstellwinkel (Bild 224.1)

Unter dem *Einstellwinkel E* versteht man den Winkel zwischen der Segelflugzeuglängsachse und der Profilsehne. Dieser Winkel läßt sich nicht verstellen, da der Flügel am Rumpf unverstellbar ist. Er ist eine Konstruktionsgröße des Segelflugzeuges. Man kann ihn nur durch Betätigung der Wölbklappen ändern.

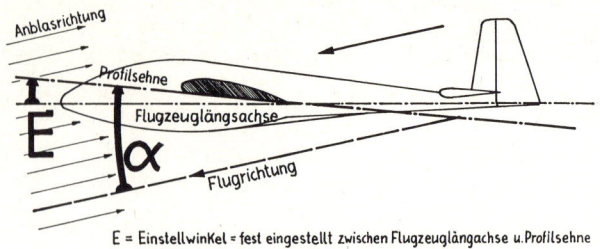

E = Einstellwinkel = fest eingestellt zwischen Flugzeuglängsachse u. Profilsehne

α = Anstellwinkel zwischen Flugrichtung und Profilsehne

**224.1 Einstell- und Anstellwinkel**

Der *Anstellwinkel* ist der Winkel zwischen Profilsehne und Richtung der anströmenden Luft. Dieser Anstellwinkel ist demnach veränderlich, je nach der Richtung der anströmenden Luft (Flugrichtung) und der Profilsehne.

### 4.1.3.3 Profilarten

Jedes Profil kann man sich aus einer Skelettlinie entstanden vorstellen, der eine Dickenverteilung überlagert ist (Bilder 223.1 und 224.2).

Die Skelettlinie kann geradlinig sein oder nach einer Kurve gekrümmt (Kreisbogen oder S-Linie). Die Verhältnisse heißen:

$$\frac{\text{Wölbungshöhe}}{\text{Profiltiefe}} = \frac{f}{t} = \text{Wölbungsverhältnis (relative Wölbung)}$$

$$\frac{\text{Profildicke}}{\text{Profiltiefe}} = \frac{d}{t} = \text{Dickenverhältnis (relative Dicke)}$$

Die gebräuchlichsten Profilarten sind in Bild 224.2 dargestellt.

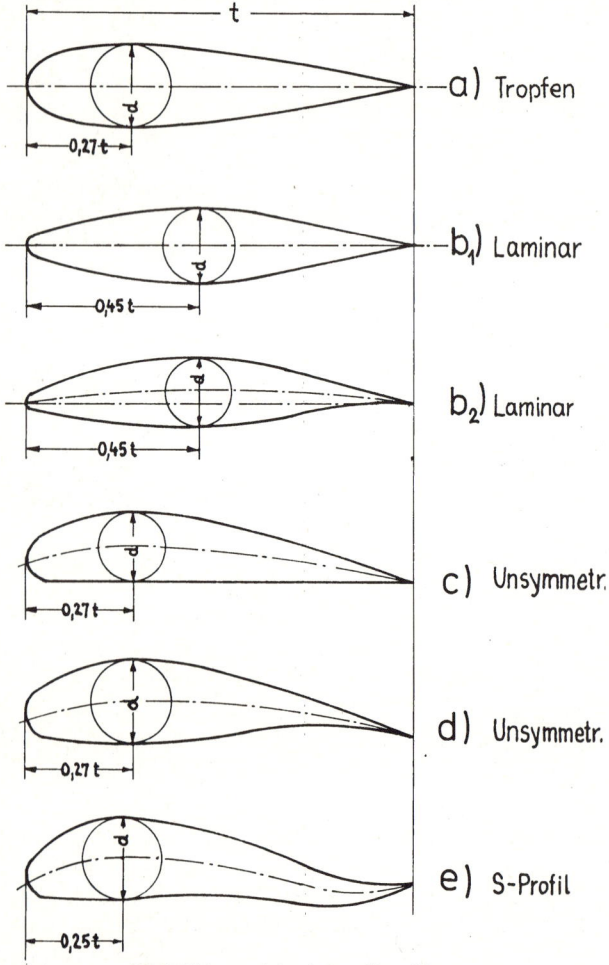

**224.2 Verschiedene Profilarten**

*a) Das symmetrische Tropfenprofil*
Die Skelettlinie ist eine Gerade.
Dickenverteilung symmetrisch zur Skelettlinie, die hier als Bezugslinie verwendet wird.
Diese Profilart wird vornehmlich bei Rudern verwendet. Bei einem Anstellwinkel von Null Grad wird kein Auftrieb erzeugt.

*b) Das gewölbte, unsymmetrische Profil*

(Bild 224.2, c und d). Bei dieser Profilart ist die Skelettlinie gekrümmt (Kreis oder Parabel). Die Dickenverteilung ist unsymmetrisch.
Die Profilart (c) mit einseitiger Dickenverteilung nur nach oben und ebener Unterseite wird heute nicht mehr angewandt.
Die Profilart (d) mit geschweifter Unterseite ist *das klassische Flügelprofil*.

*Die wichtigsten Eigenschaften sind:*
1) Das Auftriebsmaximum steigt bei gleichbleibendem Dickenverhältnis d/t mit zunehmendem Wölbungsverhältnis f/t bis zu einem Höchstbetrag und fällt dann bei einer weiteren Wölbungsvergrößerung wieder ab.
2) Der kleinste Profilwiderstand $c_w$ liegt bei immer höher werdenden $c_a$-Werten mit zunehmendem Wölbungsverhältnis f/t (Polare).

Profilart (e) mit S-förmiger Aufwärtskrümmung der Skelettlinie in der Nähe des hinteren Flügelrandes (S-Schlag) ist druckpunktfest. Der Druckpunkt liegt etwa bei 0,25 t. Der Höchstauftrieb ist bei diesen Profilen geringer als bei dem Ursprungsprofil mit einfacher Skelettlinienkrümmung.

*c) Laminarprofile*

Der Profilwiderstand der klassischen Profile (d) besteht bei kleinen $c_a$-Werten hauptsächlich aus Reibungswiderstand. Im Vergleich zum Reibungswiderstand ist der Druckwiderstand klein. Um den Profilwiderstand zu verkleinern, muß man den Reibungswiderstand der Grenzschicht verringern.

Die laminare Grenzschicht hat den geringsten Reibungswiderstand. Deshalb muß die laminare Anlaufstrecke der Grenzschicht möglichst lang sein, mit anderen Worten: der Umschlagpunkt muß, so weit es geht, nach hinten verlegt werden. Außer höchster Glätte und Störungsfreiheit der Oberfläche (Kunststoffoberfläche) ist die Vorbedingung für das Zustandekommen einer recht langen laminaren Grenzschichtstrecke ein stetiger Druckabfall (stetig dauernd zunehmende Geschwindigkeit) längs des Profils.

Der Umschlagpunkt liegt etwas vor der Gegend der größten Profildicke, wo sich das Druckminimum befindet. Hieraus ergibt sich die zwingende Notwendigkeit, die größte Profildicke möglichst weit nach hinten zu verlegen (Bild 221.2, $b_1$ und $b_2$). Auf jeden Fall muß aber hinter der größten Profildicke noch wirbelfreier Abfluß der Strömung gewährleistet bleiben, was der Rückverlegung der Profildicke Grenzen setzt.

> Allgemein nennt man Profile, die eine sehr lange laminare Anlaufstrecke bieten, *„Laminarprofile"*

Die Länge der laminaren Grenzschicht beträgt 0,4 bis 0,6 t (bei klassischen Profilen (d) nur 0,2 bis 0,3 t).

### Die Polare des Laminarprofils (Bild 225.1)

Die große laminare Anlaufstrecke zeigt sich im Polardiagramm dadurch, daß in dem ganzen Anstellwinkelbereich, in dem die Laminarstrecke vorhanden ist, der Widerstandsbeiwert $c_w$ trotz $c_a$-Wert-Änderung im ganzen Bereich beinahe konstant und klein bleibt. Das Polardiagramm hat die sogenannte

### „Laminardelle"

Oben und unten schließen sich an die „Delle" zwei stark zurücktretende Äste an, mit zuerst halb- und dann vollturbulenter Grenzschichtströmung. Das hießt, der Umschlagpunkt wandert da rasch nach vorn.

### Einfluß der Dickenrücklage

In Bild 225.1 sind die Polaren von drei symmetrischen Laminarprofilen dargestellt, die sich lediglich durch die Dickenrücklage (0,3 t, 0,4 t und 0,5 t) unterscheiden.

Die Profiltiefe t und die größte Dicke $d_{max}$ ist bei allen gleich.

Die Polare des obersten Profils (voll ausgezogen) verläuft auf bekannte Weise:

mit zunehmendem Anstellwinkel steigt an jeder Stelle der Auftrieb *und* der Widerstand.

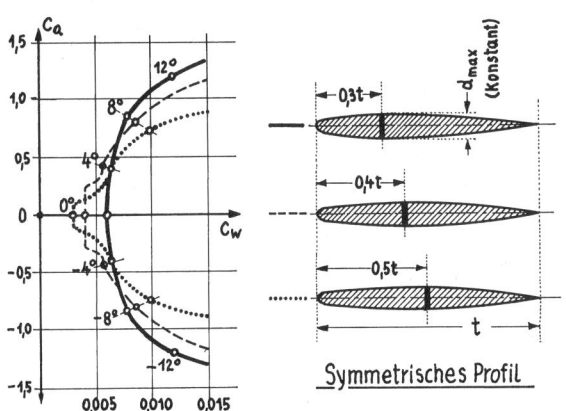

Größte Dicke $d_{max}$ und Profiltiefe t ist gleich.
Dickenrücklage (0,3 t, 0,4 t, 0,5 t) d

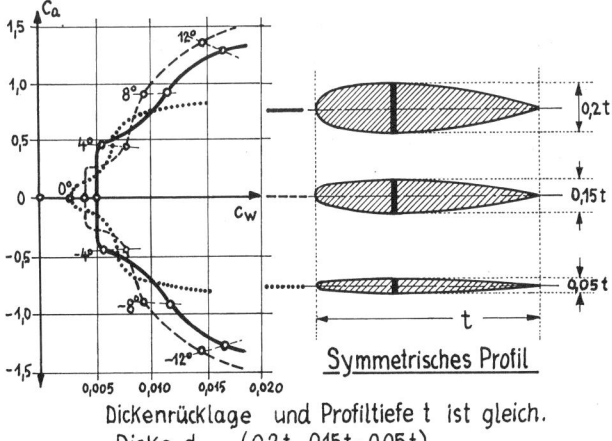

Dickenrücklage und Profiltiefe t ist gleich.
Dicke $d_{max}$ (0,2 t, 0,15 t, 0,05 t)

**225.1 Einfluß von Dickenrücklage und Dicke auf die Größe der Laminardelle**

Beim Profil zwei, mit der Dickenrücklage 0,4 t (gestrichelt gezeichnet) fällt ein Gebiet auf, in dem trotz $c_a$-Änderung der Widerstandsbeiwert $c_w$ praktisch konstant bleibt (die *Laminardelle*).

Beim dritten Profil (Dickenrücklage 0,5 t) ist c in der Delle noch kleiner geworden (punktiert gezeichnet), die Delle ist jedoch nicht mehr so breit.

### Zusammenfassend kann man feststellen:

1) Bei genügender Rücklage der größten Profildicke erscheint in der Polare die „Laminardelle", in deren Bereich sich der Widerstandsbeiwert $c_w$ trotz $c_a$-Änderung nur unwesentlich ändert.

2) Der $c_w$-Wert wird im Bereich der Delle mit zunehmender Dickenrücklage (bei Anstellwinkel Null) viel kleiner gegenüber der Normalpolare.

3) Mit zunehmender Dickenrücklage verringert sich $c_w$ für den Anstellwinkel Null noch weiter. Die Delle wird jedoch schmäler und der Höchstauftrieb wird kleiner.

Da die Laminarprofile immer mehr an Bedeutung gewinnen, ist es angebracht, einige wichtige Eigenheiten dieser Profilklasse näher zu betrachten.

In Bild 225.1 unten sind die Polaren von drei symetrischen Laminarprofilen dargestellt, die sich nur durch die größte Dicke $d_{max}$ unterscheiden (0,2 t, 0,15 t und 0,05 t). Das Dickenverhältnis d/t und die Profiltiefe sind bei allen Profilen gleich.

Die Polare des obersten (dicksten) Profils zeigt eine breite Laminardelle (voll ausgezogene Polare). Die Polare des zweiten (dünneren) Profils (gestrichelt gezeichnete Polare) hat beim Anstellwinkel Null einen geringeren Widerstandsbeiwert c, aber eine schmälere Laminardelle, also einen kleineren Laminarbereich. Das unterste, ganz flache Profil hat einen noch geringeren Widerstandsbeiwert c beim Anstellwinkel Null, aber eine ganz schmale Delle, wogegen der Höchstauftrieb (punktierte Polare) sehr gering geworden ist.

### Zusammenfassend ergibt das:

1) Dickere Profile sind anstellwinkelunempfindlicher.

2) Der $c_w$-Wert (bei Anstellwinkel Null) wird um so geringer, je dünner das Profil ist.

3) Mit abnehmender Dicke sinkt von einem gewissen Betrag an der Höchstauftriebbeiwert.

### Einfluß der Wölbung

In Bild 226.1 oben sind drei Laminarprofile dargestellt, mit gleicher Profiltiefe, gleicher Dicke $D_{max}$ und gleicher Dickenrücklage, jedoch mit verschiedener Wölbung (0,04, 0,02 und 0,00 t). Wie aus dem Bild zu ersehen ist, verschiebt sich der Laminarbereich (Delle) mit wachsender Wölbung in der Polaren nach oben, in höhere $c_a$-Bereiche. Die Breite der Delle ändert sich dabei kaum.

Den verhältnismäßig kleinen Laminarbereich kann man nur verschieben, wenn die Wölbung veränderbar ist. Im unteren Teil von Bild 226.1 ist das „Hinterkantenruder" dargestellt. Durch das Ausschlagen dieses Ruders kann die wirksame Wölbung verändert werden, wobei die geometrische Wölbungslinie hinten einen Knick erhält, der einen kleinen Zusatzwiderstand verursacht. Der Ruderspalt ist abgedichtet. Ein einspringender Absatz T („Turbulenzkante") auf der Unterkante macht die Grenzschicht künstlich turbulent, die trotz Druckanstieg nach der Hinterkante anliegend bleibt. Das verringert den Profilwiderstand.

Die äußerst günstige Hüllpolare, die sich über die veränderbaren Ausschläge des Hinterkantenruders ergibt, ermöglicht die niedrigen Profilwiderstände über einen großen Bereich der $c_a$-Werte. Sehr günstig wird auch der Gleitwinkel (Tangente vom Nullpunkt an die Hüllpolare).

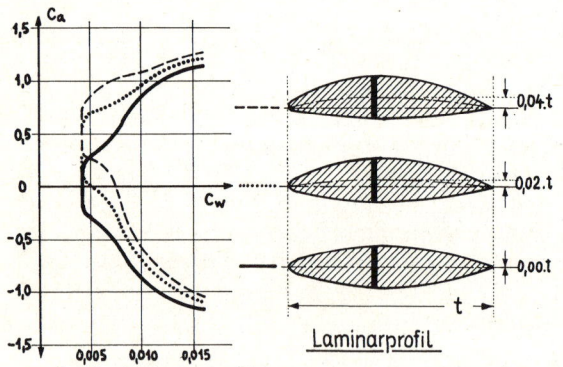

Größte Dicke $D_{max}$, Dickenrücklage u. Profiltiefe gleich. Wölbung (0,04 t, 0,02 t, 0,00 t)

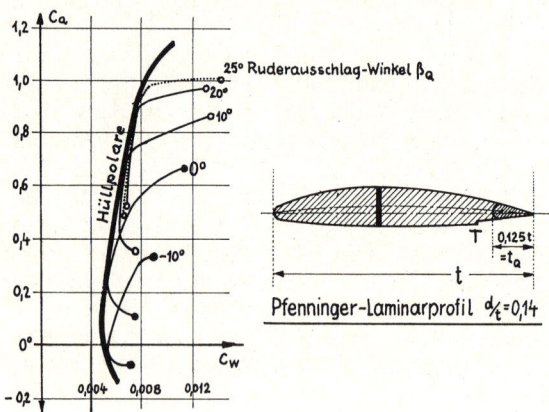

Dickenverhältnis d/t = 0,14  Größte Dicke $D_{max}$ = 0,4 t
Größte Wölbung 0,0245 t in 0,41 t, Ruderspalt abgedichtet

*226.1 Änderung der Dellenlage beim Laminarprofil*

*Zusammenfassung:*

Laminarprofile sind *in bezug auf Minimalwiderstand und Gleitzahl* den klassischen Profilen eindeutig überlegen.

### 4.1.3.4 Flügelformen

*Allgemein:* Die geometrische Form des Tragflügels ist im allgemeinen bestimmt durch:

1) Grundriß (Zuspitzung, Pfeilung),
2) Flügelprofil (Dicke, Wölbung),
3) Neigung der Flügelhälften gegeneinander (V-Stellung),
4) Schränkung (Verwindung),
5) Flügelspitzen (flach, rund, Endscheiben).

Der Tragflügel ist symmetrisch zur Hauptsymmetrie des ganzen Segelflugzeuges, wogegen er in anderen Richtungen niemals symmetrisch ist.

*Der Grundriß des Tragflügels*

Die Grundform ist das Rechteck (Bild 226.2, $a_1$). Wegen des großen Randwiderstandes wird die Rechteckform mit kleinem Seitenverhältnis ($a_2$) und nur bei Langsamsegelflugzeugen verwendet.

Die beste Form ist die Ellipse (b), da bei ihr der Randwiderstand praktische gleich Null ist. Aus Kostengründen wird diese Ellipse durch ein flächengleiches Trapez, das ebenfalls einen kleinen Randwiderstand hat, ersetzt (Darstellung c).

Aus Stabilitätsgründen wird das Trapez oft „gepfeilt", d.h. die Flügelspitzen hinken der Flügelmitte in Flugrichtung nach oder eilen vor.

Hinken die Flügelspitzen nach, dann spricht man von Vorpfeilung oder positiver Pfeilung. Die Pfeilung kann so schwach sein, daß die Hinterkante geradlinig verläuft ($d_1$) oder sie kann stärker sein, daß sowohl die Vorderkante, als auch die Hinterkante gepfeilt ist ($d_2$).

Eilen die Flügelspitzen der Flügelmitte vor, dann spricht man von Nachpfeilung oder negativer Pfeilung ($e_1$ und $e_2$).

Die Größe der Pfeilung kann sich von der Flügelmitte bis zur Flügelspitze ändern, so daß die Flügelhälften geknickt oder geschwungen verlaufen.

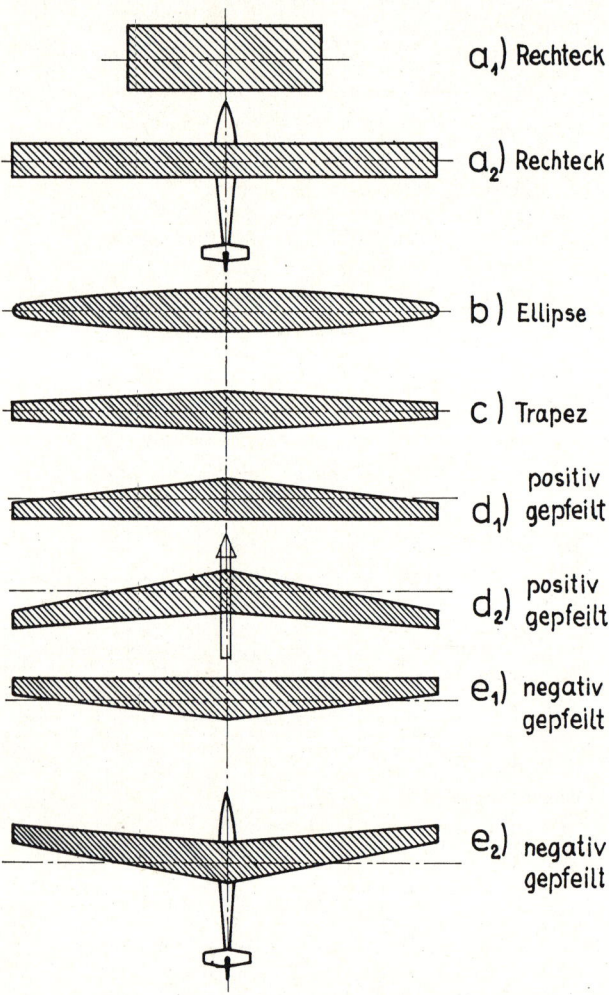

*226.2 Tragflügelformen*

## Das Flügelprofil

Ein wesentliches Merkmal für das Flügelprofil ist das Profildickenverhältnis (relative Dicke). Es wird mit $\delta$ (Delta) bezeichnet.

$$\text{Dickenverhältnis} = \frac{\text{Profildicke}}{\text{Profiltiefe}} = \frac{d}{t} = \delta$$

Ein weiteres Merkmal ist die Profilform, die im wesentlichen durch die Skelettlinie gegeben ist. Im allgemeinen kann gesagt werden:

Bei zunehmendem Dickenverhältnis $d/t$ steigt der Druckwiderstand.

Bei zunehmender Wölbung $f/t$ steigt der Höchstauftrieb.

Bei einfachen Segelflugzeugen werden Normalprofile verwendet (d, Bild 224.2). Bei höheren Fluggeschwindigkeiten werden Laminarprofile verwendet ($b_1$, $b_2$, Bild 224.2). Laminarprofile haben, um den Profilwiderstand klein zu halten, einen kleinen Nasenradius und eine geringe Dicke. Ein Nachteil des kleinen Nasenradius ist allerdings die Empfindlichkeit auf Anstellwinkelveränderungen, weil die Grenzschichtströmung leichter in die turbulente Strömung umschlägt, was dann den Widerstand ungemein erhöht. Für Segelflugzeuge sind spezielle Laminarprofile entwickelt worden.

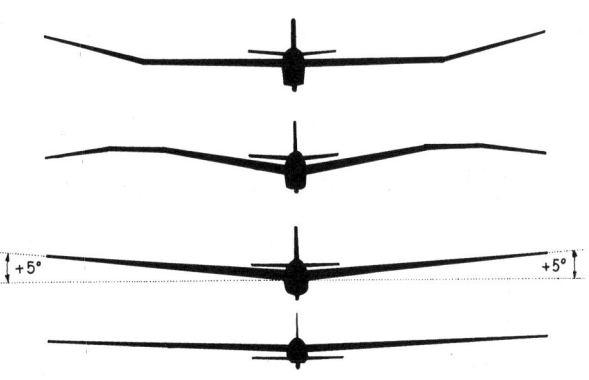

227.1 Die Neigung der Flügelhälften

## Neigung der Flügelhälften gegeneinander

Aus Stabilitätsgründen werden die beiden Flügelhälften meist gegeneinander geneigt ausgeführt (V-Stellung). Verschiedene Ausführungsformen zeigt Bild 227.1. Je stärker die V-Stellung, desto stabiler ist die Fluglage in Bezug auf die Längsachse. Gleichzeitig geht aber die Wendigkeit des Segelflugzeuges herunter. Aus diesen Gründen wurd die V-Stellung meist unter 10° gehalten.

Die V-Stellung wird als Abweichung von der gestreckten Horizontallage angegeben. Flügelneigung nach oben wird als positiv (+) bezeichnet. Die kaum ausgeführte Neigung nach unten gilt als negativ (–). Auch die V-Stellung kann über die ganze Flügelhälfte konstant oder veränderlich sein, je nach den Flug- und Stabilitätseigenschaften, die erreicht werden sollen.

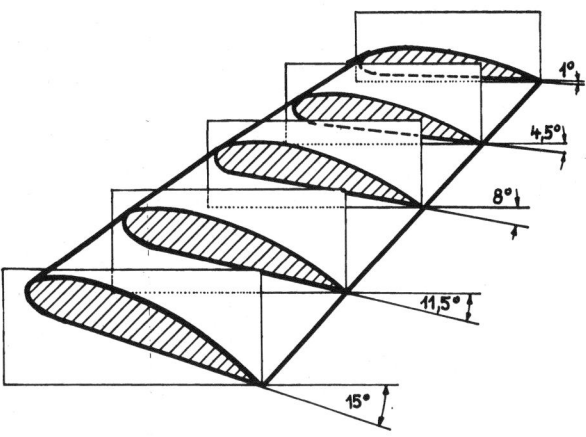

227.2 Geometrische Schränkung

## Schränkung der Tragflügel

Zur Verkleinerung des Randwiderstandes werden die Tragflügel geschränkt (in sich verbunden). Es gibt folgende Arten der Schränkung:

a) geometrische Schränkung,
b) aerodynamische Schränkung,
c) kombiniert geometrisch-aerodynamische Schränkung.

## Geometrische Schränkung (Bild 227.2)

Wenn das gleiche Profil über die ganze Flügellänge (Spannweite) mit gleichem Einstellwinkel verwendet würde, dann würde beim Erreichen des kritischen Anstellwinkels die Strömung am ganzen Flügel gleichzeitig abreißen und der Gesamtauftrieb würde schlagartig zusammenbrechen. Um dies zu vermeiden, wird bei Verwendung des gleichen Profils über den ganzen Flügel der *Einstellwinkel* nach dem Flügelende hin immer kleiner und kleiner gemacht, so daß der kritische Anstellwinkel zuerst in Rumpfnähe und zuletzt an den Flügelenden erreicht wird, so daß die Steuerbarkeit des Segelflugzeuges bis zum Schluß erhalten bleibt (denn die Querruder befinden sich am Flügelende). Bei der in Bild 227.2 dargestellten geometrischen Schränkung verläuft die Größe der Verwindung vom Rumpf zum Flügelende hin proportional zum Abstand vom Rumpf (also linear).

Man sagt: Der Flügel ist *linear „gestrackt"*.

Eine wichtige Größe ist die *Verwindungsachse*. Dies ist die Verbindungslinie aller Punkte, an denen die Profilsehnen eine flügelfeste, zur Fluglängsachse orientierte Ebene durchstoßen. In Bild 227.2 ist das zum Beispiel die Flügelhinterkante. In der Tegel wird die $t/4$-Linie als Verwindungsachse verwendet und ist *von Bedeutung bei der Bestimmung der V-Stellung der Flügel*.

## Aerodynamische Schränkung (Bild 228.1)

Bei der aerodynamischen Schränkung bleibt der Einstellwinkel über die ganze Flügellänge konstant. Die Änderung des kritischen Anstellwinkels vom Rumpf bis zur Flügelspitze wird durch eine *allmähliche Profiländerung* nach dem Flügelende hin erreicht. Die Profilhinterkante wird nach den Flügelenden hin mehr und mehr hochgezogen (Bild 228.1). An der Flügelspitze wird dann ein fast symmetrisches Profil erreicht, das bei kleinem Anstellwinkel keinen Auftrieb erzeugt. Die aerodynamische Schränkung wird bei Segelflugzeugen zur Zeit kaum angewandt.

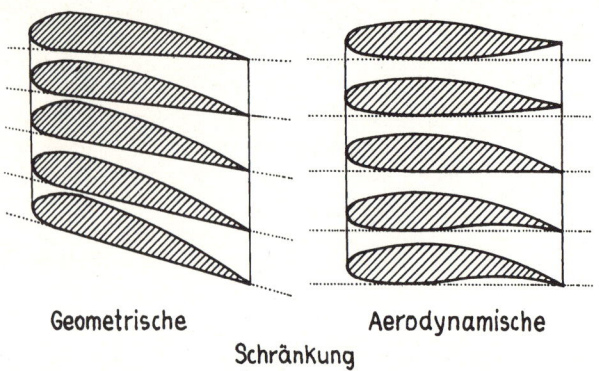

Geometrische          Aerodynamische

Schränkung

*228.1 Vergleich der Flügelschränkungen*

### Geometrisch-aerodynamische Schränkung

In der Praxis wird auch die gemischte Schränkung verwendet, je nach der konstruktiven Möglichkeit. Bei Schulflugzeugen werden zum Beispiel die Querruder am Ende hochgezogen (also geschränkt), der Flügel bleibt dabei aus baulichen Gründen gleich.

### Ausbildung der Flügelspitzen

Der Druckausgleich an den Flügelenden, der die Ursache der Randwirbelzöpfe ist (vgl. Bild 211.1), muß möglichst klein gehalten werden. Dies kann auf zwei Arten erfolgen:

a) Endscheiben am Flügel,
b) Form der Flügelspitzen.

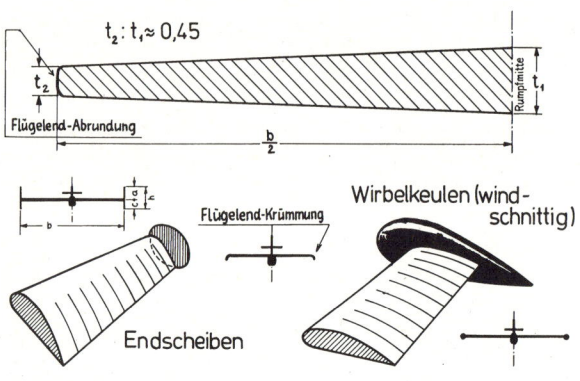

*228.2 Ausbildung der Flügelspitzen*

Endscheiben (Bild 228.2) am Tragflügel und am Höhenleitwerk zwingen die Ausgleichsströmung zu einem Umweg, wofür deren Energie nicht ausreicht. Dadurch sind die Randwirbel schwächer. Den gleiche Erfolg erzielt man mit Wirbelkeulen, die sich anströmungsgünstig ausführen lassen und sich bei geeigneter Größe an Motorseglern als Kraftstoffbehälter eigenen.

*Die Form der Spitzen* ist ebenfalls einflußreich auf die Größe des Randwiderstandes.

Der elliptische Flügel hat den geringsten induzierten Widerstand. Beim Trapezflügel hat sich als günstigstes Verhältnis zwischen der Profiltiefe $t_1$ am Rumpf und $t_2$ an den Flügelspitzen herausgestellt: $t_2 : t_1 \approx 0,45$. Der Rand der Flügel-

spitze soll nicht geradlinig, sondern *schwach* gekrümmt sein (nicht halbkreisförmig).

*Zusammenfassung:* Durch die Schränkung bricht beim Überziehen des Flugzustandes der Auftrieb zuerst in Rumpfnähe zusammen, während er gegen die Flügelenden noch vorhanden ist, so daß die Querruder bis zum Ende wirksam bleiben und das Segelflugzeug um die Längsachse bis zum Schluß steuerbar bleibt. Es sackt durch, geht auf den Kopf und schmiert nicht leicht ab. Durch die Schränkung kann eine elliptische Auftriebsverteilung erreicht werden, wodurch der induzierte Widerstand sehr herabgesetzt wird. Der Randwiderstand kann günstig beeinflußt werden, durch Endscheiben oder Wirbelkeulen, sowie durch richtige Abrundung der Flügelspitzen, ferner durch Grenzschichtzäune, die den seitlichen Druckausgleich erschweren.

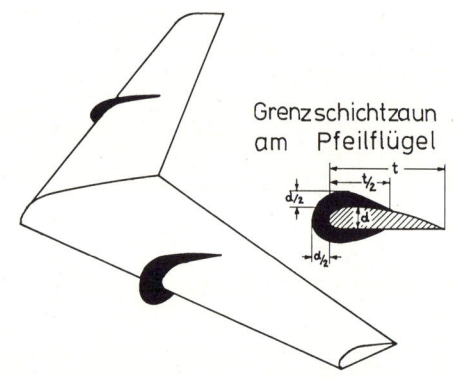

*228.3 Der Grenzschichtzaun*

### Grenzschichtzaun (Bild 228.3)

Bei schrägangeströmten Tragflügeln (z.B. auch bei gepfeilten Flügeln) bildet sich eine starke Querströmung in Richtung des zurückliegenden Flügelteiles aus. Dadurch entsteht auf dem zurückliegenden Flügelteil eine starke Verdickung der Grenzschicht und veranlaßt ein vorzeitiges Ablösen der Strömung, was leicht das gefürchtete „Abkippen über den Flügel" verursacht. Dieser Ablösungsbeginn am Außenflügel kann mit einem Grenzschichtzaun verhindert werden.

Dies ist eine auf der Flügeloberseite (Saugseite) im vorderen Flügelteil aufgesetzte dünne Blechwand, die die Querströmung verhindert. Die mittlere Höhe des Zaunes ist etwa gleich der halben Profildicke und liegt im Gebiet des stärksten Unterdruckes, in 1/2 der Profiltiefe (Bild 228.3). Die Widerstandszunahme durch den Grenzschichtzaun ist fast Null.

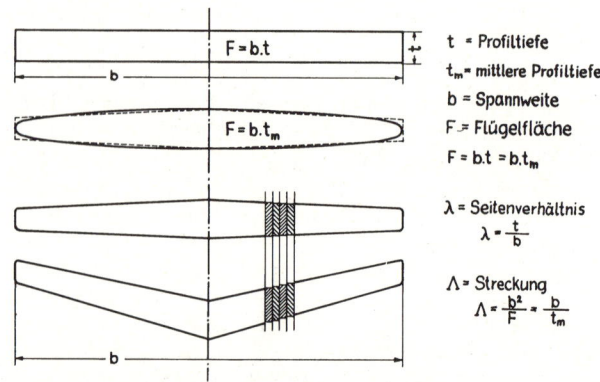

*228.4 Seitenverhältnis und Flügelstreckung*

## 4.1.3.5 Seitenverhältnis und Flügelstreckung (Bild 228.1)

Unter dem *Seitenverhältnis* (vgl. 4.1.1.12 induzierter Widerstand) versteht man das Verhältnis von:

$$\frac{\text{Profiltiefe}}{\text{Spannweite}} = \frac{t}{b} = \lambda$$

($\lambda$ = kleines Lambda)

Bei der Spannweite wird der Teil des Tragflügels, der durch den Rumpf ausgefüllt ist, mitgerechnet. Ist die Profiltiefe über die Flügelbreite veränderlich (z.B. Trapezflügel), dann wird die *mittlere* Profiltiefe eingesetzt.

Unter der *Flügelstreckung* versteht man das Verhältnis von:

$$\frac{\text{Spannweite zum Quadrat}}{\text{Flügelfläche}} = \frac{b^2}{F} = \Lambda$$

($\Lambda$ = großes Lambda)

Bei Rechteckflügeln ist die Fläche F = b · t (Spannweite mal Profiltiefe). In diesem Fall kann man den Bruch durch b kürzen und erhält den Kehrwert (reziproken Wert) des Seitenverhältnisses:

$$\Lambda = \frac{b^2}{F} = \frac{b \cdot b}{b \cdot t} = \frac{b}{t} = \frac{1}{\lambda}$$

*Seitenverhältnis 1:19 bedeutet,* daß die mittlere Profiltiefe 1 Neunzehntel der Spannweite beträgt.

*Flügelstreckung 19 bedeutet,* daß die Spannweite 19 mal so groß ist wie die mittlere Profiltiefe.

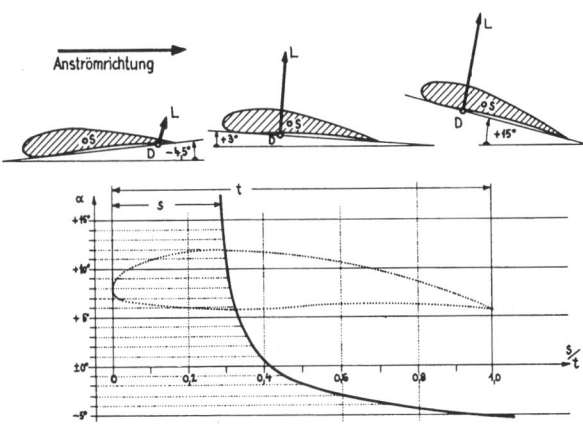

229.1 Wanderung des Druckpunktes

### 4.1.3.6 Druckpunkt und Druckpunktwanderung

Wie schon bei Bild *204.4* erklärt wurde, bezeichnet man den Schnittpunkt zwischen der Wirkungslinie der Luftkraft mit der Profilsehne als Druckpunkt D. In diesem Punkt drückt sozusagen die Luftkraft gegen das Profil. Bei Änderung des Anstellwinkels (Bild *204.5*) ändert sich sowohl die Größe der Luftkraft, als auch die Richtung der Luftkraft, sowie die Lage des Druckpunktes. Die Änderung der Druckpunktlage heißt *Druckpunktänderung oder Druckpunktverschiebung*.

Bei den gebräuchlichen Profilen und im üblichen Flugbereich liegt der Druckpunkt zwischen 0,25 t und 0,60 t vom vordersten Punkt der Skelettsehne (Nasenspitze) entfernt (Bild 229.1). Nimmt man

den Schwerpunkt S der Profilfläche als Drehpunkt des Profils an, dann dreht die Luftkraft das Profil bei Lage des Druckpunktes vor dem Schwerpunkt (nasenseitig) nach oben (vergrößert den Anstellwinkel). Bei einer Lage des Druckpunktes hinter dem Schwerpunkt S (hinterkantenseitig) dreht die Luftkraft das Profil nach unten (verkleinert den Anstellwinkel). Bei Anstellwinkel zwischen +5° und +15° (Bild 229.1) wandert der Druckpunkt nur wenig (0,25 t bis 0,35 t). Sobald jedoch der Anstellwinkel kleiner oder gar negativ wird, saust er kolossal schnell nach hinten.

Bei eine *Auschlag der Wölbklappen* wandert der Druckpunkt stark nach hinten, was einen nosedown-Nickeffekt auslöst.

### 4.1.3.7 Die Flächenbelastung

Wie bereits in Abschn. 4.1.2.5 erwähnt wurde, verstehen wir unter der Flächenbelastung:

$$\frac{G}{F} = \frac{\text{Fluggewicht}}{\text{Flügelfläche}} = \text{Flächenbelastung (kp/m}^2)$$

Die Flächenbelastung beträgt bei verschiedenen Segelflugzeugmustern 20 bis 35 kp/m², das heißt, jeder Quadratmeter der Flügelfläche ist *durchschnittlich* mit 20 bis 35 kp belastet. Die Flächenbelastung steht sowohl mit der Sinkgeschwindigkeit, als auch mit der Fluggeschwindigkeit in Zusammenhang:

> Kleine Flächenbelastung =
> besseres Sinken (langsamer)
>
> Große Flächenbelastung =
> bestes Gleitverhältnis bei hoher Geschwindigkeit

Deshalb benützen moderne Segelflugzeuge *Wasserballast.*

Bei schwachem Segelflugwetter wird kein Ballast zugeladen (kleine Flächenbelastung), weil das Segelflugzeug „oben" bleiben muß. Die Sink- und Fluggeschwindigkeit soll so gering wie möglich sein.

Bei gutem Segelflugwetter kommt es auf ein bißchen Sinken im Kreisflug nicht an, wohl aber auf *gute Leistungen im Schnellflug,* deshalb wird da *Wasserballast* zugeladen.

Diese Flächenbelastung ist der Durchschnitt (pro m²) beim Geradeausflug. Beim Kurvenflug oder beim Abfangen erhöht sie sich, entsprechend dem erreichten Lastvielfachen. Die Flächenbelastung an den einzelnen Stellen des Tragflügels ist jedoch nicht konstant. Sie kann größer oder kleiner sein als die Durchschnittsbelastung und sie kann auch an einzelnen Stellen negativ werden. In Bild 230.1 sind verschiedene Belastungsverteilungen für verschiedene Flugsituationen (übertrieben) dargestellt. Die nach oben oder unten gerichteten Pfeile geben in ihrer Länge Größe und Richtung der jeweiligen Belastungskräfte an, wie sie sich über die Flügellänge verteilen. Darunter ist jedesmal dargestellt, wie sich die Tragflügel unter der Last elastisch verbiegen.
Zu diesen Lastverteilungen über die Tragflügelfläche kommt noch die veränderliche Verteilung

über die Profiltiefe (vgl. Bild 212.1), die vom Anstellwinkel und von der Profilart abhängt.

Darstellung (a) zeigt die Verhältnisse beim Abfangen des Segelflugzeuges: Die Flügel biegen sich beiderseits des Rumpfes nach oben.

Darstellung (b) gibt die Verhältnisse beim Einleiten des Kurvenfluges wieder: Durch die veränderliche Größe des Anstellwinkels (siehe Bild 227.1) verschiebt sich die Lastkurve nach einer Seite. Die Last selbst kann unter Umständen an einer Flügelspitze negativ werden.

Darstellung (c) zeigt die Lastverteilung beim schnellen Geradeausflug mit geschränkten Flügeln: Hier wirkt sich der veränderliche Anstellwinkel aus.

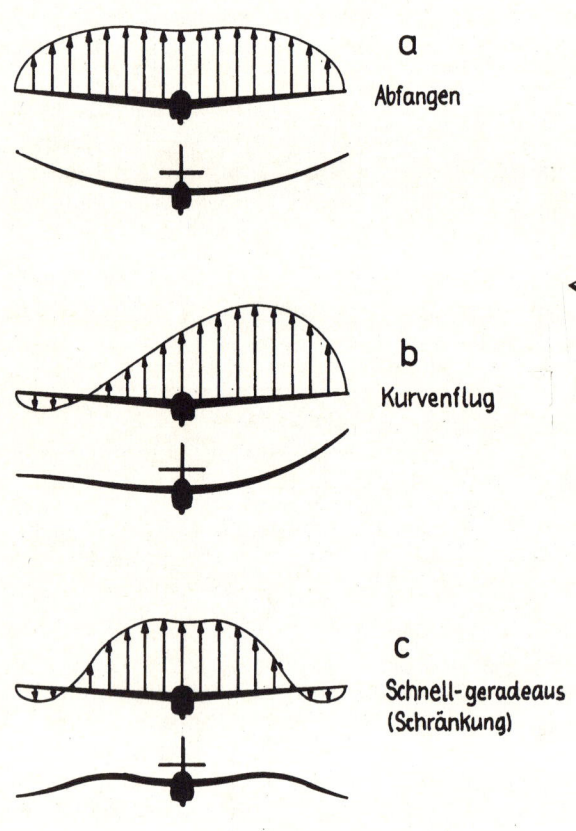

230.1 Verteilung der Flächenbelastung

## 4.1.4 Kräfte am Segelflugzeug und Stabilität

### 4.1.4.1 Achsen des Segelflugzeuges (Bild 230.2)

Für die Beschreibung der Kräfte und Momente, die auf das gesamte Segelflugzeug wirken, wird ein flugfestes Achsensystem x, y, z festgelegt. Der Koordinatensprung 0 des Achsensystems liegt immer in der Symetrieebene des Segelflugzeuges. Seine Lage in dieser Ebene wird von Fall zu Fall verschieden gewählt. Für unsere Betrachtungen liegt der Ursprung 0 im Schwerpunkt des Segelfugzeuges.

Die x-Achse ist die sogenannte Längsachse des Segelflugzeuges. Ihre Richtung ist parallel zur Verbindungslinie zwischen Rumpfnase und Schwanzspitze.

Die y-Achse, die sogenannte Querachse des Segelflugzeuges geht ebenfalls durch den Ursprung 0 und steht senkrecht auf der Symmetrieebene.

Die z-Achse heißt Hochachse des Segelflugzeuges und liegt, wie die Längsachse, in der Symmetrieebene und steht senkrecht auf der Längsachse.

Die Richtungen der 3 Achsen sind wie folgt festgelegt:

Längsachse: in Flugrichtung positiv ($+$),

Querachse: in Flugrichtung gesehen, nach rechts positiv ($+$),

Hochachse: nach oben positiv ($+$).

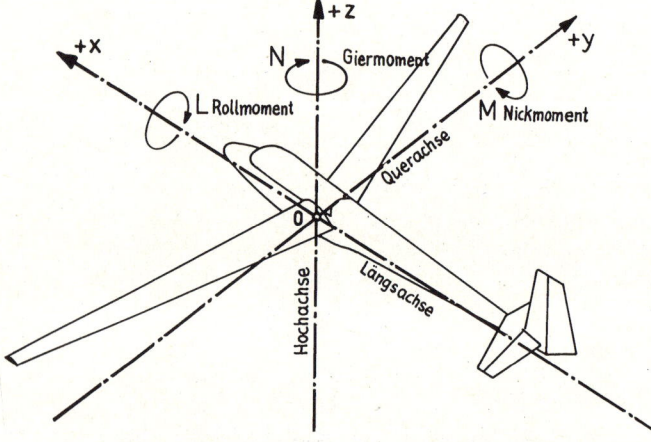

230.2 Die Achsen des Segelflugzeuges

### 4.1.4.2 Kräfte und Momente am Segelflugzeug (Bild 230.2)

Auf das ruhende Segelflugzeug wirkt nur eine einzige Kraft, das Gewicht, von dem sich alle anderen Kräfte ableiten, sobald sich das Segelflugzeug durch die Luft bewegt. Auf das bewegte Segelflugzeug wirken außerdem noch die sogenannten Massenkräfte, wie Fliehkräfte in der Kurve und beim Abfangen, ferner Verzögerungskräfte beim Abremsen.

Durch die Bewegung des Segelflugzeuges in der umgebenden Luft entstehende, vom Gewicht direkt oder indirekt abgeleitete Kräfte sind:

| | | |
|---|---|---|
| Auftrieb | A | (senkrecht zur Anblasrichtung) |
| Widerstand | W | (in Anblasrichtung) |
| Seitenkraft | Y | (senkrecht zur Symmetrieebene) |

Da alle diese Kräfte meist nicht im Schwerpunkt des Segelflugzeuges angreifen, üben sie mit entsprechenden Hebelarmen (Abstände der Kraftwirkungslinien vom Schwerpunkt) Drehmomente auf das Segelflugzeug aus:

| | | |
|---|---|---|
| Rollmoment | L | (dreht um die Längsachse |
| Nickmoment | M | (dreht um die Querachse) |
| Giermoment | N | (dreht um die Hochachse) |

Der allgemeine Bewegungszustand des Segelflugzeuges läßt sich immer in eine Längsbewegung (gegeben durch die Fluggeschwindigkeit v, den Anstellwinkel α, und die Nickgeschwindigkeit) und in eine Querbewegung (gegeben durch den Schiebewinkel β, die Roll-Winkelgeschwindigkeit und die Gier-Winkelgeschwindigkeit) aufteilen.

### 4.1.4.3 Steuerorgane und ihre Wirkungsweise

Die Organe für die Erzeugung des Auftriebes sind die beiden Tragflügelhälften. Die Organe, die ungewollte Drehbewegungen des Segelflugzeuges verhindern oder gewollte Drehbewegungen herbeiführen, sind die Flossen mit ihren Rudern. Die fest am Segelflugzeug angebrachten Steuerorgane heißen Flossen und werden in Abschnitt 4.4 näher behandelt. Die beweglichen, vom Flugzeugführer während des Fluges verstellbaren Steuerorgane heißen Ruder (Bild 231.1).

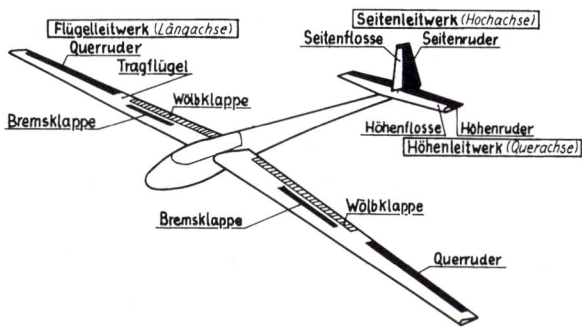

231.1 Die Bestandteile des Leitwerkes

*Flossen und Ruder zusammen* bilden das Leitwerk.

Wir unterscheiden:

### 1) Das Flügelleitwerk

Es dient zur Steuerung der Drehbewegungen des Segelflugzeuges um die Längsachse. Es sind Klappen, die in den äußeren Bereichen des Tragflügels angebracht sind und vom Flugzeugführer nur gleichzeitig und zwar in entgegengesetzter Richtung ausgeschlagen werden können. Zum Flügelleitwerk gehören auch die Wölbklappen, Bremsklappen und die entsprechenden Trimmklappen.

### 2) Das Höhenleitwerk

Dieses dient zur Steuerung der Drehbewegungen des Segelflugzeuges um die Querachse. Es besteht aus einer am Schwanzende angebrachten waagerechten Flosse und einem dahinter liegenden, drehbaren Ruder. Beide bilden zusammen einen kleinen Tragflügel, dessen Auf- und Abtrieb das Schwanzende hebt oder senkt. Auch dazu gehört eine Trimmklappe. Eine Abart ist das Pendelleitwerk oder Pendelruder.

### 3) Das Seitenleitwerk

Es dient zur Steuerung der Drehbewegungen des Segelflugzeuges um die Hochachse und besteht aus einer Seitenflosse mit Ruder und einer Trimmklappe.

### Die Wirkung der Querruder (Bild 231.2)

Die beiden Querruder sollen eine Bewegung des Segelflugzeuges um die Längsachse bewirken (Rollbewegung). Sie gehören zum Flügelleitwerk und werden durch Bewegung des Steuerknüppels nach rechts oder nach links immer gegenläufig bewegt, das heißt, ein Querruder klappt nach unten, das andere Querruder auf der entgegengesetzten Flügelhälfte, klapp nach oben.

Steuerknüppel nach rechts bewirkt, daß die linke Querruderklappe nach unten geht und dadurch den Auftrieb der linken Tragflügelhälfte erhöht. Die linke Flügelhälfte geht demzufolge nach oben. Gleichzeitig bewegt sich die rechte Querruderklappe nach oben und verringert den Auftrieb der rechten Tragflügelhälfte, die demzufolge nach unten geht.

Es entsteht dadurch ein *Rollmoment nach rechts (+)*, um die Längsachse.

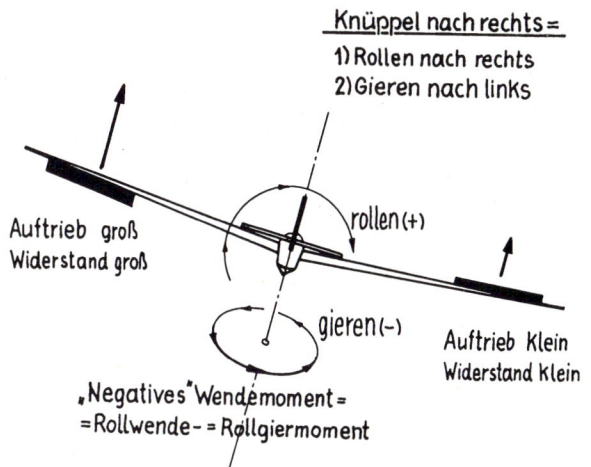

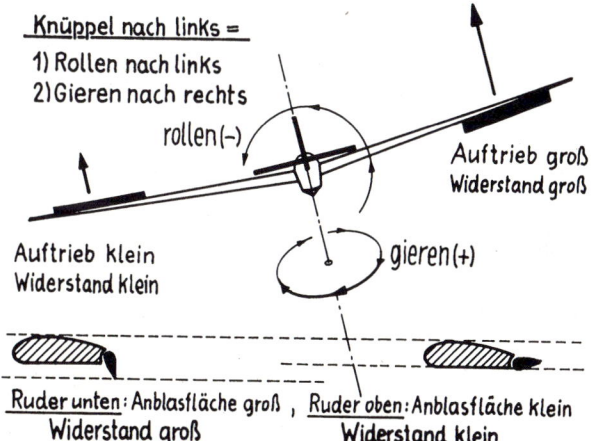

231.2 *Wirkung der Querruder bei Knüppel rechts und Knüppel links*

Als *Sekundärwirkung* tritt aber noch ein Giermoment um die Hochachse auf:

Durch die mit dem Knüppel verursachte Klappenbewegung ändert sich nicht nur der Auftrieb, sonder auch der Widerstand der beiden Tragflügelhälften. Der Widerstand des linken Flügels wird größer, der des rechten Flügels bleibt klein (Bild 231.2, unten). Wir erhalten ein linksdrehendes (–) Giermoment umd die Hochachse, das das Segelflugzeug ungewünscht nach links drehen will. Dieses „Giermoment", auch „Wendemoment" genannt, ist, weil es durch die mit dem Knüppel eingeleitete Rollbewegung entsteht, ein „Rollgiermoment" oder „Rollwendemoment", meist bekannt als

*„Negatives Wendemoment"*

231

Negativ heißt es deshalb, weil es der beabsichtigten Kurvenrichtung (in unserem Fall Rechtskurve) entgegenwirkt, also negativ wirkt.

Steuerknüppel nach links bewirkt, daß die rechte Querruderklappe nach unten und die linke nach oben geht, also eine Linkskurve einleitet. Das negative Wendemoment wirkt hier rechtsdrehend.

Zusammenfassung:

| Knüppel nach links | Knüppel nach rechts |
|---|---|
| 1) Rollmoment nach links<br>2) Negatives Wendemoment nach rechts | 1) Rollmoment nach rechts<br>2) Negatives Wendemoment nach links |

Um das ungewollte, der beabsichtigten Kurve entgegenwirkende „Negative Wendemoment" unschädlich zu machen, muß, gleichzeitig mit der Betätigung der Querruder mit dem Knüppel, das Pedal betätigt werden (siehe Wirkung des Seitenruders).

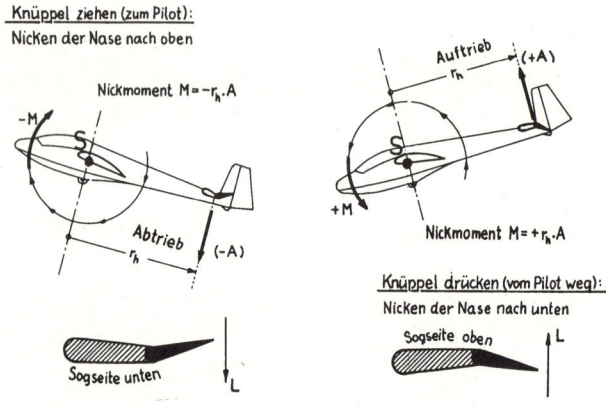

Knüppel ziehen (zum Pilot):
Nicken der Nase nach oben

Nickmoment $M = -r_h \cdot A$

Auftrieb $r_h$ (+A)

$+M$

Nickmoment $M = +r_h \cdot A$

Abtrieb $r_h$ (-A)

Knüppel drücken (vom Pilot weg):
Nicken der Nase nach unten

Sogseite oben

Sogseite unten

**232.1 Die Wirkung des Höhenruders**

*Die Wirkung des Höhenruders (Bild 232.1)*

Das Höhenruder bewirkt die Drehung des Segelflugzeuges um die Querachse (Nicken). Auch das Höhenruder wird mit dem Steuerknüppel (ziehen oder drücken) betätigt. Durch Ziehen des Knüppels bewegt sich das Höhenruder nach oben. Dadurch wird die Wölbung des Höhenleitwerkes, das aus Höhenflosse und Höhenruder besteht, an der Unterseite größer und erhält einen *Sog nach unten.*

Diese Sogkraft (-A), ein *Abtrieb*, zieht den Schwanzteil des Segelflugzeuges nach unten und zwar mit dem Nickmoment $M = r_h \cdot (-A)$ wobei $r_h$ der senkrechte Abstand der Wirkungslinie -A vom Schwerpunkt S des Segelflugzeuges ist.
Dieses Nickmoment (-M) dreht die Nase des Segelflugzeuges nach oben und damit vergrößert sich der Anstellwinkel des Tragflügels.

Drücken des Knüppels bewirkt eine Drehung der Nase des Segelflugzeuges nach unten und eine Verkleinerung des Anstellwinkels.

Zusammenfassung:

*Achtung beim Landen:* Schwanzende geht nach unten = Gefahr der Bodenberührung.

*Die Wirkung des Seitenruders (Bild 232.2)*

Die Betätigung des Seitenruders soll eine Drehung des Segelflugzeuges um die Hochachse bewirken (Gier- oder Wendebewegung).

Treten des linken Pedals bewirkt ein Ausschlagen des Seitenruders nach links. Dadurch erhält die rechte Seite des Seitenleitwerkes (Seitenflosse und Seitenruder) eine größere Wölbung nach rechts, so daß ein Sog nach rechts erfolgt. Die entstehende Luftkraft Y erzeugt mit dem Hebelarm $r_s$ ein Giermoment $N = r_s \cdot Y$, das das Segelflugzeug um die Hochachse nach links dreht.

*Sekundärwirkung*

Durch die Linksdrehung des Segelflugzeuges wird die Geschwindigkeit des linken Flügelendes kleiner, wodurch sich auch der Auftrieb des linken Flügels verringert. Das linke Flügelende geht nach unten. Die Geschwindigkeit des rechten Flügels, und damit dessen Auftrieb, wird größer. Das rechte Flügelende hebt sich.

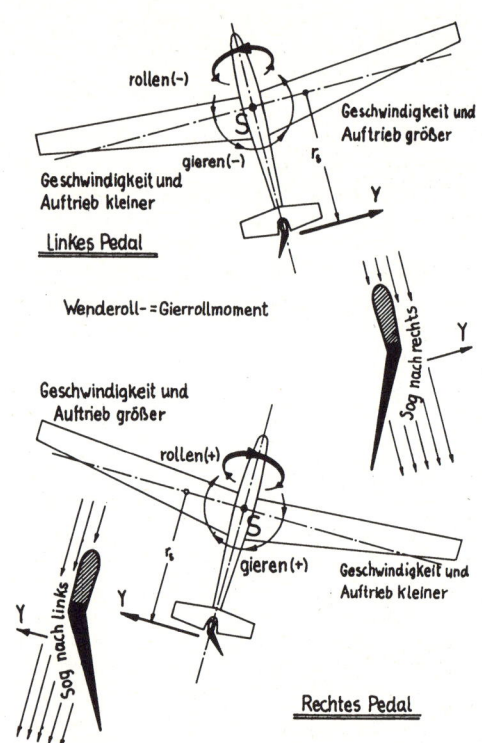

rollen (-)

Geschwindigkeit und Auftrieb größer

gieren (-) $r_s$

Geschwindigkeit und Auftrieb kleiner

**Linkes Pedal**

Sog nach rechts

Y

Wenderoll- = Gierrollmoment

Geschwindigkeit und Auftrieb größer

rollen (+)

$r_s$

gieren (+)

Geschwindigkeit und Auftrieb kleiner

Sog nach links

Y

Y

**Rechtes Pedal**

**232.2 Die Wirkung des Seitenruders**

| Knüppel ziehen | Knüppel drücken |
|---|---|
| Nicken der Nase nach oben<br>(Verzögerung) | Nicken der Nase nach unten<br>(Beschleunigung) |
| Die Betätigung des Höhenruders hat als Nebenwirkung eine Änderung des Gesamtauftriebes des Segelflugzeuges (Knüppel ziehen = Gesamtauftrieb wird kleiner, Knüppel drücken = Gesamtauftrieb wird größer). | |

Dies bedeutet eine Rollbewegung gegen den Uhrzeiger (-) um die Längsachse. Dieses Rollmoment heißt, da es die Folge des gewollten Giermomentes ist

*„Wenderoll- oder Gierrollmoment"*

Das Treten des rechten Pedals bewirkt ein Giermoment um die Hochachse nach rechts und ein Wenderollmoment um die Längsachse nach rechts ( + ).

Zusammenfassung:

| Linkes Pedal treten |
| --- |
| 1) Giermoment nach links,<br>2) Wenderollmoment nach links |
| **Rechtes Pedal treten** |
| 1) Giermoment nach rechts,<br>2) Wenderollmoment nach rechts |

### Das Fliegen einer Kurve

Bei Segelflugzeugen mit negativem Wendemoment (dieses läßt sich durch die Mechanik des Differential-Querruders fast beseitigen; siehe dort) muß die Kurve mit dem Seitenruder (Pedal) eingeleitet werden, und zwar kurz vor der Querruderbetätigung (Knüppel). Mit zunehmender Querneigung kann das Seitenruder (Pedal) mehr oder weniger herausgenommen werden. Die Kurve wird dann gleichzeitig mit dem Seiten- und den Querrudern beendet.

Das Einleiten der Kurve mit dem Seitenruder bewirkt Gieren um die Hochachse und das dabei auftretende Wenderollmoment eine Querneigung in die Kurve hinein. Die Querneigung wird mit Betätigung der Querruder korrigiert, so daß Libellenkugeln und Faden in der Mitte stehen (schiebe- und rutschfreie Kurvenlage). Ist die beabsichtigte Querneigung erreicht, werden Seiten- und Querruder ruhig in die Normallage zurückgebracht, das Segelflugzeug kurvt in der eingenommenen Lage weiter. Das Beenden der Kurve erfolgt mit Seiten- und Querruder in umgekehrter Richtung.

### 4.1.4.4 Der Rudermassen-Ausgleich

*Das Gleichgewicht der Kräfte (Bild 233.1)*

Das gesamte Gewicht (Masse) des Segelflugzeuges kann man sich in einem einzigen Punkt angreifend denken. Es ist der Schwerpunkt S, in dem man das ruhende Segelflugzeug unterstützen oder aufhängen könnte, um es nach allen Seiten im Gleichgewicht zu halten. Es würde in jeder Lage unverändert stehen bleiben (im Bild, links).

Die Summe aller Kräfte, die während des Fluges auf das Segelflugzeug wirken, z.B. die Luftkraft L, greift in einem Punkt A an, der nicht mit dem Schwerpunkt S identisch ist. In Bild 233.1, Mitte, ist die vertikale Komponente dieser Summenkraft eingezeichnet.
Weil A und S verschiedene Punkte sind, ist die Folge, daß sich das Segelflugzeug so lange dreht, bis die Punkte A und S übereinander liegen (Darstellung rechts). Dann erst herrscht Gleichgewicht in Bezug auf das Drehen. Ist die Kraft L verschieden von der Kraft G, dann bewegt sich das Segelflugzeug nur nach oben oder nach

unten, je nachdem, welche der beiden Kräfte die stärkere ist (von Beschleunigungskräften wollen wir hier absehen).

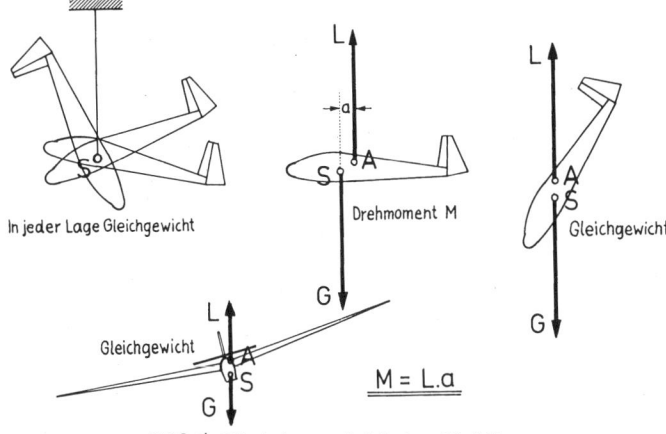

233.1 Gleichgewicht der Kräfte

### Einfluß der Schwerpunktlage

Solange A und S nicht übereinander liegen, wirkt, wie schon gesagt, eine drehende Kraft auf das Segelflugzeug (Bild 233.1, unten). In der Mechanik nennt man so eine Drehkraft das „Drehmoment" M. Das Drehmoment ist das Produkt aus der wirkenden Kraft L mal Abstand a dieser Kraft vom Drehpunkt (Schwerpunkt S):

$$M \ (kpm) = L \ (kp) \times a \ (m)$$

Die gleichzeitig wirkende, fortbewegende Kraft ist die Differenz zwischen der Kraft G und der Kraft L:

$$P \ (kp) = L \ (kp) - G \ (kp)$$

Ist M gleich Null, dann kann das Segelflugzeug freihändig geflogen werden, es bewegt sich dann in der Richtung von P, ohne sich dabei zu drehen.

## a) Ohne Massenausgleich

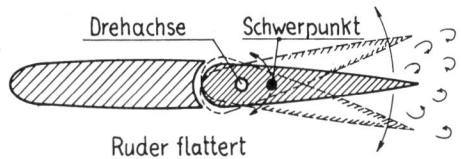

## b) Statischer Massenausgleich

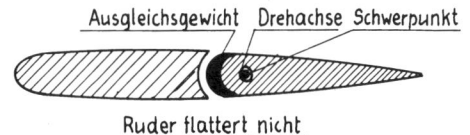

## c) Dynamischer Massenausgleich

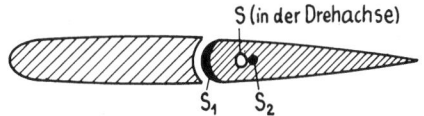

233.2 Der Rudermassen-Ausgleich

### Der Rudermassen-Ausgleich

Jedes Ruder hat eine Drehachse, die im vorderen Teil des Ruderprofils liegt (Bild 233.2, a). Der Schwerpunkt S des Ruders liegt dabei weiter hinten. Das Höhenruder (und Querruder) hat demnach das Bestreben, herunterzuhängen und wird, je nach der Fluggeschwindigkeit, mehr oder weniger vom Luftstrom getragen. Dieser Kraft des Herunterhängens müßte vom Piloten durch Steuerung des Ruders dauernd entgegengewirkt werden. Alle bei der Steuerung aus der Nullage in den Luftstrom ragenden Ruder erfahren bei großer Geschwindigkeit und bei großen Ausschlägen ziemlich große Staudrücke, die das Ruder wieder in die Nullage zurückdrehen wollen. Dadurch bekommt der Schwerpunkt (Massenmittelpunkt) des Ruders bei ungleichmäßiger Wirbelablösung und bei jeder Steuerbetätigung des Piloten, sowie bei Böen eine Beschleunigung, durch die das Ruder über das Ziel hinausschießt, ebenso beim Rückschwingen: *das Ruder flattert.*

Durch ein Ausgleichsgewicht auf der Nasenseite (Bild 233.2, b) des Ruders kann der Schwerpunkt in die Drehachse verlegt werden, wodurch es keine Massenkräfte mit Hebelarm mehr gibt. Man nennt dies den *„statischen" Massenausgleich.* Es ist ein reiner Gewichtsausgleich, der bei Quer- und Höhenruder angewandt wird. Bei schnellen Bewegungen des Ruders (z.B. durch Böen am Flugzeugheck) genügt dieser statische Massenausgleich nicht, da die Massenkräfte nicht nur von der Geschwindigkeit und der Masse abhängen, sondern auch vom Abstand der Masse vom Drehpunkt. Aus diesem Grunde wird der Schwerpunkt S in 2 Teilschwerpunkte $S_1$ und $S_2$ aufgeteilt (Bild 233.2, c). Die beiden Schwerpunkte haben verschiedenen Abstand vom Drehpunkt (= Schwerpunkt des Segelflugzeuges). Dadurch verhindert man, daß die Ruder durch Massenträgheit in unerwünschten Stellungen stehenbleiben und zu einer fehlerhaften Steuerung führen.

Wir gehen hier auf die näheren Zusammenhänge nicht ein, weil das den Rahmen dieses Buches übersteigen würde. Diesen Massenausgleich nennt man *„dynamischen" Massenausgleich.* Beim dynamischen Massenausgleich wird der Hauptschwerpunkt S des Ruders mit geringem Abstand hinter die Drehachse des Ruders gelegt.

### Der aerodynamische Rudermassenausgleich

Dieser *aerodynamische* Rudermassen-Ausgleich darf nicht mit dem *dynamischen* Ausgleich verwechselt werden.

Die Leitwerke des Segelflugzeuges haben, wie schon erläutert, eine zweifache Aufgabe: Die Stabilisierung (Trimmung) und die Steuerung.

Alle bei der Steuerung aus der Nullage in den Luftstrom hinausragenden Ruder erfahren, wie im vorigen Abschnitt bereits erwähnt, große Kräfte, die der Flugzeugführer beim Steuern überwinden muß. Diese Kräfte greifen nicht in der Drehachse der Ruder an und bilden dadurch ein Drehmoment, das sogenannte *„Rudermoment"*, das überwunden werden muß. Dieses Rudermoment soll möglichst klein sein, dagegen soll beim Steuern die *„Ruderwirkung"* möglichst groß sein.

Die Verkleinerung des Rudermoments erfolgt durch den aerodynamischen Rudermassen-Ausgleich.

Die wichtigsten Formen der aerodynamischen Ruderausgleiche sind (Bild 234.1):

A) Innenausgleich (Nasenausgleich, Pendelruder),
B) Außenausgleich (Hornausgleich),
C) Ausgleichsruder (Hilfsruder).

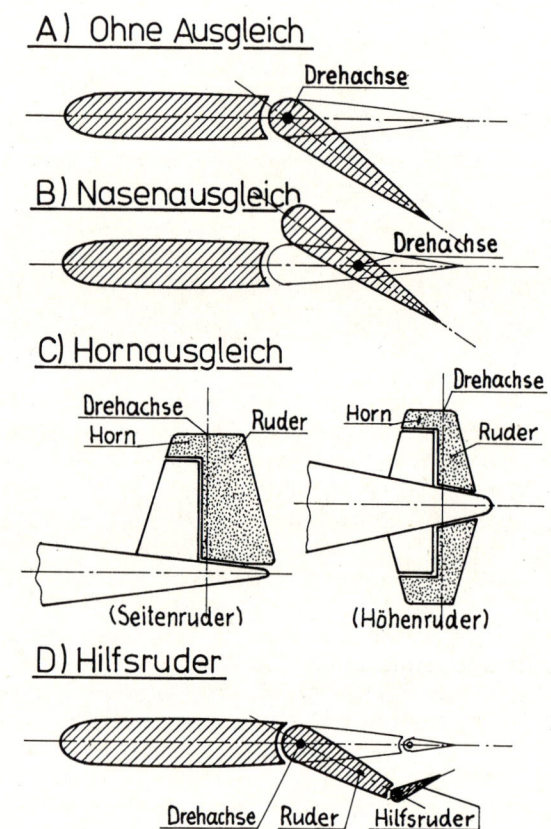

234.1 Aerodynamischer Rudermassenausgleich

### Nasenausgleich

Beim einfachen Ruder (Klappe) ohne Ausgleich (Bild 234.1, A), bei dem die Drehachse in der Nase des Ruders ist, ist das Rudermoment, daß der Pilot überwinden muß, sehr groß. Wird die Ruderachse mehr nach hinten verlegt (Bild 234.1, B) und das Ruder in den gleichen Anstellwinkel gestellt wie vorher, dann ist auch der erzeugte Auftrieb gleich groß wie vorher. Das Rudermoment wird jedoch viel kleiner, weil die (im Bild) obere Ruderhälfte nach rechts und die untere nach links gedreht wird. Ist das Rechts- und das Linksmoment gleich groß, dann ist das Rudermoment gleich Null.

Das an der Nasenseite wirkende Moment wird jedoch stets kleiner gehalten, damit der Flugzeugführer das Gefühl für die Ruder und für das Segelflugzeug nicht verliert. Dieses „Pendelruder" wird sowohl als Seitenruder als auch als Höhenruder verwendet.

### Hornausgleich

Vor die Drehachse ist eine Fläche vorgezogen (Bild 234.1, C) die einen Teil des Ruders bildet. Die Wirkung ist die gleiche wie beim Pendelruder, wo keine Fläche vorgezogen, sondern die Drehachse nach hinten verlegt wird.

### Hilfsruder

Am Ende des Ruders wird ein kleineres Ruder angebracht (Bild 308.1, D) und mit der Flosse mechanisch so gekoppelt, daß es zwangsläufig entgegengesetzt ausschlägt wie das Ruder. Die Wirkung ist folgende: Wird das Ruder nach unten ausgeschlagen, dann will die anströmende Luft es wieder nach oben saugen. Dieser vom Staudruck kommenden Kraft wirkt der Sog des aus Ruder und Hilfsruder gebildeten Profils (Sog nach unten) entgegen. Je stärker das Ruder ausgeschlagen wird, desto größer wird die Wölbung zwischen Ruder und Hilfsruder, so daß dem stärkeren Staudruck auch eine stärkere Sogkraft entgegenwirkt. Obwohl das Hilfsruder viel kleiner als das Hauptruder ist (und damit die Sogkraft kleiner), ist die Wirkung groß, weil der Hebelarm zwischen Hilfsrudersog und Drehachse viel größer ist.

Bei Segelflugzeugen ist die Anwendung oft umgekehrt: Zum Erzeugen höherer Steuerdrücke bei schmalem Höhenruder (mit Pendelruder).

### 4.1.4.5 Die Trimmung

Das Wort „trimmen" kommt aus dem Englischen und bedeutet in der Schiffahrt, durch richtige Verteilung der Ladung den Schwimmzustand des Schiffes *in der Längsrichtung* (Trim) in Ordnung zu bringen. In der Fliegerei hat „trimmen" die gleiche Bedeutung, nämlich das Flugzeug so zu beladen, daß der Schwerpunkt in den vorgeschriebenen Bereich der Längsachse zu liegen kommt (Zustand des statischen Gleichgewichtes um die Querachse und Justieren des Längsneigungswinkels).

Wie zu beladen ist, gibt für jedes Segelflugzeug das Flug- und Betriebshandbuch (4.4.1) an. Diese Art des Trimmens heißt „Gewichtstrimmung".

Das Segelflugzeug hält bei genauer Schwerpunktlage und richtiger Einstellung aller Flossen und Ruder die Normalfluglage und die Flugrichtung. Es ist in der Lage, geringe Veränderungen allein auszugleichen. Abweichungen von der Normallage in bezug auf Längs-, Quer- und Hochachse müßten vom Piloten durch dauerndes Halten des Knüppels in abnormaler Lage ausgeglichen werden. Zur Entlastung des Flugzeugführers von dieser Arbeit dient die „aerodynamische Trimmung". Dabei werden verwendet: Federtrimmung, Trimmklappe, Bügelkante, Trimmruder, Flossentrimmung.

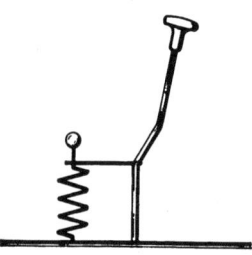

*235.1 Federtrimmung*

### Federtrimmung (Bild 235.1)

Hierbei wird der Steuerknüppel durch eine einstellbare Feder (Bild 235.1) in der für eine normale Fluglage erforderlichen Stellung gehalten. Die Feder erlaubt jedoch eine weitere Bewegung des Knüppels zum Steuern.

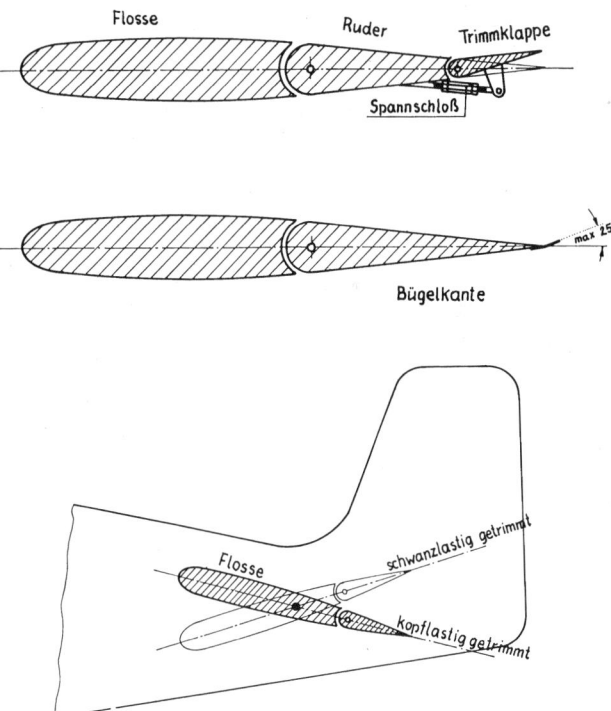

### Trimmklappe (Bild 235.2, oben)

Hierbei wird die Eigenschaft des Hilfsruders (Bild 308.1, unten) ausgenützt. Als Beispiel wählen wir die Trimmung des Höhenruders. Am hinteren Ende des Ruders (Bild 235.2, oben) wird eine dem Hilfsruder ähnliche Klappe fest eingestellt (am Boden). Sie ist in bestimmten Grenzen beweglich und wird mittels Spannschloß nach den Angaben des Flugzeugführers in dieser Stellung gesichert. Bei einer Bewegung des Höhenruders zum Zweck der Segelflugzeugsteuerung bleibt dann der eingestellte Winkel zwischen Höhenruder und Trimmklappe bestehen.

## Bügelkante (Bild 235.2, unten)

Die Bügelkante ist ein an der Ruderkante hinten angenieteter Blechstreifen. Er wird mit einer speziellen Bügelzange entsprechend den Angaben des Piloten „gebügelt", das heißt, ein wenig auf- oder niedergebogen. Mehr als 25° darf die Bügelkante nicht gebogen werden, weil sie sonst wegen Wirbelbildung unwirksam wird. Die Wirkung ist dieselbe wie beim Hilfsruder.

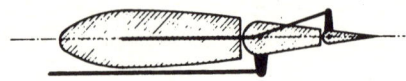

*236.1 Trimmruder*

## Trimmruder (Bild 236.1)

Die Trimmruder lassen sich während des Fluges einstellen. Das Hilfsruder bleibt gegenüber der Klappe fest, wenn sich diese bewegt, und behält den vom Flugzeugführer eingestellten Winkel bei. Wir gehen auf die Konstruktion hier nicht näher ein.

## Flossentrimmung (Bild 235.2)

Durch Verstellen des Flossen-Einstellwinkels von Hand am Boden oder mechanisch (auch hydraulisch) während des Fluges, läßt sich das Flugzeug austrimmen. Außer dem Steuerruder ist dann kein weiteres Trimmruder mehr nötig.

*Merke:*

> Keine der genannten Trimmungen darf dazu verwendet werden, Fertigungsmängel des Segelflugzeuges, Wartungsfehler oder fehlerhafte Einstellung der Steuerung zu kompensieren. Nachdem durch Anbauten oder Umbauten kein Flugzeug absolut symmetrisch ist, müssen zusätzliche Steuerkräfte eingesetzt werden. Nur diese Unsymmetriefolgen darf die Trimmung ausgleichen. Falsche Schwerpunktlage darf nur durch Gewichtstrimmung behoben werden.

### 4.1.4.6 Statische und dynamische Stabilität

### Grundbegriffe des Gleichgewichtes (Bild 236.2)

Ein Körper befindet sich im Gleichgewicht, wenn sich alle Kräfte und Momente, die auf ihn einwirken, gegenseitig aufheben.

Man unterscheidet *3 Gleichgewichtsarten:*

Stabil, labil und indifferent. Ferner kann jede der 3 Arten ein Gleichgewicht der Lage (statisches Gleichgewicht) oder ein Gleichgewicht der Bewegung (dynamisches Gleichgewicht) sein.

### Statisch-stabiles Gleichgewicht

Wird ein Körper aus seiner Gleichgewichtslage herausgebracht, und er kehrt von selbst in seine Ausgangslage zurück, dann spricht man von „stabilem" Gleichgewicht (lat: stabilis = standhaft). Beispiel: Kugel in einer Schale, Stab an einem Ende aufgehängt (Pendel).

### Statisch-labiles Gleichgewicht

Bewegt sich der Körper, nachdem man ihn aus seiner Gleichgewichtslage herausgebracht hat, von selbst von der Ausgangslage weg, dann spricht man von „labilem" Gleichgewicht (lat: labo = unzuverlässig, schwankend). Beispiel: Kugel auf einer Kugelfläche, Stab auf einem Ende stehend (fällt um).

### Statisch-indifferentes Gleichgewicht

Bleibt der Körper, nachdem man ihn gestört hat, in jeder beliebigen neuen Lage wieder im Gleichgewicht stehen, dann spricht man vom „indifferenten" Gleichgewicht (lat: indifferens = gleichgültig). Beispiel: Kugel auf waagrechter, ebener Unterlage, Stab, im Schwerpunkt aufgehängt oder unterstützt.

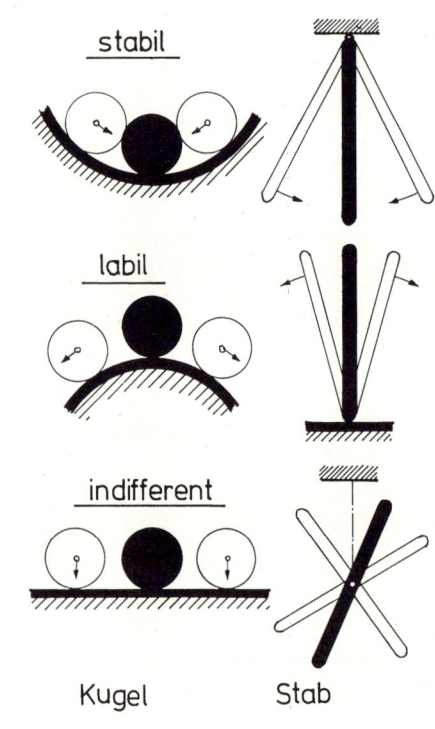

*236.2 Statisches Gleichgewicht*

### Dynamisch-stabiles-Gleichgewicht (Bild 237.1)

Dynamisches Gleichgewicht herrscht, wenn sich ein Körper auf einer geradlinigen Bahn infolge der Massenkräfte (Schwung) gleichförmig bewegt.

Wird ein sich *so* bewegender Körper kurzzeitig von außen durch eine Störkraft abgelenkt und er kehrt von selbst wieder in die ursprüngliche Bahn zurück, dann spricht man vom „dynamisch-stabilen" Gleichgewicht. Beispiel: Kehrt ein Flugzeug nach einer Störung (Bö) ohne Eingreifen des Flugzeugführers in langsam ausklingenden Schwingungen in seine frühere, geradlinige Bahn zurück, dann ist es dynamisch-stabil.

### Dynamisch-labiles Gleichgewicht

Werden nach erfolgter, kurzzeitiger Störung die Schwingungen um die ursprüngliche Bahn immer größer, dann spricht man von einem „dynamisch-labilen" Gleichgewicht.

### Dynamisch indifferentes Gleichgewicht

Schwingt der sich bewegende Körper nach erfolgter Störung um die ursprüngliche Bahn immer gleichmäßig hin und her, dann spricht man von einem „dynamisch-indifferenten" Gleichgewicht.

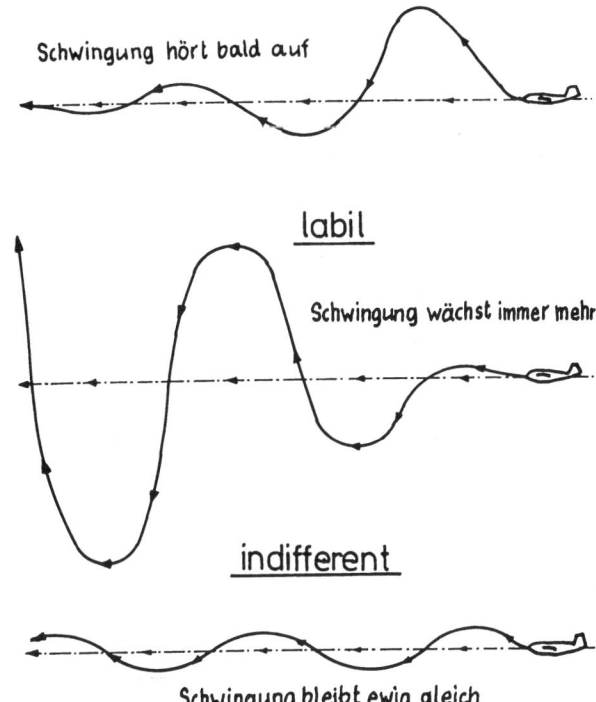

## stabil

Schwingung hört bald auf

## labil

Schwingung wächst immer mehr

## indifferent

Schwingung bleibt ewig gleich

*237.1 Dynamisches Gleichgewicht*

### 4.1.4.7 Flugzeugstabilitäten

Vom Segelflugzeug erwartet man ein „dynamisch-stabiles" Gleichgewicht um alle 3 Achsen. Das Segelflugzeug soll nicht bei jeder kleinen Störung von seiner Fluglage abweichen. Dies erreicht man durch die Stellung der Tragflügel gegeneinander und durch die Stabilisierungsflossen.

## Längsstabilität (um die Querachse)

## Kursstabilität (um die Hochachse)

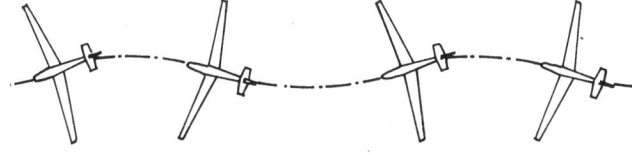

## Querstabilität (um die Längachse)

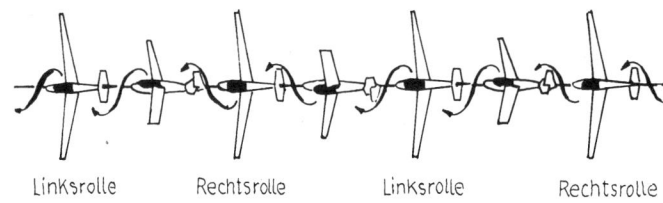

Linksrolle    Rechtsrolle    Linksrolle    Rechtsrolle

*237.2 Die drei Flugzeugstabilitäten*

Erhöhte Stabilität bedeutet allerdings immer eine verringerte Wendigkeit des Segelflugzeuges, so daß stets Kompromisse zwischen den beiden erwünschten Eigenschaften geschlossen werden müssen. Ein *Maß für die Stabilität ist die sogenannte Halbwertzeit*. Das ist die Zeit, die ein Segelflugzeug braucht, um die Auswirkung einer Störung auf die Hälfte abklingen zu lassen.

Man unterscheidet am Segelflugzeug entsprechend den 3 Achsen auch 3 Stabilitätsachsen. Die auf diese Achsen bezogenen Stabilitäten heißen (Bild 237.2):

> 1) Längsstabilität (Nicken um die Querachse)
> 2) Kursstabilität (Gieren um die Hochachse)
> 3) Querstabilität (Rollen um die Längsachse)

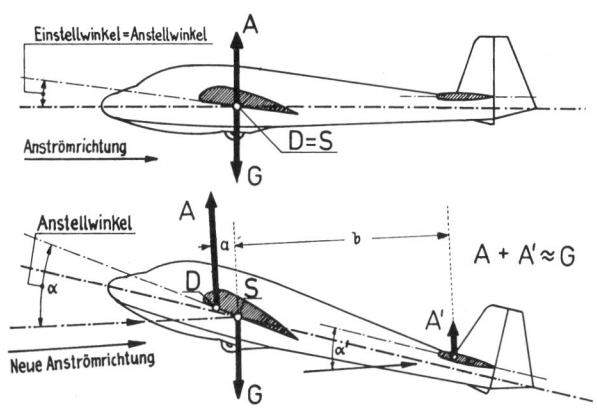

Einstellwinkel = Anstellwinkel

Anströmrichtung

D=S

Anstellwinkel

Neue Anströmrichtung

$A + A' \approx G$

*237.3 Die Längsstabilität*

*Die Längsstabilität (Bild 237.3)*

Ist in Normalfluglage der Anstellwinkel gleich dem Einstellwinkel (Bild 237.3, oben), dann fällt der Druckpunkt D mit dem Schwerpunkt S des Segelflugzeuges zusammen.

Gerät nun das Segelflugzeug in eine Bö von unten (Bild 237.3, unten), dann vergrößert sich der Anstellwinkel $\alpha$ und der Druckpunkt D wandert nach vorn (siehe 4.1.3.6), was den Anstellwinkel $\alpha$ noch weiter vergrößert, so daß sich das Segelflugzeug immer mehr von der Normallage entfernt (dynamisch-labil).

*Die erforderliche Längsstabilität wird mit dem Höhenleitwerk erzielt* (Bild 237.3).

Die Höhenflosse hat meist ein symetrisches Tropfenprofil (4.1.3.3), das in der Normallage des Segelflugzeuges keinen Auftrieb erzeugt, denn dann ist der Anstellwinkel der Flosse gleich Null. Sowie aber das Segelflugzeug die Nase hebt, erhält die Flosse einen positiven Anstellwinkel und damit einen kleinen Auftrieb A'.

Die Summe (A + A') ist gleich dem Fluggewicht G. Die Kräfte sind also im Gleichgewicht. Das Drehmoment A · a dreht (im Bild) rechtsherum und das Drehmoment A' · b dreht linksherum und bringt das sich aufbäumende Segelflugzeug wieder in die Normallage zurück (A' · b nimmt rascher zu als A · a, wenn sich $\alpha$ vergrößert).

Wirkt die Bö so, daß sich der Schwanz des Segelflugzeuges hebt, dann erhält die Höhenflosse einen Abtrieb (nach unten) und dreht auch das Segelflugzeug in die Normallage zurück.

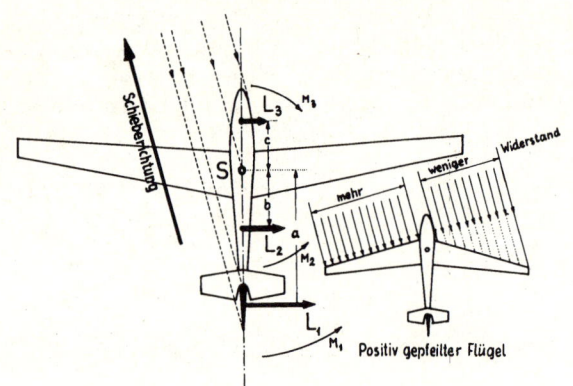

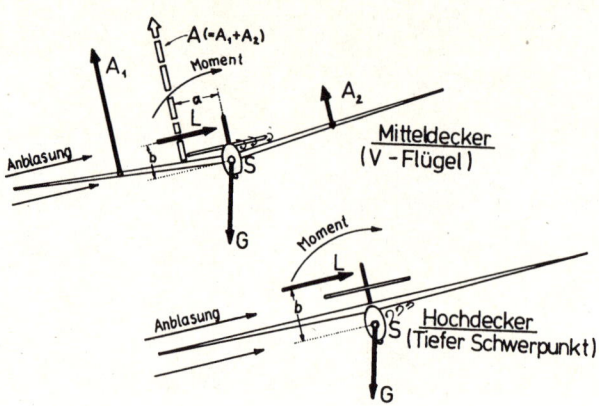

**238.1 Die Richtungs-(Kurs)-stabilität**

**238.2 Die Querstabilität**

### Die Kursstabilität (Bild 238.1)

*Zunächst:* Der Ausdruck „Kurs"-stabilität ist irreführend, denn das Segelflugzeug wird nicht auf Kurs gehalten, sondern die Richtung in bezug auf die umgebende Luft wird stabilisiert. Die richtige Bezeichnung wäre *„Richtungsstabilität"* (oder Seitenstabilität).

Das Segelflugzeug „schiebt", sobald es aus irgendwelchen Gründen um die Hochachse giert. Flügel und Rumpf werden schräg angeblasen (Bild 238.1).

Der *vor* dem Schwerpunkt S liegende Rumpfteil erfährt die Luftkraft $L_3$, die mit ihrem Hebelarm c das Giermoment $M_3 = L_3 \cdot c$ bildet, welches das Segelflugzeug noch weiter schrägdrehen will. Dagegen dreht das Giermoment $M_2 = L_2 \cdot b$ (von dem *hinter* dem Schwerpunkt liegenden Rumpfteil) das Segelflugzeug wieder in die gewollte Richtung. Den größten Anteil hat jedoch das Giermoment $M_1 = L_1 \cdot a$, das vom Seitenleitwerk stammt. Es tritt hier die sogenannte „Wetterfahnenwirkung" ein.

Das Seitenleitwerk hat eine große Wirkung, da der Hebelarm a sehr groß ist. Flugzeuge mit langen, noch weit vor dem Schwerpunkt S herausragenden Rümpfen haben, um das unangenehm groß werdende Giermoment $M_3$ zu kompensieren, *besonders große Seitenleitwerke.*

Flugzeuge mit positiv gepfeilten Flügeln (Darstellung im Bild 238.1, rechts) erfahren durch den bei Schräganblasung verschieden großen Widerstand noch ein weiteres rückdrehendes Moment und brauche *keine so großen Seitenleitwerke.*

### Die Querstabilität (Bild 238.2)

Erhält ein Segelflugzeug aus irgendwelchen Gründen eine Querneigung (z.B. durch eine einseitige Bö oder durch einen Querruderausschlag ohne Seitenruder), dann schiebt das Flugzeug. Bei Tiefdeckern oder Mitteldeckern, die immer V-Flügel haben, erhält der abwärts gerichtete (hängende) Flügel mehr Auftrieb ($A_1$) als der aufwärts gerichtete ($A_2$). Die Resultierende aus den beiden Auftrieben ($A = A_1 + A_2$) verschiebt sich dadurch um einen Abstand a vom Schwerpunkt nach der hängenden Seite hin und dreht das Segelflugzeug wieder in die Horizontallage. Außerdem bildet sich zwischen Rumpf und Außentragflügel eine Wirbelzone im Windschatten des Rumpfes, was zur Verkleinerung von $A_2$ führt. Durch die seitliche Anblasung des Seitenleitwerkes tritt gleichzeitig ein Giermoment auf, das sich ebenfalls auf Null einpendelt (Gier-Roll-Bewegung).

Bei Hochdeckern (Schulterdeckern) wird die V-Stellung der Tragflügel kaum angewandt. Durch den tiefliegenden Schwerpunkt und durch die Schräganblasung des Seitenleitwerkes (Moment $L \cdot b$) richtet sich das Segelflugzeug wieder auf. Der Hochdecker hat in dieser Beziehung sehr gute Eigenschaften.

*Zusammenfassung:*

Die Stabilität ist sehr staudruckabhängig, also von der Geschwindigkeit und von der Luftdichte.

In sehr großen Höhen (z.B. beim Wellensegelflug) wird die Stabilität schlechter und das Segelflugzeug braucht für das Auspendeln längere Zeit. Außerdem reagiert dann das Segelflugzeug auf Anstellwinkelveränderungen sehr empfindlich.

---

| Raum für persönliche Notizen |
| --- |

## 4.2. Segelflugzeugkunde

### 4.2.1 Segelflugzeugarten

#### 4.2.1.1 Einteilung nach der Luftfahrzeugart

Die bisher gebauten Luftfahrzeuge kann man allgemein unterteilen in solche „leichter als Luft" und solche „schwerer als Luft". Bei den Luftfahrzeugen „leichter als Luft" erfolgt der Auftrieb nach dem Archimedischen Prinzip als *„Statischer Auftrieb"*. Bei diesen Luftfahrzeugen unterscheidet man:

1) Ballone (Freiballon und Fesselballon)

2) Luftschiffe (unstarre, halbstarre, starre)

Bei den Luftfahrzeugen „schwerer als Luft" erfolgt der Auftrieb nach dem Bernoullischen Gesetz als *„Dynamischer Auftrieb"*. Hier wird Bewegungsenergie in Hebungsenergie umgewandelt. Bei diesen Luftfahrzeugen unterscheidet man:

1) Ballistische Luftfahrzeuge (Flugkörper, Raketen, angetriebene Raumgleiter)

2) Motorflugzeuge (Schwingenflugzeuge, Drehflügler, Starrflügler, Motorsegler, UL-Flugzeuge)

3) Motorlose Luftfahrzeuge (Drachen, Fallschirme, Segelflugzeuge)

Bei den Segelflugzeugen unterscheidet man:
Schul-, Übungs-, Leistungs-, Hochleistungs- und Kunstflugsegler.

#### 4.2.1.2 Einteilung nach den Tragflügeln

a) *Nach der Anzahl der Flügel (Bild 319.1)*

Eindecker
Eineinhalbdecker
Doppeldecker
Mehrdecker

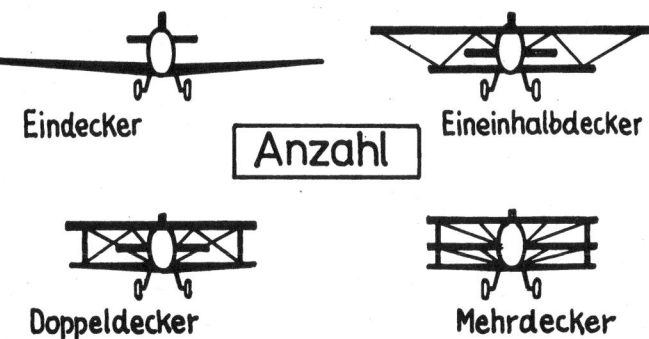

239.1 Einteilung nach der Tragflächenanzahl

b) *Nach der Lage der Tragflügel (Bild 319.2)*

| | |
|---|---|
| Tiefdecker | (RF 5) |
| Mitteldecker | (ASK 13) |
| Schulterdecker | (ASK 8) |
| Hochdecker | (LO 100) |

Die Segelflugzeuge sind meist Mittel- oder Schulterdecker.

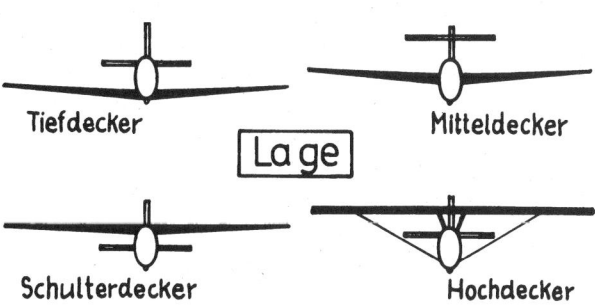

239.2 Einteilung nach der Tragflächenlage

c) *Einteilung nach der Bauform (Bild 320.1)*

Freitragend
Verstrebt

Einstielig verspannt
Mehrstielig verspannt

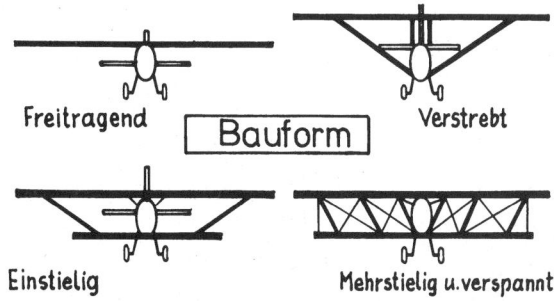

239.3 Einteilung nach der Bauform

#### 4.2.1.3 Bauweisen der Segelflugzeuge

Bei der Bauweise werden 4 Gruppen unterschieden:

1) *Holzbauweise*: Rumpf, Leitwerk und Tragflügel sind aus Holz hergestellt und mit Sperrholz beplankt, teilweise mit Stoff bespannt (KA 6).

Vorteil: Einfache Herstellung und leichte Reparatur.
Nachteil: Geringe Wetterfestigkeit, Splittergefahr bei Brüchen.

2) *Metallbauweise*: Standardbauweise bei Motorflugzeugen. Die gesamte Zelle besteht aus Leichtmetall.
Nur in wenigen Segelflugzeugtypen verwendet (BLANIK B4).

Vorteil: Große Belastbarkeit, Sicherheit und Lebensdauer.

Nachteil: Wirtschaftlich nur bei größeren Flugzeugen in Mengenfertigung.

3) *Kunststoffbauweise*: Halbschalen aus glasfaserverstärktem Kunstharz (GFK) zusammengeklebt. Besonders im Segelflugzeugbau und im Leichtflugzeugbau (ASW 15, LS 1).

Vorteil: Exakt bei Massenanfertigung, sichere Formgebung, ideale Oberfläche, einwandfreie Reparaturmöglichkeit, kein Splittern bei Bruch.
Nachteil: Formkosten lohnen sich nicht bei Einzelfertigung.

4) *Gemischbauweise*: Tragflächen und Leitwerk werden meist nach der Holzbauweise gefertigt, beplankt und mit Stoff bespannt. Der Rumpf ist ein Stahlrohrgerüst, mit Stoff bespannt (ASK 13, ASK 8).

Vorteil: Größere Sicherheit für die Besatzung bei Brüchen.

Nachteil: Geringe Wetterfestigkeit, schlechte Verbindungsmöglichkeit der Bauteile untereinander.

### 4.2.1.4 Konstruktionsgruppen

Ein Flugzeug unterteilt man in 3 Konstruktionsgruppen:

> 1) Flugwerk 2) Triebwerk 3) Ausrüstung

Die Gruppe „Triebwerk" kommt nur bei Motorflugzeugen (auch Motorseglern) vor und wird deshalb hier nicht behandelt.

Jede Hauptgruppe wird in Konstruktionsgruppen und diese in Baugruppen unterteilt.
Die Baugruppen unterteilt man dann in Untergruppen und diese in Einzelteile.

*Die Gruppe Flugwerk* wird unterteilt in:

a) Rumpfwerk: Rumpf und Rumpfeinrichtung (Sitze, Fußböden usw.)
b) Tragwerk: Tragflügel, Spannturm, Außenverspannung
c) Leitwerk: Querruder, Höhenruder, Höhenflosse, Seitenruder, Seitenflosse
d) Steuerwerk: Handsteuer-, Fußsteuer-, Höhenflossen- und Seitenflossenverstellung, Trimmung, Steuerleitung, Bremsklappenbetätigung.
e) Fahrwerk: Sporn, Fahrgestell (evtl. Schwimmer), Bremsanlage

*Die Gruppe Ausrüstung* wird unterteilt in:

a) Mindestausrüstung: Fahrtmesser, Höhenmesser, Pilot- und Statikdruckanlage, Anschnallgurte, Rückenkissen oder Fallschirme, Betriebshandbuch, Trimmplan, Datenschild.
b) Sonderausrüstung: Funkausrüstung, Sauerstoffgerät, Beleuchtung, Variometer, Magnetkompaß, Wendezeiger usw.

## 4.2.2 Rumpfwerk

### 4.2.2.1 Aufgaben und Aufteilung des Rumpfes

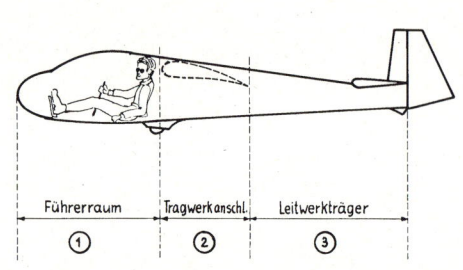

240.1 Rumpfaufteilung

Der Rumpf verbindet die tragenden und die steuernden Organe und trägt das Fahrwerk. Ferner nimmt er die Nutzlast auf (Insassen, Lasten, Instrumente).

Man unterscheidet 3 Hauptteile am Rumpf (Bild 321.1):

1) *Rumpfvorderteil*, dient zur Aufnahme des Führerraumes.
2) *Rumpfmittelteil*. An ihm befindet sich der Anschluß für das Tragwerk und innen ist der Hauptnutzungsraum.
3) *Rumpfende*. Es ist der Träger für das gesamte Leitwerk und für den Sporn.

### 4.2.2.2 Bauweisen des Rumpfes

1) *Gitterbauweise* (Bild 240.2)

Diese Bauweise besteht aus einem *ebenen Fachwerk* aus kräftigen Holzstäben, das, aus Dreiecken zusammengesetzt, biegesteif um die Querachse ist.

Diese Bauweise hat heute keine praktische Bedeutung mehr. Sie wird höchstens noch für einfache Hanggleiter verwendet, weshalb wir nicht näher darauf eingehen.

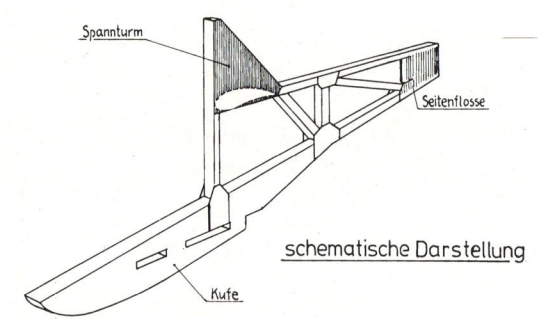

240.2 Rumpf-Gitterbauweise

2) *Die Gerüstbauweise* (Bild 240.3)

Diese Bauweise verwendet ein *räumliches Fachwerk*. Dieses Fachwerkgerüst besteht meist aus an den Knoten verschweißten Stahlrohren und Formleisten und ist mit Stoff teilweise Kunststoff und Sperrholz verkleidet. Das Gerüst kann im Rumpfquerschnitt dreieckig oder rechteckig sein.

Zur Verbesserung der aerodynamischen Außenform werden manchmal nichttragende Holzgerüste um den Rumpf herum angebracht.

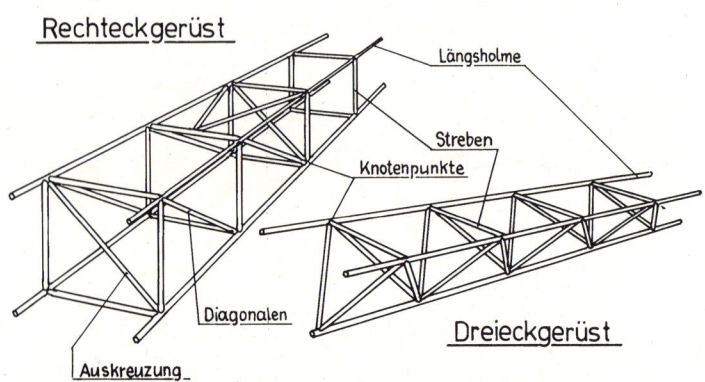

240.3 Rumpf-Gerüstbauweise

*3) Die Schalenbauweise (Bild 241.1)*

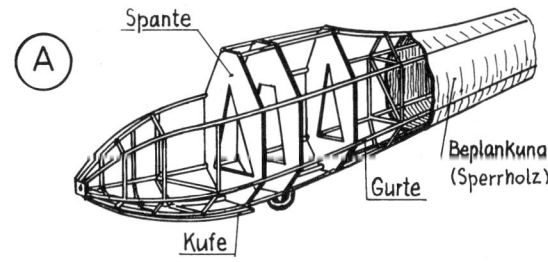

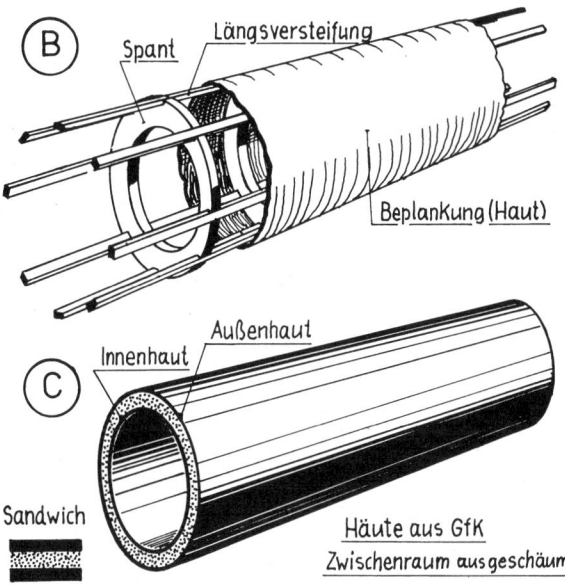

*241.1 Die 3 Schalenbauweisen*

Im Gegensatz zur Gitter- und Gerüstebauweise, bei der die Fackwerkkonstruktion das tragende Element ist und die Bespannung (Haut) nur die aerodynamischen Verhältnisse zu verbessern hat, ist bei der Schalenbauweise die Haut das tragende Element.
Die verschiedenen Arten der Schalenbauweise sind:

*A) Spanten-Schalenbauweise*

Dabei werden Spanten aus Holz, Metall oder Kunststoff in gegebenen Abständen durch Längsgurte gehalten. Das Ganze wird dann mit tragendem Sperrholz beplankt. Die Beplankung mit dem Spant-Gurtgerüst bildet ein tragendes Ganzes (Bild 241.1, A).

*B) Holz-Schalenbauweise*

Diese ist so ähnlich wie die Spantenbauweise, jedoch ist die Außenhaut das allein tragende Element. Die Spanten und Längsversteifungen dienen nur zur Formgebung. Der Vorteil ist, daß die Spanten frei von Auskreuzungen sein können und der Rumpfhohlraum zugänglich ist. Hier trägt die Haut allein. (Bild 241.1, B).

*C) Sandwich-Bauweise*

Hierbei besteht der Rumpf nur aus der tragenden Haut, ohne tragendes oder formgebendes Gerüst. Beim Segelflugzeug wird eine Innenhaut aus glasfaserverstärktem Kunststoffharz (GFK) verwendet. Darüber ist Schaumstoff als Distanzhalter und außen wieder eine GFK-Haut. Die Sandwichbauweise (Innen- und Außenhaut, da-

zwischen abstandhaltendes Füllmaterial) ist eine Leichtbauweise, die eine besonders hohe Biegefestigkeit (Beulfestigkeit) ermöglicht (Bild 241.1, C).

*Zusammenfassung:*

Im wesentlichen gibt es heute *zwei Bauformen* für Rumpfwerk, Tragwerk und Steuerwerk:

1) Gerüstbauweise (Innenskelett tragend, wie bei Vögeln und Wirbeltieren)
2) Schalenbauweise (Außenhaut tragend, wie bei den Insekten)

### 4.2.3 Tragwerk

*4.2.3.1 Aufgabe des Tragwerkes*

Das Tragwerk (die Tragflügel) hat die Aufgabe, den dynamischen Auftrieb zu erzeugen und das gesamte Segelflugzeug zu tragen. Wichtig für eine rationelle Auftriebserzeugung ist das Flügelprofil, die Schränkung des Flügels, eine erstklassige Oberflächenbeschaffenheit und Biege- und Torsionsfestigkeit, und nicht zuletzt eine sichere Befestigung der Tragflügel am Rumpf. Diese Flügelfestigkeit muß alle Kräfte übertragen, mit ihr steht und fällt die Funktionsfähigkeit des ganzen Segelflugzeuges. Bei allen diesen Anforderungen muß der Tragflügel leicht sein, damit für die Nutzlast noch genügend Auftrieb übrig bleibt. Er muß also in Leichtbaukonstruktion ausgeführt sein.

*4.2.3.2 Der Aufbau des Tragflügels (Bild 241.2)*

Das Hauptelement einer Tragfläche ist der Holm (Bild 241.2). Er ist meistens im ersten Drittel der Profiltiefe angeordnet und erstreckt sich über die ganze Flügellänge. Wegen der unterschiedlichen Beanspruchungen bei den verschiedenen Segelflugzeugmustern gibt es auch verschiedene Ausführungen. Erwähnt seien (Bild):
Brettholm, vergüteter Brettholm, T-Holm, Doppel-T-Holm, U-Holm, Kastenholm, Fachwerkholm, Rohrholm.

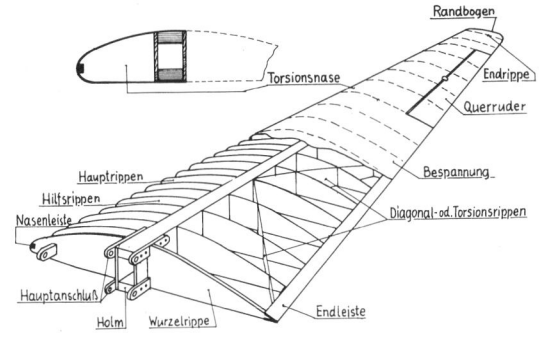

323.1 Der Aufbau des Tragflügels

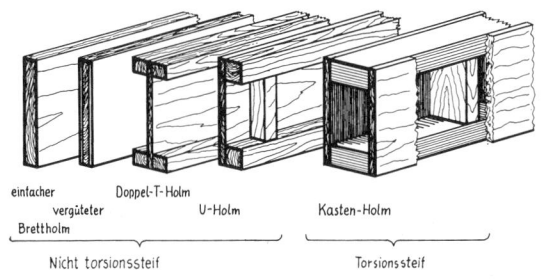

*241.2 Konstruktionsformen der Holme*

Da sämtliche genannten Holme, mit Ausnahme von Kastenholm und Rohrholm, nicht torsionssteif (verdrehungssteif) sind, werden sie mit der Flügelnase zu einer Art Rohr fest vereinigt und erhalten so ebenfalls die erforderliche Torsionssteifigkeit.

Es gibt einholmige und mehrholmige Flügel. Tragflügel in Schalenbauweise sind von Natur aus torsionssteif.

*Die Rippen*

Die Rippen geben die gewünschte Profilform und sind das Verbindungselement zwischen Außenhaut und Holm. Sie müssen auf dem Holm maßgerecht und fest sitzen. Das Holmprofil ist meistens ein Bestandteil des Rippenprofils.

Es gibt Rippen aus Holz (Bild 241.3), aus einer verleimten Fachwerkkonstruktion, flach und in Doppel-T-Konstruktion. Großflugzeuge haben Metallrippen, entweder in Vollwandkonstruktion oder auch in Fachwerkkonstruktion. Auch der Tragflügel verwendet verschiedentlich die Schalenbauweise, wobei die tragende Haut aus GFK und versteift ist. Es genügen dann wenige Rippen. Der Vorteil der Schalenrippen ist die außerordentliche Profiltreue und die glatte Oberfläche.

*Es gibt folgende Rippenarten (Bild 241.3)*
1) Haupt- oder Normalrippen, die die Flügelnase, den Holm und die Endleiste verbinden;
2) Hilfrippen, die nur in der Flügelnase sitzen und der besseren Formerhaltung dienen;
3) Torsions- oder Verbundrippen, das sind kräftig ausgeführte Verbindungsrippen.

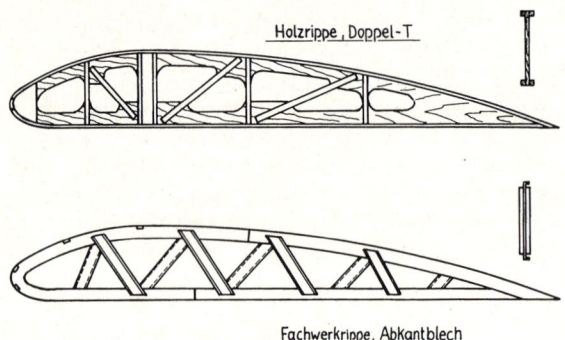

242.1 Die Tragflächenrippen

*Der Tragflügel*

Im Tragflügel sind außer den Holmen und den normalen Rippen noch Diagonalverbände, die das Verschieben oder Verdrehen des Flügels verhindern sollen. Es gibt:

1) Verspannungen aus Draht,
2) Diagonalrippen aus Holz oder Metall.

Die *Endleisten*, die alle Profilspitzen miteinander verbinden (Bild 242.2), geben zusammen mit dem *Rundbogen* an der Flügelspitze eine Gewähr für die Erhaltung der Flügelform am ganzen Umfang und schützen ihn auch vor Beschädigungen.

Die Behäutung des ganzen Tragflügelgerippes ist die äußere Umhüllung des Flügels. Sie besteht bei der Holzbauweise aus einer Stoffbespannung aus Baumwolle (Mako) oder aus synthetischen Geweben (Diolen). Sie wird mit Klebelack auf Rippen, Nase und Endleiste geklebt und

zum Teil angenäht. Der vordere Flügelrand ist entweder Sperrholz oder aus Kunststoff (Nase), je nach der Konstruktion des Flügels.

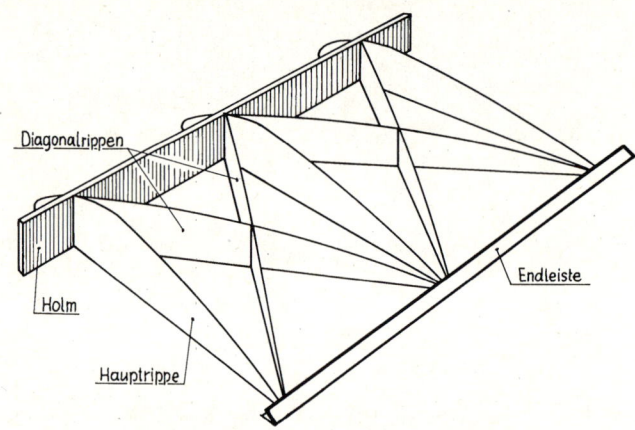

242.2 Diagonalverband und Endleiste

### 4.2.4 Leitwerk

Wie schon besprochen, hat das Leitwerk die Aufgabe, eine gegebene Fluglage oder Richtung zu stabilisieren und die Steuerung des Segelflugzeuges um seine 3 Achsen zu ermöglichen.

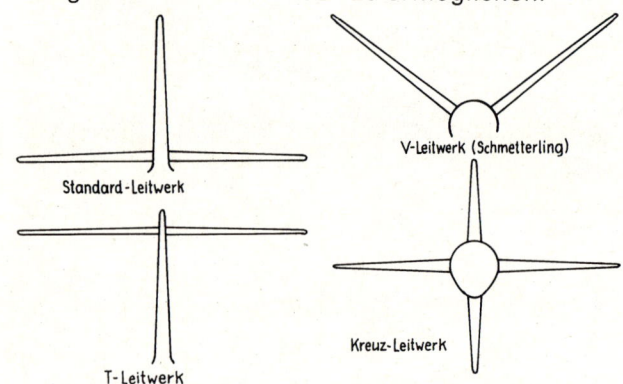

242.3 Verschiedene Leitwerksformen und

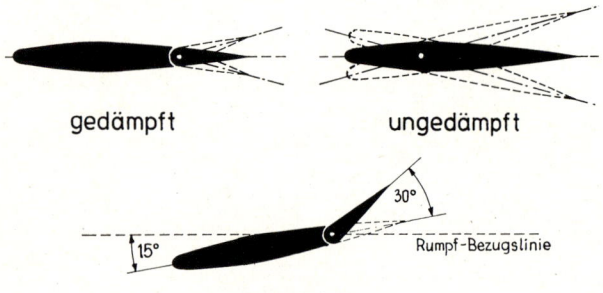

242.4 Gedämpfte und ungedämpfte Leitwerke

#### 4.2.4.1 Leitwerksformen und Aufbau

Sowohl Höhen- als auch Seitenleitwerk haben symmetrische Profile, die, wie der Tragflügel, mit Holm und Rippen gebaut werden. In der Regel sind die Höhen und Seitenflossen fest mit dem Rumpf verbunden. Die Ruder sind selbst bei größeren Flugzeugen bis 600 km/h häufig mit Stoff bespannt. Außer der Normalanordnung (Bild 242.3) gibt es Kombinationen von Höhen- und Seitenleitwerk. Zu nennen ist das V-Leitwerk (Schmetterlingsleitwerk), dessen Ruder gleichzeitig Höhen- und Seitenruder ist.

Das normale Standardleitwerk hat Abarten in der Anordnung:

a) T-Leitwerk mit hochgesetztem Höhenleitwerk,
b) Kreuzleitwerk.

Im Sonderfall (Bild 242.4) können Höhenflosse und -ruder eine Einheit bilden.

Diese Bauform hat eine hohe Wirksamkeit und heißt *Pendelruder oder ungedämpftes Leitwerk*. Beim kombinierten System werden Flosse und Ruder getrennt betätigt.

### 4.2.5 Steuerungsanlagen

*4.2.5.1 Steuerungsarten*

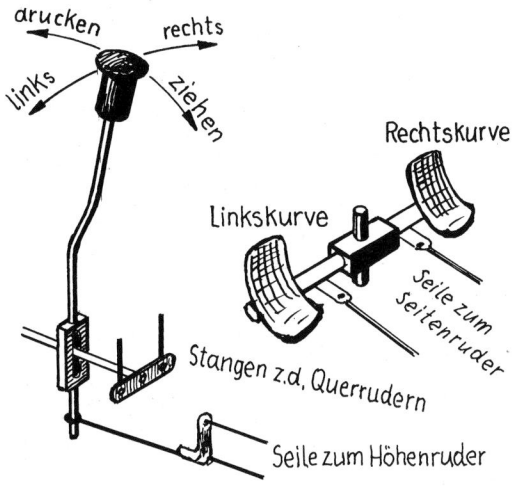

## Steuerknüppel Pedale

*243.1 Die Hauptsteuerorgane*

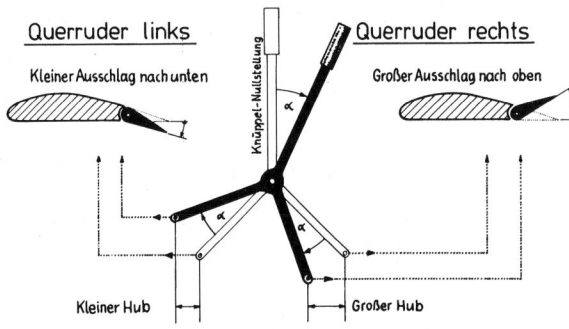

*243.2 Prinzip der Differential-Querruder*

Im Segelflugzeug kommen zwei Steuerungsarten vor (Bild 243.1):

*1) Handsteuerung*

   a) Knüppel- oder Handsteuerung
   b) Lande- oder Bremsklappenbetätigung
   c) Betätigung der Hilfs- und Trimmruder

*2) Fußsteuerung*

   Fußhebel oder Pedale

*4.2.5.2 Anordnung der Steuerung*

Die Steuerung des Segelflugzeuges erfolgt durch *Ziehen oder Drücken des Steuerknüppels* zum Betätigen des *Höhenruders* (Bewegung um die Querachse). Die Übertragung vom Knüppel zum Ruder besorgen Stahlseile, deren richtige Span-

nung mit Spannschlössern eingestellt werden kann. Auch die Nullstellung zwischen Knüppel und Ruder läßt sich damit einstellen.

Die *Links- oder Rechtsbewegung* des Steuerknüppels betätigt die beiden *Querruder* gleichzeitig (Rollbewegung um die Längsachse).

Um das negative Wendemoment zu verkleinern, wird die Differentialsteuerung verwendet (Bild 243.2). Bei Segelflugzeugen verwendet man grundsätzlich die Differentialsteuerung, durch die der Querruderausschlag nach oben (im Bild rechts) größer gemacht wird als der Querruderausschlag nach unten.
Dadurch wird der Widerstand des nach oben ausschlagenden Ruders im Verhältnis zum nach unten ausschlagenden vergrößert. Das dadurch entstehende Wendemoment wirkt dem negativen Wendemoment entgegen.

Das *Seitenruder* wird durch Betätigung des rechten oder linken Pedals gesteuert.

### 4.2.6 Landehilfen

*4.2.6.1 Wölb- oder Landeklappen*

Im Rahmen dieses Buches würde es zu weit führen, auf einzelne Konstruktionsdetails näher einzugehen.
In Ergänzung zu dem in 4.1.1.18 Gesagten wird hier noch einmal zusammengefaßt: Durch den Klappenausschlag nach unten entsteht eine neue Profilsehne, die sogenannte *„wirksame Profilsehne"*, mit größerem Einstellwinkel. Die Fluggeschwindigkeit wird kleiner, also günstiger für den Landeanflug. Der Gleitwinkel wird größer, ebenso wird der Auftrieb und auch der Widerstand größer.

Jeder Landeklappenausschlag bringt jedoch eine stark abgelenkte Strömung mit sich und vergrößert die Abrißgefahr! Die Nichtbeachtung dieser Umstände ist die Ursache vieler Unfälle geworden, deshalb: bei ausgefahrenen Landeklappen müssen Anstellwinkelveränderungen weich erfolgen, damit ein Strömungsabriß verhindert wird.
Beim Ausrollen während der Landung nimmt die Wirkung der Landeklappen als Bremse sehr rasch ab. Deshalb *kurz nach* dem Aufsetzen die Landeklappen wieder einfahren. Dadurch nimmt der Auftrieb ab, und die Bodenbremsung wird wirksamer.

*4.2.6.2 Stör- und Bremsklappen*

Bei Verwendung dieser Klappen bleibt die Profilsehne erhalten. Die Wirkung ist im wesentlichen eine *Erhöhung des Widerstandes*, ohne Verkleinerung des Auftriebes.

Die Bremsen (Bild 215.2) haben so viel Abstand von der Tragflügelbeplankung, daß die Grenzschicht ungestört bleibt. Die Ausführung als Zaun oder Platte mit Löchern erfolgt zum Verhindern ungleichmäßiger Wirbelablösung, die zum Schwingen, Flattern oder sogar zum Flügelbruch führen könnte.
Die Stör- und Bremsklappen können auch zur Gleitwinkelsteuerung verwendet werden, sind aber hauptsächlich zum Abbremsen der Fahrt (Sturzflugbremse) gebaut.

### 4.2.6.3 Bremsschirm

Die wirkungsvollste Landehilfe ist der Bremsschirm wegen seines großen Widerstandes $c_w = 1{,}33$ (siehe Bild *202.1*). Mit ihm können sehr steile Landeanflüge mit kurzen Ausrollstrecken durchgeführt werden. Ein Nachteil ist vielleicht, daß man ihn meist nicht wieder einziehen kann, sondern abwerfen muß, wenn man das Landefeld nicht mehr erreichen kann.

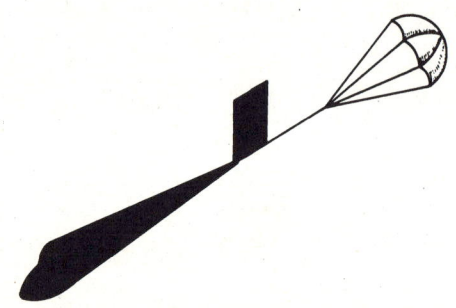

*244.1 Der Bremsschirm*

### 4.2.7 Fahrwerk und Bremsanlagen

#### 4.2.7.1 Aufbau des Fahrwerkes

Das Fahrwerk trägt das Segelfugzeug auf dem Boden und muß bei der Landung imstande sein, hohe Stoßbelastungen aufzunehmen. Es hilft auch zum Erleichtern der Bewegung des Segelflugzeuges am Boden (Schlepp).
Verwendung finden folgende Hauptelemente: Kufe, Landerad und Sporn.

#### 1) Die Kufe

Sie besteht aus elastischem Eschenholz und ist mit Stoßdämpfern oder Gummipuffern ausgerüstet. Die Kufe soll Beschädigungen des Rumpfes bei Bodenberührung verhindern und nimmt Stöße bei Start und Landung auf.

#### 2) Das Landerad

Das Landerad trägt die Hauptlast des Segelflugzeuges und ist entsprechend dem Gewicht des Segelflugzeuges ausgelegt. Es wird als Hauptrad verwendet. Als zusätzliche Abstützung dient ein Sporn (oder Spornrad) am Schwanzende des Segelflugzeuges.

Das Rad ist entweder fest eingebaut oder (zum Vermindern des Flugwiderstandes) auch einziehbar. Das Einziehen erfolgt von Hand über Schwenkhebel (seltener über Handrad) und Wellen.

Das Landerad besteht in der Hauptsache aus dem Laufrad mit Bereifung und der Achse. Die Bereifung dient meist zum Aufnehmen von Stößen bei Bodenberührung. Beim Überschreiten einer Mindestreifengröße ist das Rad zusätzlich gefedert.

#### 3) Der Sporn

Der Sporn schützt vor allem das Ende des Rumpfes vor Beschädigung. Es gibt sowohl Schleifsporne als auch Spornräder.

#### 4.2.7.2 Bremsanlagen

Moderne Segelflugzeuge haben auch bremsbare Räder. Die Bremsen werden entweder mechanisch, manchmal auch hydraulisch betätigt und sind entweder Trommel- oder auch Scheibenbremsen.

Die Wirkung der Bremse ist umso größer, je größer die Radlast und die Bodenreibung ist (geringe Radlast und geringe Bodenreibung lassen das Rad am Boden rutschen). Deshalb sind beim Bremsen die Landeklappen einzuziehen, um den Auftrieb zu verkleinern und damit die Radlast zu erhöhen. Die Bodenreibung ist abhängig von der Beschaffenheit der Bodenoberfläche (rauh, glatt, eben, buckelig, Gras, naß, trocken, matschig usw) *und* vom Zustand der Bereifung.

Deshalb nur intakte Bereifung verwenden. Außerordentlich wichtig ist auch der Reifendruck, nachdem die Federung auf den Reifendruck abgestimmt ist.

---

Raum für persönliche Notizen

## 4.3. Bordinstrumente

### 4.3.1 Fahrtmesser

*4.3.1.1 Aufgabe des Fahrtmessers und Farbkennzeichnungen*

*245.1 Fahrtmesser, Meßbereich 30 bis 250 km/h*

Der Fahrtmesser dient zum Ermitteln der Fluggeschwindigkeit (Fahrt), bezogen auf die das Flugzeug umgebende Luft. Es ist eines der unentbehrlichen Bordinstrumente und ist *für jedes Segelflugzeug vorgeschrieben*, weil die Kenntnis der Fluggeschwindigkeit für einen sicheren Flug unentbehrlich ist.

Jedes Segelflugzeugmuster hat *zwei Grenzgeschwindigkeiten*: Eine Mindestgeschwindigkeit, bei deren Unterschreiten die Strömung abreißt und das Segelflugzeug abstürzt, und eine Höchstgeschwindigkeit, bei deren Überschreiten das Segelflugzeug über das vom Kontrukteur zugelassene Maß beansprucht wird und die Gefahr des Zerbrechens gegeben ist. Die Fahrtmesser (Bild 245.1) sind dem Segelflugzeugmuster angepaßt und *müssen immer farbig gekennzeichnet sein.*

*Es bedeutet:*

*Grün*: Normaler Betriebsbereich, sichere Geschwindigkeit, das Segelflugzeug ist auch bei Böigkeit voll manövrierfähig, Reisegeschwindigkeit.

*Unterhalb Grün*: Nicht flugfähig, da die Mindestgeschwindigkeit unterschritten ist: Absturzgefahr.

*Gelb*: Vorsicht! Nur Flug in ruhiger Luft erlaubt. Keine harten Steuerbewegungen und kein hartes Abfangen.

*Weiß*: Zulässiger Bereich zur Betätigung der Landeklappen.

*Rot*: Größte zulässige Höchstgeschwindigkeit. Grenze auf keinen Fall überschreiten!!

*4.3.1.2 Gesetz der Erhaltung der Energie (Bernoulli-Gleichung)*

In Vereinfachung lautet das Energieerhaltungsgesetz: In einem abgeschlossenen System ist *die Summe* aus Bewegungsenergie (kinetische Energie) und Druckenergie (potentielle Energie) *konstant*. Das heißt:

> Wird die Geschwindigkeit der Luft verrringert (Bewegungsenergie), dann steigt der Druck (potentielle Energie).
>
> Wird die Geschwindigkeit erhöht, dann sinkt der Druck.
>
> ---
>
> Die *Summe der Energien* ändert sich nicht, sie bleibt *konstant*.

Mathematisch ausgedrückt (Bernoulli-Gleichung):

$$\frac{\rho}{2} \cdot v^2 + p = \text{konst.}$$

*Die 2 Arten der Geschwindigkeitsmessung sind:*

1) Die ursprüngliche Geschwindigkeit wird durch *Stauung* auf Null gebracht und verwandelt sich in Druck. Die *Druckerhöhung* p gegenüber dem ursprünglichen Druck p ist ein Maß für die Geschwindigkeit.

2) Die ursprüngliche Geschwindigkeit wird durch Querschnittsverengung des durchströmten Rohres *erhöht*, wodurch der ursprüngliche Druck p sinkt. Die *Druckverminderung* ist ein Maß für die Geschwindigkeit.

*4.3.1.3 Druckmessung in der Strömung*

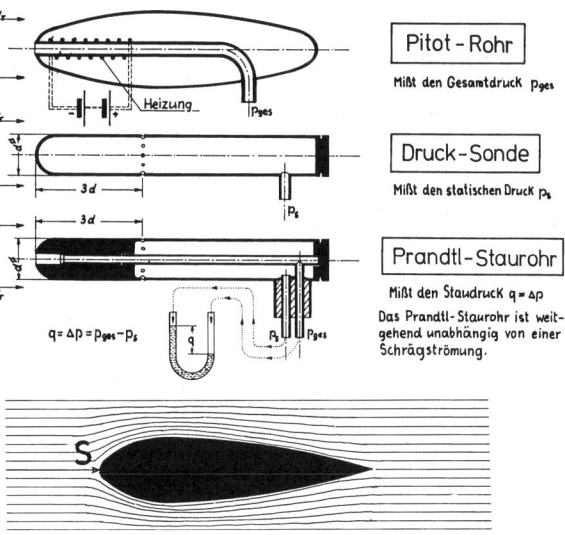

*245.2 Die Druckmessung in der Strömung*

Aus der Bernoulli-Gleichung ergibt sich, daß durch Messung des Druckes am *Staupunkt* eines Körpers die Geschwindigkeit ermittelt werden kann.

Der *Staupunkt ist der Punkt eines angeströmten Körpers, an dem die bewegte Luft senkrecht auf die Körperoberfläche trifft und völlig zum Stillstand kommt* (Bild 245.2, unten, Punkt S).

Links und rechts davon weicht die Luftströmung aus, so daß da eine Luftgeschwindigkeit herrscht, die größer als Null ist.

*Am Staupunkt ist die einzige Stelle, an der die Geschwindigkeit Null wird* und die *gesamte* Geschwindigkeitsenergie in Druck umgewandelt wird.

*Das Pitot-Rohr* (Bild 245.2) ist, wenn keinerlei Luftbewegung vorhanden ist, nur vom äußeren Luftdruck (Barometerdruck) umgeben. Man nennt diesen Druck der stillstehenden Atmosphäre den *statischen Druck* $p_s$.

Bewegt sich das Pitotrohr durch die Luft oder strömt die Luft gegen das Pitotrohr, dann entsteht am Staupunkt (im Bild links) ein zusätzlicher Druck, der sogenannte „*Staudruck q*". Führt man vom Staupunkt ein Rohr zu einem Meßgerät, dann wird dieses Druckmeßgerät die *Summe* aus dem statischen und dem Staudruck anzeigen, den sogenannten „*Gesamtdruck* $p_{ges}$".

> **Das Pitotrohr mißt den Gesamtdruck**
> $$p_{ges} = p_s + q$$

Um den Staudruck q, der aus der abgebremsten Luftgeschwindigkeit entstanden ist, zu erhalten, müssen wir den statischen Druck $p_s$ der stillstehenden Atmosphäre ebenfalls messen und dann können wir rechnen:

$$q = p_{ges} - p_s = \frac{\varrho}{2} \cdot v^2$$

$$\text{und } v = \sqrt{2 \cdot \frac{q}{\varrho}}$$

*Die Drucksonde* (Bild 245.2) dient zum Feststellen des statischen Druckes $p_s$ in der strömenden Luft. Sie ist ein vorn geschlossenes Rohr, dessen Wände absolut genau parallel zur Luftströmung sind, so daß diese durch keinerlei Stau beeinflußt, den statischen Druck beibehalten kann, der durch Bohrungen in der Rohrwand mit dem Inneren der Drucksonde in Verbindung steht. Durch eine Leitung steht dann das Rohrinnere mit dem Druckmeßinstrument in Verbindung, das dann $p_s$ anzeigen kann.

*Das Prandtl-Staurohr* (Bild 245.2) ist eine Vereinigung von Pitotrohr und Drucksonde und liefert sowohl den Statikdruck $p_s$ als auch den Gesamtdruck $p_{ges}$ an das Anzeigeinstrument (den Fahrtmesser), das die *Differenz der beiden Drücke* zum Staudruck q bildet und die Geschwindigkeit v anzeigen kann.
Die praktische Ausführung beim Segelflugzeug ist in 4.3.3. beschrieben.

### 4.3.1.4 Geschwindigkeitsmessung mit Venturi-Rohr

*Die Venturi-Saugdüse* (Bild 246.1) ist ein Rohr, das von der Luft, deren Geschwindigkeit gemessen werden soll, durchströmt wird (auch Venturi-Rohr genannt). Das Rohr hat in der Mitte einen kleineren Querschnitt als an den beiden Enden. Da die Luft, die vorne hineinströmt, hinten in derselben Zeit wieder hinausströmen muß, muß sie sich in der Mitte, im engeren Querschnitt, beeilen: Die Geschwindigkeit nimmt zu und der Druck nimmt ab!

Auch hier ist der Unterschied zwischen $p_s$ und $p_{ges}$ das Maß für die gesuchte Relativgeschwindigkeit v.

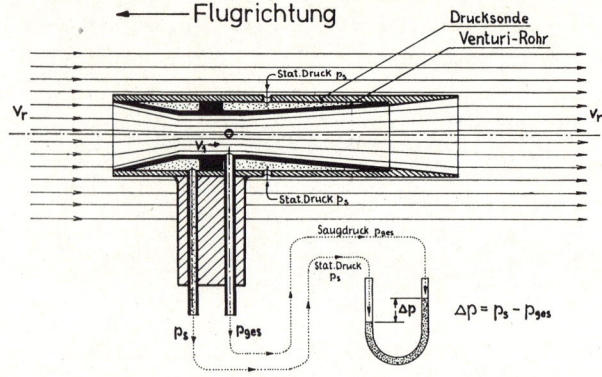

246.1 Die Venturi-Saugdüse

*Der Düsenbeiwert*

Durch die Konstruktion der Venturi-Saugdüse (Verengungsgrad) ist es möglich, die Größe des Druckunterschiedes $\triangle p$ zu beeinflussen. Ist das $\triangle p$ bei einer bestimmten Geschwindigkeit genauso groß wie das $\triangle p$ (= q) bei einer Staudruckmessung (Prandtl-Rohr), dann ist der Düsenbeiwert = 1. Die für Segelflugzeuge verwendeten Saugdüsen haben den Beiwert 3,5, das heißt, bei einer bestimmten Geschwindigkeit ist das $\triangle p$ der Saugdüse 3,5mal so groß wie das $\triangle p$ eines Staurohres.

*Vergleich zwischen Saugrohr- und Staurohr-Fahrtmessern*
Der *Vorteil des Saugrohres* ist die *große Genauigkeit bei geringen Geschwindigkeiten*. Bei großen Geschwindigkeiten ist es weniger geeignet, da das $\triangle p$ höchstens den Betrag des barometrischen Luftruckes erreichen kann, wogegen der Staudruck, besonders bei großen Geschwindigkeiten, ein Vielfaches von $p_s$ annehmen kann.

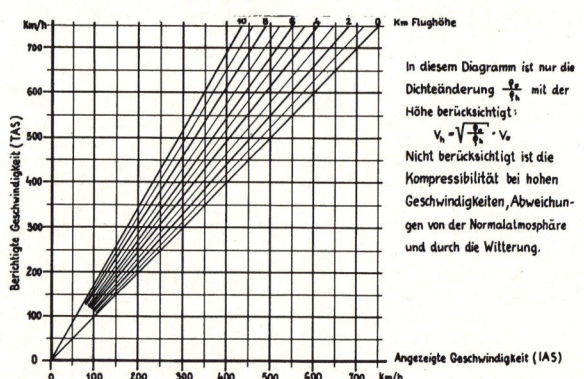

246.2 Staudruck, Flughöhe und Geschwindigkeit

Die Venturi-Messer sind aus modernen Hochleistungsmaschinen durch die Staudruckmesser verdrängt worden, weil die außen am Segelflugzeug montierte Meßdüse einen schädlichen Widerstand erzeugt.

### 4.3.1.5 Die Meßgenauigkeit

Das Meßergebnis bei Staurohr und Saugrohr ist nur genau, wenn das Segelflugzeug schiebefrei (slipfrei) geflogen wird. Wenn das Stau- oder Saugrohr etwas schräg angeblasen wird, kann die Fahrtanzeige bis unter Null sinken!

Wie aus der Bernoulli-Gleichung (4.3.1.2) hervorgeht, ist der Staudruck von der Luftdichte $\varrho$ abhängig. Da die Luftdichte mit zunehmender Flughöhe geringer wird, zeigt der normale Fahrtmesser, der auf die Höhe des Meeresniveaus geeicht ist, *in größeren Höhen zu geringe Geschwindigkeiten* an. Bei manchen Fahrtmessern sind deshalb Korrekturskalen (Bild 246.2) angebracht. Der Fahrtmesser, der für die Verhältnisse der Standardatmosphäre in Meeresniveau bei bestimmter Witterung geeicht ist, weicht auch ab, wenn die Witterung sich ändert (Hoch- und Tiefdruckgebiete).

### 4.3.1.6 Arbeitsweise des Fahrtmessers

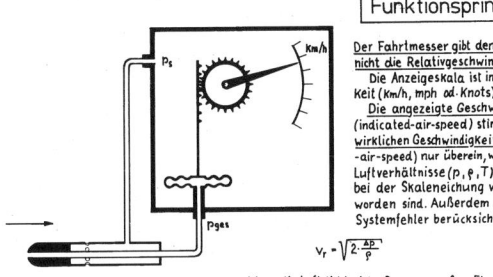

| Funktionsprinzip |

Der Fahrtmesser gibt den Staudruck und nicht die Relativgeschwindigkeit an.
Die Anzeigeskala ist in Geschwindigkeit (km/h, mph od. Knots) geeicht.
Die angezeigte Geschwindigkeit **IAS** (indicated-air-speed) stimmt mit der wirklichen Geschwindigkeit **TAS** (true-air-speed) nur überein, wenn die gleichen Luftverhältnisse $(p, \varrho, T)$ herrschen, die bei der Skaleneichung vorausgesetzt worden sind. Außerdem müssen die Systemfehler berücksichtigt werden.

$$v_r = \sqrt{2 \cdot \frac{\Delta p}{\varrho}}$$

Wenn die Luftdichte $(\varrho)$ z.B. wegen großer Flughöhe kleiner wird, wird bei gleicher $v_r$ der Staudruck $\Delta p (=q)$ kleiner und der Fahrtmesser zeigt eine zu kleine Geschwindigkeit an.

*247.1 Arbeitsweise des normalen Fahrtmessers*

Die in den Bildern 245.2 und 246.1 angedeutete Subtraktion von $p_{ges}$ und $p_s$ erfolgt im Fahrtmesser mittels einer Membrandose (Bild 247.1).

Die Membrandose befindet sich in einem dichten Instrumentengehäuse, das mit dem Druck $p_s$ der Ausgleichleistung (siehe 4.3.4) verbunden ist. Die Dose wird demnach von außen mit $p_s$ belastet.

Die Innenseite der Dose ist direkt mit dem Staurohr oder Pitotrohr verbunden, wird also da mit dem Druck $p_{ges}$ belastet.

Da die Dose durch $p_s$ zusammengedrückt und durch $p_{ges}$ aufgeblasen wird, stellt sie sich auf die Differenz, nämlich den Staudruck $q$ ein. Diese Einstellung $q$ wird durch ein Hebelwerk auf den Zeiger übertragen, der auf einer Skala den Staudruck $q = \triangle p$ anzeigt. Die Skala ist jedoch nicht in kp/cm² geeicht, sondern direkt in km/h (oder in Knoten). Diese Geschwindigkeitsangabe ist richtig für NN unter den Bedingungen der Normalatmosphäre. Für größere Höhen zeigt der Fahrtmesser zu geringe Werte an, die mit einer Tabelle (Bild 246.2) korrigiert werden können.

Ohne Tabelle gilt die *Faustformel bis 6000 m.ü.NN:*

> Man schlägt je 1000 m.ü.NN 6% zur angezeigten Geschwindigkeit zu.

*Beispiel:*

Flughöhe = 5000 m.ü.NN    Fahrtmesseranzeige = 90 km/h

5 mal 6% = 30%      30% von 90 km/h = 27 km/h

90 km/h + 27 km/h =    *117 km/h (wirkliche Geschwindikeit)*

Ungefähr dasselbe erhält man mit 2% Zuschlag je 1000 ft.

*Beispiel:*

Flughöhe 16 400 ft ü.MSL,    Fahrtmesseranzeige = 48,5 kt

2 mal 16,4% = 32,8%      32,8% von 48,5 kt = 15,9 kt

48,5 kt + 15,9 kt = *64,4 kt (wirkl. Geschw. = 119 km/h)*

### 4.3.2 Höhenmesser

#### 4.3.2.1 Prinzip des barometrischen Höhenmessers

Der Höhenmesser ist ein unentbehrliches Bordinstrument und ist *für jedes Segelflugzeug vorgeschrieben.*

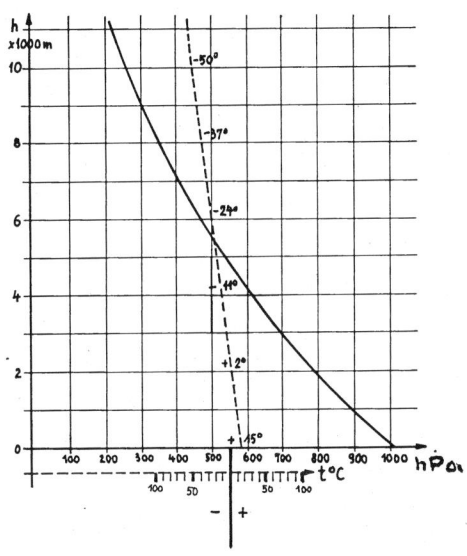

$$\Delta h = 18400 \cdot (1 + \alpha t) \cdot (\log p_1 - \log p_2)$$

*247.2 Barometrische Höhenformel*

Die barometrische Höhenmessung beruht auf der gesetzmäßigen Abnahme des Luftdruckes mit zunehmender Höhe. In Bild 247.2 ist der Druckverlauf in Abhängigkeit von der Höhe dargestellt.

Es genügt im allgemeinen, den Druck der Luft mit einem normalen Barometer zu messen und die Anzeigeskala gleich in m (ft) zu eichen.

In der Fliegerei ist die Luftdruckeinheit hPa = Hekto-Pascal gebräuchlich (siehe Abschn. Meteorologie).

Der Höhenunterschied, den 1 hPa Druckunterschied ausmacht, heißt *barometrische Höhenstufe.*

Sie beträgt:

in NN          8 m/hPa (26 ft/hPa)
in 1000 m Höhe   9 m/hPa (30 ft/hPa)
in 2000 m Höhe 10 m/hPa (33 ft/hPa)
in 3000 m Höhe 11 m/hPa (36 ft/hPa)
in 5000 m Höhe 14 m/hPa (43 ft/hPa)
in 9000 m Höhe 25 m/hPa (82 ft/hPa)

*Man kann sich merken:*

> Die barometrische Höhenstufe beträgt in NN 8 m/hPa und nimmt je 1000 m Höhe um 1 m/hPa zu (gilt bis 4000 m.ü.NN).

### 4.3.2.2 Aufbau und Arbeitsweise des Höhenmessers

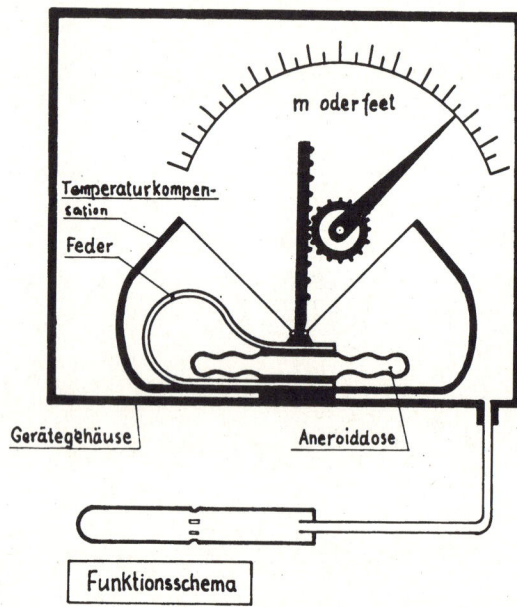

248.1 Einfacher barometrischer Höhenmesser

Der wichtigste Teil ist eine fast luftleer gepumpte Membrandose, die sich im luftdicht geschlossenen Instrumentengehäuse befindet. So eine luftleere Dose heißt „Aneroid" (gr.: an = nicht, aero = Luft).

Der Innenraum des Instrumentengehäuses ist mit dem statischen Außendruck verbunden, der auf das Aneroid drückt (Bild 248.1).

Da das fast leere Aneroid vom statischen Druck ohne weiteres plattgedrückt werden würde, wird das Aneroid durch eine starke Feder auseinander gehalten, so daß sich Luftdruck und Feder die Waage halten.

Die Aneroidbewegung infolge des veränderlichen Luftdruckes wird durch ein Hebelwerk auf den Zeiger übertragen. Da bei fallender Temperatur die Luft schwerer wird, muß die Federkraft durch einen *Bimetall-Kompensator* verstärkt werden.

Beim *Feinhöhenmesser* (Bild 247.1) sind zur Vergrößerung des Hubes mehrere Aneroide übereinandergeschaltet. Die Anzeige bezieht sich immer auf einen bestimmten Nulldruck (Meeresspiegel oder Flugplatzhöhe), der mit einem Einstellknopf (Bild 247.1) eingestellt wird, und den man in einem Fensterchen des Zifferblattes sehen kann.

Was die Zeiger anzeigen, ist dann der Höhenunterschied △h zwischen der dem eingestellten Nulldruck entsprechenden Höhe und der augenblicklichen Höhe des Segelflugzeuges.

Die Anzeigen der barometrischen Höhenmeßgeräte sind nur Luftdruckwerte, die sich in der gleichen Höhe und am gleichen Ort, je nach der Wetterlage, ändern. Deshalb mußte zu Eichzwecken

für die Luft ein Bezugsdruck als Norm geschaffen werden. Diese Norm ist die *Standardatmosphäre* (siehe 3.1.3).

Beim im Bild (Bild 247.1) dargestellten Feinhöhenmesser gibt der lange Zeiger die Höhe in 100 ft, der dicke, kurze in 1000 ft und der schmale, kleine Zeiger in 10 000 ft an. Dieser Höhenmesser zeigt also eine Höhe von 1770 ft über der im Fenster sichtbaren Druckhöhe von 1013,2 hPa an.

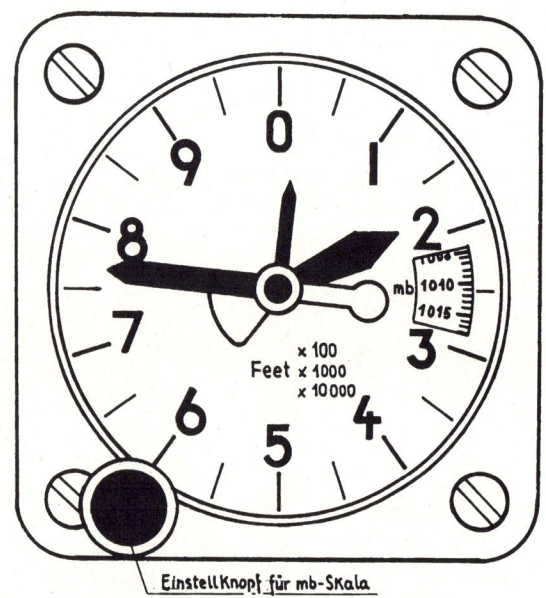

248.2 Schaubild Feinhöhenmesser

### Einfluß der Temperatur

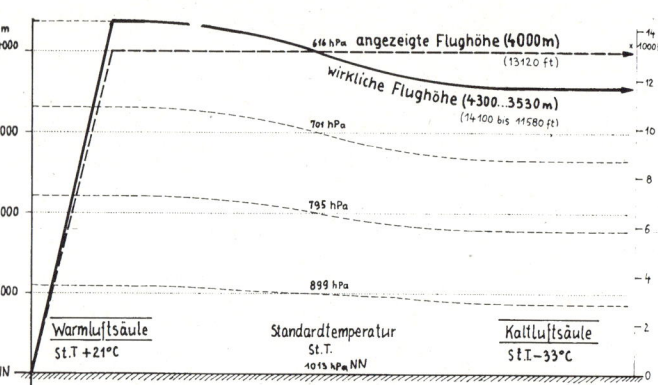

Je 2,8°C über Standardtemperatur ist zur Höhenmesseranzeige 1% zu addieren. Je 2,8°C unter Standardtemperatur ist 1% zu subtrahieren. Die so korrigierten Werte sind dann die wahre Höhe, sofern alle andern Voraussetzungen stimmen.

248.3 Temperatureinfluß auf die Höhenanzeige

Ändert sich die Temperatur der umgebenden Luft gegenüber der Standardtemperatur für eine bestimmte Höhe (Warm- oder Kaltluftsäule), dann ändern sich die Abstände der Luftschichten (Bild 248.3). Die Höhenanzeige stimmt dann nicht mehr mit der angezeigten Höhe überein.

Wenn alle anderen Voraussetzungen stimmen, dann erhält man die wahre Höhe, wenn man bei je 2,8°C Temperaturabweichung (von ISA) oben zur Höhenmesseranzeige 1% addiert und bei je 2,8°C Temperaturabweichung nach unten von der Höhenmesseranzeige 1% subtrahiert.

## Einfluß des Luftdruckes (Bild 249.1)

Ändert sich der Luftdruck so, daß er sich von der Normalatmosphäre unterscheidet (Hoch- oder Tiefdruckgebiet), dann stimmt die Höhenmesseranzeige nicht mehr mit der wirklichen Höhe überein. Diesen Fehler kann man jedoch leicht abstellen, denn jeder Höhenmesser hat einen Einstellknopf für die hPa-Skala (Bild 248.2).

Dreht man den Knopf so lange, bis der Höhenanzeiger die tatsächlich vorhandene Höhe über NN anzeigt, dann erscheint im Fenster der augenblicklich dazugehörige Druck und umgekehrt.

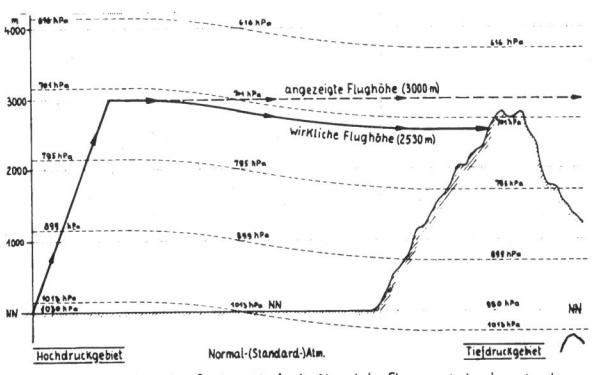

249.1 *Luftdruckeinfluß auf die Höhenmesseranzeige*

Stellt man den Höhenmesser vor dem Start und laufend während des Fluges nach dem herrschenden Bodendruck ein, dann stimmt die Höhenanzeige immer.

### 4.3.2.3 Höhenmessereinstellung

Die Höhe wird bekanntlich *relativ zu einer eingestellten Nullhöhe* (hPa) angezeigt, und zwar unter Zugrundelegung der Standard-Atmosphäre. Durch Drehen des Einstellknopfes (Bild 248.2) erscheint im Einstellfenster die Druckangabe (hPa oder i.m.).

Die ausführliche Erläuterung erfolgte bereits in Abschnitt 3 (Meteorologie). Hier die Zusammenfassung:

| Höhenmessereinstellung | Definition | Anzeige |
|---|---|---|
| QFE | Aktueller Luftdruck am Flugplatz | Druckhöhe (pressure level) über dem Flugplatz |
| QNH | Theoretischer Luftdruck der Standardatmosphäre in NN, von QFE zurückgerechnet | Druckhöhe über dem theoretischen Druck in NN (QNH-altitude) |
| 1013,2 hPa | Standardluftdruck in NN (1013,2 hPa = = 29,92 inch merc.) | QNE-Höhenanzeige über der 1013,2 hPa – Fläche (ICAO-Standardhöhe = pressure level) |

QFF = aktueller Luftdruck in NN (sehr temperaturabhängig)

QNH = aus QFE berechneter Luftdruck in NN

## 4.3.3 Variometer

### 4.3.3.1 Aufgabe und Variometerarten

Das Variometer soll die Steig- und Sinkgeschwindigkeit des Segelflugzeuges anzeigen. Es ist in den meisten Segelflugzeugen eingebaut. Unter Steig- und Sinkgeschwindigkeit versteht man die *Änderung der Flughöhe je Zeiteinheit*. Sie wird entweder in m/s oder in ft/min angegeben (Bild 249.2).

Umrechnung der Maßeinheiten:

| | | | |
|---|---|---|---|
| 1 m/s | = | 196,85 | ft/min |
| 100 ft/min | = | 0,508 | m/s |

| Faustformeln: |
|---|

| | | |
|---|---|---|
| 1 m/s | 200 | ft/min |
| 100 ft/min | 0,5 | m/s |

249.2 *Scala des Variometers*

## Variometerarten

Normalausführungen:

Dosenvariometer, Stauscheibenvariometer, Flüssigkeitsvariometer, Elektrische Variometer.

Sonderausführungen:

Mc-Cready-Ring(Zusatz),Sollfahrtgeber,Nettovariometer, TEK-Variometer, Sollfahrtzusatz, Elektrischer Sollfahrtgeber.

### 4.3.3.2 Dosenvariometer

Prinzip (Bild 335.2)

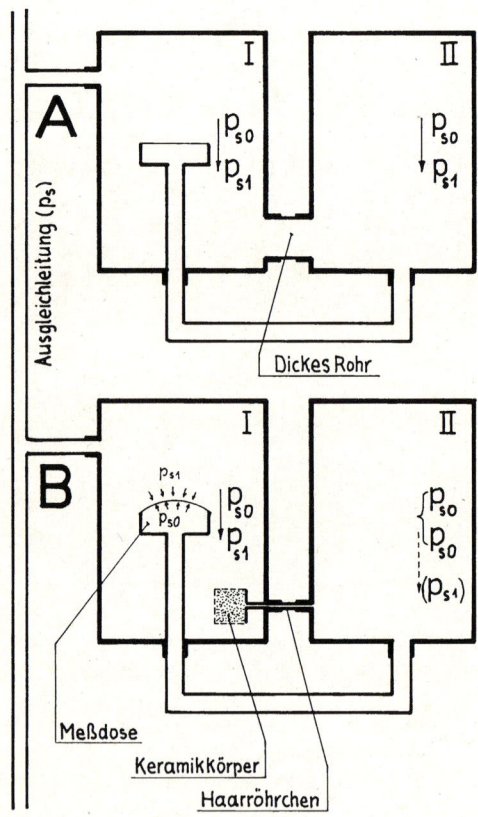

250.1 Prinzip des Dosenvariometers

Das Dosenvariometer arbeitet ähnlich einem barometrischen Höhenmesser, weil der Luftdruck gesetzmäßig mit der Höhe abnimmt und das Variometer die *Höhenänderung je Zeiteinheit* anzeigen soll.

(Bild 250.1, A): Zwei Kammern I und II sind mit einem *dicken* Rohr verbunden. Die Kammer I ist mit der Ausgleichsleistung verbunden, in der der jeweilige Druck $p_s$ herrscht. Ändert sich der Druck in der Ausgleichsleitung (durch Steigen oder Sinken des Segelflugzeuges) von $p_{s0}$ auf $p_{s1}$, dann ändert sich gleichzeitig auch in den Kammern I und II der Druck von $p_{s0}$ auf $p_{s1}$, da wegen der dicken Rohrverbindung kein Hindernis für den Druckausgleich besteht.

(Bild 250.1, B): Jetzt verbindet die Kammer I und II ein *feines Kapillarrohr*, das den Druckausgleich zwischen Kammer I und II stark verzögert. Außerdem muß noch ein poröser Keramikkörper durchströmt werden, der außerordentlich stark bremst. Ändert sich jetzt der Druck in der Ausgleichsleitung, dann ändert sich der Druck in der Kammer I wie im Fall (A) *sofort* von $p_{s0}$ auf $p_{s1}$.

In der Kammer II herrscht zunächst noch der Druck $p_{s0}$, der sich erst *allmählich* (wegen des Kapillarrohres und des Keramikkörpers) in den Druck $p_{s1}$ verwandelt.
Gesetzt den Fall, daß das Segelflugzeug steigt, wird der Druck $p_{s1}$ kleiner sein als der vorherige Druck $p_{s0}$.

In Kammer I befindet sich eine Meßdose, deren Innenseite mit dem Druck der Kammer II verbunden ist, also: Innendruck = (zunächst) $p_{s0}$ (erst allmählich $p_{s1}$).

Außendruck = (sofort) $p_{s1}$. Die Dose wird sich aufblähen!

Die Meßdose bläht sich auf beim Steigen und sinkt zusammen beim Sinken des Segelflugzeuges, kann also *die Richtung* (Steigen oder Sinken) angeben *und die Größe* der Aufblähung oder des Zusammenziehens gibt das Maß (schnell oder langsam) an.

Fliegt das Segelflugzeug horizontal weiter, wird sich die Dose nach kurzer Zeit auf Null einstellen und damit den Horizontalflug melden. Die jeweilige Stellung der Meßdose wird durch Hebel und Zahnräder auf den Zeiger des Variometers übertragen und an der Skala sichtbar gemacht (Bild 250.2).

*Aufbauschema*

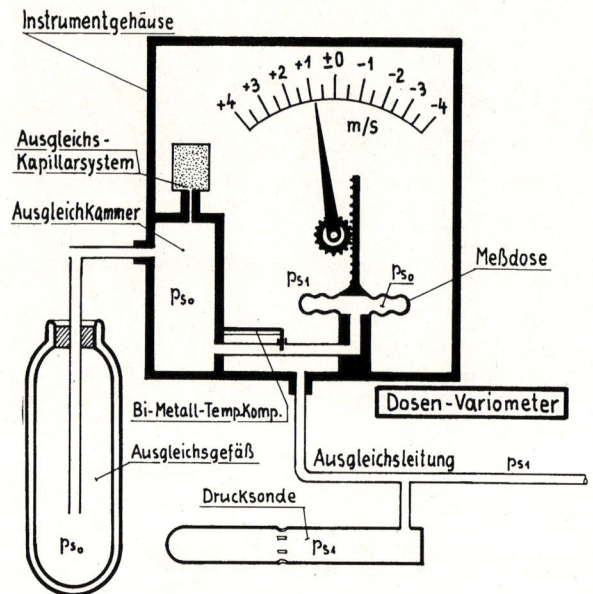

Der (vorübergehende) Druckunterschied
($p_{s1}$ – $p_{s0}$) bewegt die Dose bezw. Stauscheibe

250.2 Schema des Dosenvariometers

Der Innenraum des Instrumentengehäuses ist mit dem jeweils herrschenden statischen Druck $p_{s1}$ der Ausgleichsleitung verbunden. Dieser Druck wirkt auf die Außenseite der Meßdose.

Die Innenseite der Meßdose ist mit dem *vor* der Druckänderung (durch Steigen oder Sinken) herrschenden Druck $p_{s0}$ verbunden, der in einer „Ausgleichskammer" herrscht.

Diese Ausgleichskammer ist zur Volumensvergrößerung mit einem „*Ausgleichsgefäß*" verbunden, das auf konstanter Temperatur gehalten wird (Thermosflasche oder Thermostatregelung). Das vergrößerte Volumen erhöht die Empfindlichkeit des Variometers. Ausgleichsgefäß + Ausgleichskammer haben zusammen ein Volumen von 2 Litern bei einem Meßbereich von ± 1 m/s und 0,4 Liter bei einem Meßbereich von ± 10 m/s.

Instrumentengehäuse und Ausgleichskammer sind durch das „Ausgleichs-Kapillarsystem" (Kapillarrohr + Keramikkörper) miteinander verbunden, so daß ein verzögerter Druckausgleich stattfinden kann. Steigt das Segelflugzeug, dann wird der Druck im Instrumentengehäuse *sofort* kleiner, wogegen der Druck in der Ausgleichskammer *allmählich* absinkt. Der Druckunterschied ist umso größer, je größer die Steiggeschwindigkeit ist und ein Maß für die Vertikalgeschwindigkeit. Er wird durch ein Hebelsystem auf den Zeiger und die Skala übertragen.

Um die Temperatureinflüsse auf die Geschwindigkeit des Druckausgleiches zu kompensieren, ist die Verbindungsleitung zum Doseninneren mit einer Bi-Metall-gesteuerten Drossel ausgestattet (heute nur selten).

Das Dosenvariometer ist wegen der Trägheit seiner Reaktion und Anzeige (Zeitkonstante 10 Sekunden) im Segelflugzeug nicht sehr beliebt und wird deshalb mehr im Motorflug verwendet.

### 4.3.3.3 Stauscheibenvariometer

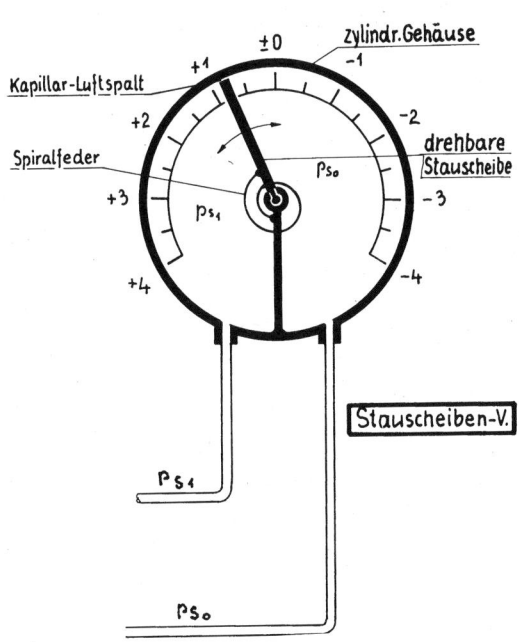

251.1 Stauscheibenvariometer (Prinzip)

In einem zylindrischen Gehäuse dreht sich eine, durch eine Spiralfeder gehaltene Stauscheibe. Sie teilt, zusammen mit einer feststehenden radialen Wand, an die sie im Gehäuse anschließt, das Gehäuse in 2 Teilräume.

Der eine Raum ist mit $p_{s0}$ vom Ausgleichsgefäß verbunden, der andere mit $p_{s1}$ von der Ausgleichsleitung (Drucksonde). Der Druckunterschied hat eine *Gleichgewichtslage mit der Spiralfeder*. Die Gleichgewichtslage wird vom Zeiger, der sich auf der Welle der beweglichen Stauscheibe befindet, direkt auf der Kreisskala angezeigt.

### 4.3.3.4 Die Anzeigebereiche (vgl. Bild 249.2)

Die Anzeigebereiche sind je nach der Art des Segelflugzeuges verschieden:
0 bis ± 2 m/s; 0 bis ± 5 m/s
oder 0 bis 10 m/s

### 4.3.3.5 Die Zeitkonstante

Die Zeit des Druckausgleiches ist bei den verschiedenen Variometerarten verschieden groß. Die Zeitkonstanten sind im Durchschnitt:

| | | |
|---|---|---|
| Dosenvariometer | 10 | bis 6 Sekunden |
| Stauscheibenvariometer | 6 | bis 2 Sekunden |
| Elektrische Variometer | 0,5 | bis 0 Sekunden |

### 4.3.3.6 Die Nulleinstellung

Jedes Variometer besitzt am unteren Rand der Vorderseite des Instruments eine mit einem Instrumentenschraubenzieher betätigbare Stellschraube zum Einstellen des Zeigers auf die Nulleinstellung. Da jedes Instrument auf Temperaturänderungen im Führerraum mit einer Falschanzeige reagiert, darf die Zeigereinstellung nur nach wenigstens 1 Stunde konstanter Temperatur vorgenommen werden.

### 4.3.3.7 Flüssigkeitsvariometer

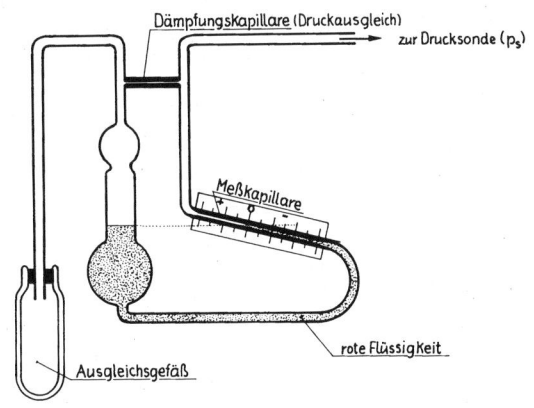

251.2 Flüssigkeitsvariometer

Diese Variometerart wird wegen der Unhandlichkeit heute kaum noch verwendet, hat aber den Vorteil, auf die geringsten Druckschwankungen zu reagieren.

Diese Variometer beruhen auf dem klassischen U-Rohr-Manometer (vgl. Bild 245.1 und 246.1).

Der eine Schenkel des Manometers hat einen großen Querschnitt, der andere Schenkel ist eine schräg geneigte, fast horizontale Kapillare, so daß kleinste Druckunterschiede deutlich erkannt werden können. Die Kapillare ist mit einer Skala unterlegt, aus der man praktisch verzögerungsfrei die Steig- oder Sinkgeschwindigkeit auf 0,1 m/s genau ablesen kann.

Der Druckausgleich erfolgt auch hier über eine Kapillare. Der dicke, vertikale Schenkel ist mit dem Ausgleichsgefäß (Thermosflasche), der dünne Schenkel mit der Ausgleichsleitung (statischer Druck) verbunden.

### 4.3.3.8 Der Mc-Cready-Ring

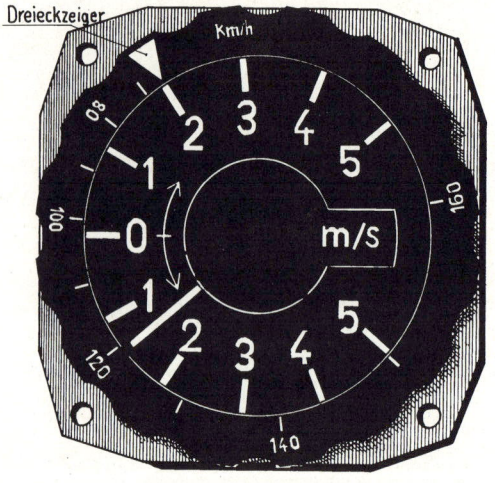

*252.1 Mc-Cready-Ring auf dem Variometer*

Beim *Streckenflug* ist es vorteilhaft, immer mit dem besten Gleiten zum nächsten Aufwindfeld zu fliegen (siehe Bild 208.1), bevor sich die Verhältnisse verschlechtert haben.

Der Mc-Cready-Ring, der drehbar um das Zifferblatt des Variometers angebracht ist (Bild 252.1), übermittelt in einfacher Weise die Sollfahrten, die zu jedem Steig- und Sinkwert gehören.

Bei Beginn des Streckenfluges wird der Ring so gedreht, daß die Dreiecksmarke des Ringes auf das voraussichtliche mittlere Steigen zeigt (Bild 91.1). Danach stehen jedem Steig- oder Sinkwert die besten zu fliegenden Geschwindigkeiten gegenüber.

*Die Mc-Cready-Funktion*

Die Mc-Cready-Funktion wird in Form einer Kurve dargestellt, mit der zu der Steig- oder Sinkgeschwindigkeit die beste Fahrt (v) ermittelt werden kann, die dann auf dem Mc-Cready-Ring (Bild 338.1) eingetragen wird.

Zum besseren Verständnis der Zusammenhänge dienen die folgenden Ausführungen:

Jedes Segelflugzeug hat zu Beginn eines Streckenfluges eine gewisse potentielle Energie in sich (Energie der Lage = Gewicht mal Höhe), die beim Gleitflug in kinetische Energie (Energie der Bewegung) verwandelt wird und zum Teil durch Luftreibung aufgezehrt wird.
In ruhender Luft fliegt man die weiteste Strecke, auf die es ankommt, aus einer vorgegebenen Höhe mit der Geschwindigkeit des bestens Gleitens (für jedes Muster im Prospekt angegeben).

Im Aufwind (Höhe wird größer) vergrößert sich die potentielle Energie, wodurch auch die mögliche Flugstrecke länger wird. Im Abwind verkleinert sich die potentielle Energie und die mögliche Flugstrecke wird kürzer.

Deshalb muß man trachten, aus absinkenden Luftmassen recht schnell wieder heraus zu kommen, und zwar mit einer größeren Fluggeschwindigkeit als der des besten Gleitens.

In aufsteigenden Luftmassen fliegt man langsamer als mit der Fluggeschwindigkeit des besten Gleitens.

Die sogenannte Mc-Cready-Funktion gibt an, *welche* Gleitfluggeschwindigkeit bei bekanntem Steigen (oder Sinken) *am wirtschaftlichsten* ist. Das heißt, der Höhengewinn beim Steigen, der im anschließenden Flug zum nächsten Aufwindfeld aufgezehrt werden darf, *soll für eine möglichst lange Flugstrecke reichen.*

*Konstruktion der Mc-Cready-Funktion*

Ausgangspunkt ist die Flugleistungspolare des Segelflugzeugmusters, für das die Funktion ermittelt werden soll (in Bild 338.1 ist es die Polare für die Ka 6 CR).

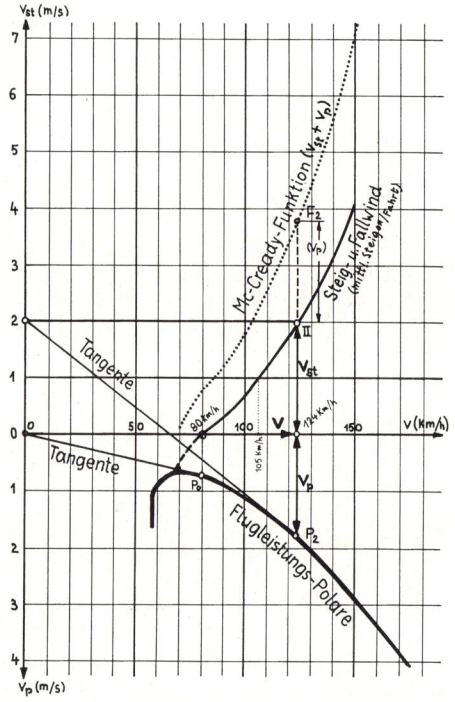

*252.2 Konstruktion der Mc-Cready-Funktion*

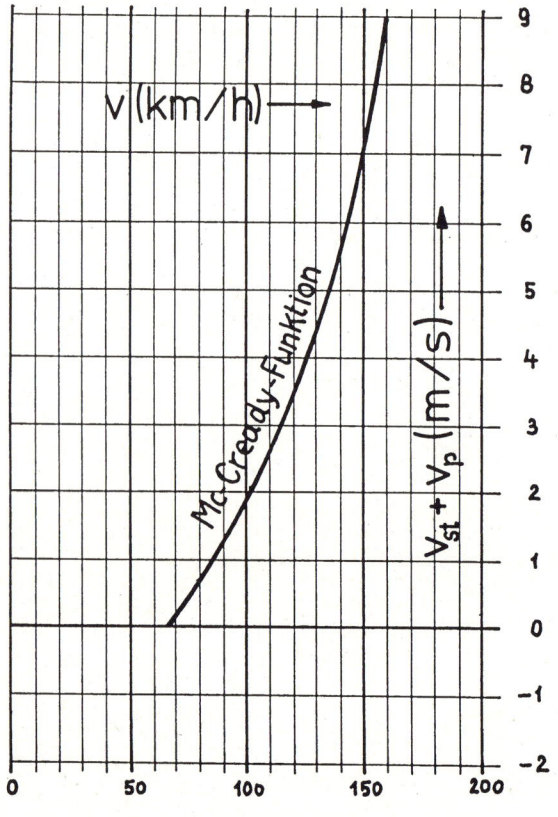

*252.3 Die Mc-Cready-Funktion*

Auf der Abszisse sind von links nach rechts die Fluggeschwindigkeiten in km/h abzulesen. Auf der Ordinate von Null nach unten die Sinkgeschwindigkeiten $v_p$ und von Null nach oben die Werte des mittleren Steigens $v_{st}$.

Zunächst wird die Kurve für die Sollgeschwindigkeit in Abhängigkeit vom mittleren Steigen ermittelt:

*a) ruhende Luft $v_{st}$ = Null*

Vom Koordinatenursprung Null zieht man die Tangente an die Polare und erhält den Berührungspunkt $P_0$. Dieser Punkt wird nach oben auf die Abszisse projiziert und man erhält v = 80 km/h. Das ist das günstigste Verhältnis zwischen Gleitfluggeschwindigkeit und Sinkgeschwindigkeit, womit man die längstmögliche Strecke zurücklegen kann.

*b) mittleres Steigen z.B. $v_{st}$ = 2 m/s*

Jetzt ziehen wir vom Punkt 2 der $v_{st}$-Ordinate die Tangente und erhalten den Berührungspunkt $P_2$. Dieser Punkt wird nach oben auf die Abszisse projiziert und man erhält die Bestgeschwindigkeit v = 124 km/h. Projiziert man noch weiter hinauf bis zur Horizontalen durch $v_{st}$ = 2, dann erhält man einen Punkt II der Steig- und Fallwindkurve.

Diese Kurve, die aus diversen Punkten II besteht, gibt den Zusammenhang zwischen mittlerem Steigen ($v_{st}$) und bestmöglicher Fahrt (Fluggeschwindigkeit).

z.B. $v_{st}$ = 1 m/s ergibt v = 105 km/h.

Nun kann die Mc-Cready-Kurve konstruiert werden:
Die Anzeige des Variometers ist die Summe aus dem mittleren Steigen $v_{st}$ und dem polaren Sinken $v_p$, also in Bild 252.2 die Strecke von $P_2$ nach II. Tragen wir diese Strecke von der Abszisse aus nach oben auf, dann erhalten wir den Punkt $F_2$ der Mc-Cready-Kurve (punktierte Kurve in Bild 252.2.

Die Mc-Cready-Funktion in ihrer Gesamtheit ist in Bild 252.3 für die Ka 6 CR dargestellt.

## Mc-Cready-Ring und Mc-Cready-Kurve

Entsprechend Bild 339.2 gehört zu jedem v ein Anzeigewert für ($v_{st}$ + $v_p$), z.B.:

v =  68 km/h : Anzeige =   0   m/s
v =  80 km/h : Anzeige = − 0,72 m/s
v = 100 km/h : Anzeige = − 1,90 m/s
v = 120 km/h : Anzeige = − 3,50 m/s

Trägt man diese v-Werte zu den jeweils entsprechenden Steig- und Sinkwerten auf einem Ring ein, der um die Variometerskala herumläuft, dann erhält man Bild 340.1, links (vertikal ruhige Luft). Gegenüber der Geschwindigkeit v = 68 km/h, die dem Nullsteigen (Horizontalflug) entspricht, befindet sich die Dreiecksmarke auf dem drehbaren Ring.

Dreht man den Mc-Cready-Ring nach rechts, so daß die Nullmarke (Dreiecksmarke) auf + 1 m/s steht, dann stehen sich die Wertpaare für $v_{st}$ = + 1 m/s gegenüber. Diese Stellung ist in Bild 340.1, rechts, dargestellt. Wir können ablesen:

v =  68 km/h : Anzeige = + 1,00 m/s
v =  80 km/h : Anzeige = + 0,28 m/s
v = 100 km/h : Anzeige = − 0,90 m/s
v = 120 km/h : Anzeige = − 2,50 m/s

Bild 252.1 zeigt eine Ringeinstellung für $v_{st}$ = 2 m/s.
Während des Fluges mit dem Mc-Cready-Ring muß immer darauf geachtet werden, daß die Geschwindigkeit geflogen wird, auf die der Zeiger des Variometers zeigt. Das wäre (Bild 252.1), wenn der Variometerzeiger − 1,5 m/s anzeigt, eine Geschwindigkeit von 120 km/h. Die Geschwindigkeit ist am Fahrtmesser abzulesen.

### 4.3.3.9 Kombinierte Variometer

Da bei Verwendung des Mc-Cready-Ringes zwei Bordinstrumente gleichzeitig beobachtet werden müssen (Variometer mit Ring, und Fahrtmesser), wird vom Piloten eine große Aufmerksamkeit verlangt, die ihn belastet. Um diesem Übelstand abzuhelfen, baut man *„kombinierte Anzeigegeräte"* (engl.: „integrated instrumentes").

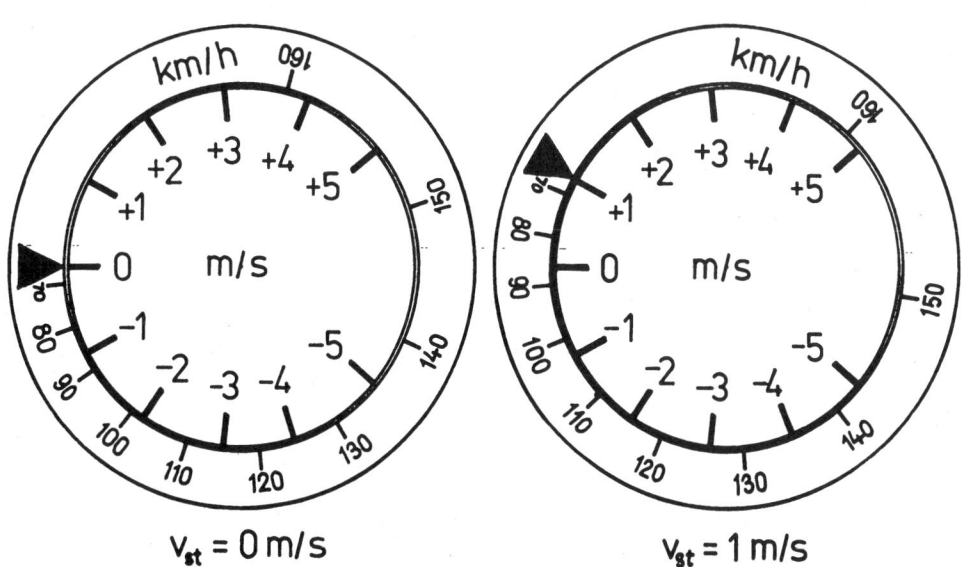

$v_{st}$ = 0 m/s        $v_{st}$ = 1 m/s

*253.1 Einstellung des Mc-Cready-Ringes nach $v_s$*

## Der Sollfahrtgeber

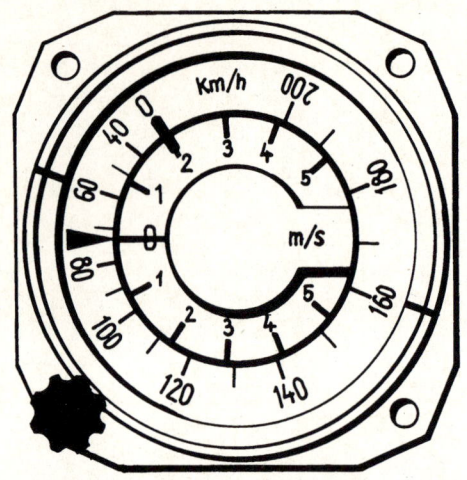

*254.1 Der Sollfahrtgeber*

Der Sollfahrtgeber ist ein solches kombiniertes Anzeigegerät, das einen Staudruckfahrtmesser *und* ein Stauscheibenvariometer in einem einzigen Gehäuse vereinigt (Bild 254.1).

Zu Beginn des Streckenfluges wird mit dem Einstellknopf die außen liegende Fahrtmesserskala so eingestellt, daß der Dreieckszeiger auf das ermittelte mittlere Steigen (Innenskala) zeigt. Im Bild zeigt der Dreieckszeiger auf Null (entspricht Bild 253.1, links). Während des Fluges ist dann nur darauf zu achten, daß sich die beiden Zeiger (von Fahrtmesser und vom Variometer) immer möglichst gegenüber stehen.

### 4.3.3.10 Das Nettovariometer

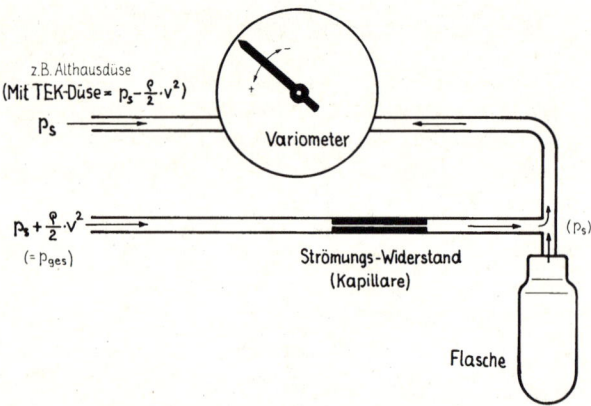

*254.2 Schaltung des Nettovariometers*

#### Begriffsbestimmung

Ein solches Variometer (von Dr. Prof. P. McCready jr. entwickelt) zeigt *nur* den „Netto"-Wert der *vertikalen Luftbewegung* an, ohne den „Tara"-Wert des Segelflugzeuges. Ein normales, herkömmliches Variometer (Bild 249.2) wäre in dieser Bezeichnung ein „Brutto"-Variometer, das die *Summe* von Segelflugzeugbewegung in der umgebenden Luft und der Bewegung der Luft anzeigt.

#### Aufbau und Wirkungsweise

Der Unterschied zwischen dem Normal-Variometer und dem Netto-Variometer besteht in einem *zusätzlichen Strömungswiderstand* (Bild

254.2) zwischen dem Gesamtdruckanschluß (Staurohr $p_{ges}$) und der Verbindungsleitung zwischen Flasche und Variometer.

An diesem Strömungswiderstand (eine Kapillare) liegt der Druckunterschied zwischen Gesamtdruck einerseits und Statikdruck andererseits, unabhängig davon, was gerade in der Verbindungsleitung zwischen Flasche und Variometer geschieht. Auf den Kapillarwiderstand wirkt (im Bild von links) der Gesamtdruck ($p_s$ + 0,5 $\varrho \cdot v^2$) und (im Bild rechts) der statische Druck $p_s$.

Der anliegende Druckunterschied ist also 0,5 $\varrho \cdot v^2$ = q = Staudruck.

Durch diesen Druck erhält man einen zusätzlichen Druck zum Anzeigegerät (Variometer) hin. Im Bild von rechts nach links. Diese Richtung entspricht einer Steiganzeige.

#### Größe des Widerstandes

Die Widerstandsgröße muß so gewählt werden, daß bei einer bestimmten Fahrt (z.B. 130 km/h) eine *Steiganzeige in der Größe des polaren Sinkens* des benutzten Segelflugzeuges erzeugt wird.

Das polare Sinken des Segelflugzeuges ist *näherungsweise proportional dem Quadrat der Fluggeschwindigkeit ($v^2$)*, wie anhand von Bild 254.3 erläutert wird.

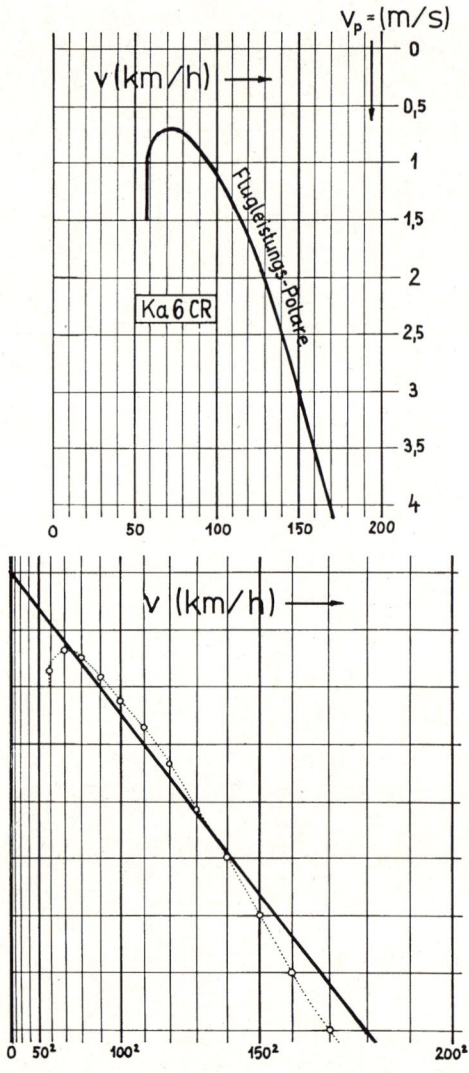

*254.3 Streckung der Polare über $v^2$*

Zeichnet man die Polare (Bild 254.3, oben) in ein Koordinatennetz, dessen Abszisse nach $v^2$ geteilt ist (Bild 254.3, unten), dann erhält man die dort punktiert gezeichnete Kurve, die sich mit großer Annäherung durch die dick ausgezogene gerade Linie ersetzen läßt, so daß derselbe Strömungswiderstand auch für andere Geschwindigkeiten als 130 km/h verwendet werden kann (Fehlermaximum nach E. Brückner für dieses Segelflugzeugmuster 0,15 m/s).

In Bereichen stärkerer Abweichung wird die Polare nicht verwendet, weil die Fahrt unter der zulässigen Mindestgeschwindigkeit oder aber über der zulässigen Höchstgeschwindigkeit liegt.

### 4.3.3.11 TEK-Variometer

*Die TE-Kompensation (TEK-Variometer)*

Sinnvoll wird der Einsatz des Netto-Variometers erst, wenn es TE-kompensiert ist (Total-Energie-kompensiert). In diesem Fall liegt in Bild 341.1 das Variometer statt am statischen Druck $p_a$ an einem Druckwert von $(p_s - 0,5 \cdot \varrho \cdot v^2)$.

Der Druckunterschied am Strömungswiderstand ist dann doppelt so groß, weshalb auch der Widerstand selbst doppelt so groß bemessen werden muß.

Die TE-Kompensation erfolgt durch Anschluß an Cosim-, Althaus- oder entsprechende Düsen (Bild 255.1).

Mit dem *TEK-Nettovariometer* hat man ein Gerät, das unabhängig von Knüppelbewegungen (TE-Kompensation) und unabhängig von der geflogenen Geschwindigkeit (P-Kompensation) anzeigt, ob die gerade durchflogenen Luftmassen steigen, sinken oder in Ruhe sind. Brückner nennt so ein Variometer „TEP-kompensiert".

*Die Althausdüse*

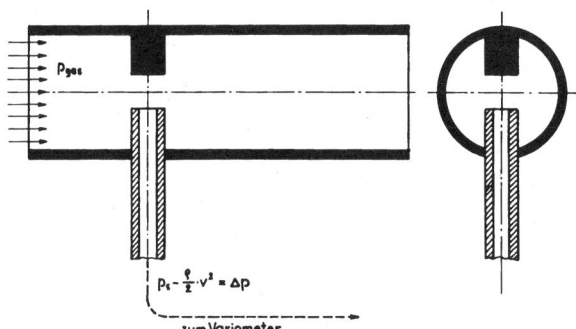

255.1 Schema der Althausdüse

Für den Leistungsflug wäre erwünscht, wenn eins der Variometer auch bei hohen Geschwindigkeiten (und damit auch hohen Sinkgeschwindigkeiten) die auf die Fluggeschwindigkeit bezogene Vertikalbewegung anzeigen würde (und nicht auf die totale Vertikalgeschwindigkeit bezogen).

Dafür eignet sich der Einsatz einer Althausdüse (Bild 255.1). Sie besteht aus einem Rohr, in dem 2 zylindrische Störkörper angebracht sind. An einem davon (Röhrchen) wird der Unterdruck abgenommen. Der Abstand des Röhrchens wird so

eingestellt, daß der erzeugte Unterdruck genauso groß ist wie der Staudruck q
($= p_s - 0,5 \cdot \varrho \cdot v^2$).
Das ist über einem genügend großen Geschwindigkeitsbereich möglich.

Das Variometer wird an diese Düse angeschlossen, statt an den statischen Druck $p_s$ (wie in Bild 254.2 dargestellt ist).

*Vorteil des TEK-Variometers*

Das nicht kompensierte Variometer zeigt beim Hochziehen in ein Aufwindfeld nur die Verkleinerung des statischen Druckes an. Der Pilot weiß nicht, wieviel von dem angezeigten Steigen vom Aufwind herrührt.
Bei TEK-Variometer verringert sich beim Hochziehen mit dem Staudruck q auch der Unterdruck.

### 4.3.3.12 Der Netto-Mc-Cready-Ring

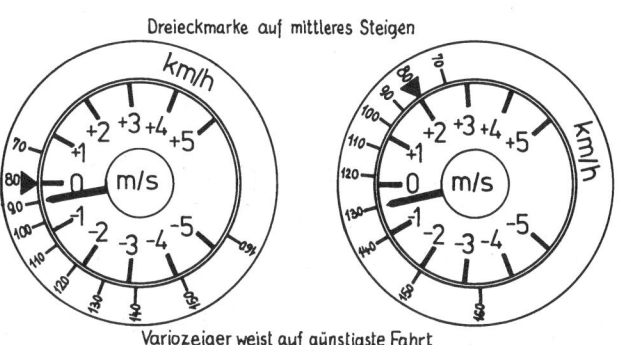

255.2 Der Netto-Mc-Cready-Ring

Das TEK-kompensierte Variometer hat seine besonderen Eigenschaften (Seite 338) natürlich nur im Geradeausflug (nicht im Kurvenflug), denn *nur die* für den Geradeausflug geltende Polare wird kompensiert. Das stört jedoch nicht, denn gerade im Geradeausflug liegt das Anwendungsgebiet des Gerätes.

*Im Netto-Mc-Cready-Ring* sind die Werte des polaren Sinkens nicht mehr enthalten, wobei der Ring etwas anders aussieht als der gewohnte (Bild 255.2).

Neu ist die über Null hinausgehende km/h-Skala. Der ganz oben stehende Geschwindigkeitswert (70 km/h) ist der des geringsten Sinkens. Er steht gegenüber dem Absolutwert des geringsten Sinkens auf der Variometerskala, wenn ein mittleres Steigen von 0 m/s eingestellt ist (links im Bild). Die Einstellmarkierung (Dreieck) ist an der Stelle des besten Gleitens angebracht (hier 80 km/h).

Bei allen Einstellungen des Ringes (z.B. rechte Darstellung in Bild 252.2 für ein mittleres Steigen von 2 m/s) ist gegenüber der Nullmarke des Variometers die Stichgeschwindigkeit zwischen den Bärten ablesbar (im Bild rechts 123 km/h).

Durch einen Sperrhahn im Zusatzweg (Bild 254.2 - Strömungswiderstand) läßt sich das TEP-kompensierte Variometer jederzeit schnell in ein TEK-Variometer zurückverwandeln. Dies bietet sich z.B. für den Kurvenflug an, bei dem die kompensierte Polare nicht gültig ist.

### 4.3.3.13 Der Sollfahrtzusatz

Der Sollfahrt-Zusatz sieht genauso aus wie der in Bild 337.1 dargestellte Netto-Zusatz, wobei der Betrieb nur mit TEK-Düse erfolgt. Der Unterschied besteht nur in der Bemessung des Strömungswiderstandes und darin, was mit diesem umfunktionierten Variometer während des Fluges getan wird.

In Bild 256.1 ist die übliche Mc-Cready-Funktion dargestellt und rechts dieselbe Funktion mit einer $v^2$-Skala auf der Abszisse, wobei die Kurvenform punktiert eingezeichnet ist.

Daraus ergibt sich:
Um die Sollfahrt mit einem mittleren Steigen von 0 m/s einzuhalten, muß der Zeiger des mit einem *Sollfahrt-Mc-Cready-Ring* ausgerüsteten Variometers auf diesem Skalenwert im Steigbereich (2 m/s) gehalten werden.

Die (in Bild 256.1, rechts) dargestellte Funktion (dick ausgezogen) gilt für ein mittleres Steigen von 0 m/s. Bei einem anderen Wert verschiebt sich die Kurve (und mit ihr die Näherungsgerade) genau um diesen Betrag nach unten. In Bild 252.3 sind gestrichelt die beiden Geraden für die mittleren Steigwerte 1 m/s und 2 m/s eingezeichnet.

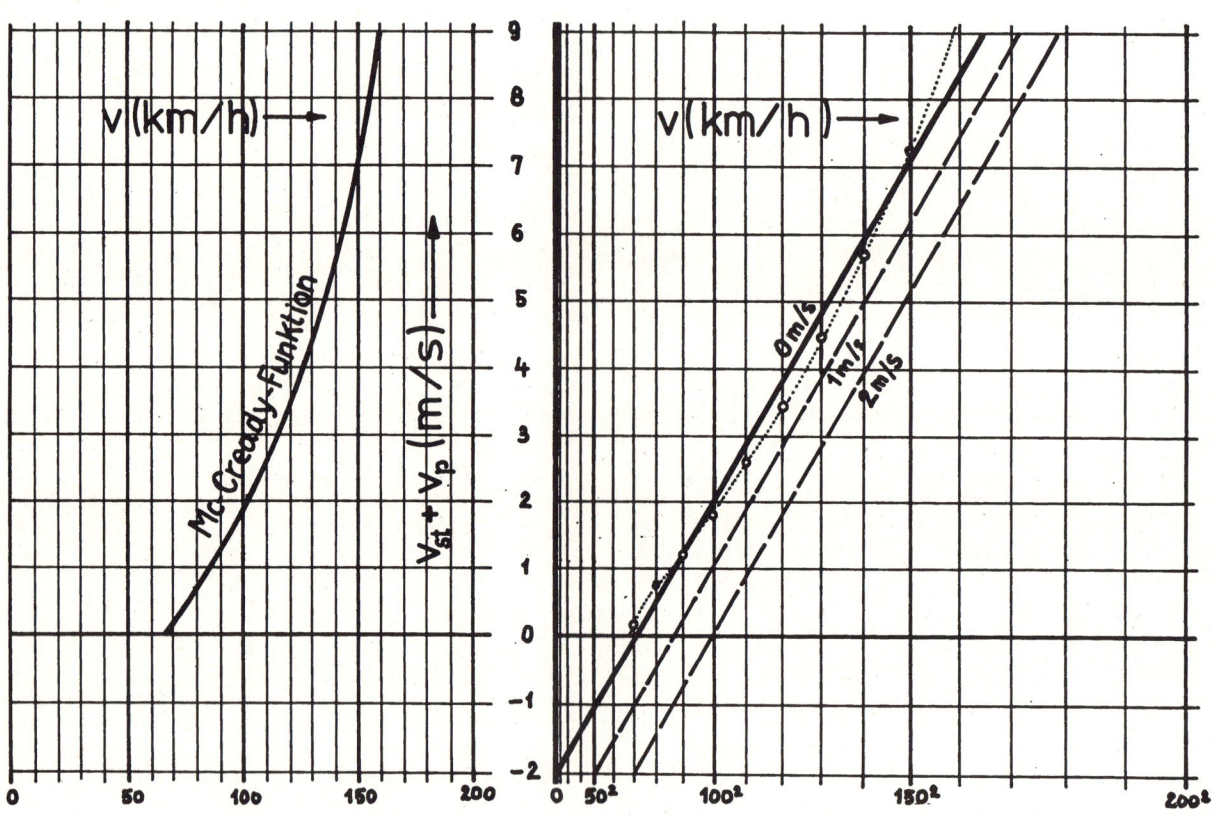

256.1 Mc-Cready-Funktion der Ka 6 CR mit Näherungsgerade

Auch hier ist die Kurve (wie in Bild *254.3*, die Flugleistungspolare) durch eine Näherungsgerade ersetzt. Es fällt dabei auf, daß diese Gerade nicht durch den Koordinatennullpunkt geht, sondern die Ordinate weiter unten (bei der Ka 6 CR im Punkt -2 m/s) schneidet.

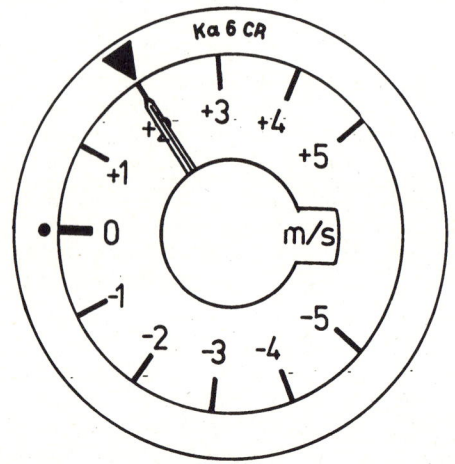

256.2 Sollfahrtgeber-Ringskala für Ka 6 CR

Der Pilot muß also bei der Ka 6 CR bei einem mittleren Steigen von 1 m/s oder 2 m/s den Variometerzeiger (statt auf 2 m/s) auf 3 m/s bzw. 4 m/s halten. Für die Praxis eignet sich der

*Sollfahrt-Mc-Cready-Ring.*

Dieser hat (Bild 256.2) eine große Sollfahrtmarkierung (Dreieck) und eine kleine Hilfsmarkierung (Punkt).

Der Punkt wird auf das mittlere Steigen eingestellt (in unserem Fall auf Null). der Variometerzeiger ist dann stets auf dem Dreieckszeiger zu halten.

Steht der Dreieckszeiger darüber, dann muß der Pilot ziehen, steht er darunter, dann muß der Pilot drücken (wer es umgekehrt lieber hat, muß die beiden Anschlüsse des Variometers vertauschen).

Wenn das mittlere Steigen größer als 3 m/s ist, kann man bei der Ka 6 CR nichts mehr einstellen, weil der Dreieckszeiger dann schon über ± 5 m/s hinauskommt. In diesem Fall hilft ein Eingriff in das Zeigersystem des verwendeten

Variometers. Stellt man den Zeiger genau um diesen Betrag des Koordinatenschnittpunktes (in unserem Fall 2/ms) nach unten, dann stimmen die Sollfahrtmarken mit den Werten des mittleren Steigens überein. Man kann da sogar auf einen Ring verzichten. So wird bei elektrischen Variometern verfahren, bei denen die Nullpunktverschiebung leicht möglich ist.

### 4.3.3.14 Elektrische Variometer

*Prinzip*: Der Variometerteil arbeitet nach dem Hitzdrahtverfahren (Widerstandsänderung durch Temperaturänderung des Widerstandsdrahtes; (Bild *254.2*).

Der Ausgleichsluftstrom zwischen dem Ausgleichsgefäß (Flasche) und dem jeweiligen statischen Druck (von der Drucksonde) kühlt in der sogenannten „*Meßsonde*" elektrisch aufgeheizte Widerstände ab.
Die entstehende Spannung wird dem *Variationsverstärker* zugeführt.

In gleicher Weise wird der Ausgleichsluftstrom zwischen einer weiteren Flasche und dem Gesamtdruck (vom Pitotrohr) mit einer zweiten Meßsonde gemessen (Bild 257.1).
Die entstehende Spannung wird dem *Kompensationsverstärker* zugeführt.

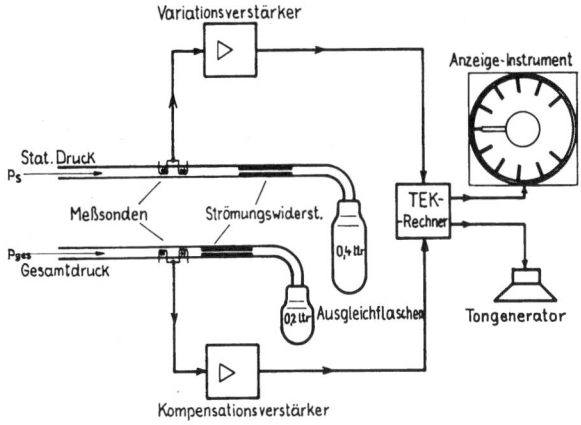

*257.1 Prinzip eines elektrischen Variometers*

Mit diesen beiden Verstärkersignalen wird dauernd der *TEK-Rechner* gefüttert. Er entscheidet, ob das Variometersignal aufgrund einer Fahrtänderung (d.h. durch einen Energieaustausch Fahrt in Höhe oder umgekehrt) zustande kam, oder ob nach Abzug dieser „*Knüppelthermik*" noch ein positiver oder negativer Restbetrag übrig bleibt. Nur dieser Anteil wird über das *Instrument* und den *Tongenerator* zur Anzeige gebracht.

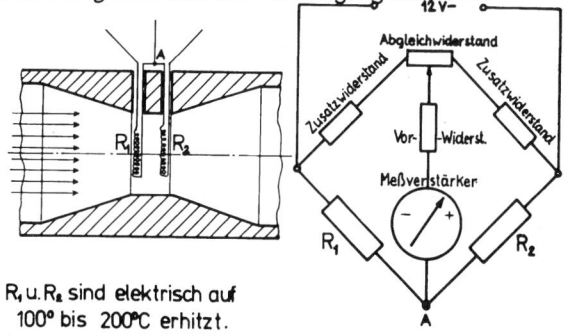

R₁ u. R₂ sind elektrisch auf 100° bis 200°C erhitzt.

*257.2 Prinzip einer Meßsonde mit Brückenschaltung*

### Die Meßsonde (Bild 257.2)

In der eigentlichen Meßsonde sitzen *zwei* (manchmal auch mehrere) durch Stromwärme *aufgeheizte Widerstände*, die durch den Ausgleichsluftstrom abgekühlt werden und dadurch ihre Widerstandsgröße ändern. Durch die Luftströmung wird Wärme vom vorderen zum hinteren Widerstand getragen, wodurch sich der hintere schwächer abkühlt. Die verursachte Luftströmung läßt sich durch die veränderten Widerstandsgrößen mit einer Brückenschaltung *in Stärke und Richtung* feststellen und als elektrisches Signal weitergeben, verstärken und im Rechner weiterverarbeiten. Die Widerstände sind entweder NTC-Halbleiterwiderstände (mit negativem Widerstands-Temperaturkoeffizient) oder, heute meist benützt, Nickeldraht-Widerstände (mit positivem Widerstandskoeffizient).

Die Widerstände $R_1$ und $R_2$ bestehen entweder aus feinen Drahtwendeln oder aus sogenannten „Metallfilmwiderständen", das sind schlangenförmig oder spiralig verlaufende Stromleiter, die mittels Fotoätzung auf eine isolierende Trägerfolie aufgebracht sind (Pat. Hornig).

#### Der Tongenerator

Bei fast allen Metallsonden-Variometern wird der Tongenerator („Audio") als wichtigstes Bestandteil des Variosystems angewandt. Das Tonsignal liefert ein vollständiges akustisches Abbild der Instrumentenanzeige. Man kann auch ohne Instrumentenbeobachtung mit Hilfe des Tonsignals fliegen und der Blick des Piloten wird frei für die übrigen Aufgaben wie Wolkenbeobachtung, Verfolgung von Kurs usw.

Der Ton beginnt tief bei Vollausschlag „Sinken" des Anzeigeninstrumentes und steigt kontinuierlich an mit der Abnahme des Sinkwertes. Der Anstieg ist steil und genau proportional zu der Anzeige, so daß auch die geringste Änderung der Vertikalgeschwindigkeit deutlich erkennbar wird.

Zum Unterscheiden von Sinken und Steigen ist der *Ton im gesamten Steigbereich zusätzlich unterbrochen*, wobei der Rhythmus mit der Steiggeschwindigkeit wächst. Der Einsatzpunkt des Unterbrechens liegt stabil, unabhängig von der Außentemperatur bei einem *am Bedienungsteil einstellbaren Wert*, üblicherweise beim Nulldurchgang des Anzeigeninstrumentes. Weiterhin kann der Ton *in der Lautstärke eingestellt* und auch ganz abgeschaltet werden.

#### Einstellen der Dämpfung

Die korrekte Abnahme des statischen Druckes ist bei Segelflugzeugen manchmal nicht befriedigend gelöst. Die elektrischen Variometer reagieren mit ihrer Anzeigeschnelligkeit auf solche Fehler mit schwankenden (nervösen) Anzeigen. Hier bringen (genormte) Strömungswiderstände in der Leitung für den statischen Druck Hilfe. Außerdem gibt es zusätzlich eine *regelbare elektronische Dämpfung*. Sie gestattet eine stufenlose Regelung der Zeitkonstante.

Zeitkonstante:

| | |
|---|---|
| 0,5 sec bis fast Null | : elektrische Variometer |
| 2 sec | : gute Stauscheibenvariometer |
| 6 sec | : träge Stauscheibenvariometer |
| 10 sec | : Dosenvariometer |

## Integratorinstrument und Integrator-Computer

Dieses Zusatzgerät dient als *Mittelwertvariometer* zur fortlaufenden Anzeige der *mittleren* Vertikalgeschwindigkeit der jeweils letzten 100 Sekunden. Damit kann der Wirkungsgrad von Streckenflügen wesentlich verbessert werden (Ermittlung der optimalen Reiseflughöhe, sowie der günstigsten Höhe für den Abflug und den Zielanflug).

Der Integrator-Computer zeigt die mittlere Vertikalgeschwindigkeit *fortlaufend* an, auch für längere Flugphasen. Der Anfangszeitpunkt der Integration wird durch Betätigen des Starterknopfes festgelegt. Anders als beim Integratorinstrument kann man die laufende Integratoranzeige mit dem vom Anfangspunkt gerechneten mittleren Steigen vergleichen und dadurch den theoretisch günstigsten Abflugmoment im Augenblick übereinanderstimmender Anzeige ermitteln.

### Beeinflussung des Magnetkompasses

Zwischen Elektrovariometern und Kompaß sollte, trotz der Abschirmung, noch ein anderes Bordinstrument eingebaut werden. Der Einbau gleich neben dem Kompaß kann zu stärkerer Deviation führen.

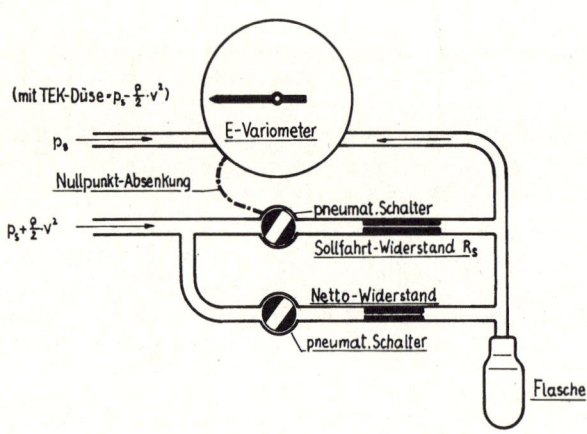

(mit TEK-Düse $= p_s - \frac{\varrho}{2} \cdot v^2$)

E-Variometer

$p_s$

Nullpunkt-Absenkung

$p_s + \frac{\varrho}{2} \cdot v^2$

pneumat. Schalter

Sollfahrt-Widerstand $R_s$

Netto-Widerstand

pneumat. Schalter

Flasche

*258.1 Schema des elektrischen Sollfahrtgebers*

### 4.3.3.15 Der elektrische Sollfahrtgeber (Bild 258.1)

Auf nähere Einzelheiten wird hier nicht weiter eingegangen, weil sonst der Rahmen dieses Buches überschritten wird.

Die Funktion ist dieselbe wie beim Netto-Variometer (Bild 257.1). Wesentlich ist, daß beim Zuschalten des Sollfahrtwiderstandes $R_s$ gleichzeitig (elektrisch) der Nullpunkt des E-Variometers um einen bestimmten, vom Segelflugzeugmuster abhängigen Wert (1 bis 2 m/s) abgesenkt wird (Bild 256.1).

Das Einhalten der Nullstellung des Sollfahrtgeber-Anzeigers ist leichter und genauer durchzuführen als beim herkömmlichen Mc-Cready-Verfahren, bei dem stets abwechselnd das Variometer und der Fahrtmesser beobachtet werden müssen. Das Kommando des elektrischen Sollfahrtgebers kann zusätzlich akustisch gegeben werden. Der Pilot hat damit auch beim Sollfahrt-Flug den Blick frei (Hornig, Brückner, Westerboer).

## 4.3.4 Gesamt- und Statikdruck-Anlage

Sämtliche Dosengeräte (Fahrtmesser, Höhenmesser, Variometer) werden an ein Druckrohrsystem angeschlossen (Bild 258.2), das die Instrumente je nach Bedarf mit dem Gesamtdruck und mit dem statischen Druck versorgt. Bei Segelflugzeugen werden die Druckleitungen auch als Schlauchleitungen verlegt.

### Gesamtdruckentnahme

Der Gesamtdruck $p_{ges}$ wird meist an der Rumpfspitze mit einem Einbau-Pitotrohr entnommen (Bild 258.3). Die obere Darstellung zeigt den prinzipiellen Aufbau des Pitotrohres, die untere Darstellung das verkleinerte Pitotrohr zum Einbau in die Rumpfspitze eines Segelflugzeuges. Das Pitotrohr wird mit einer elektrischen Widerstandsheizung gegen Eisbildung geschützt, die die Meßgenauigkeit beeinflussen könnte. Der Gesamtdruck wird, wie Bild 258.2 zeigt, im Fahrtmesser benötigt.

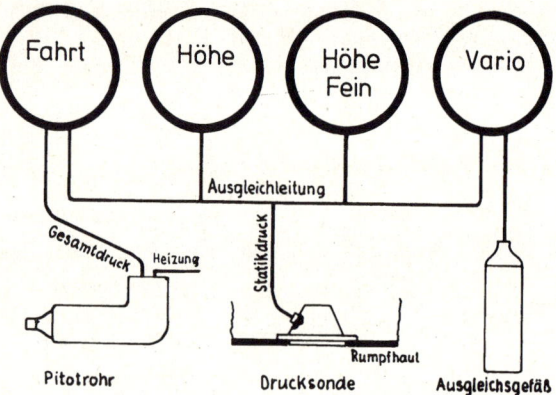

Fahrt | Höhe | Höhe Fein | Vario

Ausgleichleitung

Gesamtdruck | Heizung | Statikdruck | Rumpfhaut

Pitotrohr | Drucksonde | Ausgleichsgefäß

*258.2 Gesamt- und Statikdruck-System*

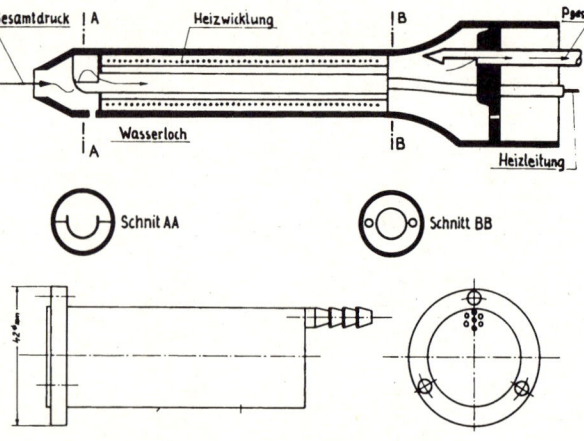

Gesamtdruck | Heizwicklung | $p_{ges}$

Heizleitung

Wasserloch

Schnitt AA | Schnitt BB

*258.3 Pitotrohr zum Naseneinbau*

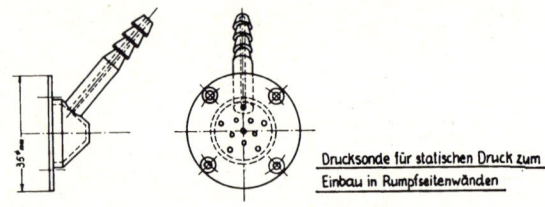

Drucksonde für statischen Druck zum Einbau in Rumpfseitenwänden

*258.4 Drucksonde für Seitenwandeinbau*

## Statikdruckentnahme

Der richtige statische Druck $p_s$ kann entweder mit einer besonderen Drucksonde (Bild 245.2) oder über eine Gruppe von Löchern an der Seite des Flugzeugrumpfes (Bild 259.1) entnommen werden. Bei Segelflugzeugen wird gewöhnlich an der Rumpfseitenwand abgenommen (Bild 258.4). Den Statikdruck benötigen sämtliche hier besprochenen Doseninstrumente. Die Drucksonden an der Rumpfseitenwand (Bild 259.1, engl.: static port) müssen in einem Bereich angebracht werden, in dem weder Über- noch Unterdruck herrscht. Bei abnormalen Fluglagen verschieben sich diese Stellen, wodurch dann die Instrumente falsch anzeigen können.

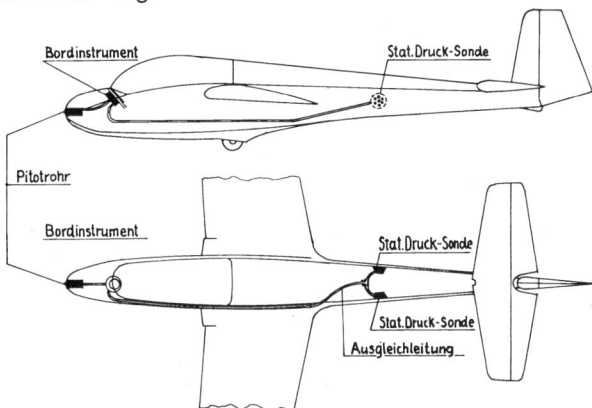

*259.1 Gesamt- und Statikdruck-Anlage*

### Gesamt- und Statikdruck-Entnahme

Bei Segelflugzeugen selten gebraucht, ist das sogenannte „Staurohr" (oder Prandtlrohr, engl.: pitot-static-tube), dessen Prinzip in Bild 245.2 gezeigt wurde.

### Gesamtanlage (Bild 259.1)

Die Statikdruck-Sonden sind meist an beiden Rumpfseiten einmal oder mehrmals, das Pitotrohr ist in der Rumpfnase oder an einem Flügel angebracht. Die Verbindungsleitungen sind Rohre oder Schläuche.

### Auswirkungen von Fehlern am Pitot-Statik-System

**a) Gesamtdruckleitung ($p_{ges}$)**

Bruch oder Leck dieser Leitung erkennt man sofort durch die fehlende Fahrtmesseranzeige.

**b) Statikdruck-Leitungen (Ausgleichsleitung) $p_s$**

Bruch oder Beschädigung erkennt man an der schleppenden Anzeige des barometrischen Höhenmessers, da sich der Druck im Inneren des Flugzeugrumpfes nur zögernd dem Außendruck anpaßt. In fliegenden Segelflugzeugen herrscht wegen der Venturiwirkung ein geringerer Druck als außen. Der Höhenmesser zeigt zu große Höhen an (etwa 500 ft) und der Fahrtmesser zeigt 2 bis 3 kt (4 bis 6 km/h) zu große Geschwindigkeit an.

**c) Verschmutzte Meßöffnungen oder Wasserab-
lauflöcher**

Es ist darauf zu achten, daß die Meßorgane fest sitzen und alle Meßöffnungen sauber und offen sind und keine Beschädigungen aufweisen. Falls eine Reinigung nötig ist, auf keinen Fall mit harten Gegenständen berühren. Müssen irgendwel-

che Flüssigkeiten zum Reinigen verwendet werden, dann nur solche, die ohne schädliche Rückstände verdunsten, wie z.B. Wasser.

Vereisung oder Blockierung bringt Fehlanzeigen der Instrumente und ist zu vermeiden. Pitotrohre sind meist heizbar, die Leitungen zu den Instrumenten müssen stets feuchtigkeitsfrei gehalten werden, damit sie nicht einfrieren können.

### 4.3.4.1 HIGH TECH für Segelflugzeug

Verschiedene Firmen
haben eine neue Generation von
Variometern und Rechnern
für Streckenflug/Kurbeln/Sollfahrt/Endanflug und Streckenmessung unter Berücksichtigung der Daten des verwendeten Segelflugzeuges – Leistungspolare –, die für den Leistungssegelflug nutzbringend anzuwenden sind und dem engagierten Streckenflieger bei seiner taktischen und fliegerischen Entscheidung helfen,
entwickelt.

### Allgemeines:

Die Bedienung und Anwendung der verschiedenen Systeme der Anbieter läßt sich in der nachstehenden Kurzbeschreibung nicht so ausführlich darlegen.

Hat man sich für ein bestimmtes System entschieden, ist ein gründliches Studium der **Bedienungsanleitung** unumgänglich. Nur so läßt sich ein Rechner nutzbringend verwenden.

### Kurzbeschreibung
### Anwendungsbereiche:
#### Programme:
Distanz-Höhe . . .
Endanflug – . . .
Teilstrecken – . . . (Vorprogrammierung am Boden)
Zeit/Statistik
Distanzkorrekturen während des Fluges
Flugzeit/Uhrzeit

#### Statistikwerte:
Ermittlung der mittleren Reisegeschwindigkeit über Grund und der umgebenden Luft
Flugdauer/Ankunftzeit
Mittleres Steigen
Tageskilometer
Kurbelanteil
Start- und Landezeit

### Variometer und Rechner:

Das Variometer mit Sollfahrtgeber entspricht in der Regel hinsichtlich der Bedienung den üblichen elektrischen Variometern
Es kann in der Betriebsart
Vario für Kreisflug und
Sollfahrt für Geradeausflug
betrieben werden.

Die Umschaltung erfolgt mittels Handumschalter manuell bzw. mittels Wölbklappenschalter oder fahrtabhängiger Umschaltung.
Im Vario-Mode (Kreisflug) erhält der Pilot auf dem ersten Rundinstrument ein fahrt und höhenkompensiertes Variometersignal, das wie gewohnt auch akustisch zur Verfügung steht.

259.2 VP 3 E Competition mit Spezialdisplays von Peschge

Das mittlere Steigen (Integrator) wird am Bedienteil als Zahlenwert (digital) angezeigt. Auf dem zweiten Rundinstrument erfolgt die Anzeige zusätzlich analog. Im Sollfahrt-Mode (Geradeausflug) wird dem Piloten die optimale Gleitfluggeschwindigkeit mitgeteilt. Dies geschieht einmal akustisch, wobei der Ton bei richtiger Sollfahrt verstummt. Zusätzlich wird die nötige Sollfahrtkorrektur digital am Bedienteil und analog auf dem zweiten Rundinstrument angezeigt.

Gleichzeitig kann auf dem ersten Rundinstrument bei jeder beliebigen Geschwindigkeit das Steigen abgelesen werden, das zu erreichen wäre, wen an dieser Stelle gekurbelt würde (Netto-Relativ-Variometer).

Im Rechner werden die vom Piloten gewünschten Berechnungen durchgeführt. Die gebräuchlichste ist die Berechnung des Endanfluges. Der Rechner gibt jederzeit fortlaufend die benötigte Höhe an, die zum Erreichen des Zieles unter Berücksichtigung aller bekannten Parameter (wie z. B. Entfernung, MC-Wert, Wind, Flächenbelastung usw.) erforderlich ist. Die abnehmende Distanzanzeige wird von einem im Rechner eingebauten (internen) Kilometerzähler entsprechend der Fluggeschwindigkeit und des Windeinflusses nachgeführt. Die noch zu fliegende Distanz und die dazu benötigte Höhe können also jederzeit direkt am Bedienteil abgelesen werden.

Für die benutzung des Endanflugrechners genügt es, zusätzlich die Bedienanleitung der einzelnen Systeme durchzuarbeiten.

Der Rechner ist für die gesamte Flugaufgabe nutzbar zu machen. U.a. ist er eine wertvolle Hilfe bei der Navigation, insbes. bei schlechter Sicht oder gleichförmigem, an markanten Punkten armem Gelände. Außerdem lassen sich Zwischenanflüge zu bestimmten Punkten (z. B. Wendepunkte, Bergpässe, Ausweichflugplätze usw.) ähnlich wie Endanflüge mit ständiger Anzeige von Restdistanz und dafür benötigte Höhe durchführen.

Während des Fluges sammelt der Rechner die verschiedenen Daten (z.B. geflogene km, abgelaufene Zeiten, Steigwerte usw.) aus denen wichtige Werte zur besseren Entscheidungsfindung des Piloten ermittelt und abrufbereit gehalten werden können. Eine der wesentlichen Informa-

tionen ist z. B. die erzielte mittlere Reisegeschwindigkeit und das mittlere Steigen.

Alle bereits ermittelten Werte lassen sich auch schon während des Fluges abrufen. Nach der Landung dienen sie einer gründlichen Analyse des Fluges. Zusammen mit der Auswertung des Barogramms lassen sich Fehler erkennen und der Flugstil verbessern. Die realistische Einschätzung des eigenen Leistungsvermögens erlaubt es dem Streckensegelflieger, seine künftigen Flugaufgaben mit wachsender Aussicht auf Erfolg zu optimieren.

### 4.3.5 Der Magnetkompaß

#### 4.3.5.1 Erdmagnetismus und Erdmagnetfeld

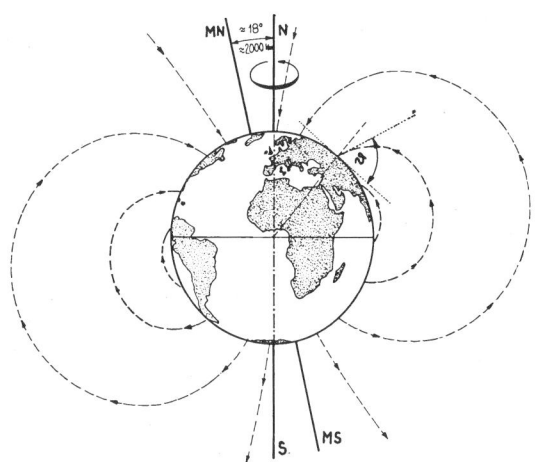

259.3 Das erdmagnetische Feld

*Das Magnetfeld der Erde*

Die Erde ist von einem magnetischen Feld umgeben, in dem sich eine frei bewegliche Magnetnadel entlang von magnetischen Kraftlinien ausrichtet. Die Ursache des Erdmagnetfeldes ist der *Erdmagnetismus.* Dieser wirkt sich so aus, als ob im *Erdinneren* ein starker Stabmagnet wäre, das heißt, daß die Pole des Erdfeldes sich im Inneren der Erde befinden und nicht an der Erdoberfläche.

Die Achse dieses *gedachten* Stabmagneten (Bild 259.3) schneidet die Erdoberfläche an den sogenannten *magnetischen Polen,* die weder mit den

Polen des Erdmagnetsfeldes, noch mit den geographischen Polen identisch sind. Die geographischen und die magnetischen Pole liegen z.Zt. etwa 2000 km auseinander (siehe auch Bild 84.1). Die magnetische Achse und die Drehachse der Erde schließen miteinander ungefähr einen Winkel von 18° ein.

Die Richtung der magnetischen Kraftlinien (Bild 259.3) ist vom magnetischen Südpol (MS) kommend zum magnetischen Nordpol (MN) hin. Das nordmagnetische Ende einer Magnetnadel wird zum magnetischen Nordpol hingezogen. Daraus ergibt sich:

---

Der magnetische Nordpol (MN)
ist südmagnetisch

Der magnetische Südpol (MS)
ist nordmagnetisch

---

Die magnetischen Kraftlinien (Feldlinien) stehen an MS und MN senkrecht auf der Erdoberfläche und liegen da dicht beieinander. Das heißt, die Feldstärke, genannt *„Totalintensität T"* ist an den magnetischen Polen am größten.

Über dem magnetischen Äquator verlaufen die Feldlinien horizontal (parallel zur waagerechten Erdoberfläche) und sind weit auseinander. Das heißt, die Totalintensität ist am magnetischen Äquator am kleinsten.

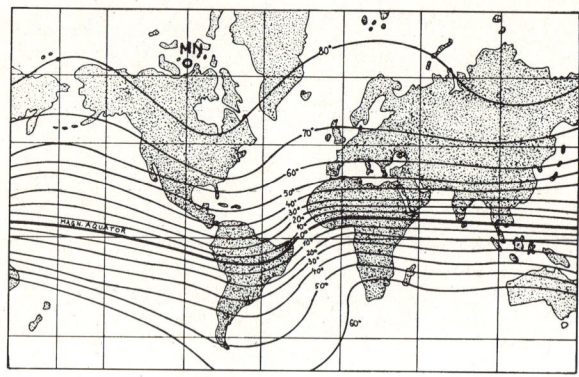

260.1 Die Isoklinen der Erde

In allen übrigen Punkten der Erde fallen die magnetischen Feldlinien unter einem Winkel $\vartheta$ (Theta) zur Erdoberfläche ein. Dieser Winkel, den die Feldlinien mit einer horizontalen Ebene einschließen, heißt

*„Inklination (J oder $\vartheta$)"*

Verbindet man alle Punkte der Erdoberfläche, an denen die gleiche Inklination ist, dann erhält man die sogenannten

*„Isoklinen"* (Bild 260.1)

Die Isoklinen verlaufen in Europa fast parallel zu den Breitenparallelen. Die Inklination in Europa beträgt im Durchschnitt 66,5°.

*Die Komponenten der Gesamtfeldstärke (Bild 260.2)*

Da wir uns mit dem Segelflugzeug in der Regel immer nur parallel zur Erdoberfläche bewegen, interessiert uns von der Gesamtfeldstärke (Totalintensität) vor allem die horizontale Komponente

die uns die magnetische Nordrichtung anzeigt (Bild 84.1). Diese Komponente heißt

*„Horizontalintensität H"*

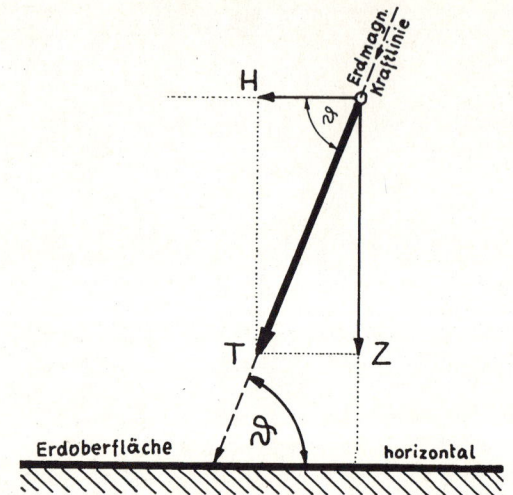

260.2 Komponenten der Totalintensität

Die vertikale Komponente der Totalintensität heißt

*Vertikalintensität Z"*

Verbindet man die Punkte der Erdoberfläche, die die gleiche Totalintensität haben, dann erhält man die

*„Isodynamen"*

Der mathematische Zusammenhang zwischen Totalintensität T, Horizontalintensität Z und Inklination $\vartheta$ ist (Bild 260.2):

$$H = T \cdot \cos \vartheta \quad Z = T \cdot \sin \vartheta \quad T = \sqrt{H^2 + Z^2}$$

In Europa ist demnach ($\vartheta = 66,5°$):

$$H = 0,4\,T \text{ und } Z = 0,9\,T$$

Die Horizontalintensität beträgt in Mitteleuropa weniger als die halbe Vertikalintensität und wird mit zunehmender geographischer Breite immer kleiner.

**4.3.5.2 Aufbau des Magnetkompasses und Arbeitsweise**

Die Hauptteile des Magnetkompasses sind (Bild 260.3):

a) Magnetsystem
b) Kompaßkessel (Gehäuse) mit dem Steuerstrich
c) Kompensiereinrichtung

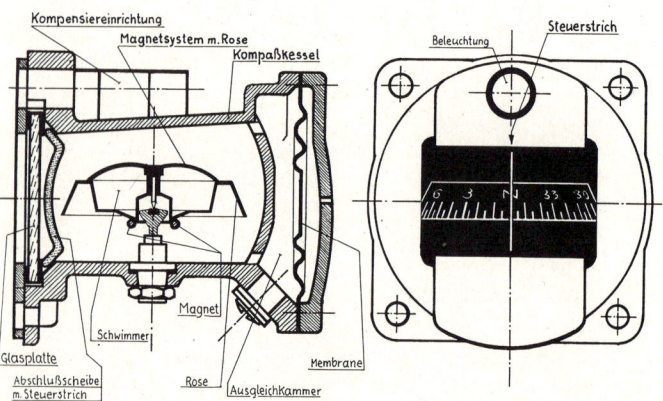

260.3 Aufbauschema des Magnetkompasses

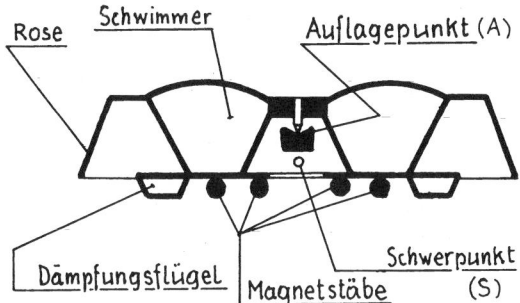

261.1 Das Magnetsystem

### a) Das Magnetsystem

Das Magnetsystem besteht aus 2 oder mehr parallel angeordneten *Magnetstäbchen*, die sich in die Richtung der Horizontalintensität H einstellen sollen (Bild 261.1). Diese Magnetstäbchen sind an einem *Schwimmer* befestigt, der, edelsteingelagert, sich im flüssigkeitsgefüllten Kompaßgehäuse um eine Hochachse des Segelflugzeuges parallele Achse drehen kann. Am Schwimmer befestigt ist die *Kompaßrose* (Bild 261.2) und dreht sich mit ihm.

Die Kompaßrose trägt eine 360°-Einteilung (von 5° zu 5°) und zeigt wegen der eingebauten Magnetstäbchen nach MN.

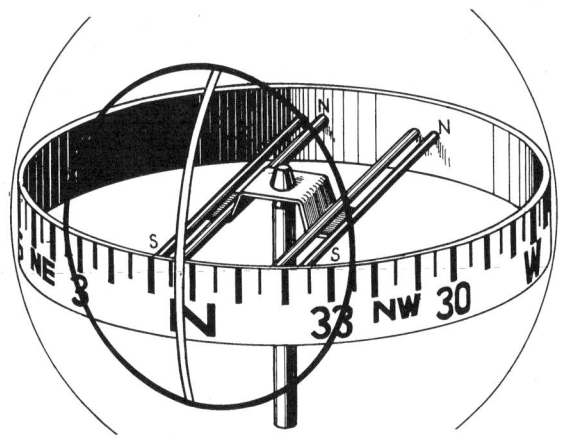

261.2 Beschriftung der Kompaßrose

Am Schwimmer selbst sind noch *Dämpfungsflügel* angebracht, die ein dauerndes Hin- und Herschwingen des Magnetsystems dämpfen und so nach kurzer Zeit ein Ablesen der Kompaßanzeige ermöglichen. Der *Schwerpunkt* des Magnetsystems liegt bei einpunktiger Aufhängung des Systems immer *tiefer als der Aufhängepunkt* (Auflagepunkt).

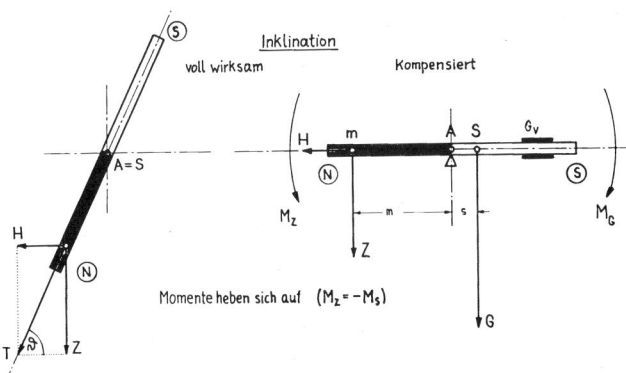

261.3 Kompensation des Inklinationsmomentes

### Kompensation des Inklinationsmomentes

Da die Magnetstäbchen versuchen, sich in die Richtung der Totalintensität zu stellen, auf der Nordhalbkugel mit dem nordweisenden Ende nach unten, wird der Schwerpunkt S des Magnetsystems (Bild 261.3) aus der Drehachse heraus, etwas nach Süden verlagert. Dadurch steht das Magnetstäbchen horizontal, in der Richtung der Horizontalintensität.

> Diese Schwerpunktverlagerung ist bei Kurvenfliegen die Ursache des Fliehkraft-Drehfehlers (Bild 262.1).

### b) Kompaßkessel mit Steuerstrich

Das Kompaßgehäuse ist fest mit dem Segelflugzeug verbunden und trägt auf der Seite des Piloten an der Glasscheibe einen *Steuerstrich* (Bild 260,3) zum Ablesen des Kompaßkurses an der Kursrose.

Die Innenflächen des Gehäuses (Kompaßkessels) müssen *möglichst kugelförmig und glatt* sein, um die Hysterese (Anzeigeverzögerung durch Flüssigkeitsreibung) beim Kurvenfliegen zu verhindern. Das Kesselinnere ist mit *Flüssigkeit* (Kerosin oder Wasser-Alkoholgemisch) gefüllt, um das Gewicht des in ihr schwimmenden Magnetsystems zu verringern und damit die Reibung im Aufhängepunkt fast Null zu machen.

An der vom Piloten abgewandten Seite des Kessels ist eine mit einer Membrane abgeschlossene *Ausgleichkammer*, die das durch Temperaturschwankungen veränderliche Volumen der Flüssigkeitsfüllung aufnimmt.

Die durch Steuerstrich und Kompaßdrehachse gebildete Ebene muß exakt parallel zur Flugzeughoch- und Flugzeuglängsachse liegen. Weicht diese Ebene durch unexakte Befestigung des Kompasses ab, dann liegt ein „Aufstellungsfehler" (der sogenannte „A-Fehler") vor. Er muß Null sein, da sonst der Kompaß falsch anzeigt.

### c) Die Kompensiereinrichtung

Diese Einrichtung befindet sich am Kompaßgehäuse (Bild *258.1*) und dient zum Beheben von *B- und C-Fehlern.* Das sind die Komponenten der Deviation (2.3.1.2) in den Richtungen parallel zur Längs- und Querachse.
Kleine Magnetstäbe (Kompensiernadeln) werden in den Richtungen der Längs- und der Querachse verschoben, um damit ein Gegenfeld gegen das des Flugzeugmagnetismus zu erzeugen. Der Rest am Fehlweisung des Kompasses, der sich nicht mehr kompensieren läßt, wird in der Deviationstabelle (Bild 85.1) festgehalten und muß in der Navigation berücksichtigt werden (Kompaßkurs).

Da die Deviation einerseits von der Größe und Richtung des Feldes des Flugzeugmagnetismus, andererseits von der Größe der Horizontalintensität abhängt, muß bei einer großen Ortsveränderung des Segelflugzeuges in Nord- oder Südrichtung neu kompensiert werden (neue Deviationstabelle), auch wenn sich der Flugzeugmagnetismus nicht verändert hat.

### 4.3.5.3 Anzeigefehler des Kompasses

Durch die Verlagerung des Schwerpunktes des Magnetsystems (Bild 260.2) treten beim *Abweichen vom beschleunigungsfreien, horizontalen Geradeausflug* beim Kurvenfliegen, beim Steigen und Sinken, sowie beim Beschleunigen und Verzögern der Fahrt und bei Querneigung des Segelflugzeuges *Falschanzeigen des Kompasses* auf.

Die wichtigsten Kompaß-Anzeigefehler, *deren Richtung und Größenordnung jeder Pilot kennen muß*, um die Kompaßanzeigen richtig deuten zu können, sind Querneigungs- und Fliehkraftfehler.

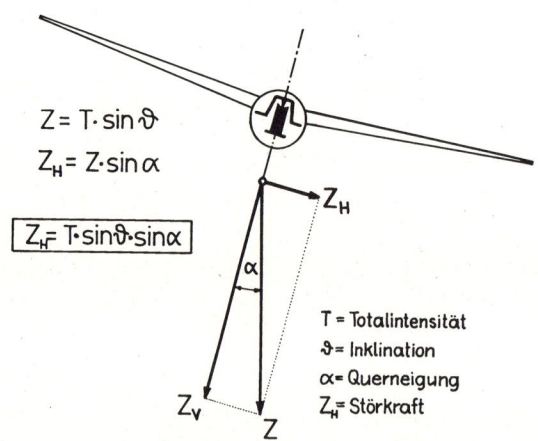

$Z = T \cdot \sin \vartheta$

$Z_H = Z \cdot \sin \alpha$

$$\boxed{Z_H = T \cdot \sin \vartheta \cdot \sin \alpha}$$

T = Totalintensität
$\vartheta$ = Inklination
$\alpha$ = Querneigung
$Z_H$ = Störkraft

*262.1 Horizontalkomponente der Vertikalintensität*

*Querneigungsfehler (siehe auch 2.3.1.3)*

Durch Querneigung des Segelflugzeuges, sowohl im Kurvenflug, als auch im Geradeausflug, kommt die sonst unwirksame Vertikalkomponente Z der Totalintensität zur Wirkung und übt auf die Kompaßnadel ein störendes Drehmoment aus. Die Komponente $Z_v$ der Vertikalintensität hat keine Wirkung auf die Magnetnadel, weil ihre Richtung mit der Drehachse des Magnetsystems zusammenfällt.

Störend wirkt jedoch die Komponente $Z_H$, die in der Drehebene des Magnetsystems voll zur Wirkung kommt. Ihre Größe ist:

$$Z_H = T \cdot \sin \vartheta \cdot \sin \alpha$$

$\vartheta$ ist die Inklination, $\alpha$ ist die Querneigung.

Auf die Kompaßnadel wirken nun 2 Kräfte, und zwar (Bild 262.2): Die Horizontalintensität H und die horizontale Komponente $Z_H$ der Vertikalinten-

sität (unter „horizontal" ist hier die Wirkungsebene des Magnetsystems zu verstehen). $Z_H$ wirkt immer in der Richtung zur hängenden Fläche.

Die Summe dieser beiden Kräfte, die beide im Magnetpol der Kompaßnadel angreifen, ergibt die resultierende Kraft R, in deren Richtung sich nun die Magnetnadel einstellt (untere Darstellung in Bild 262.2).

Der Unterschied zwischen der normalen magnetischen Nordrichtung (MN) und der neuen Richtung (MN') heißt Querneigungsfehler $\varphi$ des Magnetkompasses. Die Größe des Fehlers $\varphi$ hängt vom Kurs ab.

Zu merken ist immer:

---

Weicht die Kompaßnadel nach rechts ab, dann täuscht sie eine Kursänderung nach links vor,

weicht die Nadel nach links ab, dann täuscht sie eine Kursänderung nach rechts vor.

---

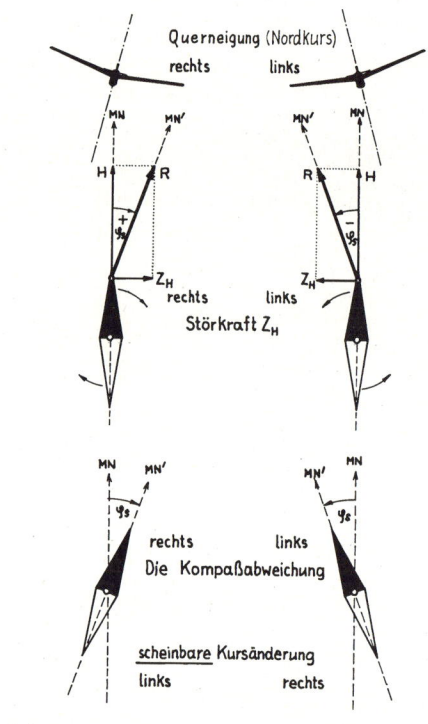

*262.2 Entstehung des Querneigunsfehlers*

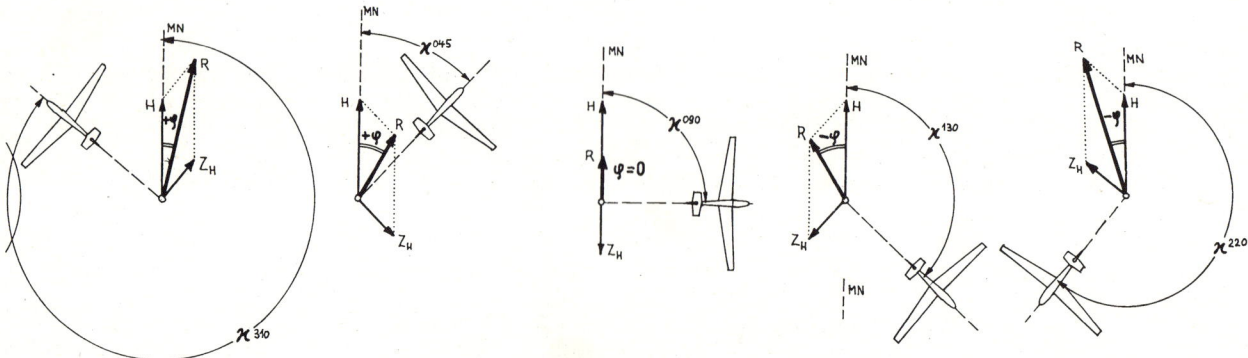

*262.3 Querneigunsfehler und Kursrichtung*

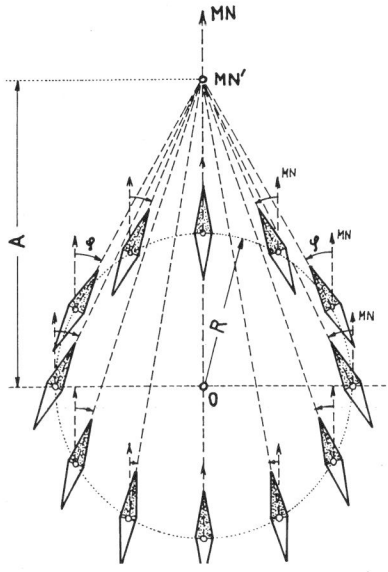

### 263.1 Richtung der Magnetnadel im Kurvenflug

Bild 262.3 zeigt, daß bei nördlichen Kursen (von 270° über 360° bis 090°) die Nadel zur hängenden Fläche hin ausweicht, bei südlichen Kursen (von 090° über 180° bis 270°) von der hängenden Fläche weg. Das heißt:

> Bei nördlichen mißweisenden Kursen dreht die Kompaß*anzeige* von der hängenden Fläche weg.
>
> Bei südlichen mißweisenden Kursen dreht die Kompaß*anzeige* zur hängenden Fläche hin.
>
> Bei Ost- oder Westkurs ist der Querneigungsfehler Null.

Der Querneigungsfehler wirkt sich (auch im Kurvenflug) auf die Richtung der Magnetnadel so aus, wie in Bild 263.1 dargestellt ist. Die Nadel zeigt nicht immer nach dem praktisch unendlich weit entfernten Pol MN, sondern nach dem nähergelegenen *Pseudopol MN'*. Die Entfernung A vom Kurvenmittelpunkt 0 bis zum Pseudopol MN' wird um so kürzer, je größer die Querneigung ist. Wird die Querneigung $\alpha$ mehr als $\alpha = 23°$, dann rückt MN' in den Kreis mit dem Radius R (Kurvenradius) hinein und die Nadel „kreiselt" bei Linkskurven im Westkurs, bei Rechtskurven im Ostkurs.
In solchen Fällen ist der Magnetkompaß vollständig unbrauchbar zur Richtungsbestimmung.

### Fliehkraftfehler (Bild 263.2)

Die beim Kurvenflug auftretende Fliehkraft F greift im Schwerpunkt S des Magnetsystems an, der nicht in der Drehachse liegt (wegen der Kompensation des Inklinationsmomentes, Bild *258.3*). Dadurch übt die Fliehkraft ein Drehmoment auf die Kompaßnadel aus, das genau so groß ist wie das durch die Querneinung entstandene Drehmoment und dieselbe Drehrichtung hat.

Dieser Fliehkraftfehler tritt nur bei Kompassen auf, bei denen das Inklinationsmoment durch Verlegung des Schwerpunktes kompensiert worden ist.

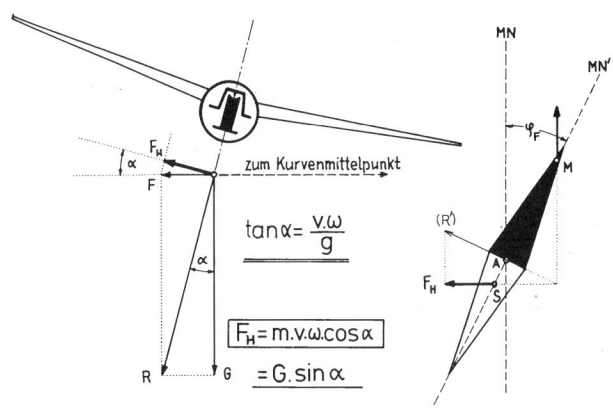

$$\tan\alpha = \frac{v \cdot \omega}{g}$$

$$\boxed{F_H = m \cdot v \cdot \omega \cdot \cos\alpha}$$

$$= G \cdot \sin\alpha$$

*263.2 Entstehung des Fliehkraftfehlers*

### Der Summenfehler (= Drehfehler) (Bild 263.3)

Bei jedem Kurvenflug, der richtig geflogen wird, wirken Querneigungsfehler und die Fliehkraftfehler gleichzeitig auf den Magnetkompaß. Die Summenwirkung dieser beiden Fehler nennt man Summenfehler oder allgemein „*Kompaßdrehfehler*". Soll der Kompaß auch im Kurvenflug benützt werden, dann empfiehlt es sich, die Drehgeschwindigkeit nicht über 1°/s (= 6-Minutenkreis) zu steigern. Durch die Querneigung der Kompaßrose während des Kurvenfluges wirken nur die in der Rosenebene liegenden Komponente $F_H$ der Fliehkraft, $Z_H$ der Vertikalintensität und $H_H$ der Horizontalintensität.

$F_H$ siehe Bild 263.2, $Z_H$ siehe Bild 262.1 und $H_H$ (kann durch H ersetzt werden).

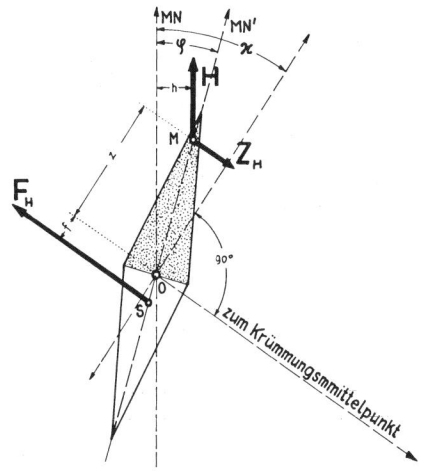

*263.3 Gesamtdrehfehler des Magnetkompasses*

Bild 263.3 zeigt das Zusammenwirken dieser Kräfte, deren Drehmomente zusammen Null ergeben. Die Summenkraft hat die Richtung MN', in der sich die Kompaßrose einstellt. Der Winkel zwischen MN und MN' ist der gesuchte Kompaßdrehfehler $\varphi$.

Das Ergebnis für die verschiedenen augenblicklichen Kursrichtungen während des Kurvenfluges wurde schon in Bild 263.1 dargestellt.

Das Fehlermaximum ist
bei einer Querneigung 5º bei Kurs 205º
und Kurs 335º;
bei einer Querneigung 10º bei Kurs 230º
und Kurs 305º.

In der Praxis interessiert kaum die Abweichung der Magnetnadel von MN, viel mehr aber die *Richtung und Größe des Anzeigefehlers* bei verschiedenen Kursrichtungen. In Bild 264.1 ist für eine Inklination ($\vartheta$ = 66,5º) in Mitteleuropa und einen Querneigungswinkel ($\alpha$ = 10º) sowohl der tatsächlich geflogene Kurvenkurs (voll ausgezogene Pfeile) als auch die mit dem Kompaßdrehfehler behaftete Kompaßanzeige (gestrichelte Pfeile) eingezeichnet.
R = Rechtskurve, L = Linkskurve.

Bordinstrumenten verwendeten Kreisel sind „rotations-symetrisch" und werden entweder pneumatisch (mit Saugluft) oder elektrisch (mit Batterie oder Drehstrom) angetrieben.

| In den Bordinstrumenten werden 2 wichtige Eigenschaften des Kreisels ausgenützt: | |
|---|---|
| a) Stabilität | b) die Präzession |

*Stabilität der Kreiselachse*
Wird ein Kreisel in rasche Drehung versetzt, dann behält seine Drehachse ihre Richtung unbeirrt bei (Bild 264.2). Man nennt diese Eigenschaft die *Stabilität* der Kreiselachse.
Die Achse läßt sich ohne jeden Widerstand *parallel zu sich selbst verschieben*.

## Querneigung $\alpha$ = 10º

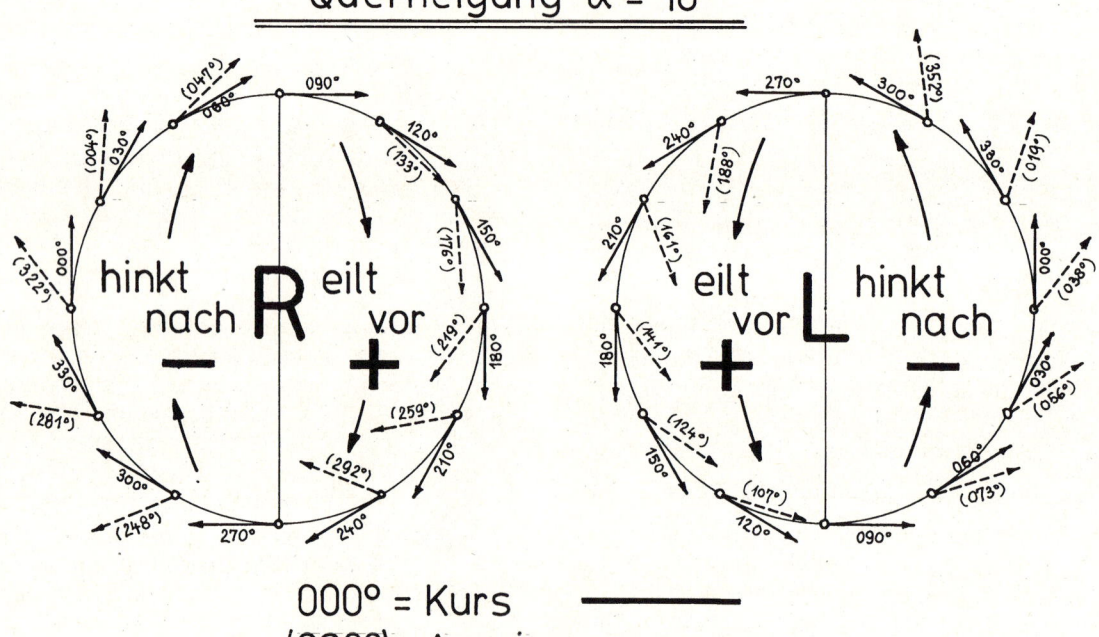

000° = Kurs ———
(038°)= Anzeige – – – –

*264.1 Fehlanzeigen durch den Kompaßdrehfehler, abhängig von Kurvenrichtung und Kursrichtung*

| Zusammenfassung | |
|---|---|
| Auf nördlichen Kursen: | Kompaßanzeige hinkt nach, Kurve *vor Erreichen* der gewünschten Anzeige beenden. |
| Auf südlichen Kursen: | Kompaßanzeige eilt vor, Kurve erst *nach Übersteuern* der gewünschten Anzeige beenden. |

### 4.3.6 Wendezeiger

Der Wendezeiger ist ein Kreiselinstrument und hat die Aufgabe, die Drehgeschwindigkeit des Segelflugzeuges um seine Hochachse anzuzeigen. Um die Funktion eindeutig und richtig zu verstehen, müssen die Kreiseleigenschaften bekannt sein:

*4.3.6.1 Die Kreiseleigenschaften*

Jeder Körper, der sich um eine Achse durch seinen Schwerpunkt dreht, ist ein Kreisel. Die in

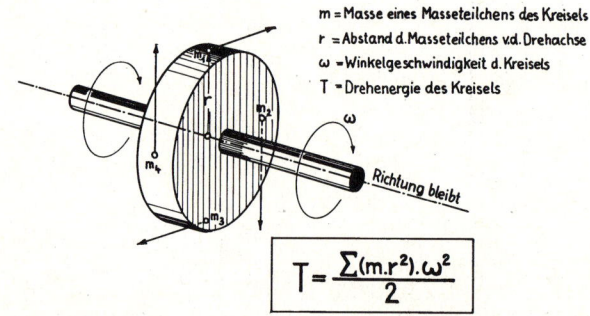

m = Masse eines Masseteilchens des Kreisels
r = Abstand d. Masseteilchens v.d. Drehachse
$\omega$ = Winkelgeschwindigkeit d. Kreisels
T = Drehenergie des Kreisels

$$T = \frac{\sum(m.r^2).\omega^2}{2}$$

Beim Flugzeugkreisel ist eine hohe Drehgeschwindigkeit $\omega$ die einzige Möglichkeit, eine große Drehenergie T zu speichern, weil Gewicht (m) und Abmessungen (r) des Kreisels klein gehalten werden müssen.

*264.2 Drehenergie (Drall) des Kreisels*

| Kreiselstabilität |
|---|
| Einer Richtungsänderung der Achse setzt der Kreisel sehr großen Widerstand entgegen. |

Die Stabilität des Kreisels ist umso größer, je größer die dem Kreisel innewohnende *Drehener-*

*gie ist.* Die Drehenergie (Drall) wird größer, je größer die *Masse* des Kreisels ist, je größer sein *Durchmesser* und je größer seine *Drehgeschwindigkeit* ist. Da Flugzeugkreisel weder schwer, noch groß sein dürfen, bleibt zur Drallerhöhung nur eine große Drehgeschwindigkeit.

*Die Stabilität wächst
mit dem Quadrat der Drehzahl!*

Die Drehgeschwindigkeit der Wendezeigerkreisel beträgt:
pneumatisch 4500 U/min, elektrisch 22 000 U/min.

### Präzession der Kreiselachse

Versucht man, die Achse eines sich schnell drehenden Kreisels zu kippen (die Achsrichtung zu verändern), dann gibt die Achse nicht im Sinne des Kippmoments nach, sondern weicht eigenwillig senkrecht dazu aus. Diese Eigenschaft nennt man die *Präzession* der Kreiselachse. Durch die Präzession verliert der Kreisel nichts von seiner Drehenergie, sie bleibt vollständig in ihrer Größe erhalten!

Der Kreisel präzediert immer so, als ob er sich mit dem Kippmoment gleichsinnig drehend stellen wollte !

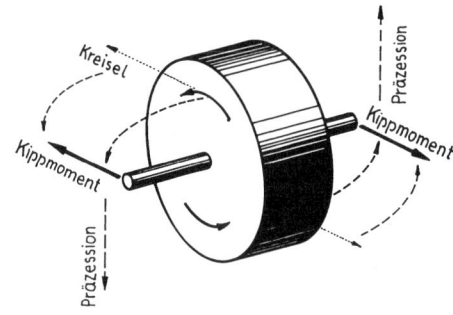

*265.1 Die Richtung der Präzession*

| Kreiselpräzession |
|---|
| Versucht man die Kreiselachse zu kippen, dann weicht sie rechtwinklig zum Kippmoment aus. |
| *Die Richtung der Präzession* hängt von folgenden Umständen ab: <br> a) Drehrichtung des Kreisels, <br> b) Drehrichtung des Kippmoments. |

Beim Ausweichen versucht der Kreisel, sich gleichsinnig mit dem Kippmoment zu drehen. In Bild 265.1 dreht sich der Kreisel oben nach links und unten nach rechts. Das Kippmoment dreht vorne nach links und hinten nach rechts. Um gleichzeitig mit dem Kippmoment zu drehen, muß die Oberseite des Kreisels nach vorn und die Unterseite nach hinten wandern. Das ist die Richtung der Ausweichbewegung (Präzession), sie ist im Bild durch die gestrichelt gezeichneten Pfeile angedeutet.

*Die Präzessionskraft* ist umso größer, je größer die Drehenergie (Drehzahl) des Kreisels ist. Sie nimmt ab, wenn sich die Kreiseldrehzahl verringert.

### 4.3.6.2 Arbeitsweise des Wendezeigers und Libelle

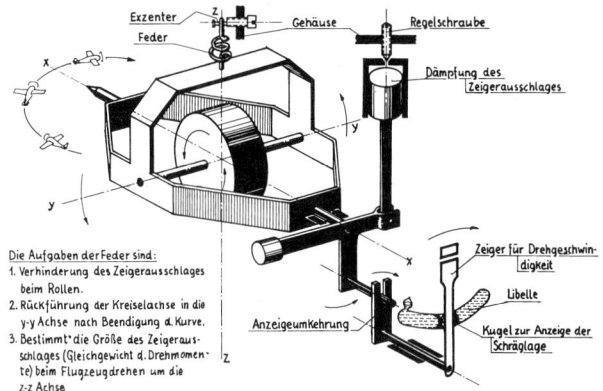

Die Aufgaben der Feder sind:
1. Verhinderung des Zeigerausschlages beim Rollen.
2. Rückführung der Kreiselachse in die y-y Achse nach Beendigung d. Kurve.
3. Bestimmt die Größe des Zeigerausschlages (Gleichgewicht d. Drehmomente) beim Flugzeugdrehen um die z-z Achse.

*265.2 Aufbau und Arbeitsweise des Wendezeigers*

Der Kreisel des Wendezeigers hat eine horizontale Achse, parallel zur Querachse des Segelflugzeuges (Bild 265.2) und dreht sich wie ein rollendes Wagenrad (unten auf den Piloten zu, oben vom Piloten weg). Der Rahmen, in dem die Kreiselachse gelagert ist, kann sich um eine Achse, parallel zur Längsachse des Segelflugzeuges, drehen. Diese Rahmenachse ist im Instrumentengehäuse gelagert, das fest mit dem Segelflugzeug verbunden ist und alle Bewegungen mitmacht. Dieser Rahmen wird durch eine einstellbare Feder am oberen Ende in seiner Bewegungsfreiheit begrenzt (gefesselt).

Die Bewegung des Rahmens (Kardanrahmen) wird durch ein Hebelsystem auf den Zeiger („Pinsel") übertragen. Ein kleiner Kolben, der sich in einem Zylinder bewegen kann und mit dem Hebelwerk fest verbunden ist, *dämpft* eventuelle Schwingungen des Kardanrahmens.

### Wirkungsweise

Dreht sich das Segelflugzeug um seine Hochachse (beim Kurvenfliegen) *nach rechts*, wie in Bild 265.1 dargestellt, dann wird die Kreiselachse rechtsherum mitgenommen (genau so, wie in Bild 265.1). Das Kippmoment, zusammen mit der Drehrichtung des Kreisels, ergibt eine Präzessionsbewegung der Kreiselachse linksherum, wie schon bei Bild 265.1 besprochen wurde.

Die präzedierende Kreiselachse nimmt den Rahmen linksherum mit, dessen Bewegung aber durch die Feder am oberen Ende gehindert wird. Sobald die *Präzessionskraft und die Federkraft im Gleichgewicht* sind, bleibt das Ganze stehen. Je größer die Drehgeschwindigkeit des Segelflugzeuges ist, desto größer ist die Präzessionskraft des Kreisels und desto größer wird auch die Drehbewegung des Rahmens bis zum Gleichgewicht mit der Feder sein. Dreht sich der Rahmen (wie in unserem Beispiel) nach links, dann dreht der Pinsel infolge des Hebelsystems *nach rechts*, genau wie sich das Segelflugzeug nach rechts dreht.

Die Größe des Pinselausschlages gibt die *Größe der Drehgeschwindigkeit* des Segelflugzeuges um seine Hochachse an. *Die Querneigung des Segelflugzeuges im Kurvenflug wirkt sich auf den Wendezeiger überhaupt nicht aus,* weil die

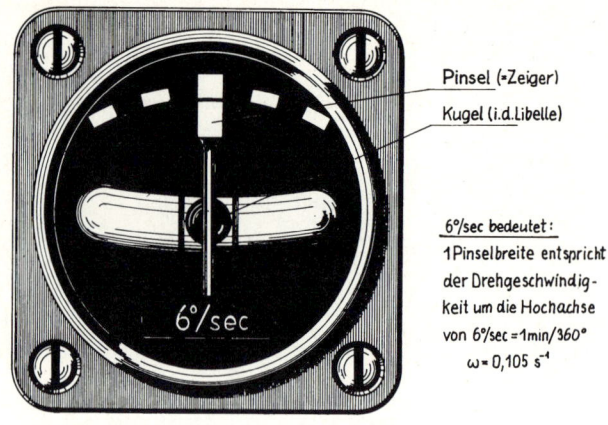

Pinsel (=Zeiger)

Kugel (i.d. Libelle)

6°/sec bedeutet:
1 Pinselbreite entspricht
der Drehgeschwindig-
keit um die Hochachse
von 6°/sec = 1min/360°
ω = 0,105 s⁻¹

*266.1 Das Schaubild des Wendezeigers*

Kreiselachse stabil ist und immer horizontal bleibt, solange das Segelfugzeug geradeaus fliegt (auch mit Querneigung). Nur die Drehgeschwindigkeit um die Hochachse bewirkt den Pinselausschlag.

Über die *Drehgeschwindigkeit* gibt der Ausschlag des Pinsels Auskunft.

Als Maßstab wird die *Pinselbreite* verwendet (Bild 266.1). Sie beträgt gewöhnlich 4 mm (= 5/32"). Im Bild ist die Ausschlaggröße von 1 Pinselbreite gleichbedeutend mit einer Drehgeschwindigkeit von 6°/sec (= 1 Minute für 360°). Nachdem die Anzeige des Magnetkompasses in der Kurve versagt, kann man mit der *Stoppuhr* die geflogenen Kurvengrade messen und danach die Kurve im richtigen Augenblick beenden. Ein Pinselausschlag nach links bedeutet Drehung nach links und ein Ausschlag nach rechts bedeutet Drehung nach rechts.

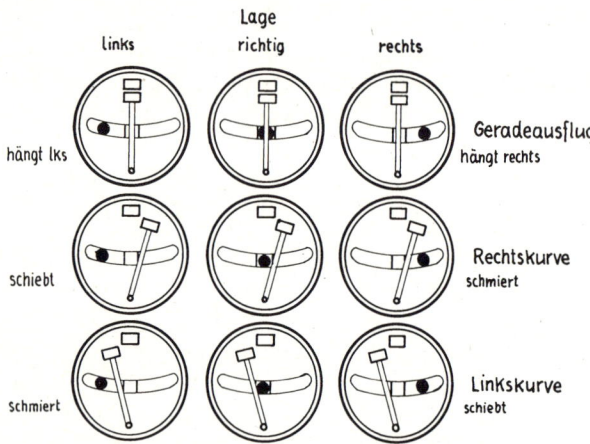

*266.2 Schaubilder des Wendezeigers*

*Die Libelle*, die meist im Wendezeigerschaubild vorhanden ist, gibt Auskunft über die Querneigung des Segelflugzeuges. Sie ist ein kreisbogenförmig gebogenes Glasröhrchen, in dem sich eine Kugel nach links und nach rechts bewegen kann. Die Lage der Kugel gibt an, ob die Hochachse des Segelflugzeuges parallel zum Scheinlot ist, das heißt, ob die augenblickliche Querneigung der geflogenen Kurve richtig entspricht (siehe Bild 220.2 und 220.3), gibt aber nicht an, wie groß die Querneigung in bezug auf den Horizont ist. In Bild 266.2 zeigen die mittleren Bilder

den einwandfreien Geradeaus- und den einwandreien Kurvenflug an (Libellenkugel in der Mitte der Markierung). Hängt das Segelflugzeug nach links, ist die Kugel links der Markierung, hängt es nach rechts, ist die Kugel rechts der Markierung und gibt an, wie die Fluglage zu korrigieren ist.

Das Glasröhrchen der Libelle ist mit Flüssigkeit gefüllt, die die Schwingungen der Kugel in der Ruhelage dämpft, um eine weiche und stetige Bewegung der Kugel zu erzielen. Ein Ausdehnungsgefäß an einem Ende des Glasröhrchens (nicht gezeichnet) nimmt ein durch die Wärmeausdehnung vergrößertes Flüssigkeitsvolumen auf.

### 4.3.7 Der künstliche Horizont

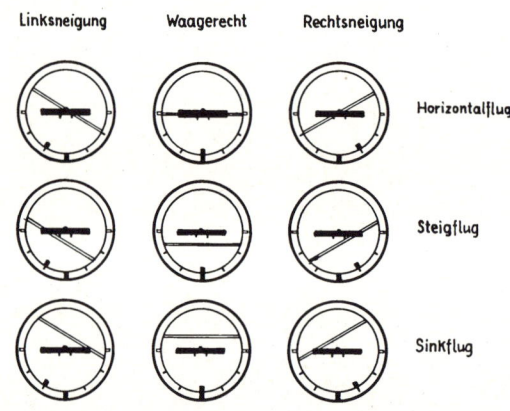

*266.3 Schaubilder des künstlichen Horizonts*

Bei Wolkenflügen ist ein Wendezeiger oder ein künstlicher Horizont vorgeschrieben (Bild 266.3). Der künstliche Horizont (oder „Kreiselhorizont") zeigt dem Piloten die Längs- und Querneigung gegenüber dem Horizont in derselben Weise an, wie der natürliche Horizont gegenüber dem Segelflugzeug erscheint. Das heißt, er geht nach unten, wenn das Segelflugzeug im Steigflug ist, er geht nach oben, wenn das Segelflugzeug im Sinkflug ist, er neigt sich nach links, wenn das Segelflugzeug eine Rechtskurve fliegt und neigt sich in einer Linkskurve nach rechts, immer entsprechend der Querneigung.

Am unteren Rand des Schaubildes ist eine Skala, die es ermöglicht, den Querneigungswinkel von 0° bis 90° links und rechts abzulesen.

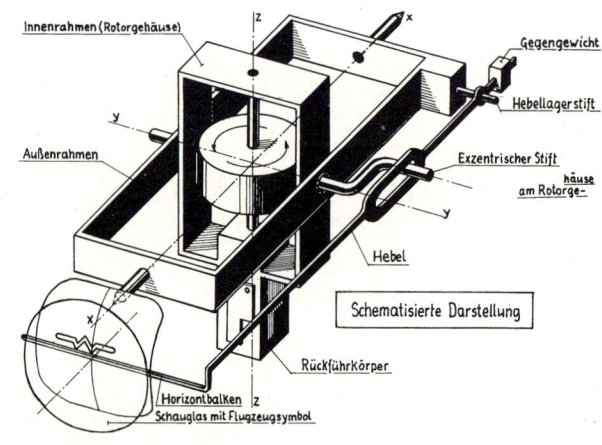

*266.4 Schema des künstlichen Horizonts*

*Aufbau und Wirkungsweise (Bild* 266.4)

Der Kreisel des künstlichen Horizonts hat eine „vertikale Drehachse", die mit einer Stützung immer parallel zum wahren Lot gehalten wird (künstl. Horizont, engl.: vertical gyro).

Kreiseldrehzahl:
pneumatisch 10 000 U/min,
elektrisch: 24 000 U/min.

Die Achse des inneren Kardanrahmens liegt quer zur Flugrichtung und senkrecht zur Kreiselachse. Die Achse des äußeren Kardanrahmens ist parallel zur Längsachse des Segelflugzeuges und ist im Instrumentengehäuse gelagert, so daß sie alle Bewegungen des Segelflugzeuges mitmacht.

Ein Hebel, der auf der Seite des Piloten den sogenannten *Horizontbalken* trägt, ist am äußeren Rahmen in einem Stift gelagert und wird von einem *Exzenterstift* des Innenrahmens betätigt.

Auf dem Schauglas des Instruments ist ein *Flugzeugsymbol*, das alle Bewegungen des Segelflugzeuges mitmacht, aber relativ zum Piloten stillsteht.

*a) Bewegung des Segelflugzeuges um die Querachse (Steigen und Sinken)*
Der Kreisel mit Kreiselachse und innerem Rahmen bleibt wegen der Kreiselstabilität im Raume still stehen. Der äußere Rahmen kippt mit dem Segelflugzeug um die Querachse nach oben oder unten. Mit dem Außenrahmen geht vorn der Hebellagerstift hinauf und hinunter und dadurch der Horizontbalken hinunter und hinauf.

*b) Bewegung des Segelflugzeuges um die Längsachse (Rollen)*
Das mit dem Segelflugzeug fest verbundene Schauglas mit Flugzeugsymbol neigt sich mit dem Segelflugzeug nach links und nach rechts. Durch die Kreiselstabilität bleibt der Kreisel, der Innenrahmen und der Außenrahmen im Raume still. Dadurch steht der Horizontbalken relativ zum Flugzeugsymbol schräg und zeigt die jeweilige Querneigung an.

## 4.4. Flugklares Segelflugzeug

### 4.4.1 Gebrauch des Flug- und Betriebshandbuches

Das Flug- und Betriebshandbuch besteht aus 2 wesentlichen Teilen:

    1) Flughandbuch    2) Betriebshandbuch

Es ist wichtig, den *Inhalt durchzustudieren und zu beherzigen*. Eine Einweisung anhand von ein paar Platzflügen genügt in keinem Fall. Notwendig ist, daß der Pilot *alle* Besonderheiten seines Segelflugzeuges *genau* kennt, um im Flug, sowie im Notfall richtig handeln zu können. Das Buch ist *immer an Bord mitzuführen* und darf nicht irgendwo im Büro aufbewahrt werden. Besonders wichtig sind eingetragene Berichtigungen und Nachträge.

### 4.4.1.1 Das Flughandbuch

Dieser Teil enthält alle Angaben über die *Betriebswerte* und deren Eingrenzungen (Maximum, Minimum), die beim Flug eingehalten werden müssen.

*a) Geschwindigkeitsgrenzen*

Höchstzulässige Geschwindigkeit beim Normalflug, bei böigem Wetter, beim Flugzeugschlepp, bei Kraftwagen- und Windenschlepp.

Überziehgeschwindigkeit bei verschiedenen Fluggewichten

Geschwindigkeit für geringstes Sinken im Geradeausflug

Anschwebegeschwindigkeit beim Landen.

*b) Belastungsgrenzen und Gewichte*

Leergewicht, höchstzulässiges Fluggewicht, höchstzulässiges Gewicht der tragenden Teile.

Beladungsgrenzen (Minimum, Maximum), einsitzig und zweisitzig

Lastvielfache: Höchstzulässige positive und negative Belastung der Sollbruchstelle am Schleppseil: bei Windenstart (max. und min.) und bei Flugzeugschlepp (max. und min.)

*c) Schwerpunktlagen*

Angabe der Bezugslinie (BL) und des Bezugspunktes (BP)
Angabe der höchstzulässigen Vorlage und Rücklage

d) Mindestausrüstung

e) Hinweise für den Flugbetrieb

Befestigung der Fallschirm-Aufziehleine, Verstellen der Pedale während des Fluges, Haubenabwurf, Verhalten beim Winden- und Flugzeugschlepp, Berichtigung des Systemfehlers beim Fahrtmesser, Verhalten bei Gefahrenzuständen, beim Schnellflug, beim Trudeln, beim Slip, beim Wolkenflug usw.

### 4.4.1.2 Das Betriebshandbuch

Dieser Teil enthält alle Angaben über Einstellwerte und Pflegevorschriften, die eingehalten werden müssen, damit Flugsicherheit besteht.

*a) Auf- und Abrüstanleitung*

Angaben über die Reihenfolge und die Maßnahmen, die zu treffen sind (reinigen, festbinden, schützen und dgl.).

*b) Straßentransport*

Maßnahmen zur richtigen Verstauung der Teile auf dem Segelflugtransportwagen, Festlegen von Stoßstangen für Bremsklappen und Querruder, sowie des Seitenruders.

*c) Kontrolle*

Anleitung für die Kontrolle nach dem Aufrüsten und für die tägliche Kontrolle vor dem ersten Flug.

*d) Wartung und Pflege*

Schutz vor Feuchtigkeit und langer Sonnenbestrahlung, Abkleben von Spalten mit Klebeband, Reinigung der Plexiglashaube, Schmierung der Lager, Zeitschmierplan, Säuberung, Reifendruck, Pflege von Bodenkupplung und Spornplatte, sowie Druckentnahmeöffnungen usw.

*e) Instandhaltung und Instandsetzung*

Schleppkupplungen und Steuerseile

## f) Einstelldaten

Einstellwinkel, Schrägungswinkel (Toleranzen!) Anschläge für Steuerungen und Bremsklappenbetätigung

## g) Gewichte und Schwerpunktlagen

Einstelldaten und Trimmplan für die Lastverteilung

### 4.4.2 Flugleistung, Schwerpunkt, Beladen, Trimmen

#### 4.4.2.1 Flugleistung

Die Flugleistung wird einerseits durch das beste (geringste) Sinken und andererseits durch das beste (weiteste) Gleiten ausgedrückt. Beides ist der Flugleistungspolare (Bild 268.1) entnommen. Für beide Flugzustände ist die zugehörige Fluggeschwindigkeit aus der Leistungspolare zu entnehmen.

Übungs- und Schulsegelflugzeuge haben Gleitzahlen von 1:20 (0,05 = 2,9°) bis 1:30 (0,03 = 1,9°). Hochleistungs-Segelflugzeuge haben Gleitzahlen bis 1:50 und mehr (0,02 = 1,1°). Solche Hochleistungssegler können bei Windstille und ohne sonstige störende oder helfende Einflüsse auf 1000 m Sinkhöhe eine Strecke von 50 km zurücklegen (Gleitverhältnis 50:1). Wasserballast erhöht die Geschwindigkeit (siehe 4.1.3.7) und damit die Reichweite.

#### 4.4.2.2 Bedeutung der Schwerpunktberechnung

Liegt der Schwerpunkt hinter dem Druckpunkt, dann hat eine Vergrößerung des Anstellwinkels eine weitere Vergrößerung desselben zur Folge (Bild 233.1). Deshalb besteht bei unzulässig rückwärtiger Schwerpunktlage die Gefahr des Überziehens und des Aufbäumens bei schon kleinen Anstellwinkelveränderungen. Dies wird kritisch beim Langsamflug und besonders beim Landen. Liegt der Schwerpunkt zu weit vorn, dann hat ein Verkleinern des Anstellwinkels eine selbsttätige, weitere Verkleinerung desselben zur Folge. Eine unzulässig vordere Schwerpunktlage führt beim Andrücken dazu, daß das Flugzeug dazu neigt, mehr Fahrt aufzuholen und auf den Kopf zu gehen. Bei einer solchen Schwerpunktlage kann das Durchziehen bei der Landung erschwert werden.

#### 4.4.2.3 Schwerpunkt und Längsstabilität

In der Normalfluglage soll die Schwerpunktlage S und die Druckpunktlage D zusammenfallen (Bild 237.3). Ist das nicht der Fall, dann kann die Fluglage nur noch durch Trimmen mit dem Höhenleitwerk erreicht werden, was 2 *Nachteile* hat:

a) Jeder Höhenruderausschlag bringt eine Erhöhung des Widerstandes, dadurch ändern sich zwangsläufig die anderen Momente und damit auch der Anstellwinkel.

b) Der Steuerbereich des Höhenruders wird kleiner.

*Die Folgen* für das Segelflugzeug *sind:* Schlechtere Längsstabilität und geringere Geschwindigkeit und damit *geringere Reichweite.*

#### 4.4.2.4 Die Lastverteilung
*Das statische Gleichgewicht*

Wird in das Segelflugzeug eine zusätzliche Last eingebaut, die nicht im vorgesehenen Schwerpunkt liegt (z.B. Funkgerät ins Instrumentenbrett), dann muß gleichzeitig ein entsprechendes Gegengewicht auf der anderen Seite des Sollschwerpunktes (in unserem Fall hinten) angebracht werden, damit der gemeinsame Schwerpunkt wieder an die vorgeschriebene Stelle kommt.

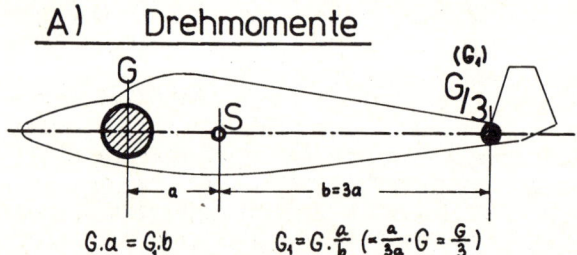

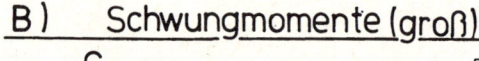

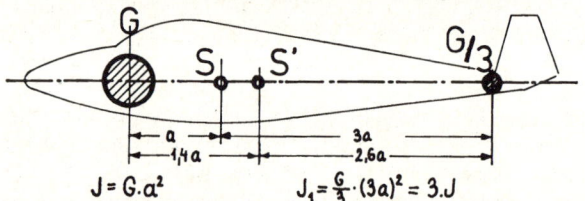

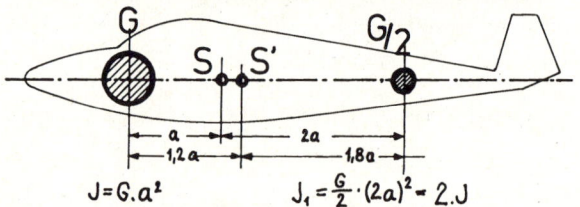

268.1 Einfluß des Schwungmomentes

Um das Rüstgewicht nicht zu groß werden zu lassen, ist man versucht, dieses Gegengewicht recht weit hinter dem Sollschwerpunkt anzubringen (Darstellung A in Bild 361.1). Die Größe des Gegengewichtes $G_1$ ergibt sich aus dem Hebelgesetz:

$$G_1 \cdot b = G \cdot a$$

Je größer b im Verhältnis zu a ist, desto geringer wird das Gegengewicht $G_1$. Ist b = 3 · a, dann ist $G_1$:

$$G_1 = G/3$$

*Das dynamische Gleichgewicht*

Da das Segelflugzeug nicht still in der Luft steht, sondern wegen der Stabilität auf und ab schwankt, bewegen sich alle seine Massenpunkte hinauf und hinunter. Sie werden abwechselnd beschleunigt (sie erhalten „Schwung") und wieder verzögert (der Schwung muß vernichtet werden). Diese Schwungkräfte, die zusätzlich zum Gewicht wirken, üben ebenfalls Drehmomente aus, die im Gleichgewicht sein müssen. Diese Momente heißen „Schwungmoment" J (auch Massenmoment oder Trägheitsmoment genannt).

Das Schwungmoment erhält man als Produkt aus Gewicht (Masse) mal Quadrat des Abstandes vom Drehpunkt (Schwerpunkt). Zum Vergleich:

$$\text{Drehmoment } M = G \cdot a$$

In Bild 357.1, Darstellung B sind die Verhältnisse für b = 3.a gezeichnet. $G_1$ ist, zum Erfüllen des statischen Gleichgewichtes nur G/3. Die beiden Schwungmomente J und $J_1$ sind aber jetzt verschieden groß:

$$J = G \cdot a^2 \qquad J_1 = \frac{G}{3} \cdot (3 \cdot a)^2 = G \cdot 3 \cdot a^2 = 3 \cdot J$$

Obwohl $G_1$ nur ein Drittel von G wiegt, ist sein Schwungmoment 3 mal so groß!

Das hat eine Verschiebung des Drehpunktes, um den sich das Segelflugzeug in bezug auf die Normalachse dreht, von S nach S' zur Folge. Während des Pendelns der Längsachse bei Störungen (Längsstabilität, Bild 234.1, oben) wandert der Drehpunkt also immer zwischen S und S' hin und her, was für die Stabilität und den ruhigen Flug nicht besonders gut sein dürfte!

Deshalb sollte das Gegengewicht $G_1$ möglichst nahe an den Punkt S (Schwerpunkt) gebracht werden, wodurch es allerdings schwerer wird, *soweit es das zulässige Rüstgewicht erlaubt (Flug- und Betriebshandbuch). Darstellung C in Bild 268.1 zeigt den Fall, bei dem $J_1$ nur 2J ist. Der Abstand zwischen S und S' ist dadurch kleiner geworden (0,2a statt 0,4a). Das Gegengewicht ist jetzt G/2 statt G/3.*

### 4.4.2.5 Beladungsgrenzen

*Flugzeuggewichte*

Für jedes Baumuster besteht ein Beladungsplan. In ihm wird das zulässige Gewicht für die Zuladung und ihre örtliche Unterbringung im Segelflugzeug vorgeschrieben. Besonders wichtig ist das Einhalten des Beladeplanes, wenn die Zuladung als Last am großen Hebelarm zum Schwerpunkt des Segelflugzeuges wirkt (Schwungmoment wird sehr groß!).

Wir unterscheiden folgende Gewichtsbegriffe am Segelflugzeug:

1) *Leergewicht:* Darunter versteht man das Gewicht des Segelflugzeuges einschließlich dem Gewicht der Ausrüstung (Mindestausrüstung + Gewicht der ständig eingebauten Instrumente, soweit sie in der Zulassung vermerkt sind);

2) *Rüstgewicht:* Zusätzliche Ausrüstung sind z.B. Funkgeräte, Sauerstoffgerät, Blindfluggeräte und sonstige zusätzliche Einbauten. Diese zusätzliche Ausrüstung + Leergewicht gibt das Rüstgewicht;

3) *Fluggewicht:* Zuladung ist das Gewicht des Piloten und von weiteren Insassen, Fallschirme, Sonderbekleidung usw.
Zuladung + Rüstgewicht ergibt das Fluggewicht.

In der Zulassung sind folgende Gewichte eingetragen:

a) Leergewicht $\quad G_L \quad$ c) Fluggewicht $\quad\quad G$
b) Zuladung $\quad\quad G_Z \quad$ d) Gewicht der nichttragenden Teile $\quad G_{nT}$

*Höchstzulässige Zuladung*

Die Gewichte G, $G_Z$ und $G_{nT}$ dürfen in keinem Fall überschritten werden, da diese bei den Festigkeitsberechnungen zugrunde gelegt worden sind. Bei Überschreitung können während des Fluges Kräfte auftreten, die das Segelflugzeug in der Luft zerstören.

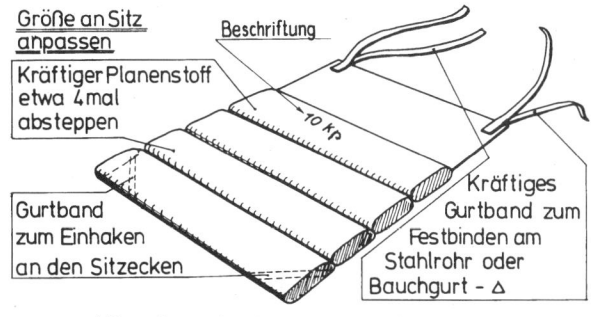

*269.1 Ballastkissen*

*Mindestzuladung*

Das Gewicht für die Zuladung $G_Z$ darf aber auch nicht unterschritten werden.

Unterschreiten der Mindestzuladung (im Flug- und Betriebshandbuch für jedes Baumuster nachzulesen) ist auf jeden Fall mit Ballast auszugleichen (z.B. Blei- oder Sandkissen, Bild 358.1). *Das Gewicht des Ballastkissens muß auf diesem deutlich lesbar angeschrieben sein.*

Bei stetem Wechsel der Besatzung während des Flug- und Schulbetriebes ist *immer erneute Belade- und Trimmkontrolle erforderlich. Die Sicherheit des Fluges verlangt das konsequente Einhalten von Beladung und Schwerpunkt.*

### 4.4.2.6 Beladeplan

Als Beispiel ist hier der Beladeplan für das Segelflugzeugmuster ASK 13 dargestellt:

| Zuladung | 1-sitzig | | 2-sitzig | |
|---|---|---|---|---|
| | min | max | min | max |
| 1. Sitz (Insasse + Fallschirm) | 65 kp | 100 kp | 65 kp | 100 kp |
| 2. Sitz (Insasse + Fallschirm) | — | — | beliebig* | 100 kp* |

*Das höchstzulässige Fluggewicht von 480 kp darf nicht überschritten werden; beim Unterschreiten der Mindestzuladung ist Ausgleich durch Ballast (Blei- oder Sandkissen) erforderlich.
Bei sehr leichten Piloten im Vordersitz ist zusätzlicher Ballast nötig. Es wird darauf hingewiesen, daß dieser Ballast unverrückbar zu befestigen ist, um ein Blockieren der Steuerung zu verhindern. Es wird empfohlen, sich ein Bleikissen nach beiliegender Skizze (Bild 362.1) zu beschaffen. Das Gewicht des Ballastkissens sollte 10 oder 15 kp sein. Dieses Gewicht ist bei der Benutzung des Trimmplanes entsprechend zu berücksichtigen.

### 4.4.2.7 Trimmung und Trimmplan

*Wie schon in 4.1.4.5 erwähnt, wird die Lage des Schwerpunktes durch die Gewichtstrimmung eingestellt.*

#### Die Lage des Schwerpunktes

Um die Lage des Schwerpunktes genau angeben zu können, ist ein Bezugspunkt (BP) und eine Bezugsrichtung (Bezugslinie BL) festgelegt (Bild 269.1).

In unserem dargestellten Beispiel (Bild 363.1), ist der Bezugspunkt der vorderste Nasenpunkt der dritten Rippe (von der Segelflugzeugmitte aus gezählt).

#### Die Bezugsrichtung BL

Die BL wird vom BP aus parallel zur Symmetrieebene des Segelflugzeuges gedacht und liegt horizontal. Das Segelflugzeug selbst muß dabei auch auf „horizontal" mit der Wasserwaage ausgerichtet sein.

Die Horizontale am Segelflugzeug ist *entweder* die Sehne der Bezugsrippe *oder* der Rumpfobergurt.

Welche Linie die Horizontale für das Bestimmen des Schwerpunktabstandes vom BP ist, wird im Musterblatt der Type angegeben.

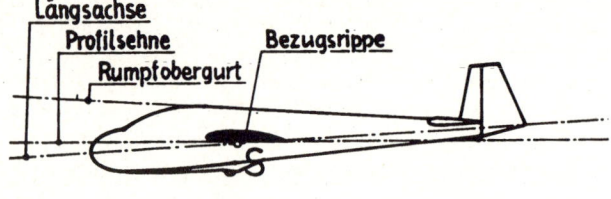

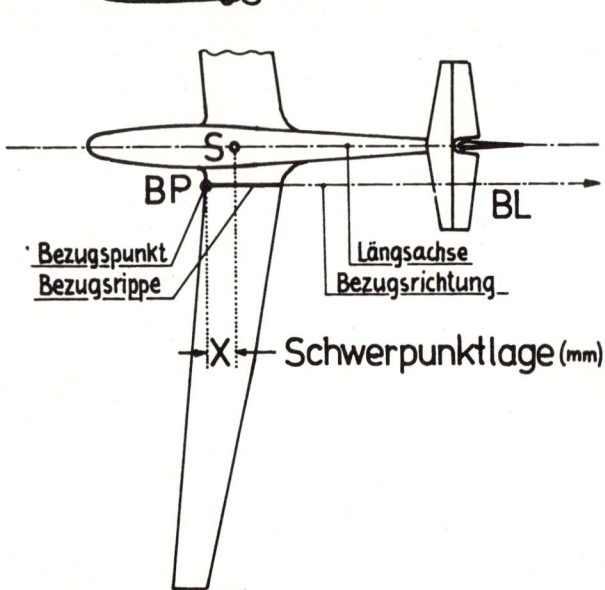

270.1 Definition der Schwerpunktlage

#### Der Bezugspunkt BP

Der BP liegt meist an der Vorderkante eines Tragflügels und ist im Flug- und Betriebshandbuch des betreffenden Segelflugzeugmusters definiert. Es wird angegeben, an welcher Rippe des Tragflügels der Punkt liegt. Manchmal ist der Punkt auch am Segelflugzeug selbst mit Farbe markiert.

*Die Schwerpunktlage X*

Die Lage X wird entlang der BL in mm gemessen. Im Betriebshandbuch befindet sich die genaue Vorschrift für die Soll-Lage des Schwerpunktes wie folgt (ASK 13):

Dann wird das Segelflugzeug auf 2 Punkten unterstützt. Die Auflagepunkte sind genau im Wiegeprotokoll einzutragen, sofern die Auflagepunkte nicht von vornherein vorgeschrieben sind. Der vordere Auflagepunkt ist fest (Hartholzklotz mit

| Gewichte und Schwerpunktlagen | | | | | | |
|---|---|---|---|---|---|---|
| Für folgende Leergewichte gelten folgende Schwerpunktlagen | | | | | | |
| Leergewicht | 280 | 290 | 300 | 310 | 320 | kp |
| Schwerpunktlage | 545 | 535 | 525 | 516 | 508 | mm – max |
| | 490 | 475 | 462 | 449 | 437 | mm – min |
| Bezugslinie | Sehne Rippe 3 horizontal | | | | | |
| Bezugspunkt | Flügelvorderkante Rippe 3 | | | | | |

Werden die vorgeschriebenen Grenzen des Leergewichtes eingehalten, ist gewährleistet, daß im Rahmen des angegebenen Belastungsplanes auch die zulässigen Grenzen im Fluge (Fluggewicht-Schwerpunkt) eingehalten werden.

Werden die vorgeschriebenen Schwerpunktbereiche gewissenhaft eingehalten und selbstverständlich auch die zulässigen Geschwindigkeiten, dann ist die Flugdurchführung im sicheren Bereich.

*Schwerpunktlage-Ermittlung*

Das Ermitteln der Schwerpunktlage X kann auf zwei Arten erfolgen:

1) *Durch Ausbalancieren:*

Hierzu sind viele Hilfsvorrichtungen nötig. Man braucht weiter keine Berechnungen anzustellen, das Ergebnis ist aber nicht sehr genau. Diese Methode ist zeitweilig unzugelassen.

2) *Durch Wägen:*

Das Segelflugzeug wird auf 2 Punkte aufgelegt. Entweder werden die Auflagekräfte beider Auflagepunkte gewogen oder man wiegt das Gesamtgewicht des Segelflugzeuges und bestimmt eine der beiden Auflagekräfte zusätzlich. In beiden Fällen wird dann die Ermittlung des Schwerpunktes von BP durch Rechnung ermittelt.

Diese Schwerpunktlage-Ermittlung ist genau und zuverlässig.

*Wägen mit 1 Waage (Bild 271.1)*

Das Leergewicht G des Segelflugzeuges wird zunächst durch Abwiegen auf einer Waage bestimmt (das Rüstgewicht muß vorher entfernt werden).

Auflageschneide o.dgl.), die hintere Auflagestütze befindet sich auf einer Dezimalwaage.

Nun wird das Segelflugzeug genau ausgerichtet, so daß die Bezugslinie BL (im Beispielsfall die Sehne des Bezugsprofils) horizontal liegt.

Das Wägen darf erst beginnen, wenn *sowohl die BL als auch die Querachse horizontal* liegen und das Segelflugzeug, ohne Haltekraft am Flügelende, frei pendelt.

Dann wird das Maß a sowohl zum linken als auch zum rechten BP gemessen und der Mittelwert in der späteren Rechnung verwendet. Der Abstand l zwischen den beiden Auflagepunkten wird parallel zur BL (horizontal) gemessen. Nun wird das Gewicht $G_1$ gewogen, wobei das Gewicht des Auflageklotzes, der sich auf der Waage befindet, abgezogen werden muß.

Der gesuchte Schwerpunktabstand X vom BP wird nach dem Hebelgesetz gerechnet:

$$x = \frac{G_1 \cdot l}{G} - a$$

*Wägen mit 2 Waagen (Bild 365.1)*

Hier braucht das Leergewicht des Segelflugzeuges vorher nicht ermittelt zu werden.

Beide Auflagepunkte werden auf je einer Waage angebracht. Das Ausrichten des Segelflugzeu-

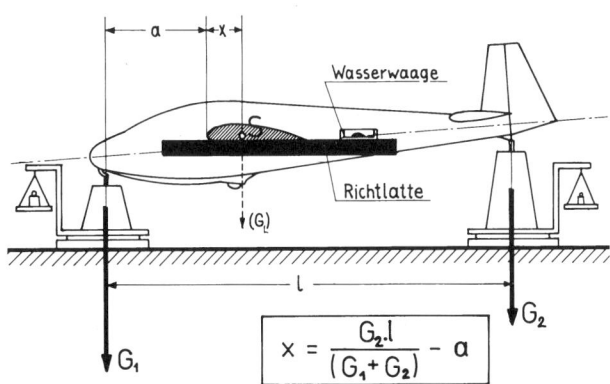

$$x = \frac{G_1 \cdot l}{G} - a \quad (mm)$$

271.1 Schwerpunktlage-Ermittlung mit 1 Waage

$$x = \frac{G_2 \cdot l}{(G_1 + G_2)} - a$$

*271.2 Schwerpunktlage-Ermittlung mit 2 Waagen*

ges (horizontal usw.) ist genau so wie beim Wägen mit einer Waage.

Dann werden die Gewichte $G_1$ und $G_2$ mit den Waagen bestimmt. Dabei müssen die Gewichte der Auflagen wieder als Tara abgezogen werden.

Der gesuchte Schwerpunktabstand X vom BP wird wieder nach dem Hebelgesetz gerechnet: Das Leergewicht des Segelflugzeuges ist $G = G_1 + G_2$

$$x = \frac{G_2 \cdot l}{G} - a$$

### 4.4.3 Mindestausrüstung

#### 4.4.3.1 Mindestausrüstung

Was zur Mindestausrüstung des Segelflugzeuges gehört, ist im Flug- und Betriebshandbuch aufgeführt. Für die ASK 13 ist das:

2 Fahrtmesser mit Meßbereich 50 bis 250 km/h,
2 Höhenmesser (grob und fein),
2 vierteilige Anschnallgurte,
Rückenkissen (10 cm zusammengedrückt), wenn kein Fallschirm verwendet wird,
Trimmplan,
Datenschild,
Flug- und Betriebshandbuch.

#### 4.4.3.2 Einbauvorschriften

Für fast alle zusätzlichen Einbauten (Bordinstrumente, Funkgeräte, Sauerstoffgeräte u.dgl.) bestehen *besondere Einbauanleitungen und Vorschriften*, um deren richtiges Funktionieren zu gewährleisten.

Darüber hinaus ist beim Einbau von Gegenständen, die keine auf sich bezogenen Vorschriften haben, auf die *Einbaustelle* zu achten, daß die Betätigungsbereiche aller Steuereinrichtungen nicht behindert werden (siehe Betriebshandbuch).

Für den Wolkenflug sind noch weitere Mindestausrüstungen empfohlen, wie:

Fahrtmesser mit Vereisungsschutz,
Feinhöhenmesser,
Variometer,
Kompaß,
Wendezeiger mit Libelle,
Borduhr.

Die Herstellerfirmen der Geräte und des Segelflugzeuges geben Auskunft über eventuelle besondere Bedingungen beim Einbau.

### 4.4.4 Vorflugkontrolle

Vor der Inbetriebnahme eines Segelflugzeuges muß ein *gründlicher* Kontrollgang um das Segelflugzeug herum gemacht werden. Die Prüfung soll systematisch und äußerst gewissenhaft vorgenommen werden.

Die hier angeführten Kontrollpunkte und die zugehörigen Bilder entsprechen den Ausführungen von W. Gilges.

#### 4.4.4.1 Kontrollgang um das Segelflugzeug (Bild 272.1)

Der Kontrollgang beginnt am Führersitz und führt im Uhrzeigersinn um das ganze Segelflugzeug herum.

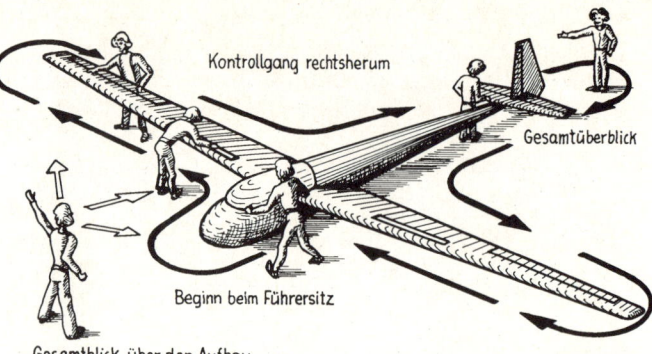

272.1 Kontrollgang um das Segelflugzeug

Dabei sind folgende Punkte zu überprüfen (Bild 366.2):

1) *Vom Führersitz aus*

Tragflügel: Sitz, Anschluß, Sicherungen;
Steuerorgane: Anschluß, Lagerung, Sicherungen, Funktionsprobe, Freigängigkeit;
Klappen, Kupplungen, Trimmung: Sauberkeit, Funktionsprobe, Freigängigkeit;
Seilzüge, Stoßstangen: Scheuerstellen;
Splisse, Klemmverbindungen: Knickstellen, Anrisse, richtige Spannungen;
Instrumente: Anschlüsse, Befestigungen;
Bauch- und Rückengurt: Beschädigungen, Stockflecken, Korrosion;
Zusatzausrüstung (z.B. Ausgleichsgefäße: Einwandfreie Befestigung, keine Beeinträchtigung von Steuerorganen usw);
Fallschirm: Reißleine ordentlich verknotet?
Pedalverstellung: Sauberkeit, Gängigkeit;
Führerraum und Rumpf: Fremdkörperkontrolle, Verschmutzung.

2) *Am Rumpfvorderteil*

Oberflächen: Lackrisse und Beschädigungen;
Laufrad: Sauberkeit, Schmierung;
Bremsen: Funktionsfähigkeit;
Bereifung: Schäden, Abrieb, Luftdruck;
Kufenanbringung: Fester Sitz, Beschädigung, Splitterung;
Schwerpunkt und Bugkupplung: Einstellung, Gängigkeit, automatische Auslösung;
Haube: Sitz, Beschädigung;
Verschluß: Gängigkeit;
Verglasung: Risse, blinde Stellen, Sauberkeit;
Düsen: Freie Anblasbarkeit.

3) *Rechter Tragflügel*

Nasenbeplankung: Faltenbildung, Lackrisse;
Holme, Ober- und Unterseite: Beulenbildung, Abklopfen im Bereich der Verleimung;
Landehilfen: Gängigkeit, Beschädigungen;
Streben: Richtiger und gesicherter Anschluß;
Hand- und Schaulöcher: Öffnen, Anschlüsse, Sitze, Sicherungen, einwandfreier Verschluß, Schließen;
Tragflügel: Fremdkörperkontrolle, Schüttelprobe.

4) *Rechtes Querruder*

Oberfläche: Bespannungsschäden;
Rippen: Versteckte Anbrüche;
Querruderantriebshebel: Sitz, Anschluß, Sicherungen;
Mindest-Ruderausschläge: Siehe Betriebsanweisung.

5) *Rechter Tragflügel (hinterer Teil)*

Bespannung: Risse, Alterung, Brüchigkeit;
Rippen: Unterseite auf Anbrüche;
Randbogen: Beschädigungen;
Endleiste: Knickung, Anbrüche;
Entwässerungslöcher: Frei, Umgebung nicht verrottet;
Umlenkhebellager bzw. Umlenkrollen: Handlochdeckel öffnen, Lagersitz, Gängigkeit;
Sicherungen der Stoßstangen bzw. Seilzuganschlüsse, Fremdkörperkontrolle, Handlochdeckel schließen, Verschluß prüfen.

6) *Rechte Rumpfseite*

Bespannung, Beplankung: Falten, Risse, Verziehen, Verdrehungen.

7) *Rechte Höhenflosse*

Oberfläche: Risse, Faltenbildung, Steifigkeit;
Anschlüsse: Fester Sitz, Sicherungen.

8) *Rechtes Höhenruder*

Oberfläche: Risse Faltenbildung, Steifigkeit;
Anschlüsse: Ordnungsgemäßer Anschluß, Lagersitz, Bolzenspiel, Sicherungen;
Spaltverkleidung: Sauberkeit, Risse, Verrottung;
Mindestruder-Ausschläge: siehe Betriebsanweisung.

9) *Seitenruder*

Oberfläche: Risse, Faltenbildung, Knickungen;
Form: Ohne Verzug;
Anschlüsse: Ordnungsgemäßer Anschluß, Sicherungen;
Lager: Sitz, Spiel;
Mindest-Ruderausschläge: Siehe Betriebshandbuch.

10) *Sporn*

Form: Abnutzung, Verformung;
Befestigung: Ordnungsgemäß, Spornplatte nicht abgenutzt;
Federung: Gummifederung einwandfrei.

8) *bis 3) Linke Seite*

Von hier aus Kontrollgang sinngemäß weiterführen: Linkes Höhenruder - Linke Höhenflosse - Linke Rumpfseite - Linker Tragflügel (hinterer Teil) - Linkes Querruder - Linker Tragflügel (vorderer Teil).

*Ergänzung zum Kontrollgang*

Außer der Prüfung aller Bauteile auf richtige Montage, Unversehrtheit und Prüfung der richtigen Ausschlagrichtung aller Ruder, ist auch zu prüfen, ob das ganze Segelflugzeug nicht verbogen, verzogen oder der Rumpf verdreht ist (Bild 271.1).

a) Zunächst durch Augenschein feststellen, ob die Tragflügel verdreht sind oder hängen;
b) Durch Visieren von hinten feststellen, ob der Rumpf weder verdreht noch gekrümmt ist.

### 4.4.4.2 Bedeutung der Vorflugkontrolle

Die Vorflugkontrolle hat den Zweck, Fehler, die, wenn man sie erst in der Luft bemerkt, unweigerlich zu schweren Unfällen führen werden, vor der Inbetriebnahme des Segelflugzeuges zu erkennen, damit sie sofort behoben werden können

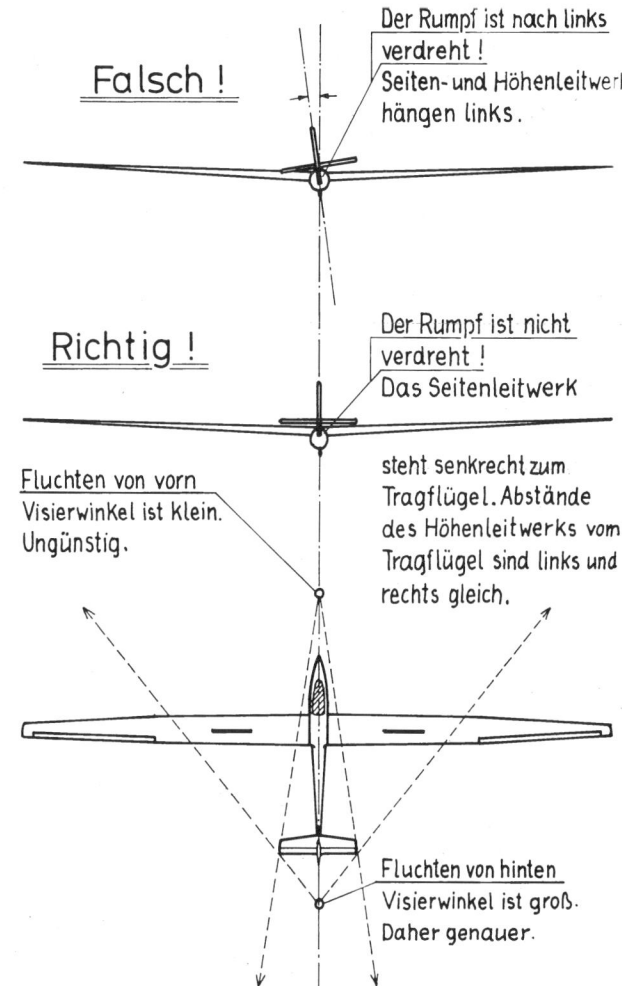

Falsch !

Der Rumpf ist nach links verdreht!
Seiten- und Höhenleitwerk hängen links.

Richtig !

Der Rumpf ist nicht verdreht!
Das Seitenleitwerk

Fluchten von vorn
Visierwinkel ist klein. Ungünstig.

steht senkrecht zum Tragflügel. Abstände des Höhenleitwerks vom Tragflügel sind links und rechts gleich.

Fluchten von hinten
Visierwinkel ist groß. Daher genauer.

*273.1 Prüfung auf Rumpfverformung*

oder, damit das Segelflugzeug zur Überholung aus dem Verkehr gezogen wird. Eine Steuerung, die nicht richtig funktioniert oder womöglich gar nicht angeschlossen ist (was schon der Fall war), kann einen schweren Unfall zur Folge haben. Die Schuld an einem solchen Unfall trägt nicht der, der den Unterlassungsfehler gemacht hat allein, sondern vor allem der, der das Segelflugzeug in Betrieb genommen hat, ohne die komplette Vorflugkontrolle durchgeführt zu haben (Ausfall des Versicherungsschutzes).

*Außer der Vorflugkontrolle*, die nach Klarliste jeden Tag vor der Inbetriebnahme des Segelflugzeuges durchgeführt werden muß, ist *vor jedem Start der Startcheck* durchzuführen.

Sinnvoll ist es, am Körper des Segelflugzeugführers den Startcheck zu beginnen und dann weiter, an der linken Bordseite beginnend, im Uhrzeigersinn nach rechts zu prüfen.

*Beispiel eines Startchecks an einem Segelflugzeug des Musters ASK 13:*

1) Fallschirm eingeklinkt?
2) Richtig und fest angeschnallt?
3) Haube verriegelt?
4) Landeklappen gängig und verriegelt?
5) Funk ein?
6) Höhenmesser eingestellt?
7) Trimmung normal?
8) Ruder frei gängig?

# Abschnitt 5 - Verhalten in besonderen Fällen

## 5.1 Einführung, Grundsätzliches

*Grundsätzliches*

Das Luftfahrtbundesamt in Braunschweig (LBA) veröffentlicht jedes Jahr die „Ergebnisse der fachlichen Untersuchung von Unfällen bei dem Betrieb von Luftfahrzeugen". Im Jahre 1986 ereigneten sich 190 (223)*) Unfälle im Segelflug, davon 12 (15) Unfälle tödlich; Tote 13 (17).mit tödlichen Verletzungen.

*) Zahlen in Klammern für das Jahr 1985.

In diesem Abschnitt werden die meisten im Segelflug vorkommenden besonderen Fälle angesprochen.

Die empfohlenen Gegenmaßnahmen haben sich im allgemeinen bewährt. Da besondere Situationen unter sehr unterschiedlichen Bedingungen entstehen können, sind Abweichungen oder Kombinationen der Empfehlungen möglich.

Bezüglich der Bedienung der Segelflugzeugmuster sind die Angaben der Flughandbücher maßgebend.

Aus der umfangreichen Statistik des Luftfahrtbundesamtes wird nachstehend nur die Unfallhäufigkeit in den einzelnen Flugabschnitten dargestellt, und zwar für 1977 und vergleichsweise für 1987:

*2) Ruhe bewahren:*
Keine Kurzschlußhandlung.

*3) Feststellung der Bedeutung,*
die der Vorfall hat und welche Folgen zu erwarten sind.

*4) Überlegung und Entscheidung,*
welche Maßnahmen (Notlandung, Verlassen des Segelflugzeuges u.a.) zu treffen sind.

*5) Durchführung der vorgesehenen Maßnahmen*
(unter den bekannten Verhaltensmaßregeln), dabei getroffene Entscheidungen nicht laufend ändern.

Das Luftfahrtbundesamt gibt zur Vermeidung von Flugunfällen die
a) Flugunfall-Informationen und
b) Flugsicherheitsmitteilungen
mehrmals in einem Jahr heraus.
Diese Broschüren enthalten:
a) Aufklärung
b) Anleitung und
c) Lehrstoff.

Sie werden Bundes- und Länderbehörden, Vereinen, Verbänden, Flugplatzhaltern und Flugschülern kostenlos zur Verfügung gestellt.

| Es gab Unfälle: | | 1977 | 1987 |
|---|---|---|---|
| In der Startphase | „Windenstart" | 42 | 14 |
| In der Startphase | „Flugzeugschlepp" | 13 | 3 |
| | | 55 | 17 |
| In der Flugphase | „Thermikflug" | 13 | 4 |
| In der Flugphase | „Hangsegelflug" | 7 | 2 |
| In der Flugphase | „Wellenflug" | 3 | 0 |
| In der Flugphase | „Reiseflug" | 4 | 0 |
| In der Flugphase | „Kunstflug" | 2 | 0 |
| | | 29 | 6 |
| In der Landephase | „Am Flugplatz" | 85 | 45 |
| In der Landephase | „Außenlandungen" | 113 | 54 |
| | | 198 | 99 |
| Gesamtzahl beim Segelflug | | 282 | 122 |

Daraus ist zu erkennen, daß durch bessere theoretische und praktische Ausbildung die Unfallhäufigkeit in den einzelnen Phasen innerhalb von 10 Jahren um ca. 57% zurückgegangen ist, ein erfreulicher Trend.

Die Schwerpunkte der Unfallhäufigkeit in den einzelnen Phasen des Flugablaufes zeigen die Ursachen auf, die überwiegend zu den Unfällen führten:

Falsches Verhalten des Segelflugzeugführers,
mangelnde Erfahrung,
fehlende Fähigkeiten.

Gerade aus besonderen Situationen entwickeln sich oft Unfälle, die bei Kenntnis der Verhaltensregeln hätten vermieden werden können oder in ihren Folgen gemildert.

Richtiges Verhalten in besonderen Fällen ist von vielen Faktoren abhängig. Diese können bei jedem Fall anders gelagert sein. Deshalb sollen einige Grundregeln dazu beitragen, den „besonderen Fall" zu einem guten Ende zu führen:

*1) Rechtzeitiges Erkennen*
von Zwischenfällen, Störungen und Schwierigkeiten.

## 5.2 Störungen am Flugplatz

Auf Landeplätzen und Segelfluggeländen wird der Flugbetrieb aufgrund einer von der Luftfahrtbehörde erteilten Genehmigung zum Betrieb von Flugplätzen mit den darin enthaltenen Auflagen und einer vom Flugplatzhalter erstellten Betriebsordnung - an Segelfluggeländen Segelfluggelände-Ordnung – durchgeführt. Durch die Konzentration von Luftfahrzeugen in der Platzrunde, durch startende und landende Luftfahrzeuge, sowie durch die am Flugplatzbetrieb beteiligten Kraftfahrzeuge und Personen, ist im ganzen Bereich des Flugplatzes und seiner Umgebung besondere Vorsicht angebracht. Daher ganz allgemein: Augen auf und diszipliniertes Verhalten!

*Beispiel:* Eine Rückholmannschaft wartet neben der Landebahn auf ein landendes Segelflugzeug. Einer hat sich verspätet und rennt quer über den Platz obwohl das Seil bereits für einen Start eingeklinkt wurde. Startleiter und Segelflugzeugführer haben die Gefahr erkannt, der Start konnte unterbrochen werden.

Auch auf dem Fluggelände sind Störungen des Flugbetriebes, die durch den augenblicklichen Zustand der Start- und Landebahnen hervorgerufen wurde, durchaus möglich.

### 5.2.1 Versteckte Gefahren

Steine, Startwindenseile, Telefonkabel, vergessene Transportkuller und anderes lauern als Hindernisse in den Start- und Landebahnen. Ebenso stellen unvollständig oder gar nicht durchgeführte Vorflugkontrollen (Kuller, Ruderfeststellungen u.a.) eine große Gefahr dar.

*Maßnahmen:* Gewissenhafte Vorflugkontrollen mittels „Checklisten", Absuchen der Start- und Landebahnen *vor* Beginn des Flugbetriebes.

### 5.2.2 Mangelhafte Oberflächen

#### 5.2.2.1 Weicher Boden (Richtlinien 5.1.2)

Der weiche Boden kann die Startrollstrecke, besonders beim Flugzeugschleppstart erheblich länger werden lassen und durch aufspritzendes Wasser sowie Matsch Sichtbehinderungen hervorrufen. In solchen Fällen den Start möglichst unterlassen.

#### 5.2.2.2 Nasse Oberfläche (Richtlinien 5.1.1)

Bei nasser Oberfläche ist die Richtungsführung mit Rad, Kufe und Sporn stark herabgesetzt. Bei bremsbarem Fahrwerk ist nur noch eine minimale Bremswirkung vorhanden und die Landerollstrecke wird dadurch viel größer.

*Maßnahmen:* Mit Mindestgeschwindigkeit aufsetzen. Tragflügel horizontal halten, Bremsklappen voll ausfahren. Die Radbremse vorsichtig betätigen. Verlängerte Landerollstrecke berücksichtigen. Beim Startvorgang jede Richtungsänderung sofort korrigieren, Sporn am Boden halten, Tragflügel horizontal!

#### 5.2.2.3 Eis, Schnee und Matsch (Richtlinien 5.1.3)

Der Startvorgang ist im Winterflugbetrieb und bei Höhenflügen im Gebirge behindert. Schneematsch spritzt hoch und kann am Fahrwerk oder an den Rudergelenken festfrieren.

Darüber hinaus führt eine Schneedecke zur „Fehlorientierung". Bei der Landung wird entweder zu hoch oder aber zu spät abgefangen.

*Maßnahmen:* Während des Fluges das Fahrwerk öfters aus- und einfahren und die Ruder bewegen, damit eventueller Eisansatz beseitigt wird.

Vor der ersten Landung Spuren im Schnee erzeugen – Startwagen, Lepo oder Fußspuren.

#### 5.2.2.4 Hoher Bewuchs (Richtlinien 5.1.6)

Hohes Gras ist eine Gefahrenquelle. Zum Beispiel erhielt beim Windenstart eines Leistungssegelflugzeuges eine Tragflügelspitze Berührung mit 25 cm hohem Gras. Durch den Widerstand des Grases blieb dieser Tragflügel zurück und beim Abheben nahm das Segelflugzeug starke Querneigung ein und hat sich überschlagen.

*Maßnahmen:* Start- und Landebahnen müssen in Bewuchshöhe einen sicheren Start gewährleisten. Es ist auf die Querlage zu achten, einseitige Berührung mit dem Bewuchs ist zu vermeiden.

## 5.3. Störungen beim Start (5.2.1)

### Seilriß – Alptraum der Segelflieger?

Trotz bester Prüfung und Pflege des Startwindenseiles kann es immer wieder vorkommen, daß das Seil bei einem Windenstart reißt. Derartiges ereignete sich im letzten Jahr und endete in diesem Fall mit einem tödlichen Unfall. Der Startvorgang verlief zunächst normal: Anrollen – weicher Boden zum Steigflug – Steigen, keine abrupten Manöver. In ca. 100 m Höhe riß das Seil. Der Pilot klinkte aus und drückte nach, um Fahrt aufzuholen. Das Segelflugzeug ging in eine steile Rechtskurve, die zu einer spiralsturzähnlichen Fluglage führte. Nach etwa zwei Umdrehungen schlug es in fast senkrechtem Sturz auf dem Boden auf. Steuerversuche zum Ausleiten wurden nicht beobachtet.

Seilrisse müssen nicht tödlich enden! Es gibt Verfahren, diese Situation sicher unter Kontrolle zu behalten. Voraussetzung ist, daß dem Piloten die Möglichkeit des Seilrisses immer gegenwärtig ist. Dann entfällt schon einmal die Überraschung und die Schrecksekunde. Ist ein Seilriß eingetreten, muß sofort nachgedrückt und ausgeklinkt werden, um eine normale Fluglage einzunehmen und Fahrt aufzuholen. Nur keine hektischen, abrupten Manöver! Als nächstes kommt die Entscheidung, vorwärts geradeaus zu landen, ein geeignetes Feld außerhalb des Flugplatzes anzufliegen, eine verkürzte Platzrunde auszuführen oder eine Umkehrkurve zur Landung auf dem Platz einzuleiten. Hier wird es schwierig, denn die Entscheidung ist abhängig u.a. von der gegenwärtigen Höhe, dem Wind und dem Gelände. In geringer Höhe ist allemal eine Geradeauslandung zu empfehlen. Umkehrkurven sollten in geringer Höhe wegen der Gefahr des Überziehens oder der Bodenberührung vermieden werden. Die dadurch oder durch Strömungsabriß erfolgte unsteuerbare Situation ist wesentlich gefährlicher, als eine geradeaus in steuerbarem Flug ggf. unvermeidbare Hindernisberührung bewußt in Kauf zu nehmen, die man aber meistens noch so gestalten kann, daß der Schaden – zumindest der Personenschaden – gering bleibt. Bei Seilrissen in größerer Höhe dürften eigentlich keine Probleme auftreten. Obgleich der Pilot in dem geschilderten Fall zunächst richtig reagiert hatte, hat er doch offensichtlich durch zu starke Steuerbewegung die Situation nicht mehr im Griff behalten. Die Umkehrkurve darf keine Krampfkurve werden! Da Höhe vorhanden ist, sollte man am besten den Seilriß vergessen und eine Landung, zwar aus einer ungewohnten und niedrigeren Position, aber sonst in ganz normaler Weise ausführen.

Mit Seilrissen muß man im Segelflug leben! Man sollte sie jedoch hin und wieder üben. Tritt der Ernstfall ein, dann

* Nachdrücken, ausklinken und Fahrt aufholen
* in niedriger Höhe geradeaus landen
* bei ausreichender Höhe Umkehrkurve einleiten oder verkürzte Platzrunde fliegen
* keine übermäßigen Steuerbewegungen ausführen.

Übrigens: Gleiche Betrachtungen gelten auch für andere Störungen im Windenstart, wie z.B. Ausfall der Startwinde.

### 5.3.1 Seilriß beim Windenstart

Der Windenstart ist die gebräuchlichste Startart beim Segelflug. Er ist preiswerter als Flugzeugschlepp und erlaubt eine schnelle Startfolge. Von Nachteil sind technische Störungen, wie Seilrisse, Windenmotorstörungen u. a.

Bereits bei der praktischen Ausbildung werden die Verfahren bei Seilriß oder Ausfall des Windenmotores schulmäßig geübt. Das Verhalten bei diesen Störungen ist bei jedem gut ausgebildeten Segelflieger programmiert.

*Maßnahmen:* Beim Nachlassen des Seilzuges sofort nachdrücken und Normalfluglage bzw. Gleitfluglage aufnehmen. Dann erst *mehrmals* die Ausklinkvorrichtung betätigen. Erhöhte Fluggeschwindigkeit aufnehmen. Flughöhe abschätzen und je nach Wind und Gelände Entscheidung treffen ob kleine Platzrunde oder Landung geradeaus.

Dazu einige Anhaltspunkte:

*Seilriß unmittelbar nach dem Abheben (Bild 276.1, A)*

Nach dem Abheben nicht unkontrolliert drücken. Geradeausfliegen, Landung geradeaus. Bremsklappen mit Vorsicht ausfahren.

*Seilriß in voller Steilfluglage (Bild 276.1, B)*

In geringerer Höhe von etwa 80 bis 100 m ist in der Regel geradeaus zu fliegen und unter Benutzung der Bremsklappen geradeaus zu landen. Die Entscheidung, bei welcher Seilrißhöhe noch geradeaus gelandet werden kann, hängt von der Länge des Flugplatzes, der Position des Segelflugzeuges und vom Wind ab. Allgemein ist bei zuvor normalem Startverlauf eine Geradeauslandung möglich. Bei schwachem Rückenwind ist entgegengesetzte Landung möglich (Bild B).

*Seilriß im Bereich über 100 m (Bild 276.1, C)*
Verkürzte Platzrunde fliegen, unter Verzicht auf das Aufsetzen hinter dem Landekreuz. In Bodennähe keine Kurven fliegen.

*Leistungsabfall der Startwinde*

Beim Leistungsabfall der Startwinde und beim Erreichen gefährlich hoher Geschwindigkeiten (zulässige Grenzen siehe Betriebshandbuch) ist das Verfahren wie bei Seilrissen anzuwenden.

*Wichtig!* Für alle Startunterbrechungen gilt, daß auf eine Ziellandung verzichtet wird und eine sichere Landung Vorrang hat (innerhalb oder außerhalb des Flugplatzes).
Bei allen Verfahren unbedingt auf die notwendige Fluggeschwindigkeit achten!

### 5.3.2. Störungen im Flugzeugschleppstart

Der Flugzeugschleppstart hat viele Vorzüge. Seine Sicherheit, sein angenehmer Start, seine Möglichkeit, Höhe und Gebiet zu bestimmen, wohin der Segelflieger will, haben den Segelflieger schon immer fasziniert.

Zur Zeit engen steigende Betriebskosten und verschärfte Lärmschutzbedingungen die Verwendung ein.

Das Verhalten während des Schleppfluges muß berücksichtigen, daß der schleppende Motorflie-

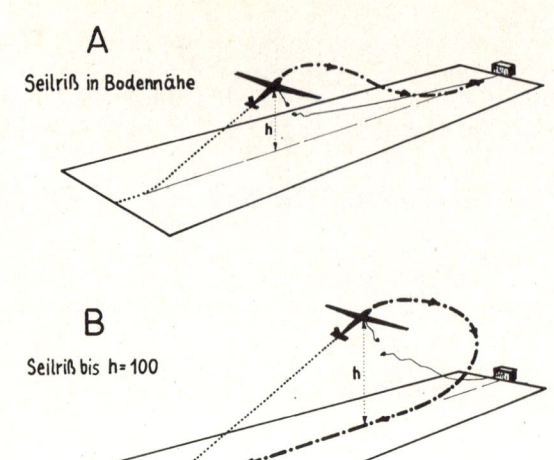

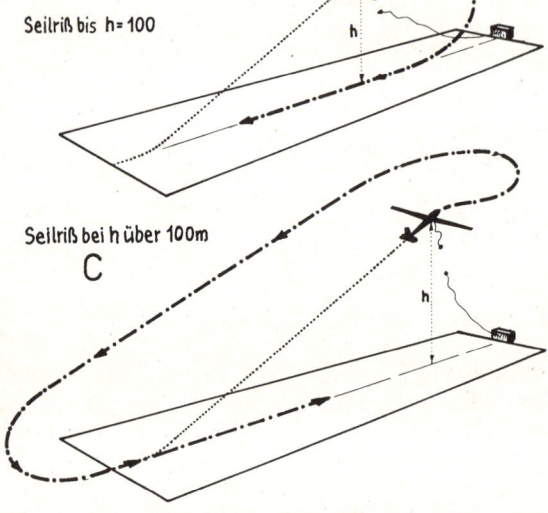

*276.1 Seilriß beim Windenstart*

ger unter Umständen von einem Fehlverhalten des Segelfliegers betroffen wird.

*Ausbrechen beim Flugzeugschleppstart*

*Maßnahmen:* Das Segelflugzeug ist so lange (kopflastig getrimmt) am Boden zu halten, bis die Abhebegeschwindigkeit erreicht ist. Die Seitenruder der Segelflugzeuge sind heute so dimensioniert, daß die Startrichtung beibehalten werden kann. Legt sich beim Start eine Fläche ab und kann diese nicht kurzfristig aufgerichtet werden, so ist *auszuklinken*.

*Startunterbrechung*

*Maßnahmen:* Erfolgt die Unterbrechung am Boden, dann sofort ausklinken. Erfolgt die Startunterbrechung nach dem Abheben, dann sind sinngemäß die gleichen Maßnahmen zu ergreifen wie beim Windenstart.

*Verhalten während des Flugzeugschlepps*

Das Segelflugzeug muß während des Schlepps etwas höher fliegen als das Schleppflugzeug (Bild 277.1), um nicht in die Propellerböen zu geraten.

*Verhalten bei Schleppunterbrechungen*

Schleppunterbrechungen können durch Seilriß, ungewolltes Ausklinken, Motorstörungen u.a. entstehen.

*Maßnahmen:* Bei Schleppunterbrechungen ist, je nach Höhe und Entfernung, zum Flugplatz zurückzufliegen, oder es ist eine Außenlandung vorzubereiten. Anhängende Seilreste sollen nicht planlos abgeworfen werden, sondern nur am Rande des Flugplatzes oder in unbebautem Gelände. Bei noch am Segelflugzeug hängendem Schleppseil werden über Funk vom Schleppiloten oder der Flugleitung entsprechende Mitteilungen gemacht. Bei Landungen mit anhängenden Seilresten müssen Hindernisse entsprechend höher überflogen werden und die Ausklinkvorrichtung muß geöffnet gehalten werden.

*Verhalten bei extremen Fluglagen im Flugzeugschlepp*

*Maßnahmen:* Ist das Schleppflugzeug außer Sicht geraten, dann ist unverzüglich auszuklinken. Sonst ist das Segelflugzeug mit entsprechenden Ruderausschlägen in die Normalfluglage zum Schleppflugzeug zu bringen, gegebenenfalls doch ausklinken.

*Achtung!* Besonders in niedrigen Flughöhen kann bei sehr starker Überhöhung des Segelflugzeuges durch das Ausklinken eine Gefahr für das Motorflugzeug entstehen!

Schleppseil verkürzt gezeichnet

277.1 Verhalten während des Flugzeugschlepps

### Sportflugzeug von Jet „umgeblasen"

München (dpa) — Ein mit zwei Personen besetztes einmotoriges Sportflugzeug ist am Donnerstagabend auf dem Münchner Flughafen Riem von einer Boeing 737, die kurz zuvor zum Flug nach Zürich gestartet war, zu Boden geblasen worden. Die Sportmaschine vom Typ Cessna 172 war nach Angaben der Flughafen-Pressestelle beim Landeanflug in die Luftwirbel der Jet-Triebwerke geraten. An der Cessna entstand ein Schaden von 20 000 Mark, die beiden Insassen blieben unverletzt. Der Münchner Flughafen mußte für mehr als eine halbe Stunde gesperrt werden. Vier Starts und sechs Landungen verzögerten sich.

277.2 Unfallbericht

## 5.4 Besondere Fälle im Flugbetrieb (5.2.1)

### 5.4.1 Allgemein

Viele Störungen und Unfälle während des Fluges werden schon durch schlechte Vorbereitung programmiert. Dies gilt gleichermaßen für den Flugzeugführer wie für das Segelflugzeug. Die optimale Vorbereitung ist eine der wesentlichen Vorbedingungen zur Durchführung eines Fluges, ganz gleich, ob es sich um einen Platz- oder um einen Streckenflug handelt.

### 5.4.2 Der Segelflugzeugführer (5.3.1)

Jeder Flug erfordert eine dauernde Konzentration und eine gute Reaktionsfähigkeit, dazu eine einwandfreie körperliche Kondition. Fehlen diese Voraussetzungen ganz oder teilweise, dann kann der Segelflugzeugführer selbst durch ein Fehlverhalten der Auslöser eines Unfalls sein.

*Allgemein:* Finger weg vom Steuerknüppel bei körperlichem Unwohlsein, bei einer Streßsituation durch Beruf oder persönliche Probleme. Auch Arbeitsüberlastung kann Probleme schaffen.

*Alkoholgenuß:* Alkoholgenuß setzt die Reaktionsfähigkeit sehr stark herab, mit langer Nachwirkung. Daher ist ein ausreichend langer Zeitraum zwischen Alkoholgenuß und Fliegen zu legen. Das Beste ist, den Alkoholgenuß vollkommen zu meiden.

*Arzneimittel:* Schmerzstillende Mittel, Beruhigungsmittel, Antiallergika und viele andere Arzneien können Müdigkeit erzeugen und damit reaktionsmindernd wirken. Deshalb die Angaben der Arzneimittelhersteller auf den Packungen lesen und genau beachten!

*Temperatureinwirkung:* Eine unmittelbare Bestrahlung des Kopfes durch die Sonne kann bis zu Sonnenstich und Hitzschlag führen. Daher auf jeden Fall eine geeignete Kopfbedeckung tragen.

Bei Flügen im Winter oder in großen Höhen immer genügend warme Bekleidung tragen. „Klamme Finger" und „Eisbeine" haben schon oft ein richtiges Manövrieren sehr erschwert oder sogar verhindert.

Auf das Mitführen von Sauerstoff ab 3500–4000 m MSL wird hingewiesen.

### 5.4.3 Das Luftfahrzeug (5.4)

*5.4.3.1 Allgemeine Merksätze*

1) Fliege nie ein Luftfahrzeug ohne eine entsprechende Einweisung. Dies gilt ganz besonders bei Hochleistungs-Segelflugzeugen.
   Auf die unterschiedlichen Anordnungen von *Klappen, Fahrwerkshebel und Haubennotabwurfsvorrichtungen* wird nochmals besonders hingewiesen.

2) Ein vor dem Flug aufgerüstetes Segelflugzeug ist sorgfältig zu überprüfen, ob alle Teile wie Flügel, Leitwerk, Ruder richtig angeschlossen und gesichert sind.

3) Starts nie ohne *gründliche* tägliche Kontrolle und notwendige Außen- und Innenchecks nach dem Flughandbuch.

4) Alle im Führerraum des Segelflugzeuges befindlichen Gegenstände müssen gesichert sein. Dies gilt besonders für Sauerstoffflasche, Fotoapparate und Barographen.

5) Zusätzliches Gepäck (Zuladungsgrenze einhalten!) oder notwendige Trimmgewichte sind so zu befestigen, daß auch bei starker Turbulenz oder ungewöhnlichen Fluglagen keine

Schwerpunktsverschiebungen eintreten können, die das Flugverhalten des Segelflugzeuges gefährlich ändern können (Richtlinien 5.4.3).

### 5.4.3.2 Ausfall von Steuerungsanlagen (5.4.1)

*Maßnahmen:* Ist das Seitenruder verklemmt, dann mit Höhen- oder Querruder weiterfliegen. Ist das Höhenruder verklemmt, dann mit Trimmung und Seitenruder steuern, Landung versuchen, eventuell Fallschirmabsprung.

### 5.4.3.3 Ausfall von Bordinstrumenten (5.4.2)

*Maßnahmen:* Höhe schätzen. Flug bis zur Landung nach Fahrtgeräusch und Horizont fortsetzen. Beim Landeanflug den gewohnten Gleitwinkel einhalten. Die Bordinstrumente nach der Landung prüfen.

### 5.4.3.4 Vereisung (5.4.4)

*Maßnahmen:* Tritt Vereisung auf, dann ist mit Gewichts- und Profiländerungen sowie mit Ruderblockierung zu rechnen. Sofort die Wolke (für genehmigte Wolkenflüge) oder die Niederschlagszone verlassen, dabei die Ruder bewegen, um ein Festfrieren der Ruderanschlüsse zu verhindern. Sofort wärmere Luftschichten aufsuchen. Auf jeden Fall schneller fliegen, denn es haben sich Gewicht, Auftrieb, Widerstand und Profil geändert. Ist die Haube vereist oder innen beschlagen, dann das Notsichtfenster öffnen.

### 5.4.3.5 Verschmutzung der Plexiglashaube (5.4.5)

*Maßnahmen:* Vor Antritt des Fluges Plexiglashaube reinigen. Eine verschmutzte Plexiglashaube kann bei Flügen gegen die Sonne, bei schlechter Flugsicht und bei Niederschlägen eine starke Sichtbehinderung verursachen.

### 5.4.3.6 Fahrwerkschäden (5.4.6)

Wenn sich das Fahrwerk nicht ausfahren läßt, Bauchlandung mit Mindestgeschwindigkeit vornehmen.
Läßt sich das Fahrwerk nicht verriegeln, dann einfahren und eine Bauchlandung mit Mindestgeschwindigkeit vornehmen.
Reifen platt: Mit Mindestgeschwindigkeit und voll gezogenem Knüppel aufsetzen.

### 5.4.3.7 Ausbruch von Feuer (5.7.1)

*Maßnahmen:* Wenn elektrische Geräte in Betrieb sind, sind diese sofort auszuschalten. Dann möglichst sofort landen oder mit dem Fallschirm abspringen. Im Segelflugzeug niemals rauchen!

## 5.4.4 Wettereinflüsse

Der Segelflieger ist im allgemeinen bei guten Wetterlagen unterwegs. Trotzdem können auftretende Wetterveränderungen kritische Situationen herbeiführen. Zum Beispiel Gewitter, Fronten oder starke Zunahme der Windgeschwindigkeit.

Deshalb ist vor jedem Streckenflug eine eingehende Wetterberatung einzuholen und bei jedem Flug die Wetterentwicklung zu beobachten und zu beurteilen.

### 5.4.4.1 Einflug in ein Schlechtwettergebiet (5.2.2)

*Maßnahmen:* Bei Gewittern zunächst die Zugrichtung feststellen und das Gewitter, wenn möglich, auf der Leeseite umfliegen. Ist das nicht möglich, dann sofort landen und das Segelflugzeug gut sichern.

Fronten und Frontgewitter haben meist eine große Ausdehnung mit verhältnismäßig großer Zuggeschwindigkeit. Deshalb ist der Flug rechtzeitig abzubrechen und zu landen. Das Segelflugzeug ist vor den zu erwartenden Böen zu sichern.

Die Aufwinde unter Gewittern und ausgeprägten Cumulonimben können sehr stark sein. Deshalb ist die Aufwindzone *rechtzeitig* zu verlassen, und zwar unter Benutzung der Bremsklappen. Darauf achten, daß die Bremsklappen im zulässigen Geschwindigkeitsbereich benutzt werden (weißer Bereich).

Seitengleitflug oder Trudeln können als weitere Maßnahme zum Verhindern des Einfluges in die Aufwindzone notwendig werden.

### 5.4.4.2 Gewitter und Blitzschlag (5.5.6)

Das Einfliegen in Gewitterwolken ist äußerst gefährlich. Hagelschlag kann zu Beschädigungen führen und die stark auftretenden Turbulenzen können ein Segelflugzeug zerstören. Bei einem eventuellen Aussteigen mit dem Fallschirm können die starken Aufwindfelder den Fallschirm samt Piloten in sehr große Höhen hinaufziehen, wo Kälte und Sauerstoffmangel den Tod bedeuten können.
Blitzeinschläge sind im allgemeinen nicht so gefährlich, wenn das Segelflugzeug elektrisch richtig geschaltet und angeschlossen ist. Sämtliche elektrisch leitenden Teile und alle Geräte sind mit der Hauptmasse des Segelflugzeuges leitend verbunden.

*Maßnahmen:* Auf jeden Fall den Einflug in ein Gewitter vermeiden. Wenn der Einflug nicht mehr zu vermeiden ist, dann muß versucht werden, mit ausgefahrenen Bremsklappen durch Seitengleitflug oder Trudeln der Gefahr zu entgehen. Muß in einer starken Gewitterwolke das Segelflugzeug wegen Beschädigung oder Bruch verlassen werden, dann darauf achten, daß der Rettungsfallschirm *nicht in der Aufwindzone* gezogen wird.

### 5.4.4.3 Kritische Windverhältnisse (5.5.4)

*Maßnahmen:* Beim Start und bei der Landung unter kritischen Windverhältnissen (Windsprünge, Böen, Turbulenzen) darf die Höchstgeschwindigkeit auf keinen Fall überschritten werden. Die Zulassungsgrenzen beim Windenstart und beim Flugzeugschleppstart sind zu beachten. Es ist mit starker Bodenturbulenz zu rechnen.

Bei Windsprung während des Startens ist der Start entweder abzubrechen oder es muß schneller geschleppt werden.
Der Endanflug ist um die Windgeschwindigkeit schneller zu fliegen. Bei der Landeeinteilung ab Position nahe am Landefeld bleiben und in größerer Höhe in den Endteil gehen. Beim Kurven aus dem Wind ebenfalls um die Windgeschwindigkeit schneller fliegen, sonst wird die Relativgeschwindigkeit zu gering. Strömungsabriß kann die Folge sein.

Bei Windsprung während des Landens mit Mindestgeschwindigkeit anfliegen und auf Bodenturbulenzen achten. Zunächst Landehilfen und nach dem Aufsetzen die Radbremse benutzen. Bei genügender Höhe an der Position ist die Landerichtung zu ändern. In niedriger Höhe keine Änderung der Landerichtung, weil durch Bodenkurven Gefahr besteht (Abschmieren!).

### 5.4.4.4 Höhenwind, Auf- und Abwinde, Verwirbelungen (5.5.5)

Bei Flügen im Gebirge ist besonders in Hangnähe mit starker Turbulenz und kräftigen Auf- und Abwindfeldern zu rechnen. Dasselbe geschieht bei Höhenflügen im Rotor (Mistral, Föhn usw.). Bei Wellenflügen nimmt die Windgeschwindigkeit mit der Höhe stark zu.

*Maßnahmen:* Bei Flügen im Gebirge in Hangnähe immer mit Überfahrt fliegen. Das Überfliegen von Bergkämmen erst dann ansetzen, wenn eine genügende Höhenreserve vorhanden ist. Achtung: Hinter dem Bergkamm starke Leeverwirbelungen. Bei Höhenflügen ist besonders auf die Versetzung durch den Wind zu achten.

### 5.4.4.5 Regen, Schnee und Hagel (5.5.1)

Alle drei Niederschlagsformen sind mit starker Sichtverschlechterung verbunden. Regen und Schnee verändern die Flugeigenschaften, besonders bei den modernen Hochleistungs-Segelflugzeugen.

*Maßnahmen:* Da die Abreißgeschwindigkeiten höher liegen, muß schneller geflogen werden (im Flughandbuch finden sich Angaben hierüber). Dies gilt auch besonders beim Landeanflug im Regen oder Schnee. Hagel kann zur Beschädigung des Segelflugzeuges führen, empfindlich ist vor allen die Haube.
Selbstverständlich ist, daß vor dem Start nach Regenfall die Tragflügel und das Leitwerk abgetrocknet werden, dies gehört zu richtiger Startvorbereitung!

### 5.4.4.6 Nebel und Dunst (5.5.2)

Dunst ist eine Trübung der Atmosphäre, die von mikroskopisch kleinen, in der Luft schwebenden Teilchen hervorgerufen wird. Dunst kann die Sicht stark herabsetzen, bei Flügen gegen die tiefer stehende Sonne ist oft nichts mehr zu sehen.

Nebel besteht aus kleinen Wassertröpfchen, die Sichten liegen unter 1000 m. Hierbei ist kein Segelflugbetrieb möglich.

*Maßnahmen:* Gebiet verlassen.

### 5.4.5 Flüge über Gebirge (5.2.5)

#### 5.4.5.1 Fliegen über gebirgigem Gelände und im Gebirge (5.2.5)

*Maßnahmen:* Eine Grundregel ist, sich in gebirgigem Gelände eine gründliche Einweisung durch einen einheimischen Fluglehrer oder erfahrenen Segelflieger geben zu lassen.

Hänge an Leeseiten meiden (Abwinde und Turbulenz).

Hänge an der Luvseite mit ungefähr 10% Überfahrt fliegen und stets vom Hang wegkurven.
Höhe über MSL ist zu beachten wegen verfälschter Fahrtmesseranzeige.

Beachten, daß im Gebirge Außenlandemöglichkeiten sehr gering sind. Lifte, Seilbahnen und Hochspannungsleitungen sind in den Alpen sehr häufig, aber schlecht erkennbar. Erhöhte Aufmerksamkeit!

#### 5.4.5.2 Fliegen in großen Höhen (5.2.6)

*Maßnahmen:* Warme Kleidung anlegen. Ab 3000 m (10 000 ft) Höhe Sauerstoff verwenden. Auf Vereisung der Atemgeräte achten. Haube kann durch die Atemluft beschlagen oder vereisen. Notsichtfenster öffnen. Vor dem Landeanflug unbedingt auf richtige Höhenmessereinstellung achten, da man sich nach längeren Flügen in großer Höhe leicht verschätzt.
Sonnenuntergangszeit ebenfalls merken.

### 5.4.6 Verlust der Orientierung

#### 5.4.6.1 Verlust der Orientierung

*Maßnahmen:* Bis zu Auffanglinien mit dem errechneten Kurs fliegen (Zeitkontrolle) und dort wieder neu die Orientierung aufnehmen bzw. Standortermittlung mittels QDM.
Bei Flügen, die in die Nähe der ADIZ führen, die bei Verlust der Orientierung vorgeschriebenen Kurse aufnehmen (siehe AIP, Teil RAC).

#### 5.4.6.2 Ausfall der Sprechfunkverbindungen (5.2.7)

*Maßnahmen:* Nach Anflug auf Flugplatz die vorgeschriebenen Landeverfahren beachten, ebenfalls Signalfeld und evtl. sonstige Sichtzeichen.

### 5.4.7 Fallschirm

#### 5.4.7.1 Behandlung des Fallschirmes

Alle Fallschirme sind laut LuftVG §2, Abs. 3 zulassungspflichtig. Die Zulassung läuft jeweils 1 Jahr. Rettungsfallschirme müssen nach jedem Sprung vom Hersteller oder einem dafür zugelassenen Prüfer geprüft und neu zugelassen werden. Das Gurtzeug muß mit dem Fallschirm eingeschickt und geprüft werden.

*Wartung:* In regelmäßigen Abständen muß der Rettungsfallschirm von einem amtlich anerkannten Packer gepackt werden, siehe Begleitprüfschein mit Packausweis in der Tasche.

*Lagerung:* Fallschirme dürfen nicht auf dem Fußboden gelagert werden, sondern müssen in einem trockenen Raum bei ca. 20°C und 65% Luftfeuchte mit der Kappe und den Fangleinen nach oben abgelegt werden. Das Gurtzeug ist luftig aufzuhängen. Beim Lagern von manuellen Fallschirmen sind die Gummizüge zu entspannen.

*Überwintern:* Über das Winterhalbjahr sind die Fallschirme aus der Verpackung herauszunehmen, aufzuhängen oder lose in der Tragtasche zu lagern. Vor Feuchtigkeit schützen!

#### 5.4.7.2 Anlegen des Fallschirmes

Das Gurtzeug muß stramm am Körper anliegen, aber nicht aterienabklemmend. Es darf keine Schlaufen bilden (Gefahr des Hängenbleibens beim Notausstieg).

### 5.4.7.3 Verhalten beim Absprung

Der Segelflugzeugführer soll sein Segelflugzeug nur dann durch Fallschirmabsprung verlassen, wenn er sich in sonst auswegloser Situation befindet.Das kann bedeuten: Bruch der Segelflugzeugkonstruktion, nicht zu beendendes Trudeln, nicht zu löschender Brand an Bord sowie fehlende Möglichkeit zur Notlandung.

Im Falle einer Gefahr liegt es in der Entscheidung des Segelflugzeugführers, frühzeitig und folgerichtig zu handeln.

*Im Luftnotfall* sollte jeder Segelflugzeugführer folgende Regeln beachten:

1) Kabinenhaube abwerfen bzw. Ausstieg öffnen; (Notabwurfvorrichtung bekannt!)

2) Segelflugzeug-Anschnallgurt lösen;

3) aus dem Segelflugzeug springen, sich hinauswinden oder sich hinausfallen lassen. Dabei den Körper möglichst anhocken und versuchen, sich vom Segelflugzeug abzustoßen;

4) Die Oberarme an den Körper pressen, den Unterarm schützend an den Kopf halten. Die Beschleunigung in einem stürzenden oder trudelnden Segelflugzeug kann so groß sein, daß die Kraft des Luftfahrzeugführers nicht ausreicht und der Ausstieg unmöglich erscheint. In diesem Fall *nicht aufgeben, immer wieder versuchen!*
Ruckartige Steuerbewegungen, Hin- und Herwerfen des Körpers können den Absturzzustand verändern.
Bei allem: Keine Zeit verlieren!

5) Wichtige Regel beim Trudeln: *Nach innen*, Richtung Trudelachse (Trudelkreismittelpunkt) aus dem Segelflugzeug hinauswinden.

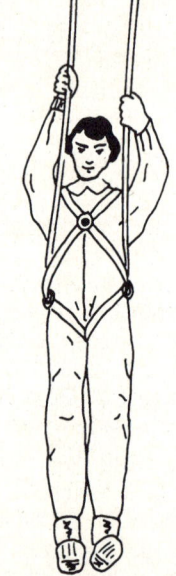

*280.1 Fallschirmslip*

6) Wichtig für manuelle Rettungsfallschirme: Ist das Aussteigen gelungen, dann den Aufziehgriff nicht zu früh ziehen, um zuerst einmal Abstand vom Segelflugzeug zu bekommen. Im Normalfall soll der Luftfahrzeugführer 3 Sekunden warten. In geringer Höhe jedoch nicht warten!

7) Rettungsfallschirm *niemals* in starken Gewitterwolken oder im Wellenaufwind ziehen.

### 5.4.7.4 Verhalten bei der Landung

#### A) Normale Landung (Bild 280.1)

In Bodennähe die beiden dem Wind zugewandten Fangleinenbündel fassen und anziehen, um ein Pendeln zu verhindern.
Die geteilte Fangleinenführung ermöglicht auch Slipmanöver: Der Fallschirm gleitet in die Richtung ab, in der eines der 4 Fangleinenbündel kräftig angezogen wird. Der Luftfahrzeugführer kann sich so von Gefahrenzonen wegslipen.

Vor der Landung die Beine zusammennehmen und leicht anwinkeln.
Ist die Landung geglückt, aufspringen und um den Fallschirm laufen, damit ihn der Wind nicht wieder aufblähen kann. Bei starken Wind sofort das Gurtzeug lösen.

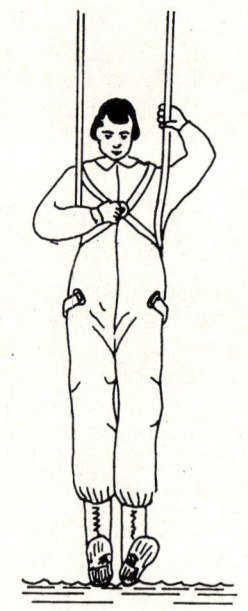

*280.2 Wasserlandung*

#### B) Landung im Wasser

Während des Anschwebens an die Wasserfläche bei eng an den Körper angedrückten Oberarmen die beiden Beinverschlüsse öffnen.
Dann die Arme vor der Brust verschränken. Erst wenn die Fußspitzen die Wasserfläche berühren, den Brustverschluß öffnen (Bild) und sich sofort vom Gurtzeug befreien und gegen den Wind bzw. gegen die Strömung des Gewässers schwimmen, um von der Schirmklappe freizukommen.

Sollte sich die Schirmkappe trotzdem über den Segelflugzeugführer legen, sofort seitlich hinaustauchen oder mit einem Messer (sofern vorhanden und greifbar) ein Loch in das Gewebe schneiden.

Das nasse Nylongewebe schließt sonst luftdicht ab und es besteht Erstickungsgefahr.

#### C) Hindernislandung (Bild 281.1)

Bei der Landung in einem Baum oder im Wald ist das Gesicht mit abgewinkelten Armen zu schützen und die Beine sind fest zusammen-zuhalten, damit keine Verletzungen der Weichteile möglich sind.

281.1 Baumlandung

**D) Landung in einer Hochspannungsleitung**

Durch Wegslipen (Bild 280.1) muß man versu-chen, das Berühren der Drähte überhaupt zu vermeiden.

Sonst: Füsse zusammenpressen und Fußspit-zen nach unten drehen und strecken. Hier-durch besteht die größte Chance, das gleich-zeitige Berühren zweier oder mehrerer Dräh-te zu vermeiden, was zu schweren Verbren-nungen oder sogar zu tödlichen Verletzungen führen kann.

Wer zwischen Hochspannungsleitung und Erde hängt, weil sich die Schirmklappe ver-fangen hat, darf sich nicht von herbeieilenden Helfern berühren lassen. Die Helfer sind durch Zuruf aufzufordern, das Elektrizitäts-werk zu informieren, damit die Hochspan-nung sofort abgeschaltet wird.

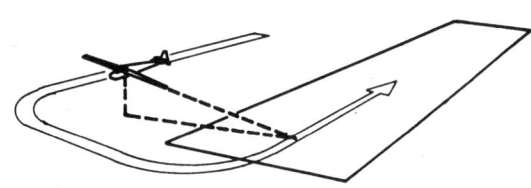

150m Höhe richtig abschätzen, wie beim Platzflug

281.2 Landung nach Überlandflug

## 5.5 Not- und Außenlandungen

### 5.5.1 Allgemein

Außenlandungen im Segelflug sind bei Strecken-flügen nichts ungewöhnliches. Die Landehilfen sind bei den meisten Segelflugzeugmustern so wirksam, daß auch auf verhältnismäßig kleinen, geeigneten Landeflächen eine sichere Landung möglich ist.

*Grundregel:* Rechtzeitig zur Landung entschlie-ßen. Besonders sorgfältige Landevorbereitung. Nach Hindernissen suchen (Graben, Wälle, Zäu-ne, Leitungen, Masten). *Gegen den Wind landen.* Landeeinteilung wie in der Platzrunde. In der Po-sition soll man noch 150 m hoch sein. Die Höhe laufend kontrollieren und den Aufsetzpunkt im Auge behalten (Bilder 281.2 und 281.3).

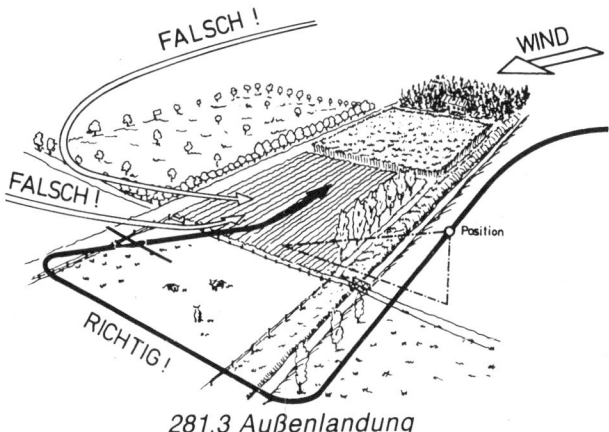

281.3 Außenlandung

### 5.5.2 Bodenhindernisse

Wipfel oder Kornspitzen als Boden betrachten!

281.4 Landung im Wald oder Korn

#### 5.5.2.1 Hoher Bewuchs (Bild 281.4)

*Maßnahme:* Die Oberfläche des Bewuchses (Kornfeld, hohes Gras, Bäume) wird als Boden angenommen. Mit Mindestgeschwindigkeit auf-setzen. *Gegen den Wind landen.* Auf die Querla-ge achten und eine einseitige Berührung mit dem Bewuchs vermeiden.

*Beispiel:* Ein Segelflieger kehrte bei nachlassen-der Thermik zum Flugplatz zurück. Es gelang ihm nicht mehr, den von ausgedehnten Wäldern umgebenen Flugplatz zu erreichen. Er führte eine Notlandung durch, und zwar auf einer dicht bewachsenen Fichtenschonung und setzte sein Segelflugzeug mit geringstmöglicher Geschwin-digkeit auf die Baumspitzen. Das Segelflugzeug wurde dadurch sanft abgebremst und rutschte anschließend zwischen den Stämmen zu Boden. Der Pilot blieb unverletzt. Der Sachschaden war gering, weil die Notlandung richtig durchgeführt worden war.

#### 5.5.2.2 Hohe Hindernisse (5.1.7)

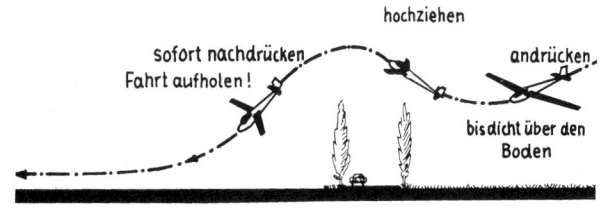

281.5 Landung über hohe Hindernisse

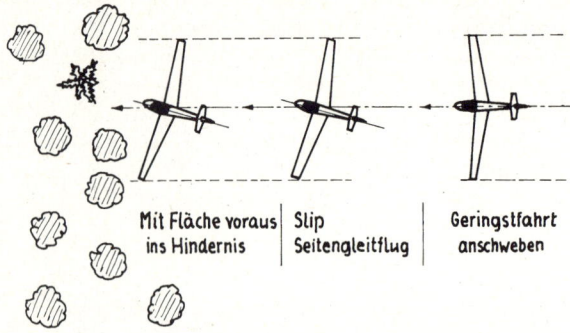

282.1 *Landung in Hindernisse hinein*

282.2 *Außenlandung in bergiges Gelände*

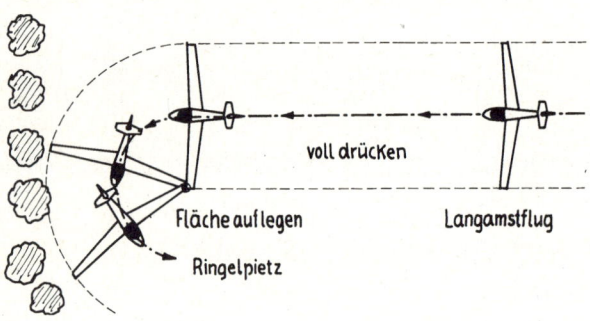

282.3 *Landung auf kurzem Landefeld*

*Maßnahmen:* Hohe Hindernisse vor Landefeldern möglichst im steileren Bahnneigungswinkel unter Ausnutzung der Landehilfen überfliegen.

### 5.5.2.3 Rauher, unebener Boden

Das Segelflugzeug kann durch rauhen oder unebenen Boden an Fahrwerk, Sporn, Rumpf und Tragflächen überbeansprucht werden. Nach einer solchen Landung ist das Segelflugzeug auf Beschädigungen vor dem nächsten Flug zu kontrollieren.

*Maßnahmen:* Bei der Landung mit Mindestgeschwindigkeit aufsetzen und Knüppel bis zum Stillstand voll gezogen halten. Wenn möglich, vorsichtig, aber zügig, bremsen.

### 5.5.2.4 Landung in Hindernissen nicht zu vermeiden (Bild 281.5 und 282.1)

*Maßnahmen:* Mit Mindestgeschwindigkeit anschweben, vor den Hindernissen Seitengleitflug einleiten und mit der Fläche voraus in die Hindernisse hineinlanden. Bei einzelnen Hindernissen Rumpf zwischen diesen hindurchsteuern.

### 5.5.3 Geländehindernisse

#### 5.5.3.1 Bergiges Gelände (5.1.10)

*Maßnahmen:* Hangaufwärts landen, mit etwas Überfahrt. Dem Gelände entsprechend schnell und stark genug abfangen. Das Zurückrollen bei einem starken Hang wird durch eine 90°-Richtungsänderung am Boden verhindert. Sofort aussteigen und Segelflugzeug sichern. (Bild 282.2).

#### 5.5.3.2 Gelände oder Bahn zu kurz (5.1.9)

*Maßnahmen:* Vor Erreichen des Endes der Landefläche (Hindernis, Bild 282.4) ein Flügelende zur Bodenberührung bringen und das Segelflugzeug herumdrehen lassen. Dabei leicht drücken, um das Rumpfende anzuheben und zu entlasten.

#### 5.5.3.3 Wasserlandung (5.1.5)

*Maßnahmen:* Vor dem Aufsetzen auf das Wasser die Abschnallgurte fest nachziehen. Die Wasseroberfläche wird als Aufsetzpunkt angenommen. Lediglich bei eingefahrenem Fahrwerk mit Überfahrt Rumpf als Bootsschale betrachten. Nach der Landung (Wasserung) die Anschnall- und Fallschirmgurte sofort lösen und das Segelflugzeug augenblicklich verlassen.

### 5.5.4 Einbruch der Dunkelheit (5.2.3)

Besonders bei abendlichen Höhenflügen täuscht das in der Höhe noch vorhandene Licht über die am Boden bereits eingetreten Dunkelheit.

*Maßnahmen:* Örtliche, aktuelle Sonnenuntergangszeiten einprägen. Den Flug rechtzeitig abbrechen, unter der Berücksichtigung, daß der Sinkflug längere Zeit in Anspruch nehmen kann.

### 5.5.5 Nach einer Außenlandung (Notlandung) (5.6)

*Maßnahmen:* Ist Flurschaden entstanden, muß der Grundstückseigentümer verständigt werden. Dieser darf fordern: Personalien des Segelflugzeugführers, Angaben über die Versicherungspolice (Zulassung des Segelflugzeuges). Den Abtransport des Segelflugzeuges darf er nicht verhindern.

Bei Beschädigung des Segelflugzeuges ist Meldung an die nächsterreichbare Polizeidienststelle und Störungsmeldung nach § 5 LuftVO an das LBA in Braunschweig zu machen.

Um größere Flurschäden zu verhindern, ist es nach einer Außenlandung wichtig, die Schaulustigen fernzuhalten.

## 5.6 Verhalten bei Not- und Unfällen

Nach einem Unfall sind (soweit die Besatzung dazu in der Lage ist) die nachstehend angeführten Rettungsmaßnahmen einzuleiten.
Bei Unfällen auf einem Flugplatz sind die in der Betriebsordnung des Flugplatzes festgelegten Rettungsmaßnahmen zu treffen.

Bei allem ist wichtig: 1. Gebot
„Ruhe bewahren",
2. Gebot
„Den Schaden niemals größer machen als er schon ist".

| Maßnahmen | |
| --- | --- |
| Leichte Unfälle | Schwere Unfälle (schwere Verletzungen) |
| 1) Erste Hilfe leisten<br><br>2) Verletzte zum Arzt bringen<br><br>3) Störungsmeldung | 1) Erste Hilfe leisten (z.B. bei Verblutungsgefahr)<br>2) Notarztwagen anfordern, ansonsten Arzt und Krankenwagenanfordern(NotrufanjedemTelefon)<br>3) Polizei verständigen<br>4) Luftfahrtbundesamt telefonisch verständigen (macht meist die Polizei)<br>5) Störungsmeldung und Versicherung verständigen |

# Sachverzeichnis Band 4, Auflage 6

# Hitzeroth

Ein
junger Verlag
mit anspruchsvollem
Programm.

## Literatur

Autoren aus Österreich,
wie Ernst Fischer, Anton Fuchs,
Hugo Schanovsky,
Matthias Mander u. a.

## Kunst

C. u. W. Hitzeroth
**Paul Baum** (1859–1932)
Das Gesamtwerk eines deutschen
Impressionisten von europäischer
Bedeutung.

**Der Traum vom Raum**
Gemalte Architektur aus
sieben Jahrhunderten

## Zwei- und mehrsprachige Bücher

Armand/Gaudin
**Provence**
Zwischen Steinen und Himmel
(franz.-dt.)

Denis Gontard
**Nô-Kyôgen**
Die beiden großen Gattungen des
klassischen japanischen Theaters
(dt.-franz.-engl.)

## Wissenschaft

Germanistik, Romanistik,
Linguistik, Geschichte,
Wirtschaftswissenschaften.
Interdisziplinäre Reihen und
drei Zeitschriften.

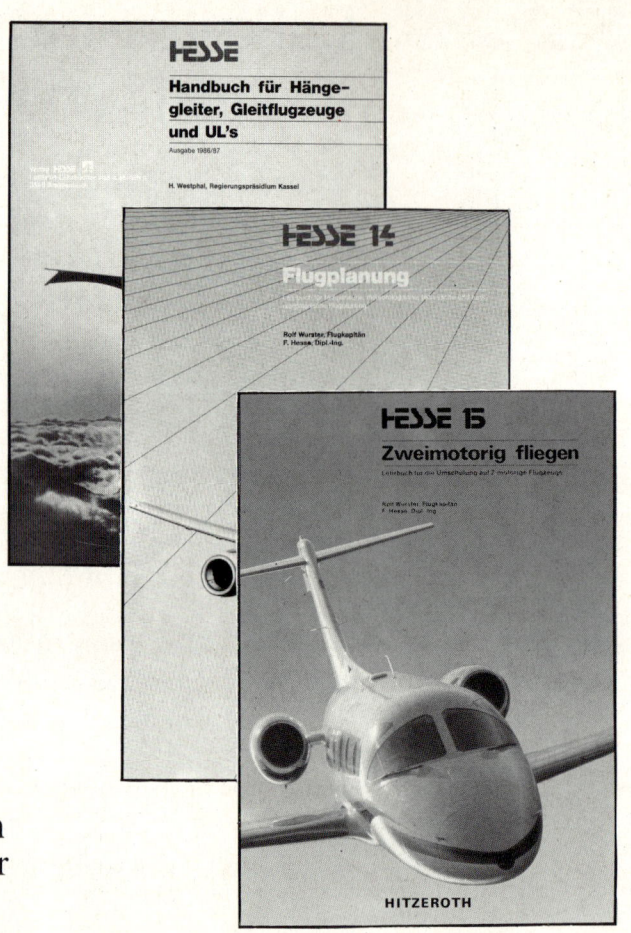

## HESSE-Luftfahrt-Lehrbücher

Wissenschaftlich fundierte
Lehr- und Lernhilfen.
International beste Beurteilungen.
Acht Bände, die Reihe wird
fortgesetzt.

## Hessische Landeskunde

Bisher acht Bände

## Weben und Textilverarbeitung

Sechs Titel der Edition Kircher
z. B. Schöpferisches Weben,
Von Hand gewebt

## Vor- und Frühgeschichte

Marburger Studien zur Vor- und
Frühgeschichte
Bisher vier Ausgaben